Jubiläums-Edition
125 Jahre Universal-Bibliothek

Reclams
Zitaten-Lexikon

Von
Johannes John

Philipp Reclam jun. Stuttgart

Universal-Bibliothek Nr. 8839
Alle Rechte vorbehalten
© 1992 Philipp Reclam jun. GmbH & Co., Stuttgart
Einbandgestaltung: Werner Rüb, Ludwigsburg
Gesamtherstellung: Reclam, Ditzingen. Printed in Germany 1992
RECLAM und UNIVERSAL-BIBLIOTHEK sind eingetragene
Warenzeichen der Philipp Reclam jun. GmbH & Co., Stuttgart
ISBN 3-15-028839-8

Einleitung

»Wir waren im *Wallenstein*. Auf der Bühne herrschte ein reger Zitatenaustausch. Es muß den Schauspielern einige Mühe bereitet haben, noch Gesichter zu machen, als hörten sie diese Sätze zum ersten Mal. Manche schienen, während sie sprachen, über die Aufsätze nachzudenken, die sie in der Schule über diese Sätze zu schreiben hatten.«

Der Wiedererkennungseffekt, den Anselm Kristleins Ehefrau Alissa am Ende des ersten Teils von Martin Walsers Roman *Halbzeit* in ihrem Tagebuch beschreibt, wird – zumindest was die erste Hälfte ihres Eintrags betrifft – auch bei der Lektüre des vorliegenden Buches nicht nur unvermeidlich sein, vielmehr liegt er geradezu in der Absicht einer solchen Sammlung.

Wer ein Zitatenlexikon zur Hand nimmt, weiß in der Regel, worauf er sich einläßt, und warum er dies tut: Er wird ein solches Buch »benutzen«, wobei sich dieser Nutzen wie bei allen Nachschlagewerken am »Gebrauchswert« mißt und dieser Gebrauchswert wiederum um so größer sein wird, je knapper eine einleitende »Gebrauchsanweisung« ausfällt. Einige kurze Bemerkungen sind dennoch vonnöten.

Es ist nicht schwer, zu vermuten, aus welchen Gründen ein Zitatenlexikon konsultiert wird: Entweder soll der genaue Wortlaut eines gesuchten Zitats ermittelt werden, oder aber die Leserin und der Leser werden wissen wollen, von wem ein »geflügeltes Wort« stammt und wo es zu finden ist. Denkbar ist auch, daß zu einem bestimmten Begriff oder Stichwort ein »passendes« Zitat gesucht wird. Daß darüber hinaus auch die pure Lust am Lesen, die Freude am absichtslosen Schmökern die Lektüre leiten kann, ist nicht nur ein ebenso wünschens- wie ehrenwertes Motiv, sondern zugleich ein Kriterium, das die Auswahl der nachfolgenden Sammlung ebenfalls bestimmt hat.

Allen diesen genannten Anforderungen und Bedürfnissen versucht RECLAMS ZITATEN-LEXIKON zu genügen. Das Hauptgewicht wurde dabei neben dem *genauen* Wortlaut der ausgewählten

Zitate auf den exakten Nachweis gelegt. Bei einem Prosatext bedeutet dies die Angabe von Band, Teil und Kapitel, bei einem Dramentext von Akt, Aufzug oder Szene. Wo immer ein Text in sich gegliedert war, wurde die Fundstelle so ausführlich wie möglich lokalisiert. Bei Gedichten wurde in der Regel nicht nur die »geflügelte Wendung«, sondern auch deren Umfeld – ein Vers, eine Zeile und, wo dies zum besseren Verständnis diente, auch eine Strophe – mitgeteilt. Gedichttitel sind in den Nachweisen durch Anführungszeichen, Zitatkürzungen durch Auslassungspunkte in eckigen Klammern gekennzeichnet. In nahezu allen Fällen wurden jedoch die Zitate ungekürzt wiedergegeben.

Die prinzipiellste Entscheidung beim Erstellen eines solchen Nachschlagewerks betrifft dessen inneren Aufbau. Dieses Lexikon orientiert sich an Ordnungsbegriffen, wobei Kolumnentitel auf jeder Seite das leichte Auffinden der jeweils gesuchten Ordnungsworte ermöglichen sollen. Eine andere Gliederung – etwa in streng alphabetischer Form – schien demgegenüber wenig sinnvoll, da sie das, wonach ja erst gesucht wird, nämlich den genauen Wortlaut eines Zitats, als bereits bekannt voraussetzt.

Leitend für die jeweilige Plazierung war dabei das für das Zitat signifikante Ordnungswort. Daß sich auch dabei Grenzfälle ergeben können, ist unvermeidlich: So ließe sich etwa das »Land der unbegrenzten Möglichkeiten« mit guten Gründen dreifach zuordnen. Der besseren Orientierung halber sind die für die Einordnung wesentlichen Ordnungsworte in den Zitaten **halbfett** ausgezeichnet.

Innerhalb der Ordnungsworte wurde *streng* alphabetisch vorgegangen, so daß Zitate zum Wortfeld »Liebe« z. B. in der Reihenfolge »lieb'« – »Liebe« – »lieben« – »liebet« – »liebst« aufgeführt sind.

Fremdsprachige Zitate werden in vielen Fällen auch in ihrem originalen Wortlaut wiedergegeben, weil sie zumeist gerade in dieser Form auch im deutschen Sprachraum zu geflügelten Worten oder stehenden Wendungen geworden sind. Hierbei waren von Fall zu Fall Einzelentscheidungen notwendig. Wo ein Zitat in der originalen Fassung als allgemein bekannt vorausgesetzt werden durfte, wie dies vor allem bei vielen Zitaten aus der Antike der Fall ist, wurde die Übersetzung in Klammern angefügt. In anderen Fällen hingegen wurde aber auch die deutsche Fassung als maßgeblich gewählt, da dem Leser nicht zugemutet werden sollte, von einer fremdsprachigen Wendung, deren genauen originalen Wortlaut er ja sucht, gewissermaßen zunächst eine »Probeübersetzung« anzufertigen.

Ebenso verhält es sich hier mit den Ordnungsbegriffen, wo – »cum grano salis« – gelegentliche Ausnahmen die obige Regel bestätigen. Wer sich näher über die bekannte Formel »cuius regio, eius religio« informieren will, sollte nicht zunächst den Ordnungsbegriff suchen müssen, sondern in diesem Fall das Zitat unter dem Buchstaben »C« finden können.

Griechische Zitate wurden nicht nur in Original und Übersetzung, sondern zusätzlich noch in einer transliterierten Fassung abgedruckt.

Nach diesem kurzen Abriß, was in diesem Lexikon wo und wie zu finden ist, soll auch die Rede davon sein, was diese Sammlung nicht enthält und auch nicht sein will. Da bei der Auswahl der Zitate die genau nachweisbare Urheberschaft eines der bestimmenden Kriterien bildete, wurden Sprichwörter und Redensarten, für die umfangreiche Anthologien – etwa in Karl Simrocks Sammlung *Die deutschen Sprichwörter* – bereits vorliegen, ebensowenig aufgenommen wie anonyme Sentenzen.

Diese Abgrenzung betrifft auch historische Zitate, für die in diesem in erster Linie literarisch orientierten Lexikon die gleichen Kriterien angelegt wurden. So sind viele Aussprüche, die eine historische Persönlichkeit »gesagt haben soll«, ohne daß sich zweifelsfrei nachweisen ließ, wo, wann und wem gegenüber dies geschehen ist, nicht aufgenommen worden. Auch offensichtliche oder mittlerweile nachgewiesene Legenden wurden ausgeschieden: Da Galileo Galileis Ausruf »Und sie bewegt sich doch« nachweislich nicht von ihm stammte und es sich bei Napoleons Diktum »Von diesen Pyramiden herab schauen vierzig Jahrhunderte auf euch« um ein von ihm selbst aus einem zeitgenössischen Bericht nachträglich »adoptiertes« geflügeltes Wort handelte, wird man beide Zitate – außer in dieser Einleitung – in diesem Band nicht finden.

Auch wurde die Auswahl einzelner Begriffe oder Wendungen wie z. B. der »Potemkinschen Dörfer« oder des »Reptilienfonds« eng begrenzt. Ein Zitatenlexikon kann ein etymologisches Nachschlagewerk nicht ersetzen, und wer sich etwa über die Wort- und Entstehungsgeschichte des Begriffs »Nihilist« genauer informieren will, sollte dies auch dort tun.

Aus diesem Grunde wurden Erläuterungen zu einem Zitat, die in vielen Fällen unbedingt nötig sind, so knapp wie möglich gehalten. Da der Benutzer dieser Sammlung an einem raschen Suchen und Finden mehr interessiert sein wird als an einem langwierigen Vor-, Nach- und Zurückschlagen, wurden Querverweise ebenfalls sehr sparsam und nur dort, wo sie zu einem besseren Verständnis sinnvoll schienen, eingesetzt. Den gezielten »Zugriff« auf gesuchte Autoren soll ein eigenes Register am Ende des Bandes erleichtern.

Darüber hinaus versteht sich dieses Lexikon als Sammlung von Zitaten, die ihre Beständigkeit und »Wetterfestigkeit« zum Teil über Jahrhunderte hinweg bewiesen haben: eine »Blütenlese« als Anthologie privater Lektürefrüchte oder eine Zusammenstellung witziger Bonmots oder origineller Aphorismen, wie sie insbesondere in fast jeder Sonntagsbeilage einer Zeitung ihren festen Platz haben, war nicht beabsichtigt. Nicht private Vorlieben, sondern die kritische Überprüfung eines in Form zahlreicher Sammlungen und Anthologien vorliegenden Kanons war das Ziel dieser Auswahl. Dies macht eine letzte Abgrenzung und Erläuterung – gewissermaßen »in eigener Sache« – nötig.

In kaum einer Sammlung geflügelter Worte fehlt der Hinweis auf einen (vorläufig) gezogenen historischen Schlußstrich, der alle nachfolgenden, im Raume noch flatternden oder schon stehenden populären Wendungen von einer Aufnahme ausschließt. So schreibt Hanns Martin Elster in einer 1956 bei Reclam erschienenen Neubearbeitung des »Büchmann«: »Seit 1945 sind natürlich auch viele geflügelte Worte aufgekommen. Aber ehe wir sie in den Büchmann aufnehmen können, muß sich erst zeigen, daß es sich bei ihnen nicht nur um Tagesaktualitäten handelt, sondern um Zitate von dauernder Geltung.«

Einer solchen »Reifeprüfung« – so verständlich und respektabel sie auch sein mag – wurden viele zeitgenössische Zitate nicht unterzogen: Willy Brandts Diktum »Jetzt wächst zusammen, was zusammengehört« ist ebenso aufgenommen worden wie Michail Gorbatschows Verdikt »Wer zu spät kommt, den bestraft das Leben«. Diese Einbeziehung gründet sich auf die Einsicht, daß ein jedes geflügelte Wort einmal »flügge« geworden sein muß, um so ein von seinem ursprünglichen Kontext losgelöstes Eigenleben führen zu können. Mit anderen Worten: auch Zitate werden erst zu solchen gemacht, auch sie haben ihre (Rezeptions)geschichte, in der sich zugleich Stationen und Veränderungen der Bildungsgeschichte ablesen lassen.

Der Integration auch zeitgenössischer Zitate – der Ausdruck »Klassiker der Moderne« ist ja selbst zur stehenden Wendung geworden – entspricht auf der anderen Seite eine kritische Sichtung historischer Anthologien, bei der vieles, was vor nicht allzu langer Zeit noch als fester Bestandteil des »Bildungsgutes« galt und als allgemein bekannt vorausgesetzt werden durfte, ausgeschieden wurde. Daß also jedem Leser sicherlich mindestens ein Zitat fehlen wird, ist ebenso unvermeidlich wie der Hinweis auf einen notwendigerweise subjektiven »Rest« bei einer solchen Auswahl.

So wenig also eine zeitliche Grenzziehung beabsichtigt war, so unumgänglich erwies sich eine andere Abgrenzung. In dem Maße, in dem sich in unserer auf Information und Kommunikation gegründeten Gesellschaft die (Massen)medien vervielfältigt und differenziert haben, erweisen sich zunehmend auch Felder und Bereiche als »Zitatenspender«, die mit Fug und Recht Eingang in ein solches Lexikon beanspruchen könnten: Zu denken ist vor allem an die populäre Kultur, die Schlager- und Unterhaltungsindustrie, an Funk und Fernsehen ebenso wie an die Werbung. Wenn der Leser Slogans wie »Alle sprechen vom Wetter – wir nicht« oder »Wer wird denn gleich in die Luft gehen?« oder den Refrain »Pack die Badehose ein« im folgenden nicht finden wird, so nicht nur wegen des bereits angesprochenen primär literarischen Charakters dieser Sammlung, sondern weil die Berücksichtigung dieser Bereiche – und hier hat diese vielstrapazierte Wendung tatsächlich ihre Berechtigung – ein eigenes »Lexikon der populären Kultur« erforderte und sich jeder Versuch einer Auswahl nicht zu Unrecht dem Vorwurf der Willkürlichkeit aussetzte.

Was eingangs schon angedeutet wurde, soll abschließend nochmals betont werden: Vor allem soll dieses Lexikon die Lust am Lesen wecken! Es hat seinen Zweck gerade auch dann erfüllt, wenn es die Freude am Weiterlesen weckt und neugierig macht, das nähere oder weitere Umfeld eines Zitats zu erkunden. Es soll die Lektüre nicht ersparen, sondern im Gegenteil dazu provozieren und somit als »Brücke« in den Text dienen.

Eine solche Empfehlung – und Wunsch zugleich – könnte das ZITATEN-LEXIKON dann auch vor jenem »mißbräuchlichen« Zugriff schützen, vor dem jüngst Adolf Muschg zu Recht gewarnt hat, als er bemerkte, daß »Geflügelte Worte« in dem Augenblick zur reinen »Witzsammlung« würden, wenn sie – aus welchem Anlaß auch immer – »feierlich« zitiert würden, um in erster Linie das eigene Sozialprestige zu steigern: dies dann oft unter Preisgabe der ursprünglichen Bedeutung eines Zitates oder dem Verzicht, sie ins Aktuelle zu übersetzen.

Nun ist es zumindest fraglich, ob in einer Gesellschaft, in der gemeinhin mit anderen Statussymbolen um öffentliches Renommee gerungen wird, das korrekte Zitieren eines »Klassikers« noch Wesentliches zur Hebung des Sozialprestiges beiträgt. Noch immer gilt ja der Satz, daß ein »Klassiker« vor allem jemand ist, den viele im Munde führen und kaum jemand liest – wenn ihn überhaupt noch jemand liest: wie im übrigen schon Gotthold Ephraim Lessing wußte, siehe Ordnungsbegriff »Klopstock« . . .

In Zeiten, in denen, wie Hans Magnus Enzensberger pessimistisch diagnostizierte, Literatur alles dürfe, es auf sie aber nicht mehr ankomme, ist also weniger zu befürchten, daß Zitate Monstranzen gleich in feierlicher Prozession vorangetragen und einer andächtigen Gemeinde vorgestellt werden. Vielmehr bliebe eher zu hoffen, daß sie einen gegenteiligen Effekt hervorrufen können – nicht mehr den des eingangs beschriebenen Wiedererkennens, sondern vielmehr den Reiz der Neuentdeckung.

Wer sich auf Zitate einläßt, scheint sich nach allen diesen Vorbemerkungen in ein nicht ungefährliches Kräftefeld zu begeben, bewegt er sich doch – zumal inmitten oder schon am Ende der Postmoderne, der bekanntlich alles zu zitierfähigem Material geworden ist – auf dem schmalen Grat zwischen einer nur scheinbaren Originalität einerseits und beflissener Gelehrsamkeit. Hier mag es trösten, daß diese Probleme nicht nur so alt sind wie die ersten Sammlungen dieser Art, sondern darüber hinaus auch unvermeidlich. Und wer die Lust am (An)lesen und die Neugier am Weiterlesen mitbringt, ist gegen alle diese Gefährdungen sowieso immun!

»Alles Gescheite ist schon gedacht worden, man muß nur versuchen, es noch einmal zu denken«, schreibt Goethe zu Beginn der Sammlung »Betrachtungen im Sinne der Wanderer« in seinem Altersroman *Wilhelm Meisters Wanderjahre* und stellt an anderer Stelle noch unmißverständlicher fest: »Wir sind nur Originale weil wir nichts wissen.« Zitate über das Zitieren: es kann kaum überraschen, daß sich auch über den Umgang mit Zitaten eine eigene Sammlung erstellen ließe.

Im besten Falle werden sie zur Überprüfung eigener Einsichten führen und zu produktivem Weiterdenken, sei es in Zustimmung oder Widerspruch, anregen. Sie können eigene Gedanken nicht ersetzen, wohl aber wesentlich erleichtern und präzisieren, wovon auch schon Arthur Schopenhauer überzeugt war:

»Durch viele Zitate vermehrt man seinen Anspruch auf Gelehrsamkeit, vermindert den auf Originalität, und was ist Gelehrsamkeit gegen Originalität? Man soll Zitate also nur gebrauchen, wo man fremder Autorität wirklich bedarf.«

Johannes John

A

Ich bin das **A** und das O, der Erste und der Letzte, der Anfang und das Ende.
> Offb 22,13; so auch in Offb 1,8; 21,6. – Nach ›Alpha‹ und ›Omega‹, dem ersten und dem letzten Buchstaben des griechischen Alphabets. Im Deutschen wurde danach die Wendung »Von A bis Z« gebildet.

Wer **a** sagt, der muß nicht b sagen. Er kann auch erkennen, daß a falsch war.
> Bertolt Brecht: Der Jasager. Der Neinsager. Darin: Der Neinsager 2

Ich möchte nicht tot und begraben sein / Als Kaiser zu **Aachen** im Dome; / Weit lieber lebt' ich als kleinster Poet / Zu Stukkert am Neckarstrome.
> Heinrich Heine: Deutschland. Ein Wintermärchen. Caput III

Zu **Aachen** in seiner Kaiserpracht, / Im altertümlichen Saale, / Saß König Rudolfs heilige Macht / Beim festlichen Krönungsmahle.
> Friedrich Schiller: »Der Graf von Habsburg«

Dann ward sie **Aas** in Flüssen mit vielem Aas.
> Bertolt Brecht: »Vom ertrunkenen Mädchen«

Wo das **Aas** ist, da sammeln sich die Geier.
> Mt 24,28; Lk 17,37

Wo ist dein Bruder **Abel**?
> 1 Mose 4,9

Abend wird es wieder: / Über Wald und Feld / Säuselt Frieden nieder, / Und es ruht die Welt!
> August Heinrich Hoffmann von Fallersleben: »Abendlied«

Am **Abend** schätzt man erst das Haus.
Johann Wolfgang Goethe: Faust. Der Tragödie erster Teil. Vor dem Tor

Am **Abend** tönen die herbstlichen Wälder / Von tödlichen Waffen . . .
Georg Trakl: »Grodek«

Es ist noch nicht aller Tage **Abend**.
(. . . nondum omnium dierum sol occidisse.)
Livius: Ab urbe condita 39,26,9. – Wörtlich übersetzt eigentlich: »Noch ist die Sonne aller Tage nicht untergegangen.«

Guten **Abend**, gute Nacht, / Mit Rosen bedacht, / Mit Näglein besteckt, / Schlupf' unter die Deck, / Morgen früh, wenns Gott will, / Wirst du wieder geweckt.
Aus der von Clemens Brentano und Achim von Arnim herausgegebenen Sammlung *Des Knaben Wunderhorn*: »Gute Nacht, mein Kind!« – Quelle war Johann Friedrich Schützes *Holsteinisches Idiotikon* (Tl. 1, 1800), populär wurde das Gedicht durch die Vertonung von Johannes Brahms (1868).

Ich möchte hingehn wie das **Abendrot** . . .
Anfangszeile eines Gedichts von Georg Herwegh

Abends wenn ich schlafen geh, / Vierzehn Engel bei mir stehn, / Zwei zu meiner Rechten, / Zwei zu meiner Linken . . .
Aus der von Clemens Brentano und Achim von Arnim herausgegebenen Sammlung *Des Knaben Wunderhorn*: »Abendgebet«. – In seiner ältesten Form findet sich das Gedicht auf dem Grabstein von Friedrich mit der gebissenen Wange, einem Markgrafen von Meißen, der 1324 verstorben war; es wurde Arnim und Brentano von Wilhelm Grimm mitgeteilt und später von Engelbert Humperdinck für dessen Oper *Hänsel und Gretel* vertont.

Still mit dem **Aber!** Die Aber kosten Überlegung . . .
Gotthold Ephraim Lessing: Emilia Galotti IV,3

Der **Aberglaub'**, in dem wir aufgewachsen, / Verliert, auch wenn wir ihn erkennen, darum / Doch seine Macht nicht über uns.
Gotthold Ephraim Lessing: Nathan der Weise IV,4

Ein jeder **Aberglaube** versetzt uns in das Heidentum.
   Justus von Liebig: Chemische Briefe. 2. Brief

Der **Aberglauben** schlimmster ist, den seinen / Für den erträglichern zu halten ...
   Gotthold Ephraim Lessing: Nathan der Weise IV,4

Nichts **Abgeschmackters** find ich auf der Welt /Als einen Teufel, der verzweifelt.
   Johann Wolfgang Goethe: Faust. Der Tragödie erster Teil. Wald und Höhle

Am farbigen **Abglanz** haben wir das Leben.
   Johann Wolfgang Goethe: Faust. Der Tragödie zweiter Teil. 1. Akt. Anmutige Gegend

... wir haben einen **Abgrund** von Landesverrat im Lande.
   Konrad Adenauer zur sogenannten Spiegel-Affäre am 7. November 1962 vor dem Deutschen Bundestag

Abiit, excessit, evasit, erupit.
(Er ging, er machte sich fort, er entschlüpfte, er entrann ...)
   Cicero: Catilinariae orationes 2,1,1

Ha, Frau, das ist wider die **Abrede**.
   Gotthold Ephraim Lessing: Emilia Galotti IV,7. – Die Wendung »das ist wider die Abrede« gebrauchte Friedrich Schiller in *Die Verschwörung des Fiesco zu Genua* (II,9) und *Kabale und Liebe* (II,3). Sie findet sich auch in der Wolfsschluchtszene des 2. Akts (II,6) in Carl Maria von Webers Oper *Der Freischütz*, zu der Friedrich Kind das Libretto verfaßte.

... Und wär er so dick wie **Absalons** Zopf.
   Friedrich Schiller: Wallenstein. Wallensteins Lager. 8. Auftritt; vgl. auch »... und schwebte zwischen **H**immel und Erde ...«

Wir sind geworden wie der **Abschaum** der Menschheit, jedermanns Kehricht, bis heute.
   1 Kor 4,13

Abschied – Abwesenheit

Als ich **Abschied** nahm, als ich Abschied nahm, / Waren Kisten und Kasten schwer; / Als ich wieder kam, als ich wieder kam, / War alles leer.

Friedrich Rückert: »Aus der Jugendzeit«

Reich' mir zum **Abschied** noch einmal die Hände! / Good night! Good night! Good night!

Refrain eines Liedes aus der Operette *Viktoria und ihr Husar*. Den Text schrieben Alfred Grünwald und Beda, die Musik Paul Abraham.

Zum **Abschiednehmen** just das rechte Wetter, / Grau wie der Himmel steht vor mir die Welt.

Joseph Victor von Scheffel: Der Trompeter von Säkkingen. 14. Stück, Nr. XII

... So fühlt man **Absicht**, und man ist verstimmt.

Johann Wolfgang Goethe: Torquato Tasso II,1

Absurd der Begriff der Klasse, des Industriellen, des Ausbeuters. Es gibt nur Menschen. Die Verkündigung der Kategorien hatte hier schon alles verfälscht.

Antoine de Saint-Exupéry: Carnets. Darin: Ökonomisches

In der Erfahrung des **Absurden** ist das Leid individuell. Von der Bewegung der Revolte ausgehend, wird ihm bewußt, kollektiver Natur zu sein, es ist das Abenteuer aller.

Albert Camus: L'homme révolté (Der Mensch in der Revolte). – Mit »ihm« ist der Mensch gemeint.

Durch **Abwesenheit** glänzen

Marie-Joseph Chénier: Tibère I,1. – Dort heißt es: »... Brutus et Cassius brillaient par leur absence ...« Die Quelle hierzu bildete der letzte Satz des 3. Buchs der *Annalen* des Tacitus. Nachdem zuvor von einem Leichenzug berichtet wurde, bei dem nach römischer Sitte die Bilder der Vorfahren vorangetragen wurden, heißt es dort: »Aber sie alle überstrahlten eben dadurch, daß ihre Bildnisse nicht zu sehen waren, Cassius und Brutus.« (»Sed praefulgebant Cassius atque Brutus eo ipso quod effigies eorum non visebantur.«)

Der getreue **Achates**
(fidus Achates)

> Als Bezeichnung für einen treuen Begleiter nach Vergils **Aeneis** (6,158 und an vielen anderen Stellen) sprichwörtlich geworden

Und Gott der Herr rief **Adam** und sprach zu ihm: Wo bist du?

> 1 Mose 3,9

Adel vereinsamt; wer weiß es besser als ich? Arbeit verbindet.

> Ernst Weiß: Der Aristokrat. 1. Teil, Kap. 6. – Der Roman war 1928 unter dem Titel *Boëtius von Orlamünde* erschienen.

In meinen **Adern** welches Feuer! / In meinem Herzen welche Glut!

> Johann Wolfgang Goethe: »Willkommen und Abschied«

Frei bis zur **Adria**

> So nach dem Kriegsmanifest Napoleons III. vom 3. Mai 1859, in dem er ein »freies Italien bis zum Adriatischen Meer« ankündigte

Nach **Ägypten** wär's nicht so weit. Aber bis man zum Südbahnhof kommt.

> Karl Kraus: Sprüche und Widersprüche

Nur wer sich **ändert**, bleibt sich treu

> Titel und Refrain eines Liedes von Wolf Biermann

Ich kenne nichts **Ärmeres** / Unter der Sonn' als euch, Götter!

> Johann Wolfgang Goethe: »Prometheus«

. . . ich hätte ihn nicht für einen Wald voll **Affen** weggegeben. (I would not have given it for a wilderness of monkeys.)

> William Shakespeare: The Most Excellent Historie of the Merchant of Venice (Der Kaufmann von Venedig) III,1. – Worte Shylocks.

Das **akademische** Leben ist also ein wildes Hasard.

> Max Weber: Wissenschaft als Beruf

Nichts um alles in der Welt möchte ich **akademischer** Lehrer sein. Das Beste von dem, was man weiß, darf man doch nicht sagen, und das Beste von dem, was man sagt, wird nicht verstanden.
Ludwig Börne: Aphorismen (1808–1810)

Alea iacta est!
(Der Würfel ist geworfen!)
> Worte Caesars beim Überschreiten des Grenzflusses Rubicon, mit dem er im Januar 49 v. Chr. den Bürgerkrieg gegen Pompeius begann. Der Ausspruch steht somit am Anfang der Auseinandersetzung, bezieht sich also nicht auf deren Ausgang, weshalb die oft benutzte Übersetzung »die Würfel sind gefallen« mißverständlich ist. – Plutarch überliefert in *Pompeius* 60,4, daß Caesar dieses Wort in griechischer Sprache ausgerufen und damit einen Spruch des Menander zitiert habe: »ἀνερρίφθω ὁ κύβος – anerriphtho ho kybos.« Sueton zitiert diese Worte in seiner Biographie Caesars (Kap. 32) als »Iacta alea est!«

All you need is love
(Alles, was du brauchst, ist Liebe)
> Titel und Refrain eines im Jahre 1967 veröffentlichten Liedes der Beatles. Den Text und die Musik schrieben John Lennon und Paul McCartney.

Mir ist das **All**, ich bin mir selbst verloren, / Der ich noch erst den Göttern Liebling war . . .
Johann Wolfgang Goethe: »Elegie«

Es ist nicht gut, daß der Mensch **allein** sei; ich will ihm eine Gehilfin machen, die um ihn sei.
1 Mose 2,18

Ich bin **allein** auf weiter Flur . . .
Ludwig Uhland: »Schäfers Sonntagslied«; vgl. auch »Das ist der **Tag** . . .«

Wer **allein** ist, ist auch im Geheimnis, / immer steht er in der Bilder Flut . . .
Gottfried Benn: »Wer allein ist –«

Allemal derjenige, welcher!
> Louis Angely: Das Fest der Handwerker. – Wiederholte Wendung des Tischlers Hähnchen.

Da hört **Allens** auf!
> Louis Angely: Die Reise auf gemeinschaftliche Kosten. – Wiederholte Wendung des Liborius.

Allerleirauh
> Titel eines Märchens aus der Sammlung *Kinder- und Hausmärchen*, gesammelt durch die Brüder Grimm

Alles gerettet!
> Der Wiener Polizeipräsident Landsteiner in einer Meldung an Erzherzog Albrecht über den Brand des Ringtheaters am 8. Dezember 1881, bei dem in Wahrheit fast alle Besucher ums Leben gekommen waren

Alles in allem – es war nicht viel.
> Theodor Fontane: »Summa Summarum«; vgl. auch »**Su**mma Summarum ...«

Alles ist ewig im Innern verwandt.
> Clemens Brentano: »Sprich aus der Ferne heimliche Welt ...«

Alles zu retten, muß alles gewagt werden.
> Friedrich Schiller: Die Verschwörung des Fiesco zu Genua IV,6

... das alles war / Schon einmal da.
> Karl Gutzkow: Uriel Acosta IV,2. – Rabbi Ben Akiba wiederholt und variiert diese Worte in dieser Szene auf vielfältige Weise: »Das war alles schon da«, »Und alles ist schon einmal dagewesen«, »Schon dagewesen – alles dagewesen.«

Nun muß sich alles, alles wenden.
> Ludwig Uhland: »Frühlingsglaube«

Rund um mich / Ist Alles Allmacht! und Wunder Alles!
> Friedrich Gottlieb Klopstock: »Die Frühlingsfeyer«. 2. Fassung

Allons, enfants de la patrie ...
(Auf, Kinder des Vaterlandes ...)
> Joseph Rouget de Lisle: »Chant de guerre pour l'armée du Rhin, dédié au maréchal Luckner«. – Dieses in der Nacht vom 24. zum 25. April 1792 in Straßburg geschriebene und komponierte Lied erhielt, nachdem es die Marseiller Verbündeten bei ihrem Einzug in Paris am 30. Juli 1792 gesungen hatten, den Titel *La Marseillaise*, unter dem es auch zur Nationalhymne der Franzosen wurde.

Der **Allumfasser**, / Der Allerhalter, / Faßt und erhält er nicht / Dich, mich, sich selbst?
> Johann Wolfgang Goethe: Faust. Der Tragödie erster Teil. Marthens Garten

Allwissend bin ich nicht; doch viel ist mir bewußt.
> Johann Wolfgang Goethe: Faust. Der Tragödie erster Teil. Studierzimmer [II]

Wenn du nun **Almosen** gibst, sollst du es nicht vor dir ausposaunen lassen, wie es die Heuchler tun in den Synagogen und auf den Gassen . . .
> Mt 6,2. – Aus der Bergpredigt. Vgl. »Die linke Hand . . .«.

Alt werden, heißt sehend werden.
> Marie von Ebner-Eschenbach: Aphorismen

. . . ich aber bin **alt** und grau geworden . . .
> 1 Sam 12,2. – Worte Samuels.

ϰ Ich bin zu **alt**, um nur zu spielen, / Zu jung, um ohne Wunsch zu sein.
> Johann Wolfgang Goethe: Faust. Der Tragödie erster Teil. Studierzimmer [II]

Ich werde **alt** und lerne stets noch vieles hinzu.
(Γηράσκω δ' αἰεὶ πολλὰ διδασκόμενος. – Gerasko d'aiei polla didaskomenos.)
> So Solon in seinen *Elegien*. – Platon nimmt – z. B. im *Staat* 7,536d – hierauf Bezug.

Wenige Leute verstehen es, **alt** zu werden.
(Peu de gens savent être vieux.)
> La Rochefoucauld: Réflexions ou sentences et maximes morales 423 (1678)

Alte Zeiten, linde Trauer, / Und es schweifen leise Schauer / Wetterleuchtend durch die Brust.
> Joseph Freiherr von Eichendorff: »Der Abend«

Das **Alte** stürzt, es ändert sich die Zeit, / Und neues Leben blüht aus den Ruinen.
> Friedrich Schiller: Wilhelm Tell IV, 2

Der **Alte** verliert eins der größten Menschenrechte: er wird nicht mehr von seines Gleichen beurteilt.
> Johann Wolfgang Goethe: Maximen und Reflexionen 371

Legt von euch ab den **alten** Menschen mit seinem früheren Wandel . . .
> Eph 4,22. – Die Wendung vom »alten Menschen«, in der Umgangssprache oft als »alter Adam« (mit Bezug auf Röm 5,14–21 und 1 Kor 15,45) zitiert, findet sich auch in Röm 6,6 und Kol 3,9.

Alter ego
(Ein zweites Ich – ἄλλος ἐγώ – allos ego)
> Als Bezeichnung für einen guten Freund wird diese Wendung von Diogenes Laërtios auf Zenon zurückgeführt, während sie Porphyrios dem Pythagoras zuschrieb.

Das **Alter** ist ein höflich Mann, / Ein Mal übers andre klopft er an.
> Johann Wolfgang Goethe: »Das Alter«. – Das Gedicht schließt mit den Zeilen: »Da klinkt er auf, tritt ein so schnell, / Und nun heißt's, er sei ein grober Gesell.«

Das **Alter** ist ein schlimmer Gast, doch ehr' ihn, o Geselle!
> Friedrich Rückert: Die Makamen des Hariri. 19. Makame. Das Frühlingsgelage

Das **Alter** ist nicht trübe, weil darin unsere Freuden, sondern weil unsere Hoffnungen aufhören.
> Jean Paul: Titan. 2. Band

Das **Alter** macht nicht kindisch, wie man spricht, / Es findet uns nur noch als wahre Kinder.
> Johann Wolfgang Goethe: Faust. Der Tragödie erster Teil. Vorspiel auf dem Theater

Das **Alter** spricht ohnehin gern von sich . . .
> Jean Paul: Die unsichtbare Loge. Vorrede zur zweiten Auflage

Dem **Alter** nicht, der Jugend sei's geklagt, / Wenn uns das Alter nicht behagt.
> Gotthold Ephraim Lessing: Sinngedichte. Darin: »Auf das Alter«

Es tritt der Mensch in jedes **Alter** als Novize ein.
(L'homme arrive novice à chaque âge de la vie.)
>   Nicolas Chamfort: Produits de la Civilisation perfectionnée. Darin: Maximes et Pensées, Caractères et Anecdotes

Gott grüß euch, **Alter**! – Schmeckt das Pfeifchen?
>   Gottlieb Konrad Pfeffel: »Die Tobakspfeife«

Im **Alter** sind wir der Schmeichelei viel zugänglicher als in der Jugend.
>   Marie von Ebner-Eschenbach: Aphorismen

Nur das **Alter** ist jung, ach! und die Jugend ist alt.
>   Friedrich Schiller: »Jetzige Generation«

Amantes amentes
(Liebende, Rasende)
>   Titel einer 1609 erschienenen Komödie von Georg Rollenhagen. – Dieses Wortspiel findet sich schon bei Terenz, wo es in der *Andria* 1,3,13 heißt: »Nam inceptiost amentium, haud amantium.« (»Denn ein Beginnen Rasender ist es, nicht Liebender.«). Ähnlich im Prolog des *Mercator* von Plautus (»amens amansque«).

Amara, bittre, was du tust, ist bitter, / Wie du die Füße rührst, die Arme lenkest, / Wie du die Augen hebst, wie du sie senkest . . .
>   Friedrich Rückert: Aus dem Zyklus »Amaryllis, ein Sommer auf dem Lande«

. . . **Amboß** oder Hammer sein.
>   Johann Wolfgang Goethe: »Ein anderes«. – Dort heißt es: »Du mußt herrschen und gewinnen, / Oder dienen und verlieren, / Leiden oder triumphieren, / Amboß oder Hammer sein.«

Geh hin zur **Ameise**, du Fauler, sieh an ihr Tun und lerne von ihr!
>   Spr 6,6

In Hamburg lebten zwei **Ameisen**, / Die wollten nach Australien reisen. / Bei Altona auf der Chaussee, / Da taten ihnen die Beine weh . . .
>   Joachim Ringelnatz: »Die Ameisen«

Amerika, du hast es besser / Als unser Kontinent, das alte, / Hast keine verfallene Schlösser / Und keine Basalte.
    Johann Wolfgang Goethe: Zahme Xenien IX. Darin: »Den Vereinigten Staaten«

In **Amerika** regiert der Präsident vier Jahre, und der Journalismus herrscht unbegrenzt.
    Oscar Wilde: Die Seele des Menschen unter dem Sozialismus

Manchmal kommt mir in den Sinn, / Nach **Amerika** zu segeln, / Nach dem großen Freiheitsstall, / Der bewohnt von Gleichheitsflegeln –
    Heinrich Heine: »Jetzt wohin?«

Was **Amerika** zu bieten hat: Komfort, die beste Installation der Welt, ready for use, die Welt als amerikanisiertes Vakuum, wo sie hinkommen, alles wird Highway, die Welt als Plakat-Wand zu beiden Seiten . . .
    Max Frisch: Homo faber. Zweite Station, 9.–13. VII. in Cuba

Die Jugendlichkeit **Amerikas** ist seine älteste Tradition. Dreihundert Jahre alt.
    Oscar Wilde: A Woman of No Importance (Eine Frau ohne Bedeutung). 1. Akt

amicus certus in re incerta cernitur . . .
(Einen sicheren Freund erkennt man in unsicherer Lage . . .)
    Cicero: Laelius de amicitia 17,64. – Dort wird dies als ein Ausspruch des Ennius zitiert.

Ich hab hier bloß ein **Amt** und keine Meinung.
    Friedrich Schiller: Wallenstein. Wallensteins Tod I,5

Wem Gott ein **Amt** gibt, dem gibt er auch Verstand, – ist ein alter Scherz, den man wohl in unseren Zeiten nicht gar für Ernst wird behaupten wollen.
    Georg Wilhelm Friedrich Hegel: Grundlinien der Philosophie des Rechts. Vorrede

... dem **Amte** wohlbekannt.
> Heinrich von Kleist: Der zerbrochne Krug. 7. Auftritt. – Dort sagt der Gerichtsrat Walter: »Setzt ihren Namen in das Protokoll, / Und schreibt dabei: dem Amte wohlbekannt.«

We are not **amused**.
(Wir sind nicht erheitert.)
> Ein der englischen Königin Victoria zugeschriebener Ausspruch, der im Jahre 1889 gefallen sein soll, als ein Angehöriger des Gardekavallerieregiments den Versuch machte, die Königin nachzuahmen.

Aber hier, wie überhaupt, / Kommt es **anders**, als man glaubt.
> Wilhelm Busch: Plisch und Plum. Kap. 1

Anders, / Begreif ich wohl, als sonst in Menschenköpfen / Malt sich in diesem Kopf die Welt ...
> Friedrich Schiller: Don Karlos, Infant von Spanien III,10

Ich kann freilich nicht sagen, ob es besser werden wird, wenn es **anders** wird; aber so viel kann ich sagen, es muß anders werden, wenn es gut werden soll.
> Georg Christoph Lichtenberg: Sudelbücher K 293

Ἄνδρα μοι ἔννεπε, Μοῦσα, πολύτροπον ... – **Andra** moi ennepe, Musa, polytropon ...
(Sage mir, Muse, die Taten des vielgewanderten Mannes ...)
> Homer: Odyssee. – Beginn der Dichtung.

Wehre den **Anfängen** ...
(Principiis obsta ...)
> Ovid: Remedia amoris 91. – Auf dieses »Heilmittel gegen die Liebe« nimmt auch Seneca in den *Epistulae morales ad Lucilium* 72,11 Bezug (»Principiis ... obstemus«).

Aller **Anfang** ist schwer, am schwersten der Anfang der Wirtschaft.
> Johann Wolfgang Goethe: Hermann und Dorothea. 2. Gesang: Terpsichore

Am **Anfang** schuf Gott Himmel und Erde.
> 1 Mose 1,1

Am **Anfang** war das Wort – am Ende die Phrase.
Stanislaw Jerzy Lec: Unfrisierte Gedanken

Der **Anfang** ist die Hälfte des Ganzen.
(Ἀρχὴ ἥμισυ παντός. – Arche hemisy pantos.)
Platon: Gesetze 6,753e. – Dort wird as ebenso wie in der *Politik* des Aristoteles (5,4,1303b 29) als bekannte und schon sprichwörtliche Redewendung bezeichnet.

Der **Anfang** vom Ende
Die Redensart läßt sich auf eine Zeile des Prologsprechers in William Shakespeares *A Midsommer Night's Dreame* (*Ein Sommernachtstraum*) V,1 zurückführen, wo es heißt: ». . . That is the true beginning of our end« (»Das ist das wahre Beginnen unseres Endes«).

Im **Anfang** war das Wort, und das Wort war bei Gott, und Gott war das Wort.
Joh 1,1; Beginn des Johannes-Evangeliums; vgl. auch »Und das **Wo**rt ward Fleisch . . .«

Im **Anfang** war die Tat!
Johann Wolfgang Goethe: Faust. Der Tragödie erster Teil. Studierzimmer [I]

Wenn wir nicht von vorne **anfangen**, dürfen wir nicht hoffen, weiter zu kommen.
Johann Gottfried Seume: Apokryphen

Nicht allein das **Angeborene**, sondern auch das Erworbene ist der Mensch.
Johann Wolfgang Goethe: Maximen und Reflexionen 837

Mit dem, was dich nichts **angeht**, gib dich nicht ab . . .
Sir 3,24. – Oft zitiert in der Übersetzung Martin Luthers: »Und was deines Amts nicht ist, da laß deinen Vorwitz.«

Meine eigenen **Angelegenheiten** langweilen mich zu Tode. Ich bevorzuge die Angelegenheiten anderer Leute.
Oscar Wilde: Lady Windermere's Fan (Lady Windermeres Fächer). 3. Akt

Der HERR aber redete mit Mose von **Angesicht** zu Angesicht...
2 Mose 33,11

Der HERR lasse sein **Angesicht** leuchten über dir und sei dir gnädig!
4 Mose 6,25

Wir lassen uns das nicht gefallen, Sie sind auf uns nicht **angewiesen**, aber wir auf Sie, das müssen Sie sich merken!
Karl Valentin: Sturzflüge im Zuschauerraum

Angst und bange werden
Nach Jer 50,43: »...ihm wird so angst und bange werden wie einer Frau in Kindsnöten.« – In Sir 4,19 als »angst und bange machen«.

Da treibt ihn die **Angst**, da faßt er sich Mut, / Und wirft sich hinein in die brausende Flut / Und teilt mit gewaltigen Armen / Den Strom, und ein Gott hat Erbarmen.
Friedrich Schiller: »Die Bürgschaft«

All **animals** are equal but some animals are more equal than others.
(Alle Tiere sind gleich, aber einige Tiere sind gleicher als andere.)
George Orwell: Animal Farm. Kap. 10

Anklagen ist mein Amt und meine Sendung...
Friedrich Schiller: Wallenstein. Die Piccolomini II,7

Wo **Anmaßung** mir wohlgefällt? / An Kindern; denen gehört die Welt.
Johann Wolfgang Goethe: Aus »Sprichwörtlich«

So wie die **Anmut** der Ausdruck einer schönen Seele ist, so ist Würde der Ausdruck einer erhabenen Gesinnung.
Friedrich Schiller: Über Anmut und Würde (Abschnitt »Würde«)

Annchen von Tharau ist, die mir gefällt, / Sie ist mein Leben, mein Gut und mein Geld.
Das Gedicht findet sich sowohl in Johann Gottfried Herders Sammlung *Volkslieder* (1778) als auch in der von Clemens Brentano und Achim von Arnim herausgegebenen Sammlung *Des Knaben Wunderhorn*, wo es als »Der Palmbaum« aufgenom-

men wurde. – Das Lied, das 1637 entstanden war, wurde oft Simon Dach zugeschrieben. In der ursprünglichen Fassung lauten die Zeilen: »Anke van Tharaw öß, de my geföllt / Se öß mihn Lewen, mihn Goet on mihn Gölt.«

Ohne **Ansehen** der Person
Nach 1 Petr 1,17: »Und da ihr den als Vater anruft, der ohne Ansehen der Person einen jeden richtet nach seinem Werk . . .«

Gute **Ansichten** sind wertlos. Es kommt darauf an, wer sie hat.
Karl Kraus: Pro domo et mundo

Wer **Ansprüche** macht, beweist eben dadurch, daß er keine zu machen hat.
Johann Gottfried Seume: Apokryphen

The **answer**, my friend, is blowin' in the wind . . .
(Die Antwort, mein Freund, die kennt allein der Wind . . .)
Bob Dylan: »Blowin' in the wind«

Antichrist
Als Bezeichnung für den Teufel in 1 Joh 2,18; 4,3; 2 Joh 7

Du hast nun die **Antipathie**!
Johann Wolfgang Goethe: Faust. Der Tragödie erster Teil. Marthens Garten

Ein andres **Antlitz**, eh sie geschehen, / Ein anderes zeigt die vollbrachte Tat.
Friedrich Schiller: Die Braut von Messina III,5

Anton steck den Degen ein!
Titel einer Posse von David Kalisch, die am 5. März 1859 in Berlin uraufgeführt wurde. – Der Titel spielt auf Napoleon III. und seine gegen Österreich gerichtete Rüstungspolitik an, er lautet vollständig: Anton steck' den Degen ein! oder Der weibliche Rarey oder Höherer Blödsinn und tiefere Bedeutung.

. . . und bitten um **Antwort**.
1 Makk 12,18

Der **Apfel** ist gefallen!
Friedrich Schiller: Wilhelm Tell III,3

So laßt uns denn ein **Apfelbäumchen** pflanzen. Es ist soweit.
>Titel eines 1985 veröffentlichten Buches von Hoimar von Ditfurth. – Der Titel bezieht sich auf das ›bekannte‹ und vielzitierte Diktum »Wenn morgen die Welt unterginge, so würde ich heute noch ein Apfelbäumchen pflanzen«, das Martin Luther zugeschrieben wird, sich aber weder in seinen Schriften noch seinen Gesprächen nachweisen läßt.

Im Herzen jedes **Aphorisma**, so neu oder gar paradox es sich gebärden möge, schlägt eine uralte Wahrheit.
>Arthur Schnitzler: Buch der Sprüche und Bedenken. Darin: Kleine Sprüche 56. – Im Spruch 55 hatte es geheißen: »Es gibt keine neuen Wahrheiten auf Erden; und gerade in diesen kleinen Sätzen dachtest du sie zu finden?«

Der **Aphorismus** deckt sich nie mit der Wahrheit; er ist entweder eine halbe Wahrheit oder anderthalb.
>Karl Kraus: Sprüche und Widersprüche

Der längste Atem gehört zum **Aphorismus**.
>Karl Kraus: Pro domo et mundo

Ein **Aphorismus** braucht nicht wahr zu sein, aber er soll die Wahrheit überflügeln. Er muß mit einem Satz über sie hinauskommen.
>Karl Kraus: Sprüche und Widersprüche

So rettete mich **Apollo**.
(Sic me servavit Apollo.)
>Horaz: Satirae 1,9,78

O wackrer **Apotheker**! / Dein Trank wirkt schnell.
(O true apothecary, / Thy drugs are quick!)
>William Shakespeare: An Excellent Conceited Tragedie of Romeo and Juliet V,3

L'**appétit** vient en mangeant.
(Der Appetit kommt beim Essen.)
>François Rabelais: Gargantua et Pantagruel I, Kap. 5. – Die Wendung wird allerdings bereits dort auf Hieronymus von Hangest zurückgeführt: »L'appétit vient en mangeant, sagt Angeston, aber der Durst verliert sich durchs Trinken.«

April! April! / Der weiß nicht, was er will.
>Heinrich Seidel: »April«

Die schönen Tage in **Aranjuez** / Sind nun zu Ende.
    Friedrich Schiller: Don Karlos, Infant von Spanien I,1

Arbeit ist des Bürgers Zierde, / Segen ist der Mühe Preis . . .
    Friedrich Schiller: »Das Lied von der Glocke«

Arbeit macht das Leben süß, / Macht es nie zur Last, / Der nur hat Bekümmernis, / Der die Arbeit haßt.
    Gottlob Wilhelm Burmann: »Kleine Lieder für kleine Jünglinge«

Arbeit schändet nicht . . .
(Ἔργον δ' οὐδὲν ὄνειδος . . . – Ergon d'uden oneidos . . .)
    Hesiod: Werke und Tage 311

Der **Arbeit** Not, die niemand lindern wollte, / Sie war's, die selbst den Fels beiseite rollte!
    Georg Weerth: »Die Industrie«

Der hat nach Rechten nie getrachtet, / Der nicht die eigne **Arbeit** achtet.
    Gottfried Kinkel: »Wert der Arbeit«

Der Roman soll das deutsche Volk da suchen, wo es in seiner Tüchtigkeit zu finden ist, nämlich bei seiner **Arbeit**.
    Zitat von Julian Schmidt, das Gustav Freytag als Motto seinem Roman *Soll und Haben* voranstellte, der 1855 erschien

Die **Arbeit** macht den Gesellen.
    Johann Wolfgang Goethe: Maximen und Reflexionen 71

Mann der **Arbeit**, aufgewacht! / Und erkenne deine Macht!
    Georg Herwegh: »Bundeslied für den Allgemeinen deutschen Arbeiterverein«; vgl. auch »Alle **Räder** . . .«

So eine **Arbeit** wird eigentlich nie fertig, man muß sie für fertig erklären, wenn man nach Zeit und Umständen das möglichste getan hat.
    Johann Wolfgang Goethe: Italienische Reise. Caserta, den 16. März (1787). – Goethe bezieht sich damit auf die Bearbeitung seines Dramas *Iphigenie auf Tauris*.

Tages **Arbeit**! Abends Gäste! / Saure Wochen! / Frohe Feste!
>Johann Wolfgang Goethe: »Der Schatzgräber«

Unablässige **Arbeit** besiegt alles . . .
(Labor omnia vincit / improbus . . .)
>Vergil: Georgica 1,145 f.

Arbeiten und nicht verzweifeln
(Work and despair not)
>Ausspruch aus der Antrittsrede von Thomas Carlyle als Rektor der Universität Edinburgh am 2. April 1866. – Carlyle trug in dieser Rede eine Übersetzung von Goethes Gedicht »Symbolum« vor und ersetzte dabei dessen letzte Zeile »Wir heißen euch hoffen« durch die oben genannten Worte. Unter dem Titel *Arbeiten und nicht verzweifeln* erschien 1902 eine deutschsprachige Auswahl aus den Werken Carlyles.

Wer nicht **arbeiten** will, der soll auch nicht essen.
>2 Thess 3,10

. . . denn ein **Arbeiter** ist seines Lohnes wert.
>Lk 10,7. – 1 Tim 5,18 bezieht sich auf diese Stelle. Dagegen lautet Mt 10,10: »Denn ein Arbeiter ist seiner Speise wert.«

Die **Arbeiter** im Weinberg
>Nach Mt 20,1–16. – Aus dem Gleichnis von den Arbeitern im Weinberg.

Et in **Arcadia** ego.
(Auch ich war in Arkadien.)
>Die Inschrift fand sich zuerst unter einem Totenkopf in einem Gemälde von Bartolommeo Schidone; sie wurde dann auch von Nicolas Poussin benutzt und in der Folge häufig zitiert. So beginnt Friedrich Schillers Gedicht »Resignation« mit den Zeilen »Auch ich war in Arkadien geboren . . .« und Johann Wolfgang Goethe setzte es als Motto seiner *Italienischen Reise* voran. Ebenso wurde es von Wieland, Herder, E. T. A. Hoffmann, Rückert und Theodor Fontane (im Gedicht »Fester Befehl«) zitiert.

Und du sollst in die **Arche** bringen von allen Tieren, von allem Fleisch, je ein Paar, Männchen und Weibchen, daß sie leben bleiben mit dir.
>1 Mose 6,19

. . . daß **Architektur** gefrorene Musik sei.
> Arthur Schopenhauer: Die Welt als Wille und Vorstellung II, Kap. 39. – Dort mit Bezug auf eine Äußerung Goethes zu Eckermann vom 23. März 1829, die Baukunst sei »eine erstarrte Musik«. Diese von G. notierte Wendung stammt allerdings von Friedrich Wilhelm von Schelling, der die Formulierung in seinen 1802/03 in Jena (im handschr. Nachlaß unter II D 1c a, § 107) sowie 1804/05 in Würzburg gehaltenen *Vorlesungen über die Philosophie der Kunst* gebrauchte.

Im **Argen** liegen
> 1 Joh 5,19: »Wir wissen, daß wir von Gott sind, und die ganze Welt liegt im Argen.«

Arm am Beutel, krank am Herzen, / Schleppt ich meine langen Tage.
> Johann Wolfgang Goethe: »Der Schatzgräber«

Arm in Arm mit dir, / So fordr ich mein Jahrhundert in die Schranken.
> Friedrich Schiller: Don Karlos, Infant von Spanien I,9

Arm in Arm mit dir zum Blutgerüst! Arm in Arm mit dir zur Hölle!
> Friedrich Schiller: Kabale und Liebe V,8

Mir fehlt der **Arm**, wenn mir die Waffe fehlt.
> Friedrich Schiller: Wilhelm Tell III,1

Wer **arm** ist, darf sich was vorlügen – das ist sein Recht. Vielleicht sein einziges Recht.
> Ödön von Horváth: Ein Kind unserer Zeit. Darin: Das denkende Tier

Arme Leute schenken gern.
> Marie von Ebner-Eschenbach: Aphorismen

Der **Arme** liegt überall am Boden.
(Pauper ubique iacet.)
> Ovid: Fasti 1,218

Ich fühle eine **Armee** in meiner Faust – Tod oder Freiheit!
> Friedrich Schiller: Die Räuber II,3

Kann ich **Armeen** aus der Erde stampfen? / Wächst mir ein Kornfeld in der flachen Hand?
>Friedrich Schiller: Die Jungfrau von Orleans I,3

Die **Armen** sind die Neger von Europa.
(Les pauvres sont les nègres de l'Europe.)
>Nicolas Chamfort: Produits de la Civilisation perfectionnée. Darin: Maximes et Pensées, Caractères et Anecdotes

... In den **Armen** liegen sich beide / Und weinen für Schmerz und Freude.
>Friedrich Schiller: »Die Bürgschaft«

Das größte Übel und das schlimmste Verbrechen ist **Armut**.
(... that the greatest of our evils, and the worst of our crimes is poverty ...)
>George Bernard Shaw: Major Barbara. Vorwort. Darin der Abschnitt: The Gospel of St. Andrew Undershaft

Denn **Armut** ist ein großer Glanz aus Innen ...
>Rainer Maria Rilke: Das Stunden-Buch. 3. Buch. »Von der Armut und vom Tode«

... die große **Armut** in der Stadt kommt von der großen Powerteh her!
>Fritz Reuter: Ut mine Stromtid III, Kap. 38

In dieser **Armut** welche Fülle! / In diesem Kerker welche Seligkeit!
>Johann Wolfgang Goethe: Faust. Der Tragödie erster Teil. Abend. Ein kleines reinliches Zimmer

Er aber, sag's ihm, er kann mich im **Arsch** lecken.
>Johann Wolfgang Goethe: Götz von Berlichingen mit der eisernen Hand III. Jaxthausen. – In der späteren Bühnenfassung von 1804 lautet diese oft nur als »– – –« wiedergegebene, als ›Götz-Zitat‹ aber sprichwörtlich gewordene Stelle: »Er aber, sag's ihm – er kann zum Teufel fahren« (III,9).

L'**art** pour l'art
(Die Kunst um der Kunst willen)

> Diese Wendung gebrauchte Victor Cousin in der 22. seiner im Jahre 1818 an der Pariser Sorbonne gehaltenen Vorlesungen über Philosophie: »Il faut de la religion pour la religion, de la morale pour la morale, de l'art pour l'art.«

Denn **arth** lesset von der arth nicht / Der Speck wil von der schwarten nicht. / Die Katze lesset jhr mausen nicht.
(Denn Art läßt von der Art nicht / Der Speck will von der Schwarte nicht. / Die Katze läßt das Mausen nicht.)

> Georg Rollenhagen: Froschmeuseler. 1. Buch. Das ander Theil, Kap. 25

Die **Artisten** in der Zirkuskuppel: ratlos

> Titel eines Films von Alexander Kluge aus dem Jahr 1968

Es ist **Arznei**, nicht Gift, was ich dir reiche.

> Gotthold Ephraim Lessing: Nathan der Weise I,2. – Ähnlich hatte es vor Lessing schon William Shakespeare in *Romeo und Julia* (V,1) formuliert: »Come, cordial and not poison ...« (Komm, Stärkungstrank, nicht Gift!). In der 3. Strophe von Samuel Rodigasts Lied »Was Gott tut, das ist wohlgetan«, das 1681 erstmals veröffentlicht wurde, heißt es: »Er als mein Arzt und Wundermann / Wird mir nicht Gift einschenken / Für Arzenei.«

Arzt, hilf dir selber!

> Lk 4,23. – Dort bereits als ›Sprichwort‹ bezeichnet. In Sir 18,20 heißt es: »... sorge für deine Gesundheit, bevor du krank wirst ...«

... Und mein Stamm sind jene **Asra**, / Welche sterben, wenn sie lieben.

> Heinrich Heine: »Der Asra«

Weckt bitte keine **Assoziationen**, wenn ihr sie nicht auch einschläfern könnt.

> Stanislaw Jerzy Lec: Unfrisierte Gedanken

Astern – schwälende Tage, / alte Beschwörung, Bann, / die Götter halten die Waage / eine zögernde Stunde an.

> Gottfried Benn: »Astern«

Deshalb verbrennt man **Atheisten** *siehe* **Na**tur

Ich unglücksel'ger **Atlas**! eine Welt, / Die ganze Welt der Schmerzen, muß ich tragen ...

> Heinrich Heine: Buch der Lieder. Darin: »Die Heimkehr« 24

Wie **atmet** rings Gefühl der Stille, / Der Ordnung, der Zufriedenheit!

> Johann Wolfgang Goethe: Faust. Der Tragödie erster Teil. Abend. Ein kleines reinliches Zimmer

Audiatur et altera pars
(Auch die andere Partei werde gehört)

> Die vielzitierte Rechtsregel ist in dieser Form nicht überliefert. In der *Medea*, V. 199 f., des Seneca heißt es: »Qui statuit aliquid parte inaudita altera, / aequum licet statuerit, haud aequus fuit.« (»Wer etwas beschließt, ohne die andere Partei gehört zu haben, / handelt nicht billig, selbst wenn er Billiges beschlossen hat ...«). In ähnlicher Form auch im Griechischen verbreitet, so in den *Herakleidai* des Euripides (V. 179 f.) oder der Rede *Kata Timokratus* des Demosthenes: »... ich will anhören den Kläger und den Verklagten, beide gleicherweise« (V. 149–151).

Auferstanden aus Ruinen / Und der Zukunft zugewandt, / Laß uns dir zum Guten dienen, / Deutschland, einig Vaterland.

> Anfangszeilen eines Gedichts von Johannes R. Becher, zugleich Text der Nationalhymne der Deutschen Demokratischen Republik

Jede Zeit hat ihre **Aufgabe**, und durch die Lösung derselben rückt die Menschheit weiter.

> Heinrich Heine: Reisebilder. 3. Teil. Reise von München nach Genua. Kap. XXIX

... wird man wo gut **aufgenommen**, muß man ja nicht zweimal kommen.

> Pius Alexander Wolff: Preciosa II,1

Aufgestanden ist er, welcher lange schlief, / Aufgestanden unten aus Gewölben tief.

> Georg Heym: »Der Krieg«

Was man nicht **aufgibt**, hat man nie verloren.

> Friedrich Schiller: Maria Stuart II,5

Aufklärung ist der Ausgang des Menschen aus seiner selbstverschuldeten Unmündigkeit. Unmündigkeit ist das Unvermögen, sich seines Verstandes ohne Leitung eines andern zu bedienen.
Immanuel Kant: Beantwortung der Frage: Was ist Aufklärung?

Aufrichtig zu sein, kann ich versprechen, unparteiisch zu sein, aber nicht.
Johann Wolfgang Goethe: Maximen und Reflexionen 184

Der **Aufruhr** wächst in meinen Niederlanden.
Friedrich Schiller: Don Karlos, Infant von Spanien I,6

... Mit Einem heitern, Einem nassen **Aug** ...
(... With one auspicious and one dropping eye ...)
William Shakespeare: The Tragicall Historie of Hamlet, Prince of Denmarke I,2

Er behütete ihn wie seinen **Augapfel**.
5 Mose 32,10

Auf dem langen Wege, aus dem **Auge** durch den Arm in den Pinsel, wieviel geht da verloren!
Gotthold Ephraim Lessing: Emilia Galotti I,4

Auge um Auge, Zahn um Zahn, Hand um Hand, Fuß um Fuß.
2 Mose 21,24; vgl. 3 Mose 24,20; 5 Mose 19,21; Mt 5,38

Da bleibt kein **Auge** trocken.
Johann Daniel Falk: »Paul. Eine Handzeichnung«. In: Taschenbuch für Freunde des Scherzes und der Satire (1799). – Dort heißt es: »In schwarzen Trauerflören wallt / Beim Grabgeläut der Glocken / Zu unserm Kirchhof jung und alt: / Da bleibt kein Auge trocken.«

Das **Auge** sieht sich niemals satt, und das Ohr hört sich niemals satt.
Koh 1,8. – Aus dieser Quelle leitet sich die Wendung vom ›Nimmersatt‹ ab.

... Denn das **Auge** des Gesetzes wacht.
Friedrich Schiller: »Das Lied von der Glocke«

Ein **Auge** auf jemanden werfen

Dan 1,9: ». . . und wurden darüber zu Narren und warfen die Augen so sehr auf sie . . .« – Geschichte von Susanna und Daniel.

Wär' nicht das **Auge** sonnenhaft, / Die Sonne könnt' es nie erblicken; / Läg' nicht in uns des Gottes eigne Kraft, / Wie könnt' uns Göttliches entzücken?

Johann Wolfgang Goethe: »Zahme Xenien III«. – Goethe nimmt hier Bezug auf die *Enneades* des Plotin, wo es im 6. Buch der 1. Enneade heißt: »οὐ γὰρ πώποτε εἶδεν ὀφθαλμὸς ἥλιον, ἡλιοειδὴς μὴ γεγενημένος . . . – u gar popote eiden ophthalmos helion, helioeides me gegenemenos . . .« (»Nie hätte das Auge die Sonne gesehen, wäre es nicht sonnenhaft geboren . . .«). – Plotin fährt fort: ». . . noch könnte die Seele das Schöne sehen, wenn sie nicht selbst schön wäre.«

Aller **Augen** warten auf dich, / und du gibst ihnen Speise zur rechten Zeit. / Du tust deine Hand auf / und sättigst alles, was lebt, nach deinem Wohlgefallen.

Ps 145,15 f.

. . . an dem Tage, da ihr davon esset, werden eure **Augen** aufgetan, und ihr werdet sein wie Gott und wissen, was gut und böse ist.

1 Mose 3,5

Augen, meine lieben Fensterlein, / Gebt mir schon so lange holden Schein, / Lasset freundlich Bild um Bild herein: / Einmal werdet ihr verdunkelt sein!

Gottfried Keller: »Abendlied«

. . . denn meine **Augen** haben deinen Heiland gesehen, den du bereitet hast vor allen Völkern . . .

Lk 2,30 f.

Die **Augen** gingen ihm über, / So oft er trank daraus.

Johann Wolfgang Goethe: »Der König in Thule«. – Am Ende des Gedichts heißt es dann: »Die Augen täten ihm sinken; / Trank nie einen Tropfen mehr.«

Geh von mir und hüte dich, daß du mir nicht mehr vor die **Augen** kommst . . .

2 Mose 10,28. – Der Pharao zu Mose.

Ihr glücklichen **Augen**, / Was je ihr gesehn, / Es sei wie es wolle, / Es war doch so schön!
> Johann Wolfgang Goethe: Faust. Der Tragödie zweiter Teil. 5. Akt. Tiefe Nacht

Ja, aus den **Augen**, aus dem Sinn!
> Johann Wolfgang Goethe: Faust. Der Tragödie erster Teil. Garten

Man sieht dir's an den **Augen** an, / Gewiß, du hast geweint.
> Johann Wolfgang Goethe: »Trost in Tränen«

. . . sie haben **Augen** und sehen nicht, sie haben Ohren und hören nicht, / sie haben Nasen und riechen nicht . . .
> Ps 115,5 f; vgl. Ps 135,16 f.; Weish 15,15 und Jes 6,10

. . . um ihrer schönen **Augen** willen.
(. . . pour leurs beaux yeux.)
> Molière: Les précieuses ridicules (Die Lächerlichen Preziösen) 15

Den richtigen **Augenblick** erkenne!
(Καιρὸν γνῶθι. – Kairon gnothi.)
> Ein von Stobaios überlieferter Ausspruch des Pittakos von Mytilene, der einer der sieben Weisen war

Doch der den **Augenblick** ergreift, / Das ist der rechte Mann.
> Johann Wolfgang Goethe: Faust. Der Tragödie erster Teil. Studierzimmer [II]

Ein **Augenblick**, gelebt im Paradiese, / Wird nicht zu teuer mit dem Tod gebüßt.
> Friedrich Schiller: Don Karlos, Infant von Spanien I,5

Ein einzger **Augenblick** kann alles umgestalten!
> Christoph Martin Wieland: Oberon 7,75

Nur was der **Augenblick** erschafft, das kann er nützen.
> Johann Wolfgang Goethe: Faust. Der Tragödie erster Teil. Nacht

So selten kommt der **Augenblick** im Leben, / Der wahrhaft wichtig ist und groß.
> Friedrich Schiller: Wallenstein. Die Piccolomini II,6

Sorgt immer für den **Augenblick**, / Und Gott lass't für die Zukunft sorgen.
>Christoph Martin Wieland: »Wintermärchen«. 1. Teil

Es gibt im Menschenleben **Augenblicke**, / Wo er dem Weltgeist näher ist, als sonst, / Und eine Frage frei hat an das Schicksal.
>Friedrich Schiller: Wallenstein. Wallensteins Tod II,3

Werd ich zum **Augenblicke** sagen: / Verweile doch! du bist so schön! / Dann magst du mich in Fesseln schlagen, / Dann will ich gern zugrunde gehn!
>Johann Wolfgang Goethe: Faust. Der Tragödie erster Teil. Studierzimmer [II]

Morgen **Augsburg**
>Wiederholte Wendung aus Thomas Bernhards Theaterstück *Die Macht der Gewohnheit*

Aura popularis
(Die Volksgunst)
>Im Sinne einer wandelbaren, unbeständigen Unterstützung durch das Volk zuerst bei Cicero: De haruspecis responso 20,43

. . . nach **Auschwitz** ein Gedicht zu schreiben, ist barbarisch, und das frißt auch die Erkenntnis an, die ausspricht, warum es unmöglich ward, heute Gedichte zu schreiben.
>Theodor W. Adorno: Kulturkritik und Gesellschaft. – Im Dritten Teil seiner *Negativen Dialektik* stellte Adorno im Abschnitt »III. Meditationen zur Metaphysik« zu seinem vielzitierten Diktum fest: ». . . darum mag falsch gewesen sein, nach Auschwitz ließe kein Gedicht mehr sich schreiben. Nicht falsch aber ist die minder kulturelle Frage, ob nach Auschwitz noch sich leben lasse, ob vollends es dürfe, wer zufällig entrann und rechtens hätte umgebracht werden müssen.« Den Vortrag »Erziehung nach Auschwitz« leitete Adorno im Hessischen Rundfunk am 18. April 1966 mit dem Satz ein: »Die Forderung, daß Auschwitz nicht noch einmal sei, ist die allererste an Erziehung.«

Wenn Menschen **auseinandergehn**, / So sagen sie: auf Wiedersehn! / Ja Wiedersehn!
>Ernst Freiherr von Feuchtersleben: »Nach altdeutscher Weise«

Das **auserwählte** Volk
Als Bezeichnung für das jüdische Volk nach Ps 105,43: »So führte er sein Volk in Freuden heraus / und seine Auserwählten mit Jubel . . .«

Ausgelitten hast du – ausgerungen.
Johann Heinrich von Reitzenstein: »Lotte bei Werthers Grabe«

Wohl **ausgesonnen**, Pater Lamormain!
Friedrich Schiller: Wallenstein. Die Piccolomini II,7

Ausgestritten, ausgerungen / Ist der lange, schwere Streit . . .
Friedrich Schiller: »Das Siegesfest«

Im **Auslegen** seid frisch und munter! / Legt ihr's nicht aus, so legt was unter.
Johann Wolfgang Goethe: »Zahme Xenien II«

Hier ist die **Aussicht** frei, / Der Geist erhoben.
Johann Wolfgang Goethe: Faust. Der Tragödie zweiter Teil. 5. Akt. Bergschluchten

Autodidakten übertreiben immer.
Theodor Fontane: Der Stechlin. Kap. 2

So schreibt der **Autor**, um sich an die Freiheit des Lesers zu wenden, und er braucht sie, um sein Werk existieren zu lassen.
Jean-Paul Sartre: Was ist Literatur? 2. Warum schreiben?

Autorität: ohne sie kann der Mensch nicht existieren, und doch bringt sie eben soviel Irrtum als Wahrheit mit sich.
Johann Wolfgang Goethe: Maximen und Reflexionen 1174

Ave, imperator, morituri te salutant!
(Heil Dir, Kaiser, die dem Tod Geweihten begrüßen Dich!)
Von Sueton (Claudius 21) überlieferte Anrede der Fechter an Kaiser Claudius, die aus Anlaß der Feiern nach der Vollendung eines Kanals am Fucinersee eine Seeschlacht darstellen mußten

Die **Axt** an die Wurzel legen
>Nach Mt 3,10: »Es ist schon die Axt den Bäumen an die Wurzel gelegt.« Ebenso in Lk 3,9.

Die **Axt** im Haus erspart den Zimmermann.
>Friedrich Schiller: Wilhelm Tell III,1

Ihr seid auch Männer, wisset eure **Axt** / Zu führen, und dem Mutigen hilft Gott!
>Friedrich Schiller: Wilhelm Tell I,2

B

Vom Abend glänzt der rote Bauch dem **Baal**, / Die großen Städte knien um ihn her.
Georg Heym: »Der Gott der Stadt«

Sie ist gefallen, sie ist gefallen, **Babylon**, die große Stadt; denn sie hat mit dem Zorneswein ihrer Unzucht getränkt alle Völker.
OffbB 14,8

Babylonische (Sprach)verwirrung
Nach 1 Mose 11,9: »Daher heißt ihr Name Babel, weil der HERR daselbst verwirrt hat aller Länder Sprache . . .«

Zu **Bacharach** am Rheine / Wohnt eine Zauberin, / Sie war so schön und feine / Und riß viel Herzen hin.
Clemens Brentano: Godwi. 2. Teil, Kap. 36. Darin: »Lore Lay«

. . . sondern, wenn dir jemand einen Streich gibt auf deine rechte **Backe**, dem biete die andere auch dar.
Mt 5,39. – Aus der Bergpredigt.

. . . Und ein **Backfisch** mit einem Mozartzopf.
Theodor Fontane: »Was mir gefällt«

Ich hört ein **Bächlein** rauschen / Wohl aus dem Felsenquell . . .
Wilhelm Müller: »Wohin?«

In einem **Bächlein** helle, / Da schoß in froher Eil / Die launige Forelle / Vorüber wie ein Pfeil.
Christian Friedrich Daniel Schubart: »Die Forelle«. – Populär wurde dieses Gedicht in der Vertonung von Franz Schubert.

Baedeker

Als Bezeichnung für einen Reiseführer so genannt nach dem Koblenzer Buchhändler Karl Baedeker, der 1836 in 2. Auflage eine Neubearbeitung von Johann Adam Kleins 1828 erschienener *Rheinreise von Mainz bis Köln, Handbuch für Schnellreisende* herausgab. Die Reihe wurde dann nach seinem Tode von seinen Söhnen fortgesetzt.

Großer **Bär**, komm herab, zottige Nacht, / Wolkenpelztier mit den alten Augen . . .

Ingeborg Bachmann: »Anrufung des großen Bären«

Ich habe nie verlangt, / Daß allen **Bäumen** eine Rinde wachse.

Gotthold Ephraim Lessing: Nathan der Weise IV,4

In einer **Bahnhofhalle**, nicht für es gebaut, / geht ein Huhn / hin und her . . .

Christian Morgenstern: »Das Huhn«

Ausgerechnet **Bananen**, / Bananen verlangt sie von mir!

Refrain des Liedes »Ausgerechnet Bananen«, dessen deutscher Text von Beda stammt. – Originaltext und -musik des Liedes *Yes! We have no bananas* stammen von Frank Silver und Irving Cohn.

Auf dieser **Bank** von Stein will ich mich setzen . . .

Friedrich Schiller: Wilhelm Tell IV,3

Des Königs **Banner** rücken vor . . .
(Vexilla regis prodeunt . . .)

Anfangszeile eines Prozessionsliedes von Venantius Fortunatus, eines Bischofs von Poitiers. – Die Worte zitierte Otto von Bismarck in seiner sogenannten Polenrede vor dem Preußischen Landtag am 28. Januar 1886.

Der alte **Barbarossa**, / Der Kaiser Friederich, / Im unterird'schen Schlosse / Hält er verzaubert sich.

Friedrich Rückert: »Barbarossa«. – Gemeint ist Kaiser Friedrich I. (1152–90).

Bassermannsche Gestalten

Die Wendung beruht auf einem Bericht des Abgeordneten Friedrich Daniel Bassermann vor der Frankfurter Nationalversammlung am 18. November 1848 über die Zustände in Berlin: »Ich sah hier Gestalten die Straßen bevölkern, die ich nicht schildern will.«

Wenn das Gewölbe widerschallt, / Fühlt man erst recht des **Basses** Grundgewalt.
>   Johann Wolfgang Goethe: Faust. Der Tragödie erster Teil. Auerbachs Keller in Leipzig

Batavia. Fünfhundert Zehn.
>   Annette von Droste-Hülshoff: »Die Vergeltung«

Auf deinem **Bauche** sollst du kriechen und Erde fressen dein Leben lang.
>   1 Mose 3,14. – Gott zur Schlange.

In mir habt ihr einen, auf den könnt ihr nicht **bauen**.
>   Bertolt Brecht: »Vom armen B. B.«

Der **Bauer** ist auch ein Mensch – so zu sagen ...
>   Friedrich Schiller: Wallenstein. Wallensteins Lager. 10. Auftritt

Der **Bauer** ist kein Spielzeug, da sei uns Gott davor!
>   Adelbert von Chamisso: »Das Riesenspielzeug«

... wenn Gott mir noch ein Leben schenkt, möchte ich es dahin bringen, daß es keinen **Bauer** in meinem Königreich gibt, der nicht imstande ist, ein Huhn in seinem Topf zu haben.
>   Nach Überlieferung von Hardouin de Péréfixe ein Ausspruch von Heinrich IV. von Frankreich, der oft in der Form »Je veux que le dimanche chaque paysan ait sa poule au pot« zitiert wird

Baum der Erkenntnis
>   1 Mose 2,17; vgl. auch »Du darfst **es**sen von allen Bäumen ...

Wir lagen auf der Wiese und **baumelten** mit der Seele.
>   Kurt Tucholsky: Schnipsel

Ich mag es gerne leiden, / Wenn auch der **Becher** überschäumt ...
>   Friedrich Schiller: Don Karlos, Infant von Spanien III,10

Wer mir den **Becher** kann wieder zeigen, / Er mag ihn behalten, er ist sein eigen.
>   Friedrich Schiller: »Der Taucher«

Bedecke deinen Himmel, Zeus, / Mit Wolkendunst / Und übe, dem Knaben gleich, / Der Disteln köpft, / An Eichen dich und Bergeshöhn ...
>   Johann Wolfgang Goethe: »Prometheus«

Denn wer lange **bedenkt**, der wählt nicht immer das Beste.
>   Johann Wolfgang Goethe: Hermann und Dorothea. 4. Gesang: Euterpe

Wer gar zuviel **bedenkt**, wird wenig leisten.
>   Friedrich Schiller: Wilhelm Tell III,1

Ich weiß nicht, was soll es **bedeuten**, / Daß ich so traurig bin; / Ein Märchen aus alten Zeiten, / Das kommt mir nicht aus dem Sinn.
>   Heinrich Heine: Buch der Lieder. Darin: »Die Heimkehr« 2. – Das Gedicht wird meist unter dem Titel »Lorelei« zitiert.

Jeder Mensch findet sich von den frühsten Momenten seines Lebens an, erst unbewußt, dann halb, endlich ganz bewußt, immerfort **bedingt**, begrenzt in seiner Stellung.
>   Johann Wolfgang Goethe: Wilhelm Meisters Wanderjahre oder Die Entsagenden. 2. Fassung 1829. 3. Buch, Kap. 13. Lenardos Tagebuch. Freitag, den 19.

Befiehl dem HERRN deine Wege / und hoffe auf ihn, er wird's wohlmachen ...
>   Ps 37,5. – Auf diese Stelle bezieht sich Paul Gerhardts Kirchenlied »Befiehl dem HERRN deine Wege und hoffe auf Ihn, Er wird's wohl machen«, das mit den Versen beginnt: »BEFIEHL du deine Wege, / Und was dein Herze kränkt, / Der allertreusten Pflege / Des, der den Himmel lenkt.«

Nie sollst du mich **befragen**, / noch Wissens Sorge tragen ...
>   Richard Wagner: Lohengrin I,3

Begeisterung ist keine Heringsware, / Die man einpökelt auf einige Jahre.
>   Johann Wolfgang Goethe: »Frisches Ei, gutes Ei«

So tauml ich von **Begierde** zu Genuß, / Und im Genuß verschmacht ich nach Begierde.
> Johann Wolfgang Goethe: Faust. Der Tragödie erster Teil. Wald und Höhle

Sie sind **begraben** alle, / Mit denen ich gewaltet und gelebt.
> Friedrich Schiller: Wilhelm Tell II,1

Was ist das für eine Zeit, wo man die **Begrabenen** beneiden muß?
> Johann Wolfgang Goethe: Maximen und Reflexionen 1015

Ein **Begräbnis** erster Klasse.
> Otto von Bismarck über seine Verabschiedung im Jahre 1890

Denn eben wo **Begriffe** fehlen, / Da stellt ein Wort zur rechten Zeit sich ein.
> Johann Wolfgang Goethe: Faust. Der Tragödie erster Teil. Studierzimmer [II]; vgl. auch »Mit Worten läßt sich trefflich streiten . . .«

Mich ergreift, ich weiß nicht wie, / Himmlisches **Behagen**.
> Johann Wolfgang Goethe: »Tischlied«

Man **beherrscht** die Menschen mit dem Kopf: mit einem guten Herzen spielt man nicht Schach.
(On gouverne les hommes avec la tête. On ne joue pas aux échecs avec un bon cœur.)
> Nicolas Chamfort: Produits de la Civilisation perfectionnée. Darin: Maximes et Pensées, Caractères et Anecdotes

Behüet' dich Gott! es wär' zu schön gewesen, / Behüet' dich Gott, es hat nicht sollen sein! –
> Joseph Victor von Scheffel: Der Trompeter von Säkkingen. 14. Stück, Nr. XII

Das ist doch **Bein** von meinem Bein und Fleisch von meinem Fleisch . . .
> 1 Mose 2,23

Bekenntnisse einer schönen Seele
> Titel des 6. Buchs von Johann Wolfgang Goethes Roman *Wilhelm Meisters Lehrjahre*

Nie sich **beklagen**. Das Klagen schadet stets unserm Ansehn.

Baltasar Gracián: Oráculo manual y arte de prudencia (Hand-Orakel und Kunst der Weltklugheit) 129

Bel ami
(Schöner Freund)

Titel eines 1885 erschienenen Romans von Guy de Maupassant

Bella gerant alii, tu, felix Austria, nube!
(Kriege mögen andere führen, du, glückliches Österreich, heirate!)

Der Verfasser dieses auf die glückliche Heiratspolitik Kaiser Maximilians I. gemünzten Epigramms ist nicht bekannt, lange Zeit wurde es irrtümlicherweise Matthias Corvinus zugeschrieben. – Anschließend heißt es: »Nam quae Mars aliis, dat tibi regna Venus.« (»Denn die der Kriegsgott Mars den anderen gibt, die Königreiche gibt dir die Liebesgöttin Venus.«) Der erste Halbvers nimmt dabei Bezug auf ein Zitat aus den *Heroides* des Ovid: »Bella gerant alii: Protesilaus amet!« (13,82: »Kriege sollen andere führen, Protesilaus soll lieben.«)

Bellum omnium contra omnes
(Krieg aller gegen alle)

Thomas Hobbes: Leviathan or the Matter, Forme and Power of a Commonwealth Ecclesiasticall and Civil. Kap. 13. – Vorher schon in seiner Schrift *De cive* I, Kap. 12 (dort als »bellum omnium in omnes«). Ähnlich bereits bei Platon (*Gesetze* 1,625e, 626a).

Bene vixit, qui bene latuit.
(Gut hat der sein Leben geführt, der sich gut verborgen hat.)

Ovid: Tristia 3,4,25. – So auch schon im 551. Fragment (nach H. Usener) des Epikur: »Λάθε βιώσας – Lathe biosas.« (»Lebe im Verborgenen.«)

Beneidenswert, wer frei davon!
(Bien eureux est qui rien n'y a!)

François Villon: Le Testament. Refrain der »Double Ballade sur le mesme propos« (»Pour ce, aymez tant que vouldrez . . .«)

Benjamin

Als Bezeichnung für das jüngste Kind nach 1 Mose 42 f.

Wenn ich **beobachte**, unterscheide ich. Ich wäre vielleicht nicht auf den Gedanken gekommen zu unterscheiden.

Antoine de Saint-Exupéry: Carnets. Darin: Verstand und Sprache

Es ist vieles wahr, was sich nicht **berechnen** läßt, sowie sehr vieles, was sich nicht bis zum entschiedenen Experiment bringen läßt.
>   Johann Wolfgang Goethe: Wilhelm Meisters Wanderjahre oder Die Entsagenden.
>   Darin: Aus Makariens Archiv

In **Bereitschaft** sein ist alles.
(The readiness is all.)
>   William Shakespeare: The Tragicall Historie of Hamlet, Prince of Denmarke V,2

Nichts **bereuen** ist aller Weisheit Anfang.
>   Ludwig Börne: Aphorismen

. . . Den schreckt der **Berg** nicht, der darauf geboren.
>   Friedrich Schiller: Wilhelm Tell III,1

Der **Berg** kreißte, Zeus geriet in Angst, der Berg aber gebar eine Maus . . .
("Ωδινεν ὄρος, Ζεὺς δ' ἐφοβεῖτο, τὸ δ' ἔτεκεν μῦν . . . – Odinen oros, Zeus d'ephobeito, to d'eteken myn . . .)
>   Durch Athenaeus überliefertes Wort des Ägyptenkönigs Tachos, der mit diesen Worten Agesilaos, den kleinwüchsigen König der Spartaner, verspottete. – Von Horaz in seiner *De arte poetica* 139 zitiert: »Parturient montes, nascetur ridiculus mus.«

Hinterm **Berg**, / Hinterm Berg / Brennt es in der Mühle!
>   Refrain in Eduard Mörikes Gedicht »Der Feuerreiter«

Sei mir gegrüßt, mein **Berg** mit dem rötlich strahlenden Gipfel!
>   Friedrich Schiller: »Der Spaziergang«

Lebt wohl ihr **Berge**, ihr geliebten Triften, / Ihr traulich stillen Täler lebet wohl!
>   Friedrich Schiller: Die Jungfrau von Orleans. Prolog. 4. Auftritt

Auf den **Bergen** ist die Freiheit! Der Hauch der Grüfte / Steigt nicht hinauf in die reinen Lüfte . . .
>   Friedrich Schiller: Die Braut von Messina IV,7

So viele **Berichte.** / So viele Fragen.
>   Bertolt Brecht: »Fragen eines lesenden Arbeiters« (Schlußverse)

Berlin, wie es weint und lacht
>Titel einer Posse von David Kalisch, die am 13. Juli 1858 erstmals aufgeführt wurde. – Kalisch nimmt damit Bezug auf die von 1832 bis 1850 erschienene Zeitschrift *Berlin, wie es ist und – trinkt* von Adolf Glaßbrenner

Du bist verrückt, mein Kind, / Du mußt nach **Berlin** . . .
>Verballhornung eines Liedes aus der Operette *Fatinitza* von Franz von Suppé, zu der F. Zell und Richard Genée das Libretto schrieben

In **Berlin** wächst kein Gras. In Wien verdorrt es.
>Karl Kraus: Sprüche und Widersprüche

Berliner sein zierlich und pfiffig und fein.
>Louis Angely: Das Fest der Handwerker. 9. Szene. – Anschließend heißt es: »Es geht ihn'n die Arbeit so flink wie das Maul.«

Das macht die **Berliner** Luft, Luft, Luft . . .
>Refrain eines Liedes aus Paul Linckes Operette *Frau Luna,* zu der Heinrich Bolten-Baeckers den Text schrieb

Der **Berliner** ist meist aus Posen oder Breslau und hat keine Zeit.
>Kurt Tucholsky: Schnipsel

Ich bin ein **Berliner**!
>Schlußsatz in John F. Kennedys Ansprache vor dem Schöneberger Rathaus am 26. Juni 1963. – Das Vorbild für diese Worte des amerikanischen Präsidenten war Ciceros Diktum: »**Civis** romanus sum.«

Berserker
>Aus der älteren *Edda* 16,23. – Dort heißt es nach der Übersetzung Karl Simrocks: »Zu Sorgen und Arbeit hatte die Söhne / Arngrim gezeugt mit Eyfura, / Daß Schauer und Schrecken von Berserkerschwärmen / Über Land und Meer gleich Flammen lohten.«

Berühmtheit: der Vorzug, von jenen gekannt zu werden, die einen nicht – persönlich – kennen.
(Célébrité: l'avantage d'être connu de ceux qui ne vous connaissent pas.)
>Nicolas Chamfort: Produits de la Civilisation perfectionnée. Darin: Maximes et Pensées, Caractères et Anecdotes

Alle **Berufe** sind Verschwörungen gegen den Laien.
(All professions are conspiracies against the laity.)
>George Bernard Shaw: The Doctor's Dilemma (Der Arzt am Scheideweg). 1. Akt

Denn viele sind **berufen**, aber wenige sind auserwählt.
>Mt 22,14

Werd ich **beruhigt** je mich auf ein Faulbett legen, / So sei es gleich um mich getan!
>Johann Wolfgang Goethe: Faust. Der Tragödie erster Teil. Studierzimmer [II]

Die falsche **Bescheidenheit** ist die dezenteste von allen Lügen.
(La fausse modestie est le plus décent de tous les mensonges.)
>Nicolas Chamfort: Produits de la Civilisation perfectionnée. Darin: Maximes et Pensées, Caractères et Anecdotes

Ziert **Bescheidenheit** den Jüngling, / Nicht verkenn' er seinen Wert!
>Franz Grillparzer: Die Ahnfrau. 1. Aufzug

In der **Beschränkung** zeigt sich erst der Meister . . .
>Johann Wolfgang Goethe: Was wir bringen. Vorspiel bei Eröffnung des neuen Schauspielhauses zu Lauchstädt. 19. Auftritt

Neue **Besen** kehren gut
>Freidank: Bescheidenheit. – Dort heißt es in 50,12 f.: »Der niuwe beseme kert wol, / ê daz er stoubes werde vol . . .« (»Der neue Besen kehrt sehr wohl, / Eh' daß er Staubes werde voll.«)

Sei im **Besitze** und du wohnst im Recht, / Und heilig wirds die Menge dir bewahren.
>Friedrich Schiller: Wallenstein. Wallensteins Tod I,4

Was ich **besitze**, seh ich wie im Weiten, / Und was verschwand, wird mir zu Wirklichkeiten.
>Johann Wolfgang Goethe: Faust. Der Tragödie erster Teil. Zueignung

. . . Wer **besitzt**, der lerne verlieren, / Wer im Glück ist, der lerne den Schmerz.
>Friedrich Schiller: Die Braut von Messina IV,4

Wär ich **besonnen**, hieß ich nicht der Tell.
>   Friedrich Schiller: Wilhelm Tell III,3

Der ist **besorgt** und aufgehoben, / Der Graf wird seine Diener loben.
>   Friedrich Schiller: »Der Gang nach dem Eisenhammer«

... ich bin **besser** als mein Ruf.
>   Friedrich Schiller: Maria Stuart III,4

Ich könnte **besser** einen Bessern missen.
(I could have better spared a better man.)
>   William Shakespeare: The Historie of Henrie the Fourth V,4

Man wird nicht **besser** mit den Jahren – / Wie sollt' es auch, man wird bequem / Und bringt, um sich die Reu' zu sparen, / Die Fehler all in ein System.
>   Theodor Fontane: »Sprüche« 10

So ist's ja **besser** zu zweien als allein ...
>   Koh 4,9

Ich sehe das **Bessere** und erkenne es an: / Dennoch folge ich dem Schlechteren.
(... video meliora proboque, / Deteriora sequor.)
>   Ovid: Metamorphoseon libri 7,20 f.

... etwas **Besseres** als den Tod findest du überall ...
>   Kinder- und Hausmärchen. Gesammelt durch die Brüder Grimm. Darin: Die Bremer Stadtmusikanten

Es ist nichts **beständig** als die Unbeständigkeit.
>   Immanuel Kant: Reflexionen zur Anthropologie. Nr. 479

... daß, wenn es keine **beste** (optimum) unter allen möglichen Welten gäbe, Gott gar keine geschaffen haben würde.
(... que s'il n'y avait pas le meilleur [optimum] parmi tous les mondes possibles, Dieu n'en aurait produit aucun.)
>   Gottfried Wilhelm Leibniz: Essais de Théodicée sur la bonté de dieu, la liberté de l'homme et l'origine du mal (Die Theodizee von der Güte Gottes, der Freiheit des Menschen und dem Ursprung des Übels) I,8. – Der Satz wird eingeleitet:

». . . so kann man auch bezüglich der Weisheit . . . behaupten«; zumeist wird der Passus aber verkürzt so zitiert, daß wir in »der besten aller möglichen Welten« lebten. Dieser Gedanke wird dann von Voltaire in seinem *Candide ou L'Optimisme* ironisiert und persifliert, indem die von Candide dort wiederholt geäußerte Überzeugung – »Tout est au mieux dans le meilleur des mondes possibles« – durch die Geschehnisse des Romans beständig widerlegt wird.

. . . Denn wer den **Besten** seiner Zeit genug / Getan, der hat gelebt für alle Zeiten.

Friedrich Schiller: Wallenstein. Prolog

Bet und arbeit! ruft die Welt, / Bete kurz! denn Zeit ist Geld. / An die Türe pocht die Not – / Bete kurz! denn Zeit ist Brot.

Georg Herwegh: »Bundeslied für den Allgemeinen deutschen Arbeiterverein«

La **bête** humaine
(Die Bestie im Menschen)

Titel eines Romans von Émile Zola aus dem Zyklus *Les Rougon-Macquart*, der 1890 erschien

Und wenn ihr **betet**, sollt ihr nicht viel plappern wie die Heiden . . .

Mt 5,7. – Aus der Bergpredigt. Im Anschluß daran spricht Jesus das Gebet »Unser Vater im Himmel . . .« (Mt 5,9–13).

Das **Betragen** ist ein Spiegel, in welchem jeder sein Bild zeigt.

Johann Wolfgang Goethe: Die Wahlverwandtschaften. 2. Teil, Kap. 5. Aus Ottiliens Tagebuche

O, so seid ihr alle drei / **Betrogene** Betrüger!

Gotthold Ephraim Lessing: Nathan der Weise III,7. – Die Formulierung, die Lessing hier in der sogenannten ›Ringparabel‹ wählt, ist freilich wesentlich älter. So findet sie sich bereits bei Philo Judaeus, der 54 n. Chr. starb, in dessen Schrift *De migr. abrahami* 15, wo es über ägyptische Zauberer heißt: »Sie glauben zu betrügen und werden betrogen«; in 2 Tim 3,13 schreibt Paulus: »Mit den bösen Menschen aber und Betrügern wird's je länger, desto ärger: sie verführen und werden verführt.« In der Folge bei Porphyrius (*Vita plotini* 16), Augustinus (*Confessiones* VII,2: ». . . illos deceptos deceptores«), Hans Jakob Christoffel von Grimmelshausen (*Der seltzame Springinsfeld*, Kap. 5) oder Moses Mendelssohn (in einem Brief an Bonnet vom 9. Februar 1770).

Ich will dem **Betrug** den Rang nicht streitig machen, der ihm zukommt; das hieße den Gang der Welt mißverstehen; ich weiß, er hat oft nützliche Dienste geleistet; er ermöglicht die meisten Geschäfte der Menschen und läßt sie sich entwickeln.
Michel de Montaigne: Essais III,1

Denn wie man sich **bettet**, so liegt man / Es deckt einen keiner da zu / Und wenn einer tritt, dann bin ich es / Und wird einer getreten, dann bist's du.
Bertolt Brecht: Aufstieg und Fall der Stadt Mahagonny 16. Darin: »Lied der Jenny«

Der wahre **Bettler** ist / Doch einzig und allein der wahre König!
Gotthold Ephraim Lessing: Nathan der Weise II,9

Alles **beurteilen** zu wollen, ist eine große Verirrung oder eine kleine Sünde.
Friedrich Schlegel: Kritische Fragmente

... ins **bewegte** Rad der Zeit ...
Friedrich Schiller: »An Goethe als er den *Mahomet* von Voltaire auf die Bühne brachte«

... nur in der **Bewegung**, so schmerzlich sie sei, ist Leben.
Jakob Burckhardt: Weltgeschichtliche Betrachtungen. Kap. 6

Bewundert viel und viel gescholten, Helena, / Vom Strande komm' ich, wo wir erst gelandet sind ...
Johann Wolfgang Goethe: Faust. Der Tragödie zweiter Teil. 3. Akt. Vor dem Palaste des Menelas zu Sparta

Ich hasse die Leute, die für nichts **Bewunderung** empfinden; ich habe Zeit meines Lebens immer alles bewundert.
Johann Wolfgang Goethe zu Frédéric Jean Soret am 8. Mai 1831

Ergo **bibamus** *siehe* Hier sind wir **ver**sammelt

Hei! bairisch **Bier**, ein guter Schluck, / Sollt' mir gar köstlich munden!
Ludwig Uhland: »Roland Schildträger«

Dann geht ein **Bild** hinein, / geht durch der Glieder angespannte Stille – / und hört im Herzen auf zu sein.
Rainer Maria Rilke: »Der Panther. Im Jardin des Plantes, Paris«

Bilde, Künstler! rede nicht! / Nur ein Hauch sei dein Gedicht.
Johann Wolfgang Goethe: Motto zur Abteilung *Kunst* in der Werkausgabe von 1815

Bilde mir nicht ein, was Rechts zu wissen, / Bilde mir nicht ein, ich könnte was lehren, / Die Menschen zu bessern und zu bekehren.
Johann Wolfgang Goethe: Faust. Der Tragödie erster Teil. Nacht

Ihr bringt mit euch die **Bilder** froher Tage, / Und manche liebe Schatten steigen auf . . .
Johann Wolfgang Goethe: Faust. Der Tragödie erster Teil. Zueignung

Dies **Bildnis** ist bezaubernd schön, / Wie noch kein Auge je gesehn!
Wolfgang Amadeus Mozart: Die Zauberflöte I,4; Text von Emanuel Schikaneder

Bildung ist das, was die meisten empfangen, viele weitergeben und wenige haben.
Karl Kraus: Pro domo et mundo

Bildung macht frei!
Motto des durch Joseph Meyer 1826 in Gotha begründeten, später in Leipzig ansässigen ›Bibliographischen Instituts‹

Tiefe **Bildung** glänzt nicht.
Marie von Ebner-Eschenbach: Aphorismen

Bildungsphilister
Friedrich Nietzsche: *Unzeitgemässe Betrachtungen*. 1. Stück. Darin: David Strauss der Bekenner und der Schriftsteller. 2. Abschnitt: »Diese Macht, diese Gattung von Menschen will ich bei Namen nennen – es sind die Bildungsphilister.«

Herr **Bischof** laßt mich sterben, / Ich bin des Lebens müd, / Weil jeder muß verderben, / Der meine Augen sieht.
Clemens Brentano: Godwi. 2. Teil, Kap. 36. Darin: »Lore Lay«

... So gebietet einer: »Lärmt nicht so! / Hier unten liegt **Bismarck** irgendwo.«
Theodor Fontane: »Wo Bismarck liegen soll«

Kaum hat mal einer ein **bissel** was, / Gleich gibt es welche, die ärgert das.
Wilhelm Busch: Fipps, der Affe. Kap. 8

Du **bist** am Ende – was du bist.
Johann Wolfgang Goethe: Faust. Der Tragödie erster Teil. Studierzimmer [II]

Ich sei, gewährt mir die **Bitte**, / In eurem Bunde der Dritte.
Friedrich Schiller: »Die Bürgschaft«

Bittet, so wird euch gegeben; suchet, so werdet ihr finden; klopfet an, so wird euch aufgetan.
Mt 7,7. – Aus der Bergpredigt.

Gleich wie die **Blätter** der Bäume, so sind die Geschlechter der Menschen ...
(οἵη περ φύλλων γενεή, τοίη δὲ καὶ ἀνδρῶν ... – hoie per phyllon genee, toie de kai andron ...)
Homer: Ilias 6,146

Wenn die **Blätter** fallen / In des Jahres Kreise, / Wenn zum Grabe wallen / Entnervte Greise, / Da gehorcht die Natur / Ruhig nur / Ihrem alten Gesetze ...
Friedrich Schiller: Die Braut von Messina IV,4

Blamier mich nicht, mein schönes Kind, / Und grüß mich nicht unter den Linden; / Wenn wir nachher zu Hause sind, / Wird sich schon alles finden.
Heinrich Heine: »Blamier mich nicht, mein schönes Kind«

Du bist **blaß**, Luise?
Friedrich Schiller: Kabale und Liebe I,4

Die **blaue** Blume

In Novalis' Roman *Heinrich von Ofterdingen* heißt es gleich zu Beginn im 1. Kapitel: ». . . fern ab liegt mir alle Habsucht: aber die blaue Blume sehn' ich mich zu erblicken.« – Obwohl es sich bei der b. B. um eine alte mythologische Vorstellung handelt, ist dieses Bild aufs engste mit der Epoche der Romantik verbunden.

Wer einmal aus dem **Blechnapf** frißt

Titel eines 1934 erschienenen Romans von Hans Fallada

Bleibe bei uns; denn es will Abend werden, und der Tag hat sich geneigt.

Lk 24,29

Bleiben, Gehen, Gehen, Bleiben, / Sei fortan dem Tücht'gen gleich, / Wo wir Nützliches betreiben, / Ist der werteste Bereich.

Johann Wolfgang Goethe: Wilhelm Meisters Wanderjahre oder Die Entsagenden. 2. Fassung 1829. 3. Buch, Kap. 12

. . . Zum **Bleiben** ich, zum Scheiden du erkoren, / Gingst du voran – und hast nicht viel verloren.

Johann Wolfgang Goethe: »An Werther«

Denn wir haben hier keine **bleibende** Stadt, sondern die zukünftige suchen wir.

Hebr 13,14

. . . und fast will / Mir es scheinen, es sei, als in der **bleiernen** Zeit.

Friedrich Hölderlin: »Der Gang aufs Land«. – Die Wendung ›Die bleierne Zeit‹ bildet zugleich den Titel eines Spielfilms von Margarethe von Trotta aus dem Jahr 1981.

Blendwerk der Hölle!

Friedrich Schiller: Die Braut von Messina III,4

Blick zurück im Zorn
(Look Back In Anger)

Titel eines Bühnenstücks von John Osborne, das 1956 uraufgeführt wurde

Einen **Blick**, geliebtes Leben! / Und ich bin belohnt genung.

Johann Wolfgang Goethe: »Mit einem gemalten Band«

Ich kann den **Blick** nicht von euch wenden, / Ich muß euch anschaun immerdar . . .
Ferdinand Freiligrath: »Die Auswanderer«

Sein **Blick** ist vom Vorübergehn der Stäbe / so müd geworden, daß er nichts mehr hält.
Rainer Maria Rilke: »Der Panther. Im Jardin des Plantes, Paris«

Was sich sonst dem **Blick** empfohlen, / Mit Jahrhunderten ist hin.
Johann Wolfgang Goethe: Faust. Der Tragödie zweiter Teil. 5. Akt. Tiefe Nacht

Blinder Eifer schadet nur!
Magnus Gottfried Lichtwer: »Die Katzen und der Hausherr«

Wie gehts, sagte ein **Blinder** zu einem Lahmen. Wie Sie sehen, antwortete der Lahme.
Georg Christoph Lichtenberg: Sudelbücher E 385

Mit **Blindheit** geschlagen sein
Nach 1 Mose 19,11: »Und sie schlugen die Leute vor der Tür des Hauses, klein und groß, mit Blindheit . . .«

Was? der **Blitz!** / Das ist ja die Gustel aus Blasewitz.
Friedrich Schiller: Wallenstein. Wallensteins Lager. 4. Auftritt

Der **Blocksberg**, wie der deutsche Parnaß, / Hat gar einen breiten Gipfel.
Johann Wolfgang Goethe: Faust. Der Tragödie erster Teil. Walpurgisnachtstraum

Zu wenig Leute haben den Mut, vollkommenen **Blödsinn** zu sagen. Häufig wiederholter Blödsinn wird integrierendes Moment unseres Denkens; bei einer gewissen Stufe der Intelligenz interessiert man sich für das Korrekte, Vernünftige gar nicht mehr.
Carl Einstein: Bebuquin oder Die Dilettanten des Wunders. Kap. 6

Ob **blond**, ob braun, / ich liebe alle Frau'n!
Titel und Refrain eines Liedes von Ernst Marischka (Text) und Robert Stolz (Musik) aus dem Film *Ich liebe alle Frauen*

Die **blonde** Bestie
> Friedrich Nietzsche: *Zur Genealogie der Moral.* 1. Abhandlung. 11. Abschnitt: »Auf dem Grunde aller dieser vornehmen Rassen ist das Raubthier, die prachtvolle nach Beute und Sieg lüstern schweifende blonde Bestie nicht zu verkennen . . .«

I have nothing to offer but **blood**, toil, tears and sweat.
(Ich habe nichts zu bieten als Blut, Mühen, Tränen und Schweiß.)
> Winston Churchill vor dem Unterhaus am 13. Mai 1940; zumeist zitiert als »blood, sweat and tears«. – Im Oktober 1940 erklärte er hierzu: ». . . to which I add five months later, many short-comings, mistakes and disappointments.« (»Heute, nach fünf Monaten, habe ich noch hinzuzufügen: und viele Unzulänglichkeiten, Fehler und Enttäuschungen.«)

Blühender Unsinn
> Titel eines Gedichtes von Johann Georg Friedrich Messerschmidt, das 1833 erstmals veröffentlicht wurde

Es **blüht** ein Blümchen irgend wo / In einem stillen Tal. / Das schmeichelt Aug' und Herz so froh, / Wie Abendsonnenstrahl.
> Gottfried August Bürger: »Das Blümchen Wunderhold«

Du bist wie eine **Blume**, / So hold und schön und rein; / Ich schau dich an, und Wehmut / Schleicht mir ins Herz hinein.
> Heinrich Heine: Neue Gedichte. Darin: »Die Heimkehr« 47

Kleine **Blumen**, kleine Blätter / Streuen mir mit leichter Hand / Gute junge Frühlingsgötter / Tändelnd auf ein luftig Band.
> Johann Wolfgang Goethe: »Mit einem gemalten Band«

Ursprinc **bluomen**, loup ûz dringen / und der luft des meigen urbort vogel ir alten dôn . . .
(Der Blumen Sprießen, des Laubs Hervordrängen / und die Maienluft verleihn den Vögeln ihre alte Weise . . .)
> Anfangszeilen eines Gedichts von Wolfram von Eschenbach

Blut ist ein ganz besondrer Saft.
> Johann Wolfgang Goethe: Faust. Der Tragödie erster Teil. Studierzimmer [II]

Das **Blut** deines Bruders schreit zu mir *siehe* Die **St**imme

Ihr habt noch nicht bis aufs **Blut** widerstanden im Kampf gegen die Sünde . . .
>Hebr 12,4

Sein **Blut** ist heiß, warum sein Blick so kalt?
>Friedrich Schiller: Don Karlos, Infant von Spanien I,6

Der **blutdurchwirkte** Vorhang ist gehoben, / Das Schicksal geht an seine Trauerspiele; / Der ernsten Spieler sind berufen viele, / Vielfach an Art, und bunt an Garderoben.
>Friedrich Rückert: Aus den »Geharnischten Sonetten«

Hinaus, hinaus, du **Bluthund**, du ruchloser Mann!
>2 Sam 16,7. – Schimi, der Sohn Geras, zu David.

Bleibe nicht am **Boden** heften, / Frisch gewagt und frisch hinaus!
>Johann Wolfgang Goethe: Wilhelm Meisters Wanderjahre oder Die Entsagenden. 2. Fassung 1829. 3. Buch, Kap. 1

Schneider **Böck**
>Gestalt aus Wilhelm Buschs *Max und Moritz*, dritter Streich

Ach, was muß man oft von **bösen** / Kindern hören oder lesen!!
>Wilhelm Busch: Max und Moritz

. . . Den **Bösen** sind sie los, die Bösen sind geblieben.
>Johann Wolfgang Goethe: Faust. Der Tragödie erster Teil. Hexenküche

Man wünscht sich den **Bösen** träge und schweigsam den Dummkopf.
(On souhaite la paresse d'un méchant et le silence d'un sot.)
>Nicolas Chamfort: Produits de la Civilisation perfectionnée. Darin: Maximes et Pensées, Caractères et Anecdotes

Mein Sohn, wenn dich die **bösen** Buben locken, so folge nicht.
>Spr 1,10

Vergeltet nicht **Böses** mit Bösem oder Scheltwort mit Scheltwort . . .
>1 Petr 3,9; vgl. auch »Warum habt ihr Gutes . . .«

Scènes de la **Bohème**
(Szenen aus dem Leben der Boheme)
> Titel eines Romans von Henri Murger, der 1851 erschien. – Er bildete die Vorlage für Giacomo Puccinis Oper *La Bohème*.

Witwe **Bolte**
> Gestalt aus Wilhelm Buschs *Max und Moritz*, erster und zweiter Streich

. . . In dem **Bordell**, wo unser Haushalt war.
> Bertolt Brecht: Die Dreigroschenoper II,5. Hurenhaus. Darin: »Zuhälterballade«. – Brechts Vorlage war die »Ballade de la Grosse Margot« (»Se j'ayme et sers la belle de bon het . . .«) aus François Villons *Le Testament*, deren Refrain lautet: »En ce bordeau ou tenons nostre estat.«

Man muß nicht **borgen**, wenn man nicht wieder zu geben weiß.
> Gotthold Ephraim Lessing: Minna von Barnhelm oder das Soldatenglück III,7

Die **Bosheit** sucht keine Gründe, nur Ursachen.
> Johann Wolfgang Goethe: Götz von Berlichingen mit der eisernen Hand V. Jaxthausen

Es ist keine **Bosheit** so schlimm wie Frauenbosheit.
> Sir 25,18

Die **Botschaft** hör ich wohl, allein mir fehlt der Glaube . . .
> Johann Wolfgang Goethe: Faust. Der Tragödie erster Teil. Nacht

Das Herz eines **Boxers** kennt nur eine Liebe: / den Kampf um den Sieg ganz allein.
> Refrain eines Liedes aus dem Film *Liebe im Ring*. Den Text dieses von Max Schmeling gesungenen Liedes verfaßte Fritz Rotter, die Musik schrieb Arthur Guttmann.

Wohlauf, der **Bräutigam** kommt / Steht auf, die Lampen nimmt! / Halleluja! / Ihr müsset ihm entgegengehn.
> Philipp Nicolai: »Von der Stimm zu Mitternacht und von den klugen Jungfrauen, die ihrem himmlischen Bräutigam begegnen, Matth. 25«

So ein **Bramarbas** und Eisenfresser . . .
> Friedrich Schiller: Wallenstein. Wallensteins Lager. 8. Auftritt

Der **brave** Mann denkt an sich selbst zuletzt, / Vertrau auf Gott und rette den Bedrängten.
> Friedrich Schiller: Wilhelm Tell I,1

... wir gehen nach **Bremen**, etwas Besseres als den Tod findest du überall ...
> Kinder- und Hausmärchen. Gesammelt durch die Brüder Grimm. Darin: Die Bremer Stadtmusikanten

Man muß das **Brett** bohren, wo es am dicksten ist.
> Friedrich Schlegel: Kritische Fragmente

... Auf den **Brettern**, die die Welt bedeuten ...
> Friedrich Schiller: »An die Freunde«

Brief und Siegel
> Nach Jer 32,44: »Man wird Äcker um Geld kaufen und verbriefen, versiegeln und Zeugen dazu nehmen ...«

Briefe, die ihn nicht erreichten
> Titel eines Romans von Elisabeth von Heyking, der 1902 erschien

Er trug die **Brille** auf der Nas' / und wollte schießen tot den Has'.
> Heinrich Hoffmann: Der Struwwelpeter. Darin: Die Geschichte vom wilden Jäger

Wenn Gründe so gemein wären wie **Brombeeren** ...
(If reasons were as plentiful as blackberries ...)
> William Shakespeare: The Historie of Henrie the Fourth II,5 (in der Schlegel-Tieckschen Übersetzung II,4)

... aber doch fressen die Hunde von den **Brosamen**, die vom Tisch ihrer Herren fallen.
> Mt 15,27. – Die Wendung von den Brosamen, die vom Tische des »Reichen« fallen, beruht auf Lk 16,21.

... daß der Mensch nicht lebt vom **Brot** allein, sondern von allem, was aus dem Mund des HERRN geht.
> 5 Mose 8,3

Es wächst hienieden **Brot** genug / Für alle Menschenkinder, / Auch Rosen und Myrten, Schönheit und Lust, / Und Zuckererbsen nicht minder.
>Heinrich Heine: Deutschland. Ein Wintermärchen. Caput I

Wer nie sein **Brot** mit Tränen aß, / Wer nie die kummervollen Nächte / Auf seinem Bette weinend saß, / Der kennt euch nicht, ihr himmlischen Mächte.
>Johann Wolfgang Goethe: Wilhelm Meisters Lehrjahre. 2. Buch, Kap. 13

. . . denn er ist unser **Bruder**, unser Fleisch und Blut.
>1 Mose 37,27

. . . soll ich meines **Bruders** Hüter sein?
>1 Mose 4,9. – Kain zu Gott.

Brüder – überm Sternenzelt / Muß ein lieber Vater wohnen.
>Friedrich Schiller: »An die Freude«

Brüder, zur Sonne, zur Freiheit, Brüder zum Lichte empor. / Hell aus dem dunklen Vergang'nen leuchtet die Zukunft hervor!
>Titel und Anfangszeilen eines Liedes der internationalen Gewerkschaftsbewegung, das von Leonid P. Radin 1897 in Moskau geschrieben wurde

So legt euch denn, ihr **Brüder**, / In Gottes Namen nieder; / Kalt ist der Abendhauch.
>Matthias Claudius: »Abendlied«

Brüderlein fein, Brüderlein fein, / Zärtlich muß geschieden sein.
>Ferdinand Raimund: Das Mädchen aus der Feenwelt oder Der Bauer als Millionär II,6

Wenn alle **Brünnlein** fließen *siehe* Wenn alle **W**ässerlein

Am **Brunnen** vor dem Tore / Da steht ein Lindenbaum. / Ich träumt in seinem Schatten / So manchen süßen Traum.
>Wilhelm Müller: »Der Lindenbaum«

Es ist ein **Brunnen**, der heißt Leid . . .
>Richard Dehmel: »Gleichnis«

Politische **Brunnenvergiftung**
Eine von Otto von Bismarck in einer Reichstagsrede vom 24. Januar 1882 zweimal gebrauchte Wendung

In deiner **Brust** sind deines Schicksals Sterne. / Vertrauen zu dir selbst, Entschlossenheit / Ist deine Venus.
Friedrich Schiller: Wallenstein. Die Piccolomini II,6

In meiner **Brust**, da sitzt ein Weh, / Das will die Brust zersprengen; / Und wo ich steh, und wo ich geh, / Will's mich von hinnen drängen.
Heinrich Heine: »Der arme Peter« II

Brustton der tiefsten Überzeugung
Heinrich Treitschke: Historische und politische Aufsätze. Darin: Fichte und die nationale Idee. – Dort heißt es: »Daher jener Brustton tiefster Überzeugung, der, wie alles Köstlichste des Menschen, sich nicht erklären noch erkünsteln läßt.«

Brutus, du schläfst. Erwach und sieh dich selbst!
(Brutus, thou sleep'st. Awake, and see thyself.)
William Shakespeare: The Tragedie of Iulius Caesar II,1

Denn **Brutus** ist ein ehrenwerter Mann, / Das sind sie alle, alle ehrenwert . . .
(For Brutus is an honourable man, / So are they all, all honourable men . . .)
William Shakespeare: The Tragedie of Iulius Caesar III,2

Das **Buch** des Lebens
Nach Phil 4,3. – Dort spricht Paulus von »Klemens und meinen andern Mitarbeitern, deren Namen im Buch des Lebens stehen«. Von diesem Buch ist schon in 2 Mose 32,32 f. die Rede, auf das sich auch Hebr 12,23 bezieht.

Der gedankenloseste aller Menschen: der in jedem **Buch** nur blättert
Peter Handke: Das Gewicht der Welt. Darin: März 1977

Ein **Buch** ist ein Spiegel, wenn ein Affe hineinsieht, so kann kein Apostel heraus gucken.
Georg Christoph Lichtenberg: Sudelbücher F 112

Ein **Buch** ist für mich eine Art Schaufel, mit der ich mich umgrabe.
> Martin Walser: Leseerfahrungen mit Marcel Proust

Ein **Buch** mit sieben Siegeln
> Nach Offb 5,1: »Und ich sah in der rechten Hand dessen, der auf dem Thron saß, ein Buch, beschrieben innen und außen, versiegelt mit sieben Siegeln.«

. . . ein **Buch** muß die Axt sein für das gefrorene Meer in uns. Das glaube ich.
> Franz Kafka in einem Brief an Oskar Pollak vom 27. Januar 1904

Es gibt kein moralisches oder unmoralisches **Buch**. Bücher sind gut oder schlecht geschrieben. Weiter nichts.
(There is no such thing as a moral or an immoral book. Books are well written, or badly written. That is all.)
> Oscar Wilde: The picture of Dorian Gray (Das Bildnis des Dorian Gray). Vorrede

. . . ich bin kein ausgeklügelt **Buch**, / Ich bin ein Mensch mit seinem Widerspruch.
> Conrad Ferdinand Meyer: Huttens letzte Tage XXVI: »Homo sum«; dem Zyklus zugleich als Motto vorangestellt

Kein **Buch** ist so schlecht, daß es nicht in irgendeiner Hinsicht nützen könnte.
(. . . nullum esse librum tam malum, ut non aliqua parte prodesset.)
> Ein durch Plinius den Jüngeren in seinen Briefen (3,5,10) verbürgter Ausspruch seines Onkels Gaius Plinius Secundus (des Älteren)

Sie wollen wissen, wieso ich jedes **Buch** kenne? Das kann ich Ihnen nun allerdings sagen: Weil ich keines lese!
> Robert Musil: Der Mann ohne Eigenschaften. Kap. 100

Wenn ein **Buch** und ein Kopf zusammenstoßen und es klingt hohl, ist das allemal im Buch?
> Georg Christoph Lichtenberg: Sudelbücher D 399

Denn der **Buchstabe** tötet, aber der Geist macht lebendig.
> 2 Kor 3,6

Will ich in mein Gärtlein gehn, / Will mein Zwiebeln gießen; / Steht ein **bucklicht** Männlein da, / Fängt als an zu nießen.

> Aus der von Clemens Brentano und Achim von Arnim herausgegebenen Sammlung *Des Knaben Wunderhorn*: »Das bucklige Männlein«. – Das Lied war in vielfacher Form überliefert: so zeichnete es Goethe für Herder um 1770 auf, während Thomas Mann in den *Buddenbrooks* (8.3) und im *Zauberberg* (7,8) darauf Bezug nimmt.

Als **Büblein** klein an der Mutterbrust ...

> Falstaffs Trinklied aus der Oper *Die lustigen Weiber von Windsor* (2. Akt, 3. Auftritt) von Otto Nicolai. Den Text verfaßte nach Shakespeare Salomon Mosenthal.

Das **Büblein** hat getropfet, / Der Vater hat's geklopfet / Zu Haus.

> Friedrich Güll: »Vom Büblein auf dem Eis«

Bücher, die wir zu unseren Freunden machen, werden uns nie zum Ekel. Sie nützen sich durch den Gebrauch nicht ab ...

> Ludwig Feuerbach: Der Schriftsteller und der Mensch

Bücher haben ihre Schicksale *siehe* ... **ha**bent

Bücher und Dirnen kann man ins Bett nehmen.

> Walter Benjamin: Einbahnstraße. Darin: Nr. 13

Die meisten **Bücher** von heute sehen aus, als hätte man sie an einem Tage aus den Büchern hergestellt, die am Vortag sind gelesen worden.
(La plupart des livres d'à présent ont l'air d'avoir été faits en un jour avec des livres lus de la veille.)

> Nicolas Chamfort: Produits de la Civilisation perfectionnée. Darin: Maximes et Pensées, Caractères et Anecdotes

Es gibt eben **Bücher**, die eine doppelte Freude gewähren, erstens, daß man sie hat, und zweitens, daß man sie nicht zu lesen braucht.

> Heinrich Seidel: Von Perlin nach Berlin. Kap. 1: Die Vorfahren

Gewisse **Bücher** scheinen geschrieben zu sein, nicht damit man daraus lerne, sondern damit man wisse, daß der Verfasser etwas gewußt hat.

> Johann Wolfgang Goethe: Maximen und Reflexionen 72

Heutzutage haben wir schon **Bücher** von Büchern und Beschreibungen von Beschreibungen.
Georg Christoph Lichtenberg: Sudelbücher D 204

Ich glaube, man sollte überhaupt nur solche **Bücher** lesen, die einen beißen und stechen.
Franz Kafka in einem Brief an Oskar Pollak am 27. Januar 1904

Und viele **Bücher** trag ich im Kopf! / Ich darf es euch versichern, / Mein Kopf ist ein zwitscherndes Vogelnest / Von konfiszierlichen Büchern.
Heinrich Heine: Deutschland. Ein Wintermärchen. Caput II

Was zuweilen am meisten fesselt, sind die **Bücher**, die zum Widerspruch reizen, mindestens zum Ergänzen ...
Max Frisch: Tagebuch 1946–1949 (Abschnitt »1946«)

Wer viele **Bücher** hat und keines recht gelesen, / Ist wie ein Geiziger mit seinem Schatz gewesen.
Friedrich Rückert: Die Weisheit des Brahmanen. Vierte Stufe. Schule

Büchergelehrsamkeit vermehrt zwar die Kenntnisse, aber erweitert nicht den Begriff und die Einsicht, wo nicht Vernunft dazukommt.
Immanuel Kant: Anthropologie in pragmatischer Hinsicht. 1. Teil. 1. Buch. Von der Originalität des Erkenntnisvermögens oder dem Genie

... denn des vielen **Büchermachens** ist kein Ende, und viel Studieren macht den Leib müde.
Koh 12,12

Ich habe mein Leben begonnen, wie ich es zweifellos beenden werde: inmitten von **Büchern**.
Jean-Paul Sartre: Die Wörter. Darin: Lesen

Wer sich beständig ausschlußweise mit den **Büchern** beschäftigt, ist für das praktische Leben schon halb verloren.
Johann Gottfried Seume: Apokryphen

Der **Bürger** wünscht die Kunst üppig und das Leben asketisch; umgekehrt wäre es besser.
> Theodor W. Adorno: Ästhetische Theorie. Dort unter dem Kolumnentitel »Kunstgenuß«.

Das **bürgerliche** Dasein ist das Regime der Privatangelegenheiten. Je wichtiger und folgenreicher eine Verhaltungsart ist, desto mehr enthebt es sie der Kontrolle.
> Walter Benjamin: Einbahnstraße. Darin: Wettannahme

Was mich am meisten neckt, sind die fatalen **bürgerlichen** Verhältnisse.
> Johann Wolfgang Goethe: Die Leiden des jungen Werthers. 2. Buch. Am 24. Dezember

Der **Bürokrat** tut seine Pflicht – / Von neun bis eins! mehr tut er nicht!
> Refrain eines Couplets des Bergdirektors Zwack aus dem 2. Akt von Karl Zellers Operette *Der Obersteiger*, zu der Moritz West und Ludwig Held den Text schrieben (im Original ist vom »Bureaukrat« die Rede)

Beim heiligen **Bürokratius**!
> Otto Ernst: Flachsmann als Erzieher III,10. – Der Ausruf ist in dieser Form sprichwörtlich geworden. Der genaue Wortlaut des in dieser 10. Szene zweimal gebrauchten Ausrufs ist allerdings: ». . . bei dem heiligen Bureaukrazius ist nichts unmöglich!«

Und er schlug sich seitwärts in die **Büsche**.
> Johann Gottfried Seume: »Der Wilde«

Und noch zehn Minuten bis **Buffalo**.
> Theodor Fontane: »John Maynard«. – Günter Grass machte diese Zeile zum Titel eines Theaterstücks, das 1959 uraufgeführt wurde.

The History of John **Bull**
(Die Geschichte John Bulls)
> Schrift von John Arbuthnot, die unter diesem Titel erstmals 1727 veröffentlicht wurde. – In der Folge wurde »John Bull« zur sprichwörtlichen Bezeichnung des englischen Volks und seiner typischen Eigenschaften.

Siehe, ich richte mit euch einen **Bund** auf und mit euren Nachkommen ...

1 Mose 9,9. – Gott zu Noah.

Der **Bundespräsident** ist nicht der Geschichtslehrer der Nation.

Gustav Heinemann: Die Freiheitsbewegung in der deutschen Geschichte. Ansprache aus Anlaß der Eröffnung der Erinnerungsstätte in Rastatt am 26. Juni 1974

Bunt sind schon die Wälder, / Gelb die Stoppelfelder, / Und der Herbst beginnt.

Johann Gaudenz von Salis-Seewis: »Herbstlied«

In **bunten** Bildern wenig Klarheit, / Viel Irrtum und ein Fünkchen Wahrheit, / So wird der beste Trank gebraut, / Der alle Welt erquickt und auferbaut.

Johann Wolfgang Goethe: Faust. Der Tragödie erster Teil. Vorspiel auf dem Theater

Ein feste **Burg** ist unser Gott, / Ein gute Wehr und Waffen. / Er hilft uns frei aus aller Not, / Die uns jetzt hat betroffen.

Martin Luther: »Ein feste Burg«

Nein, er gefällt mir nicht, der neue **Burgemeister**! / Nun, da er's ist, wird er nur täglich dreister.

Johann Wolfgang Goethe: Faust. Der Tragödie erster Teil. Vor dem Tor

Kommt ein schlanker **Bursch** gegangen, / Blond von Locken oder braun ...

Carl Maria von Weber: Der Freischütz II,1. Den Text verfaßte Friedrich Kind.

O alte **Burschenherrlichkeit**, / Wohin bist du verschwunden?

Eugen Höfling: »O alte Burschenherrlichkeit«. – Das Studentenlied erschien zunächst anonym am 9. August 1825 unter dem Titel »Rückblicke eines alten Burschen«. Vgl. auch: »O jerum, jerum ...«.

Füllest wieder **Busch** und Tal / Still mit Nebelglanz, / Lösest endlich auch einmal / Meine Seele ganz ...

Johann Wolfgang Goethe: »An den Mond«

Mein **Busen** fühlt sich jugendlich erschüttert / Vom Zauberhauch, der euren Zug umwittert.

> Johann Wolfgang Goethe: Faust. Der Tragödie erster Teil. Zueignung

Nächtlich am **Busento** lispeln, bei Cosenza, dumpfe Lieder, / Aus den Wassern schallt es Antwort, und in Wirbeln klingt es wider!

> August Graf von Platen: »Das Grab im Busento«

business as usual
(Geschäfte wie üblich)

> So Winston Churchill in einer Rede vom 9. November 1914: »Der Grundsatz des britischen Volkes ist: ›Das Geschäftsleben geht ruhig weiter . . .‹« (»The maxim of the British people is ›b. a. u.‹«)

Es tanzt ein **Butzemann** / In unserm Haus herum di dum, / Er rüttelt sich, er schüttelt sich, / Er wirft sein Säckchen hinter sich . . .

> Aus der von Clemens Brentano und Achim von Arnim herausgegebenen Sammlung *Des Knaben Wunderhorn*: Butzemann. – Das Gedicht wurde von Jacob Grimm mitgeteilt, der »Butzemann« (auch »Botzemann«) ist ein Hauskobold.

C

Ça ira
(Es wird schon gehen)

Durch Benjamin Franklin während seines Aufenthalts in Paris von 1776 bis 1785 geprägte Wendung. – Während der Revolution war ein Lied, dessen Refrain »Ça ira, ça ira, les aristocrates à la lanterne!« lautete, weit verbreitet.

Aut **Caesar** aut nihil
(Entweder Caesar oder nichts)

Wahlspruch des Renaissancefürsten Cesare Borgia, den er unter einem Bild Gaius Julius Caesars anbringen ließ. – In ähnlicher Form (»aut frugi hominem ... aut Caesar«) auch von Sueton über Kaiser Caligula (*Caligula* 37) überliefert.

Caesar non supra grammaticos.
(Der Kaiser steht nicht über den Grammatikern.)

Die Wendung wird zunächst auf Sueton zurückgeführt, der in *De grammaticis* 22 berichtet, daß Kaiser Tiberius in einer Rede ein Wort gebraucht habe, das Marcus Pomponius Marcellus als unlateinisch rügte. Auf den Einwand eines Anwesenden hin, das Wort werde durch den Gebrauch des Tiberius zu einem lateinischen, entgegnete Marcellus: »Einem Menschen kannst du, Caesar, das römische Bürgerrecht verleihen, aber nicht Wörtern.« – Auf dem Konstanzer Konzil (1414–18) soll dann Kaiser Sigismund das Wort ›Schisma‹ als männliches Substantiv gebraucht und auf einen diesbezüglichen kritischen Einwand des Erzbischofs Placentinus geantwortet haben: »Placentinus, Placentinus, wenn du auch allen gefallen solltest, gefällst du uns keineswegs, da du meinst, daß wir weniger Autorität besitzen als der Grammatiker Priscianus, den, wie du behauptest, ich verletzt habe.« Eine andere Quelle überliefert eine selbstbewußtere Replik des Kaisers: »Ego sum rex Romanus et supra grammaticam.« In Kenntnis der antiken Überlieferung heißt es in Molières *Les femmes savantes* II,6: »La grammaire qui sait régenter jusqu'aux rois ...« (»Die Grammatik, die sogar Könige zu beherrschen weiß ...«).

Das war ein **Cäsar**: Wann kommt seines Gleichen?
(Here was a Caesar. When comes such another?)

William Shakespeare: The Tragedie of Iulius Caesar III,2

Das ist das Schrecknis in der Welt, schlimmer als der Tod, daß die **Canaille** Herr ist und Herr bleibt.
>   Wilhelm Raabe: Der Schüdderump. Kap. 24

Auf dem **Canal** grande betten / Tief sich ein die Abendschatten, / Hundert dunkle Gondeln gleiten / Als ein flüsterndes Geheimnis.
>   Conrad Ferdinand Meyer: »Auf dem Canal grande«

Captatio benevolentiae
(Der Versuch, das Wohlwollen zu gewinnen)
>   Nach Cicero: De inventione 1,15,21: ». . . benevolentiam captare oportebit . . .«.
>   – Gemeint ist das Wohlwollen der Zuhörer, mit diesem Zusatz auch häufig zitiert.

Carpe diem . . .
(Ergreife den Tag!)
>   Horaz: Carmina 1,11,8. – Dort heißt es: ». . . carpe diem quam minimum credula postero.« (». . . greif diesen Tag, nimmer traue dem nächsten!«)

Ceterum censeo **Carthaginem** esse delendam.
(Im übrigen beantrage ich, daß Carthago zerstört werden soll.)
>   Von Plutarch überlieferter Ausspruch von Cato dem Älteren (*Cato maior* 27,2). – 146 v. Chr., drei Jahre nach Catos Tod, wurde Karthago im 3. Punischen Krieg völlig zerstört.

Im Lande gibt es eine Menge **catilinarischer** Existenzen, die ein großes Interesse an Umwälzungen haben.
>   Otto von Bismarck in einer Sitzung der preußischen Budgetkommission vom 30. September 1862

Causes célèbres et intéressantes avec les jugements qui les ont décidées
(Berühmte und interessante Rechtsfälle mit den dazugehörigen Urteilen)
>   Sammlung von Kriminalfällen, die François Gayot de Pitaval von 1734 an in insgesamt zwanzig Bänden veröffentlichte. – An diesem Vorbild orientiert, erschien in Deutschland, herausgegeben von Willibald Alexis und Julius Eduard Hitzig, von 1842 an in sechzig Bänden *Der Neue Pitaval*.

Ich will **Champagner** Wein, / Und recht moussierend soll er sein!
> Johann Wolfgang Goethe: Faust. Der Tragödie erster Teil. Auerbachs Keller in Leipzig

Du hast keine **Chance**, aber nutze sie!
> Herbert Achternbusch: Die Atlantikschwimmer

Mais nous avons **changé** tout cela . . .
(Wir haben das alles geändert.)
> Molière: Le médecin malgré lui (Der Arzt wider Willen) II,4. – Antwort des Sganarelle, als er – einen Arzt spielend – die Lage von Herz und Leber verwechselt.

Da steh' ich schon, / Des **Chaos** vielgeliebter Sohn!
> Johann Wolfgang Goethe: Faust. Der Tragödie zweiter Teil. 2. Akt. Am obern Peneios

i accept **chaos**. i am not sure whether it accepts me.
(ich akzeptiere das chaos. ich bin mir nicht sicher, ob es mich akzeptiert.)
> Bob Dylan: Jacket notes auf seiner im März 1965 veröffentlichten Langspielplatte »Bringing it all back home«

Was anders suche zu beginnen / Des **Chaos** wunderlicher Sohn!
> Johann Wolfgang Goethe: Faust. Der Tragödie erster Teil. Studierzimmer [I]

Was ist **Chaos**? Es ist jene Ordnung, die man bei der Erschaffung der Welt zerstört hat.
> Stanislaw Jerzy Lec: Unfrisierte Gedanken

Der **Charakter** des Menschen ist in ihren Gesichtern eingepräget. Alle Leidenschaften verursachen besondere Züge in dem Gesicht. Sind sie von langer Dauer, so werden die Züge unauslöschlich.
> Ewald Christian von Kleist: Gedanken über verschiedene Vorwürfe

Durch nichts bezeichnen die Menschen mehr ihren **Charakter** als durch das, was sie lächerlich finden.
> Johann Wolfgang Goethe: Die Wahlverwandtschaften. 2. Teil, Kap. 4. Aus Ottiliens Tagebuche

Hat man **Charakter**, so hat man auch sein typisches Erlebnis, das immer wieder kommt.

Friedrich Nietzsche: Jenseits von Gut und Böse 70

Wenn unser **Charakter** ausgebildet ist, fängt leider unsere Kraft an zusehends abzunehmen.

Johann Gottfried Seume: Apokryphen

Wer keinen **Charakter** hat, ist kein Mensch; er ist nur eine Sache. (Quiconque n'a pas de caractère n'est pas un homme, c'est une chose.)

Nicolas Chamfort: Produits de la Civilisation perfectionnée. Darin: Maximes et Pensées, Caractères et Anecdotes

Charme, zur Haltung gemacht, ist etwas Fürchterliches. Waffenstillstand mit der eigenen Lüge.

Max Frisch: Tagebuch 1946–1949 (Abschnitt »1948«)

Chauvin

Figur eines Rekruten aus dem 1831 uraufgeführten Lustspiel *La cocarde tricolore* der Brüder Théodore und Hippolyte Cogniard. – Aus seiner leidenschaftlichen Verehrung des Kaisertums wurden die Begriffe »Chauvinist« und »Chauvinismus« für einen übersteigerten Patriotismus abgeleitet.

Cherchez la femme!
(Sucht nach der Frau)

Alexandre Dumas der Ältere: Les mohicans de Paris II,13. – Diese Aufforderung eines Polizeibeamten hat zahlreiche Vorläufer. So heißt es in den *Saturae* des Juvenal 6,242 f.: »Nulla fere causa est, in qua non femina litem / moverit.« (»Es gibt kaum einen Prozeß, wo nicht irgendeine Frau den Streit veranlaßt hätte.«) In *The history of Sir Charles Grandison* I,24 schreibt Samuel Richardson: »Such a plot must have a woman in it.« (»Hinter solch einem Anschlag muß eine Frau stecken.«); Johann Gottfried Seume zitiert in seinem *Spaziergang nach Syrakus. Prag* ein englisches Sprichwort: »Where there is a quarrel, there is always a lady in the case . . .« (»Wo es einen Streit gibt, handelt es sich immer um eine Frau«). Ähnlich auch im 2. Kapitel von Iwan Turgenjews Roman *Rudin*: ». . . daß jegliches Unglück durch eine Frau herbeigeführt werde.« Auch im Französischen war die Wendung vor Alexandre Dumas geläufig: so wird sie auch auf M. de Sartine, einen Generalleutnant der Polizei unter Ludwig XV., zurückgeführt.

Chimaere

Feuerspeiendes Ungeheuer in der *Ilias* des Homer, das vorne einem Löwen, hinten einem Drachen und in der Mitte einer Ziege (6,181) glich

Der **Christ** ist nur ein Jude »freieren« Bekenntnisses.
Friedrich Nietzsche: Der Antichrist 44

Wach auf, du verrotteter **Christ**! / Mach dich an dein sündiges Leben / Zeig, was für ein Schurke du bist / Der Herr wird es dir dann schon geben.
Bertolt Brecht: Die Dreigroschenoper I,1. Bettlergarderoben. Darin: »Morgenchoral des Peachum«

Ihr Stolz ist: **Christen** sein, nicht Menschen.
Gotthold Ephraim Lessing: Nathan der Weise II,1

Denn das **Christentum** ist eine Idee und als solche unzerstörbar und unsterblich wie jede Idee.
Heinrich Heine: Zur Geschichte der Religion und Philosophie in Deutschland. 1. Buch

Denn du hast kein **Christentum**.
Johann Wolfgang Goethe: Faust. Der Tragödie erster Teil. Marthens Garten

Zum **Christentume** hat's noch immer Zeit.
Gotthold Ephraim Lessing: Nathan der Weise IV,7; vgl. auch »Und **Kinder** brauchen Liebe . . .«

Christianos ad leones!
(Die Christen vor die Löwen!)
Nach Tertullian: Apologeticum 40,2; dort »ad leonem«

Eine **Chronik** schreibt nur derjenige, dem die Gegenwart wichtig ist.
Johann Wolfgang Goethe: Maximen und Reflexionen 296

Chronique scandaleuse
(Skandalgeschichte)
Jean de Roye: Les chroniques du tres chrestien et tres victorieux Loys de Valoys, feu roy de France . . . – Dieses Werk, das die Ereignisse unter der Regentschaft von Ludwig XI. aufzeichnete und gegen Ende des 15. Jahrhunderts erstmals erschien, führte in der Ausgabe von 1611 diese Bezeichnung in seinem Titel.

Civis Romanus sum . . .
(Ich bin ein römischer Bürger . . .)
Cicero: Actio secunda in C. Verrem 5,57,147

Zu **Cleversulzbach** im Unterland / Hundertunddreizehn Jahr ich stand / Auf dem Kirchturm, ein guter Hahn, / Als ein Zierat und Wetterfahn.

> Eduard Mörike: »Der alte Turmhahn«

Cogito, ergo sum.
(Ich denke, also bin ich.)

> René Descartes: Principia philosophiae I,7 und I,10. – Sieben Jahre vor der lateinischen Veröffentlichung dieses Werkes hatte Descartes 1637 in seinem *Discours de la méthode* diesen Satz in französischer Sprache formuliert: »Je pense, donc je suis« (4,3 und 4,5).

Mein teurer Freund, ich rat Euch drum / Zuerst **Collegium** Logicum. / Da wird der Geist Euch wohl dressiert, / In spanische Stiefeln eingeschnürt . . .

> Johann Wolfgang Goethe: Faust. Der Tragödie erster Teil. Studierzimmer [II]

La **comédie** humaine
(Die menschliche Komödie)

> Titel des gesamten Romanwerks von Honoré de Balzac, das insgesamt 91 Romane und Novellen umfaßt

Nam **concordia** parvae res crescunt, discordia maximae dilabuntur.
(Denn durch Eintracht wachsen selbst kleine Dinge, durch Zwietracht zerfallen die größten.)

> Sallust: Bellum Iugurthinum 10,6. – Seneca teilt diese Wendung in seinen Briefen an Lucilius 94,46 als Wahlspruch des Marcus Agrippa mit (dort heißt es allerdings »maximae«).

(rerum) **concordia** discors.
(Die zwieträchtige Eintracht der Dinge.)

> Horaz: Epistulae 1,12,19. – Dort mit Bezug auf die widerstreitenden Prinzipien der Liebe und des Streits, wie sie Empedokles von Akragas in seiner Kosmologie entwickelt hatte.

Così fan tutte
(So machen's alle)

> Titel einer 1790 uraufgeführten Oper von Wolfgang Amadeus Mozart, zu der Lorenzo da Ponte das Libretto schrieb

Courage ist gut, aber Ausdauer ist besser. Ausdauer, das ist die Hauptsache.
>Theodor Fontane: Der Stechlin. Kap. 4

Crapülinski und Waschlapski, / Polen aus der Polackei . . .
>Heinrich Heine: »Zwei Ritter«

Credo, quia absurdum.
(Ich glaube, weil es widersinnig ist.)
>Nach Tertullians *De carne Christi* 5,4: »Et mortuus est Dei filius: prorsus credibile, quia ineptum est.« (»Und gestorben ist Gottes Sohn: Das ist eine Sache des Glaubens, weil es in sich widersprüchlich ist.«)

Credo, ut intellegam.
(Ich glaube, um zu verstehen.)
>Anselm von Canterbury: Proslogion 1. – Dort heißt es: »Neque enim quaero intellegere, ut credam; sed credo, ut intellegam.« Vgl. auch »Quod ergo **in**tellego . . .«.

Cui bono?
(Wem zum Vorteil?)
>Wiederholt gebrauchte Frage Ciceros, so in der Rede für Sextus Roscius Amerinus 30,84. – Cicero stellt diese Frage nach dem Nutzen einer Sache mit Bezug auf Lucius Cassius, der 127 v. Chr. Konsul in Rom war, weshalb er in *Pro Milone* 12,32 und in *Philippicae orationes* 2,14,35 von der ›Cassianischen Frage‹ spricht.

Cuius regio, eius religio
(Wessen Gebiet, dessen Religion)
>Politische Formel der Reformationszeit bis zum Westfälischen Frieden von 1648, der den Dreißigjährigen Krieg beendete. – Sie legte fest, daß die Bevölkerung eines Gebietes die Konfession des jeweiligen Herrschers annehmen mußte.

Curriculum vitae
(Lebenslauf)
>Als »vitae curriculum« bei Cicero: Pro C. Rabirio 10,30

D

Auf dem **Dache** sitzt ein Greis, / Der sich nicht zu helfen weiß.
>Gustav Julius Friedrich Hansen: »Die Wassersnot in Leipzig«; erstmals 1847 veröffentlicht, später dann auch in den *Fliegenden Blättern* von 1853

Er stand auf seines **Daches** Zinnen, / Er schaute mit vergnügten Sinnen / Auf das beherrschte Samos hin.
>Friedrich Schiller: »Der Ring des Polykrates«

Von den **Dächern** predigen
>Nach Mt 10,27: ». . . und was euch gesagt wird in das Ohr, das predigt auf den Dächern.« – Ähnlich Lk 12,3.

Dämmrung will die Flügel spreiten, / Schaurig rühren sich die Bäume, / Wolken ziehn wie schwere Träume – / Was will dieses Graun bedeuten?
>Joseph Freiherr von Eichendorff: »Zwielicht«

Etwas ist faul im Staate **Dänemark**.
(Something is rotten in the state of Denmark.)
>William Shakespeare: The Tragicall Historie of Hamlet, Prince of Denmarke I,4. – In der Schlegel-Tieckschen Übersetzung hieß es ursprünglich ». . . Staate Dänemarks.«

Dahin! Dahin / Möcht' ich mit dir, o mein Geliebter, ziehn!
>Johann Wolfgang Goethe: Wilhelm Meisters Lehrjahre. 3. Buch, Kap. 1. – In der 2. Strophe von Mignons Lied heißt es ». . . Möcht' ich mit dir, o mein Beschützer, ziehn!«, in der letzten Strophe dann: »Geht unser Weg; o Vater, laß uns ziehn!«. Vgl. auch »Kennst du das Land, wo die Zitronen blühn . . .«.

Ach, daß es noch wie **damals** wär'! / Doch kommt die schöne Zeit nicht wieder her!
>August Kopisch: »Die Heinzelmännchen«

Seinen Tag von **Damaskus** erleben

Nach Apg 9, der Bekehrung des Saulus. – Nachdem dieser sich auf den Weg nach D. gemacht hatte, um Anhänger Jesu zu verhaften, heißt es in Apg 9,3: »Als er aber auf dem Wege war und in die Nähe von Damaskus kam, umleuchtete ihn plötzlich ein Licht vom Himmel . . .«

Dampf wallt auf!

Friedrich Schiller: »Das Lied von der Glocke«

Danaergeschenke

So benannt nach der Warnung des Laokoon in Vergils *Aeneis* 2,49: »Quidquid id est, timeo Danaos et dona ferentis.« (»Was das auch ist, ich fürchte die Danaer, auch wenn sie Geschenke bringen.«) – Mit dem Geschenk der Danaer (Griechen) war das Trojanische Pferd gemeint.

Den **Dank**, Dame, begehr ich nicht . . .

Friedrich Schiller: »Der Handschuh«

Danket dem HERRN; denn er ist freundlich, / und seine Güte währet ewiglich.

Ps 106,1; 107,1; 118,29

Nun **danket** alle Gott, der große Dinge tut an allen Enden, der uns von Mutterleib an lebendig erhält und uns alles Gute tut.

Sir 50,24. – Siehe auch das folgende Zitat.

Nun **danket** alle Gott / Mit Herzen, Mund und Händen, / Der große Dinge tut / An uns und allen Enden . . .

Martin Rinckart: »Erhebung des Herzens zu Gott«. – Die Quelle dieses Kirchenliedes ist Sir 50,24. Ein Kirchenlied von Paul Gerhardt beginnt mit den Zeilen: »Nun danket all und bringet Ehr, / Ihr Menschen in der Welt, / Dem, dessen Lob der Engel Heer / Im Himmel stets vermeldet.«

Und so ist mir das **Dasein** eine Last, / Der Tod erwünscht, das Leben mir verhaßt.

Johann Wolfgang Goethe: Faust. Der Tragödie erster Teil. Studierzimmer [II]

Nichts ist **dauernd** als der Wechsel, nichts beständig als der Tod.
> Ludwig Börne: Denkrede auf Jean Paul, vorgetragen im Museum zu Frankfurt am 2. Dezember 1825. – Heinrich Heine stellte diesen Satz aus Börnes Rede als Motto seiner *Harzreise* voran, die er 1826 veröffentlichte. »Dauer im Wechsel« ist der Titel eines im Jahre 1804 zuerst veröffentlichten Gedichts von Johann Wolfgang Goethe.

Wer den **Daumen** auf dem Beutel hat, hat die Macht.
> Otto von Bismarck im Norddeutschen Reichstag am 21. Mai 1869

Wir sind noch einmal **davongekommen**
> Deutscher Titel des Bühnenstücks *The Skin of Our Teeth* von Thornton Wilder, das 1942 uraufgeführt wurde

Nur unter **deinesgleichen** hast du das Recht, dich einsam zu fühlen.
> Arthur Schnitzler: Buch der Sprüche und Bedenken. Darin: Kleine Sprüche 13

Le **Demi-Monde**
(Die Halbwelt)
> Komödie von Alexandre Dumas dem Jüngeren, die 1855 uraufgeführt wurde

Gegen **Demokraten** / Helfen nur Soldaten.
> Wilhelm von Merckel: »Die fünfte Zunft«. – 1848 war unter diesem Titel eine Schrift erschienen, als deren Verfasser der Oberstleutnant Gustav von Griesheim galt.

Wir wollen mehr **Demokratie** wagen.
> Willy Brandt in seiner Regierungserklärung vor dem Deutschen Bundestag am 28. Oktober 1969

Überschrift eines **demokratischen** Leitartikels: Jein –!
> Kurt Tucholsky: Schnipsel

Alles **Denkbare** wird einmal gedacht.
> Friedrich Dürrenmatt: Die Physiker. 2. Akt

Es ist falsch, zu sagen: ich **denke**. Es müßte heißen: man denkt mich.
(C'est faux de dire: Je pense. On devrait dire: On me pense.)
> Arthur Rimbaud am 13. Mai 1871 in einem Brief an Georges Izambard

Denken – Denkmäler

Alles **Denken** ist unmoralisch. Seine Quintessenz ist die Vernichtung. Sowie man über etwas nachdenkt, hat man es schon erwürgt. Nichts widersteht der Mordlust des Gedankens.
<small>Oscar Wilde: A Woman of No Importance (Eine Frau ohne Bedeutung). 3. Akt</small>

Das **Denken** ist nur ein Traum des Fühlens, ein erstorbenes Fühlen, ein blaßgraues, schwaches Leben.
<small>Novalis: Die Lehrlinge zu Sais. 2. Die Natur</small>

Denken heißt Überschreiten.
<small>Ernst Bloch: Das Prinzip Hoffnung. Vorwort</small>

Denken tut weh –
<small>Ödön von Horváth: Ein Kind unserer Zeit. Darin: Der verlorene Sohn</small>

Denken und Tun, Tun und Denken, das ist die Summe aller Weisheit, von jeher anerkannt, von jeher geübt, nicht eingesehen von einem jeden. Beides muß wie Aus- und Einatmen sich im Leben ewig fort hin und wider bewegen; wie Frage und Antwort sollte eins ohne das andere nicht stattfinden.
<small>Johann Wolfgang Goethe: Wilhelm Meisters Wanderjahre oder Die Entsagenden. 2. Fassung 1829. 2. Buch, Kap. 9</small>

Ich hab nämlich keine Angst mehr vor dem **Denken**, seit mir nichts anderes übrigbleibt. Und ich freu mich über meine Gedanken, selbst wenn sie Wüsten entdecken.
<small>Ödön von Horváth: Ein Kind unserer Zeit. Darin: Das denkende Tier</small>

Des **Denkens** Faden ist zerrissen, / Mir ekelt lange vor allem Wissen. / Laß in den Tiefen der Sinnlichkeit / Uns glühende Leidenschaften stillen!
<small>Johann Wolfgang Goethe: Faust. Der Tragödie erster Teil. Studierzimmer [II]</small>

Der **Denker** braucht grade ein solches Licht wie der Maler: hell, ohne unmittelbaren Sonnenschein oder blendende Reflexe, und, wo möglich, von oben herab.
<small>Friedrich Schlegel: Athenaeum-Fragmente 308</small>

Die meisten **Denkmäler** sind hohl.
<small>Stanislaw Jerzy Lec: Neue unfrisierte Gedanken</small>

Ein **Denkmal** habe ich mir gesetzt, dauernder als Erz . . .
(Exegi monumentum aere perennius)
>   Horaz: Carmina 3,30,1

Er **denkt** zu viel: die Leute sind gefährlich.
(He thinks too much. Such men are dangerous.)
>   William Shakespeare: The Tragedie of Iulius Caesar I,2. – Caesar über Cassius.

Denkzettel
>   Nach Mal 3,16: »Der HERR merkt und hört es, und es wird vor ihm ein Gedenkbuch geschrieben für die, welche den HERRN fürchten und an seinen Namen gedenken.«

Der größte Lump im ganzen Land, / das ist und bleibt der **Denunziant**.
>   August Heinrich Hoffmann von Fallersleben: Politische Gedichte. Darin: »Sprüche« Nr. 17

Es ist nur ein **Despotismus** erträglich: der Despotismus der Vernunft – wenn wir nur erst über die Vernunft einig wären.
>   Johann Gottfried Seume: Apokryphen

Hier kam es zum Bewußtsein und erhielt seinen bestimmten Ausdruck, was **Deutsch** sei, nämlich: die Sache die man treibt, um ihrer selbst und der Freude an ihr willen treiben . . .
>   Richard Wagner: Deutsche Kunst und Deutsche Politik XI

Mein geliebtes **Deutsch**
>   Johann Wolfgang Goethe: Faust. Der Tragödie erster Teil. Studierzimmer [I]. – Faust spricht dort von der Übersetzung des Neuen Testaments: »Mich drängt's, den Grundtext aufzuschlagen, / Mit redlichem Gefühl einmal / Das heilige Original / In mein geliebtes Deutsch zu übertragen.«

Das **deutsche** Schicksal: vor einem Schalter zu stehn. Das deutsche Ideal: hinter einem Schalter zu sitzen.
>   Kurt Tucholsky: Schnipsel

Das **deutsche** Volk ist frei, bleibt frei und regiert in alle Zukunft sich selbst. Diese Freiheit ist der einzige Trost, der dem deutschen Volk geblieben ist, der einzige Halt, an dem es aus dem Blutsumpf des Krieges und der Niederlage sich wieder herausarbeiten kann.
>   Friedrich Ebert am 6. Februar 1919 bei der Eröffnung der Nationalversammlung in Weimar

Der **deutsche** Name bleibt für immer geschändet, wenn nicht die deutsche Jugend endlich aufsteht, rächt und sühnt zugleich, ihre Peiniger zerschmettert und ein neues geistiges Europa aufrichtet.
>   Aus dem letzten Flugblatt der »Weißen Rose« vom 18. Februar 1943, das Sophie und Hans Scholl in der Münchner Universität verteilten

Der **Deutsche**, zwischen die Extreme der Welt gestellt, kann selber kein Extremist sein; das ist eine seelische Gegebenheit, an der kein Radikalismus etwas ändert.
>   Thomas Mann: Lübeck als geistige Lebensform

Deutsche Freiheit lebt nur im Liede, / Deutsches Recht, es ist ein Märchen nur.
>   August Heinrich Hoffmann von Fallersleben: »Auswanderungslied«

Die **deutsche** Sprache ist die tiefste, die deutsche Rede die seichteste.
>   Karl Kraus: Nachts

O, was ist die **deutsche** Sprak für ein arm Sprak! für ein plump Sprak!
>   Gotthold Ephraim Lessing: Minna von Barnhelm oder das Soldatenglück IV,2

Seit ich auf **deutsche** Erde trat, / Durchströmen mich Zaubersäfte – / Der Riese hat wieder die Mutter berührt, / Und es wuchsen ihm neu die Kräfte.
>   Heinrich Heine: Deutschland. Ein Wintermärchen. Caput I

Und als ich die **deutsche** Sprache vernahm, / Da ward mir seltsam zumute; / Ich meinte nicht anders, als ob das Herz / Recht angenehm verblute.
>   Heinrich Heine: Deutschland. Ein Wintermärchen. Caput I

Wir **Deutsche** fürchten Gott, aber sonst Nichts in der Welt ...
<blockquote>Otto von Bismarck im Reichstag am 6. Februar 1888</blockquote>

Das ist schön bei uns **Deutschen**; keiner ist so verrückt, daß er nicht einen noch Verrückteren fände, der ihn versteht.
<blockquote>Heinrich Heine: Die Reisebilder. 1. Teil. Die Harzreise</blockquote>

Denn, ihr **Deutschen**, auch ihr seid / Tatenarm und gedankenvoll.
<blockquote>Friedrich Hölderlin: »An die Deutschen«</blockquote>

Die **Deutschen** – das Volk der Richter und Henker.
<blockquote>Karl Kraus: Sprüche und Widersprüche; vgl. auch »Das Volk der Dichter und Denker«</blockquote>

Die **Deutschen** haben unter allen Nationen am meisten philosophiert; das kömmt daher, sie haben am wenigsten gelebt.
<blockquote>Ludwig Börne: Aphorismen (1808–1810)</blockquote>

Die **Deutschen** haben zwar nicht das Pulver erfunden, wohl aber die Philosophie des Pulvers.
<blockquote>Kurt Tucholsky: Schnipsel</blockquote>

Ein eigentümlicher Fehler der **Deutschen** ist, daß sie, was vor ihren Füßen liegt, in den Wolken suchen.
<blockquote>Arthur Schopenhauer: Parerga und Paralipomena II, Kap. 9, § 120</blockquote>

Ich habe den **Deutschen** die tiefsten Bücher gegeben, die sie überhaupt besitzen – Grund genug, daß die Deutschen kein Wort davon verstehn ...
<blockquote>Friedrich Nietzsche: Der Fall Wagner. 2. Nachschrift</blockquote>

Ihr **Deutschen** von dem Flutenbett des Rheines, / Bis wo die Elbe sich ins Nordmeer gießet, / Die ihr vordem ein Volk, ein großes, hießet, / Was habt ihr denn, um noch zu heißen eines?
<blockquote>Friedrich Rückert: Aus den »Geharnischten Sonetten«</blockquote>

Im **Deutschen** lügt man, wenn man höflich ist.
<blockquote>Johann Wolfgang Goethe: Faust. Der Tragödie zweiter Teil. 2. Akt. Hochgewölbtes, enges gotisches Zimmer</blockquote>

Nie geraten die **Deutschen** so außer sich, wie wenn sie zu sich kommen wollen.
    Kurt Tucholsky: Schnipsel

So kam ich unter die **Deutschen**. Ich forderte nicht viel und war gefaßt, noch weniger zu finden.
    Friedrich Hölderlin: Hyperion oder Der Eremit in Griechenland. 2. Band, 2. Buch: Hyperion an Bellarmin

Und es mag am **deutschen** Wesen / Einmal noch die Welt genesen.
    Emanuel Geibel: »Deutschlands Beruf«. – Zum geflügelten Wort wurden diese Zeilen insbesondere in der Verwendung durch Kaiser Wilhelm II.

Was ist des **Deutschen** Vaterland?
    Ernst Moritz Arndt: »Des Deutschen Vaterland«

Ein echter **deutscher** Mann mag keinen Franzen leiden, / Doch ihre Weine trinkt er gern.
    Johann Wolfgang Goethe: Faust. Der Tragödie erster Teil. Auerbachs Keller in Leipzig

Deutsches Volk, du konntest fallen, / Aber sinken kannst du nicht!
    Theodor Körner: »Was uns bleibt«

Deutsches Volk, wieviel mehr hast du den Sieg deiner Führer zu fürchten als ihre Niederlage!
    Thomas Mann: Deutsche Hörer! Radiosendung der BBC vom Mai 1941

Ich bin ein **deutsches** Mädchen! / Mein Aug' ist blau und sanft mein Blick ...
    Friedrich Gottlieb Klopstock: »Vaterlandslied«

Anmut sparet nicht noch Mühe / Leidenschaft nicht noch Verstand. / Daß ein gutes **Deutschland** blühe / Wie ein andres gutes Land.
    Bertolt Brecht: »Kinderhymne«

Das böse **Deutschland**, das ist das fehlgegangene gute, das gute im Unglück, in Schuld und Untergang.
> Thomas Mann: Deutschland und die Deutschen. – In dieser 1945 gehaltenen Rede fügt Thomas Mann wenig später hinzu: ». . . ich habe es auch in mir, ich habe es alles am eigenen Leibe erfahren.«

Denk ich an **Deutschland** in der Nacht, / Dann bin ich um den Schlaf gebracht, / Ich kann nicht mehr die Augen schließen, / Und meine heißen Tränen fließen.
> Heinrich Heine: »Nachtgedanken«

Deutschland – auf weichem Pfühle / Mach dir den Kopf nicht schwer! / Im irdischen Gewühle / Schlafe, was willst du mehr?
> Georg Herwegh: »Wiegenlied«. – Die Schlußzeile ist ein Zitat aus Goethes Gedicht »Nachtgesang«. Vgl. auch »Kein Kind läuft ohne Höschen / Am **Rh**ein . . .«.

Deutschland, Deutschland über alles, / Über alles in der Welt, / Wenn es stets zu Schutz und Trutze / Brüderlich zusammenhält . . .
> August Heinrich Hoffmann von Fallersleben: »Das Lied der Deutschen. Helgoland 26. August 1841«

Deutschland. Ein Wintermärchen.
> Titel einer Gedichtsammlung von Heinrich Heine, die 1844 erschien

Deutschland, erwache!
> Titel eines faschistischen Kampfliedes von Dietrich Eckart, der später zu einer der zentralen nationalsozialistischen Losungen wurde

Deutschland hat ewigen Bestand, / Es ist ein kerngesundes Land; / Mit seinen Eichen, seinen Linden, / Werd ich es immer wiederfinden.
> Heinrich Heine: »Nachtgedanken«

Deutschland ist das einzige Land, wo Mangel an politischer Befähigung den Weg zu den höchsten Ehrenämtern sichert.
> Carl von Ossietzky in der *Weltbühne* vom 6. November 1928. – Der Artikel trägt die Überschrift »Deutschland ist . . .«.

Deutschland ist eine anatomische Merkwürdigkeit. Es schreibt mit der Linken und tut mit der Rechten.
Kurt Tucholsky: Schnipsel

Deutschland ist Hamlet! Ernst und stumm / In seinen Toren jede Nacht / Geht die begrabne Freiheit um, / Und winkt den Männern auf der Wacht.
Ferdinand Freiligrath: »Hamlet«

Deutschland muß leben, und wenn wir sterben müssen.
Heinrich Lersch: »Soldatenabschied«

Deutschland, wir weben dein Leichentuch, / Wir weben hinein den dreifachen Fluch – / Wir weben, wir weben!
Heinrich Heine: »Die schlesischen Weber«

Es gibt schwierige Vaterländer. Eines davon ist **Deutschland**. Aber es ist unser Vaterland. Hier leben und arbeiten wir. Darum wollen wir unseren Beitrag für die eine Menschheit mit diesem und durch dieses unser Land leisten.
Schlußabschnitt der Ansprache Gustav Heinemanns vor Bundestag und Bundesrat am 1. Juli 1969 anläßlich seiner Vereidigung als Bundespräsident

Glauben Sie, meine Herren, es wird kein Haupt über **Deutschland** leuchten, das nicht mit einem vollen Tropfen demokratischen Öls gesalbt ist!
Ludwig Uhland in einer Rede vor der deutschen Nationalversammlung im Frankfurter Parlament am 22. Januar 1849

Ja, **Deutschland** ist mir in all diesen Jahren doch recht fremd geworden.
Thomas Mann in einem offenen Brief an Walter von Molo vom 28. 9. 1945, publiziert unter dem Titel *Warum ich nicht nach Deutschland zurückgehe*

Nimm dich in acht, wenn du durch **Deutschland** fährst und die Wahrheit unter dem Rock trägst!
Bertolt Brecht: Leben des Galilei (1938/39) 13

Noch nie ward **Deutschland** überwunden, wenn es einig war.
Kaiser Wilhelm II. in seinem Aufruf *An das deutsche Volk* vom 6. August 1914

O **Deutschland**, bleiche Mutter! / Wie sitzest du besudelt / Unter den Völkern. / Unter den Befleckten / Fällst du auf.
> Bertolt Brecht: »Deutschland«

Oh, **Deutschland**, meine ferne Liebe, / Gedenk ich deiner, wein ich fast! / Das muntre Frankreich scheint mir trübe, / Das leichte Volk wird mir zur Last.
> Heinrich Heine: Romanzen. Darin: »Anno 1839«

Sagt, ist noch ein Land außer **Deutschland**, wo man die Nase eher rümpfen lernt als putzen?
> Georg Christoph Lichtenberg: Sudelbücher E 316

Setzen wir **Deutschland**, so zu sagen, in den Sattel! Reiten wird es schon können.
> Otto von Bismarck im Norddeutschen Reichstag am 11. März 1867

Sie meinen, sie sind **Deutschland**, aber ich bins, und gings zugrunde mit Stumpf und Stiel, es dauerte in mir.
> Thomas Mann: Lotte in Weimar. Kap. 7. – Dieses Zitat wird in dem 1939 erschienenen Roman Goethe in den Mund gelegt; für einen aus diesen Jahren wiederholt überlieferten Ausspruch Thomas Manns gleichlautenden Inhalts – »Wo ich bin, ist die deutsche Kultur« – findet sich dagegen keine authentische Quelle.

Dialektik der Aufklärung
> Titel einer Schrift von Max Horkheimer und Theodor W. Adorno, erschienen 1947

Dichten – Gerichtstag halten / Über sein eignes Ich.
> Henrik Ibsen: »Ein Vers«; vgl. auch »Leben heißt . . .«. – Schon 1834 hatte Ludwig Feuerbach in seiner Aphorismensammlung *Der Schriftsteller und der Mensch* formuliert: »In der Schrift hält der Mensch das jüngste Gericht über sich selbst, seine Gedanken und Empfindungen.«

Wer das **Dichten** will verstehen, / Muß ins Land der Dichtung gehen; / Wer den Dichter will verstehen, / Muß in Dichters Lande gehen.
> Johann Wolfgang Goethe: Motto zu den *Noten und Abhandlungen zu besserem Verständnis des West-östlichen Divans*

dichten – Dichter

Wie wohl ist dem, der dann und wann / Sich etwas Schönes **dichten** kann!

Wilhelm Busch: Balduin Bählamm, der verhinderte Dichter. Kap. 1

Alles, was der **Dichter** uns geben kann, ist seine Individualität.

Friedrich Schiller: Über Bürgers Gedichte

Das reizbare Geschlecht der **Dichter**
(Genus inritabile vatum)

Horaz: Epistulae 2,2,102

Das Volk der **Dichter** und Denker

Die Wendung wird meist auf Karl Musäus zurückgeführt, der in der Vorrede zu seinen *Volksmärchen der Deutschen* schrieb: »Was wär das enthusiastische Volk unsrer Denker, Dichter, Schweber, Seher, ohne die glücklichen Einflüsse der Phantasie?«

Denn kein **Dichter** gibt einen fertigen Himmel; er stellt nur die Himmelsleiter auf von der schönen Erde.

Joseph Freiherr von Eichendorff: Ahnung und Gegenwart. Kap. 10; vgl. auch »Und das sind die rechten **Le**ser . . .«

Der **Dichter** ist außerhalb der Sprache, er sieht die Wörter verkehrt herum, als wenn er nicht zur Menschheit gehörte und, auf die Menschen zukommend, zunächst auf das Wort als eine Barriere stieße.

Jean-Paul Sartre: Was ist Literatur? 1. Warum schreiben?

Der **Dichter** steht auf einer höhern Warte, / Als auf den Zinnen der Partei.

Ferdinand Freiligrath: »Aus Spanien«

Der **Dichter** steht viel zu hoch, als daß er Partei machen sollte.

Johann Wolfgang Goethe: Noten und Abhandlungen zu besserem Verständnis des West-östlichen Divans. Darin: Eingeschaltetes. – In seiner *Campagne in Frankreich* schreibt Goethe im Abschnitt »Münster, November 1792«: »Der Dicher aber, der seiner Natur nach unparteiisch sein und bleiben muß, sucht sich von den Zuständen beider kämpfenden Teile zu durchdringen, wo er denn, wenn Vermittlung unmöglich wird, sich entschließen muß, tragisch zu enden.«

Die **Dichter** wollen entweder Nutzen bringen oder Freude bereiten ...
(Aut prodesse volunt aut delectare poetae ...)
  Horaz: De arte poetica 333

Ein **Dichter**, der liest: ein Anblick, wie ein Koch, der ißt.
  Karl Kraus: Sprüche und Widersprüche

Ich bin ein deutscher **Dichter**, / Bekannt im deutschen Land; / Nennt man die besten Namen, / So wird auch der meine genannt.
  Heinrich Heine: Buch der Lieder. Darin: »Die Heimkehr« 13

Vieles lügen die **Dichter**.
(Πολλὰ ψεύδονται ἀοιδοί. – Polla pseudontai aoidoi.)
  So bei Aristoteles: Metaphysik 1,2.983a 3. – Dort wird es allerdings als ein »altes Sprichwort« bezeichnet.

Des **Dichters** Aug, in schönem Wahnsinn rollend ...
(The poet's eye, in a fine frenzy rolling ...)
  William Shakespeare: A Midsommer Nights Dreame (Ein Sommernachtstraum) V,1

Deutscher **Dichterwald**
  Titel eines Almanachs, den Justinus Kerner 1813 herausgegeben hatte. Mitherausgeber waren Ludwig Uhland und Friedrich de la Motte Fouqué.

... Und wer der **Dichtkunst** Stimme nicht vernimmt, / Ist ein Barbar, er sei auch, wer er sei.
  Johann Wolfgang Goethe: Torquato Tasso V,1

Dichtung und Wahrheit
  Titel von Johann Wolfgang Goethes Autobiographie, die als *Aus meinem Leben. Dichtung und Wahrheit* zwischen 1811 und 1814 (Teile 1–3) sowie postum 1833 (Teil 4) veröffentlicht wurde. – Das Begriffspaar wird auf Platons *Timaios* zurückgeführt, wo zwischen einer »erdichteten Fabel« (»πλασθέντα μῦθον – plasthenta mython«) und einer »wahren Geschichte« (»ἀληθινὸν λόγον – alethinon logon«) unterschieden wird (26e).

Dick sein ist keine physiologische Eigenschaft – das ist eine Weltanschauung.
  Kurt Tucholsky: Schnipsel

... »es war ein **dicker** Mann, folglich ein guter Mann«, sagt Cervantes.

> Heinrich Heine: Reisebilder. 1. Teil. Die Harzreise. – Heine nimmt hier auf den *Don Quijote* des Cervantes Bezug, wo im 2. Kapitel des 1. Buchs von einem Wirt die Rede ist, »ein Mann, der, wie er sehr fett, auch überaus friedliebend war«.

Wir sind **Dickhäuter**, wir strecken die Hände nacheinander aus aber es ist vergebliche Mühe, wir reiben nur das grobe Leder aneinander ab, – wir sind sehr einsam.

> Georg Büchner: Dantons Tod I,1

... **Die** ist es, und keine sonst auf Erden!

> Friedrich Schiller: Die Braut von Messina II,5

Wie ein **Dieb** in der Nacht

> Nach 1 Thess 5,2: »... denn ihr selbst wißt genau, daß der Tag des Herrn kommen wird wie ein Dieb in der Nacht.« Diese Wendung auch in 2 Petr 3,10, und Mt 24,43.

Amici, **diem** perdidi.
(Freunde, ich habe einen Tag verloren.)

> Sueton überliefert in seinem Werk *De viris illustribus* diesen Ausspruch des Kaisers Titus (»Titus« 8,1), mit dem dieser jeden Tag beklagte, an dem er nichts Gutes getan habe.

Dienen lerne beizeiten das Weib nach ihrer Bestimmung; / Denn durch Dienen allein gelangt sie endlich zum Herrschen ...

> Johann Wolfgang Goethe: Hermann und Dorothea. 7. Gesang: Erato

Der erste **Diener** seines Staates *siehe* Der **Fürst**

Sind sie nicht allesamt **dienstbare** Geister, ausgesandt zum Dienst um derer Willen, die das Heil ererben sollen?

> Hebr 1,14

... Des **Dienstes** immer gleichgestellte Uhr ...

> Friedrich Schiller: Wallenstein. Die Piccolomini I,4

Dies diem docet
(Der eine Tag lehrt den anderen)

> Nach einer Sentenz des Publilius Syrus: »Discipulus est prioris posterior dies.« (D 1)

Dies irae, dies illa
> Oft in lateinischer Fassung zitierter Anfangsvers aus Zef 1,15: »Denn dieser Tag ist ein Tag der Grimmes ...«

Die vierte **Dimension**
> Begriff aus der 1671 erschienenen Schrift *Encheiridion metaphysicum* 28 § 7 von Henry More. – Diese vierte Dimension wird dort den Geistern zugeschrieben.

Die **Dinge** singen hör ich so gern. / Ihr rührt sie an: sie sind starr und stumm. / Ihr bringt mir alle die Dinge um.
> Rainer Maria Rilke: »Ich fürchte mich so vor der Menschen Wort«

Herr, ich weiß, am Ende eines **Dinges** steht nicht sein Superlativ, sondern sein Gegensatz, und die Erkenntnisse gehen zum Wahnsinn.
> Carl Einstein: Bebuquin oder Die Dilettanten des Wunders. Kap. 15

Diogenes der Weise aber kroch ins Faß / Und sprach: »Ja, ja, das kommt von das!«
> Wilhelm Busch: Münchner Bilderbogen

Zu **Dionys**, dem Tyrannen, schlich / Möros, den Dolch im Gewande ...
> Friedrich Schiller: »Die Bürgschaft«. – So im Erstdruck (*Musenalmanach 1799*); erst später wurde dann aus »Möros«, wie er auch in den Fabeln des Hyginus hieß, die Schiller als Quelle benutzte, »Damon«.

Mögen die Federn der **Diplomaten** nicht wieder verderben, was das Schwert der Völker mit so großen Anstrengungen errungen.
> Ausspruch des Generals von Blücher nach der siegreichen Schlacht von Waterloo am 18. Juni 1815

Diplomatie ist ein Schachspiel, bei dem die Völker matt gesetzt werden.
> Karl Kraus: Nachts

Divide et impera!
(Teile und herrsche!)
> Der Ausspruch wird zumeist auf Ludwig XI. von Frankreich und dessen von Prosper Mérimée überlieferte Maxime »diviser pour régner« zurückgeführt.

Do (tibi), ut des
(Ich gebe dir etwas, damit du mir dafür etwas gibst)

> Aus dem römischen Recht stammende Redewendung, die im *Corpus iuris civilis* bei Paulus in den *Digesten* 19,5,5 gebraucht wird. – Als politischer Begriff wurde sie von Otto von Bismarck im Reichstag am 17. September 1878 gebraucht: »In allen politischen Verhandlungen ist das do-ut-des eine Sache, die im Hintergrund steht, auch wenn man Anstands halber einstweilen nicht davon spricht.«

. . . Jeder junger **Doctor** mus haben / Ein newen Kirchhoff zum begraben.

> Georg Rollenhagen: Froschmeuseler I,1,9

Das **Dogma** ist nichts anderes als ein ausdrückliches Verbot zu denken.

> Ludwig Feuerbach: Pierre Bayle. Kap. 7

Doktor, sind Sie des Teufels?

> Heinrich Heine: Die Nordsee. 1. Zyklus. Darin: »Seegespenst«

Das **Doktor-Werden** ist eine Konfirmation des Geistes.

> Georg Christoph Lichtenberg: Sudelbücher F 19

»Was wolltest du mit dem **Dolche**, sprich!« / Entgegnet ihm finster der Wüterich. / »Die Stadt vom Tyrannen befreien!« / »Das sollst du am Kreuze bereuen.«

> Friedrich Schiller: »Die Bürgschaft«

Der allmächtige **Dollar**
(the almighty dollar)

> Wendung aus dem 1836 in der Zeitschrift *The Magnolia* erstmals veröffentlichten Beitrag »The Creole Village« von Washington Irving

An der schönen blauen **Donau**

> Kehrreim des von Karl Beck geschriebenen, von Josef Weyl umgedichteten und von Johann Strauß d. J. vertonten Gedichtes »An der Donau«

Oh, **Donna** Clara – ich hab dich tanzen gesehn, / und deine Schönheit hat mich toll gemacht!

> Refrain eines Liedes von Beda (Text) und Jerzy Petersburski (Musik)

Donner und Doria!

Friedrich Schiller: Die Verschwörung des Fiesco zu Genua I,5

Es braust ein Ruf wie **Donnerhall** ...

Max Schneckenburger: »Die Wacht am Rhein«

Donnerstimme

Nach Offb 6,1: ». . . und ich hörte eine der vier Gestalten sagen wie mit einer Donnerstimme: Komm!«

Donnerwetter Parapluie.

Pius Alexander Wolff: Preciosa. Die wiederholten Ausrufe des Pedro »Donnerwetter!« und »Parapluie!« – so etwa in IV,8 – sind in dieser zusammengezogenen Form zum geflügelten Wort geworden.

Doppelt gibt, wer gleich gibt

Nach Publilius Syrus: Sententiae I 6. – Dort heißt es: »Inopi beneficium bis dat, qui dat celeriter.« (»Dem Bedürftigen gibt der doppelt seine Unterstützung, der sie schnell gibt.«) Zumeist abgekürzt als »bis dat qui cito dat« zitiert.

... so werden euch die, die ihr übriglaßt, zu **Dornen** in euren Augen werden und zu Stacheln in euren Seiten ...

4 Mose 33,55

Dornenkrone

Nach Mt 27,29: ». . . und flochten eine Dornenkrone und setzten sie ihm aufs Haupt . . .«; ebenso Mk 15,17 und Joh 19,2

Und er ergriff den **Drachen**, die alte Schlange, das ist der Teufel und der Satan, und fesselte ihn für tausend Jahre.

Offb 20,2; vgl. Offb 12,9

Drakonische Strafen

Als Bezeichnung für eine besonders harte Bestrafung nach den Strafrechtsbestimmungen benannt, die Drakon im Athen des 7. Jahrhunderts v. Chr. erließ und die wegen ihrer Unnachsichtigkeit und Strenge berüchtigt waren

Draußen vor der Tür

Titel eines Bühnenstücks von Wolfgang Borchert, erschienen 1947

I have a **dream** . . .
(Ich habe einen Traum . . .)
>   Wiederholte Wendung in einer Rede von Martin Luther King am 28. August 1963 beim sogenannten ›Marsch nach Washington‹

Macht Euren **Dreck** alleene!
>   Friedrich August III., König von Sachsen, nach seiner Abdankung im Jahre 1918

Etwas **drehen**, wie man will
>   Nach Mich 7,3: »Die Gewaltigen reden nach ihrem Mutwillen, um Schaden zu tun, und drehen's, wie sie wollen.«

Drei Worte nenn ich euch, inhaltsschwer, / Sie gehen von Munde zu Munde, / Doch stammen sie nicht von außen her, / Das Herz nur gibt davon Kunde.
>   Friedrich Schiller: »Die Worte des Glaubens«; vgl. auch »Der Mensch ist **fr**ei . . .«, »Und die **Tug**end . . .«, »Und ein **Go**tt ist . . .«

Dreiecksverhältnis
>   Wendung aus Henrik Ibsens Schauspiel *Hedda Gabler*, 2. Akt: ». . . ein solches, sagen wir, dreieckiges Verhältnis, – das ist im Grunde eine große Annehmlichkeit für alle Teile.«

Hat einer **dreißig** Jahr vorüber, / So ist er schon so gut wie tot.
>   Johann Wolfgang Goethe: Faust. Der Tragödie zweiter Teil. 2. Akt. Hochgewölbtes, enges gotisches Zimmer

Schier **dreißig** Jahre bist du alt, / Hast manchen Sturm erlebt.
>   Karl von Holtei: Lenore. Beginn des »Mantellieds«

Nichts ist **drinnen**, nichts ist draußen; / Denn was innen, das ist außen.
>   Johann Wolfgang Goethe: »Epirrhema«

Das **Dritte** Reich
>   Titel einer 1923 erschienenen Schrift von Arthur Moeller van den Bruck

Was ist der **dritte** Stand? Alles. Was war er in der politischen Rangordnung? Nichts. Was fordert er? Etwas darin zu werden.
>   Emanuel-Joseph Sieyès: Was ist der dritte Stand? Vorrede

Das **Druckenlassen** verhält sich zum Denken wie eine Wochenstube zum ersten Kuß.
> Friedrich Schlegel: Athenaeum-Fragmente 62

Das **Drüben** kann mich wenig kümmern; / Schlägst du erst diese Welt zu Trümmern, / Die andre mag darnach entstehn.
> Johann Wolfgang Goethe: Faust. Der Tragödie erster Teil. Studierzimmer [II]

... Und die **Düne** kam und deckte sie zu.
> Agnes Miegel: »Die Frauen von Nidden«

Meine güldenen **Dukaten**, / Sagt, wo seid ihr hingeraten?
> Heinrich Heine: »Das Lied von den Dukaten«

Dulde, gedulde dich fein! / Über ein Stündlein / Ist deine Kammer voll Sonne.
> Paul Heyse: »Über ein Stündlein«

Dumm ist nicht, wer eine Dummheit begeht; sondern wer sie nachher nicht zu bedecken versteht.
> Baltasar Gracián: Oráculo manual y arte de prudencia (Hand-Orakel und Kunst der Weltklugheit) 126

Mir wird von alledem so **dumm**, / Als ging' mir ein Mühlrad im Kopf herum.
> Johann Wolfgang Goethe: Faust. Der Tragödie erster Teil. Studierzimmer [II]

Wer kann was **Dummes**, wer was Kluges denken, / Das nicht die Vorwelt schon gedacht?
> Johann Wolfgang Goethe: Faust. Der Tragödie zweiter Teil. 2. Akt. Hochgewölbtes, enges gotisches Zimmer

Mit der **Dummheit** kämpfen Götter selbst vergebens.
> Friedrich Schiller: Die Jungfrau von Orleans III,6

Nichts gibt so sehr das Gefühl der Unendlichkeit als wie die **Dummheit**.
> Ödön von Horváth: Geschichten aus dem Wienerwald. Motto

Man muß die **Dummheiten** zu begehen wissen, die unser Charakter von uns verlangt.
(Il faut savoir faire les sottises que nous demande notre caractère.)
> Nicolas Chamfort: Produits de la Civilisation perfectionnée. Darin: Maximes et Pensées, Caractères et Anecdotes

Ein **Dummkopf** findet immer noch einen Dümmeren, der ihn bewundert.
(Un Sot trouve toûjours un plus Sot qui l'admire.)
> Nicolas Boileau-Despréaux: L'art poétique. 1. Gesang

Herr, **dunkel** war der Rede Sinn ...
> Friedrich Schiller: »Der Gang nach dem Eisenhammer«

Herrlich! Etwas **dunkel** zwar – / Aber's klingt recht wunderbar.
> Pius Alexander Wolff: Preciosa I,5

Dunkelmänner
> Der Begriff leitet sich von den *Dunkelmännerbriefen an den ehrenwerten Magister Ortwin Gratius aus Deventer* (*Epistolae obscurorum virorum* ...) her, die zwischen 1515 und 1517 als Antwort auf eine Schrift von Johannes Reuchlin von Crotus Rubeanus, Ulrich von Hutten und Hermann von dem Busche verfaßt wurden.

Denn die einen sind im **Dunkeln** / Und die anderen sind im Licht / Und man siehet die im Lichte / Die im Dunkeln sieht man nicht.
> Schlußstrophe der Moritat am Ende der Filmfassung von Bertolt Brechts *Dreigroschenoper*

Im **Dunkeln** tappen
> Nach 5 Mose 28,29: »Und du wirst tappen am Mittag, wie ein Blinder tappt im Dunkeln ...« – Ähnlich auch Sir 19,22.

Dunkle Giebel, hohe Fenster, / Türme tief aus Nebeln sehn, / Bleiche Statuen wie Gespenster / Lautlos an den Türen stehn.
> Joseph Freiherr von Eichendorff: »In Danzig 1842«

Herr **Durst** ist ein gestrenger Mann, / Der läßt sich gar nicht foppen ...
> August Heinrich Hoffmann von Fallersleben: »Herr Durst«

E

Ecce homo!
(Seht, welch ein Mensch!)

> Joh 19,5. – Worte des Pontius Pilatus, nachdem er Jesus verhört hatte und geißeln ließ. In der Kunstgeschichte wurde die Wendung ›Ecce homo‹ zur Bezeichnung für die Darstellung des leidenden Jesus mit der Dornenkrone. *Ecce homo* ist auch der Titel einer Schrift von Friedrich Nietzsche, die, 1888 entstanden, 1908 erschien: Ihr Untertitel lautete *Wie man wird, was man ist*.

Écrasez l'in fâme
(Zerschmettert den abscheulichen)

> In der Korrespondenz Voltaires zwischen 1759 und 1768 häufig gebrauchte Wendung, die er gelegentlich sogar als Unterschrift – »Écr. l'inf.« – verwendete. Sie findet sich u. a. in Briefen an Diderot, d'Alembert, Helvétius oder Friedrich den Großen, der den Ausdruck »l'infâme« in einem Brief an den Marquis d'Argens am 2. Mai und an Voltaire am 18. Mai 1759 gebrauchte. Zu ergänzen ist in dieser Formel »superstition« (»Aberglaube«), gegen den Voltaire häufig polemisierte.

Edel sei der Mensch, / Hilfreich und gut! / Denn das allein / Unterscheidet ihn / Von allen Wesen, / Die wir kennen.

> Johann Wolfgang Goethe: »Das Göttliche«

Denn nur vom **Edeln** kann das Edle stammen.

> Friedrich Schiller: Die Braut von Messina I,7

Die **Edeln** und der Adel stehen gewöhnlich im Gegensatz.

> Johann Gottfried Seume: Apokryphen

Da wies ihn Gott der Herr aus dem Garten **Eden** . . .

> 1 Mose 3,23

Und Gott der Herr pflanzte einen Garten in **Eden** gegen Osten hin . . .

> 1 Mose 2,8

Ein **edler** Mann wird durch ein gutes Wort / Der Frauen weit geführt.
>Johann Wolfgang Goethe: Iphigenie auf Tauris I,2

Ein **edler** Mensch zieht edle Menschen an / Und weiß sie festzuhalten, wie ihr tut.
>Johann Wolfgang Goethe: Torquato Tasso I,1

L'**éducation** sentimentale
(Lehrjahre des Gefühls)
>Titel eines 1869 erschienenen Romans von Gustave Flaubert, dessen Untertitel *Histoire d'un jeune homme* (*Geschichte eines jungen Mannes*) lautete

Heute ist es mir **egal**.
>Theodor Fontane: »Dreihundertmal«

Was man eine glückliche **Ehe** nennt, verhält sich zur Liebe, wie ein korrektes Gedicht zu improvisiertem Gesang.
>Friedrich Schlegel: Athenaeum-Fragmente 268

. . . ich merke wohl, im **Ehestand** muß man sich manchmal streiten, denn dadurch erfährt man was voneinander.
>Johann Wolfgang Goethe: Die Wahlverwandtschaften. 1. Teil, Kap. 2

Die **Ehherrn** sollten künftig die Trauringe statt auf dem Finger in der Nase tragen, zum Zeichen, daß sie doch an der Nase geführt werden.
>Christian Dietrich Grabbe: Don Juan und Faust I,1

Ehre deinen Vater von ganzem Herzen und vergiß nicht, welche Schmerzen deine Mutter um dich gelitten hat . . .
>Sir 7,29

Ehre, dem die Ehre gebührt.
>Röm 13,7

Ehre sei Gott in der Höhe und Friede auf Erden bei den Menschen seines Wohlgefallens
>Lk 2,14; vgl. auch »Die **hi**mmlischen Heerscharen«

Die wahre **Ehrfurcht** geht niemals aus der Furcht hervor.
Marie von Ebner-Eschenbach: Aphorismen

Mit tiefer **Ehrfurcht** schau ich die Schöpfung an, / denn Du! / Namenloser, Du! / Schufest sie!
Friedrich Gottlieb Klopstock: »Die Frühlingsfeyer«. 2. Fassung

Der **Ehrgeiz** ist für die Seele, was der Hunger für den Leib ist.
Ludwig Börne: Aphorismen (1808–1810)

Ehrlich sein: einsam sein.
Max Frisch: Tagebuch 1946–1949 (Abschnitt »1949«)

Man kann immerhin **ehrlich** sein, es ist nur dumm, sich's merken zu lassen.
Ludwig Börne: Aphorismen (1808–1810)

O, man ist auch verzweifelt wenig, wenn man weiter nichts ist als **ehrlich**.
Gotthold Ephraim Lessing: Minna von Barnhelm oder das Soldatenglück III,2

Jedem Mann ein **Ei**, dem frommen Schweppermann zwei.
Ausspruch Ludwigs IV. von Bayern nach der Schlacht bei Mühldorf am 28. September 1322

Jedes legt noch schnell ein **Ei**, / Und dann kommt der Tod herbei.
Wilhelm Busch: Max und Moritz. Erster Streich

Die abgestorbne **Eiche** steht im Sturm, / Doch die gesunde stürzt er schmetternd nieder, / Weil er in ihre Krone greifen kann.
Heinrich von Kleist: Penthesilea. 24. Auftritt. – Schlußworte der Prothoe. Vgl. auch »Sie sank . . .«.

Und man macht aus deutschen **Eichen** / Keine Galgen für die Reichen.
Heinrich Heine: »Zur Teleologie«

Denn ich bezeuge ihnen, daß sie **Eifer** für Gott haben, aber ohne Einsicht.
Röm 10,2. – Aus der älteren Übersetzung dieser Stelle leitete sich die Redewendung »eifern mit Unverstand« ab.

Eifersucht als Angst vor dem Vergleich.
> Max Frisch: Tagebuch 1946–1949 (Abschnitt »1949«)

Eigenheiten, die werden schon haften; / Kultiviere deine Eigenschaften!
> Johann Wolfgang Goethe: Aus »Sprichwörtlich«

Eigentum ist Diebstahl.
(La propriété, c'est le vol!)
> Pierre-Joseph Proudhon: Qu'est-ce-que la propriété? ou: Recherches sur le principe du droit et du gouvernement, Kap. 1

. . . und sie werden sein **Ein** Fleisch.
> 1 Mose 2,24

Wie **Ein** Mann stehen
> Nach Richt 20,1: ». . . und die Gemeinde versammelte sich wie ein Mann . . .«

Einer mag überwältigt werden, aber zwei können widerstehen, und eine dreifache Schnur reißt nicht leicht entzwei.
> Koh 4,12. – Quelle des Sprichworts »Doppelt hält besser«.

Einer wie der andere
> Nach 1 Kor 3,8: »Der aber pflanzt und der begießt, sind einer wie der andere.«

. . . Von **einer** aber tut mir's weh.
> Ludwig Uhland: »Abreise«

Wahrhaftig, du bist auch **einer** von denen, denn deine Sprache verrät dich.
> Mt 26,73. – Die Knechte zu Petrus, der daraufhin Jesus verleugnet. Vgl. auch »Ich kenne . . .« Auf diese Bibelstelle nimmt der Titel des Romans *Auch Einer* von Friedrich Theodor Vischer Bezug, der 1879 erschien.

. . . **einesteils** und and'rerseits und außerdem!
> »In der Nacht ist der Mensch nicht gern alleine«; Lied aus dem Film *Die Frau meiner Träume* von Willy Dehmel (Text) und Franz Grothe (Musik)

Der **Einfall** ersetzt nicht die Arbeit.
> Max Weber: Wissenschaft als Beruf

O, der **Einfall** / War kindisch, aber göttlich schön!
> Friedrich Schiller: Don Karlos, Infant von Spanien I,2

Daß doch / Die **Einfalt** immer Recht behält!
> Gotthold Ephraim Lessing: Nathan der Weise I,5

Der **eingebildete** Kranke
(Le malade imaginaire)
> Titel einer Komödie von Molière, die 1673 uraufgeführt wurde

Seid **einig** – einig – einig –
> Friedrich Schiller: Wilhelm Tell IV,2

Einigkeit und Recht und Freiheit / Für das deutsche Vaterland!
> August Heinrich Hoffmann von Fallersleben: »Das Lied der Deutschen. Helgoland 26. August 1841«. – Die 3. Strophe dieses Gedichts, die mit diesen Zeilen beginnt, ist zugleich die Nationalhymne der Bundesrepublik Deutschland. Vgl. auch »**D**eutschland, Deutschland, über alles . . .«.

Das gibt's nur **einmal**, / das kommt nicht wieder, / das ist zu schön, um wahr zu sein!
> Refrain eines von Lilian Harvey gesungenen Liedes aus dem Film *Der Kongreß tanzt*, dessen Text Robert Gilbert und dessen Musik Werner Richard Heymann schrieb

»**Einmal** ist keinmal.« Dies ist das erlogenste und schlimmste unter allen Sprichwörtern, und wer es gemacht hat, der war ein schlechter Rechnungsmeister oder ein boshafter.
> Johann Peter Hebel: Nützliche Lehren 7

Mich dünkt doch, man lebt nur **einmal** in der Welt . . .
> Johann Wolfgang Goethe: Clavigo. 1. Akt. Clavigos Wohnung

Aus **Eins** mach Zehn, / Und Zwei laß gehn, / Und Drei mach gleich, / So bist du reich.
> Johann Wolfgang Goethe: Faust. Der Tragödie erster Teil. Hexenküche. – Beginn des »Hexen-Einmaleins«.

Einsam in trüben Tagen, / hab' ich zu Gott gefleht . . .
> Richard Wagner: Lohengrin I,2

Einsamer nie als im August: / Erfüllungsstunde – im Gelände / die roten und die goldenen Brände, / doch wo ist deiner Gärten Lust?
> Gottfried Benn: »Einsamer nie«

Einsamkeit ist das Los aller hervorragenden Geister.
> Arthur Schopenhauer: Parerga und Paralipomena. Aphorismen zur Lebensweisheit. Kap. 5, Abschnitt B: »Unser Verhalten gegen uns selbst betreffend.« – Im Abschnitt C heißt es wenig später: »Die eigentlichen großen Geister horsten, wie die Adler, in der Höhe, allein.«

Wer sich der **Einsamkeit** ergibt, / Ach! der ist bald allein . . .
> Johann Wolfgang Goethe: Wilhelm Meisters Lehrjahre. 2. Buch, Kap. 13

Ja, es ist jetzo die Zeit der **Einseitigkeiten**; wohl dem, der es begreift, für sich und andere in diesem Sinne wirkt.
> Johann Wolfgang Goethe: Wilhelm Meisters Wanderjahre oder Die Entsagenden. 2. Fassung 1829. 1. Buch, Kap. 4

Einszweidrei, im Sauseschritt / Läuft die Zeit; wir laufen mit.
> Wiederholte Wendung aus Wilhelm Buschs *Julchen*

Vom **Eise** befreit sind Strom und Bäche / Durch des Frühlings holden, belebenden Blick; / Im Tale grünet Hoffnungsglück . . .
> Johann Wolfgang Goethe: Faust. Der Tragödie erster Teil. Vor dem Tor

O Freund, werd' ja kein Wärter / An einer **Eisenbahn**, / Denn dieses Los ist härter / Als jeder andre Plan.
> Hermann Lingg: »Bahnwärterlos«

Der **eiserne** Vorhang
(The iron curtain)
> So Winston Churchill in einer Rede in Fulton am 5. März 1946: »An iron curtain has descended across the continent.« (»Ein eiserner Vorhang ist quer durch den Kontinent gefallen.«) – Die Wendung vom e. V. findet sich schon bei H. G. Wells in seinem 1904 erschienenen *The food of the gods* (dort im 3. Buch: »Die Ernte«, »Redwoods zwei Tage«, Kap. 3).

. . . müßte ich nicht eine **eiserne** Stirn haben, wenn ich es der unglücklichen Miß selbst vorschlagen sollte?
> Gotthold Ephraim Lessing: Miß Sara Sampson II,4. – Die Wendung von der »eisernen Stirn« ist biblischen Ursprungs. In Jes 48,8 heißt es: »Denn ich weiß, daß du hart bist und dein Nacken eine eiserne Sehne ist und deine Stirn ehern.«

Es ist alles ganz **eitel**, sprach der Prediger, es ist alles ganz eitel.
> Koh 1,2; Koh 12,8. – Oft auch in der Übersetzung der Vulgata zitiert: »Vanitas vanitatum, et omnia vanitas.«

Wo die **Eitelkeit** anfängt, hört der Verstand auf.
:   Marie von Ebner-Eschenbach: Aphorismen

Aller **Ekel** ist ursprünglich Ekel vor dem Berühren.
:   Walter Benjamin: Einbahnstraße. Darin: Handschuhe. – Die Betrachtung beginnt mit dem Satz: »Beim Ekel vor Tieren ist die beherrschende Empfindung die Angst, in der Berührung von ihnen erkannt zu werden.«

Mich **ekelt** vor diesem tintenklecksenden Säkulum, wenn ich in meinem Plutarch lese von großen Menschen.
:   Friedrich Schiller: Die Räuber I,2

. . . heilig halte die **Ekstasen**!
:   Christian Morgenstern: »Laß die Moleküle rasen . . .« (Schlußzeile des Gedichts)

Und dann und wann ein weißer **Elefant**.
:   Rainer Maria Rilke: »Das Karussell. Jardin du Luxembourg«

Denn die **Elemente** hassen / Das Gebild der Menschenhand.
:   Friedrich Schiller: »Das Lied von der Glocke«

Das glänzende **Elend**
:   Johann Wolfgang Goethe: Die Leiden des jungen Werthers. 2. Buch. Am 24. Dezember

Die **elfte** Stunde
:   Als Bezeichnung für eine fortgeschrittene, späte Zeit nach Mt 20,6: »Um die elfte Stunde aber ging er aus . . .«; vgl. Mt 20,9. – Oft fälschlicherweise als »zwölfte Stunde« zitiert.

Mit der **Elle** messen
:   Auch als ›mit gleicher Elle‹ messen nach 3 Mose 19,35: »Ihr sollt nicht unrecht handeln im Gericht, mit der Elle, mit Gewicht, mit Maß.«

Ellenlange Worte
(sesquipedalia verba)
:   Horaz: De arte poetica 97

Ein **ellenlanger** Brief
:   Nach Sach 5,2: »Ich sehe eine fliegende Schriftrolle, die ist zwanzig Ellen lang und zehn Ellen breit.«

Eltern verzeihen ihren Kindern die Fehler am schwersten, die sie selbst ihnen anerzogen haben.
> Marie von Ebner-Eschenbach: Aphorismen

Elysium
('Ηλύσιον πεδίον – Elysion pedion)
> Als Bezeichnung für einen paradiesischen Garten bei Homer: Odyssee 4,564

Was ist aber diese große Aufgabe unserer Zeit? Es ist die **Emanzipation**.
> Heinrich Heine: Reisebilder. 3. Teil. Darin: Reise von München nach Genua. Kap. XXIX. – Gemeint ist hier die »Emanzipation der ganzen Welt«.

Ich **empöre** mich, also sind wir.
> Albert Camus: L'homme révolté (Der Mensch in der Revolte)

Enakskinder
> Als Bezeichnung für starke und riesige Menschen nach 4 Mose 13,33: »Wir sahen dort auch Riesen, Enaks Söhne aus dem Geschlecht der Riesen . . .«

Mach **End**, o Herr, mach Ende / An aller unsrer Not!
> Paul Gerhardt: »Befiehl du deine Wege«

Lieber ein **Ende** mit Schrecken als ein Schrecken ohne Ende.
> So Ferdinand von Schill in einer Ansprache auf dem Marktplatz von Arneburg an der Elbe am 12. Mai 1809

Sie gehen unter und nehmen ein **Ende** mit Schrecken.
> Ps 73,19

Was du auch tust, so bedenke dein **Ende**, dann wirst du nie etwas Böses tun.
> Sir 7,40; vgl. auch »Quidquid agis . . .«

Endstation Sehnsucht
(A Streetcar Named Desire)
> Titel eines Bühnenstücks von Tennessee Williams, das 1947 uraufgeführt wurde

Les **enfants** terribles
(Die schrecklichen Kinder)
> Obwohl die Wendung vorher schon gebräuchlich war, ist sie vor allem als Titel der satirischen Bilderfolgen des französischen Zeichners Paul Gavarni sprichwörtlich geworden.

Eng ist die Welt, und das Gehirn ist weit, / Leicht beieinander wohnen die Gedanken, / Doch hart im Raume stoßen sich die Sachen...
> Friedrich Schiller: Wallenstein. Wallensteins Tod II,2

... Gekeilt in drangvoll fürchterliche **Enge**.
> Friedrich Schiller: Wallenstein. Wallensteins Tod IV,10

Des Menschen **Engel** ist die Zeit...
> Friedrich Schiller: Wallenstein. Wallensteins Tod V,11

Du ahnungsvoller **Engel** du!
> Johann Wolfgang Goethe: Faust. Der Tragödie erster Teil. Marthens Garten

Schau heimwärts, **Engel**!
(Look Homeward, Angel)
> Titel eines 1929 erschienenen Romans von Thomas Wolfe; sein Untertitel lautet: *Eine Geschichte vom begrabnen Leben* (*A Story of the Buried Life*). – Der Titel nimmt Bezug auf John Miltons Gedicht »Lycidas«, wo es heißt: »Look homeward, angel, now, and melt with ruth.«

Von einem guten **Engel** geleitet sein
> Nach Tob 5,29: »Denn ich glaube, daß ein guter Engel Gottes ihn geleitet und alles zum besten lenkt...«; vgl. auch 2 Makk 15,23

... Im **engen** Kreis verengert sich der Sinn, / Es wächst der Mensch mit seinen größern Zwecken.
> Friedrich Schiller: Wallenstein. Prolog

Immer **enger**, leise, leise / Ziehen sich die Lebenskreise, / Schwindet hin, was prahlt und prunkt...
> Theodor Fontane: »Ausgang«

England expects that every man will do his duty.
(England erwartet, daß jedermann seine Pflicht tut.)
> Tagesbefehl des englischen Admirals Horatio Nelson in der Schlacht von Trafalgar am 21. Oktober 1805

Entartung

Titel einer in zwei Bänden in den Jahren 1892/93 veröffentlichten Schrift von Max Nordau. – Unter dem Titel *Entartete Kunst* veranstalteten die Nationalsozialisten auf Weisung von Joseph Goebbels im Jahre 1936 eine Ausstellung, auf der

Werke der bekanntesten Vertreter der modernen Kunst – u. a. Paul Klee, Otto Dix, Max Ernst, Oskar Kokoschka, Emil Nolde oder Ernst Barlach – vor ihrem Verbot gezeigt und dabei als »artfremd« und »ungesund« diffamiert wurden.

Entente cordiale
(Herzliches Einverständnis)

> Als Begriff für das freundschaftliche Verhältnis zwischen England und Frankreich in einigen Erklärungen der französischen Deputiertenkammer von 1840 und 1841. Ebenso von König Louis Philippe in seiner Thronrede vom 27. Dezember 1843 gebraucht.

. . . Denn noch niemand **entfloh** dem verhängten Geschick.

> Friedrich Schiller: Die Braut von Messina IV,5

. . . Die **entgötterte** Natur!

> Friedrich Schiller: »Die Götter Griechenlands«

Enthaltsamkeit ist das Vergnügen / An Sachen, welche wir nicht kriegen.

> Wilhelm Busch: »Die Haarbeutel«

Des freut sich das **entmenschte** Paar . . .

> Friedrich Schiller: »Der Gang nach dem Eisenhammer«

. . . was nicht **entschieden** werden kann, bleibt im Schweben.

> Johann Wolfgang Goethe: Wilhelm Meisters Wanderjahre oder Die Entsagenden. 2. Fassung 1829. 3. Buch, Kap. 14

Entweder – Oder
(Enten-Eller)

> Titel eines 1843 erschienenen philosophischen Werks von Sören Kierkegaard mit dem Untertitel *Ein Lebensfragment, herausgegeben von Victor Eremita*

. . . in der Welt ist es sehr selten mit dem **Entweder** Oder getan, die Empfindungen und Handlungsweisen schattieren sich so mannigfaltig, als Abfälle zwischen einer Habichts- und Stumpfnase sind.

> Johann Wolfgang Goethe: Die Leiden des jungen Werthers. 1. Buch. Am 8. August

Entwicklungsfremdheit / ist die Tiefe des Weisen, / Kinder und Kindeskinder / beunruhigen ihn nicht, / dringen nicht in ihn ein.

> Gottfried Benn: »Statische Gedichte«

Eine große **Epoche** hat das Jahrhundert geboren, / Aber der große Moment findet ein kleines Geschlecht.
Friedrich Schiller und Johann Wolfgang Goethe: Xenien. Darin: »Der Zeitpunkt«

Innerhalb einer **Epoche** gibt es keinen Standpunct, eine Epoche zu betrachten.
Johann Wolfgang Goethe: Maximen und Reflexionen 1023

Von hier und heute geht eine neue **Epoche** der Weltgeschichte aus, und ihr könnt sagen, ihr seid dabei gewesen.
Johann Wolfgang Goethe: Kampagne in Frankreich, 19. September 1792

Alles, was aus der **Erde** kommt, muß wieder zu Erde werden, wie alle Wasser wieder ins Meer fließen.
Sir 40,11

Denn du bist **Erde** und sollst zu Erde werden.
1 Mose 3,19. – Gott zu Adam.

Die **Erde** ist eine Gondel, die an der Sonne hängt und auf der wir aus einer Jahreszeit in die andere fahren.
Johann Peter Hebel: Verschiedene Gedanken. Aus dem Nachlaß

Und die **Erde** war wüst und leer, und es war finster auf der Tiefe . . .
1 Mose 1,2

Unter der **Erde** schon liegt meine Zeit; / Wohl dem, der mit der neuen nicht mehr braucht zu leben!
Friedrich Schiller: Wilhelm Tell II,1

Was ihr auf **Erden** binden werdet, soll auch im Himmel gebunden sein, und was ihr auf Erden lösen werdet, soll auch im Himmel gelöst sein.
Mt 18,18; vgl. auch Mt 16,19

Wir wollen auf **Erden** glücklich sein, / Und wollen nicht mehr darben; / Verschlemmen soll nicht der faule Bauch, / Was fleißige Hände erwarben.
Heinrich Heine: Deutschland. Ein Wintermärchen. Caput I

Wir **Erdenkinder** sind einer des andern Engel, einer des andern Teufel, mancher sein eigener.
Johann Peter Hebel: Verschiedene Gedanken. Aus dem Nachlaß

Und alles kehrt im **Erdenschoß** / Zurück zu Adams Erdenkloß.
August Kopisch: »Der große Krebs im Mohriner See«

Erwirbt ein **Erdensohn** sich Lob und Preis, / Gleich bildet sich um ihn ein Sagenkreis.
Conrad Ferdinand Meyer: Huttens letzte Tage L: »Mythos«

Je schwerer sich ein **Erdensohn** befreit, / Je mächt'ger rührt er unsre Menschlichkeit.
Conrad Ferdinand Meyer: Huttens letzte Tage XXXII: »Luther«

Es kann die Spur von meinen **Erdetagen** / Nicht in Äonen untergehn. – / Im Vorgefühl von solchem hohen Glück / Genieß' ich jetzt den höchsten Augenblick.
Johann Wolfgang Goethe: Faust. Der Tragödie zweiter Teil. 5. Akt. Großer Vorhof des Palasts

. . . künftige **Ereignisse** werfen ihre Schatten voraus.
(. . . coming events cast their shadows before.)
Thomas Campbell: »Lochiel's Warning«

Was du **ererbt** von deinen Vätern hast, / Erwirb es, um es zu besitzen.
Johann Wolfgang Goethe: Faust. Der Tragödie erster Teil. Nacht

Vieles **erfahren** zu haben, heißt noch nicht Erfahrung besitzen.
Marie von Ebner-Eschenbach: Aphorismen

Erfahrungen vererben sich nicht – / jeder muß sie allein machen.
Kurt Tucholsky: Schnipsel

Die Gabe der **Erfindung** besitzen. Sie beweist das höchste Genie: allein welches Genie kann ohne einen Gran Wahnsinn bestehn?
Baltasar Gracián: Oráculo manual y arte de prudencia (Hand-Orakel und Kunst der Weltklugheit) 283

Doch der **Erfolg** ruht in des Himmels Hand.
Friedrich Schiller: Die Braut von Messina IV,1

Erfolg ist der Raum, den man in der Zeitung einnimmt. Erfolg ist die Unverschämtheit eines Tages.
>Elias Canetti: Das Geheimherz der Uhr. Aufzeichnungen 1973–1985. Darin: 1974

Erfolge bringen Erfolg hervor, genau wie Geld das Geld vermehrt.
(Les succès produisent les succès, comme l'argent produit l'argent.)
>Nicolas Chamfort: Produits de la Civilisation perfectionnée. Darin: Maximes et Pensées, Caractères et Anecdotes

. . . Wer **erfreute** sich des Lebens, / Der in seine Tiefen blickt!
>Friedrich Schiller: »Kassandra«

Und er kommt zu dem **Ergebnis**: / Nur ein Traum war das Erlebnis. / Weil, so schließt er messerscharf, / nicht sein kann, was nicht sein darf.
>Christian Morgenstern: »Die unmögliche Tatsache«

Vom **Erhabenen** zum Lächerlichen ist nur ein Schritt.
(Du sublime au ridicule il n'y a qu'un pas.)
>Napoleon I. nach seiner Flucht aus Rußland im Dezember 1812 zu seinem Gesandten de Pradt in Warschau

Wie **erhebt** sich das Herz, wenn es dich, / Unendlicher, denkt! wie sinkt es, / Wenns auf sich herunterschaut!
>Friedrich Gottlieb Klopstock: »Dem Unendlichen«

Denn wer sich selbst **erhöht**, der wird erniedrigt; und wer sich selbst erniedrigt, der wird erhöht.
>Mt 23,12; Lk 14,11; 18,14

Die **Erinnerung** ist das einzige Paradies, aus welchem wir nicht getrieben werden können.
>Jean Paul: Impromptus, welche ich künftig in Stammbücher schreiben werde. – Zuerst im *Taschenbuch für Damen* (Tübingen, 1812) veröffentlicht.

Vielleicht wird die **Erinnerung** hieran einst noch ein Trost sein.
(. . . forsan et haec olim meminisse iuvabit.)
>Vergil: Aeneis 1,203

Den Spruch: »**Erkenne** dich!« sollst du nicht übertreiben; / Laß immer unbekannt dir in dir etwas bleiben.
   Friedrich Rückert: Die Weisheit des Brahmanen. Vierte Stufe. Schule

Erkenne dich selbst!
(Γνῶθι σεαυτόν. – Gnothi seauton.)
   Inschrift auf dem Apollontempel in Delphi, die Platon im *Protagoras* (343b) den Sieben Weisen zuschrieb. – Unter diesem Titel gab Karl Philipp Moritz zwischen 1783 und 1793 insgesamt 10 Bände seines *Magazins zur Erfahrungsseelenkunde* heraus. Vgl. auch: »Nichts im **Über**maß!«

Ja was man so **erkennen** heißt! / Wer darf das Kind beim rechten Namen nennen?
   Johann Wolfgang Goethe: Faust. Der Tragödie erster Teil. Nacht

Willst du dich selber **erkennen**, so sieh, wie die andern es treiben, / Willst du die andern verstehn, blick in dein eigenes Herz.
   Friedrich Schiller und Johann Wolfgang Goethe: Tabulae Votivae. Darin: »Der Schlüssel«

... aber was der Mensch nicht aus sich selbst **erkennt**, das erkennt er gar nicht.
   Ludwig Feuerbach: Vorlesungen über das Wesen der Religion. 11. Vorlesung

Es ist nun einmal so: die **Erkenntnis** wird nur durch den Verlust der Unschuld des Lebens erkauft.
   Ludwig Feuerbach: Der Schriftsteller und der Mensch

Um diese **Erlaubnis** bitten wir, und wir geben sie unsererseits ...
(... hanc veniam petimusque damusque vicissim ...)
   Horaz: De arte poetica 11

... **Erlaubt** ist, was gefällt.
   Johann Wolfgang Goethe: Torquato Tasso II,1. – In Torquato Tassos Schäferspiel *Aminta* heißt es am Ende des 1. Akts in der 2. Strophe eines Chorliedes: »Ein goldnes, glückliches Gesetz, / Das die Natur schrieb: / Wenn's gefällt, so ziemt's ...«

... **Erlaubt** ist, was sich ziemt.
   Johann Wolfgang Goethe: Torquato Tasso II,1

Ja, das möcht ich noch **erleben**
: Titel und Kehrreim eines Gedichtes von Theodor Fontane

Der Anfang der Existenz ist aber die **Ernährung**; die Natur also der Anfang der Weisheit.
: Ludwig Feuerbach: Die Naturwissenschaft und die Revolution

Ernst ist das Leben, heiter ist die Kunst.
: Friedrich Schiller: Wallenstein. Prolog

Ernst ist der Anblick der Notwendigkeit.
: Friedrich Schiller: Wallenstein. Wallensteins Tod I,4

Nur dem **Ernst**, den keine Mühe bleichet, / Rauscht der Wahrheit tief versteckter Born ...
: Friedrich Schiller: »Das Ideal und das Leben«

Die **Ernte** ist groß, aber wenige sind der Arbeiter.
: Mt 9,37

Ernten, was man nicht gesät hat
: Lk 19,21: »... du nimmst, was du nicht angelegt hast, und erntest, was du nicht gesät hast.« Vgl. auch Lk 19,22.

Erotik verhält sich zur Sexualität wie Gewinn zu Verlust.
: Karl Kraus: Pro domo et mundo

Du hasts **erreicht**, Octavio ...
: Friedrich Schiller: Wallenstein. Wallensteins Tod III,13

Erröten macht die Häßlichen so schön: / Und sollte Schöne nicht noch schöner machen?
: Gotthold Ephraim Lessing: Nathan der Weise V,7

Weh dem Manne, / Den weibliches **Erröten** mutig macht!
: Friedrich Schiller: Don Karlos, Infant von Spanien II,8

... **Errötend** folgt er ihren Spuren ...
: Friedrich Schiller: »Das Lied von der Glocke«

Denn ein Brief **errötet** nicht.
(Epistula enim non erubescit.)
> Cicero: Epistulae ad familiares 5,12,1. – Eine der Quellen der Wendung »Papier ist geduldig«.

Immer der **erste** zu sein und vorzustreben vor andern, / Daß ich der Väter Geschlecht nicht schändete . . .
(Αἰὲν ἀριστεύειν καὶ ὑπείροχον ἔμμεναι ἄλλων / μηδὲ γένος πατέρων αἰσχυνέμεν . . . – Aien aristeuein kai hypeirochon emmenai allon / mede genos pateron aischynemen . . .)
> Homer: Ilias 6,208 f.

Sie ist die **erste** nicht.
> Johann Wolfgang Goethe: Faust. Der Tragödie erster Teil. Trüber Tag. Feld

Beim **ersten** Mal, da tut's noch weh, / da glaubt man noch, / daß man es nie verwinden kann.
> Refrain eines Liedes aus dem Film *Große Freiheit Nr. 7*. Den Text verfaßte Helmut Käutner, die Musik komponierte Werner Eisbrenner.

Die **Ersten** werden die Letzten sein *siehe* So werden die **Letzten**

Alles in der Welt läßt sich **ertragen**, / Nur nicht eine Reihe von schönen Tagen.
> Johann Wolfgang Goethe: Aus »Sprichwörtlich«. – Dieser Gedanke auch schon bei Martin Luther in der 362. seiner *Tischreden* (Erlanger Ausgabe, Bd. 57, S. 283): »Die Welt kann nichts weniger ertragen, denn gute Tage . . .«

Ich **erwachte** eines Morgens und fand mich berühmt.
(I awoke one morning and found myself famous)
> Nach Mitteilung seines zeitgenössischen Biographen Thomas Moore soll Lord Byron diesen Satz in seinen später verbrannten *Memoranda* niedergeschrieben haben. – Der Anlaß war der große Erfolg von *Childe Harold's Pilgrimage* gewesen.

Erzähltes erzählen
(Λέγειν τὰ λεγόμενα. – Legein ta legomena. – Relata refero.)
> Herodot: Histories apodexis 7,152,3

Erzbösewicht
> Aus Spr 24,8: »Wer sich vornimmt, Böses zu tun, den nennt man einen Erzbösewicht.«

Der größte Fehler, den man bei der **Erziehung** zu begehen pflegt, ist dieser, daß man die Jugend nicht zum eigenen Nachdenken gewöhnet.
> Gotthold Ephraim Lessing: Briefe, die neueste Literatur betreffend. 11. Brief

Einziges Richtziel der **Erziehung**: der Stil. Es kommt in keiner Weise auf das Gepäck an (Belehrung), sondern auf das Werkzeug, das der Erfassung dient.
> Antoine de Saint-Exupéry: Carnets. Darin: Verstand und Sprache

Erziehung ist Erziehung zur Freiheit.
> Ludwig Börne: Aphorismen (1808–1810)

Der Mensch ist das einzige Geschöpf, das **erzogen** werden muß.
> Immanuel Kant: Über Pädagogik. Einleitung

Es wurde ein **Esel** zum König gewählt *siehe* Bei der **König**swahl

Ich bin ein **Esel**, und will getreu, / Wie meine Väter, die Alten, / An der alten, lieben Eselei, / Am Eseltume halten.
> Heinrich Heine: »Die Wahlesel«

Du darfst **essen** von allen Bäumen im Garten, aber von dem Baum der Erkenntnis des Guten und Bösen sollst du nicht essen; denn an dem Tage, da du von ihm issest, mußt du des Todes sterben.
> 1 Mose 2,16 f.; vgl. auch ». . . an dem Tage, . . . werden eure **Au**gen aufgetan.«

Im **Essen** bist du schnell, im Gehen bist du faul. / Iß mit den Füßen, Freund, und nimm zum Gehn das Maul.
> Gotthold Ephraim Lessing: Sinngedichte. Darin: »Auf einen unnützen Bedienten«

Nach dem **Essen** sollst du stehn, / Oder tausend Schritte gehn. (Post coenam stabis seu passus mille meabis.)
> So auch bei Johann Balthasar Schuppius: Regentenspiegel

L'**État** c'est moi
> Ein Ludwig XIV. zugeschriebener Ausspruch, wobei die Datierung auf den April 1655 vor dem Parlament in Paris umstritten und zweifelhaft ist

Ethik ist ins Grenzenlose erweiterte Verantwortung gegen alles, was lebt.
    Albert Schweitzer: Kultur und Ethik. Kap. 21

. . . und keine **Ethik** der Welt kann ergeben: wann und in welchem Umfang der ethisch gute Zweck die ethisch gefährlichen Mittel und Nebenerfolge »heiligt«.
    Max Weber: Politik als Beruf

Etwas geht vor, man weiß aber nicht recht, was.
    Adolf Sabor im deutschen Reichstag am 13. März 1889

Die **Eule** der Minerva *siehe* Wenn die **Ph**ilosophie

Eulen nach Athen tragen
    Aristophanes: Die Vögel 301. – Dort fragt Euelpides: ». . . bringt man Eulen nach Athen« (»τίς γλαῦx' Ἀθήναζ' ἤγαγε. – tis glauk' Athenaz' egage?«)

Ich sage dir, dieses **Europa** ist nichts anderes als eine einzige große Auktion. Das ist alles, was man darüber sagen kann, nichts als ein großer Inventurausverkauf . . .
    Tennessee Williams: The Cat on a Hot Tin Roof (Die Katze auf dem heißen Blechdach). 2. Akt

. . . so recht **europamüde** . . .
    Heinrich Heine: Reisebilder. 4. Teil. Englische Fragmente. Kap. X. – Dort heißt es: »Des dumpfen abendländischen Wesens so ziemlich überdrüssig, so recht europamüde, wie ich mich damals manchmal fühlte . . .«

Ein Kanadier, der noch **Europens** / Übertünchte Höflichkeit nicht kannte . . .
    Johann Gottfried Seume: »Der Wilde«

Das **Ew'ge** regt sich fort in allen; / Denn alles muß in Nichts zerfallen, / Wenn es im Sein beharren will.
    Johann Wolfgang Goethe: »Eins und Alles«

Auf **ewig** / Und in des Worts verwegenster Bedeutung.
    Friedrich Schiller: Don Karlos, Infant von Spanien I,9

O! daß sie **ewig** grünen bliebe, / Die schöne Zeit der jungen Liebe!

> Friedrich Schiller: »Das Lied von der Glocke«

Den **ewigen** Schlaf schlafen

> Nach Jer 51,39 und Jer 51,57, wo es »zu ewigem Schlaf einschlafen« heißt

Es ist ein **Ewiges**, das wandelt und das bleibt / Das in sich selber ruht und ruhlos alles treibt.

> Friedrich Rückert: Die Weisheit des Brahmanen. Zwölfte Stufe. Frieden

. . . Das **Ewig-Weibliche** / Zieht uns hinan.

> Johann Wolfgang Goethe: Faust. Der Tragödie zweiter Teil. 5. Akt. Bergschluchten (Schlußverse der Dichtung)

Extratouren

> Diesen Begriff gebrauchte Fürst Bernhard von Bülow im deutschen Reichstag am 18. Januar 1902, um damit Abmachungen zwischen Italien und Frankreich zu bezeichnen.

Les **extrêmes** se touchent
(Die Extreme berühren sich)

> Louis Sébastien Mercier: Tableau de Paris. 4. Band, 348. Kapitel. Überschrift. – Der Gedanke ist wesentlich älter, er wird von Aristoteles in seiner *Ethika Eudemia* III,7 formuliert (»Die Mitte ist den Enden entgegengesetzter als jene einander, weil sie mit keinem der beiden Enden zusammentrifft, diese aber häufig miteinander«) und findet sich in der zitierten Form im Französischen schon in Blaise Pascals *Pensées,* den *Essais* von Michel de Montaigne (1. Buch, Kap. 54) oder *Les caractères de Théophraste* von Jean de La Bruyère, Kap. 12.

F

In meinem Staat kann jeder nach seiner **Façon** selig werden

Die vielzitierte Wendung beruht auf einer Notiz Friedrichs des Großen, der im Juni 1740 auf den Rand einer Anfrage, ob die in Berlin errichteten römisch-katholischen Schulen auch weiterhin bestehen bleiben dürften, notierte: »Die Religionen Müsen alle Tolleriret werden, ... den hier mus ein jeder nach Seiner Fasson Selich werden.«

Das **Fähnlein** der sieben Aufrechten

Titel einer Erzählung von Gottfried Keller, die 1861 erschien

Und ich sah, und siehe, ein **fahles** Pferd.

Offb 6,8

Ich zôch mir einen valken mêre danne ein jâr. / dô ich in gezamete als ich in wolte hân / und ich im sîn gevidere mit golde wol bewant, / er huop sich ûf vil hôhe und floug in anderiu lant.
(Ich zog mir einen **Falken** auf, länger als ein Jahr. / Als ich ihn gezähmt hatte, wie ich ihn haben wollte, / und ihm sein Gefieder mit Gold geschmückt hatte, / stieg er hoch empor und flog davon.)

Der von Kürenberg. – Die Verse dieses Dichters, die in der zweiten Hälfte des 12. Jahrhunderts entstanden, zählen zu den ältesten Gedichten in deutscher Sprache.

Wie ein **Fallstrick** über einen kommen

Nach Lk 21,34: »Hütet euch aber, daß eure Herzen nicht beschwert werden mit Fressen und Saufen und mit täglichen Sorgen und dieser Tag nicht plötzlich über euch komme wie ein Fallstrick.«

Falsche Brüder

Nach 2 Kor 11,26: »Ich bin oft gereist ... in Gefahr unter falschen Brüdern ...«

Falsche Propheten

Nach Mt 7,15; vgl. auch »Der **Wolf** im Schafspelz«

Falscheit regiert die gantze Welt.
>   Georg Rollenhagen: Froschmeuseler I,1,6

Von **falschen** Freunden stammt mein ganzes Unglück.
>   Friedrich Schiller: Wallenstein. Wallensteins Tod V,5

Als Gott am sechsten Schöpfungstage alles ansah, was er gemacht hatte, war zwar alles gut, aber dafür war auch die **Familie** noch nicht da.
>   Kurt Tucholsky: Die Familie

Das Wort »**Familienbande**« hat einen Beigeschmack von Wahrheit.
>   Karl Kraus: Sprüche und Widersprüche

Das **Familienleben** ist ein Eingriff in das Privatleben.
>   Karl Kraus: Sprüche und Widersprüche

Ich kann's nicht **fassen**, nicht glauben, / Es hat ein Traum mich berückt . . .
>   Adelbert von Chamisso: »Frauenliebe und -leben« 3

Faulheit ist die Dummheit des Körpers, und Dummheit Faulheit des Geistes.
>   Johann Gottfried Seume: Apokryphen

Favete linguis . . .
(Zügelt die Zungen!)
>   Horaz: Carmina 3,1,2. – Dieser Aufruf gebot bei öffentlichen Feiern und Kulthandlungen Schweigen, so daß die genaue Übersetzung lauten müßte: »Begünstigt die Kulthandlungen mit euren Zungen!«

. . . the only thing we have to **fear** is fear itself.
(Das einzige, was wir zu fürchten haben, ist die Furcht selbst.)
>   Der amerikanische Präsident Franklin Delano Roosevelt in seiner Inaugurationsrede am 4. März 1933

Mehr darauf wachen, nicht Ein Mal zu **fehlen**, als hundert Mal zu treffen.
>Baltasar Gracián: Oráculo manual y arte de prudencia (Hand-Orakel und Kunst der Weltklugheit) 169

Von Natur besitzen wir keinen **Fehler**, der nicht zur Tugend, keine Tugend, die nicht zum Fehler werden könnte.
>Johann Wolfgang Goethe: Wilhelm Meisters Wanderjahre oder Die Entsagenden. 2. Fassung 1829. 1. Buch, Kap. 10

Wenn wir keine **Fehler** hätten, würden wir nicht soviel Vergnügen daran finden, solche bei den andern zu entdecken.
(Si nous n'avions point de défauts, nous ne prendrions pas tant de plaisir à en remarquer dans les autres.)
>La Rochefoucauld: Réflexions ou sentences et maximes morales 31 (1678)

Mich dünkt, ich weiß, / Aus welchen **Fehlern** unsre Tugend keimt.
>Gotthold Ephraim Lessing: Nathan der Weise IV,4

Nein, liebe Närrin, eines **Fehlers** wegen entsagt man keinem Manne.
>Gotthold Ephraim Lessing: Minna von Barnhelm oder das Soldatenglück III,12

Ach! des Lebens schönste **Feier** / Endigt auch den Lebensmai, / Mit dem Gürtel, mit dem Schleier / Reißt der schöne Wahn entzwei.
>Friedrich Schiller: »Das Lied von der Glocke«

O stört sie nicht, die **Feier** der Natur! / Dies ist die Lese, die sie selber hält . . .
>Friedrich Hebbel: »Herbstbild«

Morgen ist's **Feiertag**!
>Wiederholte Wendung in Gustav Schwabs Gedicht »Das Gewitter«

Der **Feige** droht nur, wo er sicher ist.
>Johann Wolfgang Goethe: Torquato Tasso II,3

Der **Feige** stirbt schon vielmal, eh er stirbt, / Die Tapfern kosten Einmal nur den Tod.
(Cowards die many times before their deaths; / The valiant never taste of death but once.)
William Shakespeare: The Tragedie of Iulius Caesar II,2

Feigenblatt
Als Ausdruck für die schamhafte Verhüllung der Nacktheit nach 1 Mose 3,7

Feiger Gedanken / Bängliches Schwanken, / Weibisches Zagen, / Ängstliches Klagen / Wendet kein Elend, / Macht dich nicht frei.
Johann Wolfgang Goethe: Lila. 2. Aufzug; vgl. auch »Allen **Ge**walten zum Trutz sich erhalten ...«

Nur schade, / Zu **fein** geschärfet, daß die Spitze brach!
Friedrich Schiller: Maria Stuart IV,3

Ein wahrer **Feind** verläßt dich nie.
Stanislaw Jerzy Lec: Neue unfrisierte Gedanken

Feinde ringsum!
Karl Gottlob Cramer: Soldatenlied aus dem 2. Band des Romans *Hermann von Nordenschild, genannt von Unstern*, dort im 2. Abschnitt, S. 146

Kein schöner Ding ist auf der Welt, als seine **Feinde** zu beißen
Titel und Beginn eines Gedichts von Georg Weerth. – Anschließend heißt es: »Als über all die plumpen Geselln / Seine lustigen Witze zu reißen.«

Man kann bei der Auswahl seiner **Feinde** nicht sorgfältig genug sein.
(A man cannot be too careful in the choice of his enemies.)
Oscar Wilde: The picture of Dorian Gray (Das Bildnis des Dorian Gray). Kap. 1

Unsere **Feinde** kommen in ihren Urteilen über uns der Wahrheit näher als wir selbst.
(Nos ennemis approchent plus de la vérité dans les jugements qu'ils font de nous, que nous n'en approchons nous-mêmes.)
La Rochefoucauld: Réflexions ou sentences et maximes morales 458 (1678)

Feindschaft – Fetzen

Dadrum keene **Feindschaft** nich!
> Louis Angely: Das Fest der Handwerker. – Wiederholte Wendung des Maurerpoliers Kluck.

Sehet ihr am **Fensterlein** / Dort die rote Mütze wieder? / Nicht geheuer muß es sein, / Denn er geht schon auf und nieder.
> Eduard Mörike: »Der Feuerreiter«

Was willst du **Fernando**, so trüb und bleich?
> Louise Brachmann: »Kolumbus«

Das sei **ferne**!
> 1 Sam 14,45

Sprich aus der **Ferne** / Heimliche Welt / Die sich so gerne / Zu mir gesellt.
> Anfangszeilen eines Gedichts von Clemens Brentano

Wer **fertig** ist, dem ist nichts recht zu machen; / Ein Werdender wird immer dankbar sein.
> Johann Wolfgang Goethe: Faust. Der Tragödie erster Teil. Vorspiel auf dem Theater

Fest gemauert in der Erden / Steht die Form, aus Lehm gebrannt. / Heute muß die Glocke werden, / Frisch, Gesellen, seid zur Hand.
> Friedrich Schiller: »Das Lied von der Glocke«

Festina lente!
(Eile gemächlich!)
> Nach Sueton (*Augustus* 25,4) eine von Kaiser Augustus oft gebrauchte Maxime griechischen Ursprungs: »Σπεῦδε βραδέως. – Speude bradeos.«

Keinen **Fetzen** Papier wert sein
> Die Redewendung verbreitete sich aufgrund einer Äußerung des Reichskanzlers Theobald von Bethmann-Hollweg, der in einer Unterredung mit dem englischen Botschafter Sir Edward Goschen am 4. August 1914 erklärt hatte, daß im Vergleich zu dem furchtbaren Ereignis eines deutsch-englischen Krieges der Vertrag über die Neutralität Belgiens »doch ein Fetzen Papier, a scrap of paper« sei.

Feuchtfröhlich

Aus Joseph Victor von Scheffel: »Perkeo«. – Dort heißt es in der 2. Strophe: »Liebe Leut', / Wärt' ihr wie ich doch alle feuchtfröhlich und gescheut!«

Ich bin gekommen, ein **Feuer** anzuzünden auf Erden ...

Lk 12,49; vgl. auch »Ich bin nicht gekommen, Frieden zu bringen ...«

Wohltätig ist des **Feuers** Macht, / Wenn sie der Mensch bezähmt, bewacht ...

Friedrich Schiller: »Das Lied von der Glocke«

Feuersäule

2 Mose 14,24: ». . . schaute der HERR auf das Heer der Ägypter aus der Feuersäule und der Wolke ...«. – Auf der Flucht der Hebräer aus Ägypten.

Flackernd steigt die **Feuersäule**, / Durch der Straße lange Zeile / Wächst es fort mit Windeseile, / Kochend wie aus Ofens Rachen / Glühn die Lüfte, Balken krachen, / Pfosten stürzen, Fenster klirren, / Kinder jammern, Mütter irren, / Tiere wimmern / Unter Trümmern ...

Friedrich Schiller: »Das Lied von der Glocke«

Feuertaufe

Nach Mt 3,11: »der aber nach mir kommt ... der wird euch mit dem heiligen Geist und mit Feuer taufen«. – Johannes der Täufer weist auf das Kommen Jesu hin.

Ein **Feuilleton** schreiben heißt auf einer Glatze Locken drehen.

Karl Kraus: Sprüche und Widersprüche

... denn du wirst **feurige** Kohlen auf sein Haupt häufen, und der HERR wird dir's vergelten.

Spr 25,22. – Röm 12,20 bezieht sich auf diese Stelle.

Fin-de-siècle
(Jahrhundertende)

Titel eines 1888 aufgeführten Lustspiels von F. de Jouvenot und H. Micard. – Im Jahre 1890 veröffentlichte Hermann Bahr unter diesem Titel eine Novellensammlung.

Der **Finger** Gottes

Nach Lk 11,20: »Wenn ich aber durch Gottes Finger die bösen Geister austreibe ...«

Wirklich, ich lebe in **finsteren** Zeiten!
> Bertolt Brecht: »An die Nachgeborenen«

Ägyptische **Finsternis**
> Nach 2 Mose 10,22: »Da ward eine so dicke Finsternis in ganz Ägyptenland drei Tage lang . . .«

In der **Fixigkeit** war ich dir über, aber in der Richtigkeit warst du mir über . . .
> Fritz Reuter: Ut mine Stromtid. 3. Kapitel

Flachsmann als Erzieher
> Titel einer Komödie von Otto Ernst, die am 1. Dezember 1900 in Dresden uraufgeführt wurde

Ich und mein **Fläschchen** sind immer beisammen . . .
> August Friedrich Ernst Langbein: »Der Zecher«

adhuc **flagranti** crimine
(bei noch brennendem Verbrechen)
> So in dem von Kaiser Justinian gesammelten *Corpus iuris civilis*. Darin: *Codex Justinianeus* 9,13,1 § 1. – Als juristischer Terminus in der Bedeutung »auf frischer Tat ertappt« zu »in flagranti« verkürzt.

Ich bin nur **Flamme**, Durst und Schrei und Brand.
> Ernst Stadler: »Anrede«

Ja! Ich weiss, woher ich stamme! / Ungesättigt gleich der **Flamme** / Glühe und verzehr' ich mich.
> Friedrich Nietzsche: »Ecce homo«

Wer je die **flamme** umschritt / Bleibe der flamme trabant!
> Anfangszeilen eines Gedichts von Stefan George

Lebe wohl, mein **flandrisch** Mädchen . . .
> Albert Lortzing: Zar und Zimmermann. 2. Akt. – Lied des Marquis von Chateauneuf.

Flegeljahre
> Titel eines 1804/05 erschienenen Romans von Jean Paul mit dem Untertitel *Eine Biographie*

Nun vergiß leises **Flehn**, süßes Kosen / Und das Flattern von Rosen zu Rosen . . .

> Wolfgang Amadeus Mozart: Figaros Hochzeit I,8. Text von Lorenzo da Ponte nach Beaumarchais. Deutsche Übersetzung nach der Bearbeitung von Georg Schünemann.

O schmölze doch dies allzu feste **Fleisch** . . .
(O that this too too solid flesh would melt . . .)

> William Shakespeare: The Tragicall Historie of Hamlet, Prince of Denmarke I,2

Unser **Fleisch** und Blut

> Als Bezeichnung für Verwandte und Angehörige nach 1 Mose 37,27; vgl. auch ». . . denn er ist unser **Bru**der . . .«

Bei den **Fleischtöpfen** sitzen

> Nach 2 Mose 16,3: »Wollte Gott, wir wären in Ägypten gestorben durch des HERRN Hand, als wir bei den Fleischtöpfen saßen und hatten Brot die Fülle zu essen.«

Fleiß und Talent: ohne beide ist man nie ausgezeichnet, jedoch im höchsten Grade, wenn man sie in sich vereint.

> Baltasar Gracián: Oráculo manual y arte de prudencia (Hand-Orakel und Kunst der Weltklugheit) 18

Les **fleurs** du mal
(Die Blumen des Bösen)

> Gedichtzyklus von Charles Baudelaire, der 1857 erschien

Was duftet doch der **Flieder** / so mild, so stark und voll!

> Richard Wagner: Die Meistersinger von Nürnberg II,3

Und so **fliehen** meine Tage / Wie die Quelle rastlos hin! / Und so bleichet meine Jugend, / Wie die Kränze schnell verblühn!

> Friedrich Schiller: »Der Jüngling am Bache«

Fliehet aus dem engen, dumpfen Leben / In des Ideales Reich!

> Friedrich Schiller: »Das Ideal und das Leben«

Hör, es klagt die **Flöte** wieder, / Und die kühlen Brunnen rauschen.

> Clemens Brentano: Die lustigen Musikanten. 4. Auftritt

Das eben ist der **Fluch** der bösen Tat, / Daß sie, fortzeugend, immer Böses muß gebären.
> Friedrich Schiller: Wallenstein. Die Piccolomini V,1. – Dieser Gedanke findet sich schon im *Agamemnon* (V. 758) des Aischylos: »Die gottlose Tat erzeugt mehrere, die ihrem Geschlechte gleichen.«

Ein **Fluch** auf seine Armut ist / Sein Morgen- und sein Nachtgebet.
> Heinrich Leuthold: »Auf den Tod eines jungen Dichters«

Fluch sei der Hoffnung! Fluch dem Glauben, / Und Fluch vor allen der Geduld!
> Johann Wolfgang Goethe: Faust. Der Tragödie erster Teil. Studierzimmer [II]

Die **Flucht** in die Öffentlichkeit
> Als Zeuge in einem Prozeß erklärte der Staatssekretär des Auswärtigen Amtes Adolf Freiherr Marschall von Bieberstein am 4. Dezember 1896 für den Fall, daß das Auswärtige Amt oder hohe Beamte angegriffen würden: ». . . so flüchte ich mich in die Öffentlichkeit und brandmarke dieses Treiben in der Öffentlichkeit.«

Eheu – **flüchtig**, Postumus, Postumus, / gleiten die Jahre dahin . . .
(Eheu fugaces, Postume, Postume, / labuntur anni . . .)
> Horaz: Carmina 2,14,1 f.

Bin ich der **Flüchtling** nicht? der Unbehauste? / Der Unmensch ohne Zweck und Ruh, / Der wie ein Wassersturz von Fels zu Felsen brauste, / Begierig wütend nach dem Abgrund zu?
> Johann Wolfgang Goethe: Faust. Der Tragödie erster Teil. Wald und Höhle

Ich wollt', mir wüchsen **Flügel**.
> Joseph Victor von Scheffel: »Wanderlied«

Auf den **Flügeln** des Gesanges, / Herzliebchen, trag ich dich fort . . .
> Heinrich Heine: Buch der Lieder. Darin: »Lyrisches Intermezzo« 9

Mich drückt der **Föhn**. Er atmet schwer und schwül. / Dort im Kapellendunkel ist es kühl.
> Conrad Ferdinand Meyer: Huttens letzte Tage XXXVIII: »Der Pilger«

In früheren Zeiten bediente man sich der **Folter**. Heutzutage bedient man sich der Presse. Das ist gewiß ein Fortschritt.
>   Oscar Wilde: Die Seele des Menschen unter dem Sozialismus

Du mußt von einem Mann nicht alles **fordern** . . .
>   Johann Wolfgang Goethe: Torquato Tasso II,1

Form ist Wollust, Friede, himmlisches Genügen, / Doch mich reißt es, Ackerschollen umzupflügen.
>   Ernst Stadler: »Form ist Wollust«

Form nur ist Glaube und Tat . . .
>   Gottfried Benn: »Leben – niederer Wahn«

Durch so viel **Formen** geschritten, / durch Ich und Wir und Du, / doch alles blieb erlitten / durch die ewige Frage: wozu?
>   Gottfried Benn: »Nur zwei Dinge«

Fortiter in re, suaviter in modo
(Stark in der Sache, milde in der Art)
>   Nach einem Satz des Jesuitengenerals Claudio Aquaviva gebildet, der in seiner Schrift *Industriae ad curandos animae morbos* (2,4) die Absicht proklamierte: ». . . fortes in fine consequendo, et suaves in modo ac ratione assequendi simus.« (»Stark wollen wir sein in der Erreichung des Ziels und milde in der Art, es zu erreichen.«)

Fortschritt ist die Verwirklichung von Utopien.
>   Oscar Wilde: Die Seele des Menschen unter dem Sozialismus

Die große **Fracht** des Sommers ist verladen, / das Sonnenschiff im Hafen liegt bereit . . .
>   Ingeborg Bachmann: »Die große Fracht«

Das **Fräulein** stand am Meere / Und seufzte lang und bang, / Es rührte sie so sehre / Der Sonnenuntergang.
>   Heinrich Heine: Neue Lieder. Darin: »Seraphine« 10

Mein schönes **Fräulein**, darf ich wagen, / Meinen Arm und Geleit Ihr anzutragen?
>   Johann Wolfgang Goethe: Faust. Der Tragödie erster Teil. Straße. – Margarete antwortet auf Fausts Frage: »Bin weder Fräulein, weder schön, / Kann ungeleitet nach Hause gehn.«

Fragen sind nie indiskret. Antworten zuweilen.
Oscar Wilde: An Ideal Husband (Ein idealer Gatte). 1. Akt

Fragen zu stellen lohnt sich immer – wenn es sich auch nicht immer lohnt, sie zu beantworten.
Oscar Wilde: An Ideal Husband (Ein idealer Gatte). 2. Akt

irn sult niht vil gevrâgen . . .
(Ihr sollt nicht zu viele **Fragen** stellen . . .)
Wolfram von Eschenbach: Parzival. 3. Buch. – In allzu wörtlicher Auslegung dieses Rats seines Oheims Gurnemanz unterläßt es Parzival dann zunächst, an den Gralskönig Anfortas die sogenannte Mitleidsfrage zu stellen. Vgl.: »**œh**eim, was wirret dier?«

Ein **Fragment** muß gleich einem kleinen Kunstwerke von der umgebenden Welt ganz abgesondert und in sich selbst vollendet sein wie ein Igel.
Friedrich Schlegel: Athenaeum-Fragmente 206

. . . Du kommst in so **fragwürdiger** Gestalt . . .
(. . . Thou com'st in such a questionable shape . . .)
William Shakespeare: The Tragicall Historie of Hamlet, Prince of Denmarke I,4

Frankreich marschiert an der Spitze der Zivilisation.
(La France marche à la tête de la civilisation.)
Ludwig XVIII. in einer Proklamation vom 25. Oktober 1820. – Ebenso Guillaume Guizot in seiner *Geschichte der Zivilisation in Europa*, der allerdings vorsichtiger davon spricht, daß es gewisse Eigenschaften – Geisteshelle, Geselligkeit und ein sympathisches Wesen – seien, die Frankreich dazu prädestinieren, an der Spitze der Zivilisation zu marschieren. In ähnlicher Weise stellte Léon Gambetta zum französischen Sendungsbewußtsein im 19. Jahrhundert zu Beginn der 70er Jahre des letzten Jahrhunderts fest: ». . . am Wiederaufstieg Frankreichs arbeiten, heißt am Fortschritt des Menschengeschlechts arbeiten, heißt arbeiten an der allgemeinen Zivilisation Europas.«

In **Frankreich** läßt man die Leute ungeschoren, die das Feuer legen, und verfolgt jene die die Glocke läuten.
(En France, on laisse en repos ceux qui mettent le feu, et on persécute ceux qui sonnent le tocsin.)
Nicolas Chamfort: Produits de la Civilisation perfectionnée. Darin: Maximes et Pensées, Caractères et Anecdotes

In meinem **Frankreich** wars doch anders.
> Friedrich Schiller: Don Karlos, Infant von Spanien I,6

Nach **Frankreich** zogen zwei Grenadier' ...
> Heinrich Heine: »Die Grenadiere«

Franz heißt die Kanaille?
> Friedrich Schiller: Die Räuber I,2

Seht den kleinen **Franz** mal an, / Seht doch, was er alles kann!
> August Heinrich Hoffmann von Fallersleben: »Was er alles kann!«

Der **französische** Soldat ist ein verkleideter Zivilist, der deutsche Zivilist ist ein verkleideter Soldat.
> Kurt Tucholsky: Schnipsel

Französisches Ungestüm
(furia francese)
> Diese Wendung findet sich in dem Gedicht »Ad suos compagnones studiantes qui sunt de persona friantes« des Antonius de Arena: »In prima furia Francesi tot ita rumpunt, / Vincere non posset tunc lo diablus eos.« (»Im ersten Ungestüm brechen die Franzosen alles so nieder, daß sie dann auch der Teufel nicht besiegen könnte.«)

Ihr sprecht schon fast wie ein **Franzos** ...
> Johann Wolfgang Goethe: Faust. Der Tragödie erster Teil. Straße

Ja, liebe Nachbarn! Heute sind wir noch / **Franzosen**, freie Bürger noch und Herren / Des alten Bodens, den die Väter pflügten ...
> Friedrich Schiller: Die Jungfrau von Orleans. Prolog. 1. Auftritt

Laßt uns die **Franzosen** preisen! sie sorgten für die zwei größten Bedürfnisse der menschlichen Gesellschaft, für gutes Essen und bürgerliche Gleichheit ...
> Heinrich Heine: Reisebilder. 3. Teil: Reise von München nach Genua. Kap. XXIX

Den Enthusiasmus für irgendeine **Frau** muß man einer andern niemals anvertrauen; sie kennen sich untereinander zu gut, um sich einer solchen ausschließlichen Verehrung würdig zu halten.
> Johann Wolfgang Goethe: Wilhelm Meisters Wanderjahre oder Die Entsagenden. 2. Fassung 1829. 2. Buch, Kap. 5

Den Inhalt einer **Frau** erfaßt man bald. Aber bis man zur Oberfläche vordringt!
Karl Kraus: Sprüche und Widersprüche

Die **Frau** ist bestenfalls ein Widerspruch.
(Woman's at best a Contradiction still.)
Alexander Pope: Moral Essays 2,270

Die **Frau** ist da, damit der Mann durch sie klug werde. Er wird es nicht, wenn er aus ihr nicht klug werden kann. Oder wenn sie zu klug ist.
Karl Kraus: Sprüche und Widersprüche

Die Geschichte der **Frau** ist die Geschichte der schlimmsten Tyrannei, die die Welt je gekannt hat. Der Tyrannei der Schwachen über die Starken. Der einzigen Tyrannei, die alles überdauert.
Oscar Wilde: A Woman of No Importance (Eine Frau ohne Bedeutung). 3. Akt

Eine gescheite **Frau** hat Millionen geborener Feinde: – alle dummen Männer.
Marie von Ebner-Eschenbach: Aphorismen

Immer ist die **Frau** ein wechselhaftes und veränderliches Wesen.
(Varium et mutabile semper / femina.)
Vergil: Aeneis 4,569 f.

In dem Augenblick, da man eine **Frau** »sein eigen« nennt, ist sie es schon nicht.
Peter Altenberg: Fechsung

Jedes erste Mal mit einer **Frau** ist wieder das erste Mal . . .
Max Frisch: Montauk

Man kann eine **Frau** nicht hoch genug überschätzen.
Karl Kraus: Nachts

Denn das Naturell der **Frauen** / Ist so nah mit Kunst verwandt.
Johann Wolfgang Goethe: Faust. Der Tragödie zweiter Teil. 1. Akt. Weitläufiger Saal

Der größte Schmuck der **Frauen** sind ihre Kinder.
> Valerii Maximi: Factorum et dictorum memorabilium Libri novem. 4. Buch. 4. De paupertate. »Daß der größte Schmuck der Frauen ihre Kinder sind«, führt Valerius Maximus dort als einen bereits von Pomponius Rufus gesammelten Ausspruch von Cornelia, der Mutter der Gracchen, an. Nachdem eine kampanische Frau der Cornelia zuvor ihre Schmuckstücke gezeigt hatte, sagte diese, auf ihre aus der Schule zurückgekehrten Kinder deutend, die Worte: »Haec . . . ornamenta sunt mea.« (»Dies ist mein Schmuck.«)

Der Umgang mit **Frauen** ist das Element guter Sitten.
> Johann Wolfgang Goethe: Die Wahlverwandtschaften. 2. Teil, Kap. 5. Aus Ottiliens Tagebuche

Die **Frauen**, sagte er, sind silberne Schalen, in die wir goldene Äpfel legen.
> Johann Wolfgang Goethe zu Johann Peter Eckermann am 22. Oktober 1828

Du gehst zu **Frauen**? Vergiß die Peitsche nicht!
> Friedrich Nietzsche: Also sprach Zarathustra. Darin: Von alten und jungen Weiblein

Ehret die **Frauen**! sie flechten und weben / Himmlische Rosen ins irdische Leben, / Flechten der Liebe beglückendes Band . . .
> Friedrich Schiller: »Würde der Frauen«

Frauen verfechten stets die Sache der Moral – der öffentlichen und der privaten Moral.
> Oscar Wilde: A Woman of No Importance (Eine Frau ohne Bedeutung). 1. Akt

Ihr **Frauen**, ordnet euch euren Männern unter, wie sich's gebührt in dem Herrn.
> Kol 3,18

Liebende **Frauen** verzeihen leichter große Indiskretionen als kleine Untreuen.
(Les femmes qui aiment pardonnent plus aisément les grandes indiscrétions que les petites infidélités.)
> La Rochefoucauld: Réflexions ou sentences et maximes morales 429 (1678)

Mit **Frauen** soll man sich nie unterstehn zu scherzen.
> Johann Wolfgang Goethe: Faust. Der Tragödie erster Teil. Garten

Schlechte **Frauen** belästigen einen. Brave Frauen langweilen einen. Das ist der einzige Unterschied.
<small>Oscar Wilde: Lady Windermere's Fan (Lady Windermeres Fächer). 3. Akt</small>

... wenn **Frauen** jung und schön nur sind, / So haben sie die Gabe, es zu wissen.
(... If ladies be but young and fair / They have the gift to know it.)
<small>William Shakespeare: As You Like It (Wie es euch gefällt) II,7</small>

Wie in allen Gemeinden der Heiligen sollen die **Frauen** schweigen in der Gemeindeversammlung; denn es ist ihnen nicht gestattet zu reden, sondern sie sollen sich unterordnen, wie auch das Gesetz sagt.
<small>1 Kor 14,34. – Oft auch in der lateinischen Fassung – »Mulieres in ecclesiis taceant« – zitiert.</small>

Wie schlecht ein Mann auch von den **Frauen** denken mag, es gibt keine Frau, die ihn nicht darin übertrifft.
(Quelque mal qu'un homme puisse penser des femmes, il n'y a pas de femme qui n'en pense encore plus mal que lui.)
<small>Nicolas Chamfort: Produits de la Civilisation perfectionnée. Darin: Maximes et Pensées, Caractères et Anecdotes</small>

Freedom's just another word for nothing left to lose ...
(Freiheit ist nur ein anderes Wort dafür, nichts zu verlieren zu haben ...)
<small>Janis Joplin: Me and Bobby McGhee; Text und Musik dieses Liedes von Kris Kristofferson und Fred Foster</small>

Der Mensch ist **frei** geboren, und überall ist er in Ketten.
(L'homme est né libre, et par-tout il est dans les fers.)
<small>Jean-Jacques Rousseau: Du contrat social; ou, Principes du droit politique I,1</small>

Der Mensch ist **frei** geschaffen, ist frei, / Und würd er in Ketten geboren ...
<small>Friedrich Schiller: »Die Worte des Glaubens«</small>

Der Mensch ist verurteilt, **frei** zu sein.
<small>Jean-Paul Sartre: L'existentialisme est un humanisme (Ist der Existentialismus ein Humanismus?). Darin: Der Mensch ist Freiheit</small>

Die Menschen werden **frei** und an Rechten gleich geboren und bleiben es. Die gesellschaftlichen Unterschiede können nur auf den allgemeinen Nutzen begründet werden.

> Artikel 1 der »Déclarations des droits de l'homme et du citoyen«, die die französische Nationalversammlung am 26. August 1789 beschloß. Die Artikel dieser Menschenrechtserklärung wurden dann auch in die Verfassung vom 3. September 1791 übernommen.

Es sind / Nicht alle **frei**, die ihrer Ketten spotten.

> Gotthold Ephraim Lessing: Nathan der Weise IV,4

Frei atmen macht das Leben nicht allein.

> Johann Wolfgang Goethe: Iphigenie auf Tauris I,2

Frei auf deutschem Boden walten / Laßt uns, nach dem Brauch der Alten, / Seines Segens selbst uns freun, / Oder unser Grab ihn sein!

> Heinrich von Kleist: »Germanias Aufruf an ihre Kinder«

Man ist nur **frei**, wenn man nichts will. Wozu will man frei sein?

> Elias Canetti: Das Geheimherz der Uhr. Aufzeichnungen 1973–1985. Darin: 1974

Und **frei** erklär ich alle meine Knechte.

> Friedrich Schiller: Wilhelm Tell V,3

Wir wollen **frei** sein, wie die Väter waren, / Eher den Tod, als in der Knechtschaft leben.

> Friedrich Schiller: Wilhelm Tell II,2; vgl. auch »Wir wollen sein ein einzig Volk . . .«

Freie Bahn für alle Tüchtigen, das sei unsere Losung.

> Der deutsche Reichskanzler Theobald von Bethmann-Hollweg im Reichstag am 28. September 1916

Wie schön ist's im **Freien**!

> Johann Gaudenz von Salis-Seewis: »Lied im Freien«

Ich bin ein **freier** Mann und singe / Mich wohl in keine Fürstengruft, / Und alles, was ich mir erringe, / Ist Gottes liebe Himmelsluft.

> Georg Herwegh: »Leicht Gepäck«

Niemals waren wir **freier** als unter der deutschen Besatzung.
  Jean-Paul Sartre: Die Republik des Schweigens

Ein **freies** Leben führen wir, / Ein Leben voller Wonne. / Der Wald ist unser Nachtquartier, / Bei Sturm und Wind hantieren wir, / Der Mond ist unsre Sonne ...
  Friedrich Schiller: Die Räuber IV,5

Aus der Welt die **Freiheit** verschwunden ist, / Man sieht nur Herren und Knechte; / Die Falschheit herrschet, die Hinterlist, / Bei dem feigen Menschengeschlechte.
  Friedrich Schiller: Wallenstein. Wallensteins Lager. 11. Auftritt

Das Haus der **Freiheit** hat uns Gott gegründet.
  Friedrich Schiller: Wilhelm Tell I,3

Der **Freiheit** eine Gasse!
  Theodor Körner: »Aufruf«. – Vgl. zur Urheberschaft im folgenden das Zitat »Für die Freiheit eine Gasse!« »Der Freiheit eine Gasse!« lautet ebenfalls der Titel eines Gedichts von Georg Herwegh.

... Der **Freiheit** Weg geht durch des Todes Schmerz!
  Theodor Körner: »Andreas Hofer's Tod«

Die **Freiheit** ist eine neue Religion, die Religion unserer Zeit.
  Heinrich Heine: Reisebilder. 4. Teil. Englische Fragmente. Kap. XI

Die **Freiheit** ist mein Leben / Und bleibt es allezeit.
  August Heinrich Hoffmann von Fallersleben: »Das Lied von der Freiheit«

Die **Freiheit** läßt sich nicht gewinnen, / Sie wird von außen nicht erstrebt. / Wenn nicht zuerst sie selbst tief innen, / Im eignen Busen dich belebt.
  Robert Prutz: »Freiheit«

Die Heimat ist weit, / doch wir sind bereit / wir kämpfen und siegen für dich: / **Freiheit**!
  Paul Dessau: »Spaniens Himmel«

Es lebe die **Freiheit**! Es lebe der Wein!
  Johann Wolfgang Goethe: Faust. Der Tragödie erster Teil. Auerbachs Keller in Leipzig

Freiheit, die ich meine . . .
   Max von Schenkendorf: »Freiheit«

Freiheit! Ein schönes Wort, wer's recht verstünde.
   Johann Wolfgang Goethe: Egmont. 4. Aufzug. Der Eulenburgische Palast

Freiheit ist immer nur Freiheit des anders Denkenden.
   Rosa Luxemburg: Die russische Revolution. IV

Freiheit ist nur in dem Reich der Träume, / Und das Schöne blüht nur im Gesang.
   Friedrich Schiller: »Der Antritt des neuen Jahrhunderts«

Für die **Freiheit** eine Gasse!
   Max von Schenkendorf: »Schill's Geisterstimme«. – Das Gedicht erschien 1809, während Körners Gedicht »Aufruf«, wo diese Formulierung als »Der Freiheit eine Gasse« in der ersten Strophe steht, von 1813 stammt.

. . . Nach **Freiheit** strebt der Mann, das Weib nach Sitte.
   Johann Wolfgang Goethe: Torquato Tasso II,1

Nur der verdient sich **Freiheit** wie das Leben, / Der täglich sie erobern muß.
   Johann Wolfgang Goethe: Faust. Der Tragödie zweiter Teil. 5. Akt. Großer Vorhof des Palasts

O **Freiheit**, Freiheit! Gottes Schoß entstiegen, / Du aller Wesen seligstes Vergnügen, / An tausendfachen Wonnen reich, / Machst du die Menschen Göttern gleich.
   Christian Friedrich Daniel Schubart: »An die Freiheit«

O **Freiheit**, welche Verbrechen begeht man nicht in deinem Namen!
   Die letzten Worte, die Madame Roland vor ihrer Hinrichtung am 8. November 1793 in Paris gesprochen haben soll

Wer an die **Freiheit** des menschlichen Willens glaubt, hat nie geliebt und nie gehaßt.
   Marie von Ebner-Eschenbach: Aphorismen

Wie wird verlorene **Freiheit** wiedergewonnen? Durch einen aus der Tiefe des Volkes kommenden Stoß und Sturm der sittlichen Kräfte.
  Conrad Ferdinand Meyer: Die Versuchung des Pescara. Kap. 5

Sie streiten sich, so heißt's, um **Freiheitsrechte**; / Genau besehn, sind's Knechte gegen Knechte.
  Johann Wolfgang Goethe: Faust. Der Tragödie zweiter Teil. 2. Akt. Laboratorium

Denn herrenlos ist auch der **Freiste** nicht.
  Friedrich Schiller: Wilhelm Tell II,2

Wer am **Freitag** lacht, der wird am Sonntag weinen.
(Tel qui rit vendredi, dimanche pleurera.)
  Jean Racine: Les plaideurs (Die Kläger) I,1

Fremd ist der Fremde nur in der Fremde.
  Karl Valentin: Die Fremden

Erst kommt das **Fressen**, dann kommt die Moral.
  Bertolt Brecht: Die Dreigroschenoper II,6: Gefängnis. Darin: »2. Dreigroschen-Finale«. – In *Aufstieg und Fall der Stadt Mahagonny* 14 heißt es: »Erstens vergeßt nicht, kommt das Fressen / Zweitens kommt der Liebesakt / Drittens das Boxen nicht vergessen / Viertens Saufen, das steht im Kontrakt.«

Ich kann gar nicht so viel **fressen**, wie ich kotzen möchte.
  Ausspruch Max Liebermanns nach der Machtübernahme der Nationalsozialisten

O Herr, er will mich **fressen**!
  Tob 6,3. – Ausruf des Tobias angesichts eines großen Fisches am Ufer des Tigris. Umgangssprachlich als Umschreibung für das Gähnen verwendet.

Die **Freude** flieht auf allen Wegen; / Der Ärger kommt uns gern entgegen.
  Wilhelm Busch: Balduin Bählamm, der verhinderte Dichter. Kap. 1

Freude heißt die starke Feder / In der ewigen Natur. / Freude, Freude treibt die Räder / In der großen Weltenuhr.
  Friedrich Schiller: »An die Freude«

Freude, schöner Götterfunken, / Tochter aus Elysium, / Wir betreten feuertrunken / Himmlische, dein Heiligtum.
>Friedrich Schiller: »An die Freude«

Freude trinken alle Wesen / An den Brüsten der Natur, / Alle Guten, alle Bösen / Folgen ihrer Rosenspur.
>Friedrich Schiller: »An die Freude«

Glaube mir, wahre **Freude** ist eine ernste Sache.
(Mihi crede, verum gaudium res severa est.)
>Seneca: Epistulae morales ad Lucilium. 23. Brief (4)

Hab ich doch meine **Freude** dran!
>Johann Wolfgang Goethe: Faust. Der Tragödie erster Teil. Marthens Garten

Mit der **Freude** zieht der Schmerz / traulich durch die Zeiten.
>Johann Peter Hebel: »Neujahrslied«

Siehe, ich verkündige euch große **Freude**, die allem Volk widerfahren wird; denn euch ist heute der Heiland geboren . . .
>Lk 2,10 f.

Freudvoll / Und leidvoll, / Gedankenvoll sein, / Langen / Und bangen / In schwebender Pein . . .
>Johann Wolfgang Goethe: Egmont. 3. Aufzug. Klärchens Wohnung; vgl. auch »Himmelhoch jauchzend . . .«

Ein **Freund**, ein guter Freund, / das ist das Schönste, was es gibt auf der Welt.
>Refrain eines Liedes aus dem Film *Die Drei von der Tankstelle*. Den Text schrieb Robert Gilbert, die Musik komponierte Werner Richard Heymann.

Mein **Freund** ist weiß und rot, auserkoren unter vielen Tausenden.
>Hld 5,10

Wer aller Menschen **Freund**, der ist der meine nicht.
(. . . L'ami du genre humain n'est point du tout mon fait.)
>Molière: Le misanthrope (Der Menschenfeind) I,1

Bekannte kommen und vergehen, **Freunde** nicht.
>Ludwig Feuerbach: Der Schriftsteller und der Mensch

Freunde haben. Es ist ein zweites Dasein. Jeder Freund ist gut und weise für den Freund, und unter ihnen geht Alles gut ab.
>Baltasar Gracián: Oráculo manual y arte de prudencia (Hand-Orakel und Kunst der Weltklugheit) 111

Es ist beschämender, seinen Freunden zu mißtrauen, als von ihnen getäuscht zu werden.
(Il est plus honteux de se défier de ses amis que d'en être trompé.)
>La Rochefoucauld: Réflexions ou sentences et maximes morales 84 (1678)

Gerne dien ich den **Freunden**, doch tu ich es leider mit Neigung, / Und so wurmt es mir oft, daß ich nicht tugendhaft bin.
>Friedrich Schiller und Johann Wolfgang Goethe: Xenien. Darin: »Gewissensskrupel«. – Die Xenie ist eine Anspielung auf den ethischen Rigorismus Immanuel Kants.

Siehe, meine **Freundin**, du bist schön; schön bist du, deine Augen sind wie Taubenaugen.
>Hld 1,15. – Die Wendung »Taubenaugen« ebenso in Hld 4,1 und Hld 5,12.

Ach, wir / Die wir den Boden bereiten wollten für **Freundlichkeit** / Konnten selber nicht freundlich sein.
>Bertolt Brecht: »An die Nachgeborenen«

Freundlichkeit kann man kaufen.
>Marie von Ebner-Eschenbach: Aphorismen

Für ein paar Groschen kann man viel **Freundlichkeit** und guten Willen kaufen.
>Johann Peter Hebel: Die zwei Postillione

Freundschaft, das ist wie Heimat.
>Kurt Tucholsky: Schnipsel

Freundschaft hält Stand in allen andern Dingen, / Nur in der Liebe Dienst und Werbung nicht.
(Friendship is constant in all other things / Save in the office and affairs of love.)
>William Shakespeare: Much Adoe about Nothing (Viel Lärmen um nichts) II,1

Freundschaft (in ihrer Vollkommenheit betrachtet) ist die Vereinigung zweier Personen durch gleiche wechselseitige Liebe und Achtung.
>Immanuel Kant: Die Metaphysik der Sitten. Ethische Elementarlehre. II. Teil. Beschluss der Elementarlehre. Von der innigsten Vereinigung der Liebe mit der Achtung in der Freundschaft § 46

Freundschaft ist weit tragischer als Liebe. Sie dauert länger.
>Oscar Wilde: Maximen zur Belehrung der Über-Gebildeten

Freut euch des Lebens, / Weil noch das Lämpchen glüht; / Pflücket die Rose, / Eh sie verblüht.
>Johann Martin Usteri: »Rundgesang / Gesellschaftslied«

Freut euch mit den Fröhlichen und weint mit den Weinenden.
>Röm 12,15

... nun ist groß **Fried** ohn Unterlaß, / all Fehd hat nun ein Ende.
>Nicolaus Decius: »Gloria in excelsis Deo«

Friede den Hütten! Krieg den Palästen!
>Georg Büchner: Der Hessische Landbote. – Nach Auskunft von Ginguené, dem Herausgeber seiner Werke, soll Nicolas Chamfort diese Parole – »Guerre aux châteaux! Paix aux chaumières!« – geprägt haben.

... **Friede** sei ihr erst Geläute.
>Friedrich Schiller: »Das Lied von der Glocke« (Schlußvers)

Friede sei mit euch!
(Pax vobiscum!)
>Lk 24,36. – Der Gruß Jesu an die Jünger bei seiner Erscheinung nach der Kreuzigung.

Gewaffneter **Friede**
>Titel eines der *Sinn-Gedichte* Friedrich von Logaus (1. Tausend, 8. Hundert, Nr. 2). – Ein anderes Gedicht (3,5, Nr. 78) dieser Sammlung heißt »Der geharnischte Friede«.

Schön ist der **Friede**! Ein lieblicher Knabe / Liegt er gelagert am ruhigen Bach, / Und die hüpfenden Lämmer grasen / Lustig um ihn auf dem sonnigten Rasen ...
>Friedrich Schiller: Die Braut von Messina I,8

Süßer **Friede**, / Komm, ach komm in meine Brust!
Johann Wolfgang Goethe: »Wanderers Nachtlied«

Aber der **Frieden** ist undankbar, und weiß nie, daß er seinen Bestand nur dem Krieg dankt.
Kurt Tucholsky: An Arno Holz

Beydes im **frieden** / vnd im Krieg / Behelt die Einigkeit den Sieg.
Georg Rollenhagen: Froschmeuseler. 3. Buch. 1. Teil, Kap. 17

Den **Frieden** lasse ich euch, meinen Frieden gebe ich euch. Nicht gebe ich euch, wie die Welt gibt.
Joh 14,27

Frieden kannst du nur haben, wenn du ihn gibst.
Marie von Ebner-Eschenbach: Aphorismen

Ich bin nicht gekommen, **Frieden** zu bringen, sondern das Schwert.
Mt 10,34

Ich will **Frieden** haben mit Meinem Volke . . .
Aus einer Mitteilung König Maximilians II. von Bayern in der *Neuen Münchner Zeitung* Nr. 137 des Jahres 1859

Wenn du den **Frieden** willst, bereite den Krieg vor.
(Si vis pacem, para bellum!)
Nach Vegetius: Epitome institutorum rei militaris 3. – Dort heißt es in der Einleitung: »Qui desiderat pacem, praeparet bellum.« – Ähnlich in den *Philippicae orationes* des Cicero (7,6,19), bei Publilius Syrus (Sentenzen P 16) oder bei Livius, *Ab urbe condita* (6,18,7).

Wir nennen **Frieden**, was doch nur Lethargie vor dem Tode ist, und ich fürchte, wir erwachen nur zu unserm Ende.
Johann Gottfried Seume: Apokryphen

Der **Friederich**, der Friederich, / das war ein arger Wüterich!
Heinrich Hoffmann: Der Struwwelpeter. Darin: Die Geschichte vom bösen Friedrich

Friedfertig leben, lange leben. Um zu leben, leben lassen.
>Baltasar Gracián: Oráculo manual y arte de prudencia (Hand-Orakel und Kunst der Weltklugheit) 192

Friedlich bekämpfen / Nacht sich und Tag. / Wie das zu dämpfen, / Wie das zu lösen vermag!
>Friedrich Hebbel: »Abendgefühl«

Drum **frisch**! Laß alles Sinnen sein, / Und grad mit in die Welt hinein!
>Johann Wolfgang Goethe: Faust. Der Tragödie erster Teil. Studierzimmer [II]

Frisch auf, mein Volk! Die Flammenzeichen rauchen, / Hell aus dem Norden bricht der Freiheit Licht.
>Theodor Körner: »Aufruf«

Frisch, fromm, fröhlich, frei
>Von Friedrich Ludwig Jahn geprägter Turnerwahlspruch, angelehnt an den Vers »Frisch, frei, fro, frölich« von Oswald von Wolkenstein aus dem Lied »Got geb eu ainen güten morgen« (Nr. 82)

Vor dem **Friseur** sind alle gleich.
>Karl Kraus: Pro domo et mundo

Onkel **Fritz**
>Gestalt aus Wilhelm Buschs *Max und Moritz*, fünfter Streich

Noch keinen sah ich **fröhlich** enden, / Auf den mit immer vollen Händen / Die Götter ihre Gaben streun.
>Friedrich Schiller: »Der Ring des Polykrates«

Seid allezeit **fröhlich**, betet ohne Unterlaß, seid dankbar in allen Dingen ...
>1 Thess 5,16–18

Seid **fröhlich** und getrost; es wird euch im Himmel belohnt werden.
>Mt 5,12. – Aus der Bergpredigt.

O du **fröhliche**, / O du selige, / Gnadenbringende Weihnachtszeit!
>Johann Daniel Falk: »Allerdreifeiertagslied«

... denn einen **fröhlichen** Geber hat Gott lieb.
2 Kor 9,7

Es kann der **Frömmste** nicht in Frieden bleiben, / Wenn es dem bösen Nachbar nicht gefällt.
Friedrich Schiller: Wilhelm Tell IV,3

Nur der ist **froh**, der geben mag.
Johann Wolfgang Goethe: Faust. Der Tragödie erster Teil. Vor dem Tor

Wenn der Mensch fühlt, daß er nicht mehr hinten hoch kann, wird er **fromm** und weise; er verzichtet dann auf die sauern Trauben der Welt. Dieses nennt man innere Einkehr.
Kurt Tucholsky: Der Mensch

Ein **frommer** Knecht war Fridolin / Und in der Furcht des Herrn / Ergeben der Gebieterin, / Der Gräfin von Savern.
Friedrich Schiller: »Der Gang nach dem Eisenhammer«

Frommer Betrug
(pia fraus)
Nach Ovid: Metamorphoseon libri 9,711

Frommer Stab! O hätt ich nimmer / Mit dem Schwerte dich vertauscht!
Friedrich Schiller: Die Jungfrau von Orleans IV,1

Drei Wochen war der **Frosch** so krank! / Jetzt raucht er wieder, Gott sei Dank!
Wilhelm Busch: Münchner Bilderbogen

Und Gott segnete sie und sprach zu ihnen: Seid **fruchtbar** und mehret euch und füllet die Erde und machet sie euch untertan ...
1 Mose 1,28. Vgl. auch 1 Mose 9,1 (Gott zu Noah) und 1 Mose 1,22: »Seid fruchtbar und mehret euch und erfüllet das Wasser im Meer, und die Vögel sollen sich mehren auf Erden.«

... Was **fruchtbar** ist, allein ist wahr.
Johann Wolfgang Goethe: »Vermächtnis«

An ihren **Früchten** sollt ihr sie erkennen.
Mt 7,16; 7,20. – Aus der Bergpredigt.

Früh schlafen gehn und früh aufstehn, / Schafft Reichtum, Weisheit, Wohlergehn.
(Early to bed and early to rise, / Makes a man healthy, wealthy and wise.)

<small>Die Verse werden zumeist Benjamin Franklin zugeschrieben, der diese in den *Maxims prefixed to Poor Richard's Almanack* auch zitiert. Sie finden sich aber schon in John Clarkes 1639 veröffentlichter Schrift *Paroemiologia*.</small>

Früh übt sich, was ein Meister werden will.
<small>Friedrich Schiller: Wilhelm Tell III,1</small>

Das **Frühjahr** kommt. Wach auf, du Christ! / Der Schnee schmilzt weg. Die Toten ruhn. / Und was noch nicht gestorben ist / Das macht sich auf die Socken nun.
<small>Bertolt Brecht: Mutter Courage und ihre Kinder 1</small>

Frühling läßt sein blaues Band / Wieder flattern durch die Lüfte . . .
<small>Eduard Mörike: »Er ists«</small>

Frühling will nun einmarschiern, / Kommt mit Sang und Schalle.
<small>August Heinrich Hoffmann von Fallersleben: »Frühlings Ankunft«</small>

Laue Luft kommt blau geflossen, / **Frühling**, Frühling soll es sein!
<small>Joseph Freiherr von Eichendorff: »Frische Fahrt«</small>

Sei willkommen, lieber **Frühling**! Sei gegrüßt viel tausendmal!
<small>August Heinrich Hoffmann von Fallersleben: »Willkommen, lieber Frühling!«</small>

Im **Frühlingsschatten** fand ich sie; / Da band ich Sie mit Rosenbändern: / Sie fühlt' es nicht, und schlummerte.
<small>Friedrich Gottlieb Klopstock: »Das Rosenband«</small>

Sie **fühlen** mit dem Kopf und denken mit dem Herzen. (πμ)
<small>Georg Christoph Lichtenberg: Sudelbücher F 1047</small>

Wenn ihr's nicht **fühlt**, ihr werdet's nicht erjagen, / Wenn es nicht aus der Seele dringt / Und mit urkräftigem Behagen / Die Herzen aller Hörer zwingt.
<small>Johann Wolfgang Goethe: Faust. Der Tragödie erster Teil. Nacht</small>

Sei du mir **Führer**, Herr mir, sei mir Meister . . .
(. . . tu duca, tu segnore, e tu maestro.)
> Dante Alighieri: La Divina Commedia. L'Inferno. Canto II,140. – Anrede an Vergil.

Und aber nach **fünfhundert** Jahren / kam ich desselbigen Wegs gefahren.
> Friedrich Rückert: »Chidher«. – Refrain des Gedichts.

Das **fünfte** Rad am Wagen
> Nach Freidank: Bescheidenheit. – Dort heißt es 127,12 f.: »Der wagen hât deheine stat, / dâ wol stê daz fünfte rat.« (»Der Wagen hat keine Stelle, / wo das fünfte Rad wohl angebracht wäre.«) – Ähnlich zur gleichen Zeit in Herbort von Fritzlars *Liet von Troye*: »so zele man mich zem fünften Rade.«

Durch **fünfzig** Jahr in Nacht und Wind / Sie schliefen in einem Bett. / Das war die Hanna Cash, mein Kind / Gott mach's ihr einmal wett.
> Bertolt Brecht: »Ballade von der Hanna Cash«

In **fünfzig** Jahren ist alles vorbei.
> Kehrreim aus dem gleichnamigen Couplet von Otto Reutter

Und ihr sollt das **fünfzigste** Jahr heiligen und sollt eine Freilassung ausrufen im Lande für alle . . .
> 3 Mose 25,10. – Dieses Gebot, nach »siebenmal sieben Jahren« (3 Mose 25,8) ein Jahr der Feier zu begehen, bildet auch den Ursprung der Redewendung vom ›Jubeljahr‹.

Es **fürchte** die Götter / Das Menschengeschlecht! / Sie halten die Herrschaft / In ewigen Händen, / Und können sie brauchen, / Wie's ihnen gefällt.
> Johann Wolfgang Goethe: Iphigenie auf Tauris IV,5

Ich **fürchte** mich so vor der Menschen Wort. / Sie sprechen alles so deutlich aus . . .
> Rainer Maria Rilke: »Ich fürchte mich so vor der Menschen Wort«

Märchen von einem, der auszog, das **Fürchten** zu lernen
> Titel eines Märchens aus der Sammlung *Kinder- und Hausmärchen*, gesammelt durch die Brüder Grimm

Man muß niemand **fürchten** als sich selbst.
Ludwig Börne: Aphorismen (1808–1810)

Wenn ich einmal zu **fürchten** angefangen, / Hab ich zu fürchten aufgehört...
Friedrich Schiller: Don Karlos, Infant von Spanien I,6

Fürchterlich / Ist einer, der nichts zu verlieren hat.
Johann Wolfgang Goethe: Die natürliche Tochter I,3

Fürchtet doch nicht so den Tod und mehr das unzulängliche Leben!
Bertolt Brecht: Die Mutter (Fassung von 1933) 11

Ich bin's; **fürchtet** euch nicht!
Joh 6,20

Wer nichts **fürchtet**, ist nicht weniger mächtig als der, den alles fürchtet.
Friedrich Schiller: Die Räuber I,1

Der **Fürst** dieser Welt
Nach Joh 12,31 und 14,30: »... denn es kommt der Fürst dieser Welt. Er hat keine Macht über mich...«

Der **Fürst** ist der erste Diener seines Staates
Mehrfach gebrauchte Wendung Friedrichs des Großen; zum ersten Mal in seinen *Mémoires de Brandenbourg* (Teil 1, S. 123 in der Ausgabe der Werke durch Preuß): »Un prince est le premier serviteur et le premier magistrat de l'Etat.«

Die **Fürsten** hätten sich und ihren Völkern viel Unglück ersparen können, wenn sie die Hofnarren nicht abgeschafft hätten. Seit die Wahrheit nicht mehr sprechen darf, handelt sie.
Ludwig Börne: Aphorismen

Eine schlimmere Rotte gewohnheitsmäßiger Verbrecher als unsere **Fürsten** kennt die Geschichte nicht; juristisch betrachtet, gehörten sie fast alle ins Zuchthaus.
Houston Stewart Chamberlain: Die Grundlagen des Neunzehnten Jahrhunderts. 2. Teil. 4. Wirtschaft

Es ist kein schönrer Anblick in der Welt, / Als einen **Fürsten** sehn, der klug regiert . . .

Johann Wolfgang Goethe: Torquato Tasso I,4

Ich kann nicht **Fürstendiener** sein.

Friedrich Schiller: Don Karlos, Infant von Spanien III,10

Da liegen sie, die stolzen **Fürstentrümmer**, / Ehmals die Götzen dieser Welt! / Da liegen sie, vom fürchterlichen Schimmer / Des blassen Tags erhellt!

Christian Friedrich Daniel Schubart: »Die Fürstengruft«

Es geht ein Weg nach **Füssen**. / Den wir jetzt gehen müssen, / Um euch voranzugehen / Und euch den Weg zu zeigen.

Johannes R. Becher: Der Weg nach Füssen IV,4

Jemanden mit **Füßen** treten

Nach Jos 10,24: »Kommt her und setzt eure Füße auf den Nacken dieser Könige. Und sie kamen und setzten ihre Füße auf ihren Nacken.«

Wer fest auf seinen **Füßen** steht, / Der sehe zu, daß er nicht falle! / Die Warnung, lieben Brüder, geht / Euch an und mich und, ohne Ausnahm', Alle . . .

Christoph Martin Wieland: Die Wasserkufe oder der Einsiedler und die Seneschallin von Aquilegia

Altes **Fundament** ehrt man, darf aber das Recht nicht aufgeben, irgendwo wieder einmal von vorn zu gründen.

Johann Wolfgang Goethe: Wilhelm Meisters Wanderjahre oder Die Entsagenden. 2. Fassung 1829. Darin: Betrachtungen im Sinne der Wanderer

Die **Furcht** des HERRN ist der Weisheit Anfang.

Ps 111,10

Furcht soll das Haupt des Glücklichen umschweben, / Denn ewig wanket des Geschickes Waage.

Friedrich Schiller: Wallenstein. Wallensteins Tod V,4

Mit **Furcht** und Zittern

Nach 2 Kor 7,15: »Und er ist überaus herzlich gegen euch gesinnt, wenn er an den Gehorsam von euch allen denkt, wie ihr ihn mit Furcht und Zittern aufgenommen habt.« Vgl. auch Eph 6,5 und Phil 2,12.

Treibet die **Furcht** aus! Dann ist Hoffnung, daß der gute Geist einziehen werde.
> Johann Gottfried Seume: Apokryphen

Die losgebundnen **Furien** der Wut / Ruft keines Herrschers Stimme mehr zurück.
> Friedrich Schiller: Wallenstein. Wallensteins Tod III,20

. . . Es geht der Mensch zu **Fuße** oder reitet.
> Friedrich Hölderlin: »Der Ruhm«

G

Eine **Gabe** Gottes
Nach Koh 3,13: »Denn ein Mensch, der da ißt und trinkt und hat guten Mut bei all seinem Mühen, das ist eine Gabe Gottes.« – Die Wendung »Gottesgabe« auch in Koh 5,18.

Gaben, wer hätte sie nicht? Talente – Spielzeug für Kinder, / Erst der Ernst macht den Mann, erst der Fleiß das Genie.
Theodor Fontane: »Unter ein Bildnis Adolf Menzels«

Galgenlieder
Titel einer Gedichtsammlung von Christian Morgenstern, erstmals erschienen 1905

Gallia est omnis divisa in partes tres . . .
(Gallien ist als Ganzes in drei Teile gegliedert . . .)
Gaius Iulius Caesar: De bello Gallico 1,1,1

Immer strebe zum **Ganzen**, und kannst du selber kein Ganzes / Werden, als dienendes Glied schließ an ein Ganzes dich an.
Friedrich Schiller und Johann Wolfgang Goethe: Tabulae Votivae. Darin: »Pflicht für jeden«

So wenig ein Gebäude fertig ist, wenn sein Grund gelegt worden, so wenig ist der erreichte Begriff des **Ganzen** das Ganze selbst.
Georg Wilhelm Friedrich Hegel: Die Phänomenologie des Geistes. Vorrede

Wie alles sich zum **Ganzen** webt, / Eins in dem andern wirkt und lebt!
Johann Wolfgang Goethe: Faust. Der Tragödie erster Teil. Nacht

Willst du dich am **Ganzen** erquicken, / So mußt du das Ganze im Kleinsten erblicken.
Johann Wolfgang Goethe: Aus »Gott, Gemüt und Welt«

Garantien, die das Papier nicht wert sind, auf dem sie geschrieben stehen.

> Der österreichische Minister Johann Bernhard Graf von Rechberg 1861 in einer Depesche nach Berlin mit Bezug auf eine Anerkennung Italiens

Adieu, mein kleiner **Gardeoffizier**, / adieu, adieu und vergiß mich nicht!

> Refrain eines Liedes aus dem Film *Das Lied ist aus*. Den Text schrieb Walter Reisch, die Musik Robert Stolz.

Ein **garstig** Lied! Pfui! ein politisch Lied!

> Johann Wolfgang Goethe: Faust. Der Tragödie erster Teil. Auerbachs Keller in Leipzig

Nun aber müssen wir unsern **Garten** bestellen.
(. . . il faut cultiver notre jardin.)

> Voltaire: Candide ou L'Optimisme. Kap. 30. – Wiederholte Wendung aus dem letzten Kapitel, zugleich Schlußsatz des Romans.

Hier wendet sich der **Gast** mit Grausen, / »So kann ich hier nicht ferner hausen, / Mein Freund kannst du nicht weiter sein.«

> Friedrich Schiller: »Der Ring des Polykrates«

Ich bin ein **Gast** auf Erden; / verbirg deine Gebote nicht vor mir.

> Ps 119,19

Ach! die **Gattin** ists, die teure . . .

> Friedrich Schiller: »Das Lied von der Glocke«

Gaudeamus igitur, iuvenes dum sumus.
(Freuen wir uns, solange wir noch jung sind.)

> Anfangsvers eines vielzitierten Studentenliedes von Christian Wilhelm Kindleben

Ich bin nicht in der **Gebelaune** heut.
(I am not in the giving vein today.)

> William Shakespeare: The Tragedy of King Richard the Third IV,2

Geben ist seliger als nehmen.

> Apg 20,35

Denn der Anblick des **Gebers** ist, wie die Gaben, erfreulich.
:   Johann Wolfgang Goethe: Hermann und Dorothea. 7. Gesang: Erato

Die Zehn **Gebote**
:   Nach 2 Mose 20 auf Sinai Mose mitgeteilt

Gebrannte Kinder fürchten das Feuer oder vernarren sich darein.
:   Marie von Ebner-Eschenbach: Aphorismen

Gebraucht der Zeit, sie geht so schnell von hinnen, / Doch Ordnung lehrt Euch Zeit gewinnen.
:   Johann Wolfgang Goethe: Faust. Der Tragödie erster Teil. Studierzimmer [II]

Gebt, so wird euch gegeben.
:   Lk 6,38

Ich habe immer, immer dein **gedacht**; / Ich möchte schlafen, aber du mußt tanzen.
:   Theodor Storm: »Hyazinthen«

... Ach! was haben die Herrn doch für ein kurzes **Gedärm**!
:   Friedrich Schiller und Johann Wolfgang Goethe: Xenien. Darin: »Geschwindschreiber«

Wär der **Gedank** nicht so verwünscht gescheit, / Man wär versucht, ihn herzlich dumm zu nennen.
:   Friedrich Schiller: Wallenstein. Die Piccolomini II,7

Ein einziger dankbarer **Gedanke** gen Himmel ist das vollkommenste Gebet!
:   Gotthold Ephraim Lessing: Minna von Barnhelm oder das Soldatenglück II,7

Die **Gedanken** sind frei, / Wer kann sie erraten; / Sie rauschen vorbei / Wie nächtliche Schatten. / Kein Mensch kann sie wissen, / Kein Jäger sie schießen; / Es bleibet dabei, / Die Gedanken sind frei.
:   Aus der von Clemens Brentano und Achim von Arnim herausgegebenen Sammlung *Des Knaben Wunderhorn*: »Lied des Verfolgten im Turm«. – Der Untertitel »Nach Schweizerliedern« verweist auf die Quellen des Gedichts. Dieser Gedanke findet sich schon in Ciceros Rede *Pro Milone* 29,79: »... liberae sunt enim nostrae cogitationes ...«

Die großen **Gedanken** kommen vom Herzen.
(Les grandes pensées viennent du cœur.)
Marquis de Vauvenargues: Réflexions et maximes

Es bedarf vieler **Gedanken**, um einen festzuhalten.
Motto zu Stanislaw Jerzy Lecs *Neuen unfrisierten Gedanken*

Gedanken ohne Inhalt sind leer, Anschauungen ohne Begriffe sind blind.
Immanuel Kant: Kritik der reinen Vernunft I,2,1. Von der Logik überhaupt

Gedanken sind nicht stets parat, / Man schreibt auch, wenn man keine hat.
Wilhelm Busch: Reime und Sinnsprüche

Meine erste **Gedanken** sind gewiß kein Haar besser als jedermanns erste Gedanken; und mit jedermanns Gedanken bleibt man am klügsten zu Hause.
Gotthold Ephraim Lessing: Hamburgische Dramaturgie, Hundertstes, -Zweites, -Drittes und -Viertes Stück. Den 19. April 1768

Wer mit einem guten **Gedanken** stirbt, ist immer glücklicher, als wer als Sieger über ein Schlachtfeld zieht.
Johann Gottfried Seume: Apokryphen

Geben Sie / **Gedankenfreiheit**.
Friedrich Schiller: Don Karlos, Infant von Spanien III,10

Gedankenlosigkeit tötet. Andere.
Stanislaw Jerzy Lec: Unfrisierte Gedanken

Des **Gedankens** Blässe
William Shakespeare: The Tragicall Historie of Hamlet, Prince of Denmarke III,1. – In Hamlets Monolog heißt es: »Der angeborenen Farbe der Entschließung / Wird des Gedankens Blässe angekränkelt« (»And thus the native hue of resolution / Is sicklied o'er with the pale cast of thought«).

Ein **Gedicht** ist so lange gut, bis man weiß, von wem es ist.
Karl Kraus: Nachts

Kein **Gedicht** ohne akuten Mangel
Peter Handke: Das Gewicht der Welt. Darin: März 1977

Manches **Gedicht** wird so geliebt, wie der Heiland von den Nonnen.
>Friedrich Schlegel: Kritische Fragmente

Gedichte sind eine Art Träume.
>Franz Fühmann: Der Sturz des Engels. Kap. 1

Geduld ist die Kunst zu hoffen.
(La patience est l'art d'espérer.)
>Marquis de Vauvenargues: Réflexions et maximes

Geduld! Was langsam reift, das altert spat! / Wann andre welken, werden wir ein Staat.
>Conrad Ferdinand Meyer: Huttens letzte Tage XXXVI: »Deutsche Libertät«

Geduldig wie ein Lamm
>Nach Jes 53,7: »Als er gemartert ward, litt er doch willig und tat seinen Mund nicht auf wie ein Lamm, das zur Schlachtbank geführt wird...«

Gefährlich ists, den Leu zu wecken, / Verderblich ist des Tigers Zahn, / Jedoch der schrecklichste der Schrecken, / Das ist der Mensch in seinem Wahn.
>Friedrich Schiller: »Das Lied von der Glocke«

Gefährlich ists, ein Mordgewehr zu tragen, / Und auf den Schützen springt der Pfeil zurück.
>Friedrich Schiller: Wilhelm Tell III,3

Der Furchtsame erschrickt vor der **Gefahr**, der Feige in ihr, der Mutige nach ihr.
>Jean Paul: Das Kampaner Tal oder Über die Unsterblichkeit der Seele

Gefahr im Verzuge
(periculum in mora)
>Nach Livius: Ab urbe condita 38,25,13

Wer sich in **Gefahr** begibt, der kommt darin um...
>Sir 3,37. – So auch Georg Rollenhagen in seinem *Froschmeuseler*, 1. Buch, Das ander Theil, Kap. 6: »Wie ich von den weysen vernommen / Wer gfahr liebt / wird darin vmbkommen.«

Wer sich nicht in **Gefahr** begibt, / Der kommt drin um.
>Wolf Biermann: »Selbstportrait für Reiner Kunze«

Wo aber **Gefahr** ist, wächst / Das Rettende auch.
>Friedrich Hölderlin: »Patmos«

Kannst du nicht allen **gefallen** durch deine Tat und dein Kunstwerk, / Mach es wenigen recht; vielen gefallen ist schlimm.
>Friedrich Schiller und Johann Wolfgang Goethe: Tabulae Votivae. Darin: »Wahl«

Wir sind **Gefangene**.
>Titel der Autobiographie von Oskar Maria Graf, die 1927 mit dem Untertitel *Ein Bekenntnis aus diesem Jahrzehnt* erschien

Geflügelte Worte
(Ἔπεα πτερόεντα – Epea pteroenta)
>Eine in Homers *Ilias* und *Odyssee* häufig vorkommende Wendung. – Zum »geflügelten Wort« wurde sie durch die im Jahre 1864 von Georg Büchmann erstmals herausgegebene Sammlung *Geflügelte Worte. Der Citatenschatz des Deutschen Volkes*. Als Bezeichnung für einen Zitatenschatz ist »Der Büchmann« wiederum selbst zum geflügelten Wort geworden.

Gefroren hat es heuer / Noch gar kein festes Eis. / Das Büblein steht am Weiher / Und spricht so zu sich leis: / Ich will es einmal wagen, / Das Eis, es muß doch tragen, / Wer weiß?
>Friedrich Güll: »Vom Büblein auf dem Eis«

Es ist das höchste der **Gefühle** . . .
>Wolfgang Amadeus Mozart: Die Zauberflöte II,29; Text von Emanuel Schikaneder

Sei **gefühllos**! / Ein leichtbewegtes Herz, / Ist ein elend Gut / Auf der wankenden Erde.
>Johann Wolfgang Goethe: »Oden an meinen Freund«. 3. Ode. – Bei dem Freund handelte es sich um Ernst Wolfgang Behrisch. Die Verse werden von Wilhelm Raabe in seinem Roman *Die Akten des Vogelsangs* wiederholt zitiert.

Auch eine hübsche **Gegend**.
>Ludwig Tieck: Der gestiefelte Kater III,5. – Diese Wendung – . . . Ist auch eine schöne Gegend . . . – gebraucht dann Heinrich Heine in seinem Gedicht »Der Tannhäuser« 3 (dort über Hamburg-Altona); ähnlich auch in seinem »Ex-Nachtwächter« und »Himmelfahrt« (»Berlin ist auch eine schöne Gegend«). Sprichwörtlich wurde auch die Formulierung aus Adolf Glaßbrenners Heften *Berlin, wie es ist – und trinkt*: »Ooch 'ne scheene Jejend.«

Die **Gegenwart** ist eine mächt'ge Göttin: / Lern' ihren Einfluß kennen, bleibe hier!
>   Johann Wolfgang Goethe: Torquato Tasso IV,4

Leb' in der **Gegenwart**! Zu leer ist und zu weit / Der Zukunft Haus, zu groß das der Vergangenheit.
>   Friedrich Rückert: Die Weisheit des Brahmanen. Siebente Stufe. Erkenntnis

Wir leben in der **Gegenwart** / Und schnurren auf die Alten!
>   Adolf Glaßbrenner: »Der gelehrte Kater«

Seid mir **gegrüßt**, befreundete Scharen!
>   Friedrich Schiller: »Die Kraniche des Ibykus«

So **geh** hin und tu desgleichen!
>   Lk 10,37. – Aufforderung Jesu am Ende des Gleichnisses vom barmherzigen Samariter.

Für das **Geheimnis** gelten dieselben Gesetze wie für anvertrautes Gut.
(Les lois du secret et du dépôt sont les mêmes.)
>   Nicolas Chamfort: Produits de la Civilisation perfectionnée. Darin: Maximes et Pensées, Caractères et Anecdotes

Geheimnis nur verbürget unsre Taten; / Ein Vorsatz, mitgeteilt, ist nicht mehr dein; / Der Zufall spielt mit deinem Willen schon . . .
>   Johann Wolfgang Goethe: Die natürliche Tochter I,5

Gehet hin in alle Welt und predigt das Evangelium aller Kreatur.
>   Mk 16,15

Mein **Gehirn** / Treibt öfters wunderbare Blasen auf, / Die schnell, wie sie entstanden sind, zerspringen.
>   Friedrich Schiller: Don Karlos, Infant von Spanien II,8

Gehorsam ist des Weibes Pflicht auf Erden, / Das harte Dulden ist ihr schweres Los . . .
>   Friedrich Schiller: Die Jungfrau von Orleans I,10

Den **Geist** aufgeben
> In der Bedeutung von ›sterben‹ nach Klgl 2,12: ». . . und in den Armen ihrer Mütter den Geist aufgeben.« Vgl. Apg 5,5; 5,10; 12,23.

. . . der **Geist** bewegt die Materie . . .
(. . . mens agitat molem . . .)
> Vergil: Aeneis 6,727

Der **Geist** gehört vorzüglich dem Alter oder einer alternden Weltepoche.
> Johann Wolfgang Goethe: Noten und Abhandlungen zu besserem Verständnis des West-östlichen Divans. Darin: Allgemeinstes

Der **Geist** ist willig; aber das Fleisch ist schwach.
> Mt 26,41. – Vorangegangen war Jesu Mahnung an seine Jünger: »Wachet und betet, daß ihr nicht in Anfechtung fallt!« Auch bei Mk 14,38 überliefert.

Der **Geist** lebt vom Zufall, aber er muß ihn ergreifen.
> Elias Canetti: Das Geheimherz der Uhr. Aufzeichnungen 1973–1985. Darin: 1975

Du gleichst dem **Geist**, den du begreifst, / Nicht mir!
> Johann Wolfgang Goethe: Faust. Der Tragödie erster Teil. Nacht

Du hast wohl recht; ich finde nicht die Spur / Von einem **Geist**, und alles ist Dressur.
> Johann Wolfgang Goethe: Faust. Der Tragödie erster Teil. Vor dem Tor

Erhabner **Geist**, du gabst mir, gabst mir alles, / Warum ich bat.
> Johann Wolfgang Goethe: Faust. Der Tragödie erster Teil. Wald und Höhle

Es ist der **Geist**, der sich den Körper baut . . .
> Friedrich Schiller: Wallenstein. Wallensteins Tod III,13

Geist ist die Voraussetzung der Langeweile!
> Max Frisch: Tagebuch 1946–1949 (Abschnitt »1949«)

Ich bin der **Geist**, der stets verneint! / Und das mit Recht, denn alles, was entsteht, / Ist wert, daß es zugrunde geht . . .
> Johann Wolfgang Goethe: Faust. Der Tragödie erster Teil. Studierzimmer [I]

Keiner soll **Geist** haben als wir und unsere Freunde!
(Nul n'aura de l'esprit hors nous et nos amis.)
> Molière: Les femmes savantes (Die gelehrten Frauen) III,2

O welch ein edler **Geist** ist hier zerstört!
(O what a noble mind is here o'erthrown!)
> William Shakespeare: The Tragicall Historie of Hamlet, Prince of Denmarke III,1

. . . und der **Geist** Gottes schwebte auf dem Wasser.
> 1 Mose 1,2

Was er verlieh, des Menschen hehrer **Geist**, / Nicht einem – allen wird es angehören!
> Georg Weerth: »Die Industrie«

Was ihr den **Geist** der Zeiten heißt, / Das ist im Grund der Herren eigner Geist, / In dem die Zeiten sich bespiegeln.
> Johann Wolfgang Goethe: Faust. Der Tragödie erster Teil. Nacht

In unserm **Geiste** steckt mehr Faulheit als in unserem Körper.
(Nous avons plus de paresse dans l'esprit que dans le corps.)
> La Rochefoucauld: Réflexions ou sentences et maximes morales 487 (1678)

Die **Geister** platzen aufeinander
> Martin Luther: Ein Brief an die Fürsten zu Sachsen von dem aufrührischen Geist. – In diesem gegen Thomas Müntzer gerichteten Schreiben von 1524 heißt es: »Man lasse die geyster auff eynander platzen und treffen.«

Die ich rief, die **Geister**, / Werd ich nun nicht los.
> Johann Wolfgang Goethe: »Der Zauberlehrling«

Deines **Geistes** / Hab' ich einen Hauch verspürt.
> Ludwig Uhland: »Bertran de Born«

Ein **geistreicher** Mensch wäre oft recht in Verlegenheit ohne die Gesellschaft der Dummköpfe.
(Un homme d'esprit serait souvent bien embarrassé sans la compagnie des sots.)
> La Rochefoucauld: Réflexions ou sentences et maximes morales 140 (1678)

Der **Geiz** steht zur Sparsamkeit in größerem Gegensatz als die Freigebigkeit.
(L'avarice est plus opposée à l'économie que la libéralité.)
  La Rochefoucauld: Réflexions ou sentences et maximes morales 167 (1678)

Am meisten ist der Tag verloren, an dem man nicht **gelacht** hat.
(La plus perdue de toutes les journées est celle où l'on n'a pas ri.)
  Nicolas Chamfort: Produits de la Civilisation perfectionnée. Darin: Maximes et Pensées, Caractères et Anecdotes

Geld ist eine schöne Sache, wo etwas abgetan werden soll . . .
  Johann Wolfgang Goethe: Wilhelm Meisters Lehrjahre. 4. Buch, Kap. 1

Geld macht sinnlich.
  Bertolt Brecht: Aufstieg und Fall der Stadt Mahagonny 7

Sobald das **Geld** im Beutel klingt *siehe* Bald der **gu**ldin

Tu **Geld** in deinen Beutel.
(Put money in thy purse.)
  William Shakespeare: The Tragedy of Othello, the Moore of Venice I,3

Was frag ich viel nach **Geld** und Gut, / Wenn ich zufrieden bin! / Gibt Gott mir nur gesundes Blut, / So hab ich frohen Sinn . . .
  Johann Martin Miller: »Die Zufriedenheit«

. . . wo **Geld** vorangeht, sind alle Wege offen.
(. . . if money go before, all ways do lie open.)
  William Shakespeare: A Most Pleasaunt and Excellent Conceited Comedie, of Syr Iohn Falstaffe, and the Merrie Wives of Windsor (Die lustigen Weiber von Windsor) II,2

Denn **Geldgier** ist eine Wurzel alles Übels . . .
  1 Tim 6,10. – Nach älteren Übersetzungen oft auch als »Geiz« zitiert.

In **Geldsachen** hört die Gemütlichkeit auf!
  Der preußische Abgeordnete David Hansemann am 8. Juni 1847 im Preußischen Vereinigten Landtag

O, hätt' ich nie **gelebt**, um das zu schauen!
  Friedrich Schiller: Wilhelm Tell I,3

Braucht's / **Gelegenheit** zu einer Bitte?
> Gotthold Ephraim Lessing: Nathan der Weise III,7

Gelegenheit macht Verhältnisse wie sie Diebe macht . . .
> Johann Wolfgang Goethe: Die Wahlverwandtschaften. 1. Teil, Kap. 4

Ich wünschte recht **gelehrt** zu werden / Und möchte gern, was auf der Erden / Und in dem Himmel ist, erfassen, / Die Wissenschaft und die Natur.
> Johann Wolfgang Goethe: Faust. Der Tragödie erster Teil. Studierzimmer [II]

Gelehrte betrügen sich gemeiniglich am meisten im Urteilen über Menschen. Sie sind mit ihrer Unsterblichkeit beschäftigt und geben sich nicht die Mühe, das Innere des Menschen zu untersuchen.
> Ewald Christian von Kleist: Gedanken über verschiedene Vorwürfe

Darüber streiten sich die **Gelehrten** *siehe* **Gr**ammatici

Die deutsche **Gelehrtenrepublik**
> Titel 1774 mit dem Vermerk »Erster Teil« erschienenen Prosaschrift von Friedrich Gottlob Klopstock; vollständiger Titel: *Die deutsche Gelehrtenrepublik. Ihre Einrichtung. Ihre Gesetze. Geschichte des letzten Landtags*

Was ich **gelernt** habe, das weiß ich schon nicht mehr. Das wenige, was ich noch weiß, habe ich erraten.
(Ce que j'ai appris, je ne le sais plus. Le peu que je sais encore, je l'ai deviné.)
> Nicolas Chamfort: Produits de la Civilisation perfectionée. Darin: Maximes et Pensées, Caractères et Anecdotes

Eine **Geliebte** ist Milch, eine Braut Butter, eine Frau Käse.
> Ludwig Börne: Aphorismen

Jeder **geliebte** Gegenstand ist der Mittelpunkt eines Paradieses.
> Novalis: Blüthenstaub 50

. . . wie **gemalt**!
> Johann Wolfgang Goethe: Faust. Der Tragödie zweiter Teil. 1. Akt. Rittersaal. – Dort heißt es: »Endymion und Luna! wie gemalt!«

. . . Denn das **Gemeine** geht klanglos zum Orkus hinab.
Friedrich Schiller: »Nänie«

Denn aus **Gemeinem** ist der Mensch gemacht, / Und die Gewohnheit nennt er seine Amme.
Friedrich Schiller: Wallenstein. Wallensteins Tod I,4

Zwei Dinge erfüllen das **Gemüt** mit immer neuer und zunehmenden Bewunderung und Ehrfurcht, je öfter und anhaltender sich das Nachdenken damit beschäftigt: Der bestirnte Himmel über mir, und das moralische Gesetz in mir.
Immanuel Kant: Kritik der praktischen Vernunft. Beschluss

. . . aus der Tiefe seines **Gemüts** . . .
Heinrich Heine: Lutetia. Berichte über Politik, Kunst und Volksleben LIX. – Unter dem Datum vom 7. Mai 1843 berichtet Heine über ein Gemälde von Horace Vernet; von einem dort abgebildeten Kamel heißt es, »daß der Maler es unmittelbar nach der Natur kopiert und nicht, wie ein deutscher Maler, aus der Tiefe seines Gemüts geschöpft hat«.

Ein **General** ist ein Soldat, der seine Schlachten mit gezogenem Telefonhörer schlägt.
Kurt Tucholsky: Schnipsel

Die Herren **Generale** / mamita mia, / hab'n uns verraten. / Wer hat denn diese Herren / mamita mia, / so schlecht beraten!
Ernst Busch: Die Herren Generale. – Ernst Busch schrieb den Text zu diesem Lied aus dem spanischen Bürgerkrieg auf die Melodie eines spanischen Volkslieds.

Wir sind die **Generation** ohne Bindung und ohne Tiefe.
Wolfgang Borchert: Generation ohne Abschied

Die wirkliche **Genesis** ist nicht am Anfang, sondern am Ende, und sie beginnt erst anzufangen, wenn Gesellschaft und Dasein radikal werden, das heißt sich an der Wurzel fassen.
Ernst Bloch: Das Prinzip Hoffnung. 3. Band. Schlußabschnitt; vgl. auch »Die **Wu**rzel der Geschichte . . .«

Das Erste und Letzte, was vom **Genie** gefordert wird, ist Wahrheitsliebe.
Johann Wolfgang Goethe: Maximen und Reflexionen 382

Das **Genie** bildet die Welt aus sich heraus, der Held bildet sie in sich hinein.
> Ludwig Börne: Aphorismen (1808–1810)

... daß es heute die Pflicht eines **Genies** ist, verkannt zu bleiben.
> Friedrich Dürrenmatt: Die Physiker. 2. Akt

... **Genießen** macht gemein.
> Johann Wolfgang Goethe: Faust. Der Tragödie zweiter Teil. 4. Akt. Hochgebirg

Seid nur nicht so faul und so verweicht / Denn **Genießen** ist bei Gott nicht leicht!
> Bertolt Brecht: »Choral vom Manne Baal«

Geniestreich
> Diesen Begriff benutzt Christian Friedrich Timme 1781 im ersten Band seines »Moderomans« *Der Empfindsame* . . ., wo von den »Scheniestreichen und Narrheiten unseres empfindsamen Jahrhunderts« die Rede ist. Johann Wolfgang Goethe schreibt im 19. Buch von *Dichtung und Wahrheit* in einem ironisch-kritischen Rückblick auf die Zeit seiner Schweizer Reise: »Wenn einer zu Fuße, ohne recht zu wissen warum und wohin, in die Welt lief, so hieß dies eine Geniereise, und wenn einer etwas Verkehrtes ohne Zweck und Nutzen unternahm, ein Geniestreich.«

Ein großer **Genius** bildet sich durch einen anderen großen Genius, weniger durch Assimilierung als durch Reibung.
> Heinrich Heine: Zur Geschichte der Religion und Philosophie in Deutschland. 2. Buch

Ich habe **genossen** das irdische Glück, / Ich habe gelebt und geliebet.
> Friedrich Schiller: Wallenstein. Die Piccolomini III,7; unter dem Titel »Des Mädchens Klage« auch als Gedicht im *Musenalmanach* 1799 veröffentlicht

Keiner, der nichts von **Geometrie** versteht, trete hier ein!
(Ἀγεωμέτρητος μηδεὶς εἰσίτω.– Ageometretos medeis eisito.)
> Nach spätantiker Überlieferung die Inschrift über dem Eingang zu Platons Akademie

Man kann nicht **gerecht** sein, wenn man nicht menschlich ist.
(On ne peut être juste, si on n'est humain.)
> Marquis de Vauvenargues: Réflexions et maximes

Der **Gerechte** erbarmt sich seines Viehs; aber das Herz der Gottlosen ist unbarmherzig.
> Spr 12,10

Der **Gerechte** muß viel erleiden, / aber aus alledem hilft ihm der HERR.
> Ps 34,20

Die **Gerechtigkeit** ist etwas Fürchterliches, Ämilian.
> Friedrich Dürrenmatt: Romulus der Große. 3. Akt

Die **Gerechtigkeit** soll ihren Lauf nehmen, und gehe die Welt darüber zugrunde.
(Fiat iustitia et pereat mundus.)
> So als Wahlspruch Kaiser Ferdinands I. von Joh. Manlius überliefert

Gerechtigkeit war mein Kleid, das ich anzog, und mein Recht war mir Mantel und Kopfbund.
> Ijob 29,14

. . . und geh nicht ins **Gericht** mit deinem Knecht; / denn vor dir ist kein Lebendiger gerecht.
> Ps 143,2

Und überlaßt dem Höchsten das **Gericht**!
> Adelbert von Chamisso: »Aus der Vendée« 1/2

Sie ist **gerichtet**!
> Johann Wolfgang Goethe: Faust. Der Tragödie erster Teil. Kerker. – Auf diese Worte des Mephistopheles antwortet eine ›Stimme‹: »Ist gerettet!«

The **Germans** to the front!
(Die Deutschen an die Front!)
> Befehl des englischen Kommandeurs Lord Edward Hobart Seymour vom 22. Juni 1900 anläßlich der Niederschlagung des Boxeraufstands in China

Made in **Germany**
> Nach dem englischen Markenschutzgesetz vom 23. August 1887 (*Merchandise Marks Act*, Abschnitt 16,I) die gesetzlich vorgeschriebene Bezeichnung für alle Waren, die aus Deutschland eingeführt wurden

Das **Gerücht** wächst im Laufen.
(Fama crescit eundo.)

> Nach Vergil: Aeneis 4,174 f. – Dort heißt es: »Fama . . .: / mobilitate viget virisque adquirit eundo . . .« (»Das Gerücht: . . . / von der Beweglichkeit lebt es, und Kräfte gewinnt es im Laufen.«)

Kurz, Willemm! du bist von's **Gerüst** gefallen.

> Louis Angely: Das Fest der Handwerker. 16. Szene

. . . 's **Geschäft** bringt's mal so mit sich . . .

> David Kalisch: Berlin bei Nacht I,5. – In der Zeile zuvor hatte es geheißen: »Obs Jude oder Itzig –«.

Glücklich der Mann, der fern von den **Geschäften** ist . . .
(Beatus ille qui procul negotiis . . .)

> Horaz: Epodon liber 2,1

Alles **Gescheite** ist schon gedacht worden, man muß nur versuchen, es noch einmal zu denken.

> Johann Wolfgang Goethe: Wilhelm Meisters Wanderjahre oder Die Entsagenden. 2. Fassung 1829. Darin: Betrachtungen im Sinne der Wanderer

Der **Gescheitere** gibt nach! Eine traurige Wahrheit; sie begründet die Weltherrschaft der Dummheit.

> Marie von Ebner-Eschenbach: Aphorismen

Das Beste, was wir von der **Geschichte** haben, ist der Enthusiasmus, den sie erregt.

> Johann Wolfgang Goethe: Wilhelm Meisters Wanderjahre oder Die Entsagenden. 2. Fassung 1829. Darin: Betrachtungen im Sinne der Wanderer

Die **Geschichte** aller bisherigen Gesellschaft ist die Geschichte von Klassenkämpfen.

> Karl Marx / Friedrich Engels: Manifest der Kommunistischen Partei I: Bourgeois und Proletarier

Die **Geschichte** dieses Romans kommt darauf hinaus, daß die Geschichte, die in ihm erzählt werden sollte, nicht erzählt wird.

> Robert Musil: Aus den Studienblättern und Notizen zu seinem Roman *Der Mann ohne Eigenschaften*. Vorrede. 1. Fortsetzung

Die **Geschichte** handelt von dir, nur der Name ist geändert.
(Mutato nomine de te / fabula narratur . . .)
> Horaz: Sermonum libri duo (Satiren) 1,1,69 f.

Die **Geschichte** lehrt uns Tugend, aber die Natur predigt unaufhörlich das Laster.
> Ludwig Börne: Aphorismen

Eine **Geschichte** ist dann zu Ende gedacht, wenn sie ihre schlimmstmögliche Wendung genommen hat.
> Friedrich Dürrenmatt: Die Physiker. 21 Punkte zu den Physikern

Es ist eine alte **Geschichte**, / Doch bleibt sie immer neu; / Und wem sie just passieret, / Dem bricht das Herz entzwei.
> Heinrich Heine: Buch der Lieder. Darin: »Lyrisches Intermezzo« 39

Es ist mühselig, **Geschichte** niederzuschreiben.
(. . . arduum videtur res gestae scribere . . .)
> Sallust: De coniuratione Catilinae 3,2

Geschichte ist die Biographie der Menschheit.
> Ludwig Börne: Aphorismen (1808 – 1810)

Geschichte schreiben ist eine Art, sich das Vergangene vom Halse zu schaffen.
> Johann Wolfgang Goethe: Maximen und Reflexionen 105

Jedermann erfindet sich früher oder später eine **Geschichte**, die er für sein Leben hält.
> Max Frisch: Ich schreibe für Leser 11

Nun aber wird **Geschichte** bekanntlich nur von Überlebenden geschrieben. Die Toten sind stumm.
> Theodor Lessing: Geschichte als Sinngebung des Sinnlosen. 1. Buch, § 29 Über Vaticinia post eventum

Über **Geschichte** kann niemand urteilen, als wer an sich selbst Geschichte erlebt hat.
> Johann Wolfgang Goethe: Wilhelm Meisters Wanderjahre oder Die Entsagenden. 2. Fassung 1829. Darin: Betrachtungen im Sinne der Wanderer

Geschichte – Gesellschaft

. . . und das ist just die Art, wie man **Geschichte** schreibt.
(. . . Et voilà justement comme on écrit l'histoire.)

> Voltaire: Charlot ou la Comtesse de Givry I,7. – Ähnlich auch schon in einem Brief an Madame de Deffand vom 24. September 1766.

Ich probiere **Geschichten** an wie Kleider!

> Max Frisch: Mein Name sei Gantenbein

Geschichtklitterung

> Diesen Begriff benutzt Johann Fischart 1582 in der 2. Auflage seines 1575 erschienenen *Gargantua*: »Affentheurlich Naupengeheurliche Geschichtklitterung Von Thaten vnd Rhathen der . . . Herren Grandgusier, Gargantoa vnd Pantagruel . . .«

Prüft das **Geschick** dich, weiß es wohl warum: / Es wünschte dich enthaltsam! Folge stumm.

> Johann Wolfgang Goethe: West-östlicher Divan. Darin: Buch der Sprüche

Doch mit des **Geschickes** Mächten / Ist kein ewger Bund zu flechten, / Und das Unglück schreitet schnell.

> Friedrich Schiller: »Das Lied von der Glocke«

Was ich **geschrieben** habe, das habe ich geschrieben.

> Joh 19,22. – Worte des Pontius Pilatus.

Auch was **Geschriebnes** forderst du Pedant?

> Johann Wolfgang Goethe: Faust. Der Tragödie erster Teil. Studierzimmer [II]

Ein Mensch, der nicht **geschunden** wird, wird nicht erzogen.
(Ὁ μὴ δαρεὶς ἄνθρωπος οὐ παιδεύεται. – Ho me dareis anthropos u paideuetai.)

> Vers des Menandros, den Johann Wolfgang Goethe auch seiner Autobiographie *Dichtung und Wahrheit* als Motto voranstellte

. . . und er ward nicht mehr **gesehen**.

> 1 Mose 5,24. – Über Henoch.

Die anderen sind unausstehlich. Die einzig mögliche **Gesellschaft** ist man selbst.

> Oscar Wilde: An Ideal Husband (Ein idealer Gatte). 3. Akt

Keine **Gesellschaft** kann gedeihen und glücklich sein, in der der weitaus größte Teil ihrer Mitglieder arm und elend ist.
> Adam Smith: An Inquiry into the Nature and Causes of the Wealth of Nations (Der Wohlstand der Nationen. Eine Untersuchung seiner Natur und seiner Ursachen). 1. Buch, Kap. 8

Um heutzutage in die beste **Gesellschaft** aufgenommen zu werden, muß man die Leute entweder bewirten, amüsieren oder schockieren – das ist alles!
> Oscar Wilde: A Woman of No Importance (Eine Frau ohne Bedeutung). 3. Akt

Das **Gesetz** ist der Freund des Schwachen, / Alles will es nur eben machen, / Möchte gerne die Welt verflachen . . .
> Friedrich Schiller: Die Braut von Messina I,8

Es erben sich **Gesetz'** und Rechte / Wie eine ew'ge Krankheit fort; / Sie schleppen von Geschlecht sich zum Geschlechte / Und rücken sacht von Ort zu Ort.
> Johann Wolfgang Goethe: Faust. Der Tragödie erster Teil. Studierzimmer [II]

Gesetz ist mächtig, mächtiger ist die Not.
> Johann Wolfgang Goethe: Faust. Der Tragödie zweiter Teil. 1. Akt. Weitläufiger Saal

Was das **Gesetz** nicht verbietet, verbietet der Anstand zu tun. (Quod non vetat lex, hoc vetat fieri pudor.)
> Seneca: Troades V. 334

Wenn man alle **Gesetze** studieren sollte, so hätte man gar keine Zeit, sie zu übertreten.
> Johann Wolfgang Goethe: Maximen und Reflexionen 207

Des **Gesetzes** strenge Fessel bindet / Nur den Sklavensinn, der es verschmäht, / Mit des Menschen Widerstand verschwindet / Auch des Gottes Majestät.
> Friedrich Schiller: »Das Ideal und das Leben«

Ein Mensch ohne höhere **Gesinnung** kann keine wahre Güte besitzen, er ist bloß gutartig.
(Un homme sans élévation ne saurait avoir de bonté; il ne peut avoir que de la bonhomie.)
>   Nicolas Chamfort: Produits de la Civilisation perfectionnée. Darin: Maximes et Pensées, Caractères et Anecdotes

Ein **Gespenst** geht um in Europa – das Gespenst des Kommunismus.
>   Karl Marx / Friedrich Engels: Manifest der Kommunistischen Partei

Ich liebe dich, mich reizt deine schöne **Gestalt** . . .
>   Johann Wolfgang Goethe: »Erlkönig«; vgl. auch »Und bist du nicht willig . . .«

. . . denn wir sind von **gestern** her und wissen nichts . . .
>   Ijob 8,9

Gestern war's an mir, heute ist's an dir.
>   Sir 38,23. – Quelle der Redensart »Heute mir, morgen dir«.

Liegt dir **Gestern** klar und offen, / Wirkst du heute kräftig treu, / Kannst auch auf ein Morgen hoffen, / Das nicht minder glücklich sei.
>   Johann Wolfgang Goethe: »Zahme Xenien IV«

Gestohlenes Wasser ist süß, und heimliches Brot schmeckt fein.
>   Spr 9,17

. . . Sie waren längst **gestorben**, / Und wußten es selber kaum.
>   Heinrich Heine: Buch der Lieder. Darin: »Die Heimkehr« 33; vgl. auch »Sie liebten sich beide . . .«

Vater, ich habe **gesündigt** gegen den Himmel und vor dir.
>   Lk 15,18 und 15,21. – Aus dem Gleichnis vom verlorenen Sohn.

Die **Gesunden** bedürfen des Arztes nicht, sondern die Kranken.
>   Lk 5,31. – Ähnlich auch bei Mt 5,31, wo es aber heißt: »Die Starken bedürfen . . .« So auch bei Mk 2,17.

Ich hab **getan**, was ich nicht lassen konnte.
>   Friedrich Schiller: Wilhelm Tell I,1

Ich hab es **getragen** sieben Jahr / Und ich kann es nicht tragen mehr. / Wo immer die Welt am schönsten war, / Da war sie öd und leer.

> Theodor Fontane: »Archibald Douglas«

Getrennt marschieren, vereint schlagen

> Die in dieser Form populär gewordene strategische Maxime Helmuth Graf von Moltkes lautet in den Verordnungen für die höheren Truppenführer vom 24. Juni 1869: »Für die Operationen so lange wie irgend möglich in der Trennung zu beharren, für die Entscheidung rechtzeitig versammelt zu sein ist die Aufgabe der Führung großer Massen.«(I. *Allgemeines*, Punkt 4)

Sei **getreu** bis an den Tod, so will ich dir die Krone des Lebens geben.

> Offb 2,10

Ich hab's **gewagt**

> Wiederholte Wendung im Werk Ulrich von Huttens, etwa am Schluß des Vorworts seines *Gespraech buechlin*. Ein 1521 verfaßtes Lied beginnt mit der Zeile »Ich hab's gewagt mit Sinnen . . .«.

. . . es geht **Gewalt** vor Recht.

> Hab 1,3. – Als »Gewalt geht für Recht« dann auch in den Sprichwörtersammlungen des Johannes Agricola.

Es hilft nur **Gewalt**, wo Gewalt herrscht und / Es helfen nur Menschen, wo Menschen sind.

> Bertolt Brecht: Die heilige Johanna der Schlachthöfe. Anhang (Schlußszene des Bühnenmanuskripts von 1930)

. . . **Gewalt** gieng jederzeit vor Recht.

> Georg Rollenhagen: Froschmeuseler. Das ander Buch. Das ander Theil, Kap. 2

. . . Man hat **Gewalt**, so hat man Recht.

> Johann Wolfgang Goethe: Faust. Der Tragödie zweiter Teil. 5. Akt. Palast

Schrecklich immer / Auch in gerechter Sache ist **Gewalt** . . .

> Friedrich Schiller: Wilhelm Tell II,2

Allen **Gewalten** / Zum Trutz sich erhalten, / Nimmer sich beugen, / Kräftig sich zeigen, / Rufet die Arme / Der Götter herbei.

> Johann Wolfgang Goethe: Lila. 2. Aufzug

Wir haben nicht **geweinet,** / Wir seufzten nicht Weh und Ach! / Die Tränen und die Seufzer, / Die kamen hintennach.
> Heinrich Heine: Buch der Lieder. Darin: »Lyrisches Intermezzo« 49

Solch ein **Gewimmel** möcht' ich sehn, / Auf freiem Grund mit freiem Volke stehn.
> Johann Wolfgang Goethe: Faust. Der Tragödie zweiter Teil. 5. Akt. Großer Vorhof des Palasts

... Denn das selbständige **Gewissen** / Ist Sonne deinem Sittentag.
> Johann Wolfgang Goethe: »Vermächtnis«

Gewissen macht uns alle zu Egoisten.
(Conscience makes egotists of us all.)
> Oscar Wilde: The picture of Dorian Gray (Das Bildnis des Dorian Gray). Kap. 8

Sein **Gewissen** war rein. Er benutzte es nie.
> Stanislaw Jerzy Lec: Neue unfrisierte Gedanken

Über sittliche Werte kann nur das eigene **Gewissen**, nicht aber die Rechtsordnung entscheiden, was praktisch die wichtige Folge hat, daß Verstöße gegen das Recht nicht mit entehrenden Strafen geahndet werden dürfen.
> Gustav Radbruch: Vorschule der Rechtsphilosophie. 4. Abschnitt, § 13. Recht und Moral

Sprich mir von allen Schrecken des **Gewissens**, / Von meinem Vater sprich mir nicht.
> Friedrich Schiller: Don Karlos, Infant von Spanien I,2

Gewissensbisse
> Nach Ijob 27,6: ». . . mein Gewissen beißt mich nicht wegen eines meiner Tage.«

Gewogen und zu leicht befunden
> Nach Dan 5,27: »Tekel, das ist, man hat dich auf der Waage gewogen und zu leicht befunden.« – Daniel deutet die Schrift an der Wand, die Belsazar erschienen war. Vgl. auch »**Me**netekel«.

Die **Gewohnheit** ist gewissermaßen eine zweite Natur.
(. . . deinde consuetudine quasi alteram quandam naturam effici . . .)

> Nach Cicero: De finibus bonorum et malorum 5,25,74. – Seit der Spätantike auch als »secunda natura« zitiert.

Das hatte ich mir **gewünscht**: ein Stück Land, nicht so sehr groß . . .
(Hoc erat in votis: modus agri non ita magnus . . .)

> Horaz: Sermonum libri duo (Satiren) 2,6,1. – Horaz bedankt sich damit für ein Landgut, das ihm Maecenas, sein ›Mäzen‹, schenkte, dem Horaz das erste Buch seiner *Satiren* gewidmet hatte.

Schöner **Gigolo**, armer Gigolo, / denke nicht mehr an die Zeiten . . .

> Refrain eines Liedes, zu dem Julius Brammer den Text und Leonello Casucci die Musik schrieben; vgl. auch »Uniform passée . . .«

Über allen **Gipfeln** / Ist Ruh, / In allen Wipfeln / Spürest du / Kaum einen Hauch . . .

> Johann Wolfgang Goethe: »Ein gleiches«

Mit **Glacéhandschuhen** anfassen

> Durch Otto von Bismarck populär geworden, der am 30. Januar 1869 im preußischen Abgeordnetenhause sagte: »Überall, wo Fäulnis ist, stellt sich ein Leben ein, welches man nicht mit reinen Glacéhandschuhen anfassen kann.«

Was **glänzt** dort vom Walde im Sonnenschein? / Hör's näher und näher brausen.

> Theodor Körner: »Lützow's wilde Jagd«

Was **glänzt**, ist für den Augenblick geboren, / Das Echte bleibt der Nachwelt unverloren.

> Johann Wolfgang Goethe: Faust. Der Tragödie erster Teil. Vorspiel auf dem Theater

Meine Herren, heute sehen Sie mich **Gläser** abwaschen / Und ich mache das Bett für jeden. / Und Sie geben mir einen Penny, und ich bedanke mich schnell / Und Sie sehen meine Lumpen und dies lumpige Hotel / Und Sie wissen nicht, mit wem Sie reden.

> Bertolt Brecht: Die Dreigroschenoper I,2: Pferdestall. Darin: »Die Seeräuber-Jenny«

Wie kommt mir solcher **Glanz** in meine Hütte?
> Friedrich Schiller: Die Jungfrau von Orleans. Prolog. 2. Auftritt

Wir sind nicht mehr am ersten **Glas** . . .
> Ludwig Uhland: »Trinklied«

Glaube keinem, der immer die Wahrheit spricht.
> Elias Canetti: Die Provinz des Menschen. Aufzeichnungen 1942–1972. Darin: 1942

Nun aber bleiben **Glaube**, Hoffnung, Liebe, diese drei; aber die Liebe ist die größte unter ihnen.
> 1 Kor 13,13; vgl. auch 1 Thess 1,3 und 5,8

Allein durch den **Glauben**
(sola fide)
> 1 Röm 3,28: »So halten wir nun dafür, daß der Mensch gerecht wird ohne des Gesetzes Werke, allein durch den Glauben.« – Die Berufung auf diese Textstelle bildete – vor allem in der lateinischen Fassung – einen der zentralen Gedanken der Reformationsbewegung.

Am **Glauben** Schiffbruch erleiden
> Nach 1 Tim 1,19: »Das haben einige von sich gestoßen und am Glauben Schiffbruch erlitten.«

. . . und hätte allen **Glauben**, so daß ich Berge versetzen könnte, und hätte die Liebe nicht, so wäre ich nichts.
> 1 Kor 13,2. – Dieses Bild auch bei Mt 17,20; 21,21; Mk 11,23.

Glaubt es einem, der es selbst erfahren hat.
(Experto credite . . .)
> Vergil: Aeneis 11,283

Wer da **glaubt** und getauft wird, der wird selig werden; wer aber nicht glaubt, der wird verdammt werden.
> Mk 16,16. – Quelle der sprichwörtlichen Redensart »Wer's glaubt, wird selig.«

Gleich, Herr! gleich!
(Anon, anon, sir!)
> William Shakespeare: The Historie of Henrie the Fourth II,5 (in der Schlegel-Tieckschen Übersetzung II,4). – Wiederholte Worte des Kellners Franz.

... wie **Gleiches** sich immer zu Gleichem gesellt ...
(ὡς ὅμοιον ὁμοίῳ ἀεὶ πελάζει ... – hos homoion homoio aei pelazei ...)

> So bei Platon: Symposion 195b; ebenso in *Lysis* 214a. Von Cicero ins Lateinische übertragen: Cato maior de senectute 3,1 (»... pares autem vetere proverbio cum paribus facillime congregantur ...«).

Die **Gleichgültigkeit**, mit der unser philosophierendes Zeitalter auf die Spiele der Musen herabzusehen anfängt, scheint keine Gattung der Poesie empfindlicher zu treffen als die lyrische.

> Friedrich Schiller: Über Bürgers Gedichte

Gleichheit ist immer der Probestein der Gerechtigkeit, und beide machen das Wesen der Freiheit.

> Johann Gottfried Seume: Apokryphen

Vergiß nicht, in schweren Zeiten einen **gleichmütigen** Sinn zu bewahren ...
(Aequam memento rebus in arduis / servare mentem ...)

> Horaz: Carmina 2,3,1 f.

Die **Glocke** sie donnert ein mächtiges Eins / Und unten zerschellt das Gerippe.

> Johann Wolfgang Goethe: »Der Totentanz«

Aber **Glück** hat auf die Dauer doch zumeist wohl nur der Tüchtige.

> Helmuth Graf von Moltke: Über Strategie (Aufsatz aus dem Jahr 1871)

Das **Glück** des Mannes heißt: ich will. Das Glück des Weibes heißt: er will.

> Friedrich Nietzsche: Also sprach Zarathustra. Darin: Von alten und jungen Weiblein

Das **Glück** ist die Liebe, die Lieb' ist das Glück ...

> Adelbert von Chamisso: »Frauenliebe und -leben« 7

Denn das **Glück** ist selbst nicht nur blind ...
(Non enim solum ipsa fortuna caeca est ...)

> Cicero: Laelius de amicitia 15,54. – Cicero fährt fort: »... es macht fast immer auch diejenigen blind, die es in seine Arme schließt.«

Ein jeglicher versucht sein **Glück**, / Doch schmal nur ist die Bahn zum Rennen . . .
> Friedrich Schiller: »Das Spiel des Lebens«

Es ist das **Glück** ein flüchtig Ding, / Und war's zu allen Tagen . . .
> Anfangszeilen eines Gedichts von Emanuel Geibel. In den *Gedichten* von 1853 als Nr. XXXIV des Zyklus »Lieder als Intermezzo«.

Glück ein Leben lang! Niemand könnte es ertragen; es wäre die Hölle auf Erden.
(But a lifetime of happiness! No man alive could bear it: it would be hell on earth.)
> George Bernard Shaw: Man and Superman (Mensch und Übermensch). 1. Akt

Glück und Ruhm: so unbeständig jenes, so dauerhaft ist dieser: jenes für das Leben, dieser nachher . . .
> Baltasar Gracián: Oráculo manual y arte de prudencia (Hand-Orakel und Kunst der Weltklugheit) 10

Im **Glück** aufs Unglück bedacht sein. Es ist eine gute Vorsorge, für den Winter im Sommer und mit mehr Bequemlichkeit den Vorrat zu sammeln.
> Baltasar Gracián: Oráculo manual y arte de prudencia (Hand-Orakel und Kunst der Weltklugheit) 113

Jedes **Glück** hat einen kleinen Stich. / Wir möchten soviel: Haben. Sein. Und gelten. / Daß einer alles hat: das ist selten.
> Kurt Tucholsky: »Das Ideal«

Nenn's **Glück**! Herz! Liebe! Gott! / Ich habe keinen Namen / Dafür! Gefühl ist alles; / Name ist Schall und Rauch, / Umnebelnd Himmelsglut.
> Johann Wolfgang Goethe: Faust. Der Tragödie erster Teil. Marthens Garten

Und doch, welch **Glück**, geliebt zu werden! / Und lieben, Götter, welch ein Glück!
> Johann Wolfgang Goethe: »Willkommen und Abschied«

Wieder ein **Glück** ist erlebt. Die gefährliche Dürre geneset, / Und die Schärfe des Lichts senget die Blüte nicht mehr.
> Friedrich Hölderlin: »Stuttgart«

Jeder ist seines **Glückes** Schmied.
> Aus der lateinischen Literatur. In der Sallust zugeschriebenen Schrift *De re publica ordinanda* wird der Ausspruch auf den Konsul Appius Claudius zurückgeführt: ». . . quod in carminibus Appius ait, fabrum esse suae quemque fortunae« (1,1). Ebenso im *Trinummus* des Plautus, dort als Gabe der Weisen: »sapiens . . . ipsius fingit fortunam sibi« (2,2,82); schließlich im *Atticus* des Cornelius Nepos: »Sui cuique mores fingunt fortunam (hominibus)« (11,6).

Ach wie **glücklich** sind die Toten!
> Friedrich Schiller: »Das Siegesfest«

Alle Gelegenheit, **glücklich** zu werden, hilft nichts, wer den Verstand nicht hat, sie zu benutzen.
> Johann Peter Hebel: Drei Wünsche

Glücklich der, welcher die Gründe der Dinge zu erkennen vermochte . . .
(Felix qui potuit rerum cognoscere causas . . .)
> Vergil: Georgica 2,490

Glücklich ist, wer vergißt, / Was doch nicht zu ändern ist!
> Refrain von Alfreds Trinklied aus dem 1. Akt (I,14) der Operette *Die Fledermaus* von Johann Strauß. Der Text stammt nach einem Lustspiel von Meilhac und Halévy von Karl Haffner und Richard Genée.

Glücklich sein heißt ohne Schrecken seiner selbst innewerden können.
> Walter Benjamin: Einbahnstraße. Darin: Galanteriewaren

Glücklich zu sein ist auch eine Tugend.
> Ludwig Börne: Aphorismen

Ich war **glücklich**, wahrhaft glücklich, wie man es in der Welt sein kann, das heißt auf kurze Zeit.
> Johann Wolfgang Goethe: Wilhelm Meisters Lehrjahre. 6. Buch

Man ist nie so **glücklich**, noch so unglücklich, wie man es sich einbildet.
(On n'est jamais si heureux ni si malheureux qu'on s'imagine.)
> La Rochefoucauld: Réflexions ou sentences et maximes morales 49 (1678)

Man muß zugeben: Um in dieser Welt **glücklich** zu leben, hat man bestimmte Seiten seiner Seele völlig auszuschalten.
(Il faut convenir que, pour être heureux en vivant dans le monde, il y a des côtés de son âme qu'il faut entièrement paralyser.)
> Nicolas Chamfort: Produits de la Civilisation perfectionée. Darin: Maximes et Pensées, Caractères et Anecdotes

O **glücklich**, wer noch hoffen kann / Aus diesem Meer des Irrtums aufzutauchen!
> Johann Wolfgang Goethe: Faust. Der Tragödie erster Teil. Vor dem Tor

. . . und niemand darf vor seinem Tod und seinem Begräbnis **glücklich** genannt werden.
(. . . dicique beatus / ante obitum nemo supremaque funera debet.)
> Ovid: Metamorphoseon libri 3,136 f. – Zumeist verkürzt als »Nemo ante mortem beatus est« zitiert.

. . . Der **Glücklichste** stirbt unter Wünschen . . .
> Ewald Christian von Kleist: »Die Unzufriedenheit der Menschen«

Gnade und Barmherzigkeit
> Nach Jer 16,5: ». . . denn ich habe meinen Frieden von diesem Volk weggenommen, die Gnade und die Barmherzigkeit, spricht der HERR.«

Herr, hab ich **Gnade** gefunden vor deinen Augen, so geh nicht an deinem Knecht vorüber.
> 1 Mose 18,3. – Abraham zu Gott.

Von Gottes **Gnaden**
(Dei gratia)
> Nach 1 Kor 3,10: »Ich nach Gottes Gnade, die mir gegeben ist, habe den Grund gelegt als ein weiser Baumeister . . .«

Alle **Götter** waren unsterblich.
> Stanislaw Jerzy Lec: Unfrisierte Gedanken

Götter – Göttin

Alles gaben **Götter**, die unendlichen, / Ihren Lieblingen ganz: / Alle Freuden, die unendlichen, / Alle Schmerzen, die unendlichen, ganz.

Gedicht von Johann Wolfgang Goethe in einem Brief an die Gräfin Auguste zu Stolberg vom 17. Juli 1777

Auf die **Götter** reden sich alle hinaus, aber an den lieben Gott denkt keiner.

Ödön von Horváth: Ein Kind unserer Zeit. Darin: Anna, die Soldatenbraut

Da die **Götter** menschlicher noch waren, / Waren Menschen göttlicher.

Friedrich Schiller: »Die Götter Griechenlands«

Die **Götter** wollen dein Verderben, / Fort eil ich, nicht mit dir zu sterben.

Friedrich Schiller: »Der Ring des Polykrates«

Du sollst keine anderen **Götter** haben neben mir.

2 Mose 20,3. – Das erste der Zehn Gebote.

Ich erinnere mich, irgendwo – in einem merkwürdigen Buch – gelesen zu haben, daß die **Götter**, wenn sie uns strafen wollen, unsere Gebete erhören.

Oscar Wilde: An Ideal Husband (Ein idealer Gatte). 2. Akt

Wen die **Götter** lieben, den lassen sie jung werden.

Oscar Wilde: Maximen zur Belehrung der Über-Gebildeten

Wen die **Götter** lieben, der stirbt jung.
(Quem di diligunt / adulescens moritur . . .)

Plautus: Bacchides 816 f. – Die Quelle des Plautus war ein Vers des Menander: »Ὃν οἱ θεοὶ φιλοῦσιν, ἀποθνῄσκει νέος. – Hon hoi theoi philusin, apothneskei neos.«

Denn mit **Göttern** / Soll sich nicht messen / Irgend ein Mensch.

Johann Wolfgang Goethe: »Grenzen der Menschheit«

Einem ist sie die hohe, die himmlische **Göttin**, dem andern / Eine tüchtige Kuh, die ihn mit Butter versorgt.

Friedrich Schiller und Johann Wolfgang Goethe: Xenien. Darin: »Wissenschaft«

Die Stadt **Göttingen**, berühmt durch ihre Würste und Universität . . .
> Heinrich Heine: Reisebilder. 1. Teil. Die Harzreise

Die **Göttlichkeit** drückt sich aus durch den Einzelnen, der dem Durchschnittsgeschmack zuwiderhandelt.
> Antoine de Saint-Exupéry: Carnets. Darin: Ökonomisches

Götzen-Dämmerung oder Wie man mit dem Hammer philosophiert
> Titel einer 1889 erschienenen Schrift von Friedrich Nietzsche

Gold und Silber lassen einen Mann sicher stehen, aber mehr als beides ein guter Rat.
> Sir 40,25; vgl. auch »Reichtum und Macht erhöhen . . .«

Gold und Silber lieb' ich sehr, / kann's auch gut gebrauchen.
> August Schnezler: »Gold und Silber«

Nur **Gold** genug, so ist die Welt zu Kauf; / Ein goldner Schlüssel, Herr, schließt alle Schlösser auf!
> Christoph Martin Wieland: Oberon 11,42

. . . Verfluchter Hunger nach **Gold**!
(. . . auri sacra fames!)
> Vergil: Aeneis 3,57

Nach **Golde** drängt, / Am Golde hängt / Doch alles. Ach wir Armen!
> Johann Wolfgang Goethe: Faust. Der Tragödie erster Teil. Abend. Ein kleines reinliches Zimmer

Das **Goldene** Kalb
> Auch als »Tanz um das goldene Kalb« nach 2 Mose 32,4: »Und er nahm sie von ihren Händen und bildete das Gold in einer Form und machte ein gegossenes Kalb.«

Das **Goldene** Zeitalter
(χρυσοῦν γένος – chrysun genos)
> Hesiod: Werke und Tage 109 ff. – Dort das erste der vier Zeitalter.

Berge **Goldes** versprechend . . .
(. . . montis auri pollicens.)

> Terenz: Phormio 1,2,18. – Ebenso schon im *Stichus* des Plautus (1,1,24); in dessen *Miles gloriosus* ist von »Bergen von Silber« (4,2,73) die Rede.

Sie sind ein **Goldschmied**, Herr Josse.
(Vous êtes orfèvre, Monsieur Josse . . .)

> Molière: L'amour médecin (Die Liebe als Arzt) 1,1. – Diese Worte entgegnet Sganarelle auf den »Rat« des Goldschmieds Josse, seiner melancholischen Tochter als Abhilfe wertvolle Edelsteine zu schenken.

Seine Worte mit (auf) der **Goldwaage** wägen

> Nach Sir 21,27: »Die Schwätzer reden, wovon sie nichts verstehen; die Weisen aber wägen ihre Worte mit der Goldwaage.« Vgl. Sir 28,29.

Goliath

> Als Bezeichnung für einen riesenhaften Menschen nach 1 Sam 17. – Dort ist der Kampf zwischen David und G. aus dem Stamme der Philister geschildert.

An einem grauen Vormittag / Mitten im Whisky / Kam **Gott** nach Mahagonny / Mitten im Whisky / Bemerkten wir Gott in Mahagonny.

> Bertolt Brecht: Aufstieg und Fall der Stadt Mahagonny 19

Daß wir einen **Gott** ahnen, ist nur ein unzulänglicher Beweis für sein Dasein. Ein stärkerer ist, daß wir fähig sind, an ihm zu zweifeln.

> Arthur Schnitzler: Buch der Sprüche und Bedenken. Darin: Ahnungen und Fragen 10

Denn bei **Gott** ist kein Ding unmöglich.

> Lk 1,37. – Ähnlich bei Mt 19,26; Mk 10,27; Lk 18,27. So auch schon in Ciceros *De natura deorum* (III,92): »vos enim ipsi dicere soletis nihil esse quod deus efficere non possit . . .«

Der **Gott**, der Eisen wachsen ließ, / Der wollte keine Knechte, / Drum gab er Säbel, Schwert und Spieß / Dem Mann in seine Rechte.

> Ernst Moritz Arndt: »Vaterlandslied«

Es lebt ein **Gott**, zu strafen und zu rächen.

> Friedrich Schiller: Wilhelm Tell IV,3

Gäbe es keinen **Gott**, so müßte man ihn erfinden.
(. . . Si Dieu n'existait pas, il faudrait l'inventer.)

> Voltaire: Épître à l'auteur du nouveau livre des trois imposteurs. Vers 22. – Diesen Gedanken äußerte allerdings zuvor schon John Tillotston, der Erzbischof von Canterbury, in der 93. seiner Predigten: ». . . if God were not a necessary Being of himself, he might almost seem to be made on purpose for the use and benefit of Men.«

Gott befohlen, Brüder! / In einer andern Welt wieder!

> Friedrich Schiller: »In einer Bataille«

Gott denkt in den Genies, träumt in den Dichtern und schläft in den übrigen Menschen.

> Peter Altenberg: Prodromos

Gott hat seine Höflinge, die ihm schmeicheln, als wenn er ein Fürst wäre.

> Ludwig Börne: Aphorismen

Gott helfe unserm verdüsterten und mißbrauchten Lande und lehre es, seinen Frieden zu machen mit der Welt und mit sich selbst!

> Thomas Mann: Aus dem Brief an den Dekan der philosophischen Fakultät der Universität Bonn vom Jahreswechsel 1936/1937. – Dekan Obenauer hatte Thomas Mann am 19. Dezember 1936 die Aberkennung seiner Ehrendoktorwürde mitgeteilt.

Gott ist mächtig in dem Schwachen; / Spricht's und wiegt sein graues Haupt.

> Adelbert von Chamisso: »Vergeltung«

Gott ist mein Hort! / Und auf sein Wort / Soll meine Seele trauen.

> Christian Fürchtegott Gellert: »Vom Worte Gottes«

Gott ist tot; an seinem Mitleiden mit den Menschen ist Gott gestorben.

> Friedrich Nietzsche: Also sprach Zarathustra. Darin: Von den Mitleidigen

Gott läßt sich nicht spotten.

> Gal 6,7

Gott schütz euch. Ich kann nicht mehr.
   Friedrich Schiller: Die Jungfrau von Orleans I,5

Gott schuf ihn, also laßt ihn für einen Menschen gelten.
(God made him, and therefore let him pass for a man.)
   William Shakespeare: The Most Excellent Historie of the Merchant of Venice (Der Kaufmann von Venedig) I,2

Gott sei euerer armen Seele gnädig, mein Freund, mein Vaterland.
   Thomas Mann: Doktor Faustus (Schlußsatz des Romans)

Gott weiß es.
   2 Kor 11,11; 12,2; 12,3. – Umgangssprachlich dann zu »Weiß Gott« umgedreht.

Gott weiß, hab viel gelitten, / Ich hab so manchen Kampf / In mancher Schlacht gestritten, / Gehüllt in Pulverdampf.
   Christian Friedrich Daniel Schubart: »Der Bettelsoldat«

Hilft **Gott** uns nicht, kein Kaiser kann uns helfen.
   Friedrich Schiller: Wilhelm Tell II,1

Ihr könnt nicht **Gott** dienen und dem Mammon.
   Mt 6,24. – Aus der Bergpredigt; vgl. »Ihr könnt nicht **zwei** Herren . . .«.

Ist **Gott** für uns, wer kann wider uns sein?
(Si Deus pro nobis, quis contra nos?)
   Röm 8,31

Man muß **Gott** mehr gehorchen als den Menschen.
   Apg 5,29

Mein **Gott**, mein Gott, warum hast du mich verlassen?
   Ps 22,2; ebenso Jesus am Kreuz Mt 27,46 (»Und um die neunte Stunde schrie Jesus laut: Eli, Eli, lama asabtani? Das heißt: Mein Gott . . .«)

Mit **Gott** für König und Vaterland!
   Nach einer Verordnung des preußischen Königs Friedrich Wilhelms III. vom 17. März 1813 die Inschrift auf dem Landwehrkreuz, einem »Kreuz von weißem Blech«

Natürlich, wenn ein **Gott** sich erst sechs Tage plagt, / Und selbst am Ende bravo sagt, / Da muß es was Gescheites werden.
   Johann Wolfgang Goethe: Faust. Der Tragödie erster Teil. Hexenküche

O **GOtt** laß DU den Kommunismus siegn!
> Wolf Biermann: »Großes Gebet der alten Kommunistin Oma Meume in Hamburg«

Rede des todten Christus vom Weltgebäude herab dass kein **Gott** sei
> Titel einer Schrift von Jean Paul, die 1796 erschien

Siehe, **Gott** ist groß und unbegreiflich; die Zahl seiner Jahre kann niemand erforschen.
> Ijob 36,26

So wahr **Gott** lebt . . .
> Ijob 27,2

Und ein **Gott** ist, ein heiliger Wille lebt, / Wie auch der menschliche wanke, / Hoch über der Zeit und dem Raume webt / Lebendig der höchste Gedanke.
> Friedrich Schiller: »Die Worte des Glaubens«

Und **Gott** sah, daß es gut war.
> 1 Mose 1. Vgl. auch 1 Mose 1,31: »Und Gott sah an alles, was er gemacht hatte, und siehe, es war sehr gut.«

Verschon uns, **Gott**! mit Strafen, / Und laß uns ruhig schlafen / Und unsern kranken Nachbarn auch!
> Matthias Claudius: »Abendlied«

Vielleicht hat **Gott** selber mich zum Atheisten erwählt?
> Stanislaw Jerzy Lec: Unfrisierte Gedanken

Was **Gott** tut, das ist wohlgetan . . .
> Anfangszeilen eines geistlichen Liedes von Samuel Rodigast; vgl. auch »Es ist **Ar**znei . . .«

Was kümmert es mich, ob **Gott** nicht existiert: Gott verleiht dem Menschen etwas Göttliches.
> Antoine de Saint-Exupéry: Carnets. Darin: Moral und Politik

Was nun **Gott** zusammengefügt hat, das soll der Mensch nicht scheiden!
> Mt 19,6

Wem **Gott** will rechte Gunst erweisen, / Den schickt er in die weite Welt . . .
>Joseph Freiherr von Eichendorff: »Der frohe Wandersmann«. – Zuerst abgedruckt in der Novelle *Aus dem Leben eines Taugenichts*, Kap. 1.

Wenn ich der liebe **Gott** wär, würd ich alle Menschen gleich machen. Einen wie den anderen – gleiche Rechte, gleiche Pflichten! Aber so ist die Welt ein Saustall.
>Ödön von Horváth: Ein Kind unserer Zeit. Darin: Das denkende Tier

Wer **Gott**, dem Allerhöchsten, traut, / Der hat auf keinen Sand gebaut.
>Georg Neumark: »Wer nur den lieben Gott läßt walten«

Die katastrophale Eigenschaft **Gottes** war seine Größe.
>Elias Canetti: Das Geheimherz der Uhr. Aufzeichnungen 1973–1985. Darin: 1973

Es ist bestimmt in **Gottes** Rat, / Daß man, was man am liebsten hat, / Muß meiden . . .
>Ernst Freiherr von Feuchtersleben: »Nach altdeutscher Weise«

Nehmt die **Gottheit** auf in euren Willen, / Und sie steigt von ihrem Weltenthron.
>Friedrich Schiller: »Das Ideal und das Leben«

. . . Noch am **Grabe** pflanzt er – die Hoffnung auf.
>Friedrich Schiller: »Hoffnung«

Auf deinem **Grabstein** wird man lesen: / Das ist fürwahr ein Mensch gewesen!
>Johann Wolfgang Goethe: »Grabschriften«

Gradus ad Parnassum
(Stufen zum Parnaß)
>Titel einer 1687 von dem Jesuiten Paul Aler herausgegebenen Anleitung zur Dichtkunst in lateinischer Sprache

Will der Herr **Graf** / Ein Tänzchen nun wagen, / Mag er's nur sagen, / Ich spiel ihm auf!
(Se vuol ballare, Signor Contino, / Il chitarino le suonero.)

> Wolfgang Amadeus Mozart: Figaros Hochzeit I,2. Text von Lorenzo da Ponte nach Beaumarchais. Deutsche Übersetzung von Hermann Levi.

. . . **grammatici** certant et adhuc sub iudice lis est.
(Darüber streiten die Gelehrten und noch ist der Rechtsstreit nicht entschieden.)

> Horaz: De arte poetica 78. – Streitpunkt war die Frage, wer das Distichon – das elegische Versmaß – als erster eingeführt habe; aus diesem Vers hat sich die Redensart »Darüber sind sich die Gelehrten noch nicht einig« entwickelt.

La **grande** nation
(die große Nation)

> Napoleon I. gebrauchte diese Bezeichnung für Frankreich erstmals in seiner in Italien abgegebenen Erklärung »au peuple cisalpin« vom 11. November 1797.

Cum **grano** salis
(Mit einem Körnchen Salz)

> Nach Plinius: Naturalis historia 23,8,149 – Zur Zubereitung eines Gegengifts wird dort die Zugabe eines Körnchens Salz (»addito salis grano«) empfohlen.

Das **Gras** wachsen hören

> Nach der Jüngeren Edda 1,27: »Auch hört er, wenn das Gras wächst auf der Erde oder die Wolle an den Schafen, und natürlich alles, was lauteres Geräusch macht.«

Grau, teurer Freund, ist alle Theorie, / Und grün des Lebens goldner Baum.

> Johann Wolfgang Goethe: Faust. Der Tragödie erster Teil. Studierzimmer [II]

Vor einem **grauen** Haupt sollst du aufstehen und die Alten ehren . . .

> 3 Mose 19,32

Mir **grauet** vor der Götter Neide, / Des Lebens ungemischte Freude / Ward keinem Irdischen zuteil.

> Friedrich Schiller: »Der Ring des Polykrates«

Laßt, Vater, genug sein das **grausame** Spiel . . .
>   Friedrich Schiller: »Der Taucher«

. . . Die **Grazien** sind leider ausgeblieben, / Und wem die Gaben dieser Holden fehlen, / Der kann zwar viel besitzen, vieles geben, / Doch läßt sich nie an seinem Busen ruhn.
>   Johann Wolfgang Goethe: Torquato Tasso II,1

Greift nur hinein ins volle Menschenleben! / Ein jeder lebt's, nicht vielen ist's bekannt, / Und wo Ihr's packt, da ist's interessant.
>   Johann Wolfgang Goethe: Faust. Der Tragödie erster Teil. Vorspiel auf dem Theater

Ich träum' als Kind mich zurücke, / Und schütt'le mein **greises** Haupt . . .
>   Adelbert von Chamisso: »Schloß Boncourt«

Nein, eine **Grenze** hat Tyrannenmacht . . .
>   Friedrich Schiller: Wilhelm Tell II,2

Ein **Greuelbild** der Verwüstung
>   Nach Dan 9,27 (»ein Greuelbild, das Verwüstung anrichtet«); ebenso Mt 24,15, dort mit Berufung auf Daniel

. . . Das Land der **Griechen** mit der Seele suchend . . .
>   Johann Wolfgang Goethe: Iphigenie auf Tauris I,1

Mit einem eisernen **Griffel** schreiben
>   Nach Ijob 19,23 f. ». . . als Inschrift, mit einem eisernen Griffel in Blei geschrieben . . .«

Oft kehre den **Griffel** um . . .
(Saepe stilum vertas . . .)
>   Horaz: Sermonum libri duo (Satiren) 1,10,80. – Die antiken Griffel, mit denen auf Wachstafeln geschrieben wurde, hatten ein spitzes Ende zum Schreiben und ein plattes Ende, um geschriebene Worte wieder ausstreichen zu können. Horaz fordert somit auf, sein Ausdrucksvermögen beständig zu verbessern.

Weg mit den **Grillen** und Sorgen!
>   Anfangszeile des Gedichts »Aufmunterung zur Freude« von Siegfried August Mahlmann

Wer wollte sich mit **Grillen** plagen . . .
>Ludwig Heinrich Christoph Hölty: »Aufmunterung zur Freude«

In **Grimme** liebt er dreinzuschaun – / Gorm Grymme heißt er drum.
>Theodor Fontane: »Gorm Grymme«

Grobian
>Figur in Sebastian Brants *Das Narren Schyff*, die im 72. Kapitel als »neuer Heiliger« eingeführt wird: »Eyn nuwer heylig heißt Grobian . . .«

O ja, denn selten hat ein **Grobian** Galle.
>Gotthold Ephraim Lessing: Minna von Barnhelm oder das Soldatenglück I,2

Ich **grolle** nicht, und wenn das Herz auch bricht, / Ewig verlornes Lieb!
>Heinrich Heine: Buch der Lieder. Darin: »Lyrisches Intermezzo« 18

Groß ist, wer das Furchtbare überwindet. Erhaben ist, wer es, auch selbst unterliegend, nicht fürchtet.
>Friedrich Schiller: Vom Erhabenen

Groß kann man sich im Glück, erhaben nur im Unglück zeigen.
>Friedrich Schiller: Vom Erhabenen

Groß und abscheulich!
>Gotthold Ephraim Lessing: Nathan der Weise II,5

. . . denn alle **große** Männer sind bescheiden . . .
>Gotthold Ephraim Lessing: Briefe, die neueste Literatur betreffend. 65. Brief

Die **großen** Leute sind entschieden sehr, sehr wunderlich, sagte er zu sich auf seiner Reise.
>Antoine de Saint-Exupéry: Le petit prince (Der kleine Prinz) XII. – Zuvor hatte der ›kleine Prinz‹ die großen Leute als »sehr sonderbar« (X), »sehr verwunderlich« (XI), später als »entschieden ganz ungewöhnlich« (XIII) bezeichnet.

Die **Großen** schaffen das Große, die Guten das Dauernde.
>Marie von Ebner-Eschenbach: Aphorismen

In den **großen** Dingen zeigen sich die Menschen, wie es sich für sie schickt, in den kleinen zeigen sie sich, wie sie sind.
(Dans les grandes choses, les hommes se montrent comme il leur convient de se montrer; dans les petites, ils se montrent comme ils sont.)

    Nicolas Chamfort: Produits de la Civilisation perfectionnée. Darin: Maximes et Pensées, Caractères et Anecdotes

In **großen** Dingen genügt es (schon), nur gewollt zu haben.
(... in magnis et voluisse sat est.)

    Properz: Elegiarum libri 2,10,6

Merkmal **großer** Menschen ist, daß sie an andere weit geringere Anforderungen stellen als an sich selbst.

    Marie von Ebner-Eschenbach: Aphorismen

Du sprichst ein **großes** Wort gelassen aus.

    Johann Wolfgang Goethe: Iphigenie auf Tauris I,3

Wer **Großes** will, muß sich zusammenraffen.

    Johann Wolfgang Goethe: Was wir bringen. Vorspiel bei Eröffnung des neuen Schauspielhauses zu Lauchstädt. 19. Auftritt.

Als der **Großvater** die Großmutter nahm ...

    August Friedrich Ernst Langbein: »Das Großvaterlied«

Wer eine **Grube** macht, der wird hineinfallen; und wer einen Stein wälzt, auf den wird er zurückkommen.

    Spr 26,27. – Quelle der sprichwörtlichen Redewendung: »Wer anderen eine Grube gräbt, fällt selbst hinein.«

Die **Grundsätze** der Menschen offenbaren ihren Charakter.
(Les maximes des hommes décèlent leur cœur.)

    Marquis de Vauvenargues: Réflexions et maximes

Siehe, ich lege in Zion einen **Grundstein**, einen bewährten Stein, einen kostbaren Eckstein, der fest gegründet ist.

    Jes 28,16

Nicht an die **Güter** hänge dein Herz, / Die das Leben vergänglich zieren . . .

> Friedrich Schiller: Die Braut von Messina IV,4; vgl. auch »Wer **be**sitzt . . .«

Sich **gütlich** tun

> Koh 3,12: »Da merkte ich, daß es nichts Besseres dabei gibt als fröhlich sein und sich gütlich tun in seinem Leben.«

Bald der **guldin** im Kasten klinget / Die Seel sich auff gen hymel schwinget.

> Hans Sachs: »Die Wittenbergisch Nachtigall, Die man yetzt höret vberall«. – Sachs nahm damit auf das Wirken des Ablaßhändlers Johann Tetzel Bezug, dessen Worte »So balde der pfennige jns becken geworffen vnd clunge, so balde were die sele, dofur es geleget, gen hymel« in der Form »Sobald das Geld im Beutel klingt, / Die Seele in den Himmel springt« sprichwörtlich wurde.

Auch hab ich weder **Gut** noch Geld, / Noch Ehr und Herrlichkeit der Welt . . .

> Johann Wolfgang Goethe: Faust. Der Tragödie erster Teil. Nacht

. . . denn an sich ist nichts weder **gut** noch böse; das Denken macht es erst dazu.
(. . . there is nothing either good or bad but thinking makes it so.)

> William Shakespeare: The Tragicall Historie of Hamlet, Prince of Denmarke II,2

Herr, hier ist **gut** sein! Willst du, so will ich hier drei Hütten bauen, dir eine, Mose eine und Elia eine.

> Mt 17,4. – Ähnlich Mk 9,5 und Lk 9,33.

Mir geht's **gut**! / Ich verliere nicht den Mut! / Ob ich Geld hab' oder g'rade pleite bin. / Mir geht's gut!

> Titel eines Liedes, dessen deutscher Text von Arthur Rebner stammt. – Den Originaltext zu »Ain't she sweet?« schrieb Jack Yellen, die Musik Milton Ager.

Alles **Gute**, das nicht auf moralisch-gute Gesinnung gepfropft ist, ist nichts als lauter Schein und schimmerndes Elend.

> Immanuel Kant: Idee zu einer allgemeinen Geschichte in weltbürgerlicher Absicht. 7. Satz

Das **Gute** – dieser Satz steht fest – / Ist stets das Böse, was man läßt!

> Wilhelm Busch: Die fromme Helene (Schluß)

Man muß das **Gute** tun, damit es in der Welt sei.
: Marie von Ebner-Eschenbach: Aphorismen

Sieh, das **Gute** liegt so nah *siehe* Willst du immer weiter **sch**weifen

... die **guten** ins Töpfchen, / die schlechten ins Kröpfchen.
: Kinder- und Hausmärchen. Gesammelt durch die Brüder Grimm. Darin: Aschenputtel

Was liegt / Dem **guten** Menschen näher als die Seinen?
: Friedrich Schiller: Wilhelm Tell III,2

Wie aus einer **guten** Tat, / Gebar sie auch schon bloße Leidenschaft, / Doch so viel andre gute Taten fließen!
: Gotthold Ephraim Lessing: Nathan der Weise III,7

Ein **guter** Mensch bleibt immer ein Anfänger.
(Semper homo bonus tiro est.)
: Martial: Epigrammata 12,51,2. – Oft auch in der Verkürzung »bonus vir semper tiro« zitiert.

Ein **guter** Mensch in seinem dunklen Drange / Ist sich des rechten Weges wohl bewußt.
: Johann Wolfgang Goethe: Faust. Der Tragödie erster Teil. Prolog im Himmel

Ein **guter** Mensch sein / Ja, wer wär's nicht gern?
: Bertolt Brecht: Die Dreigroschenoper I,3: Bettlergarderoben. Darin: »Über die Unsicherheit menschlicher Verhältnisse«

Es gibt nichts **Gutes** / außer: Man tut es.
: Erich Kästner: »Moral«

Gutes tu rein aus des Guten Liebe! / Das überliefre deinem Blut; / Und wenn's den Kindern nicht verbliebe, / Den Enkeln kommt es doch zu gut.
: Johann Wolfgang Goethe: West-östlicher Divan. Darin: Buch der Sprüche

Gutes zu tun und mit andern zu teilen, vergeßt nicht; denn solche Opfer gefallen Gott.
: Hebr 13,16

Laßt uns aber **Gutes** tun und nicht müde werden ...
    Gal 6,9

Nichts **Gutes** im Sinn haben
    Nach Sir 11,34: »Hüte dich vor solchen Buben – sie haben nichts Gutes im Sinn –, daß sie dir nicht ewige Schande anhängen.«

Warum habt ihr **Gutes** mit Bösem vergolten?
    1 Mose 44,4; vgl. »Vergeltet nicht **Bö**ses mit Bösem ...«

H

. . . es standen mir die **Haare** zu Berge an meinem Leibe.
> Ijob 4,15

Wo sind deine **Haare**, / August, August, / deine gold'nen Jahre, / August, August?
> Refrain eines Liedes von Beda, zu dem Richard Fall die Musik schrieb

. . . **habent** sua fata libelli.
(. . . die Bücher haben ihre eigenen Schicksale.)
> Terentianus Maurus: De litteris, syllabis et metris. V. 1286. – Der Satz wird eingeleitet: »Pro captu lectoris . . .« (»Je nachdem, wie der Leser sie aufnimmt«), wobei »libelli« eigentlich mit »Büchlein« zu übersetzen ist.

's **Habermues** wär ferig; se chömmet, ihr Chinder, un esset!
> Johann Peter Hebel: »Das Habermus«

. . . Des langen **Haders** müde . . .
> Gottfried August Bürger: »Lenore«

Die **Hälfte** des Werkes hat, wer einmal angefangen hat . . .
(Dimidium facti, qui coepit, habet . . .)
> Horaz: Epistulae 1,2,40. – Zur Fortsetzung vgl. »**Sa**pere aude . . .«.

Die **Hälfte** ist mehr als das Ganze.
([ὅσῳ] πλέον ἥμισυ παντός. – [Hoso] pleon hemisy pantos.)
> Hesiod: Werke und Tage 40

Meine bessere **Hälfte**
(my better half)
> Sir Philip Sidney: The Countess of Pembroke's Arcadia. 3. Buch

Hände – Häupter

Seine **Hände** in Unschuld waschen

> Nach Mt 27,24. – Nachdem Pontius Pilatus Jesus verhört hatte, »nahm er Wasser und wusch sich die Hände vor dem Volk und sprach: Ich bin unschuldig an seinem Blut; seht ihr zu!«

Was **Hände** bauten, können Hände stürzen.

> Friedrich Schiller: Wilhelm Tell I,3

Jemanden auf **Händen** tragen

> Nach Ps 91,12, wo von dem Befehl an die Engel gesprochen wird, »daß sie dich auf den Händen tragen . . .«. – Mt 4,6 und Lk 4,11 beziehen sich auf diese Stelle.

Häng' dich an nichts, an keinen Menschen und an keine Sache, dann kannst du fliegen.

> Berthold Auerbach: Barfüßele. Kap. 6. Die Eigenbrötlerin

Er **hängt** an keinem Baume, / Er hängt an keinem Strick, / Er hängt nur an dem Traume / Der schwarz-rot-goldenen Republik.

> Schlußverse der ersten Strophe des »Hecker-Liedes«. – Friedrich Hecker war einer der Anführer der badischen Freischaren während des Aufstandes von 1848; nach seiner Niederschlagung floh Hecker, wie z. B. auch Carl Schurz oder Gottfried Kinkel, in die Vereinigten Staaten von Amerika. In der letzten Zeile sind auch die Formulierungen »freie« bzw. »rote« Republik überliefert.

Was **Hänschen** versäumet, holt Hans nicht mehr ein . . .

> Gottfried August Bürger: »Der Kaiser und der Abt«

Es kommen **härtere** Tage.

> Ingeborg Bachmann: »Die gestundete Zeit«

Eigentümlich: **Häßliche** Frauen sind immer auf ihre Männer eifersüchtig – schöne Frauen nie.

> Oscar Wilde: A Woman of No Importance (Eine Frau ohne Bedeutung). 1. Akt

Er zählt die **Häupter** seiner Lieben, / Und sieh! ihm fehlt kein teures Haupt.

> Friedrich Schiller: »Das Lied von der Glocke«

Ans **Haff** nun fliegt die Möwe, / Und Dämmrung bricht herein; / Über die feuchten Watten / Spiegelt der Abendschein.
>Theodor Storm: »Meeresstrand«

In dieser Nacht, ehe der **Hahn** kräht, wirst du mich dreimal verleugnet haben.
>Mt 26,34. – Jesus zu Petrus.

Und der **Haifisch**, der hat Zähne / Und die trägt er im Gesicht / Und Macheath, der hat ein Messer / Doch das Messer sieht man nicht.
>Bertolt Brecht: Die Dreigroschenoper. Vorspiel

... **Halb** zog sie ihn, halb sank er hin, / Und ward nicht mehr gesehn.
>Johann Wolfgang Goethe: »Der Fischer«

Nichts **halb** zu tun ist edler Geister Art.
>Christoph Martin Wieland: Oberon 5,30

In dunkelnder **Halle** saßen sie, / Sie saßen geschart um die Flammen ...
>Agnes Miegel: »Die Nibelungen«

Den **Hals** kosten
>1 Chr 12,20: »Wenn er wieder zu Saul, seinem Herrn, überginge, so könnte es uns den Hals kosten.«

Und ihr **Hals** wird lang und länger, / Ihr Gesang wird bang und bänger ...
>Wilhelm Busch: Max und Moritz. Erster Streich

Halsabschneider
(sectores collorum)
>Cicero: Pro Sexto Roscio Amerino 29,80. – Dort ist von »sectores collorum et bonorum« – Halsabschneidern und Güterschlächtern – die Rede.

Wiederum auf besagten **Hammel** zu kommen –
>August von Kotzebue: Die deutschen Kleinstädter III,7. – Als Vorlage für diese Worte des Bürgermeisters Staar diente Kotzebue eine Wendung aus *Maître Pierre Patelin*, einer französischen Farce des 15. Jahrhunderts: »Revenons à nos mou-

tons!« Allerdings ist schon in den Epigrammen des Martial (6,19) von einem Rechtsstreit die Rede, in dessen Verlauf die Aufforderung ergeht, zu den »drei gestohlenen Ziegen« zurückzukehren.

Die **Hand**, die samstags ihren Besen führt, / Wird sonntags dich am besten karessieren.

> Johann Wolfgang Goethe: Faust. Der Tragödie erster Teil. Vor dem Tor

Hand wird nur von Hand gewaschen – / Wenn du nehmen willst, so gib!

> Johann Wolfgang Goethe: »Wie du mir, so ich dir«. – Die Quelle dieser auch von Seneca (Apocolocyntosis 9) zitierten Redensart – »Manus manum lavat« – bildet ein Ausspruch des Epicharmos: »Die Hand wäscht die Hand: Gib etwas und du bekommst auch etwas.«

Kann dir die **Hand** nicht geben, / Bleib du im ew'gen Leben / Mein guter Kamerad!

> Ludwig Uhland: »Der gute Kamerad«

Reich mir die **Hand**, mein Leben, / Komm auf mein Schloß mit mir . . .
(Là ci darem la mano / là mi dirai di sì . . .)

> Wolfgang Amadeus Mozart: Don Giovanni I,9. Den Text zu dieser Oper schrieb Lorenzo da Ponte.

Seine **Hand** auftun

> Im Sinne von ›mildtätig wirken, teilen‹ in 5 Mose 15,11 und Ps 104,28; 145,16

Der **Handel** ist die Schule des Betruges.
(Le commerce est l'école de la tromperie.)

> Marquis de Vauvenargues: Réflexions et maximes

Im **Handel** hört alle Freundschaft auf, im Handel sind alle Menschen die bittersten Feinde.

> Georg Weerth: Humoristische Skizzen aus dem deutschen Handelsleben I. Der Lehrling

Handeln ist leicht, denken schwer; nach dem Gedachten handeln unbequem.

> Johann Wolfgang Goethe: Wilhelm Meisters Lehrjahre. 7. Buch, Kap. 9. Lehrbrief

Der **Handelnde** ist immer gewissenlos; es hat niemand Gewissen als der Betrachtende.
> Johann Wolfgang Goethe: Maximen und Reflexionen 241

Handle so, daß die Maxime deines Willens jederzeit zugleich als Prinzip einer allgemeinen Gesetzgebung gelten könne.
> Immanuel Kant: Kritik der praktischen Vernunft § 7. – Dieser sogenannte ›Kategorische Imperativ‹ wird in dieser Schrift auch anders formuliert, am bekanntesten ist die hier abgedruckte Fassung.

Handle so, wie du nie wieder handeln könntest.
> Elias Canetti: Die Provinz des Menschen. Aufzeichnungen 1942–1972. Darin: 1942

Hands off!
(Hände weg!)
> Ausspruch William Ewart Gladstones nach der österreichischen Besetzung Bosniens und der Herzegowina im Herbst 1878

Sich auf ein **Handwerk** zu beschränken ist das beste.
> Johann Wolfgang Goethe: Wilhelm Meisters Wanderjahre oder Die Entsagenden. 2. Fassung 1829. 1. Buch, Kap. 4

Hannemann, geh du voran! / Du hast die größten Stiefel an.
> So in verschiedenen Überlieferungen ein Vers aus dem Märchen *Von den Sieben Schwaben*; in der Sammlung der Brüder Grimm heißt es dagegen: »Gang, Veitli, gang, gang du voran, / I will dahinte vor di stahn.«

Hannibal ad portas
(Hannibal vor den Toren)
> Cicero: Philippicae orationes 1,5,11 (»Hannibal, credo, erat ad portas ...«); De finibus bonorum et malorum 4,9,22. – Fälschlich oft als »Hannibal ante portas« zitiert.

Du sprichst ja wie **Hans** Liederlich ...
> Johann Wolfgang Goethe: Faust. Der Tragödie erster Teil. Straße

Hans Adam war ein Erdenkloß, / Den Gott zum Menschen machte; / Doch bracht' er aus der Mutter Schoß / Noch vieles Ungeschlachte.
> Johann Wolfgang Goethe: West-östlicher Divan. Darin: Buch des Sängers (»Erschaffen und Beleben«)

Hans Dampf in allen Gassen
Titel einer 1814 veröffentlichten Erzählung von Heinrich Zschokke

Hans Guck-in-die-Luft
Gestalt aus Heinrich Hoffmanns *Der Struwwelpeter*. Darin: Die Geschichte vom Hans Guck-in-die-Luft

Hans im Glück
Titel eines Märchens aus der Sammlung *Kinder- und Hausmärchen*, gesammelt durch die Brüder Grimm

Hans im Schnakenloch
Titel eines Dramas von René Schickele, das 1916 uraufgeführt wurde. – Als Charakterisierung der Elsässer ist diese Formulierung sprichwörtlich geworden.

. . . Doch **hart** im Raume stoßen sich die Sachen . . .
Friedrich Schiller: Wallenstein. Wallensteins Tod II,2; vgl. auch »Eng ist die Welt . . .«

Mein Name ist **Hase**, ich weiß von nichts.
Dieser sprichwörtlich gewordene Satz geht auf den Heidelberger Studenten Victor Hase zurück, der im Winter 1854/55 einem flüchtigen Studenten seine Papiere überlassen hatte, die dieser dann verlor. Bei der Untersuchung dieses Falles vor dem Heidelberger Universitätsgericht erklärte Victor von Hase dann bei seiner Befragung: »Mein Name ist Hase, ich verneine die Generalfragen, ich weiß von nichts.«

Dabei wissen wir ja: / Auch der **Haß** gegen die Niedrigkeit / Verzerrt die Züge.
Bertolt Brecht: »An die Nachgeborenen«

Der **Haß** ist parteiisch, aber die Liebe ist es noch mehr.
Johann Wolfgang Goethe: Die Wahlverwandtschaften. 1. Teil, Kap. 13

Es bringt / Nicht gute Frucht, wenn **Haß** dem Haß begegnet.
Friedrich Schiller: Maria Stuart III,3

Haß erregt Hader; aber Liebe deckt alle Übertretungen zu.
Spr 10,12. Auf den zweiten Teil der Stelle nimmt 1 Petr 4,8 Bezug: ». . . denn ›die Liebe deckt auch der Sünden Menge‹«. – Aus dieser Quelle wurde die Redensart »mit dem Mantel der Liebe (zu)decken« abgeleitet.

Wenn der **Haß** feige wird, geht er maskiert in Gesellschaft und nennt sich Gerechtigkeit.
>Arthur Schnitzler: Buch der Sprüche und Bedenken. Darin: Kleine Sprüche 32

Jede Stunde, dem **Hasse** vergeudet, ist eine Ewigkeit, der Liebe entzogen.
>Ludwig Börne: Aphorismen

Einen Menschen so lange **hassen**, bis man ihn liebt.
>Elias Canetti: Die Provinz des Menschen. Aufzeichnungen 1942–1972. Darin: 1966

Mögen sie (mich) **hassen**, wenn sie (mich) nur fürchten. (Oderint, dum metuant.)
>Accius: Atreus. – Von Cicero mehrfach zitiert, so *Philippicae orationes* 1,14,34. Der Ausspruch soll nach Suetons Überlieferung (*Caligula* 30) auch ein Lieblingswort des Kaisers Caligula gewesen sein. Kaiser Tiberius hingegen soll den Satz in »Oderint, dum probent« abgewandelt haben: »Sie mögen mich hassen, wenn sie mich nur achten« (Sueton: Tiberius 59,2).

Man **hat** es oder hat es nicht
>Titel und Kehrreim eines Gedichtes von Theodor Fontane

Du sollst meinen Passagier nicht **hauen**, er ist mir anvertraut und zahlt honett; oder ich hau den deinigen auch.
>Johann Peter Hebel: Die zwei Postillione. – In der Formulierung »Haust du meinen Juden, hau' ich deinen Juden« sprichwörtlich geworden; vgl. auch »Wofern du meinen **Ju**den haust . . .«.

Kommet zu **Hauf**, / Psalter und Harfe wacht auf . . .
>Joachim Neander: »Der Lobende«

Sein **Haupt** betten
>Nach Mt 8,20: »Die Füchse haben Gruben, und die Vögel unter dem Himmel haben Nester; aber der Menschensohn hat nichts, wo er sein Haupt hinlege.«

Wir kannten nicht sein unerhörtes **Haupt**, / darin die Augenäpfel reiften. Aber / sein Torso glüht noch wie ein Kandelaber . . .
>Rainer Maria Rilke: »Archäischer Torso Apollos«

. . . daß der **Hauptfehler** des Menschen bleibt, daß er so viele kleine hat . . .
>Jean Paul: Siebenkäs. 1. Bändchen, Kap. 4, I. Pars

Laßt uns die **Hauptsumme** aller Lehre hören: Fürchte Gott und halte seine Gebote; denn das gilt für alle Menschen.
    Koh 12,13

O **Haus** des Mordes und Entsetzens!
    Friedrich Schiller: Wallenstein. Wallensteins Tod V,12

Sein **Haus** bestellen
    Nach Jes 38,1: »Bestelle dein Haus, denn du wirst sterben und nicht am Leben bleiben.« – Jesaja zu König Hiskia.

So leb denn wohl, du stilles **Haus**, / wir ziehn betrübt aus dir hinaus.
    Ferdinand Raimund: Der Alpenkönig und der Menschenfeind I,16

Wer jetzt kein **Haus** hat, baut sich keines mehr.
    Rainer Maria Rilke: »Herbsttag«

Wohl steht das **Haus** gezimmert und gefügt, / Doch ach – es wankt der Grund, auf den wir bauten.
    Friedrich Schiller: Wilhelm Tell I,2

Mag alles durcheinandergehn; / Doch nur zu **Hause** bleib's beim alten.
    Johann Wolfgang Goethe: Faust. Der Tragödie erster Teil. Vor dem Tor

Wo gehn wir denn hin? Immer nach **Hause**.
    Novalis: Heinrich von Ofterdingen. 2. Teil. Die Erfüllung

Und drinnen waltet / Die züchtige **Hausfrau**, / Die Mutter der Kinder, / Und herrschet weise / Im häuslichen Kreise . . .
    Friedrich Schiller: »Das Lied von der Glocke«

Da warf der **Hausknecht** aus Nubierland / Den Fremden vor die Tür.
    Joseph Victor von Scheffel: »Altassyrisch«

My **heart**'s in the Highlands, / My heart is not here.
(Mein Herz ist im Hochland, mein Herz ist nicht hier.)
    Robert Burns: »My heart's in the Highlands«

Heauton Timorumenos
(Der Selbstquäler)
> Titel einer Komödie des Terenz, die 163 v. Chr. uraufgeführt wurde

... der **Hecht** ist gar zu blau.
> Christian Fürchtegott Gellert: »Die Widersprecherin«

Durch **Heftigkeit** ersetzt der Irrende, / Was ihm an Wahrheit und an Kräften fehlt.
> Johann Wolfgang Goethe: Torquato Tasso IV,4

Der große **Heide**
> Nach der Überlieferung von Karl von Holtei eine von Zacharias Werner mehrfach gebrauchte Bezeichnung für Johann Wolfgang Goethe

Es ist so still; die **Heide** liegt / Im warmen Mittagssonnenstrahle, / Ein rosenroter Schimmer fliegt / Um ihre alten Gräbermale.
> Theodor Storm: »Abseits«

O schaurig war's in der **Heide**!
> Annette von Droste-Hülshoff: »Der Knabe im Moor«

Über die **Heide** hallet mein Schritt; / Dumpf aus der Erde wandert es mit.
> Theodor Storm: »Über die Heide«

Alt **Heidelberg**, du feine, / Du Stadt an Ehren reich, / Am Neckar und am Rheine / Kein' andre kommt dir gleich.
> Joseph Victor von Scheffel: Der Trompeter von Säkkingen. 2. Stück

Ich hab mein Herz in **Heidelberg** verloren, / in einer lauen Sommernacht.
> Refrain eines Liedes, zu dem Beda und Ernst Neubach den Text und Fred Raymond die Musik schrieben

Heidenlärm
> Nach Ps 2,1: »Warum toben die Heiden / und murren die Völker so vergeblich?«

Heil dir im Siegerkranz, / Herrscher des Vaterlands!
> Balthasar Gerhard Schumacher: »Berliner Volksgesang«. – Bei diesem am 17. Dezember 1793 erstmals veröffentlichten Lied handelt es sich um die Umarbeitung eines Liedes an den dänischen König Christian, das Heinrich Harries 1790 verfaßt hatte und das auf die Melodie des englischen *God save great George the King* zu singen war.

Heil sei dem Tag, an welchem du bei uns erschienen. / Es ist schon lange her.
> Albert Lortzing: Zar und Zimmermann. III,10. – So zuvor schon in den Proben zu diesem Huldigungslied in III,1; vgl. auch »Es ist schon lange her . . .«

O **Heiland**, reiß die Himmel auf, / Herab, herab vom Himmel lauf! / Reiß ab vom Himmel Tür und Tor, / Reiß ab, wo Schloß und Riegel vor!
> Friedrich von Spee: »O Heiland, reiß die Himmel auf«

In diesen **heil'gen** Hallen / Kennt man die Rache nicht, / Und ist ein Mensch gefallen, / Führt Liebe hin zur Pflicht.
> Wolfgang Amadeus Mozart: Die Zauberflöte II,12; Text von Emanuel Schikaneder

Kann man ohne Gott ein **Heiliger** sein, das ist das einzig wirkliche Problem, das ich heute kenne.
> Albert Camus: La Peste (Die Pest). Kap. 4

Nichts **Heiliges** ist mehr, es lösen / Sich alle Bande frommer Scheu . . .
> Friedrich Schiller: »Das Lied von der Glocke«

Er aber ist ein **heilloser** Mensch . . .
> 1 Sam 25,17; vgl. auch 1 Sam 25,25

Grüß' Gott dich, **Heimat**! . . . Nach langem Säumen, / In deinem Schatten wieder zu träumen, / Erfüllt in dieser Maienlust / Eine tiefe Sehnsucht mir die Brust.
> Theodor Fontane: »Havelland«

Heimat, deine Sterne, / sie strahlen mir auch am fernen Ort.
> Refrain eines Liedes aus dem Film *Quax, der Bruchpilot*. Den Text schrieb Erich Knauf, die Musik komponierte Werner Bochmann.

Heimat ist unerläßlich, aber sie ist nicht an Ländereien gebunden. Heimat ist der Mensch, dessen Wesen wir vernehmen und erreichen.
> Max Frisch: Tagebuch 1946–1949 (Abschnitt »1949«)

Kein schöner Land als **Heimat**, / Und meine Heimat nur! / Wie blüht der Baum so anders, / Wie anders Wies' und Flur!
> August Heinrich Hoffmann von Fallersleben: »Heimat«

Weh dem, der keine **Heimat** hat!
> Friedrich Nietzsche: »Abschied«. – Das Gedicht wird zumeist unter dem Titel »Vereinsamt« abgedruckt; vgl. auch »Die Krähen schrei'n . . .«.

Nun ade, du mein lieb **Heimatland**!
> Titel und Anfangszeile eines Liedes von August Disselhoff

Das **Heimchen** am Herd
(The Cricket on the Hearth)
> Titel einer 1846 erschienenen Weihnachtsgeschichte von Charles Dickens

»**Heinrich**, der Wagen bricht.« / »Nein, Herr, der Wagen nicht, / Es ist ein Band von meinem Herzen, / Das da lag in großen Schmerzen . . .«
> Kinder- und Hausmärchen. Gesammelt durch die Brüder Grimm. Darin: Der Froschkönig oder der eiserne Heinrich

Heinrich! Mir graut's vor dir.
> Johann Wolfgang Goethe: Faust. Der Tragödie erster Teil. Kerker

Noch einmal, **Heinrich**, eh' wir scheiden . . .
> Friedrich Voigt: »Elisas Abschied«. – So im Erstdruck in der *Deutschen Monatsschrift* vom August 1798. Ein Jahr später begann das Gedicht in der Sammlung *Lieder für das Herz* mit den Worten »Noch einmal, Robert . . .«.

Heiraten und Nähnadeln müssen die Frauenzimmer einfädeln.
> August von Kotzebue: Die deutschen Kleinstädter III,10

Also, wer seine Jungfrau **heiratet**, der handelt gut; wer sie aber nicht heiratet, der handelt besser.
> 1 Kor 7,38

Heisa, juchheia! Dudeldumdei! / Das geht ja hoch her. Bin auch dabei!
>Friedrich Schiller: Wallenstein. Wallensteins Lager. 8. Auftritt

Heißsporn
(Hotspur)
>Beiname des Heinrich Percy in William Shakespeares Drama *The Historie of Henrie the Fourth*

Will sich **Hektor** ewig von mir wenden ...
>Friedrich Schiller: »Hektors Abschied«

Was ist ihm **Hekuba**, was ist er ihr, / Daß er um sie soll weinen? (What's Hecuba to him, or he to Hecuba, / That he should weep for her?)
>William Shakespeare: The Tragicall Historie of Hamlet, Prince of Denmarke II,2

Was ist ein **Held** ohne Menschenliebe!
>Gotthold Ephraim Lessing: Philotas. 7. Auftritt; vgl. auch »Ja, Prinz, was ist ein **König** ... «

Unglücklich das Land, das keine **Helden** hat. [...] Nein. Unglücklich das Land, das Helden nötig hat.
>Bertolt Brecht: Leben des Galilei (1938/39) 12

Das war kein **Heldenstück**, Octavio!
>Friedrich Schiller: Wallenstein. Wallensteins Tod III,9

Ich hab das Fräul'n **Helen** baden sehn, das war schön!
>Refrain eines Schlagers, zu dem Fritz Grünbaum den Text und Fred Raymond die Musik schrieb

Wen **Helena** paralysiert, / Der kommt so leicht nicht zu Verstande.
>Johann Wolfgang Goethe: Faust. Der Tragödie zweiter Teil. 2. Akt. Hochgewölbtes, enges gotisches Zimmer

O **helft**, ich muß versinken / In lauter Eis und Schnee! / O helft, ich muß ertrinken / Im tiefen, tiefen See!
>Friedrich Güll: »Vom Büblein auf dem Eis«

Der letzte **Heller**

Nach Mt 5,26: »Du wirst nicht von dort herauskommen, bis du auch den letzten Pfennig bezahlt hast.« – Aus der Bergpredigt.

Mein ist der **Helm** und mir gehört er zu.

Friedrich Schiller: Die Jungfrau von Orleans. Prolog. 3. Auftritt

Das **Hemd** ist einem näher als der Rock.
(Tunica propior palliost.)

Plautus: Trinummus 5,2,30

Kennst du das einsame **Hemmed**? / Flattertata, flattertata. / Ders trug, ist baß verdämmet! / Flattertata, flattertata.

Christian Morgenstern: »Das Hemmed«

Herb ist des Lebens / Innerster Kern.

Friedrich Schiller: »Punschlied«

Der dunkle **Herbst** kehrt ein voll Frucht und Fülle, / Vergilbter Glanz von schönen Sommertagen.

Georg Trakl: »Der Herbst des Einsamen«

Dies ist der **Herbst**: der – bricht dir noch das Herz! / Fliege fort! fliege fort!

Friedrich Nietzsche: »Im deutschen November«

Dies ist ein **Herbsttag**, wie ich keinen sah! / Die Luft ist still, als atmete man kaum ...

Friedrich Hebbel: »Herbstbild«

Am stillen **Herd** in Winterzeit, / wann Burg und Hof mir eingeschneit ...

Richard Wagner: Die Meistersinger von Nürnberg I,3

Bist dus, **Hermann** mein Rabe?

Friedrich Schiller: Die Räuber IV,5

Von **Herodes** zu Pilatus schicken

Nach Lk 23,7: »Und als er vernahm, daß er ein Untertan des Herodes war, sandte er ihn zu Herodes, der in diesen Tagen auch in Jerusalem war.« – In Lk 23,11 wird Jesus dann zu Pilatus zurückgeschickt. Die zumeist gebrauchte Wendung »von Pontius zu Pilatus schicken« ist falsch.

Der **HERR** hat's gegeben, der HERR hat's genommen; der Name des HERRN sei gelobt!
> Ijob 1,21

Der **HERR** ist mein Hirte / mir wird nichts mangeln.
> Ps 23,1

Herr: es ist Zeit. Der Sommer war sehr groß.
> Rainer Maria Rilke: »Herbsttag«

Herr und Hund
> Titel einer 1919 erschienenen Erzählung von Thomas Mann mit dem Untertitel *Ein Idyll*

Mein guter **Herr**, Ihr seht die Sachen, / Wie man die Sachen eben sieht; / Wir müssen das gescheiter machen, / Eh uns des Lebens Freude flieht.
> Johann Wolfgang Goethe: Faust. Der Tragödie erster Teil. Studierzimmer [II]

Er, der **Herrlichste** von allen, / Wie so milde, wie so gut!
> Adelbert von Chamisso: »Frauenliebe und -leben« 2

Herrschen ist Unsinn, aber Regieren ist Weisheit. Man herrscht also, weil man nicht regieren kann.
> Johann Gottfried Seume: Apokryphen

Herrschen lernt sich leicht, regieren schwer.
> Johann Wolfgang Goethe: Maximen und Reflexionen 967

. . . zum **Herrscher** ward allein der Mann geboren.
(. . . Du côté de la barbe est la toute-puissance.)
> Molière: L'éscole des femmes (Die Schule der Frauen) III,2

Ich bin **herunter** gekommen / Und weiß doch selber nicht wie.
> Johann Wolfgang Goethe: »Schäfers Klagelied«

Aber ich will das **Herz** des Pharao verhärten . . .
> 2 Mose 7,3. – Vom »verstockten Herzen« spricht 2 Mose 11,10.

Auf **Herz** und Nieren prüfen
> Nach Ps 7,10: ». . . denn du, gerechter Gott, / prüfest Herzen und Nieren.« Vgl. Jer 11,20; 17,10; 20,12; Ps 26,2; Offb 2,23.

Das **Herz** redet uns gewaltig gern nach dem Maule.
  Gotthold Ephraim Lessing: Minna von Barnhelm oder das Soldatenglück II,1

Das **Herz** und nicht die Meinung ehrt den Mann.
  Friedrich Schiller: Wallenstein. Wallensteins Tod IV,8

Denn ein **Herz** das sucht, fühlt wohl, daß ihm etwas mangle, ein Herz das verloren hat, fühlt, daß es entbehre.
  Johann Wolfgang Goethe: Die Wahlverwandtschaften. 1. Teil, Kap. 17

Doch werdet ihr nie **Herz** zu Herzen schaffen, / Wenn es euch nicht von Herzen geht.
  Johann Wolfgang Goethe: Faust. Der Tragödie erster Teil. Nacht

Ein edles **Herz** / Bekennt sich gern von der Vernunft besiegt.
  Friedrich Schiller: Die Jungfrau von Orleans II,2

Ein **Herz** und eine Seele sein
  Nach Apg 4,32: »Die Menge der Gläubigen aber war ein Herz und eine Seele ...«

Es ist das **Herz** ein trotzig und verzagt Ding; wer kann es ergründen?
  Jer 17,9

Es schlug mein **Herz**: geschwind zu Pferde! / Es war getan fast eh' gedacht. / Der Abend wiegte schon die Erde, / Und an den Bergen hing die Nacht.
  Johann Wolfgang Goethe: »Willkommen und Abschied«

Geh aus, mein **Herz**, und suche Freud / In dieser lieben Sommerzeit / An deines Gottes Gaben ...
  Paul Gerhardt: »Sommergesang«

Gibt's auf der Welt ein **Herz** so männlich fest, / Das sich von Hoffnung nicht betören läßt?
  Conrad Ferdinand Meyer: Huttens letzte Tage LII: »Paracelsus«

Halte aus, **Herz**!
(Τέτλαθι δή, κραδίη· – Tetlathi de, kradie ...)
  Homer: Odyssee 20,18. – Anschließend heißt es: »Einst hast du noch Hündischeres ausgehalten ...«

Herz, mein Herz, sei nicht beklommen, / Und ertrage dein Geschick. / Neuer Frühling gibt zurück, / Was der Winter dir genommen.

>Heinrich Heine: Buch der Lieder. Darin: »Die Heimkehr« 46

Herz, mein Herz, was soll das geben? / Was bedränget dich so sehr?

>Johann Wolfgang Goethe: »Neue Liebe, neues Leben«

Herz und Kopf: die beiden Pole der Sonne unsrer Fähigkeiten: eines ohne das andre, halbes Glück.

>Baltasar Gracián: Oráculo manual y arte de prudencia (Hand-Orakel und Kunst der Weltklugheit) 2

Laßt uns unser **Herz** samt den Händen aufheben zu Gott im Himmel!

>Klgl 3,41. – Mit der lateinischen Wendung »sursum corda!« (»Empor die Herzen!«) wurde im katholischen Gottesdienst die ›Praefation‹ eingeleitet.

Mein **Herz**, mein Herz ist traurig, / Doch lustig leuchtet der Mai . . .

>Heinrich Heine: Buch der Lieder. Darin: »Die Heimkehr« 3

Mein **Herz** war wie ein Bienenhaus . . .

>Karl Simrock: »Weisel«

Sein **Herz** ausschütten

>Nach 1 Sam 15: ». . . sondern mein Herz vor dem HERRN ausgeschüttet.« Vgl. auch Ps 42,5.

So mancher meint ein gutes **Herz** zu haben und hat nur schwache Nerven.

>Marie von Ebner-Eschenbach: Aphorismen

Verflucht das **Herz**, das sich nicht mäß'gen kann.

>Heinrich von Kleist: Penthesilea. 5. Auftritt

Wes das **Herz** voll ist, des geht der Mund über.

>Mt 12,34

Wir wissen's doch, ein rechtes **Herz** / Ist gar nicht umzubringen.

>Theodor Storm: »Oktoberlied«

Wo still ein **Herz** von Liebe glüht, / O rühret, rühret nicht daran ...

Emanuel Geibel: »Rühret nicht daran!«

Wohlan denn, **Herz**, nimm Abschied und gesunde.

Hermann Hesse: »Stufen«

Ach, wenn sie nur **Herzen** hätten!

Heinrich Heine: Die Reisebilder. 1. Teil. Die Harzreise. Aus dem einleitenden Gedicht »Schwarze Röcke, seidne Strümpfe ...«

Ich brech' die **Herzen** der stolzesten Frau'n, / weil ich so stürmisch und so leidenschaftlich bin ...

Refrain eines von Heinz Rühmann gesungenen Liedes aus dem Film *Fünf Millionen suchen einen Erben*, das Bruno Balz schrieb. Die Musik komponierte Lothar Brühne.

... man sieht nur mit dem **Herzen** gut. Das Wesentliche ist für die Augen unsichtbar.

Antoine de Saint-Exupéry: Le petit prince (Der kleine Prinz) XXI

... nimm dir die Sache nicht so zu **Herzen**.

2 Sam 13,20

Seinem **Herzen** glauben, zumal wenn es erprobt ist: dann versage man ihm nicht das Gehör, da es oft das vorherverkündet, woran am meisten gelegen. Es ist ein Haus-Orakel.

Baltasar Gracián: Oráculo manual y arte de prudencia (Hand-Orakel und Kunst der Weltklugheit) 178

... so wirst du ihn finden, wenn du ihn von ganzem **Herzen** und von ganzer Seele suchen wirst.

5 Mose 4,29; vgl. auch »Du sollst lieben ...«

Und im **Herzen** tiefe Müdigkeit – / Alles sagt mir: Es ist Zeit ...

Theodor Fontane: »Mein Leben«

Zwei **Herzen** im Dreivierteltakt, / die hat der Mai zusammengebracht ...

Refrain eines Liedes aus dem Film *Zwei Herzen im Dreivierteltakt*, dessen Text von Walter Reisch und Armin L. Robinson stammt. Die Musik schrieb Robert Stolz

Der Zug des **Herzens** ist des Schicksals Stimme.
>Friedrich Schiller: Wallenstein. Die Piccolomini III,8

Herzzerreißend
>Nach Joël 2,13: »Zerreißt eure Herzen und nicht eure Kleider und bekehret euch zu dem HERRN, eurem Gott!«

Hetzjagd durch die Zeit
>Titel einer Reportagensammlung von Egon Erwin Kisch, die 1926 erschien; vgl. auch »Der **ra**sende Reporter«

Heulen und Zähneklappern
>Mehrfach im Evangelium des Matthäus, so 8,12; 13,42; 13,50; 22,13; 24,51

Εὕρηκα, εὕρηκα. – **Heureka**, heureka.
(Ich hab's gefunden!)
>Ausruf des Archimedes, den Vitruvius Pollo in *De architectura* 9, Praefatio 10, überliefert. – Der Grund war die Entdeckung des Gesetzes des spezifischen Gewichts.

Zwischen **heut'** und morgen / Liegt eine lange Frist. / Lerne schnell besorgen, / Da du noch munter bist.
>Johann Wolfgang Goethe: Aus »Sprichwörtlich«

Heute da, Herr Vetter, und morgen dort – / Wie einen der rauhe Kriegsbesen / Fegt und schüttelt von Ort zu Ort . . .
>Friedrich Schiller: Wallenstein. Wallensteins Lager. 5. Auftritt

Heute mir, morgen dir *siehe* **Ge**stern

Im **Hexameter** steigt des Springquells flüssige Säule, / Im Pentameter drauf fällt sie melodisch herab.
>Friedrich Schiller: »Das Distichon«. – Schillers »klassisch« gewordene Beschreibung des Distichons ist natürlich auch häufig parodiert worden, so von Otto Julius Bierbaum, der seiner Gedichtsammlung *Irrgarten der Liebe* als Motto voranstellte: »Im Hexameter hebt der Jüngling die Arme zum Hechtsprung, / Im Pentameter drauf steigt er gelassen ins Bad.«

Dies ist die Art, mit **Hexen** umzugehn.
>Johann Wolfgang Goethe: Faust. Der Tragödie erster Teil. Hexenküche

Hiddigeigei
>Kater aus Joseph Victor von Scheffels *Trompeter von Säkkingen*; im 14. Stück finden sich die »Lieder des Katers Hiddigeigei«

Hier bin ich und hier bleibe ich.
(J'y suis et j'y reste.)

> Schriftliche Notiz des französischen Marschalls Marquis de MacMahon während des Krimkrieges am 8. September 1855 nach der Erstürmung des Fort Malakov, der Hauptbastion von Sewastopol. – Die Formulierung findet sich zuvor schon in Eugène Scribes Libretto *Le lac de fées* I,5.

Bis **hierher** und nicht weiter

> Nach Ijob 38,11: »Bis hierher sollst du kommen und nicht weiter; hier sollen sich legen deine stolzen Wellen!«

Ach, ich sah den **Himmel** offen / Und der Selgen Angesicht!

> Friedrich Schiller: Die Jungfrau von Orleans IV,1

Am **Himmel** geschehen Zeichen und Wunder . . .

> Friedrich Schiller: Wallenstein. Wallensteins Lager. 8. Auftritt

Dem **Himmel** ist beten wollen auch beten.

> Gotthold Ephraim Lessing: Emilia Galotti II,6. – Auf diese Bemerkung Claudias entgegnet Emilia: »Und sündigen wollen auch sündigen.«

Der **Himmel** fließt in steinernen Kanälen; / Denn zu Kanälen steilrecht ausgehauen / Sind alle Straßen, voll vom Himmelblauen . . .

> Oskar Loerke: »Blauer Abend in Berlin«

Der **Himmel** hat uns die Erde verdorben.

> Johann Gottfried Seume: Apokryphen

Der **Himmel** ist blau, das Wetter ist schön, / Madame, wir wollen spazieren gehn!

> Otto Julius Bierbaum: »Josephine«

Der **Himmel** selbst bezeugte Eure Schuld!

> Friedrich Schiller: Die Jungfrau von Orleans V,4

Die **Himmel** rühmen des Ewigen Ehre, / Ihr Schall pflanzt seinen Namen fort.

> Christian Fürchtegott Gellert: »Die Ehre Gottes aus der Natur«. – Das Gedicht wurde von Ludwig van Beethoven vertont.

Es war, als hätt' der **Himmel** / Die Erde still geküßt, / Daß sie im Blütenschimmer / Von ihm nun träumen müßt.
> Joseph Freiherr von Eichendorff: »Mondnacht«

Himmel und Erde in Bewegung setzen
> Nach Hag 2,21: »Ich will Himmel und Erde erschüttern . . .« – In Hebr 12,26 wird auf dieses Zitat verwiesen.

Ich tanze mit dir in den **Himmel** hinein, / in den siebenten Himmel der Liebe.
> Refrain eines Liedes aus dem Film *Sieben Ohrfeigen*, das Hans Fritz Beckmann (Text) und Friedrich Schröder (Musik) schrieben

Ihr werdet den **Himmel** offen sehen und die Engel Gottes hinauf- und herabfahren über dem Menschensohn.
> Joh 1,51; vgl. Apg 7,56; 10,11; Ez 1,1

. . . so rufe ich heute **Himmel** und Erde zu Zeugen über euch . . .
> 5 Mose 4,26

Um zu begreifen, daß der **Himmel** überall blau ist, braucht man nicht um die Welt zu reisen.
> Johann Wolfgang Goethe: Wilhelm Meisters Wanderjahre oder Die Entsagenden. 2. Fassung 1829. Darin: Betrachtungen im Sinne der Wanderer

Wie bist du vom **Himmel** gefallen, du schöner Morgenstern!
> Jes 14,12. – Die Wendungen »vom Himmel gefallen« oder »gefallener Engel« leiten sich aus dieser Quelle ab, ebenso die Bezeichnung ›Luzifer‹ aus dem lateinischen Wort für ›Morgenstern‹ (›lucifer‹).

Willst du in meinem **Himmel** mit mir leben: / So oft du kommst, er soll dir offen sein.
> Friedrich Schiller: »Die Teilung der Erde«

. . . **Himmelhoch** jauchzend, / Zum Tode betrübt – / Glücklich allein / Ist die Seele, die liebt.
> Johann Wolfgang Goethe: Egmont. 3. Aufzug. Klärchens Wohnung

. . . denn ihrer ist das **Himmelreich**.
> Mt 5,3; 5,10. – Aus den Seligpreisungen der Bergpredigt. Vgl. auch »**Selig** sind . . .«.

's ist eine der größten **Himmelsgaben**, / So ein lieb Ding im Arm zu haben.

> Johann Wolfgang Goethe: Faust. Der Tragödie erster Teil. Der Nachbarin Haus

Die **himmlischen** Heerscharen

> Lk 2,13: »Und alsbald war da bei dem Engel die Menge der himmlischen Heerscharen . . .«

Wie lange **hinket** ihr auf beiden Seiten?

> 1 Kön 18,21. – Aus Elias Ansprache an das Volk.

Ja, da kann man sich doch nicht nur **hinlegen** / Ja, da muß man kalt und herzlos sein.

> Bertolt Brecht: Die Dreigroschenoper I,3: Bettlergarderoben. Darin: »Durch ein kleines Lied deutet Polly ihren Eltern ihre Verheiratung mit dem Räuber Macheath an«. – In der letzten Strophe heißt es dann: »Ja, da muß man sich doch einfach hinlegen / Ja, da kann man doch nicht kalt und herzlos sein.«

Hiobsbotschaft

> Nach den Unglücksmeldungen, die Hiob durch Boten empfing: Ijob 1,14–19.

Noch einmal sattelt mir den **Hippogryphen**, ihr Musen, / Zum Ritt ins alte romantische Land!

> Christoph Martin Wieland: Oberon 1,1. – Beginn des ›Romantischen Heldengedichts in zwölf Gesängen‹.

Des Menschen **Hirn** faßt so / Unendlich viel, und ist doch manchmal auch / So plötzlich voll! von einer Kleinigkeit / So plötzlich voll!

> Gotthold Ephraim Lessing: Nathan der Weise III,10

Wie der **Hirsch** lechzt nach frischem Wasser, / so schreit meine Seele, Gott, zu dir.

> Ps 42,2

Ich bin der gute **Hirte**. Der gute Hirte läßt sein Leben für die Schafe.

> Joh 10,11

Der **Historiker** ist ein rückwärts gekehrter Prophet.

> Friedrich Schlegel: Athenaeum-Fragmente 80

Mir fällt zu **Hitler** nichts ein.
>Anfangssatz des im Jahre 1933 verfaßten Essays *Die dritte Walpurgisnacht* von Karl Kraus

Abends ruht der **Hobel**, / Dann mach ich mich nobel, / Werfe mich in Wichs.
>Louis Angely: Das Fest der Handwerker. 12. Szene. Lied des Tischlers Hähnchen

. . . den großen **Hobel**, den allgemeinen Hobel, der über Knubb und Knorren geht . . .
>Wilhelm Raabe: Unruhige Gäste. Kap. 11

. . . Was gar zu **hoch** ist / steht nicht lang.
>Georg Rollenhagen: Froschmeuseler. 1. Buch. Das ander Theil. Kap. 14

. . . was mir zu **hoch** ist und ich nicht verstehe.
>Ijob 42,3

Wer **hoch** zu stehen wähnt, ist seinem Falle nah!
>Christoph Martin Wieland: Die Wasserkufe oder der Einsiedler und die Seneschallin von Aquilegia

. . . Und **Hochmut** ists, wodurch die Engel fielen, / Woran der Höllengeist den Menschen faßt.
>Friedrich Schiller: Die Jungfrau von Orleans. Prolog. 2. Auftritt

. . . und **Hochmut** kommt vor dem Fall.
>Spr 16,18

Das **Höfliche**, oft als leere Fratze verachtet, offenbart sich als eine Gabe der Weisen.
>Max Frisch: Tagebuch 1946–1949 (Abschnitt »1946«)

Es ist keine **Höflichkeit**, einem Lahmen den Stock tragen zu wollen.
>Arthur Schnitzler: Buch der Sprüche und Bedenken. Darin: Kleine Sprüche 12

Aber auch aus entwölkter **Höhe** / Kann der zündende Donner schlagen, / Darum in deinen fröhlichen Tagen / Fürchte des Unglücks tückische Nähe.
>Friedrich Schiller: Die Braut von Messina IV,4

... Aber hinter den großen **Höhen** / Folgt auch der tiefe, der donnernde Fall.

Friedrich Schiller: Die Braut von Messina I,4

Sich in die **Höhle** des Löwen wagen

Die Redensart geht auf die Fabel 246 des Äsop zurück, in der sich der Fuchs weigert, den kranken Löwen in seiner Höhle zu besuchen, was er so begründet: »Weil ich die Spuren vieler sehe, die hineingehen, aber niemandes Spuren, der hinausgeht.«

Der Weg zur **Hölle** ist mit guten Vorsätzen gepflastert

Als eine Quelle dieser Redensart gilt Samuel Johnson, der nach der Mitteilung seines Biographen Boswell den Ausspruch »Hell is paved with good intentions« getan haben soll. Walter Scott führt diese Formulierung in seinem Roman *The Bride of Lammermoor* im 7. Kapitel des 1. Buchs auf einen englischen Theologen zurück, womit er vermutlich George Herbert und dessen Wort »Hell is full of good meanings and wishings« meint.

... die **Hölle**, das sind die andern.
(... L'enfer, c'est les autres.)

Jean-Paul Sartre: Huis Clos (Bei geschlossenen Türen), 5. Auftritt

Die **Hölle** wäre nicht vollständig, wenn ihr die Phrasen des Idealismus fehlten.

Max Brod: Sozialismus im Zionismus

Ich müßte meine eigene **Hölle** haben für den Zorn, meine Hölle für den Hochmut, – und die Hölle der Zärtlichkeit; ein ganzes Konzert von Höllen.
(Je devrais avoir mon enfer pour la colère, mon enfer pour l'orgueil, – et l'enfer de la caresse; un concert d'enfers.)

Arthur Rimbaud: Une Saison en Enfer. Darin: Nuit de l'Enfer

... Erreicht den **Hof** mit Mühe und Not; / In seinen Armen das Kind war tot.

Johann Wolfgang Goethe: »Erlkönig«

Wir **hoffen** immer, und in allen Dingen / Ist besser hoffen als verzweifeln.

Johann Wolfgang Goethe: »Torquato Tasso III,4

Beim Eintritt hier laßt alle **Hoffnung** fahren.
(Lasciate ogni speranza, voi ch'entrate.)
> Dante Alighieri: La Divina Commedia. L'Inferno. Canto III,9. – Inschrift über der Höllenpforte.

Das Einzige, was der Illusionslose respektiert, ist die **Hoffnung**.
(L'espérance est le seul bien que le dégoût respecte.)
> Marquis de Vauvenargues: Réflexions et maximes

. . . **Hoffnung** aber läßt nicht zuschanden werden . . .
> 1 Röm 5,5

Hoffnung ist oft ein Jagdhund ohne Spur . . .
(Hope is a curtal dog in some affairs.)
> William Shakespeare: A Most Pleasaunt and Excellent Conceited Comedie, of Syr Iohn Falstaffe, and the Merrie Wives of Windsor (Die lustigen Weiber von Windsor) II,1

Nicht **Hoffnung** möcht ich schöpfen aus dem langen Glück, / Dem Unglück ist die Hoffnung zugesendet.
> Friedrich Schiller: Wallenstein. Wallensteins Tod V,4

Viel **Hoffnung** – für Gott – unendlich viel Hoffnung –, nur nicht für uns.
> Eine von Max Brod überlieferte Äußerung Franz Kafkas aus einem Gespräch vom 28. Februar 1920. – Kafka soll mit diesen Worten auf Brods Frage »So gäbe es außerhalb unserer Welt Hoffnung?« geantwortet haben.

Was sind **Hoffnungen**, was sind Entwürfe, / Die der Mensch, der vergängliche, baut?
> Friedrich Schiller: Die Braut von Messina III,5

Hoher Sinn liegt oft in kindischem Spiel.
> Friedrich Schiller: »Thekla«

Durch diese **hohle** Gasse muß er kommen, / Es führt kein andrer Weg nach Küßnacht – Hier / Vollend ichs – Die Gelegenheit ist günstig.
> Friedrich Schiller: Wilhelm Tell IV,3

Das **Hohngelächter** der Hölle

Gotthold Ephraim Lessing: Emilia Galotti V,2. – Dort heißt es: ». . . und wann er dennoch den wollüstigen Arm nach ihr ausstreckt, so höre er plötzlich das Hohngelächter der Hölle und erwache!«. Ganz ähnlich hieß es schon in dem 1768 erschienenen 13. Gesang von Friedrich Gottlieb Klopstocks *Messias*: »Zischender Spott und brüllendes Hohngelächter erwarten / Euch in der Hölle.« In den Gesängen des *Messias*, die 1773, also ein Jahr nach der Uraufführung von Lessings Trauerspiel veröffentlicht wurden, findet sich dann die Wendung vom »Hohngelächter der Hölle« (Gesang 16, Vers 319; Gesang 18, Vers 808 ff.).

Holder Friede, / Süße Eintracht, / Weilet, weilet / Freundlich über dieser Stadt.

Friedrich Schiller: »Das Lied von der Glocke«

Denn wenn man das tut am grünen **Holz**, was wird am dürren werden?

Lk 23,31

Zwischen **Holz** und Holz ist ein Unterschied . . .
(. . . il y a fagots et fagots . . .)

Molière: Le medecin malgré lui (Der Arzt wider Willen) I,5

My **home** is my castle
(Mein Heim ist meine Burg)

Umformung eines Rechtsspruchs von Sir Edward Coke, der in seinen *Institutes* 3,162 formulierte: »For a man's house is his castle.« (»Denn das Haus eines Mannes ist seine Burg.«) – Wesentlich früher hatte das Stadtrecht von Haimburg im Jahre 1244 in diesem Sinne festgesetzt: »Wier wellen auch, daz einem ieglichen purger sein haus sein veste sei.«

Dann und wann schläft selbst der wackere **Homer**.
(Quandoque bonus dormitat Homerus.)

Nach Horaz: De arte poetica 359 f. – Dort ist die Formulierung allerdings in einem etwas anderen Sinne gemeint: ». . . indignor, quandoque bonus dormitat Homerus; / verum operi longo fas est obrepere somnum.« (»Ich empöre mich, wenn der sonst so wackere Homer einmal schläft; / doch in ein langes Werk hat der Schlaf ein Recht sich einzuschleichen.«)

Homerisches Gelächter

Nach der *Ilias* 1,599 und der *Odyssee* 8,326 gebildet: »ἄσβεστος γέλως – asbestos gelos«. – Aus diesem »unauslöschlichem« wurde dann das sprichwörtliche »Homerische« Gelächter; ebenso *Odyssee* 20,346.

Homo homini lupus
(Der Mensch ist dem Menschen ein Wolf)

Plautus: Asinaria 495, wo es heißt: »Lupus est homo homini . . .« – Diese Wendung wurde dann von Thomas Hobbes aufgenommen, der sie, etwa im *Leviathan*, zu einer der Grundlagen seiner Gesellschaftstheorie und Staatslehre machte. Vgl. »**Bel**lum omnium . . .«.

Homo novus
(Ein neuer Mann)

Nach Cicero: De officiis 1,39,138. – In Rom die Bezeichnung für einen Mann, der als erster aus nichtadliger Familie in hohe Staatsämter gelangte (wie etwa Cicero selbst); so auch bei Plutarch: *Marcus Cato* 1.

Homo sum: humani nil a me alienum puto.
(Ich bin ein Mensch: Nichts Menschliches ist mir fremd.)

Terenz: Heauton timorumenos 1,1,25

Handelt einer mit Honig, er leckt zuweilen die Finger.

Johann Wolfgang Goethe: Reineke Fuchs. 8. Gesang

Honny soit qui mal y pense
(Schmach dem, der Arges dabei denkt)

Wahlspruch des um 1350 durch König Eduard III. gestifteten Hosenbandordens

Hoppla! Jetzt komm ich!

Titel und Refrain eines von Hans Albers gesungenen Liedes aus dem Film *Der Sieger*. Den Text schrieben Robert Gilbert und Max Kolpe, die Musik Werner Richard Heymann.

Als ob ein Stück von meinem Hornvieh spräche.

Heinrich von Kleist: Der zerbrochne Krug. 6. Auftritt

Horror vacui
(Das Grauen vor dem Leeren)

Der Begriff geht auf François Rabelais' Roman *Gargantua et Pantagruel*, 1. Buch, Kap. 5, zurück. – Dort heißt es: »Natura abhorret vacuum.«

Wer zwei Paar Hosen hat, mache eins zu Geld und schaffe sich dieses Buch an.

Georg Christoph Lichtenberg: Sudelbücher E 79

Und vom ganzen **Hühnerschmaus** / Guckt nur noch ein Bein heraus.
>   Wilhelm Busch: Max und Moritz. Zweiter Streich

Ein blindes **Huhn** findet auch wohl ein Korn.
(... Ein blind Hun find auch wol ein korn.)
>   Georg Rollenhagen: Froschmeuseler. 1. Buch. Das ander Theil. Kap. 14

Ich wollt', ich wär' ein **Huhn**! / Ich hätt' nicht viel zu tun! / Ich legte vormittags ein Ei, / und nachmittags wär' ich frei!
>   Refrain eines Liedes aus dem Film *Glückskinder*. Den Text schrieb Hans Fritz Beckmann, die Musik Peter Kreuder.

Wer so viel **Huld** vergessen kann, / Den seh' man mit Verachtung an.
>   Wolfgang Amadeus Mozart: Die Entführung aus dem Serail (3. Aufzug, letzter Auftritt. Nr. 21. Finale); Libretto von Gottlieb Stephanie d. J. nach Christoph Friedrich Bretzner

Der Weg der neuern Bildung geht / Von **Humanität** / Durch Nationalität / Zur Bestialität.
>   Franz Grillparzer: Sprüche und Epigramme. – Grillparzer verfaßte diesen Vierzeiler im Jahre 1849.

Humanität besteht darin, daß nie ein Mensch einem Zweck geopfert wird.
>   Albert Schweitzer: Kultur und Ethik. Kap. 19

Humor ist wenn / man trotzdem lacht.
>   Motto auf dem Titelblatt von Otto Julius Bierbaums 1909 erschienenem Buch *Die Yankeedoodle-Fahrt und andere Reisegeschichten*

... und das ist der **Humor** davon.
(... that is the humour of it.)
>   William Shakespeare: The Cronicle History of Henry the Fifth II,1. – Wiederholte Wendung des Nym. Auch in den *Lustigen Weibern von Windsor* II,1.

Wer **Humor** hat, der hat beinahe schon Genie. Wer nur Witz hat, der hat meistens nicht einmal den.
>   Arthur Schnitzler: Buch der Sprüche und Bedenken. Darin: Werk und Widerhall 30

. . . denn ein lebender **Hund** ist besser als ein toter Löwe.
Koh 9,4

Ein kleiner **Hund** mit Namen Fips / erhielt vom Onkel einen Schlips / aus gelb und roter Seide.
Christian Morgenstern: »Fips«

Es möchte kein **Hund** so länger leben! / Drum hab ich mich der Magie ergeben, / Ob mir durch Geistes Kraft und Mund / Nicht manch Geheimnis würde kund . . .
Johann Wolfgang Goethe: Faust. Der Tragödie erster Teil. Nacht

Siehst du den schwarzen **Hund** durch Saat und Stoppel streifen?
Johann Wolfgang Goethe: Faust. Der Tragödie erster Teil. Vor dem Tor

Dem **Hunde**, wenn er gut gezogen, / Wird selbst ein weiser Mann gewogen.
Johann Wolfgang Goethe: Faust. Der Tragödie erster Teil. Vor dem Tor

Die Politik: **Hundert** Blumen blühen, hundert Denkrichtungen streiten miteinander, ist eine Politik, die die Entwicklung der Künste und den Fortschritt der Wissenschaft, das Aufblühen der sozialistischen Kultur in unserem Lande vorwärts treibt.
Mao Tse Tung: Zur richtigen Lösung von Widersprüchen im Volk (27. Februar 1957)

Hunger ist der beste Koch
Freidank: Bescheidenheit 124,17 f. – Dort heißt es: »Der hunger ist der beste koch, / der ie wart oder wirdet noch.« (»Der Hunger ist der beste Koch, den's je gegeben und gibt noch.«)

Hunger ist nicht nur der beste Koch, sondern auch der beste Arzt!
Peter Altenberg: Fechsung

Ich sag dir's im Vertrauen nur: / Du bist doch nun einmal eine **Hur** . . .
Johann Wolfgang Goethe: Faust. Der Tragödie erster Teil. Marthens Garten

Die große **Hure** Babylon
> Davon handelt Offb 17

Hurra, hurra, hurra! / Hurra, Germania!
> Ferdinand Freiligrath: Refrain seines Gedichts »Hurra, Germania!«, das mit den Zeilen beginnt: »Hurra, du stolzes, schönes Weib, / Hurra, Germania!«

Und **hurre** hurre, hopp hopp hopp! / Ging's fort in sausendem Galopp, / Daß Roß und Reiter schnoben / Und Kies und Funken stoben.
> Gottfried August Bürger: »Lenore«. Im »Spinnerlied« heißt es: »Hurre, hurre, hurre! / Schnurre, Rädchen, schnurre!«

I

Ich bin. Aber ich habe mich nicht. Darum werden wir erst.
  Ernst Bloch: Tübinger Einleitung in die Philosophie I. Zugang. 1. Aus sich heraus

Ich bin nicht gern, wo ich herkomme. / Ich bin nicht gern, wo ich hinfahre. / Warum sehe ich den Radwechsel / Mit Ungeduld?
  Bertolt Brecht: »Der Radwechsel«

Ich bin nicht mehr, der ich war.
(Non sum qualis eram . . .)
  Horaz: Carmina 4,1,3

Ich ist ein anderes.
(Je est un autre.)
  Arthur Rimbaud in einem Brief an Georges Izambard vom 13. Mai 1871. – Rimbaud wiederholt diese Wendung – »Car Je est un autre« – am 15. Mai 1871 im Brief an Paul Demeny.

Ich und Du sind eines, diese Identität hält die Welt zusammen.
  Carl Einstein: Bebuquin oder Die Dilettanten des Wunders. Kap. 14

Verlorenes **Ich**, zersprengt von Stratosphären, / Opfer des Ion –: Gamma-Strahlen-Lamm . . .
  Gottfried Benn: »Verlorenes Ich«

Mir bleibt genug! Es bleibt **Idee** und Liebe!
  Johann Wolfgang Goethe: West-östlicher Divan. Darin: Buch der Betrachtungen; vgl. auch »Die **Ja**hre nahmen dir . . .«

Vernichte die **Identität**, und du fliegst rapide; aber fraglich, ob du das Tempo aushalten wirst.
  Carl Einstein: Bebuquin oder Die Dilettanten des Wunders. Kap. 12

Gewissen Geistern muß man ihre **Idiotismen** lassen.
  Johann Wolfgang Goethe: Maximen und Reflexionen 125

Ignorabimus!
(Wir werden es nie wissen)

> Emil du Bois-Reymond: Über die Grenzen des Naturerkennens. – Am Ende dieser am 14. August 1872 in Leipzig gehaltenen Rede.

Einst wird kommen der Tag, da die heilige **Ilios** hinsinkt ...
(Ἔσσεται ἦμαρ, ὅτ' ἄν ποτ' ὀλώλῃ Ἴλιος ἱρή ... – Essetai emar, hot' an pot' olole Ilios hire ...)

> Homer: Ilias 6,448

Imponderabilien

> Als Begriff für (politische) Unwägbarkeiten von Otto von Bismarck mehrfach gebraucht, erstmals im Abgeordnetenhause am 1. Februar 1868

Impossible n'est pas un mot français.
(Unmöglich ist kein französisches Wort.)

> Der Ausspruch wird als ein Satz Napoleons I. zitiert, der am 9. Juli 1813 an den Grafen Lemarois, den Kommandanten von Magdeburg, schrieb: »Ce n'est pas possible‹, m'écrivez-vous: cela n'est pas français.« – Zuvor hatte Jean François Collin d'Harleville 1793 in *Malice pour Malice* I,8 formuliert: »Impossible est un mot que je ne dis jamais.« (»Unmöglich ist ein Wort, das ich niemals ausspreche.«)

Incubus! Incubus! / Tritt hervor und mache den Schluß!

> Johann Wolfgang Goethe: Faust. Der Tragödie erster Teil. Studierzimmer [I]

Aus seiner **Individualität** kann Keiner heraus.

> Arthur Schopenhauer: Parerga und Paralipomena. Darin: Aphorismen zur Lebensweisheit. Kap. 1. Grundeinteilung

Infandum, regina, iubes renovare dolorem.
(Unsägliches Leid, Königin, heißt du mich erneuern.)

> Vergil: Aeneis 2,3. – Worte des Aeneas zur Königin Dido in Karthago auf deren Aufforderung, vom Untergang Trojas zu erzählen. Schiller übersetzte diese Zeile: »O Königin, du weckst der alten Wunde / Unnennbar schmerzliches Gefühl.«

Inferno
(Hölle)

> Titel des 1. Teils von Dante Alighieris *La Divina Commedia*

Mehr **Inhalt**, wen'ger Kunst.
(More matter with less art.)

> William Shakespeare: The Tragicall Historie of Hamlet, Prince of Denmarke II,2

Sofort nun wende dich nach **innen**, / Das Zentrum findest du da drinnen, / Woran kein Edler zweifeln mag.
>Johann Wolfgang Goethe: »Vermächtnis«

Und was die **innere** Stimme spricht, / Das täuscht die hoffende Seele nicht.
>Friedrich Schiller: »Hoffnung«

Ins **Innre** der Natur dringt kein / Erschaffner Geist; / Zu glücklich, wenn sie noch / Die äußre Schale weist.
>Albrecht von Haller: »Falschheit menschlicher Tugenden«

Insel der Seligen
(μακάρων νῆσοι – makaron nesoi)
>Hesiod: Werke und Tage 170 f.

Integer vitae scelerisque purus ...
(Wer in seiner Lebensführung rein und frei von Schuld ist ...)
>Horaz: Carmina 1,22,1

Quod ergo **intellego**, id etiam credo; at non omne quod credo, etiam intellego.
(Was ich also verstehe, das glaube ich auch; aber nicht alles das, was ich glaube, verstehe ich auch.)
>Aurelius Augustinus: De magistro 11,37

Wieso haben die **Intellektuellen**, wenn sie scharenweise zusammenkommen, unweigerlich etwas Komisches?
>Max Frisch: Tagebuch 1946–1949 (Abschnitt »1948«)

Der **inwendige** Mensch
>Röm 7,22: »Denn ich habe Lust an Gottes Gesetz nach dem inwendigen Menschen.«

Ab **Iove** principium, Musae.
(Von Jupiter her nehmt den Anfang, ihr Musen.)
>Vergil: Bucolica 3,60; später von Vergil in seiner *Aeneis* (7,219) wiederaufgenommen

Ipse dixit
(Er selber hat es gesagt)

Eine von Cicero in *De natura deorum* I,5,10 überlieferte Formel, mit der die Schüler des Pythagoras sich auf dessen Lehren beriefen

Denn mancher hat, aus Furcht zu **irren**, sich verirrt.

Gotthold Ephraim Lessing: »An den Herrn Marpurg«

Irren ist menschlich

In der oft zitierten Fassung »Errare humanum est« ist diese Wendung aus der Antike nicht überliefert; sie findet sich in ähnlicher Form allerdings vielfach, so schon bei Theognis in den *Elegeia* (327 f.), der *Antigone* des Sophokles (1023 f.), bei Terenz in dessen *Adelphoe* (579) oder Ciceros Briefen an Atticus (13,21a: »possum falli, ut homo«). Als direkte Quelle dieser sprichwörtlichen Sentenz wird zumeist Hieronymus angegeben; in seinen Briefen (*Epistolae* 57,11) heißt es: ». . . quia et errasse humanum est et confiteri errorem prudentis . . .« (». . . weil sowohl geirrt zu haben menschlich ist als auch den Irrtum einzugestehen klug . . .«). – Ähnlich bei Augustinus in dessen Predigten 164,10,14: »Humanum fuit errare, diabolicum est per animositatem in errore manere.« (»Menschlich war es zu irren, teuflisch ist es, leidenschaftlich im Irrtum zu verharren.«)

Irren ist menschlich, vergeben göttlich . . .
(To Err is Humane; to Forgive, Divine.)

Alexander Pope: An Essay on Criticism

Jeder Mensch kann **irren**! Unsinnige nur verharren im Irrtum!
(Cuiusvis hominis est errare, nullius nisi insipientis in errore perseverare.)

Cicero: Philippicae orationes 12,2,5

Irrlichtelieren

Johann Wolfgang Goethe: Faust. Der Tragödie erster Teil. Studierzimmer [II] – Dort heißt es über die Unterrichtung im »Collegium Logicum«: »Und nicht etwa, die Kreuz und Quer, / Irrlichteliere hin und her.« Vgl. auch: »Mein teurer Freund, ich rat Euch drum / Zuerst **Co**llegium Logicum . . .«

Es **irrt** der Mensch, solang er strebt.

Johann Wolfgang Goethe: Faust. Der Tragödie erster Teil. Prolog im Himmel

Niemand möchte seiner **Irrtümer** wegen bedauert werden.
(Personne ne veut être plaint de ses erreurs.)

Marquis de Vauvenargues: Réflexions et maximes

Der **Irrtum** ist recht gut, so lange wir jung sind; man muß ihn nur nicht mit in's Alter schleppen.
    Johann Wolfgang Goethe: Maximen und Reflexionen 92

Erster **Irrtum**
(Πρῶτον ψεῦδος – Proton pseudos)
    Aristoteles: Erste Analytik 2,18.66a 16

Es gibt ein[en] **Irrtum**, der gar vielen anklebt: der Glaube, daß es Irrtümer gebe.
    Ludwig Börne: Aphorismen (1808–1810)

Es gibt nur einen angeborenen **Irrtum**, und es ist der, daß wir da sind, um glücklich zu sein.
    Arthur Schopenhauer: Die Welt als Wille und Vorstellung II. Kap. 49

Nur der **Irrtum** ist das Leben, / Und das Wissen ist der Tod.
    Friedrich Schiller: »Kassandra«

Irrungen, Wirrungen
    Titel eines Romans von Theodor Fontane, der 1888 erschien

Komödie der **Irrungen**
(The Comedy of Errors)
    Titel einer Komödie von William Shakespeare, die um 1591/92 verfaßt wurde

Isopropilprophemilbarbitursauresphenildimethildimenthylaminophirazolon
    Name des Medikaments in Karl Valentins *In der Apotheke*

Bist du **Israels** Lehrer und weißt das nicht?
    Joh 3,10. – Jesus zu Nikodemus.

Die Kinder **Israel**
    1 Mose 32,33 und auch andernorts im Alten Testament

Was ist, **ißt** und wird gegessen.
    Ludwig Feuerbach: Die Naturwissenschaft und die Revolution

Italien ist ein geographischer Begriff
(L'Italie est une expression géographique)
>Aus der Zirkulardepesche des Fürsten Metternich vom 6. August 1847 an den Grafen Apponyi sowie die Botschafter in Petersburg, Berlin und London

. . . **iucundi** acti labores.
(. . . erfreulich sind geleistete Anstrengungen.)
>Cicero: De finibus bonorum et malorum 2,32,105. – Vgl. hierzu auch die sprichwörtliche Wendung »Nach getaner Arbeit ist gut ruhn«, die auf Koh 5,11 zurückgeht.

J

Ja und amen sagen

Nach 5 Mose 27,15–26; vgl. »Eure **Re**de aber sei ...«; Offb 22,20: »Ja, ich komme bald! Amen, ja komm, Herr Jesus!«

J'accuse
(Ich klage an)

Überschrift eines Artikels von Émile Zola, den er am 13. Januar 1898 in *L'Aurore* veröffentlichte. – Zola nahm darin zur sogenannten Dreyfus-Affäre Stellung und beschuldigte das Kriegsgericht, Dreyfus zu Unrecht verurteilt zu haben.

Das ist ein gewaltiger **Jäger** vor dem HERRN wie Nimrod.

1 Mose 10,9

Es blies ein **Jäger** wohl in sein Horn, / Wohl in sein Horn, / Und alles was er blies das war verlorn.

Aus der von Achim von Arnim und Clemens Brentano herausgegebenen Sammlung *Des Knaben Wunderhorn*: »Die schwarzbraune Hexe«

Es zog der wilde **Jägersmann** / sein grasgrün neues Röcklein an ...

Heinrich Hoffmann: Der Struwwelpeter. Darin: Die Geschichte vom wilden Jäger

Was gleicht wohl auf Erden dem **Jägervergnügen**?

Carl Maria von Weber: Der Freischütz III,6; Libretto von Friedrich Kind

Jagdszenen aus Niederbayern

Titel eines 1966 uraufgeführten Theaterstücks von Martin Sperr

Frischauf zum fröhlichen **Jagen** ...

Friedrich de la Motte Fouqué: »Kriegslied für die freiwilligen Jäger«

Gewaltig endet so das **Jahr** / Mit goldnem Wein und Frucht der Gärten.
Georg Trakl: »Verklärter Herbst«

Alle **Jahre** wieder / kommt das Christuskind / auf die Erde nieder, / wo wir Menschen sind.
Anfangsverse eines Gedichtes von Wilhelm Hey

Denn nur wenige **Jahre** noch, und ich gehe den Weg, den ich nicht wiederkommen werde.
Ijob 16,22

Die **Jahre** nahmen dir, du sagst, so vieles: / Die eigentliche Lust des Sinnespieles, / Erinnerung des allerliebsten Tandes ...
Johann Wolfgang Goethe: West-östlicher Divan. Darin: Buch der Betrachtungen. – Das Gedicht schließt mit der Zeile: »Mir bleibt genug! Es bleibt Idee und Liebe!«

O brächte mir Jupiter die vergangenen **Jahre** zurück!
(O mihi praeteritos referat si Iuppiter annos ...)
Vergil: Aeneis 8,560

... und die **Jahre** sich nahen, da du wirst sagen: »Sie gefallen mir nicht!« ...
Koh 12,1

Mit den **Jahren** steigern sich die Prüfungen.
Johann Wolfgang Goethe: Wilhelm Meisters Wanderjahre oder Die Entsagenden. 2. Fassung 1829. Darin: Aus Makariens Archiv

Das **Jahrhundert** / Ist meinem Ideal nicht reif. Ich lebe / Ein Bürger derer, welche kommen werden.
Friedrich Schiller: Don Karlos, Infant von Spanien III,10

O **Jahrhundert**, o Wissenschaften! Es ist eine Lust zu leben ...
(O seculum! O literae! Iuvat vivere ...)
Ulrich von Hutten am 25. Oktober 1518 in einem Brief an Willibald Pirckheimer

Wehe dem **Jahrhundert**, das dich von sich stieß!
Johann Wolfgang Goethe: Götz von Berlichingen mit der eisernen Hand V. – Auf diese Worte Marias antwortet Lerse mit dem Schlußsatz des Dramas: »Wehe der Nachkommenschaft, die dich verkennt!«

Und jetzt an des **Jahrhunderts** ernstem Ende, / Wo selbst die Wirklichkeit zur Dichtung wird, / Wo wir den Kampf gewaltiger Naturen / Und ein bedeutend Ziel vor Augen sehn ...

Friedrich Schiller: Wallenstein. Prolog

Jahrmarkt der Eitelkeit
(Vanity fair)

Wendung in John Bunyans *The Pilgrim's Progress*; zugleich Titel eines Romans von William Makepeace Thackeray, der 1847/48 erschien. – In ähnlicher Form schon in Weish 15,12: »... er hält vielmehr unser menschliches Leben für ein Spiel und unser menschliches Treiben für einen Jahrmarkt ...«

Aber **Jakob** ist immer quer über die Gleise gegangen.

Uwe Johnson: Mutmassungen über Jakob. – Anfangssatz des Romans.

... Und gar vieles zu dulden verbindet ein einziges **Jawort**.

Johann Wolfgang Goethe: Hermann und Dorothea. 9. Gesang: Urania

Jehova! dir künd ich auf ewig Hohn – / Ich bin der König von Babylon!

Heinrich Heine: »Belsazar«

Jenseits von Gut und Böse

Titel einer Schrift von Friedrich Nietzsche, erschienen 1886 mit dem Untertitel *Vorspiel einer Philosophie der Zukunft*

Jeremiade

Als Bezeichnung für eine Klage nach den Klageliedern des Jeremias im Alten Testament im Anschluß an das Buch Jeremia

Bleibt in **Jericho**, bis euer Bart gewachsen ist ...

2 Sam 10,5

O **jerum**, jerum, jerum, / O quae mutatio rerum!

Refrain des Studentenliedes »O alte Burschenherrlichkeit« von Eugen Höfling

O **Jesulein** zart, / O Jesulein zart, / Das Kripplein ist hart ...

Aus der von Clemens Brentano und Achim von Arnim herausgegebenen Sammlung *Des Knaben Wunderhorn*: »Christkindleins Wiegenlied«. – Quelle des seit 1623 überlieferten Gedichts war das *New Mayntzisch Gesangbuch* (1628).

jesusjack the child is black
> James Joyce: Ulysses. Penelope-Kapitel. – Hans Wollschläger übersetzte diese Stelle: »Jesusjegerl das Kind is a Negerl ...«.

Entfamter **Jesuwiter**!
> Fritz Reuter: ›Ut mine Stromtid‹ II. 18. Kapitel. – Worte Bräsigs.

Jetzt oder nie! / Ich muß den teuren Augenblick ergreifen ...
> Friedrich Schiller: Wilhelm Tell III,2

Jetzt oder nie! – Wir sind allein. / Der Etikette bange Scheidewand / Ist zwischen Sohn und Vater eingesunken.
> Friedrich Schiller: Don Karlos, Infant von Spanien II,2

Jeunesse dorée
(Goldene Jugend)
> Verächtliche Bezeichnung der Anhänger Robespierres für die »reiche Jugend«, die sich unter der Führung Frérons nach dem Sturz Robespierres am 9. Thermidor (27. Juli) 1794 gegen die Revolution erhob

Über diese Antwort des Candidaten **Jobses** / Geschah allgemeines Schütteln des Kopfes ...
> Karl Arnold Kortum: Jobsiade. Teil 1, Kap. 19(38)

Denn mein **Joch** ist sanft, und meine Last ist leicht.
> Mt 11,30

Oh, **Jöching** Päsel, wat büst du för'n Esel!
> Titel eines Gedichts aus Fritz Reuters Läuschen un Rimels (Teil II, Nr. 25)

Johann, der muntere Seifensieder
> Friedrich von Hagedorn: »Johannes, der Seifensieder«

Johanna geht und nimmer kehrt sie wieder!
> Friedrich Schiller: Die Jungfrau von Orleans. Prolog. 4. Auftritt. – Zuvor hieß es schon: »Johanna sagt euch ewig Lebewohl.«

Es ist mir leid um dich, mein Bruder **Jonatan** ...
> 2 Sam 1,26. – Aus Davids Klage um Jonatan.

Nicht ein **Jota**
> Nach Mt 5,18 (Bergpredigt). – Das griechische Wort »Jota« übersetzte Martin Luther mit »Buchstabe«: »Bis Himmel und Erde vergehen, wird nicht vergehen der kleinste Buchstabe noch ein Tüpfelchen vom Gesetz, bis es alles geschieht.«

Keinen Gedanken haben und ihn ausdrücken können – das macht den **Journalisten**.
Karl Kraus: Pro domo et mundo

Jubilate heißt jeder Tag, / Auf dem der Arbeit Segen lag.
Otto Julius Bierbaum: »Mein ABC«

Jud' ist **Jude**.
Gotthold Ephraim Lessing: Nathan der Weise I,6

Judaskuß
Nach Mt 26,49 verriet Judas den Hohepriestern Jesus durch einen Kuß: »Und alsbald trat er zu Jesus und sprach: Sei gegrüßt, Rabbi! und küßte ihn.« Vgl. Lk 22,47 f.

Judaslohn
Nach Mt 26,15. – Judas werden für seinen Verrat »dreißig Silberlinge« geboten.

Tut nichts! der **Jude** wird verbrannt.
Gotthold Ephraim Lessing: Nathan der Weise IV,2

. . . den **Juden** ein Ärgernis und den Griechen eine Torheit.
1 Kor 1,23. – Der Vers beginnt mit den Worten: ». . . wir aber predigen den gekreuzigten Christus . . .«

Es wird noch **Juden** geben müsen, wenn der letzte Jude ausgerottet ist.
Elias Canetti: Die Provinz des Menschen. Aufzeichnungen 1942–1972. Darin: 1942

Ich weiß, woher die Legende vom Reichtum der **Juden** kommt: sie bezahlen alles.
Stanislaw Jerzy Lec: Unfrisierte Gedanken

Jedes Land hat die **Juden**, die es verdient.
Karl Emil Franzos: Tote Seelen. – Der Artikel wurde zuerst in der *Neuen Freien Presse* am 31. März 1875 publiziert.

Wofern du meinen **Juden** haust, / So hau ich auch den deinen.
Heinrich Leuthold: »Auf Gegenseitigkeit«. – Die Formulierung stammt aus einer Erzählung von Johann Peter Hebel; vgl. »Du sollst meinen Passagier nicht **hau**en . . .«.

... Denn wenn ich **judizieren** soll, / Verlang ich auch das Maul recht voll.
>   Johann Wolfgang Goethe: Faust. Der Tragödie erster Teil. Auerbachs Keller in Leipzig

... eine **jüdische** Mutter hat mich geboren, Deutschland hat mich genährt, Europa mich gebildet, meine Heimat ist die Erde, die Welt mein Vaterland.
>   Ernst Toller: Eine Jugend in Deutschland. Kap. 16

Auch ich war ein **Jüngling** mit lockigem Haar. / An Mut, wie an Hoffnungen reich ...
>   Albert Lortzing: Der Waffenschmied III,9

Der **Jüngling** reifet zum Manne! / Besser im stillen reift er zur Tat oft, als im Geräusche / Wilden, schwankenden Lebens, das manchen Jüngling verderbt hat.
>   Johann Wolfgang Goethe: Hermann und Dorothea. 4. Gesang: Euterpe

Es ist der Fehler des **Jünglings**, sich immer für glücklicher oder unglücklicher zu halten, als er ist.
>   Gotthold Ephraim Lessing: Philotas. 2. Auftritt

Nichts verächtlicher als ein brausender **Jünglingskopf** mit grauen Haaren!
>   Gotthold Ephraim Lessing: Emilia Galotti V,2

Ach! wohin bist du geflohen, / Meiner **Jugend** Heiterkeit? / Ach! wie schnell bist du entschwunden, / Meines Lebens Rosenzeit?
>   Christian August Vulpius: Rinaldo Rinaldini der Räuberhauptmann. 7. Buch

Allein die **Jugend** nimmt das aus der Kindheit mit herüber, daß sie guten Gesellen nichts nachträgt, daß eine unbefangene Wohlgewogenheit zwar unangenehm berührt werden kann, aber nicht zu verletzen ist.
>   Johann Wolfgang Goethe: Dichtung und Wahrheit. 4. Teil. 18. Buch

Die heutige **Jugend** ist gräßlich. Sie hat nicht den geringsten Respekt vor gefärbten Haaren.
>   Oscar Wilde: Lady Windermere's Fan (Lady Windermeres Fächer). 3. Akt

Gib meine **Jugend** mir zurück!
> Johann Wolfgang Goethe: Faust. Der Tragödie erster Teil. Vorspiel auf dem Theater

In der **Jugend** lernt, im Alter versteht man.
> Marie von Ebner-Eschenbach: Aphorismen

Jugend ist eine beständige Trunkenheit; sie ist das Fieber der Vernunft.
(La jeunesse est une ivresse continuelle: c'est la fièvre de la raison.)
> La Rochefoucauld: Réflexions ou sentences et maximes morales 271 (1678)

Jugend! Jugend! Es gibt nichts in der Welt außer der Jugend!
> Oscar Wilde: The picture of Dorian Gray (Das Bildnis des Dorian Gray). Kap. 2

Jugend ohne Gott
> Titel eines Romans von Ödön von Horváth, der 1937 erschien

Nutzen Sie Ihre **Jugend**, solange sie da ist. Vergeuden Sie nicht das Gold Ihrer Tage, hören Sie nicht auf die Langweiligen, versuchen Sie nicht, hoffnungslosen Zerfall aufzuhalten.
> Oscar Wilde: The picture of Dorian Gray (Das Bildnis des Dorian Gray). Kap. 2

Schnell fertig ist die **Jugend** mit dem Wort, / Das schwer sich handhabt, wie des Messers Schneide . . .
> Friedrich Schiller: Wallenstein. Wallensteins Tod II,2

Verscherzte **Jugend** ist ein Schmerz / Und einer ew'gen Sehnsucht Hort, / Nach seinem Lenze sucht das Herz / In einem fort, in einem fort!
> Conrad Ferdinand Meyer: »Lenzfahrt«

Wenn die **Jugend** ein Fehler ist, so legt man ihn sehr bald ab.
> Johann Wolfgang Goethe: Maximen und Reflexionen 991

Blöde **Jugendeselei**
> Heinrich Heine: Neue Lieder. Darin: »Yolante und Marie« 4

Jugendsünde
> Nach Ps 25,7: »Gedenke nicht der Sünden meiner Jugend / und meiner Übertretungen . . .«

Aus der **Jugendzeit**, aus der Jugendzeit / Klingt ein Lied mir immerdar; / O wie liegt so weit, o wie liegt so weit, / Was mein einst war!
    Friedrich Rückert: »Aus der Jugendzeit«

Bin ich doch noch so **jung**, so jung! / Und soll schon sterben!
    Johann Wolfgang Goethe: Faust. Der Tragödie erster Teil. Kerker

Jung sein ist schön, alt sein ist bequem.
    Marie von Ebner-Eschenbach: Aphorismen

Das **junge** Deutschland
    Diesen Begriff für die nachromantische deutsche Literatur ab etwa 1830 prägte Ludolf Wienbarg, der seine 1834 erschienenen Vorlesungen unter dem Titel *Ästhetische Feldzüge* »dem jungen Deutschland« widmete.

Und kam in Pantinen ein **Junge** daher, / So rief er: »Junge, wist 'ne Beer?«
    Theodor Fontane: »Herr Ribbeck auf Ribbeck im Havelland«

Wir winden dir den **Jungfernkranz** / Mit veilchenblauer Seide . . .
    Carl Maria von Weber: Der Freischütz III,4. Den Text verfaßte Friedrich Kind.

K

Kadavergehorsam
Die Wendung leitet sich von den *Constitutiones Societatis Jesu* des Gründers und 1. Generals des Jesuitenordens, Ignatius von Loyola, her, in welchen den Ordensbrüdern ein Gebot zum Gehorsam auferlegt wird, »als wären sie ein Leichnam« (»perinde ac si cadaver essent«).

Doch die **Käfer**, kritze kratze! / Kommen schnell aus der Matratze.
Wilhelm Busch: Max und Moritz. Fünfter Streich

Wenn alles eben **käme**, / wie du gewollt es hast . . .
Friedrich de la Motte Fouqué: »Trost«

Ja, das **Kätzchen** hat gestohlen, / Und das Kätzchen wird ertränkt. / Nachbars Peter sollst du holen, / Daß er es im Teich versenkt!
Friedrich Hebbel: »Aus der Kindheit«

Es muß auch solche **Käuze** geben.
Johann Wolfgang Goethe: Faust. Der Tragödie erster Teil. Marthens Garten

Kainszeichen
Auch ›Kainsmal‹; nach 1 Mose 4,15: »Und der Herr machte ein Zeichen an Kain . . .«

Der **Kaiser** ging, die Generäle blieben
Titel eines Romans von Theodor Plievier, der 1932 erschien

Ein **Kaiser** sei niemand untertan als Gott und der Gerechtigkeit.
Von Julius Wilhelm Zincgref in seinen *Apophthegmata* 1,24 überlieferter Ausspruch Kaiser Friedrichs I. Barbarossa

. . . Mein **Kaiser**, mein Kaiser gefangen!
Heinrich Heine: »Die Grenadiere«

So gebt dem **Kaiser**, was des Kaisers ist, und Gott, was Gottes ist!
Mt 22,21; Mk 12,17; Lk 20,25

Und wisset, wenn es den **Kaiser** juckt, / So müssen die Völker sich kratzen – ...
Heinrich Heine: »Kobes I.«

... die **kaiserlose**, die schreckliche Zeit ...
Friedrich Schiller: »Der Graf von Habsburg«

Zankt, wenn ihr sitzt beim Weine / Nicht um des **Kaisers** Bart.
Emanuel Geibel: »Von des Kaisers Bart«. – Schon in den *Epistulae* des Horaz ist davon die Rede, daß jemand »um ein Ziegenhaar« streite: »Alter rixatur de lana saepe caprina« (1,18,15).

Ein **Kaiserwort** / Soll man nicht dreh'n noch deuten.
Gottfried August Bürger: »Die Weiber von Weinsberg«

Ein (gemästetes) **Kalb** schlachten
Lk 15,23; 15,27; 15,30. In älteren Übersetzungen auch »fettes Kalb«. – Zeichen der Freude des Vaters im Gleichnis vom verlorenen Sohn.

Das Fortrücken in der **Kalenderjahrzahl** macht wohl den Menschen, aber nicht die Menschheit reifer.
Johann Peter Hebel: Verschiedene Gedanken. Aus dem Nachlaß

Ich kenne deine Werke, daß du weder **kalt** noch warm bist. Ach, daß du kalt oder warm wärest!
Offb 3,15; vgl. auch »Weil du aber lau ...«

Es ist leichter, daß ein **Kamel** durch ein Nadelöhr gehe, als daß ein Reicher ins Reich Gottes komme.
Mt 19,24

Ich hatt einen **Kameraden**, / Einen bessern findst du nit.
Ludwig Uhland: »Der gute Kamerad«

Wohl auf, **Kameraden**, aufs Pferd, aufs Pferd! / Ins Feld, in die Freiheit gezogen. / Im Felde, da ist der Mann noch was wert, / Da wird das Herz noch gewogen. / Da tritt kein anderer für ihn ein, / Auf sich selber steht er da ganz allein.
Friedrich Schiller: Wallenstein. Wallensteins Lager. 11. Auftritt

Das, was die Menschen den **Kampf** ums Dasein nennen, ist also nichts andres als der Kampf um den Aufstieg.
> Bertrand Russell: Die Eroberung des Glücks I,3

Der **Kampf** als inneres Erlebnis
> Titel einer Schrift von Ernst Jünger, erschienen 1922

Der **Kampf** ums Dasein
(The struggle for life)
> Der Begriff wurde durch Charles Darwins Schrift *On the Origin of Species by Means of Natural Selection; or the Preservation of Favoured Races in the Struggle for Life* populär (*Über die Entstehung der Arten durch natürliche Auslese oder das Erhaltenbleiben der begünstigten Rassen im Ringen um ihre Existenz*). – Er wurde allerdings schon zuvor von Thomas Robert Malthus in seiner Schrift *Essay on the principles of population* (1789) gebraucht, in der von »struggle for existence« die Rede war.

Kämpfe den guten **Kampf** des Glaubens . . .
> 1 Tim 6,12

. . . Und endlich schwieg der **Kampf**, da es an Kämpfern fehlte . . .
(. . . Et le combat cessa faute de combattants.)
> Pierre Corneille: Le Cid IV,3

Zum **Kampf** der Wagen und Gesänge, / Der auf Korinthus' Landesenge / Der Griechen Stämme froh vereint, / Zog Ibykus, der Götterfreund.
> Friedrich Schiller: »Die Kraniche des Ibykus«

Du **kamst**, du gingst mit leiser Spur, / Ein flücht'ger Gast im Erdenland; / Woher? wohin? Wir wissen nur: / Aus Gottes Hand in Gottes Hand.
> Ludwig Uhland: »Auf den Tod eines Kindes«

Man **kann** nicht immer, was man will; der ist mein Mann, / Der sich bescheidet das zu wollen, was er kann.
> Friedrich Rückert: Die Weisheit des Brahmanen. Darin: Fünfte Stufe. Leben

Uns ist ganz **kannibalisch** wohl, / Als wie fünfhundert Säuen!
> Johann Wolfgang Goethe: Faust. Der Tragödie erster Teil. Auerbachs Keller in Leipzig

Kannitverstan

Titel einer Erzählung von Johann Peter Hebel, die 1809 entstand und 1811 in die Sammlung *Schatzkästlein des Rheinischen Hausfreundes* aufgenommen wurde

Kanonenfutter

Aus den Worten Falstaffs in William Shakespeares *The Historie of Henrie the Fourth* IV,2 abgeleitet. – Dieser spricht dort von »food for powder« (»Futter für Pulver«).

Nach **Kanossa** gehen wir nicht!

Otto von Bismarck im Reichstag am 14. Mai 1872. – Die Äußerung, die auf den Bittgang des Kaisers Heinrich IV. zu Papst Gregor VII. im Jahre 1077 Bezug nimmt, fiel im Zusammenhang mit den Auseinandersetzungen im sogenannten Kulturkampf.

Droben stehet die **Kapelle**, / Schauet still ins Tal hinab . . .

Ludwig Uhland: »Die Kapelle«

Der **Kapitän** steht an der Spiere, / Das Fernrohr in gebräunter Hand . . .

Annette von Droste-Hülshoff: »Die Vergeltung«

Karlchen Mießnick

Als »ewiger Quartaner« eine von David Kalisch erfundene Gestalt der Zeitschrift *Kladderadatsch*

Der **Karnickel** hat angefangen . . .

Heinrich Lami: »Eigennützige Dienstfertigkeit«

'Rin in die **Kartoffeln**, / 'raus aus die Kartoffeln.

Friedrich Wülfing: Vom Manöver. In: *Fliegende Blätter* Nr. 1885, November 1881

Der **Kaspar**, der war kerngesund, / ein dicker Bub und kugelrund . . .

Heinrich Hoffmann: Der Struwwelpeter. Darin: Die Geschichte vom Suppen-Kaspar

Kassandraruf

Als Bezeichnung für eine vergebliche Warnung nach Vergils *Aeneis* 2,49 gebildet: »Tunc etiam fatis aperit Cassandra futuris / Ora dei cursu non unquam credita Teuris.« (»Da tut auch Kassandra den Mund auf, Unheil verkündend, / Die auf Apollos Geheiß nie Glauben gefunden in Troja.«)

Die **Kastanien** aus dem Feuer holen
(tirer les marrons du feu)
> Jean de La Fontaine: Fables. 9. Buch. – Dort in der 17. Fabel »Der Affe und der Kater«, in der der Kater Raton dem Affen Bertrand geröstete Kastanien aus dem Feuer holt.

Der **Kasus** macht mich lachen.
> Johann Wolfgang Goethe: Faust. Der Tragödie erster Teil. Studierzimmer [I]

Herr Doktor wurden da **katechisiert**; / Hoff, es soll Ihnen wohl bekommen.
> Johann Wolfgang Goethe: Faust. Der Tragödie erster Teil. Marthens Garten

In der Naturforschung bedarf es eines **kategorischen** Imperativs so gut als im Sittlichen! Nur bedenke man, daß man dadurch nicht am Ende, sondern erst am Anfang ist.
> Johann Wolfgang Goethe: Wilhelm Meisters Wanderjahre oder Die Entsagenden. 2. Fassung 1829. Darin: Betrachtungen im Sinne der Wanderer

Kategorischer Imperativ
> Philosophischer Terminus von Immanuel Kant, sowohl aus der *Grundlegung zur Metaphysik der Sitten* (1785) als auch der *Kritik der praktischen Vernunft* (1788). – Der k. I. formuliert ein unbedingtes sittliches Gebot; zur Formulierung vgl. »**H**andle so . . .«.

Ein **Kater** sitzt vorm dicken Buch, / Die Brille auf der Nase; / Man sieht's, er denkt gewaltig klug / Ob einer dunklen Phrase.
> Adolf Glaßbrenner: »Der gelehrte Kater«

Kater Murr
> Hauptgestalt und Icherzähler des 1819/21 veröffentlichten Romans *Lebensansichten des Katers Murr nebst fragmentarischer Biographie des Kapellmeisters Johannes Kreisler in zufälligen Makulaturblättern* von E. T. A. Hoffmann

Kathedersozialismus
> Durch einen Artikel in der *Nationalzeitung* vom 7. Dezember 1871 und einer gleichnamigen Schrift von 1872 geprägter Begriff von Heinrich Bernhard Oppenheim

Ein **katholischer** Pfaffe wandelt einher, als wenn ihm der Himmel gehöre; ein protestantischer Pfaffe hingegen geht herum, als wenn er den Himmel gepachtet habe.
>Heinrich Heine: Reisebilder. 4. Teil. Die Stadt Lucca. Kap. IV

Man mag sagen, was man will, der **Katholizismus** ist eine gute Sommerreligion.
>Heinrich Heine: Reisebilder. 3. Teil. Reise von München nach Genua. Kap. XV

Denn wenn die **Katz** nicht ist zu Hauß / So hat frey vmblauffen die Mauß.
>Georg Rollenhagen: Froschmeuseler. 1. Buch. Das ander Theil, Kap. 25

Die **Katze** auf dem heißen Blechdach
(Cat on a Hot Tin Roof)
>Titel eines Bühnenstücks von Tennessee Williams, das 1955 uraufgeführt wurde

Die sind die geferliche **Katzen** / Die vorn lecken / hinden kratzen.
>Georg Rollenhagen: Froschmeuseler. 1. Buch. Das ander Theil, Kap. 2

Was fang' ich an mit sechsundfünfzig **Katzen**!
>Theodor Storm: »Von Katzen«

Der **Kaufmann** hat in der ganzen Welt dieselbe Religion. Sein Kontor ist seine Kirche, sein Schreibpult ist sein Betstuhl, sein Memorial ist seine Bibel, sein Warenlager ist sein Allerheiligstes, die Börsenglocke ist seine Betglocke, sein Geld ist sein Gott, der Kredit ist sein Glauben.
>Heinrich Heine: Briefe aus Berlin. 2. Brief

Es muß nicht immer **Kaviar** sein
>Titel eines Romans von Johannes Mario Simmel, erschienen 1960

Kaviar für das Volk
(caviare to the general)
>William Shakespeare: The Tragicall Historie of Hamlet, Prince of Denmarke II,2

... Denn nicht alle **kehren** wieder!
>Friedrich Schiller: »Das Siegesfest«

Mein Vater, ist's möglich, so gehe dieser **Kelch** an mir vorüber; doch nicht wie ich will, sondern wie du willst.

>Mt 26,39. – Gebet Jesu. Vgl. auch Mt 26,42; Lk 22,42; Mk 14,36.

Im kühlen **Keller** sitz' ich hier / Bei einem Faß voll Reben.

>Karl Müchler: »Der Kritikaster und der Trinker«

Du gutes **Kend**!

>Thomas Mann: Buddenbrooks. – Wiederholter Ausspruch der Sesemi Weichbrodt.

Kenn ich, kenn ich. Das Leben ist flau . . . / Grüßen Sie Ihre liebe Frau.

>Theodor Fontane: »Lebenswege«

Ich **kenne** den Menschen nicht.

>Mt 26,72; 26,74. – Mit dieser zweimal gebrauchten Wendung verleugnete Petrus Jesus.

Die Menschen **kennen** sich einander nicht; / Nur die Galeerensklaven kennen sich, / Die eng an eine Bank geschmiedet keuchen . . .

>Johann Wolfgang Goethe: Torquato Tasso V,5

Einander **kennen**? Wir müßten uns die Schädeldecken aufbrechen und die Gedanken einander aus den Hirnfasern zerren.

>Georg Büchner: Dantons Tod I,1

Einen Menschen **kennen**, heißt ihn lieben oder ihn bedauern.

>Marie von Ebner-Eschenbach: Aphorismen

Wie kann man sich selbst **kennenlernen**? Durch Betrachten niemals, wohl aber durch Handeln. Versuche deine Pflicht zu tun, und du weißt gleich, was an dir ist.

>Johann Wolfgang Goethe: Wilhelm Meisters Wanderjahre oder Die Entsagenden. 2. Fassung 1829. Darin: Betrachtungen im Sinne der Wanderer; vgl. auch: »Was aber ist deine **Pf**licht?«

Man **kennt** nur die Dinge, die man zähmt . . .

>Antoine de Saint-Exupéry: Le petit prince (Der kleine Prinz) XXI

Zuwachs an **Kenntnis** ist Zuwachs an Unruhe ...

> Johann Wolfgang Goethe: Aus meinem Leben. Dichtung und Wahrheit. 2. Teil. 8. Buch. – Dort ist von der »Wahrheit jenes alten Worts« die Rede.

... denn ohne **Kenntnisse** wird man nie ein Philosoph werden, aber nie werden auch Kenntnisse allein den Philosophen ausmachen ...

> Immanuel Kant: Logik. Einleitung. III. Begriff von der Philosophie überhaupt

Ich sag es dir: ein **Kerl**, der spekuliert, / Ist wie ein Tier, auf dürrer Heide / Von einem bösen Geist im Kreis herumgeführt, / Und ringsumher liegt schöne grüne Weide.

> Johann Wolfgang Goethe: Faust. Der Tragödie erster Teil. Studierzimmer [II]

... sonst der beste **Kerl** von der Welt.
(... au demeurant le meilleur fils du monde.)

> Clément Marot: Au Roy. – Marot sagt dies über einen Diener, den er zuvor als »Fresser, Trunkenbold, einen unverschämten Lügner, einen falschen Spieler, Spitzbuben, Flucher, Lästerer« bezeichnet hatte.

Einst haben die **Kerls** auf den Bäumen gehockt, / behaart und mit böser Visage.

> Erich Kästner: »Die Entwicklung der Menschheit«

Steh auf, wir wollen nach **Kevlaar**, / Nimm Buch und Rosenkranz; / Die Muttergottes heilt dir / Dein krankes Herze ganz.

> Heinrich Heine: »Die Wallfahrt nach Kevlaar«

Als ich ein **Kind** war, da redete ich wie ein Kind und dachte wie ein Kind und war klug wie ein Kind; als ich aber ein Mann wurde, tat ich ab, was kindlich war.

> 1 Kor 13,11. – Mit Bezug auf diese Bibelstelle auch der lateinische Schulvers: »Sunt pueri pueri, pueri puerilia tractant.« (»Kinder sind Kinder, Kinder treiben Kindereien.«)

Bin doch ein arm unwissend **Kind**, / Begreife nicht, was er an mir findt.

> Johann Wolfgang Goethe: Faust. Der Tragödie erster Teil. Ein Gartenhäuschen

Das **Kind** des Lagers spricht aus dir, mein Sohn. / Ein fünfzehnjähriger Krieg hat dich erzogen, / – Du hast den Frieden nie gesehn!

Friedrich Schiller: Wallenstein. Die Piccolomini I,4

. . . das **Kind** im Manne

Wendung aus Friedrich Nietzsches *Also sprach Zarathustra* (Von alten und jungen Weiblein); vgl. auch »Im echten **Ma**nne . . .«

Das **Kind** ist des Mannes Vater.
(The Child is father of the Man.)

William Wordsworth: »My heart leaps up«

Dies **Kind**, kein Engel ist so rein, / Laßts Eurer Huld empfohlen sein . . .

Friedrich Schiller: »Der Gang nach dem Eisenhammer«

Ein **Kind** des Todes sein

Nach 2 Sam 12,5: »So wahr der HERR lebt: der Mann ist ein Kind des Todes, der das getan hat!« Vgl. auch 1 Sam 26,16; Ps 79,11; 102,21.

Ich bin, trotz manchem Unterfangen, / Ein großes **Kind** durchs Leben gegangen.

Theodor Fontane: »Großes Kind«

Kind, Kind! nicht weiter! Wie von unsichtbaren Geistern gepeitscht, gehen die Sonnenpferde der Zeit mit unsers Schicksals leichtem Wagen durch; und uns bleibt nichts, als mutig gefaßt die Zügel festzuhalten und bald rechts bald links, vom Steine hier vom Sturze da, die Räder wegzulenken.

Johann Wolfgang Goethe: Egmont. 2. Aufzug. Egmonts Wohnung. – Goethe beschließt mit diesen Worten dann auch seine Autobiographie *Dichtung und Wahrheit*. Vgl. »**Wo**hin es geht . . .«.

Mein **Kind**, wir waren Kinder, / Zwei Kinder, klein und froh; / Wir krochen ins Hühnerhäuschen, / Versteckten uns unter das Stroh.

Heinrich Heine: Buch der Lieder. Darin: »Die Heimkehr« 38

Welches **Kind** hätte nicht Grund, über seine Eltern zu weinen?
Friedrich Nietzsche: Also sprach Zarathustra. Darin: Von Kind und Ehe.

Wir hielten einander an den Händen: ein **Kind**; ein Mann unterwegs an den Ort wo die Toten sind; und sie, das Kind das ich war.
Uwe Johnson: Jahrestage 4. – Schlußsatz der Romantetralogie.

Wirklich ist jedes **Kind** gewissermaßen ein Genie, und jedes Genie gewissermaßen ein Kind.
Arthur Schopenhauer: Die Welt als Wille und Vorstellung II. Kap. 31

Ach, es gibt keine **Kinder** mehr!
(Ah! il n'y a plus d'enfants.)
Molière: Le malade imaginaire (Der eingebildete Kranke) II,8

Anfangs lieben die **Kinder** ihre Eltern. Nach einiger Zeit beginnen sie sie zu verurteilen. Selten, wenn überhaupt je, verzeihen sie ihnen.
Oscar Wilde: A Woman of No Importance (Eine Frau ohne Bedeutung). 2. Akt

Denn wir können die **Kinder** nach unserem Sinne nicht formen: / So wie Gott sie uns gab, so muß man sie haben und lieben, / Sie erziehen aufs beste und jeglichen lassen gewähren.
Johann Wolfgang Goethe: Hermann und Dorothea. 3. Gesang: Thalia

Die **Kinder** sie hören es gerne.
Kehrreim in Johann Wolfgang Goethes »Ballade«

Eure **Kinder** sind nicht eure Kinder. Es sind die Söhne und Töchter von des Lebens Verlangen nach sich selber. Sie kommen durch euch, doch nicht von euch; Und sind sie auch bei euch, so gehören sie euch doch nicht.
Kahlil Gibran: Der Prophet. Darin: Von den Kindern

Für **Kinder** vollends gibts keine andere Sittenlehre als Beispiel, erzähltes oder sichtbares ...
Jean Paul: Die unsichtbare Loge. 3. Sektor

Kinder dieser Welt

Lk 16,8: ». . . denn die Kinder dieser Welt sind unter ihresgleichen klüger als die Kinder des Lichts.« – Paul Heyse nannte seinen 1873 erschienenen Roman *Kinder der Welt*. Aus dieser Quelle leitet sich auch die Wendung von der ›Weltklugheit‹ ab.

Kinder machen, ausgezeichnet; Kinder haben, welche Unbill!

Jean-Paul Sartre: Die Wörter. Darin: Lesen

Kinder müssen mit großen Leuten viel Nachsicht haben.

Antoine de Saint-Exupéry: Le petit prince (Der kleine Prinz) IV

Kinder und Kindeskinder

Wendung aus dem Buch Mose, z. B. 2 Mose 34,7; vgl. auch ». . . aber **un**gestraft läßt er niemand . . .«

Lasset die Kinder und wehret ihnen nicht, zu mir zu kommen; denn solchen gehört das Himmelreich.

Mt 19,14. – Der zweite Satz wird oft in der älteren Übersetzung ». . . denn ihrer ist das Himmelreich« zitiert.

Nicht die Kinder bloß speist man / Mit Märchen ab.

Gotthold Ephraim Lessing: Nathan der Weise III,6

Siehe, Kinder sind eine Gabe des HERRN . . .

Ps 127,3. – Die Wendung vom ›Kindersegen‹ leitet sich aus dieser Bibelstelle ab.

Und Kinder brauchen Liebe, / Wär's eines wilden Tieres Lieb' auch nur, / In solchen Jahren mehr als Christentum. / Zum Christentum hat's noch immer Zeit.

Gotthold Ephraim Lessing: Nathan der Weise IV,7

Und Kinder wachsen auf mit tiefen Augen, / Die von nichts wissen, wachsen auf und sterben . . .

Hugo von Hofmannsthal: »Ballade des äußeren Lebens«

Wo Kinder sind, da ist ein goldnes Zeitalter.

Novalis: Blüthenstaub 96

Vor allen **Kindern**, die uns begegnen, sollten wir uns tief und ehrfurchtsvoll verneigen; sie sind unsere Herren, für sie arbeiten wir. Ein Kind in der Hütte ist mehr als ein Greis auf dem Throne. Schon darum muß man suchen, Vater zu werden, um Kinder ohne Neid betrachten zu können.
Ludwig Börne: Aphorismen

Was meinst du, will aus diesem **Kindlein** werden?
Lk 1,66

Die **Kirche** hat einen guten Magen, / Hat ganze Länder aufgefressen / Und doch noch nie sich übergessen . . .
Johann Wolfgang Goethe: Faust. Der Tragödie erster Teil. Spaziergang

Die **Kirche** schwächt alles, was sie anrührt.
Johann Wolfgang Goethe: Maximen und Reflexionen 821

Was die **Kirche** nicht verhindern kann, das segnet sie.
Kurt Tucholsky: Schnipsel

. . . weil es außerhalb der **Kirche** kein Heil gibt.
(. . . quia salus extra ecclesiam non est.)
Cyprianus: Briefe 73,21

Daß in den **Kirchen** gepredigt wird, macht deswegen die Blitzableiter auf ihnen nicht unnötig.
Georg Christoph Lichtenberg: Sudelbücher L 67

Kitsch ist das Echo der Kunst.
Kurt Tucholsky: Schnipsel

Kein **Klang** der aufgeregten Zeit / Drang noch in diese Einsamkeit.
Theodor Storm: »Abseits«

Die **Klarheit** schmückt die tiefen Gedanken.
(La clarté orne les pensées profondes.)
Marquis de Vauvenargues: Réflexions et maximes

. . . das is **klassisch**!
Wiederholte Wendung in Johann Nestroys Posse *Einen Jux will er sich machen*

Das **Klassische** nenne ich das Gesunde und das Romantische das Kranke.

> Johann Wolfgang Goethe zu Johann Peter Eckermann am 2. April 1829. – Dieser Gedanke auch in den *Maximen und Reflexionen* (Nr. 1031).

Ich habe zu Hause ein blaues **Klavier** / Und kenne doch keine Note.

> Else Lasker-Schüler: »Mein blaues Klavier«

Mit Recht erscheint uns das **Klavier**, / Wenn's schön poliert, als Zimmerzier. / Ob's außerdem Genuß verschafft, / Bleibt hin und wieder zweifelhaft.

> Wilhelm Busch: Fipps der Affe. Kap. 9

Ein **Kleid**, ein Schwert, ein Pferd, – und einen Gott! / Was brauch' ich mehr?

> Gotthold Ephraim Lessing: Nathan der Weise II,2

Kleider machen Leute

> Titel einer Erzählung von Gottfried Keller, die 1874 im 2. Teil des Novellenzyklus *Die Leute von Seldwyla* erschien. – Die Wendung, die sich zuvor schon in den *Sinn-Gedichten* Friedrich Logaus findet, wird in der lateinischen Form »vestis virum reddit« zumeist auf die *Institutiones oratoriae* des Quintilian zurückgeführt, wo es in der Vorrede zum 8. Buch allerdings wörtlich heißt: »Et cultus concessus atque magnificus addit hominibus,ut Graeco versu testatum est, auctoritatem . . .«

Kleiner Mann – was nun?

> Titel eines Romans von Hans Fallada, erschienen 1932

Wenn man **Kleines** mit Großem vergleichen darf.
(. . . si parva licet componere magnis . . .)

> Vergil: Georgica 4,176. – Ähnlich auch in den *Metamorphosen* des Ovid (5,416 f.). Die Wendung geht auf Herodots *Histories apodexis* zurück: »ὥς γε εἶναι σμικρὰ ταῦτα μεγάλοισι συμβαλεῖν« – hos ge einai smikra tauta megaloisi symbalein«.)

Ihr **Kleingläubigen**!

> Mt 6,30: ». . . sollte er das nicht vielmehr für euch tun, ihr Kleingläubigen?« – Aus der Bergpredigt.

. . . hab mich nie mit **Kleinigkeiten** abgegeben, mein Herrgott . . .

> Friedrich Schiller: Die Räuber V,1

Wer wird nicht einen **Klopstock** loben? / Doch wird ihn jeder lesen? – Nein. / Wir wollen weniger erhoben / Und fleißiger gelesen sein.
> Gotthold Ephraim Lessing: Sinngedichte. Darin: »Die Sinngedichte an den Leser«

Es besteht eine große **Kluft**
> Nach Lk 16,26: »Und überdies besteht zwischen uns und euch eine große Kluft . . .«

Darum seid **klug** wie die Schlangen und ohne Falsch wie die Tauben.
> Mt 10,16

O, ich bin **klug** und weise / Und mich betrügt man nicht.
> Albert Lortzing: Zar und Zimmermann I,6

Wir wollen durch Erfahrung nicht sowohl **klug** (für ein andermal), als weise (für immer) werden.
> Jakob Burckhardt: Weltgeschichtliche Betrachtungen. Einleitung

Der **kluge** Mann baut vor.
> Friedrich Schiller: Wilhelm Tell I,2

Kluge Leute glauben zu machen man sei, was man nicht ist, ist in den meisten Fällen schwerer als würklich zu werden, was man scheinen will.
> Georg Christoph Lichtenberg: Sudelbücher F 51

Nicht der **Kluge**, nur der Weise hilft.
> Max Frisch: Tagebuch 1946–1949 (Abschnitt »1946«)

Klugheit ist oft lästig wie ein Nachtlicht im Schlafzimmer.
> Ludwig Börne: Aphorismen

Sieh, dieser **Klumpen** Fett und faule Säfte, / das war einst irgendeinem Mann groß / und hieß auch Rausch und Heimat.
> Gottfried Benn: »Mann und Frau gehn durch die Krebsbaracke«

Sah ein **Knab** ein Röslein stehn, / Röslein auf der Heiden . . .
> Johann Wolfgang Goethe: »Heidenröslein«

Der **Knabe** / Don Karl fängt an, mir fürchterlich zu werden.
>Friedrich Schiller: Don Karlos, Infant von Spanien I,6

Der **Knecht** singt gern ein Freiheitslied / Des Abends in der Schenke: / Das fördert die Verdauungskraft, / Und würzet die Getränke.
>Heinrich Heine: »An einen politischen Dichter«

Siehe, das ist mein **Knecht** – ich halte ihn – und mein Auserwählter, an dem meine Seele Wohlgefallen hat.
>Jes 42,1; vgl. auch »Dies ist mein lieber **Sohn** . . .«

Aber wie soll man die **Knechte** loben, / Kömmt doch das Ärgernis von oben! / Wie die Glieder, so auch das Haupt!
>Friedrich Schiller: Wallenstein. Wallensteins Lager. 8. Auftritt

Die **Knechte** saßen in schimmernden Reihn / Und leerten die Becher mit funkelndem Wein.
>Heinrich Heine: »Belsazar«

Ein **Knie** geht einsam durch die Welt. / Es ist ein Knie, sonst nichts!
>Christian Morgenstern: »Das Knie«

Was machst du mit dem **Knie**, lieber Hans, / mit dem Knie, lieber Hans, / beim Tanz?
>Refrain des gleichnamigen Liedes, zu dem Beda den Text und Richard Fall die Musik schrieben

Knigge
>Als Bezeichnung für den Erwerb bzw. die Unterweisung in höflichen Umgangsformen durch die 1788 von Adolph Freiherrn von Knigge erstmals veröffentlichte Schrift *Über den Umgang mit Menschen* zur stehenden Wendung geworden

Wer das erste **Knopfloch** verfehlt, kommt mit dem Zuknöpfen nicht zu Rande.
>Johann Wolfgang Goethe: Maximen und Reflexionen 900

Knüppel aus dem Sack!
>Kinder- und Hausmärchen. Gesammelt durch die Brüder Grimm. Darin: Tischlein deck dich, Goldesel und Knüppel aus dem Sack

Knuper, knuper, kneischen, / Wer knupert an meinem Häuschen?

> Kinder- und Hausmärchen. Gesammelt durch die Brüder Grimm. Darin: Hänsel und Gretel. – Zur Antwort der Kinder vgl. »Der **Wi**nd, der Wind . . .«.

Knurre nicht, Pudel!

> Johann Wolfgang Goethe: Faust. Der Tragödie erster Teil. Studierzimmer [I]

Ich wohnte mit meiner Mutter / Zu **Köllen** in der Stadt, / Der Stadt, die viele hundert / Kapellen und Kirchen hat.

> Heinrich Heine: »Die Wallfahrt nach Kevlaar«

Im Rhein, im schönen Strome, / Da spiegelt sich in den Well'n, / Mit seinem großen Dome, / Das große, heilige **Köln**.

> Heinrich Heine: Buch der Lieder. Darin: »Lyrisches Intermezzo« 11

Wie war zu **Köln** es doch vordem / Mit Heinzelmännchen so bequem!

> August Kopisch: »Die Heinzelmännchen«

Dem **König** sollte nichts Geheimnis sein . . .

> Johann Wolfgang Goethe: Iphigenie auf Tauris I,2

Der **König** amüsiert sich
(Le roi s'amuse)

> Titel eines 1832 uraufgeführten Dramas von Victor Hugo

Der **König** herrscht, aber er regiert nicht.
(Rex regnat, sed non gubernat. – Le roi règne et ne gouverne pas.)

> Die Formulierung wurde zuerst in der Form »Regra, sed non impera« von Jan Zamojski in einer Rede im polnischen Reichstag um 1600 vor König Sigismund III. gebraucht; bekannt wurde sie in der französischen Fassung durch Adolphe Thiers, so in der Zeitung *Le National* am 20. Januar und 4. Februar 1830.

Der **König** rief, und alle, alle kamen . . .

> Anfangszeile eines Gedichts von Heinrich Clauren, dessen Erstdruck mit der Datumsangabe »Gnadenfrei, den 24. Juni 1813« versehen war

Der **König** sprach's, der Page lief . . .

> Johann Wolfgang Goethe: Wilhelm Meisters Lehrjahre. 2. Buch, Kap. 11. – Das Gedicht wurde dann später auch unter dem Titel *Der Sänger* veröffentlicht.

Der **König** und die Kaiserin, / Des langen Haders müde, / Erweichten ihren harten Sinn / Und machten endlich Friede . . .
    Gottfried August Bürger: »Lenore«

Du bleibst der **König** – auch in Unterhosen.
    Ludwig Fulda: Der Talisman III,8

Heute **König**, morgen tot!
    Sir 10,12. – Quelle des Sprichworts »Heute rot, morgen tot«, das mit politischer Intention auch zu »Lieber rot als tot« umgeformt wurde.

Ja, Prinz, was ist ein **König**, wenn er kein Vater ist!
    Gotthold Ephraim Lessing: Philotas. 7. Auftritt; vgl. auch »Was ist ein **Hel**d . . .«

Jeder wird als ein **König** geboren, und die meisten sterben im Exil, wie die meisten Könige.
    Oscar Wilde: A Woman of No Importance (Eine Frau ohne Bedeutung). 3. Akt

O der ist noch nicht **König**, der der Welt / Gefallen muß! Nur der ists, der bei seinem Tun / Nach keines Menschen Beifall braucht zu fragen.
    Friedrich Schiller: Maria Stuart IV,10

. . . Und der **König** absolut, / Wenn er unsern Willen tut.
    Adelbert von Chamisso: »Nachtwächterlied«

Wie selten kommt ein **König** zu Verstand.
    Johann Wolfgang Goethe: Egmont. 4. Aufzug. Der Eulenburgische Palast

Die **Könige** sind nur Sklaven ihres Standes, / Dem eignen Herzen dürfen sie nicht folgen.
    Friedrich Schiller: Maria Stuart II,2

Dies ist die Zeit der **Könige** nicht mehr.
    Friedrich Hölderlin: Der Tod des Empedokles (1. Fassung) II,4

Wenn die **Könige** baun, haben die Kärrner zu tun.
    Friedrich Schiller und Johann Wolfgang Goethe: Xenien. Darin: »Kant und seine Ausleger«

Es waren zwei Edel**königs-Kinder**, / Die beiden die hatten sich lieb, / Beisammen konnten sie dir nit kommen, / Das Wasser war viel zu tief.

> Aus der von Clemens Brentano und Achim von Arnim herausgegebenen Sammlung *Des Knaben Wunderhorn*: »Edelkönigs-Kinder«. – Das Motiv dieses Liedes, dessen Quellen bis ins 15. Jahrhundert zurückreichen, wurde in der Literatur häufig aufgegriffen, so z. B. in Schillers 1801 entstandener Ballade *Hero und Leander*, ebenso bei Brentano und Arnim (*Der verlorene Schwimmer*) selbst, später von Heine (*Reisebilder*. 3. Teil. Reise von München nach Genua. Kap. XII), Storm oder Fontane (in *Grete Minde*).

Bei der **Königswahl**, wie sich versteht, / Hatten die Esel die Majorität, / Und es wurde ein Esel zum König gewählt.

> Heinrich Heine: »König Langohr I.«

Für das **Können** gibt es nur einen Beweis: das Tun.

> Marie von Ebner-Eschenbach: Aphorismen

Wärs möglich? **Könnt** ich nicht mehr, wie ich wollte?

> Friedrich Schiller: Wallenstein. Wallensteins Tod I,4

Wenn solche **Köpfe** feiern, / Wieviel Verlust für meinen Staat . . .

> Friedrich Schiller: Don Karlos, Infant von Spanien III,10

Aufgewärmter **Kohl**
(crambe repetita)

> Als Bezeichnung für ein breites und überflüssiges Gerede nach Juvenal: Saturae 7,154

Der **Koloß** mit tönernen Füßen

> Nach Dan 2,31–34. – Ein Traum Nebukadnezars.

Komische Junge sind viel seltener als komische Alte.

> Kurt Tucholsky: Schnipsel

Komme, was kommen mag, / Die Stund' und Zeit durchläuft den rauhsten Tag.
(Come what come may, / Time and the hour runs through the roughest day.)

> William Shakespeare: The Tragedie of Macbeth I,3

So **komme**, was da kommen mag! / So lang du lebest, ist es Tag.
    Theodor Storm: »Trost«

So **komme**, was da kommen soll, / Und komme, was da mag.
    Theodor Fontane: »Archibald Douglas«

Der eine fragt: Was **kommt** danach? / Der andre fragt nur: Ist es recht? / Und also unterscheidet sich / Der Freie von dem Knecht.
    Theodor Storm: »Sprüche«

Wer **kommt?** – Was seh ich? O ihr guten Geister! / Mein Roderich!
    Friedrich Schiller: Don Karlos, Infant von Spanien I,2

Bis auf den letzten Augenblick spielen wir **Komödie** mit uns selber.
    Heinrich Heine: Reisebilder. 2. Teil. Ideen. Das Buch Le Grand. Kap. XX

... es ist nicht alles **Komödie** in der Welt, es gibt nicht bloß den Begriff Ehrlichkeit, sondern auch ehrliche Leute ...
    Wilhelm Raabe: Altershausen. – Aus der Einleitung.

Man muß zugeben, daß es nicht möglich ist, in der Welt zu leben, ohne von Zeit zu Zeit **Komödie** zu spielen.
(Il faut convenir qu'il est impossible de vivre dans le monde, sans jouer de temps en temps la comédie.)
    Nicolas Chamfort: Produits de la Civilisation perfectionnée. Darin: Maximes et Pensées, Caractères et Anecdotes

Wer so aus dem letzten Loch pfeift wie wir alle, kann nur noch **Komödien** verstehen.
    Friedrich Dürrenmatt: Romulus der Große. 1. Akt

Mein lieber Arthur, Frauen sind nie durch **Komplimente** zu entwaffnen. Nur Männer. Das ist der Unterschied zwischen den beiden Geschlechtern.
    Oscar Wilde: An Ideal Husband (Ein idealer Gatte). 3. Akt

Der **Konfusionsrat**
    Titel einer Posse von Wilhelm Friedrich (Riese), die 1846 erschien

Der **Kongreß** tanzt, aber er kommt nicht vom Fleck.
(Le congrès ne marche pas, il danse.)
> Äußerung über den Wiener Kongreß von 1814, die dem österreichischen Feldmarschall Karl Joseph Fürst von Ligne zugeschrieben wurde

»**Konrad**!« sprach die Frau Mama, / »ich geh' aus, und du bleibst da.«
> Heinrich Hoffmann: Der Struwwelpeter. Darin: Die Geschichte vom Daumenlutscher

Die **Konterbande**, die mit mir reist, / Die hab ich im Kopfe stecken.
> Heinrich Heine: Deutschland. Ein Wintermärchen. Caput II

Wat ick mir dafor **koofe**!
(Was ich mir dafür kaufe!)
> David Kalisch: Berlin, wie es weint und lacht

Den **Kopf** hängen lassen
> Nach Jes 58,5: ». . . wenn ein Mensch seinen Kopf hängen läßt wie Schilf und in Sack und Asche sich bettet?«

Den **Kopf** schütteln über jemand
> Nach Ps 22,8 und Sir 13,9

Der Mensch lebt durch den **Kopf** / Der Kopf reicht ihm nicht aus / Versuch es nur, von deinem Kopf / Lebt höchstens eine Laus.
> Bertolt Brecht: Die Dreigroschenoper III,7: Bettlergarderoben. Darin: »Lied von der Unzulänglichkeit menschlichen Strebens«

Ich bin von **Kopf** bis Fuß auf Liebe eingestellt . . .
> Titelsong aus *Der blaue Engel*, der Verfilmung von Heinrich Manns Roman *Professor Unrat*. – Das Lied, dessen Text und Musik von Friedrich Hollaender stammen, wurde von Marlene Dietrich gesungen.

Und wenn dann der **Kopf** fällt, sag ich: Hoppla!
> Bertolt Brecht: Die Dreigroschenoper I,2: Pferdestall. Darin: »Die Seeräuber-Jenny«

Und wers zum **Korporal** erst hat gebracht, / Der steht auf der Leiter zur höchsten Macht . . .
> Friedrich Schiller: Wallenstein. Wallensteins Lager. 7. Auftritt

Kosmopolit
(κοσμοπολίτης – Kosmopolites)

> Diese Antwort, nämlich daß er »Weltbürger« sei, gab Diogenes auf die Frage nach seiner Herkunft. – Überliefert durch Diogenes Laërtios.

Lästiger **Kostgänger**

> Wendung, die Otto von Bismarck in einer Reichstagsrede vom 2. Mai 1879 brauchte: das Reich – so Bismarck – sei »ein lästiger Kostgänger bei den Einzelstaaten«.

Wenn auch die **Kräfte** fehlen, so ist doch der Wille zu loben.
(Ut desint vires, tamen est laudanda voluntas.)

> Ovid: Epistulae ex Ponto 3,4,79

Die **Krähen** schrei'n / Und ziehen schwirren Flugs zur Stadt: / Bald wird es schnei'n – / Wohl dem, der jetzt noch – Heimat hat!

> Friedrich Nietzsche: »Abschied«. – Dieses Gedicht wird zumeist unter dem Titel »Vereinsamt« gedruckt.

Krämervolk

> Nach Zef 1,11: »Heulet, die ihr im ›Mörser‹ wohnt; denn das ganze Krämervolk ist dahin, und alle, die Geld wechseln, sind ausgerottet.« – Als Bezeichnung für das englische Volk durch Adam Smith eingeführt, der die Engländer 1776 als »Nation of shopkeepers« bezeichnete (*Wealth of Nations* II. 4. Buch, Kap. 7).

Die **Kräuter** blühn; der Heideduft / Steigt in die blaue Sommerluft.

> Theodor Storm: »Abseits«

Ein Teil von jener **Kraft**, / Die stets das Böse will und stets das Gute schafft.

> Johann Wolfgang Goethe: Faust. Der Tragödie erster Teil. Studierzimmer [I]. – Antwort des Mephistopheles auf Fausts Frage: »Nun gut, wer bist du denn?«

Nimm alle **Kraft** zusammen, die Lust und auch den Schmerz! / Es gilt uns heut, zu rühren des Königs steinern Herz.

> Ludwig Uhland: »Des Sängers Fluch«

»Von euch, ihr **Kraniche** dort oben! / Wenn keine andre Stimme spricht, / Sei meines Mordes Klag erhoben!« / Er ruft es, und sein Auge bricht.

> Friedrich Schiller: »Die Kraniche des Ibykus«

Denn alle **Kreatur** braucht Hilf von allen.
> Bertolt Brecht: »Von der Kindesmörderin Marie Farrar«

Sie kamen zu tief in die **Kreide**, / Da war es natürlich vorbei.
> Joseph Victor von Scheffel: »Der Ichthyosaurus«

Der **Kreis** wird eng, schon ist er nah!
> Johann Wolfgang Goethe: Faust. Der Tragödie erster Teil. Vor dem Tor. – Gemeint ist der ›Kreis‹ des schwarzen Pudels, also Mephistos, der sich Faust und Wagner auf deren Spaziergang nähert.

Blick'·ich umher in diesem edlen **Kreise**, / Welch hoher Anblick macht mein Herz erglühn!
> Richard Wagner: Tannhäuser II,4

Die **Kreter** sind immer Lügner, böse Tiere und faule Bäuche.
> Tit 1,12. – Diese Stelle nimmt auf ein Zitat des Epimenides aus Kreta Bezug.

Kret(h)i und Plet(h)i
> Nach den Kretern und Pletern, die König Davids Leibwache bildeten (2 Sam 8,18; 15,18; 20,7; 20,23; 1 Kön 1,38; 1,44; 1 Chr 18,17)

. . . Was da **kreucht** und fleugt.
> Friedrich Schiller: Wilhelm Tell III,1

Sein **Kreuz** auf sich nehmen (tragen)
> Nach Mt 16,24: »Will mir jemand nachfolgen, der verleugne sich selbst und nehme sein Kreuz auf sich und folge mir.« Vgl. auch Mt 10,38; Mk 8,34; Lk 9,23; 14,27; Joh 19,17.

Reißt die **Kreuze** aus der Erden! / Alle sollen Schwerter werden.
> Georg Herwegh: »Aufruf«

Kreuzige ihn!
> Mk 15,14. – Das Volk zu Pontius Pilatus.

Es **kribbelt** und wibbelt weiter
> Titel und Kehrreim eines Gedichtes von Theodor Fontane

Vom **Kribskrabs** der Imagination / Hab ich dich doch auf Zeiten lang kuriert . . .
> Johann Wolfgang Goethe: Faust. Der Tragödie erster Teil. Wald und Höhle

Aber der **Krieg** auch hat seine Ehre, / Der Beweger des Menschengeschicks ...
>Friedrich Schiller: Die Braut von Messina I,8

Das erste, was in einem **Krieg** auf der Strecke bleibt, ist die Wahrheit.
(The first casualty when war comes is truth.)
>Der amerikanische Politiker Hiram Johnson im Jahre 1918 in einer Rede vor dem Senat der Vereinigten Staaten

Der **Krieg** ernährt den Krieg.
>Friedrich Schiller: Wallenstein. Die Piccolomini I,2

... der **Krieg** hat kein Erbarmen ...
>Friedrich Schiller: Wallenstein. Wallensteins Lager. 6. Auftritt

Der **Krieg** ist der Vater aller Dinge ...
(Πόλεμος πάντων μὲν πατήρ ἐστι ... – Polemos panton men pater esti ...)
>So im 53. Fragment des Heraklit, ebenfalls von Hippolytos in seiner Schrift *Kata pason haireseon elenchos* (9,9) überliefert

... der **Krieg** ist nichts als eine Fortsetzung des politischen Verkehrs mit Einmischung anderer Mittel.
>Karl von Clausewitz: Vom Kriege. 8. Buch, Kap. 6 B. – Meist verkürzt zu: »Der Krieg ist die Fortsetzung der Politik mit anderen Mitteln.«

Der **Krieg** ist schrecklich, wie des Himmels Plagen, / Doch er ist gut, ist ein Geschick, wie sie.
>Friedrich Schiller: Wallenstein. Wallensteins Tod II,2

Der **Krieg** spielt sich immer so ab, als wäre die Menschheit auf den Begriff der Gerechtigkeit noch überhaupt nie gekommen.
>Elias Canetti: Die Provinz des Menschen. Aufzeichnungen 1942–1972. Darin: 1942

Ein furchtbar wütend Schrecknis ist / Der **Krieg**, die Herde schlägt er und den Hirten.
>Friedrich Schiller: Wilhelm Tell I,2

Es ist der **Krieg** ein roh, gewaltsam Handwerk.
> Friedrich Schiller: Wallenstein. Die Piccolomini I,2

Fernab am Horizont, auf Felsenrissen, / Liegt der gewitterschwarze **Krieg** getürmt.
> Heinrich von Kleist: »Das letzte Lied«

... Im Kriege selber ist das Letzte nicht der **Krieg** ...
> Friedrich Schiller: Wallenstein. Die Piccolomini I,4

Ja, der **Krieg** verschlingt die Besten!
> Friedrich Schiller: »Das Siegesfest«

Jeder **Krieg** enthält alle früheren.
> Elias Canetti: Die Provinz des Menschen. Aufzeichnungen 1942–1972. Darin: 1951

Jeder **Krieg** wird unter den nichtigsten Vorwänden begonnen, aus guten Gründen weitergeführt und mit den verlogensten Ausreden beschlossen.
> Arthur Schnitzler: Buch der Sprüche und Bedenken. Darin: Tageswirren, Gang der Zeiten 37

Jeder Staat führt den **Krieg** gegen die eigene Kultur. Anstatt Krieg gegen die eigene Unkultur zu führen.
> Karl Kraus: Nachts

Nichts Bessers weiß ich mir an Sonn- und Feiertagen, / Als ein Gespräch von **Krieg** und Kriegsgeschrei, / Wenn hinten, weit, in der Türkei, / Die Völker aufeinanderschlagen ...
> Johann Wolfgang Goethe: Faust. Der Tragödie erster Teil. Vor dem Tor

Schon wieder **Krieg**! der Kluge hört's nicht gern.
> Johann Wolfgang Goethe: Faust. Der Tragödie zweiter Teil. 4. Akt. Hochgebirg

's ist **Krieg**! 's ist Krieg! O Gottes Engel wehre, / Und rede du darein! / 's ist leider Krieg – und ich begehre / Nicht schuld daran zu sein!
> Matthias Claudius: »Kriegslied«

War einst ein braver **Krieger**, / Sang manch Soldatenlied / Im Reihen froher Sieger; / Nun bin ich Invalid.

Christian Friedrich Daniel Schubart: »Der Bettelsoldat«

Wenn man anfängt, den **Krieger** von dem Bürger zu trennen, ist die Sache der Freiheit und Gerechtigkeit schon halb verloren.

Johann Gottfried Seume: Apokryphen

Der Ursprung alles **Krieges** aber ist Diebsgelüst . . .

Arthur Schopenhauer: Parerga und Paralipomena. 2. Band. Darin: Kap. 19: Zur Metaphysik des Schönen und Aesthetik, § 21. – Im 1. Band hatte es in den »Aphorismen zur Lebensweisheit« (Kap. 5, Abschnitt C) geheißen: ». . . sind nicht fast alle Kriege im Grunde Raubzüge?«

So viel ist gewiß: wer einmal **Kritik** gekostet hat, den ekelt auf immer alles dogmatische Gewäsche . . .

Immanuel Kant: Prolegomena zu einer jeden künftigen Metaphysik, die als Wissenschaft wird auftreten können. Darin: Auflösung der allgemeinen Frage der Prolegomenen. Wie ist Metaphysik als Wissenschaft möglich?

Der **Kritiker** ist ein Leser, der wiederkäut. Er sollte also mehr als einen Magen haben.

Friedrich Schlegel: Kritische Fragmente

Wenn die **Kritiker** sich streiten, ist der Künstler im Einklang mit sich selbst.
(When critics disagree the artist is in accord with himself.)

Oscar Wilde: The picture of Dorian Gray (Das Bildnis des Dorian Gray). Vorrede

Wenn man auch seiner **Krücken** spottet, so kann man darum doch nicht besser gehen.

Heinrich Heine: Zur Geschichte der Religion und Philosophie in Deutschland. 3. Buch

Aus so **krummem** Holze, als woraus der Mensch gemacht ist, kann nichts ganz Gerades gezimmert werden.

Immanuel Kant: Idee zu einer allgemeinen Geschichte in weltbürgerlicher Absicht. 6. Satz

Die aber abweichen auf ihre **krummen** Wege, wird der HERR dahinfahren lassen mit den Übeltätern.

Ps 125,5

Der **Kuckuck** und der Esel, / Die hatten großen Streit, / Wer wohl am besten sänge / Zur schönen Maienzeit.
August Heinrich Hoffmann von Fallersleben: »Wettstreit«

Kuckuck, Kuckuck ruft aus dem Wald: / Lasset uns singen, / Tanzen und springen! / Frühling, Frühling wird es nun bald.
August Heinrich Hoffmann von Fallersleben: »Frühlingsbotschaft«

Das freut den Franz. – Er hat nun mal / 'n Hang fürs - **Küchenpersonal**.
Wilhelm Busch: Die fromme Helene. Kap. 14

... **Kühl** bis ans Herz hinan.
Johann Wolfgang Goethe: »Der Fischer«

In einem **kühlen** Grunde / Da geht ein Mühlenrad ...
Joseph Freiherr von Eichendorff: »Das zerbrochene Ringlein«

Ich tue einen **kühnen** Griff und ich sage Ihnen: wir müssen die provisorische Zentralgewalt selbst schaffen.
Heinrich von Gagern vor der deutschen konstituierenden Nationalversammlung am 24. Juni 1848

Der **Künstler** ist ein Schöpfer schöner Dinge.
(The artist is the creator of beautiful things.)
Oscar Wilde: The picture of Dorian Gray (Das Bildnis des Dorian Gray). Vorrede

Künstler ist nur einer, der aus der Lösung ein Rätsel machen kann.
Karl Kraus: Nachts

Welch ein **Künstler** stirbt in mir!
(Qualis artifex pereo!)
Ausspruch des römischen Kaisers Nero, von Sueton überliefert (*Nero* 49,1)

Das **Künstlerische** beginnt mit dem Worte anders.
Carl Einstein: Bebuquin oder Die Dilettanten des Wunders. Kap. 5

Eines der Hauptmotive des **künstlerischen** Schaffens ist gewiß das Bedürfnis, uns gegenüber der Welt wesentlich zu fühlen.
Jean-Paul Sartre: Was ist Literatur? 2. Warum schreiben?

Als **Künstlernatur** bezeichnen wir im allgemeinen die Summe von Eigenschaften, die den Künstler im Produzieren behindert.
> Arthur Schnitzler: Buch der Sprüche und Bedenken. Darin: Werk und Widerhall 48

Weil **Kürze** denn des Witzes Seele ist ...
(Therefore, since brevity is the soul of wit ...)
> William Shakespeare: The Tragicall Historie of Hamlet, Prince of Denmarke II,2

Ich will **küssen**! Küssen! sagt' ich.
> Johann Wolfgang Goethe: West-östlicher Divan. Darin: Buch Suleika. Refrain des Gedichtes »Vollmondnacht«

In deinen **Küssen** welche Wonne! / In deinem Auge welcher Schmerz!
> Johann Wolfgang Goethe: »Willkommen und Abschied«

Eine **Kugel** kam geflogen, / Gilt's mir oder gilt es dir?
> Ludwig Uhland: »Der gute Kamerad«

Auch die **Kultur**, die alle Welt beleckt, / Hat auf den Teufel sich erstreckt ...
> Johann Wolfgang Goethe: Faust. Der Tragödie erster Teil. Hexenküche

Wenn eine **Kultur** fühlt, daß es mit ihr zu Ende geht, läßt sie den Priester kommen.
> Karl Kraus: Pro domo et mundo

Kulturkampf
> Ein 1873 im Wahlprogramm der Fortschrittspartei von dem berühmten Pathologen Rudolf Virchow benutzter Begriff. – Virchow spricht dort davon, die Regierung in einem Kampf zu unterstützen, »der mit jedem Tage mehr den Charakter eines großen Kulturkampfes der Menschheit« angenommen habe. Den Begriff gebrauchte 1858 allerdings schon Ferdinand Lassalle am Ende seines Aufsatzes *Gotthold Ephraim Lessing*.

Hol die Pest **Kummer** und Seufzen!
(A plague of sighing and grief ...)
> William Shakespeare: The Historie of Henrie the Fourth II,5 (in der Schlegel-Tieckschen Übersetzung II,4)

Adieu, **Kumpanen**, ich zieh' in ein andres Land.
Franz Josef Degenhardt: »Adieu, Kumpanen«

»Wer hebt das Aug zu **Kunigonden**?« / »Nun ja, ich spreche von dem Blonden.«
Friedrich Schiller: »Der Gang nach dem Eisenhammer«

Ach Gott! die **Kunst** ist lang! / Und kurz ist unser Leben.
Johann Wolfgang Goethe: Faust. Der Tragödie erster Teil. Nacht; vgl. auch »Die Zeit ist kurz . . .«

Alle **Kunst** ist gänzlich nutzlos.
(All art is quite useless.)
Oscar Wilde: The picture of Dorian Gray (Das Bildnis des Dorian Gray). Vorrede

Alle **Kunst** ist zugleich Oberfläche und Symbol.
(All art is at once surface and symbol.)
Oscar Wilde: The picture of Dorian Gray (Das Bildnis des Dorian Gray). Vorrede

Die **Kunst** ist das einzig Ernsthafte auf der Welt. Und der Künstler ist der einzige Mensch, der nie ernsthaft ist.
Oscar Wilde: Maximen zur Belehrung der Über-Gebildeten

Die **Kunst** ist eine Vermittlerin des Unaussprechlichen; darum scheint es eine Torheit, sie wieder durch Worte vermitteln zu wollen.
Johann Wolfgang Goethe: Maximen und Reflexionen 384

Die **Kunst** lebt im Zwielicht der Vernunft und ist immer eine Jugendtochter des Geistes. Solange der Geist in der Kunst lebt, ist er jung.
Johann Gottfried Seume: Apokryphen

Die **Kunst**, o Mensch, hast du allein.
Friedrich Schiller: »Die Künstler«

Die **Kunst** schreitet voran – und ihr hinterher die Wächter.
Stanislaw Jerzy Lec: Neue unfrisierte Gedanken

Die **Kunst** soll das Penible nicht vorstellen.
Johann Wolfgang Goethe: Maximen und Reflexionen 1121

Die **Kunst** sollte aber niemals versuchen, volkstümlich zu sein. Das Publikum sollte vielmehr versuchen, künstlerisch zu empfinden. Das ist ein sehr großer Unterschied.
Oscar Wilde: Die Seele des Menschen unter dem Sozialismus

Die rechte **Kunst** ist nur diese, welche den höchsten Genuß verschafft.
Friedrich Schiller: Über den Gebrauch des Chors in der Tragödie

Es ist von jeher eine der wichtigsten Aufgaben der **Kunst** gewesen, eine Nachfrage zu erzeugen, für deren volle Befriedigung die Stunde noch nicht gekommen ist.
Walter Benjamin: Das Kunstwerk im Zeitalter seiner technischen Reproduzierbarkeit

In dem, was man Philosophie der **Kunst** nennt, fehlt gewöhnlich eins von beiden; entweder die Philosophie oder die Kunst.
Friedrich Schlegel: Kritische Fragmente

Jeder hat seine Gründe: für den einen ist die **Kunst** eine Flucht, für den andren ein Mittel, etwas zu erobern.
Jean-Paul Sartre: Was ist Literatur? 2. Warum schreiben?

Kunst bringt das Leben in Unordnung. Die Dichter der Menschheit stellen immer wieder das Chaos her.
Karl Kraus: Pro domo et mundo

Kunst gibt es nur für und durch andere.
Jean-Paul Sartre: Was ist Literatur? 2. Warum schreiben?

Kunst ist das, was Welt wird, nicht was Welt ist.
Karl Kraus: Pro domo et mundo

Kunst ist die gesellschaftliche Antithesis zur Gesellschaft, nicht unmittelbar aus dieser zu deduzieren.
Theodor W. Adorno: Ästhetische Theorie. Dort unter dem Kolumnentitel »Kritik der psychoanalytischen Kunsttheorie«

Lady, an dem ist Eure **Kunst** verloren!
Friedrich Schiller: Maria Stuart I,3

Ohne Freiheit keine **Kunst**; die Kunst lebt nur von den Beschränkungen, die sie sich selbst auferlegt, an den anderen geht sie zugrunde.

Albert Camus: Der Sozialismus der Galgen

Prinzip der **Kunst**: mehr wiederfinden, als verlorengegangen ist.

Elias Canetti: Die Provinz des Menschen. Aufzeichnungen 1942–1972. Darin: 1948

Schwer ist die **Kunst**, vergänglich ist ihr Preis . . .

Friedrich Schiller: Wallenstein. Prolog. – Gemeint ist die Schauspielkunst; vgl. ». . . dem **Mi**men flicht . . .«.

. . . und in der **Kunst** ist das Beste gut genug.

Johann Wolfgang Goethe: Italienische Reise. Darin: Neapel, den 3. März (1787). – Dort heißt es: »Wenn es eine Freude ist, das Gute zu genießen, so ist es eine größere, das Bessere zu empfinden, und in der Kunst ist das Beste gut genug.«

»Was macht die **Kunst**?« »Prinz, die Kunst geht nach Brot.«

Gotthold Ephraim Lessing: Emilia Galotti I,2

Alle **Kunstgattungen** sind gut, mit Ausnahme der langweiligen . . .

(Tous les genres sont bons, / hors le genre ennuyeux . . .)

Voltaire: L'enfant prodigue. Vorrede

Der wahre **Kunstrichter** folgert keine Regeln aus seinem Geschmacke, sondern hat seinen Geschmack nach den Regeln gebildet, welche die Natur der Sache erfordert.

Gotthold Ephraim Lessing: Hamburgische Dramaturgie. 19. Stück

Alle **Kunstwerke**, und Kunst insgesamt, sind Rätsel; das hat von altersher die Theorie der Kunst irritiert.

Theodor W. Adorno: Ästhetische Theorie. Dort unter dem Kolumnentitel »Das Mimetische und das Alberne«

Kunstwerke, die der Betrachtung und dem Gedanken ohne Rest aufgehen, sind keine.

Theodor W. Adorno: Ästhetische Theorie. Dort unter dem Kolumnentitel »Rätselcharakter und Verstehen«

Kunstwerke jedoch haben ihre Größe einzig daran, daß sie sprechen lassen, was die Ideologie verbirgt.
> Theodor W. Adorno: Noten zur Literatur. Darin: Rede über Lyrik und Gesellschaft

Tatsächlich werden **Kunstwerke** desto weniger genossen, je mehr einer davon versteht.
> Theodor W. Adorno: Ästhetische Theorie. Dort unter dem Kolumnentitel »Kunstgenuß«

Mein lieber Freund und **Kupferstecher**
> Die Wendung leitet sich vom Briefwechsel zwischen Friedrich Rückert und dem mit ihm befreundeten Kupferstecher Carl Barth her, obwohl Rückert diese Formulierung in keiner Anrede benutzte. In einem Brief aus den Jahren 1843/44 heißt es einmal: »An den Gevatter Kupferstecher Barth!«

Der **Kurs** bleibt der alte, und nun voll Dampf voraus!
> Wilhelm II. nach dem Rücktritt Otto von Bismarcks in einem Antworttelegramm vom 22. März 1890 an den Grafen Görtz in Weimar. – Zuvor hieß es dort: »Das Amt des wachthabenden Offiziers auf dem Staatsschiff ist mir zugefallen.«

Ich bemühe mich **kurz** zu sein und werde dunkel.
(Brevis esse laboro, / obscurus fio.)
> Horaz: De arte poetica 25 f.

Kurz ist der Schmerz und ewig ist die Freude!
> Friedrich Schiller: Die Jungfrau von Orleans V,14. – Schlußworte Johannas.

Kuttel Daddeldu
> Titel und zugleich Hauptgestalt einer Gedichtsammlung von Joachim Ringelnatz, die 1920 erschien. Ihr vollständiger Titel lautete *K. D. oder das schlüpfrige Leid*.

Das beste wäre, du bliebest zu Haus, / Hier in dem alten **Kyffhäuser** – / Bedenk ich die Sache ganz genau, / So brauchen wir gar keinen Kaiser.
> Heinrich Heine: Deutschland. Ein Wintermärchen. Caput XVI

O **Kyritz**, mein Vaterland!
> Aus Karl Blums Vaudevillestück *Ein Stündchen vor dem Potsdamer Tor*

L

Kann man denn nicht auch **lachend** sehr ernsthaft sein? Lieber Major, das Lachen erhält uns vernünftiger als der Verdruß.
    Gotthold Ephraim Lessing: Minna von Barnhelm oder das Soldatenglück IV,6

Würdet ihr euch des **Lachens** erwehren, Freunde?
(. . . risum teneatis, amici?)
    Horaz: De arte poetica 5

Wer **lacht** da? Bei Gott, ich glaub', ich war es selbst.
    Gotthold Ephraim Lessing: Emilia Galotti V,6

. . . Daß einer **lächeln** kann, und immer lächeln, / Und doch ein Schurke sein . . .
(. . . That one may smile and smile and be a villain.)
    William Shakespeare: The Tragicall Historie of Hamlet, Prince of Denmarke I,5

Doch **lächelnd** die Wahrheit sagen / was hindert daran?
(Quamquam ridentem dicere verum / quid vetat?)
    Horaz: Sermonum libri duo (Satiren) 1,1,24 f.

Du siehst mich **lächelnd** an, Eleonore, / Und siehst dich selber an und lächelst wieder.
    Johann Wolfgang Goethe: Torquato Tasso I,1

Lächelnd mit Tränen im Blick . . .
(δακρυόεν γελάσασα . . . – dakryoen gelasasa . . .)
    Homer: Ilias 6,484

Es **lächelt** der See, er ladet zum Bade . . .
    Friedrich Schiller: Wilhelm Tell I,1

Ich finde nichts **lächerlicher** als etwas lächerlich zu finden.
    Ludwig Börne: Aphorismen (1808–1810)

Lehrer **Lämpel**
Gestalt aus Wilhelm Buschs *Max und Moritz*, vierter Streich

Soviel **Lärm** um ein Omelette!
(Tant de bruit pour une omelette!)
Der Ausspruch wird auf den französischen Dichter Desbarreaux zurückgeführt, der an einem Freitag in einem Wirtshaus ein Omelette mit Speck (»omelette au lard«) bestellt und so gegen das christliche Fastengebot verstoßen hatte. Als der Wirt das Essen auftrug, soll ein gewaltiger Donnerschlag erfolgt sein, worauf Desbarreaux das Omelette mit diesen Worten aus dem Fenster warf.

Viel **Lärm** um nichts
(Much Adoe about Nothing)
Titel einer Komödie von William Shakespeare, die um 1598 entstand

Wozu der **Lärm**? was steht dem Herrn zu Diensten?
Johann Wolfgang Goethe: Faust. Der Tragödie erster Teil. Studierzimmer [I]

Lästermaul
Spr 4,24: »Tu von dir die Falschheit des Mundes und sei kein Lästermaul.«

Läufer sind schlechte Geher.
Marie von Ebner-Eschenbach: Aphorismen

Laissez faire, laissez passer!
(Gewerbefreiheit! Handelsfreiheit!)
Diese meist als »laissez faire! laissez aller!« zitierte Losung des wirtschaftlichen Liberalismus wird Jean Claude Marie Vincent, Seigneur de Gournay, zugeschrieben, der sie vor einer Versammlung vor Physiokraten im September 1758 proklamiert haben soll. – Die Parole »Laissez-nous faire!« des Kaufmanns François Legendre wurde aus einer Versammlung von Kaufleuten um 1680 überliefert.

Lamm Gottes
Joh 1,29: »Siehe, das ist Gottes Lamm, das der Welt Sünde trägt!« Vgl. auch Joh 1,36. – In älteren Übersetzungen als: »Seht das Lamm Gottes, das hinwegnimmt die Sünde der Welt!« In der lateinischen Meßliturgie heißt dieses Gebet »Agnus Dei«.

Das **Land** der unbegrenzten Möglichkeiten
(the country of unlimited possibilities)
Diese Bezeichnung für die Vereinigten Staaten von Amerika prägte Ludwig Max Goldberger in einem Interview, das die New Yorker Staats-Zeitung am 3. Juni 1902 veröffentlichte.

Kennst Du das **Land**, wo die Kanonen blühn?
> Aus dem gleichnamigen Gedicht von Erich Kästner

Kennst du das **Land** wo die Zitronen blühn, / Im dunkeln Laub die Gold-Orangen glühn . . .
> Johann Wolfgang Goethe: Wilhelm Meisters Lehrjahre, 3. Buch, 1. Kapitel. – Goethe zitiert diese Zeilen aus einem Lied Mignons dann erneut im 7. Kapitel des 2. Buchs seines Romans *Wilhelm Meisters Wanderjahre oder Die Entsagenden*; vgl. auch »**Dahin!** Dahin . . .«.

Sage mir, wie ein **Land** mit seinen schlimmsten politischen Gegnern umgeht, und ich will dir sagen, was es für einen Kulturstand hat.
> Kurt Tucholsky: Schnipsel

Weh dir, **Land**, dessen König ein Kind ist und dessen Fürsten schon in der Frühe tafeln!
> Koh 10,16

. . . bleibe im **Lande** und nähre dich redlich.
> Ps 37,3

In diesem **Lande** leben wir / Wie Fremdlinge im eigenen Haus . . .
> Wolf Biermann: »Hölderlin-Lied«

Weh' dem **Lande**, wo man nicht mehr singet.
> Johann Gottfried Seume: »Die Gesänge«

Das ist des **Landes** nicht der Brauch.
> Johann Wolfgang Goethe: Faust. Der Tragödie erster Teil. Der Nachbarin Haus

Landesvater
> Seneca: De clementia 1,14,2. – Diesen Titel erhielt schon Cicero (*Pro Sestio* 121). Seit Augustus, der am 5. Februar des Jahres 2 v. Chr. zum ›Pater patriae‹ ernannt wurde, war dies der Ehrentitel der römischen Kaiser. Tiberius, der von 14 bis 37 Kaiser war, wies diese Auszeichnung zurück.

Landgraf werde hart!
> Wilhelm Christoph Gerhard: »Der Edelacker«. – Der Ausspruch geht auf den ›Schmied von Ruhla‹ zurück, der mit diesen Worten Ludwig den Eisernen von Thüringen zu einem strengeren Regime aufgefordert haben soll.

Eine große **Landstraß'** ist unsere Erd', / Wir Menschen sind Passagiere . . .
>   Heinrich Heine: »Lebensgruß. Stammbuchblatt«

Lang, lang ist's her
(Long, long ago)
>   Titel und Refrain eines Gedichts von Thomas Haynes Bayly, das Wilhelm Weidling übersetzte

Es ist schon **lange** her. [. . .] Das freut uns um so mehr.
>   Albert Lortzing: Zar und Zimmermann III,1. – So in den Proben zur Huldigung des Zaren Peter I.

Man möchte immer eine große **Lange**, / und dann bekommt man eine kleine Dicke – / Ssälawih –!
>   Kurt Tucholsky: »Ideal und Wirklichkeit«

Die **Langeweile** wartet auf den Tod.
>   Johann Peter Hebel: Verschiedene Gedanken. Aus dem Nachlaß

Die Welt, in der man sich **langweilt**
(Le monde où l'on s'ennuie)
>   Komödie von Édouard Pailleron, die 1881 uraufgeführt wurde

. . . Unter **Larven** die einzige fühlende Brust, / Allein in der gräßlichen Einsamkeit . . .
>   Friedrich Schiller: »Der Taucher«

Laß, o Welt, o laß mich sein! / Locket nicht mit Liebesgaben, / Laßt dies Herz alleine haben / Seine Wonne, seine Pein!
>   Eduard Mörike: »Verborgenheit«

Last, but not least
(Zuletzt, aber nicht die/der Letzte)
>   Die Wendung ist eine Verkürzung zweier Zitate von William Shakespeare. – In *The Tragedie of Iulius Caesar* sagt Antonius in der 1. Szene des 3. Akts: »Though last, not least in love . . .« (»Zuletzt, doch nicht der letzte meinem Herzen«); in *King Lear* I,1 heißt es: ». . . Although our last and least . . .« (»Du jüngste, nicht geringste«). Die Formulierung findet sich zuvor allerdings schon in Edmund Spensers *Colin Court* 444.

Alle **Laster** sind zu etwas gut / Und der Mann auch, sagt Baal, der sie tut.
>   Bertolt Brecht: »Choral vom Manne Baal«

Das **Laster** ist das Kainszeichen des Aristokratismus.
>   Georg Büchner: Dantons Tod I,3

Die **Laster** sind untereinander näher verwandt als die Tugenden.
>   Marie von Ebner-Eschenbach: Aphorismen

In uns sind alle **Laster**, alle Größe, nur temperiert, gegenseitig geschwächt . . .
>   Carl Einstein: Bebuquin oder Die Dilettanten des Wunders. Kap. 11

Oh, daß ich große **Laster** säh, / Verbrechen, blutig, kolossal – / Nur diese satte Tugend nicht, / Und zahlungsfähige Moral!
>   Heinrich Heine: Romanzen. Darin: »Anno 1829«

. . . Wenn sich das **Laster** erbricht, setzt sich die Tugend zu Tisch.
>   Friedrich Schiller: »Shakespeares Schatten«

Weil du aber **lau** bist und weder warm noch kalt, werde ich dich ausspeien aus meinem Munde.
>   Offb 3,16; vgl. »Ich kenne deine Werke, daß du weder kalt . . .«

Besser **laufen**, als faulen.
>   Johann Wolfgang Goethe: Reineke Fuchs. 11. Gesang

Ward je in dieser **Laun'** ein Weib gefreit?
(Was ever woman in this humour wooed?)
>   William Shakespeare: The Tragedy of King Richard the Third I,2

. . . **Laune** löst, was Laune knüpfte . . .
>   Friedrich Schiller: Die Braut von Messina I,4

Hier hab' ich so manches liebe Mal / Mit meiner **Laute** gesessen . . .
>   Franz von Dingelstedt: Anfang des 3. Gedichts im Zyklus »Erste Leiden«

Der arme **Lazarus**
>   Nach Lk 16,20 gebildet. – Aus diesem biblischen Namen leitet sich die Bezeichnung ›Lazarett‹ ab.

Ich **lebe** mein Leben in wachsenden Ringen, / die sich über die Dinge ziehn.
> Anfangsverse eines Gedichts von Rainer Maria Rilke aus dem *Stunden-Buch*, 1. Buch: Das Buch vom mönchischen Leben

Ich versichere Ihnen, ich zum Beispiel **lebe** nur, weil ich mich mir suggeriere; in Wirklichkeit bin ich tot.
> Carl Einstein: Bebuquin oder Die Dilettanten des Wunders. Kap. 6

Das Beste vom **Leben** ist, daß man niemand zwingen kann zu leben.
> Johann Gottfried Seume: Apokryphen

Das **Leben** ein Traum
(La vida es sueño)
> Titel eines 1634/35 entstandenen Versdramas von Pedro Calderón de la Barca

»Das **Leben** geht weiter«. Als es erlaubt ist.
> Karl Kraus: Nachts

. . . Das **Leben** ist das einzge Gut des Schlechten.
> Friedrich Schiller: Maria Stuart IV,4

Das **Leben** ist der Güter höchstes nicht, / Der Übel größtes aber ist die Schuld.
> Friedrich Schiller: Die Braut von Messina IV,10. – Schlußworte des Trauerspiels.

Das **Leben** ist / Nur ein Moment, der Tod ist auch nur einer!
> Friedrich Schiller: Maria Stuart III,6

Das **Leben** lehrt uns, weniger mit uns / Und andern strenge sein . . .
> Johann Wolfgang Goethe: Iphigenie auf Tauris IV,4

Denn für dieses **Leben** / Ist der Mensch nicht schlau genug . . .
> Bertolt Brecht: Die Dreigroschenoper III,7: Bettlergarderoben. Darin: »Lied von der Unzulänglichkeit menschlichen Strebens«. – Später wird die 2. Zeile variiert: ». . . nicht schlecht genug . . .« (4), ». . . nicht anspruchsvoll genug . . .« (6).

Denn wer mehr **Leben** als eins gelebt, / Mehr Tode als einen starb.
> Oscar Wilde: »The Ballad of Reading Gaol« (»Die Ballade vom Zuchthaus zu Reading Gaol«) III

Denn wer sein **Leben** erhalten will, der wird's verlieren; wer aber sein Leben verliert um meinetwillen, der wird's finden.
Mt 17,25

Dies ist, glaube ich, die Fundamentalregel allen Seins: »Das **Leben** ist gar nicht so. Es ist ganz anders.«
Kurt Tucholsky: Schnipsel

Diß **Leben** kömmt mir vor als eine Renne-Bahn.
Andreas Gryphius: »Abend«

Du mußt dein **Leben** ändern.
Rainer Maria Rilke: »Archäischer Torso Apollos«. – Vorangegangen war der Vers: ». . . denn da ist keine Stelle, / die dich nicht sieht.«

Es gibt kein richtiges **Leben** im falschen.
Theodor W. Adorno: Minima Moralia I,18: Asyl für Obdachlose

Ich weiß, was ich in Ihm und an Ihm beklage: unser ungelebtes **Leben**.
Aus dem Abschiedsbrief von Kurt Tucholsky an Mary Tucholsky vom Dezember 1935. – Kurt Tucholsky nahm sich im schwedischen Exil im Dezember 1935 das Leben.

Im **Leben** hat man nie die Zeit.
Antoine de Saint-Exupéry: Carnets. Darin: Verstand und Sprache

Ins **Leben** schleicht das Leiden / Sich heimlich wie ein Dieb, / Wir alle müssen scheiden / Von allem, was uns lieb.
Joseph Freiherr von Eichendorff: »Der Umkehrende« 4

Laßt uns also unser **Leben** wie ein Kinderspiel ansehen, in welchem nichts ernsthaft ist als die Redlichkeit, ein gut Herz und Wohlanständigkeit (Pflicht gegen sich selbst).
Immanuel Kant: Reflexionen zur Anthropologie. Nr. 489

Leben heißt – dunkler Gewalten / Spuk bekämpfen in sich . . .
Henrik Ibsen: »Ein Vers«; vgl. auch »**Dichten . . .**«

Leben heißt träumen; weise sein, Lomellin, heißt angenehm träumen.
> Friedrich Schiller: Die Verschwörung des Fiesco zu Genua I,6

Leben ist der Anfang des Todes. Das Leben ist um des Todes willen.
> Novalis: Blüthenstaub 14

Leben, mein Lucilius, heißt kämpfen.
(Atqui vivere, Lucili, militare est.)
> Seneca: Epistulae morales ad Lucilium. 96. Brief (5). – So auch bei Voltaire (*Le fanatisme, ou Mahomet le prophète* II,4), daran anschließend Pierre-Augustin Caron de Beaumarchais (»Ma vie est un combat«) und Johann Wolfgang Goethe in »Einlaß«, einem Gedicht aus dem »Buch des Paradieses« im *West-östlichen Divan* (»Denn ich bin ein Mensch gewesen, / Und das heißt ein Kämpfer sein.«).

Leben – niederer Wahn! / Traum für Knaben und Knechte ...
> Gottfried Benn: »Leben – niederer Wahn«

Leben und leben lassen
> Im Briefwechsel zwischen Johann Wolfgang Goethe und Karl Friedrich Zelter wird diese Wendung Christoph Martin Wieland zugeschrieben. Am 7. November 1827 schließt Zelter einen Brief an Goethe mit den Worten: »Der alte Wieland mag recht haben: es ist nicht genug zu leben, man soll auch leben lassen!« Vgl. auch »Ich wünschte sehr, der Menge zu behagen ...«.

Leben und Liebe, – wie flog es vorbei!
> Theodor Storm: »Über die Heide«

Mein **Leben**, ein Leben ist es kaum, / Ich gehe dahin als wie im Traum.
> Theodor Fontane: »Mein Leben«

Mitten wyr ym **leben** sind / mit dem tod vmbfangen ...
> Anfangszeilen eines geistlichen Liedes von Martin Luther

O Gott! das **Leben** ist doch schön.
> Friedrich Schiller: Don Karlos, Infant von Spanien IV,21

So oder so ist das **Leben**, / so oder so ist es gut.
> Refrain eines Chansons aus dem Film *Liebe, Tod und Teufel*. Den Text schrieb Hans Fritz Beckmann, die Musik komponierte Theo Mackeben.

So weit im **Leben**, ist zu nah am Tod!
   Friedrich Hebbel: »Sommerbild«

Süßes **Leben**! schöne, freundliche Gewohnheit des Daseins und Wirkens, von dir soll ich scheiden?
   Johann Wolfgang Goethe: Egmont. 5. Aufzug. Gefängnis

Und setzet ihr nicht das **Leben** ein, / Nie wird euch das Leben gewonnen sein.
   Friedrich Schiller: Wallenstein. Wallensteins Lager. 11. Auftritt

Unser **Leben** währet siebzig Jahre, / und wenn's hoch kommt, so sind's achtzig Jahre, und was daran köstlich scheint, / ist doch nur vergebliche Mühe ...
   Ps 90,10

Was ist das **Leben** ohne Liebesglanz?
   Friedrich Schiller: Wallenstein. Wallensteins Tod IV,12

Wie es auch sei, das **Leben**, es ist gut.
   Johann Wolfgang Goethe: »Der Bräutigam«

Wir, wir **leben**! Unser sind die Stunden, / Und der Lebende hat recht.
   Friedrich Schiller: »An die Freunde«

Das Leben gehört den **Lebendigen** an, und wer lebt, muß auf Wechsel gefaßt sein.
   Johann Wolfgang Goethe: Wilhelm Meisters Wanderjahre oder Die Entsagenden. 2. Fassung 1829. 1. Buch, Kap. 2

Wer will was **Lebendigs** erkennen und beschreiben, / Sucht erst den Geist herauszutreiben, / Dann hat er die Teile in seiner Hand, / Fehlt, leider! nur das geistige Band.
   Johann Wolfgang Goethe: Faust. Der Tragödie erster Teil. Studierzimmer [II]

Das Ziel des **Lebens** ist Selbstverwirklichung.
(The aim of life is self-developement.)
   Oscar Wilde: The picture of Dorian Gray (Das Bildnis des Dorian Gray). Kap. 2

Der Zweck des **Lebens** ist das Leben selbst.
   Johann Wolfgang Goethe im Brief an Johann Heinrich Meyer vom 8. 2. 1796

Meines **Lebens** schönster Traum / Hängt an diesem Apfelbaum!!
   Wilhelm Busch: Max und Moritz. Erster Streich

Lebensklugheit bedeutet: alle Dinge möglichst wichtig, aber keines völlig ernst nehmen.
   Arthur Schnitzler: Buch der Sprüche und Bedenken. Darin: Kleine Sprüche 25

Lebenslüge
   Wendung aus Henrik Ibsens Schauspiel *Die Wildente*. – Im 5. Akt sagt Relling: »Denn sehen Sie, die Lebenslüge, die ist das stimulierende Prinzip.« Und wenig später: »Nehmen Sie einem Durchschnittsmenschen die Lebenslüge, und Sie nehmen ihm zu gleicher Zeit das Glück.«

Mein idealer **Lebenszweck** / Ist Borstenvieh, ist Schweinespeck!
   Refrain eines Couplets des Zsupán (»Ja, das Schreiben und das Lesen / Ist nie mein Fach gewesen . . .«) aus der Operette *Der Zigeunerbaron* von Johann Strauß, I,5. Den Text schrieb Ignaz Schnitzer.

Eine aber, die ausschweifend **lebt**, ist lebendig tot.
   1 Tim 5,6

Man **lebt** nicht einmal einmal.
   Karl Kraus: Sprüche und Widersprüche

Nur dadurch **lebt** der Mensch, daß er so gründlich / Vergessen kann, daß er ein Mensch doch ist.
   Bertolt Brecht: Die Dreigroschenoper II,6: Gefängnis. Darin: »2. Dreigroschen-Finale«

So lang' man **lebt**, sei man lebendig!
   Johann Wolfgang Goethe: Maskenzug, 1818

manche meinen / **lechts** und rinks / kann man nicht velwechsern. / werch ein illtum!
   Ernst Jandl: »lichtung«

Leergebrannt / Ist die Stätte . . .
   Friedrich Schiller: »Das Lied von der Glocke«

Legts zu dem übrigen.
> Friedrich Schiller: Kabale und Liebe II,2

Lehre du / Mich meine Leute kennen.
> Friedrich Schiller: Wallenstein. Die Piccolomini II,6

Durch **Lehren** lernen wir
(Docendo discimus)
> Nach Seneca: Epistulae morales ad Lucilium. 7. Brief: »... homines, dum docent, discunt.« – Ähnlich in den Fabeln des Phaedrus 2,2,2: »... exemplis discimus.« (»An Beispielen lernen wir«).

Lang ist der Weg durch **Lehren**, kurz und wirksam der durch Beispiele.
(... longum iter est per praecepta, breve et efficax per exempla.)
> Seneca: Epistulae morales ad Lucilium. 6. Brief

Es ist nichts schrecklicher als ein **Lehrer**, der nicht mehr weiß, als die Schüler allenfalls wissen sollen. Wer andere lehren will, kann wohl oft das Beste verschweigen, was er weiß, aber er darf nicht halbwissend sein.
> Johann Wolfgang Goethe: Wilhelm Meisters Wanderjahre oder Die Entsagenden. 2. Fassung 1829. 1. Buch, Kap. 4

Nur über meine **Leiche** geht der Weg.
> Theodor Körner: Hedwig 3,10

Der **Leichtsinn** ist ein Schwimmgürtel für den Strom des Lebens.
> Ludwig Börne: Aphorismen

... und muß mein **Leid** in mich fressen.
> Ps 39,3

Leide und meide!
(ἀνέχου καὶ ἀπέχου. – anechu kai apechu. – Sustine et abstine.)
> Wahlspruch des Epiktet, wie ihn Aulus Gellius in den *Noctes Atticae* 17,19 überlieferte. – Die wörtliche Übersetzung lautet »ertrage und entsage«.

Leiden sind Lehren
(Παθήματα μαθήματα – Pathemata mathemata)
> Nach Herodot: Histories apodexis 1,207,1

Die **Leidenschaft** bringt Leiden! – Wer beschwichtigt / Beklommnes Herz, das allzuviel verloren?
Johann Wolfgang Goethe: »Aussöhnung«

Die **Leidenschaft** flieht! / Die Liebe muß bleiben, / Die Blume verblüht, / Die Furcht muß treiben.
Friedrich Schiller: »Das Lied von der Glocke«

Es reißt einen jeden seine **Leidenschaft** hin.
(Trahit sua quemque voluptas.)
Vergil: Bucolica 2,65

Kein Toter ist so gut begraben wie eine erloschene **Leidenschaft**.
Marie von Ebner-Eschenbach: Aphorismen

Noch einmal fällt in meinen Schoß / Die rote Rose **Leidenschaft**; / Noch einmal hab' ich schwärmerisch / In Mädchenaugen mich vergafft.
Theodor Storm: »Noch einmal!«

Alle **Leidenschaften** sind Übertreibungen, sie sind nur Leidenschaften, weil sie übertreiben.
(Toutes les passions sont exagératrices, et elles ne sont des passions que parce qu'elles exagèrent.)
Nicolas Chamfort: Produits de la Civilisation perfectionnée. Darin: Maximes et Pensées, Caractères et Anecdotes

Große **Leidenschaften** sind Krankheiten ohne Hoffnung. Was sie heilen könnte, macht sie erst recht gefährlich.
Johann Wolfgang Goethe: Die Wahlverwandtschaften. 2. Teil, Kap. 4. Aus Ottiliens Tagebuche

Man heilt **Leidenschaften** nicht durch Verstand, sondern nur durch andere Leidenschaften.
Ludwig Börne: Aphorismen

Wenn wir unsern **Leidenschaften** widerstehen, danken wir es mehr ihrer Schwäche als unserer Stärke.
(Si nous résistons à nos passions, c'est plus par leur faiblesse que par notre force.)
La Rochefoucauld: Réflexions ou sentences et maximes morales 122 (1678)

Mein **Leipzig** lob ich mir! / Es ist ein klein Paris und bildet seine Leute.
>Johann Wolfgang Goethe: Faust. Der Tragödie erster Teil. Auerbachs Keller in Leipzig

Leise flehen meine Lieder / Durch die Nacht zu dir.
>Ludwig Rellstab: »Ständchen«, vertont von Franz Schubert

Leise, leise, / Fromme Weise! / Schwing dich auf zum Sternenkreise.
>Carl Maria von Weber: Der Freischütz II,2. Den Text verfaßte Friedrich Kind.

Leise zieht durch mein Gemüt / Liebliches Geläute.
>Heinrich Heine: Neue Gedichte. Darin: »Neuer Frühling« 6

Lektüre ist ein freier Traum.
>Jean-Paul Sartre: Was ist Literatur? 2. Warum schreiben?

Herbei, herbei! Herein, herein! / Ihr schlotternden **Lemuren** ...
>Johann Wolfgang Goethe: Faust. Der Tragödie zweiter Teil. 5. Akt. Großer Vorhof des Palasts

Lenore fuhr ums Morgenrot / Empor aus schweren Träumen: / »Bist untreu, Wilhelm, oder tot? / Wie lange willst du säumen?«
>Gottfried August Bürger: »Lenore«

Den 20. Jänner ging **Lenz** durch's Gebirg.
>Beginn von Georg Büchners Erzählung *Lenz*

Leporello-Register
>Liste der Opfer Don Juans in Wolfgang Amadeus Mozarts Oper *Don Giovanni*. So heißt es in I,7: »Aber in Spanien? Ach in Spanien / Schon tausend und zwei – / Nein, tausend und drei!«

Die **Lerche** in die Lüfte steigt, / Der Löwe brüllt, wenn er nicht schweigt.
>Wilhelm Busch: Münchner Bilderbogen

Man soll nicht mehr **lernen**, als man unbedingt gegen das Leben braucht.
>Karl Kraus: Pro domo et mundo

Mit dem umgehn, von dem man **lernen** kann.
> Baltasar Gracián: Oráculo manual y arte de prudencia (Hand-Orakel und Kunst der Weltklugheit) 11

. . . homo semper tiro, der Mensch ist immer ein **Lernender**, die Welt ist ein Versuch, und der Mensch hat ihm zu leuchten.
> Ernst Bloch: Tübinger Einleitung in die Philosophie I. Vorbemerkung

. . . Ein jeder **lernt** nur, was er lernen kann . . .
> Johann Wolfgang Goethe: Faust. Der Tragödie erster Teil. Studierzimmer [II]

Gar vieles **lernt** man, um es wieder zu vergessen; / Um an dem Ziel zu stehn, muß man die Bahn durchmessen.
> Friedrich Rückert: Die Weisheit des Brahmanen. Fünfte Stufe. Leben

Lesen, bis man keinen Satz mehr versteht, das erst ist Lesen.
> Elias Canetti: Das Geheimherz der Uhr. Aufzeichnungen 1973–1985. Darin: 1984

Wer wird dies **lesen**?
(Quis leget haec?)
> Persius: Saturae 1,2. – So schon in den Satirefragmenten des Lucilius.

Der **Leser** hats gut: er kann sich seine Schriftsteller aussuchen.
> Kurt Tucholsky: Schnipsel

Und das sind die rechten **Leser**, die mit und über dem Buche dichten.
> Joseph Freiherr von Eichendorff: Ahnung und Gegenwart. Kap. 10; vgl. auch »Denn kein **Dichter** . . .«

Das **letzte** Buch, das er liest: unvorstellbar.
> Elias Canetti: Das Geheimherz der Uhr. Aufzeichnungen 1973–1985. Darin: 1978

Ich bin der **Letzte** meines Stamms.
> Friedrich Schiller: Wilhelm Tell II,1

Nicht immer bis zum **Letzten** vordringen. Es ist so Vieles dazwischen.
> Elias Canetti: Die Provinz des Menschen. Aufzeichnungen 1942–1972. Darin: 1959

So werden die **Letzten** die Ersten und die Ersten die Letzten sein.
>   Mt 20,16. – Ähnlich in Mk 10,31 und Lk 13,30.

Das große stille **Leuchten!**
>   Conrad Ferdinand Meyer: »Firnelicht«

Die **Leutnants** und die Fähnderichs, / Die sind die klügsten Leute . . .
>   Heinrich Heine: Buch der Lieder. Darin: »Die Heimkehr« 66

Die **Leviten** lesen
>   In der Bedeutung von ›ermahnen‹ und ›tadeln‹ geht der Ausdruck auf den Bischof Chrodegang von Metz zurück, der um 760 den Brauch einführte, seinen Geistlichen jeden Morgen ein Kapitel aus dem 3. Buch Mose, dem sogenannten ›Leviticus‹ vorzulesen. Dieses Buch enthält religiöse Regeln für Priester und die Söhne des Stammes Levi, die ›Leviter‹.

Les **Liaisons** dangereuses
(Die gefährlichen Liebschaften)
>   Titel eines Briefromans von Pierre Ambroise François Choderlos de Laclos, der 1782 anonym erschienen war

Aber vor allem: Standhalten dem **Licht**, der Freude im Wissen, daß ich erlösche im Licht über Ginster, Asphalt und Meer, standhalten der Zeit, beziehungsweise Ewigkeit im Augenblick. Ewig sein: Gewesen sein.
>   Max Frisch: Montauk; vgl. auch »Auf der Welt sein . . .«

Ein **Licht** aufgehen
>   Nach Ijob 25,3: »Und über wem geht sein Licht nicht auf?«; Ps 97,11; 112,4; Mt 4,16

Ich bin das **Licht** der Welt. Wer mir nachfolgt, der wird nicht wandeln in der Finsternis, sondern wird das Licht des Lebens haben.
>   Joh 8,12

Ihr seid das **Licht** der Welt. Es kann die Stadt, die auf einem Berge liegt, nicht verborgen sein.
>   Mt. 5,14. – Aus der Bergpredigt.

Sein **Licht** nicht unter den Scheffel stellen
> Nach Mt. 5,15: »Man zündet auch nicht ein Licht an und setzt es unter einen Scheffel, sondern auf einen Leuchter...«

Und Gott sprach: Es werde **Licht**! Und es ward Licht.
> 1 Mose 1,3

Wo viel **Licht** ist, ist starker Schatten...
> Johann Wolfgang Goethe: Götz von Berlichingen mit der eisernen Hand I. Jaxthausen. Götzens Burg

... und wenn ich dich **lieb** habe, was geht's dich an?
> Johann Wolfgang Goethe: Wilhelm Meisters Lehrjahre. 4. Buch, Kap. 9

Mein **Liebchen**, was willst du mehr?
> Heinrich Heine: Buch der Lieder. Darin: »Die Heimkehr« 62

Alles bezwingt die **Liebe**.
(Omnia vincit Amor...)
> Vergil: Bucolica 10,69

Als sie einander acht Jahre kannten / (und man darf sagen: sie kannten sich gut), / kam ihre **Liebe** plötzlich abhanden. / Wie andern Leuten ein Stock oder Hut.
> Erich Kästner: »Sachliche Romanze«

Denn **Liebe** ist stark wie der Tod und Leidenschaft unwiderstehlich wie das Totenreich.
> Hld 8,6. – Guy de Maupassant betitelte einen 1889 erschienenen Roman *Fort comme la mort* (Stark wie der Tod), Rainer Werner Fassbinder nannte seinen 1969 gedrehten ersten Kinofilm *Liebe ist kälter als der Tod*.

Denn so ist die **Liebe** beschaffen, daß sie allein Rechte zu haben glaubt und alle anderen Rechte vor ihr verschwinden.
> Johann Wolfgang Goethe: Die Wahlverwandtschaften. 1. Teil, Kap. 12

Die erste **Liebe**
> Offb 2,4: »Aber ich habe gegen dich, daß du die erste Liebe verläßt.«

Die **Liebe** hat nicht nur Rechte, sie hat auch immer recht.
> Marie von Ebner-Eschenbach: Aphorismen

Die **Liebe** hemmet nichts; sie kennt nicht Tür noch Riegel / Und dringt durch alles sich; / Sie ist ohn Anbeginn, schlug ewig ihre Flügel / Und schlägt sie ewiglich.
> Matthias Claudius: »Die Liebe«

Die **Liebe** ist der Liebe Preis.
> Friedrich Schiller: Don Karlos, Infant von Spanien II,8

Die **Liebe**, sagt man, steht am Pfahl gebunden, / Geht endlich arm, zerrüttet, unbeschuht . . .
> Eduard Mörike: »Peregrina« V

Die meisten Menschen brauchen mehr **Liebe**, als sie verdienen.
> Marie von Ebner-Eschenbach: Aphorismen

Es eifre jeder seiner unbestochnen, / Von Vorurteilen freien **Liebe** nach!
> Gotthold Ephraim Lessing: Nathan der Weise III,7

Es gibt nur ein Original der **Liebe**, aber tausend verschiedene Kopien.
(Il n'y a que d'une sorte d'amour, mais il y en a mille différentes copies.)
> La Rochefoucauld: Réflexions ou sentences et maximes morales 74 (1678)

Hat man die **Liebe** durchgeliebt, / Fängt man die Freundschaft an.
> Heinrich Heine: Neue Lieder. Darin: »Angelique« 8

Ich hab dich geliebet und **liebe** dich noch! / Und fiele die Welt zusammen, / Aus ihren Trümmern stiegen doch / Hervor meiner Liebe Flammen.
> Heinrich Heine: Buch der Lieder. Darin: »Lyrisches Intermezzo« 44

Ich **liebe** dir, ich liebe dich! / Wie's richtig is, ich weeß es nich / Un's is mich ooch Pomade.
> Johann Ferdinand Rüthling: »Mir und mich«

. . . ich **liebe** doch alle!
> Erich Mielke, der frühere Minister für Staatssicherheit, in seiner letzten Rede vor der Volkskammer der Deutschen Demokratischen Republik am 13. November 1989

In der **Liebe** suchen die meisten ewige Heimat. Andere, sehr wenige aber, das ewige Reisen.
> Walter Benjamin: Einbahnstraße. Darin: Alte Landkarte

In einem Augenblick gewährt die **Liebe**, / Was Mühe kaum in langer Zeit erreicht.
> Johann Wolfgang Goethe: Torquato Tasso II,3

Kann denn **Liebe** Sünde sein?
> Titel und Refrain eines von Zarah Leander gesungenen Liedes aus dem Film *Der Blaufuchs*. Den Text schrieb Bruno Balz, die Musik Lothar Brühne.

Kein steinern Bollwerk kann der **Liebe** wehren; / Und Liebe wagt, was irgend Liebe kann ...
(For stony limits cannot hold love out, / And what love can do, that dares love attempt.)
> William Shakespeare: An Excellent Conceited Tragedie of Romeo and Juliet II,1 (in der Schlegel-Tieckschen Übersetzung II,2)

Liebe deinen Fernsten, wie du deinen Nächsten nicht leiden magst, dann wird vielleicht einmal Friede in der Welt werden.
> Arthur Schnitzler: Buch der Sprüche und Bedenken. Darin: Verantwortung und Gewissen 23

Liebe deinen Nächsten wie dich selbst.
> Gal 5,14; vgl. hierzu »Du sollst deinen **Nächsten** ...«

Liebe, eine anmutige Narretei; Ehrgeiz, eine ernsthafte Torheit.
(Amour, folie aimable; ambition, sottise sérieuse.)
> Nicolas Chamfort: Produits de la Civilisation perfectionnée. Darin: Maximes et Pensées, Caractères et Anecdotes

Liebe ist, daß Du mir das Messer bist, mit dem ich in mir wühle.
> Franz Kafka in einem Brief an Milena Jesenká vom 14. September 1920

Liebe ist der Endzweck der Weltgeschichte – das Unum des Universums.
> Novalis: Das Allgemeine Brouillon (Materialien zur Enzyklopädistik 1798/99). 1. Gruppe, Nr. 50.

Liebe ist wie epidemische Krankheiten: je mehr man sie fürchtet, um so mehr setzt man sich ihr aus.
(L'amour est comme les maladies épidémiques. Plus on les craint, plus on y est exposé.)
> Nicolas Chamfort: Produits de la Civilisation perfectionée. Darin: Maximes et Pensées, Caractères et Anecdotes

Liebe schwärmt auf allen Wegen; / Treue wohnt für sich allein.
> Johann Wolfgang Goethe: Claudine von Villa Bella. 1. Aufzug

Liebe und Kunst umarmen nicht, was schön ist, sondern was eben dadurch schön wird.
> Karl Kraus: Nachts

Liebe und Trompetenblasen / Nützen zu viel guten Dingen . . .
> Joseph Victor von Scheffel: Der Trompeter von Säckingen. 16. Stück (Schlußstrophe)

. . . man kehrt immer wieder zu seiner ersten **Liebe** zurück.
(. . . on revient toujours / A ses premiers amours.)
> Aus einer Romanze im 3. Aufzug der Oper *Joconde* von Nicolas Isouard. Den Text schrieb Charles Guillaume Étienne.

Mit gleicher **Liebe** lieb ich meine Kinder!
> Friedrich Schiller: »Resignation«

Nur nicht aus **Liebe** weinen, / es gibt auf Erden nicht nur den Einen.
> Refrain eines von Zarah Leander gesungenen Liedes aus dem Film *Es war eine rauschende Ballnacht*. Der Text stammt von Hans Fritz Beckmann, die Musik von Theo Mackeben.

swem nie von **liebe** leit geschach, / dem geschach ouch liep von liebe nie. / liep unde leit diu wâren ie / an minnen ungeschieden.
(Wem nie von Liebesfreude Leid geschah, / dem geschah auch Freude von Liebe nie. / Freude und Leid, die waren stets / an Minne ungeschieden.)
> Gottfried von Straßburg: Tristan 204 ff.

Und alles ohne **Liebe**
> Titel und Kehrreim eines Gedichtes von Theodor Fontane

Liebe – lieben 279

Und fragst du mich, was mit der **Liebe** sei? / So sag ich dir: ich kann mich nicht erinnern . . .
  Bertolt Brecht: »Erinnerung an die Marie A.«

. . . und hätte die **Liebe** nicht, so wäre ich ein tönendes Erz oder eine klingende Schelle.
  1 Kor 13,1; vgl.: »Mit **Me**nschen- und mit Engelszungen reden . . .«

Was aus **Liebe** getan wird, geschieht immer jenseits von Gut und Böse.
  Friedrich Nietzsche: Jenseits von Gut und Böse 153

Wie selten auch wahre **Liebe** ist, so ist wahre Freundschaft doch noch seltener.
(Quelque rare que soit le véritable amour, il l'est encore moins que la véritable amitié.)
  La Rochefoucauld: Réflexions ou sentences et maximes morales 473 (1678)

Du sollst **lieben** Gott, deinen Herrn, von ganzem Herzen, von ganzer Seele und von ganzem Gemüte.
  Mt 22,37; vgl. auch: ». . . so wirst du ihn finden, wenn du ihn von ganzem **He**rzen . . .«

Es ist bemerkenswert, daß wir gerade von dem Menschen, den wir **lieben**, am mindesten aussagen können, wie er sei.
  Max Frisch: Tagebuch 1946–1949 (Abschnitt »1946«)

Für meine **Lieben** ließ' ich Leib und Blut, / Will niemand sein Gefühl und seine Kirche rauben.
  Johann Wolfgang Goethe: Faust. Der Tragödie erster Teil. Marthens Garten

Ich will dich **lieben**, meine Stärke, / Ich will dich lieben, meine Zier, / Ich will dich lieben, mit dem Werke / Und immerwährender Begier . . .
  Anfangszeilen eines Kirchenliedes von Johann Scheffler

Ist euch **lieben** ein so groß Verbrechen?
  Christoph Martin Wieland: Die Grazien. 2. Buch

Man muß nur ein Wesen recht von Grund aus **lieben**, da kommen einem die übrigen alle liebenswürdig vor.

>   Johann Wolfgang Goethe: Die Wahlverwandtschaften. 1. Teil, Kap. 12

Wir haben, wo wir **lieben**, ja nur dies: / einander lassen; denn daß wir uns halten, / das fällt uns leicht und ist nicht erst zu lernen.

>   Rainer Maria Rilke: »Requiem« (»Für eine Freundin«)

Wir **lieben** immer die Menschen, die uns bewundern, aber nicht immer die, die wir bewundern.
(Nous aimons toujours ceux qui nous admirent, et nous n'aimons pas toujours ceux que nous admirons.)

>   La Rochefoucauld: Réflexions ou sentences et maximes morales 294 (1678)

Liebeswahnsinn! Pleonasmus! / Liebe ist ja schon ein Wahnsinn!

>   Heinrich Heine: Atta Troll. Caput XIX

Liebling, mein Herz läßt dich grüßen, / nur mit dir allein / kann es glücklich sein.

>   Refrain eines Liedes aus dem Film *Die Drei von der Tankstelle*. Den Text verfaßte Robert Gilbert, die Musik schrieb Werner Richard Heymann.

Du **liebst** mich nicht, du liebst mich nicht, / Das kümmert mich gar wenig; / Schau ich dir nur ins Angesicht, / So bin ich froh wie'n König.

>   Heinrich Heine: Buch der Lieder. Darin: »Lyrisches Intermezzo« 12

... denn wen der HERR **liebt**, den weist er zurecht, und hat doch Wohlgefallen an ihm wie ein Vater am Sohn.

>   Spr 3,12; Hebr 12,6; vgl. auch Offb 3,19. – Wird oft auch in der Übersetzung »den straft er« oder »den züchtigt er« zitiert.

Er steht links, weil er die Massen **liebt**. Und ich, weil ich sie nicht liebe. Ich – ich liebe die Menschheit.

>   Antoine de Saint-Exupéry: Carnets. Darin: Moral und Politik

Jeder **liebt** sich selber nur / Am meisten?

>   Gotthold Ephraim Lessing: Nathan der Weise III,7

Liebt eure Feinde und bittet für die, die euch verfolgen ...

>   Mt 5,44. – Aus der Bergpredigt.

Was man **liebt**, findet man überall, und sieht überall Ähnlichkeiten.
>Novalis: Glauben und Liebe oder Der König und die Königin. Vorrede 4

Wer nicht **liebt**, der kennt Gott nicht; denn Gott ist die Liebe.
>1 Joh 4,8

Wer nicht mehr **liebt** und nicht mehr irrt, / Der lasse sich begraben.
>Johann Wolfgang Goethe: »Das Beste«

Wo alles **liebt**, kann Karl allein nicht hassen ...
>Friedrich Schiller: Don Karlos, Infant von Spanien I,1

Sie **liebten** sich beide, doch keiner / Wollt es dem andern gestehn; / Sie sahen sich an so feindlich, / Und wollten vor Liebe vergehn.
>Heinrich Heine: Buch der Lieder. Darin: »Die Heimkehr« 33

Ein neues **Lied**, ein besseres Lied, / O Freunde, will ich euch dichten! / Wir wollen hier auf Erden schon / Das Himmelreich errichten.
>Heinrich Heine: Deutschland. Ein Wintermärchen. Caput I

Hoch klingt das **Lied** vom braven Mann, / Wie Orgelton und Glockenklang.
>Gottfried August Bürger: »Das Lied vom braven Manne«

In meinem **Lied** ein Reim / Käme mir fast vor wie Übermut.
>Bertolt Brecht: »Schlechte Zeit für Lyrik«

Schläft ein **Lied** in allen Dingen, / Die da träumen fort und fort, / Und die Welt hebt an zu singen, / Triffst du nur das Zauberwort.
>Joseph Freiherr von Eichendorff: »Wünschelrute«

Kennst du das alte **Liedchen**? / Es klingt so süß, es klingt so trüb! / Sie mußten beide sterben, / Sie hatten sich viel zu lieb.
>Heinrich Heine: Neue Gedichte. Darin: »Neuer Frühling« 29

Tot sind unsre **Lieder**, / unsre alten Lieder. / Lehrer haben sie zerbissen, / Kurzbehoste sie verklampft. / Braune Horden totgeschrien, / Stiefel in den Dreck gestampft.
>   Franz Josef Degenhardt: »Die alten Lieder«

Ziehn die **Lieder** in die Weite, / Muß der Spielmann hinterdrein.
>   Theodor Storm: »Die neuen Fiedel-Lieder« 6

Schaut die **Lilien** auf dem Feld an, wie sie wachsen: sie arbeiten nicht, auch spinnen sie nicht.
>   Mt 6,28. – Aus der Bergpredigt. Vgl. auch ». . . sie **säen** nicht . . .«.

Lilliput
>   Name des Zwergenreiches im 1. Teil von Jonathan Swifts Roman *Gullivers Reisen*, der 1726 unter dem Titel *Travels into Several Remote Nations of the World. By Lemuel Gulliver, First a Surgeon, and then a Captain of Several Ships* erschien

Die **Limonade** ist matt wie deine Seele – Versuche!
>   Friedrich Schiller: Kabale und Liebe V,7

Die **linden** Lüfte sind erwacht, / Sie säuseln und weben Tag und Nacht, / Sie schaffen an allen Enden.
>   Ludwig Uhland: »Frühlingsglaube«

Ja! sie sind's, die dunkeln **Linden**, / Dort, in ihres Alters Kraft. / Und ich soll sie wieder finden, / Nach so langer Wanderschaft!
>   Johann Wolfgang Goethe: Faust. Der Tragödie zweiter Teil. 5. Akt. Offene Gegend

Under der **linden** / an der heide, / dâ unser zweier bette was, / dâ mugt ir vinden / schône beide / gebrochen bluomen unde gras. (Unter der Linde / auf der Heide, / wo unser beider Lager war, / da kann man sehn / liebevoll gebrochen / Blumen und Gras.)
>   Anfangszeilen eines Gedichts von Walther von der Vogelweide

Die **linke** Hand weiß nicht, was die rechte tut
>   Nach Mt 6,3: »Wenn du aber Almosen gibst, so laß deine linke Hand nicht wissen, was die rechte tut . . .« – Aus der Bergpredigt. Vgl. auch »Wenn du nun **Al**mosen gibst . . .«.

Drum **links**, zwei, drei! Drum links, zwei, drei! / Wo dein Platz, Genosse, ist! / Reih dich ein in die Arbeitereinheitsfront / Weil du auch ein Arbeiter bist.
> Bertolt Brecht: »Einheitsfrontlied«

Links wo das Herz ist
> Titel eines Romans von Leonhard Frank, der 1952 erschien

. . . Geh du **linkswärts**, laß mich rechtswärts gehn.
> Friedrich Schiller: Die Räuber IV,5. – Vgl. hierzu 1 Mose 13,9: »Willst du zur Linken, so will ich zur Rechten, oder willst du zur Rechten, so will ich zur Linken.«

Für ein **Linsengericht** verkaufen
> Nach 1 Mose 25,34. – Die Wendung meint, etwas Wertvolles für einen geringen Gegenwert zu verkaufen.

Zwischen **Lipp'** und Kelchesrand / Schwebt der finstern Mächte Hand . . .
> Friedrich Kind: »König Ankäos«

Lirum larum Löffelstiel, / Alte Weiber essen viel, / Junge müssen fasten, / Brot liegt im Kasten, / Messer liegt daneben, / Ey was ein lustig Leben!
> Aus der von Clemens Brentano und Achim von Arnim herausgegebenen Sammlung *Des Knaben Wunderhorn*: »Wenn die Kinder ihre heiße Suppe rühren«. – Das Gedicht war und ist in zahlreichen Varianten weit verbreitet.

Die **Literatur** als Beruf ist zerstörend: man soll sich vor den Worten mehr fürchten.
> Elias Canetti: Die Provinz des Menschen. Aufzeichnungen 1942–1972. Darin: 1946

Die **Literatur** ist frei, aber sie kann die Verfassung des Ganzen weder legitimieren noch in Frage stellen; sie darf alles, aber es kommt nicht mehr auf sie an.
> Hans Magnus Enzensberger: Mittelmaß und Wahn. Darin: Rezensenten-Dämmerung

Die **Literatur** von heute sind Rezepte, die die Kranken schreiben.
> Karl Kraus: Nachts

Literatur: die noch nicht vom Sinn besetzten Orte ausfindig machen
> Peter Handke: Das Gewicht der Welt. Darin: November 1976

Lob ablehnen heißt: zweimal gelobt sein wollen.
(Le refus des louanges est un désir d'être loué deux fois.)
> La Rochefoucauld: Réflexions ou sentences et maximes morales 149 (1678)

Im **Lobe** ist mehr Zudringlichkeit, als im Tadel.
> Friedrich Nietzsche: Jenseits von Gut und Böse. 4. Hauptstück: Sprüche und Zwischenspiele. Nr. 170

Nichts ist schwieriger als **Loben**.
> Max Frisch: Tagebuch 1946–1949 (Abschnitt »1949«)

Gewöhnlich **lobt** man, um gelobt zu werden.
(On ne loue d'ordinaire que pour être loué.)
> La Rochefoucauld: Réflexions ou sentences et maximes morales 146 (1678)

Ein **Loch** ist da, wo etwas nicht ist.
> Kurt Tucholsky: Schnipsel

Lockvogel
> Nach Jer 5,27: »Ihre Häuser sind voller Tücke, wie ein Vogelbauer voller Lockvögel ist.« Vgl. auch Sir 11,31.

Löffelzwerg
> Bezeichnung für ›Hase‹ aus Christian Morgensterns Gedicht »Vice versa«

Es **löst** der Mensch nicht, was der Himmel bindet.
> Friedrich Schiller: Die Braut von Messina II,5

Der **Löwe** brüllt, wenn er nicht schweigt *siehe* Die **Ler**che

Eins, aber es ist ein **Löwe**.
(ἕνα, ἀλλὰ λέοντα. – hena, alla leonta.)
> Äsop: Die Löwin und der Fuchs. – Auf den spöttischen Vorhalt des Fuchses, sie habe nur ein Junges geboren, gibt die Löwin in der Fabel diese Antwort.

Gut gebrüllt, **Löwe**!
(Well roared, lion.)
> William Shakespeare: A Midsommer Nights Dreame (Ein Sommernachtstraum) V,1

Löwen und Despoten sehen schärfer in der Dunkelheit als bei Tage.
> Ludwig Börne: Aphorismen

Wer sich nicht mit der **Löwenhaut** bekleiden kann, nehme den Fuchspelz.
> Baltasar Gracián: Oráculo manual y arte de prudencia (Hand-Orakel und Kunst der Weltklugheit) 220

Die **Logik** will immer Eines und bedenkt nicht, daß es viele Logiken gibt.
> Carl Einstein: Bebuquin oder Die Dilettanten des Wunders. Kap. 13. – Vgl. auch ebd. Kap. 4: »Es gibt viele Logiken, mein Lieber, in uns, welche sich bekämpfen, und aus deren Kampf das Alogische hervorgeht.«

Sie haben ihren **Lohn** schon gehabt.
> Mt 6,2; 6,16. – Aus der Bergpredigt.

Lorbeer ist ein gutes Kraut / Für die Saucenköche; / Wer's als Kopfbedeckung wünscht, / Wisse, daß es steche.
> Otto Julius Bierbaum: »Vom Lorbeer«

Der **Lord** läßt sich / Entschuldigen, er ist zu Schiff nach Frankreich.
> Friedrich Schiller: Maria Stuart V,15. – Schlußworte des Dramas.

Lückenbüßer
> Nach Neh 4,7: ». . . da stellte man sich auf unten hinter der Mauer an den offenen Stellen . . .«

Keinen Anlaß zur **Lüge** haben, heißt noch nicht: aufrichtig sein.
> Arthur Schnitzler: Buch der Sprüche und Bedenken. Darin: Kleine Sprüche 14

O weh der **Lüge**! Sie befreit nicht, / Wie jedes andre, wahrgesprochne Wort, / Die Brust . . .
> Johann Wolfgang Goethe: Iphigenie auf Tauris IV,1

Ohne zu **lügen**, nicht alle Wahrheiten sagen. Nichts erfordert mehr Behutsamkeit als die Wahrheit: sie ist ein Aderlaß des Herzens.
> Baltasar Gracián: Oráculo manual y arte de prudencia (Hand-Orakel und Kunst der Weltklugheit) 181

Ein **Lügner** muß Gedächtnis haben.
(... mendacem memorem esse oportere.)
>Quintilian: Institutiones oratoriae 4,2,91

Weh dem, der **lügt**!
>Titel eines Lustspiels von Franz Grillparzer, das – am 6. März 1838 in Wien uraufgeführt – 1840 erschien

Wer einmal **lügt**, dem glaubt man nicht, / Und wenn er auch die Wahrheit spricht.
>Ludwig Heinrich von Nicolay: »Der Lügner«. – Nicolay nimmt mit dieser Formulierung auf eine Fabel des Phaedrus Bezug (I,11), in der es ebenfalls heißt: »Quicumque turpi fraude semel innotuit, / Etiamsi verum dicit, amittit fidem.«

Das ist **Lützow's** wilde verwegene Jagd.
>Refrain aus Theodor Körners Gedicht »Lützow's wilde Jagd«

Ach! **Luft**! Luft! Clavigo!
>Johann Wolfgang Goethe: Clavigo. 4. Akt. Guilberts Wohnung

Die **Luft** ist kühl und es dunkelt, / Und ruhig fließt der Rhein; / Der Gipfel des Berges funkelt / Im Abendsonnenschein.
>Heinrich Heine: Buch der Lieder. Darin: »Die Heimkehr« 2. – Das Gedicht wird zumeist unter dem Titel »Lorelei« zitiert.

Keine **Luft** von keiner Seite! / Todesstille fürchterlich! / In der ungeheuren Weite / Reget keine Welle sich.
>Johann Wolfgang Goethe: »Meeresstille«

Lukullisches Mahl
>Als Bezeichnung für ein üppiges und reichhaltiges Essen nach dem römischen Feldherrn Lucullus benannt, der auch die Kirsche in Europa eingeführt hatte

Der böse Geist **Lumpazivagabundus** oder Das liederliche Kleeblatt
>Titel einer Posse von Johann Nestroy, die 1833 uraufgeführt wurde

Nur die **Lumpe** sind bescheiden, / Brave freuen sich der Tat.
>Johann Wolfgang Goethe: »Rechenschaft«

Lupus in fabula
(Der Wolf in der Geschichte)

> Gemeint ist damit das Hervorrufen eines Unheils, wenn man davon spricht, im Sinne von: »Man lockt den Wolf herbei, wenn man von ihm redet.« So in den *Adelpho* des Terenz (4,1,21), ebenso im *Stichus* des Plautus: »Atque eccum tibi lupum in sermone . . .« (4,1,73). Auch von Cicero in den Briefen an Atticus (13,33a,1) zitiert.

O welche **Lust**, in freier Luft / Den Atem leicht zu heben! / Nur hier, nur hier ist Leben, / Der Kerker eine Gruft.

> Ludwig van Beethoven: Fidelio I,9; deutscher Text nach Jean Nicolas Bouilly von Joseph Sonnleithner und Friedrich Treitschke

Unbefriedigte **Lust** welkt nie in dem Busen des Mannes!

> Johann Wolfgang Goethe: Achilleis

Und **Lust** und Liebe sind die Fittiche / Zu großen Taten.

> Johann Wolfgang Goethe: Iphigenie auf Tauris II,1

Lustige Leute begehen mehr Torheiten, als traurige; aber traurige begehen größere.

> Ewald Christian von Kleist: Gedanken über verschiedene Vorwürfe

M

Von der **Maas** bis an die Memel, / Von der Etsch bis an den Belt . . .
> August Heinrich Hoffmann von Fallersleben: »Das Lied der Deutschen. Helgoland 26. August 1841«

Ach, **Macht** kommt aus den Fäusten / Und nicht aus dem guten Gesicht / Aus Mündungen kommt die Macht ja / Und kommt aus den Mündern nicht!
> Wolf Biermann: »Chile. Ballade vom Kameramann«

Hast du die **Macht**, du hast das Recht auf Erden.
> Adelbert von Chamisso: »Die Giftmischerin«

Wo wäre die **Macht** der Frauen, wenn die Eitelkeit der Männer nicht wäre?
> Marie von Ebner-Eschenbach: Aphorismen

Fern von **Madrid**
> Nach Friedrich Schiller: Don Karlos, Infant von Spanien I,6. – Dort sagt König Philipp der Zweite: »Deswegen / Vergönn ich Ihnen zehen Jahre Zeit, / Fern von Madrid darüber nachzudenken.«

Von guten **Mächten** wunderbar geborgen, / erwarten wir getrost, was kommen mag. / Gott ist mit uns am Abend und am Morgen / und ganz gewiß an jedem neuen Tag.
> Dietrich Bonhoeffer: »Von guten Mächten«. – Letzte Strophe des Gedichts, das im Dezember 1944 im Gefängnis von Tegel entstand und zugleich das letzte schriftliche Zeugnis Bonhoeffers bildet.

Ein **Mädchen** oder Weibchen / Wünscht Papageno sich!
> Wolfgang Amadeus Mozart: Die Zauberflöte II,23; Text von Emanuel Schikaneder

O **Mädchen**, Mädchen, / Wie lieb' ich dich! / Wie blinkt dein Auge! / Wie liebst du mich!
  Johann Wolfgang Goethe: »Mailied«

Und kam ein **Mädel**, so rief er: »Lütt Dirn, / Kumm man röwer, ick hebb 'ne Birn.«
  Theodor Fontane: »Herr von Ribbeck auf Ribbeck im Havelland«

Mit **Mädeln** sich vertragen, / Mit Männern 'rumgeschlagen / Und mehr Kredit als Geld: / So kommt man durch die Welt.
  Johann Wolfgang Goethe: Claudine von Villa Bella. 1. Aufzug. Einsame Wohnung im Gebirge

Die **Mädels** sind doch sehr interessiert, / Ob einer fromm und schlicht nach altem Brauch.
  Johann Wolfgang Goethe: Faust. Der Tragödie erster Teil. Marthens Garten

Die **Männer** sind alle Verbrecher, / ihr Herz ist ein finsteres Loch . . .
  Lied aus der Posse *Wie einst im Mai*. Der Text stammt von Rudolf Bernauer und Rudolph Schanzer, die Musik von Walter Kollo.

Ich liebe **Männer**, die eine Zukunft, und Frauen, die eine Vergangenheit haben . . .
(I like men who have a future and women who have a past . . .)
  Oscar Wilde: The picture of Dorian Gray (Das Bildnis des Dorian Gray). Kap. 15

Männer machen die Geschichte.
  Heinrich von Treitschke: Deutsche Geschichte im 19. Jahrhundert. Bd. 1 (1879). 1. Buch. 1. Abschnitt. Darin: Der preußische Staat

Ein **Männlein** steht im Walde / Ganz still und stumm; / Es hat von lauter Purpur / Ein Mäntlein um . . .
  August Heinrich Hoffmann von Fallersleben: »Rätsel«. – Das Gedicht wurde von Engelbert Humperdinck in dessen »Märchenspiel« Hänsel und Gretel vertont. Des »Rätsels« Lösung wird in der letzten Strophe verraten: es handelt sich bei dem »Männlein« um eine Hagebutte.

Wenn Ihr wollt, / Ist es kein **Märchen**
  Theodor Herzl: Altneuland. Inschrift auf der Titelseite dieses 1902 erschienenen Romans

Das ist der alte **Märchenwald**! / Es duftet die Lindenblüte! / Der wunderbare Morgenglanz / Bezaubert mein Gemüte.
>   Heinrich Heine: Buch der Lieder. Vorrede zur 3. Auflage

Uns ist in alten **mæren** / wunders vil geseit / von heleden lobebaeren / von grôzer arebeit . . .
(Uns wird in alten Mären viel Wunderbares berichtet, von Helden, reich an Ehren, von großer Mühsal . . .)
>   Anfangsverse des *Nibelungenliedes*

. . . Und daran hängt ein **Märlein**.
(. . . And thereby hangs a tale.)
>   William Shakespeare: As You Like It (Wie es euch gefällt) II,7

Das war 'ne heiße **Märzenzeit**, / Trotz Regen, Schnee und alledem!
>   Ferdinand Freiligrath: »Trotz alledem!« Eingangsverse der Fassung von 1848

Mäßigung! Ich habe / Ertragen, was ein Mensch ertragen kann.
>   Friedrich Schiller: Maria Stuart III,4

Mäzen
>   Bezeichnung für einen großzügigen Gönner, die sich von dem Namen des von Vergil, Horaz oder Properz gerühmten römischen Ritters Maecenas herleitet. In den *Epigrammata* des Martial heißt es 8,55,5: »Sint Maecenates, non deerunt, Flacce, Marones/Vergiliumque . . .« (»Wenn sich Mäzene einstellen, so werden, Flaccus, Dichter wie Vergil nicht ausbleiben.«)

Wer't **mag**, de mag't; / Un wer't nich mag, / De mag't jo woll nich mägen.
>   Motto von Fritz Reuters ›*Läuschen un Rimels*‹

Bei leerem **Magen** / Sind alle Übel doppelt schwer.
>   Christoph Martin Wieland: »Wintermärchen«. 1. Teil

Die **Magier** kamen, doch keiner verstand / Zu deuten die Flammenschrift an der Wand. / Belsazar ward aber in selbiger Nacht / Von seinen Knechten umgebracht.
>   Heinrich Heine: »Belsazar«

Heiße **Magister**, heiße Doktor gar, / Und ziehe schon an die zehen Jahr / Herauf, herab und quer und krumm / Meine Schüler an der Nase herum . . .
  Johann Wolfgang Goethe: Faust. Der Tragödie erster Teil. Nacht

Auf nach **Mahagonny**! / Die Luft ist kühl und frisch.
  Bertolt Brecht: Aufstieg und Fall der Stadt Mahagonny 4

Alles neu / Macht der **Mai**, / Macht die Seele frisch und frei.
  Adolf von Kamp: »Der Mai«

Der **Mai** ist gekommen, die Bäume schlagen aus, / Da bleibe wer Lust hat mit Sorgen zu Haus . . .
  Anfangszeilen eines Gedichts von Emanuel Geibel. – In den *Gedichten* von 1853 als Nr. XXXII des Zyklus »Lieder als Intermezzo«.

Des Lebens **Mai** blüht einmal und nicht wieder, / Mir hat er abgeblüht.
  Friedrich Schiller: »Resignation«

Es ist der erste **Mai**, der lumpigste Ladenschwengel hat heute das Recht, sentimental zu werden, und dem Dichter wolltest du es verwehren?
  Heinrich Heine: Die Reisebilder. 1. Teil. Die Harzreise (Schlußsatz)

Im wunderschönen Monat **Mai**, / Als alle Knospen sprangen, / Da ist in meinem Herzen / Die Liebe aufgegangen.
  Heinrich Heine: Buch der Lieder. Darin: »Lyrisches Intermezzo« 1

Komm, lieber **Mai**, und mache / Die Bäume wieder grün / Und laß mir an dem Bache / Die kleinen Veilchen blühn!
  Christian Adolf Overbeck: »Fritzchen an den Mai«

Wie einst im **Mai**
  Hermann von Gilm: »Allerseelen«; vgl. auch »Stell auf den Tisch die duftenden **Re**seden . . .«

Wie schön blüht uns der **Maien**, / Der Sommer fährt dahin, / Mir ist ein schön Jungfräulein / Gefallen in meinen Sinn.
  Aus der von Clemens Brentano und Achim von Arnim herausgegebenen Sammlung *Des Knaben Wunderhorn*: »Abschiedszeichen«. – Als Quelle diente Forsters Sammlung *Teutsche Liedlein* von 1563.

Was macht der **Maier** am Himalaya?
> Titel und Refrain eines Liedes von Fritz Rotter und Otto Stransky zu der Musik von Anton Profes

Maikäfer flieg, / Der Vater ist im Krieg, / Die Mutter ist im Pulverland, / Und Pulverland ist abgebrannt.
> Aus der von Clemens Brentano und Achim von Arnim herausgegebenen Sammlung *Des Knaben Wunderhorn*: »Maikäfer-Lied«. – Dort mit dem Zusatz: »Mündlich in Hessen. In Niedersachsen sagen sie Pommerland . . .«

Mit größerer **Majestät** hat noch nie ein Verstand stillgestanden.
> Georg Christoph Lichtenberg: Sudelbücher C 25

Jeder sei, in seiner Art, **majestätisch**. Wenn er auch kein König ist, müssen doch alle seine Handlungen, nach seiner Sphäre, eines Königs würdig sein . . .
> Baltasar Gracián: Oráculo manual y arte de prudencia (Hand-Orakel und Kunst der Weltklugheit) 103

Eine **Majorität** hat viele Herzen, aber ein Herz hat sie nicht.
> Otto von Bismarck vor dem deutschen Reichstag am 12. Juni 1882

Nichts ist widerwärtiger als die **Majorität**: denn sie besteht aus wenigen kräftigen Vorgängern, aus Schelmen, die sich akkomodieren, aus Schwachen, die sich assimilieren, und der Masse, die nachtrollt, ohne nur im mindesten zu wissen, was sie will.
> Johann Wolfgang Goethe: Wilhelm Meisters Wanderjahre oder Die Entsagenden. 2. Fassung 1829. Darin: Betrachtungen im Sinne der Wanderer

Der ehrliche **Makler**
> Mit diesem Begriff beschrieb Otto von Bismarck am 19. Februar 1878 im Reichstag die angestrebte Rolle des deutschen Reichs bei der »Vermittlung des Friedens«.

Der ungerechte **Mammon**
> Lk 16,9; 16,11. – Vom ›Mammon‹, dem syrischen Gott des Reichtums, spricht auch Mt 6,24; vgl. »Ihr könnt nicht Gott dienen . . .«.

Manche freilich müssen drunten sterben, / Wo die schweren Ruder der Schiffe streifen, / Andre wohnen bei dem Steuer droben, / Kennen Vogelflug und die Länder der Sterne.
> Hugo von Hofmannsthal: »Manche freilich . . .«

Ach ja – der ideale **Mann** würde zu uns reden, als wären wir Göttinnen, und uns behandeln, als wären wir kleine Kinder.
> Oscar Wilde: A Woman of No Importance (Eine Frau ohne Bedeutung). 2. Akt

... dem **Mann** kann geholfen werden.
> Friedrich Schiller: Die Räuber V,2. – Schlußworte des Dramas.

... der **Mann** aber ist das Haupt der Frau ...
> 1 Kor 11,3; Eph 5,23

Der **Mann** bildet sich ein, daß er das Weib ausfülle. Aber er ist nur ein Lückenbüßer.
> Karl Kraus: Nachts

Der **Mann** Gottes
> Über Mose in 5 Mose 33,1

Der **Mann** ist der Herr des Hauses; im Hause aber soll nur die Frau herrschen.
> Marie von Ebner-Eschenbach: Aphorismen

Der **Mann** muß hinaus / Ins feindliche Leben, / Muß wirken und streben / Und pflanzen und schaffen, / Erlisten, erraffen, / Muß wetten und wagen, / Das Glück zu erjagen.
> Friedrich Schiller: »Das Lied von der Glocke«

Ein **Mann**, der recht zu wirken denkt, / Muß auf das beste Werkzeug halten.
> Johann Wolfgang Goethe: Faust. Der Tragödie erster Teil. Vorspiel auf dem Theater

Ein **Mann** kann mit jeder Frau glücklich sein, solange er sie nicht liebt.
(A man can be happy with any woman, as long as he does not love her.)
> Oscar Wilde: The picture of Dorian Gray (Das Bildnis des Dorian Gray). Kap. 15

Ein **Mann** nach dem Herzen Gottes
> Nach 1 Sam 13,14: »Der HERR hat sich einen Mann gesucht nach seinem Herzen ...«

Er war ein **Mann**, nehmt alles nur in allem; / Ich werde nimmer seines Gleichen sehn.
(A was a man. Take him for all in all, / I shall not look upon his like again.)
> William Shakespeare: The Tragicall Historie of Hamlet, Prince of Denmarke I,2. – Zumeist als »He was a man ...« zitiert.

Ihr **Mann** ist tot und läßt Sie grüßen.
> Johann Wolfgang Goethe: Faust. Der Tragödie erster Teil. Der Nachbarin Haus

Kein **Mann** ist so groß als sein Name, weder im Guten noch im Schlimmen.
> Johann Gottfried Seume: Apokryphen

Mann ist **Mann**
> Titel eines Bühnenstücks von Bertolt Brecht, das 1926 uraufgeführt wurde und dessen Untertitel lautete: *Die Verwandlung des Packers Galy Gay in den Militärbaracken von Kilkoa im Jahre neunzehnhundertfünfundzwanzig.* – Im »Zwischenspruch« vor der 9. Szene heißt es: »Herr Bertolt Brecht behauptet: Mann ist Mann / Und das ist etwas, was jeder behaupten kann. / Aber Herr Bertolt Brecht beweist auch dann / Daß man mit einem Menschen beliebig viel machen kann.«

So sei getrost und sei ein **Mann** ...
> 1 Kön 2,2. – David zu seinem Sohn Salomo.

Manna
> Bezeichnung für das Himmelsbrot der Israeliten in der Wüste; nach 2 Mose 16,15; 16,33; 16,35. – 2 Mose 16,15 erklärt die Entstehung des Wortes aus der Frage: »Man hu?«, »Was ist das?«

Im echten **Manne** ist ein Kind versteckt: das will spielen. Auf, ihr Frauen, so entdeckt mir doch das Kind im Manne!
> Friedrich Nietzsche: Also sprach Zarathustra. Darin: Von alten und jungen Weiblein

Manntje, Manntje, Timpe Te, / Buttje, Buttje in der See, / Myne Fru de Ilsebill / Will nich so, as ik wol will.
> Kinder- und Hausmärchen. Gesammelt durch die Brüder Grimm. Darin: Von dem Fischer un syner Fru

Den **Mantel** nach dem Wind drehen
> So schon in Gottfried von Straßburgs *Tristan* 10 426 f.: »man sol den mantel kêren, / als ie die winde sint gewant.«

Marienwürmchen setze dich, / Auf meine Hand, auf meine Hand, / Ich tu dir nichts zu Leide.
>Aus der von Clemens Brentano und Achim von Arnim herausgegebenen Sammlung *Des Knaben Wunderhorn*: »Marienwürmchen«

Durch **Mark** und Bein dringen
>Nach Hebr 4,12: »Denn das Wort Gottes ist lebendig und kräftig und schärfer als jedes zweischneidige Schwert, und dringt durch, bis es scheidet Seele und Geist, auch Mark und Bein...«

Hab' ich den **Markt** und die Straßen doch nie so einsam gesehen!
>Johann Wolfgang Goethe: Hermann und Dorothea. 1. Gesang: Kalliope

Markt und Straßen stehn verlassen, / Still erleuchtet jedes Haus, / Sinnend geh ich durch die Gassen, / Alles sieht so festlich aus.
>Joseph Freiherr von Eichendorff: »Weihnachten«

Marta, Marta, du hast viel Sorge und Mühe.
>Lk 10,41. – Aus Lk 10,40 (»Marta aber machte sich viel zu schaffen, ihm zu dienen«) ist die Wendung von der ›geschäftigen Martha‹ abgeleitet.

Martha, Martha, du entschwandest...
>Friedrich von Flotow: Martha oder Der Markt zu Richmond. 3. Akt. Den Text zu dieser Oper verfaßte Wilhelm Friedrich (Riese).

Die Lehre von **Marx** ist allmächtig, weil sie wahr ist.
>Wladimir Iljitsch Lenin: Drei Quellen und drei Bestandteile des Marxismus

Mit **Marx**- und Engelszungen
>Titel einer Gedicht- und Liedersammlung von Wolf Biermann, erschienen 1968

Alles Erworbne bedroht die **Maschine**, solange / sie sich erdreistet, im Geist, statt im Gehorchen, zu sein.
>Rainer Maria Rilke: Die Sonette an Orpheus. 2. Teil, X

Das überhandnehmende **Maschinenwesen** quält und ängstigt mich, es wälzt sich heran wie ein Gewitter, langsam, langsam; aber es hat seine Richtung genommen, es wird kommen und treffen.
>Johann Wolfgang Goethe: Wilhelm Meisters Wanderjahre oder Die Entsagenden. 2. Fassung 1829. 3. Buch, Kap. 13. Lenardos Tagebuch; Sonntag, den 21.

Es gibt ein **Maß** in den Dingen, es gibt letztlich feste Grenzen ...
(Est modus in rebus, sunt certi denique fines ...)
> Horaz: Sermonum libri duo (Satiren) 1,1,106

Rechtes **Maß** und Gewicht halten
> Nach Sir 42,4: »Schäme dich nicht ... rechtes Maß und Gewicht zu halten; zufrieden zu sein, ob du viel oder wenig gewinnst ...«

... und mit welcherlei **Maß** ihr messet, wird euch gemessen werden.
> Mt. 7,2

Die **Masse** könnt Ihr nur durch Masse zwingen, / Ein jeder sucht sich endlich selbst was aus.
> Johann Wolfgang Goethe: Faust. Der Tragödie erster Teil. Vorspiel auf dem Theater

Eine rohe, ungeordnete **Masse**
(rudis indigestaque moles)
> Ovid: Metamorphoseon libri 1,7

Das ist die Liebe der **Matrosen**! / Auf die Dauer, lieber Schatz, / ist mein Herz kein Ankerplatz!
> Refrain eines Liedes aus dem Film *Bomben auf Monte Carlo*, zu dem Robert Gilbert den Text und Werner Richard Heymann die Musik schrieben

Wir müssen mit der **Mauer** leben.
> Willy Brandt in einer Rede am 18. August 1962

Jemandem das **Maul** stopfen
> Nach Ps 107,42: »... und aller Bosheit wird das Maul gestopft werden.«

Denn das ist eine arme **Mauß** / Die nurt weis zu eim Loch hinauß.
> Georg Rollenhagen: Froschmeuseler I,1,3

Max! Bleibe bei mir. – Geh nicht von mir, Max!
> Friedrich Schiller: Wallenstein. Wallensteins Tod III,18

Measures, not men ...
(Maßregeln, nicht Menschen)
> Wendung aus Oliver Goldsmiths Komödie *The Good-Natur'd Man* II,1

Bauer **Mecke**

Gestalt aus Wilhelm Buschs *Max und Moritz*. Letzter Streich

... in **medias** res ...
(mitten in die Dinge hinein)

Horaz: De arte poetica 148; vgl. »Ab **ovo**«

Was **Medikamente** nicht heilen, heilt das Eisen; was das Eisen nicht heilt, heilt das Feuer; was aber das Feuer nicht heilt, muß als unheilbar angesehen werden.
('Οκόσα φάρμακα οὐκ ἰῆται, / σίδηρος ἰῆται, ὅσα σίδηρος οὐκ ἰῆται, / πῦρ ἰῆται, ὅσα δὲ πῦρ οὐκ ἰῆται, / ταῦτα χρὴ νομίζειν ἀνίατα. – Hokosa pharmaka uk ietai, sideros ietai, hosa sideros uk ietai, pyr ietai, hosa de pyr uk ietai, tauta chre nomizein aniata.)

Hippokrates: Aphorismen 7,87. – Die erste Hälfte dieses Spruches wurde Friedrich Schillers *Räubern* als Motto vorangestellt: »Quae medicamenta non sanant, ferrum sanat; quae ferrum non sanat, ignis sanat.«

Und die Kinder Israels gingen hinein mitten ins **Meer** auf dem Trockenen, und das Wasser war ihnen eine Mauer zur Rechten und zur Linken.

2 Mose 14,22; vgl. auch »Aber die Kinder Israels gingen **tr**ocken ...«

Muget ir schouwen waz dem **meien** / wunders ist beschert? /
Seht an pfaffen, seht an leien, / wie daz allez vert.
(Seht nur, was dem Mai / an Herrlichkeiten beschert worden ist! /
Seht alle Welt an, / wie es ihr ergeht!)

Anfangszeilen eines Gedichts von Walther von der Vogelweide

Ich habe / Das **Meinige** getan. Tun Sie das Ihre!

Friedrich Schiller: Don Karlos, Infant von Spanien V,11

Ich habe es sehr deutlich bemerkt: Ich habe oft die **Meinung**, wenn ich liege, und eine andere, wenn ich stehe. Zumal wenn ich wenig gegessen habe und matt bin.

Georg Christoph Lichtenberg: Sudelbücher F 557

Man sagt: zwischen zwei entgegengesetzten **Meinungen** liege die Wahrheit mitteninne. Keineswegs! Das Problem liegt dazwischen, das Unschaubare, das ewig tätige Leben in Ruhe gedacht.
> Johann Wolfgang Goethe: Wilhelm Meisters Wanderjahre oder Die Entsagenden. 2. Fassung 1829. Darin: Betrachtungen im Sinne der Wanderer

Ach **Meister**, mein Meister, sie schlagen mich tot, / Die Sonne, sie ist ja wie Blut so rot!
> Friedrich Hebbel: »Der Heideknabe«

Der **Meister** kann die Form zerbrechen / Mit weiser Hand, zur rechten Zeit . . .
> Friedrich Schiller: »Das Lied von der Glocke«

Verachtet mir die **Meister** nicht / und ehrt mir ihre Kunst!
> Richard Wagner: Die Meistersinger von Nürnberg III,5

Auf des **Meisters** Worte schwören
(iurare in verba magistri)
> Horaz: Epistulae 1,1,14

Menetekel
> Nach Dan 5,25: »So aber lautet die Schrift, die dort geschrieben steht: Mene mene tekel u-parsin.« – Daniel deutet die Schrift an der Wand, die König Belsazar erschienen war. Vgl. auch: »**Ge**wogen und zu leicht befunden«.

Die **Menge** schwankt im ungewissen Geist, / Dann strömt sie nach, wohin der Strom sie reißt.
> Johann Wolfgang Goethe: Faust. Der Tragödie zweiter Teil. 4. Akt. Auf dem Vorgebirg

Dort strömt die **Menge** zu dem Bösen; / Da muß sich manches Rätsel lösen.
> Johann Wolfgang Goethe: Faust. Der Tragödie erster Teil. Walpurgisnacht

Ich hasse die gemeine **Menge** und halte sie mir fern.
(Odi profanum vulgus et arceo.)
> Horaz: Carmina 3,1,1

Ich wünschte sehr, der **Menge** zu behagen, / Besonders weil sie lebt und leben läßt.
> Johann Wolfgang Goethe: Faust. Der Tragödie erster Teil. Vorspiel auf dem Theater

O sprich mir nicht von jener bunten **Menge**, / Bei deren Anblick uns der Geist entflieht.
> Johann Wolfgang Goethe: Faust. Der Tragödie erster Teil. Vorspiel auf dem Theater

. . . **mens** sana in corpore sano.
(. . . ein gesunder Geist in einem gesunden Körper.)
> Juvenal: Saturae 10,356

Bist du ein **Mensch**, so fühle meine Not.
> Johann Wolfgang Goethe: Faust. Der Tragödie erster Teil. Kerker

Denn ich bin ein **Mensch** gewesen, / Und das heißt ein Kämpfer sein.
> Johann Wolfgang Goethe: West-östlicher Divan. Darin: Buch des Paradieses (»Einlaß«).

Der **Mensch**, das unbekannte Wesen
(L'homme, cet inconnu)
> Titel einer 1935 veröffentlichten Schrift von Alexis Carrel

Der **Mensch** denkt, Gott lenkt
> Nach Spr 16,9: »Des Menschen Herz erdenkt sich seinen Weg; aber der HERR allein lenkt seinen Schritt.«

Der **Mensch** erfährt, er sei auch wer er mag, / Ein letztes Glück und einen letzten Tag.
> Johann Wolfgang Goethe: Aus »Sprichwörtlich«

Der **Mensch** erkennt sich nur im Menschen, nur / Das Leben lehret jedem, was er sei.
> Johann Wolfgang Goethe: Torquato Tasso II,3

Der **Mensch** ist das Maß aller Dinge.
(Ἄνθρωπος μέτρον ἁπάντων. – Anthropos metron hapanton.)

> Dieser Satz, den man auch als ›Homo-mensura-Satz‹ bezeichnet, stammt von Protagoras und wird von Sextus Empiricus in seiner Schrift *Adversos mathematicos* 7,60 zitiert.

Der **Mensch** ist ein nachahmendes Geschöpf, / Und wer der Vorderste ist, führt die Herde.

> Friedrich Schiller: Wallenstein. Wallensteins Tod III,4

Der **Mensch** ist ein Seil, geknüpft zwischen Tier und Übermensch, – ein Seil über dem Abgrunde.

> Friedrich Nietzsche: Also sprach Zarathustra. Vorrede 4

Der **Mensch** ist gut

> Titel eines Novellenzyklus von Leonhard Frank, 1917 erschienen

Der **Mensch** ist nicht geboren, frei zu sein, / Und für den Edlen ist kein schöner Glück, / Als einem Fürsten, den er ehrt, zu dienen.

> Johann Wolfgang Goethe: Torquato Tasso II,1

. . . der **Mensch** ist nichts anderes als wozu er sich macht.

> Jean-Paul Sartre: L'existentialisme est un Humanisme (Ist der Existentialismus ein Humanismus?) Darin: Die existentialistische Auffassung des Menschen

Der **Mensch** ist, was er ißt.

> Ludwig Feuerbach: Die Naturwissenschaft und die Revolution. – Diesen Gedanken formulierte zuvor schon Jean-Anthelme Brillat-Savarin 1825 in seiner *Physiologie du goût*: »Dis-moi ce que tu manges, je te dirai ce que tu es.« (»Sage mir, was du ißt, und ich sage dir, was du bist.«)

Der **Mensch** kommt unter allen Tieren in der Welt dem Affen am nächsten.

> Georg Christoph Lichtenberg: Sudelbücher B 107

Der **Mensch** sieht, was vor Augen ist; der HERR aber sieht das Herz an.

> 1 Sam 16,7

Der **Mensch** soll um der Güte und Liebe willen dem Tode keine Herrschaft einräumen über seine Gedanken.
Thomas Mann: Der Zauberberg. Kap. 6. Schnee

Der **Mensch** von heute stellt gegenüber dem Höhlenmenschen zwar keinen biologischen, wohl aber einen begrifflichen Fortschritt dar. Die Erziehung hat Vorrang vor der Belehrung: sie begründet den Menschen.
Antoine de Saint-Exupéry: Carnets. Darin: Verstand und Sprache

Der **Mensch** wird schließlich mangelhaft. / Die Locke wird hinweggerafft.
Wilhelm Busch: Die fromme Helene. Kap. 8

Doch was der **Mensch** auch ergreife und handhabe, der einzelne ist sich nicht hinreichend, Gesellschaft bleibt eines wackern Mannes höchstes Bedürfnis. Alle brauchbaren Menschen sollen in Bezug untereinander stehen . . .
Johann Wolfgang Goethe: Wilhelm Meisters Wanderjahre oder Die Entsagenden. 2. Fassung 1829. 3. Buch, Kap. 9

General, der **Mensch** ist sehr brauchbar. / Er kann fliegen und er kann töten. / Aber er hat einen Fehler: / Er kann denken.
Bertolt Brecht: »Deutsche Kriegsfibel 1937«

Hienieden braucht der **Mensch** nicht viel, / Noch braucht er's lange Zeit.
(Man wants but little here below, / Nor wants that little long.)
Oliver Goldsmith: »The Hermit«. Stanza 8

Hier bin ich **Mensch**, hier darf ich's sein!
Johann Wolfgang Goethe: Faust. Der Tragödie erster Teil. Vor dem Tor; vgl. auch »Hier ist des **Vo**lkes . . .«

Ihr aber, wenn es soweit sein wird / Daß der **Mensch** dem Menschen ein Helfer ist / Gedenkt unsrer / Mit Nachsicht.
Bertolt Brecht: »An die Nachgeborenen«

Ihr Herren, bildet euch nur da nichts ein / Der **Mensch** lebt nur von Missetat allein!

>Bertolt Brecht: Die Dreigroschenoper II,6: Gefängnis. Darin: »2. Dreigroschen-Finale«

Jedoch der **Mensch** ist von Natur gut, wie ich bewiesen zu haben glaube.
(Cependant, l'homme est naturellement bon, je crois l'avoir démontré.)

>Jean-Jacques Rousseau: Discours sur l'origine et les fondements de l'inégalité parmi les hommes (Abhandlung über den Ursprung und die Gründe der Ungleichheit unter den Menschen). 1. Teil

Kein **Mensch** muß müssen . . .

>Gotthold Ephraim Lessing: Nathan der Weise I,3

Und weil der **Mensch** ein Mensch ist / Drum will er was zum Essen, bitte sehr!

>Bertolt Brecht: »Einheitsfrontlied«. – In der 2. Strophe heißt es: »Und weil der Mensch ein Mensch ist / Hat er Stiefel im Gesicht nicht gern.«

Was kann der **Mensch** im Leben mehr gewinnen, / Als daß sich Gott-Natur ihm offenbare? / Wie sie das Feste läßt zu Geist verrinnen, / Wie sie das Geisterzeugte fest bewahre.

>Johann Wolfgang Goethe: Wilhelm Meisters Wanderjahre oder Die Entsagenden. 2. Fassung 1829. Darin: »Im ernsten Beinhaus war's . . .« – Das Gedicht bildet den Abschluß des Romans.

Alle **Menschen** werden Brüder, / Wo dein sanfter Flügel weilt.

>Friedrich Schiller: »An die Freude«

Alle **Menschen** werden ehrlich geboren und sterben als Betrüger.
(Tous les hommes naissent sincères, et meurent trompeurs.)

>Marquis de Vauvenargues: Réflexions et maximes

Daß **Menschen** nur – nicht Wesen höhrer Art – / Die Weltgeschichte schreiben!

>Friedrich Schiller: Don Karlos, Infant von Spanien III,10

Die größten **Menschen** hängen immer mit ihrem Jahrhundert durch eine Schwachheit zusammen.
>   Johann Wolfgang Goethe: Die Wahlverwandtschaften. 2. Teil, Kap. 5. Aus Ottiliens Tagebuche

Die **Menschen** haben keine Zeit mehr, irgend etwas kennenzulernen. Sie kaufen sich alles fertig in den Geschäften.
>   Antoine de Saint-Exupéry: Le petit prince (Der kleine Prinz) XXI

Die **Menschen**. Nicht sich dem opfern, was sie sind, sondern dem, was sie werden können.
>   Antoine de Saint-Exupéry: Carnets. Darin: Moral und Politik

Die **Menschen** sind nicht immer, was sie scheinen.
>   Gotthold Ephraim Lessing: Nathan der Weise I,6

Es gibt **Menschen**, die geizen mit ihrem Verstande wie andere mit ihrem Gelde.
>   Ludwig Börne: Aphorismen

Es ist absurd, zwischen guten und schlechten **Menschen** zu unterscheiden. Die Menschen sind entweder charmant oder langweilig.
>   Oscar Wilde: Lady Windermere's Fan (Lady Windermeres Fächer). 1. Akt

Ich bin überzeugt, daß, wenn Gott einmal einen solchen **Menschen** schaffen [würde], wie ihn sich die Magistri und Professoren der Philosophie vorstellen, er müßte den ersten Tag ins Tollhaus gebracht werden.
>   Georg Christoph Lichtenberg: Sudelbücher F 33

Ich sehe nur, wie sich die **Menschen** plagen. / Der kleine Gott der Welt bleibt stets von gleichem Schlag / Und ist so wunderlich als wie am ersten Tag.
>   Johann Wolfgang Goethe: Faust. Der Tragödie erster Teil. Prolog im Himmel

Ich sprach in meinem Zagen: / Alle **Menschen** sind Lügner.
>   Ps 116,11

Menschen im Hotel
>   Titel eines 1929 erschienenen Romans von Vicki Baum

Mit **Menschen-** und mit Engelszungen reden

Nach 1 Kor 13,1: »Wenn ich mit Menschen- und mit Engelszungen rede te . . .«; vgl. ». . . und hätte die Liebe nicht . . .« – Unter dem Titel *Mit Marx- und Engelszungen* erschien 1968 eine Gedicht- und Liedersammlung von Wolf Biermann.

O daß dem **Menschen** nichts Vollkommnes wird, / Empfind ich nun.

Johann Wolfgang Goethe: Faust. Der Tragödie erster Teil. Wald und Höhle

So sind die **Menschen** fürwahr! und einer ist doch wie der andre, / Daß er zu gaffen sich freut, wenn den Nächsten ein Unglück befället!

Johann Wolfgang Goethe: Hermann und Dorothea. 1. Gesang: Kalliope

Und Gott schuf den **Menschen** zu seinem Bilde, zum Bilde Gottes schuf er ihn; und er schuf sie als Mann und Weib.

1 Mose 1,27

Und Gott sprach: Lasset uns **Menschen** machen, ein Bild das uns gleich sei, die da herrschen über die Fische im Meer und über die Vögel unter dem Himmel und über das Vieh und über alle Tiere des Feldes und über alles Gewürm, das auf Erden kriecht.

1 Mose 1,26

Wir lernen die **Menschen** nicht kennen, wenn sie zu uns kommen; wir müssen zu ihnen gehen, um zu erfahren, wie es mit ihnen steht.

Johann Wolfgang Goethe: Die Wahlverwandtschaften. 2. Teil. Kap. 5. Aus Ottiliens Tagebuche

Wir sollten vom **Menschen**, wie vom Wetter, das Beste und das Schlechteste erwarten.

(Il faut tout attendre et tout craindre du temps et des hommes.)

Marquis de Vauvenargues: Réflexions et maximes

Wer **Menschenblut** vergießt, dessen Blut soll auch durch Menschen vergossen werden . . .

1 Mose 9,6. – Gott zu Noah.

Sind Sie sicher, daß Sie die Erhaltung des **Menschengeschlechts**, wenn Sie und alle Ihre Bekannten nicht mehr sind, wirklich interessiert?
> Max Frisch: Tagebuch 1966–1971 (Abschnitt »1966«, Fragebogen)

Das arme **Menschenherz** muß stückweis brechen.
> Georg Herwegh: »Ich möchte hingehn wie das Abendrot...«. – Schlußzeile des Gedichts.

Wir stolze **Menschenkinder** / Sind eitel arme Sünder / Und wissen gar nicht viel...
> Matthias Claudius: »Abendlied«

Ich höre, Sire, wie klein, / Wie niedrig Sie von **Menschenwürde** denken...
> Friedrich Schiller: Don Karlos, Infant von Spanien III,10

Der **Menschheit** ganzer Jammer faßt mich an *siehe* Mich faßt ein längst entwohnter **Sch**auer

Ich liebe / Die **Menschheit**, und in Monarchien darf / Ich niemand lieben als mich selbst.
> Friedrich Schiller: Don Karlos, Infant von Spanien III,10

Menschheitsdämmerung
> Titel einer Sammlung expressionistischer Lyrik, die Kurt Pinthus 1920 herausgegeben hatte

Menschliches, Allzumenschliches
> Titel einer Schrift von Friedrich Nietzsche, die 1878 erschien; ihr Untertitel: *Ein Buch für freie Geister*

Ein **Messer** ohne Klinge, an welchem der Stiel fehlt.
> Georg Christoph Lichtenberg: Verzeichnis einer Sammlung von Gerätschaften, welche in dem Hause des Sir H. S. künftige Woche öffentlich verauktioniert werden soll. Nach dem Englischen. – In diesem im *Göttinger Taschenkalender* von 1798 veröffentlichten Beitrag wird dieser Gegenstand unter der Nr. 1 aufgeführt.

Auf des **Messers** Schneide stehen
> Nach Homers *Ilias* 10,173 gebildet: »Ἐπὶ ξυροῦ ἵσταται ἀκμῆς. – Epi xyru histatai akmes.« – Obwohl Johann Heinrich Voß in seiner Übertragung diese Stelle »Denn nun steht es allen fürwahr auf der Schärfe des Messers« übersetzte, ist die Formulierung »auf Messers Schneide« sprichwörtlich geworden.

Metaphysik ist der Versuch, in einem verdunkelten Zimmer eine schwarze Katze zu fangen, die sich gar nicht darin befindet.
>Ausspruch von Bertrand Russell

Methusalem
>Bezeichnung für einen sehr alten Menschen. Nach ›Methuschelach‹, der nach 1 Mose 5,27 das Alter von 969 Jahren erreichte

Nel **mezzo** del cammin di nostra vita ...
(In der Mitte unseres Lebensweges ...)
>Beginn von Dante Alighieris *La Divina Commedia*

Miau! Mio! Miau! Mio! / Zu Hilf'! Das Kind brennt lichterloh!
>Heinrich Hoffmann: Der Struwwelpeter. Darin: Die gar traurige Geschichte mit dem Feuerzeug

Die **Milch** der frommen Denkart ...
>Friedrich Schiller: Wilhelm Tell IV,3. – Tells Worte lauten: »... in gärend Drachengift hast du / Die Milch der frommen Denkart mir verwandelt ...«

... ein Land, darin **Milch** und Honig fließt ...
>2 Mose 3,8

Es ist zu voll von **Milch** der Menschenliebe ...
(It is too full o' th' milk of human kindness ...)
>William Shakespeare: The Tragedie of Macbeth I,5

Solange es geht, muß man **Milde** walten lassen, denn jeder kann sie brauchen.
>Theodor Fontane: Frau Jenny Treibel. Kap. 6

Miles gloriosus
(Der prahlerische Soldat)
>Titel einer Komödie des Plautus, die vor 204 v. Chr. entstanden ist

Ich brauche keine **Millionen**, / mir fehlt kein Pfennig zum Glück, / ich brauche weiter nichts als nur: Musik! Musik! Musik!
>Refrain eines von Hans Fritz Beckmann (Text) und Peter Kreuder (Musik) geschriebenen Liedes aus dem Film *Hallo, Janine*

... Dem **Mimen** flicht die Nachwelt keine Kränze ...
>Friedrich Schiller: Wallenstein. Prolog; vgl. auch »Schwer ist die **Ku**nst ...«

Denn schnell und spurlos geht des **Mimen** Kunst, / Die wunderbare, an dem Sinn vorüber, / Wenn das Gebild des Meißels, der Gesang / Des Dichters nach Jahrtausenden noch leben.

Friedrich Schiller: Wallenstein. Prolog

Die deutschen **Minister** sind kreuzbrave Leut, / Nur muß man nit verlangen, daß sie auch sein g'scheut.

August Heinrich Hoffmann von Fallersleben: »Ein ministerielles Lied«

Minister fallen wie Butterbrode: gewöhnlich auf die gute Seite.

Ludwig Börne: Aphorismen

Meine **Minna** geht vorüber? / Meine Minna kennt mich nicht?

Friedrich Schiller: »An Minna«

Was man von der **Minute** ausgeschlagen, / Gibt keine Ewigkeit zurück.

Friedrich Schiller: »Resignation«

Und **Minz** und Maunz, die Katzen, / erheben ihre Tatzen. / Sie drohen mit den Pfoten: / »Der Vater hat's verboten!«

Heinrich Hoffmann: Der Struwwelpeter. Darin: Die gar traurige Geschichte mit dem Feuerzeug

Wir sind auf einer **Mission**. Zur Bildung der Erde sind wir berufen.

Novalis: Blüthenstaub 32

Mißtrauen kommt nie zu früh, aber oft zu spät.

Johann Gottfried Seume: Apokryphen

Durch welchen **Mißverstand** hat dieser Fremdling / Zu Menschen sich verirrt?

Friedrich Schiller: Don Karlos, Infant von Spanien II,2

. . . Jeder für den **Mist** vor seine Kellerlöcher, und unser Herrgott fürs Ganze!

Wilhelm Raabe: Unruhige Gäste. Kap. 20

Mitleid ist Liebe im Negligé.

Marie von Ebner-Eschenbach: Aphorismen

Ach, als sich alle einer **Mitte** neigten / und auch die Denker nur den Gott gedacht . . .

Gottfried Benn: »Verlorenes Ich«

Die richtige **Mitte**
(juste milieu)

Aus einer Erklärung des französischen Königs Louis Philippe über die Absichten seiner Regentschaft in *Le Moniteur Universel* vom 31. Januar 1831: »Nous chercherons à nous tenir dans un juste milieu également éloigné des excès du pouvoir populaire et des abus du pouvoir royal.« (»Wir werden versuchen, eine richtige Mitte einzuhalten, die gleich weit entfernt ist von Übertreibungen der Volksmacht wie von den Mißbräuchen der königlichen Gewalt.«) – Die Wendung findet sich zuvor allerdings schon bei Konfuzius, Horaz (Carmina 2,10,5), Seneca oder Blaise Pascal (Pensées sur la religion 3,3 in der Ausgabe Amsterdam 1692).

In der **Mitte** wirst du am sichersten gehen.
(Medio tutissimus ibis.)

Ovid: Metamorphoseon libri 2,137

Wie schwer sind nicht die **Mittel** zu erwerben, / Durch die man zu den Quellen steigt!

Johann Wolfgang Goethe: Faust. Der Tragödie erster Teil. Nacht

Goldenes **Mittelmaß**
(Aurea mediocritas)

Nach Horaz: Carmina 2,10,5

Mitternacht zog näher schon; / In stiller Ruh' lag Babylon.

Heinrich Heine: »Belsazar«

Steh ich in finstrer **Mitternacht** / So einsam auf der fernen Wacht . . .

Wilhelm Hauff: »Treue Liebe«

Nicht **mitzuhassen**, mitzulieben bin ich da.
(Οὔτοι συνέχθειν, ἀλλὰ συμφιλεῖν ἔφυν. – Utoi synechthein, alla symphilein ephyn.)

Sophokles: Antigone 523

Sich **mitzuteilen** ist Natur; Mitgeteiltes aufzunehmen, wie es gegeben wird, ist Bildung.
>   Johann Wolfgang Goethe: Die Wahlverwandtschaften. 2. Teil, Kap. 4. Aus Ottiliens Tagebuche

Sobald eine **Mode** allgemein geworden ist, hat sie sich überlebt.
>   Marie von Ebner-Eschenbach: Aphorismen

D'Anni hat gsagt, also sie sagt auch, des **Moderne** sagt sie, des is ja heute mehr oder weniger direkt symptomatisch.
>   Gerhard Polt: Da schau her. Alle alltäglichen Geschichten

Mögen hätt ich schon wollen, aber dürfen hab ich mich nicht getraut!
>   Karl Valentin: Das Oktoberfest

Die **Mörder** sitzen im »Rosenkavalier« ...
>   Refrain des Gedichtes »Die Mörder sitzen in der Oper« von Walter Hasenclever, das den Zusatz »Zum Andenken an Karl Liebknecht« trägt

Die **Möwen** sehen alle aus, / Als ob sie Emma hießen.
>   Christian Morgenstern: »Möwenlied«

Der letzte **Mohikaner**
(The Last of the Mohicans)
>   Titel eines Romans von James Fenimore Cooper, der 1826 mit dem Untertitel *A Narrative of 1757* (*Ein Bericht über das Jahr 1757*) erschien

Der **Mohr** hat seine Arbeit getan, der Mohr kann gehen.
>   Friedrich Schiller: Die Verschwörung des Fiesco zu Genua III,4

Der **Mohr** kann gehn, neu Spiel hebt an, / Sie beherrschen die Szene, sie sind dran.
>   Theodor Fontane: »Die Alten und die Jungen«. – Gemeint sind mit dem »Sie« die Jungen; vgl. auch »**Un**verständlich sind uns die Jungen ...«.

Was kann denn dieser **Mohr** dafür, / daß er so weiß nicht ist wie ihr?
>   Heinrich Hoffmann: Der Struwwelpeter. Darin: Die Geschichte von den schwarzen Buben

Im **Mohrenland** gefangen war / Ein Mädchen hübsch und fein.
>Wolfgang Amadeus Mozart: Die Entführung aus dem Serail. 3. Aufzug, 4. Auftritt. Nr. 18. – Romanze des Pedrillo; Libretto von Gottlieb Stephanie d. J. nach Christoph Friedrich Bretzner.

Mohrenwäsche
>Nach Jer 13,23: »Kann etwa ein Mohr seine Haut wandeln oder ein Panther seine Flecken?«

Moloch
>Gott der Kanaaniter nach 3 Mose 18,21

Das ist der **Mond** über Soho . . .
>Bertolt Brecht: Die Dreigroschenoper I,1: Bettlergarderoben. Darin: »Der Anstatt-Dass-Song«

Der **Mond** ist aufgegangen, / Die goldnen Sternlein prangen / Am Himmel hell und klar; / Der Wald steht schwarz und schweiget, / Und aus den Wiesen steiget / Der weiße Nebel wunderbar.
>Matthias Claudius: »Abendlied«

Der **Mond** ist wie blutig Eisen!
>Georg Büchner: Woyzeck (Szene »Woyzeck an einem Teich«)

Der **Mond** kommt still gegangen / Mit seinem goldnen Schein, / Da schläft in holdem Prangen / Die müde Erde ein.
>Emanuel Geibel: »Nachtlied«

Dinge gehen vor im **Mond**, / die das Kalb selbst nicht gewohnt.
>Christian Morgenstern: »Mondendinge«

Schöner, grüner / **Mond** von Alabama / Leuchte uns!
>Bertolt Brecht: Aufstieg und Fall der Stadt Mahagonny 4. – Im *Alabama-Song* hieß es zuvor: »Oh! Moon of Alabama / We now must say good-bye . . .«

Seht ihr den **Mond** dort stehen? – / Er ist nur halb zu sehen / Und ist doch rund und schön!
>Matthias Claudius: »Abendlied«

Sieh hin, sieh her! der **Mond** scheint hell. / Wir und die Toten reiten schnell.
>Gottfried August Bürger: »Lenore«

Wenn der silberne **Mond** durch die Gesträuche blickt / Und sein schlummerndes Licht über den Rasen geußt / Und die Nachtigall flötet, / Wandl' ich traurig von Busch zu Busch.
   Ludwig Christoph Heinrich Hölty: »Die Mainacht«

Willkommen, o silberner **Mond**, / Schöner, stiller Gefährte der Nacht!
   Friedrich Gottlieb Klopstock: »Die frühen Gräber«

Mondbeglänzte Zaubernacht, / Die den Sinn gefangen hält, / Wundervolle Märchenwelt, / Steig' auf in der alten Pracht!
   Ludwig Tieck: Kaiser Octavianus. Prolog

Wenn des **Mondes** still lindernde Tränen / Lösen der Nächte verborgenes Weh; / Dann wehet Friede. In goldenen Kähnen / Schiffen die Geister im himmlischen See.
   Clemens Brentano: »Sprich aus der Ferne heimliche Welt . . .«

Das aufgeklärte **Mondschaf**
   Titel einer Gedichtsammlung von Christian Morgenstern, die 1941 von Margareta Morgenstern aus dem Nachlaß des Dichters herausgegeben wurde

Eine Nacht in **Monte** Carlo / möcht' ich wandeln unter Palmen mit dir!
   Titel und Refrain eines Liedes aus dem Film *Bomben auf Monte Carlo*, zu dem Robert Gilbert den Text und Werner Richard Heymann die Musik schrieben

O schaurig ist's übers **Moor** zu gehn, / Wenn es wimmelt vom Heiderauche . . .
   Annette von Droste-Hülshoff: »Der Knabe im Moor«

Bringen Sie heute abend bitte Ihren **Mops** mit, damit wir etwas haben, worüber wir sprechen können.
   Frank Wedekind: Oaha, die Satire der Satire. 1. Aufzug

Wenn der **Mops** mit der Wurst über'n Spucknapf springt, / Und der Storch in der Luft den Frosch verschlingt . . .
   Bei diesen erstmals in den *Fliegenden Blättern* (Bd. 13, Nr. 304) veröffentlichten Zeilen von Carl Reinhard, die später nochmals in der Nr. 74 des *Münchener Bilderbogens* erschienen, handelt es sich um die Travestie eines Verses, den Herzog

Maximilian von Bayern in seinen »Zitherliedern« gedichtet hatte, wo es hieß: »Wenn der Mut in der Brust seine Spannkraft übt . . .«. Im Volksmund wurden diese Zeilen auch oft als »Wenn der Hund mit der Wurst über'n Eckstein springt . . .« zitiert.

Auch die **Moral** hat ihr Gesetz der Schwere. / Der schlechte Kerl kommt hoch – der Gute fällt.
Erich Kästner: »Der Mensch ist gut«

Die **Moral**, die gut genug war für unsere Väter, ist nicht gut genug für unsere Kinder.
Marie von Ebner-Eschenbach: Aphorismen

Moral, das ist wenn man moralisch ist, versteht Er.
Georg Büchner: Woyzeck (Szene »Der Hauptmann. Woyzeck«)

Moral ist die Grammatik der Religion; es ist leichter, gerecht als schön zu handeln.
Ludwig Börne: Aphorismen

Moral ist die Tendenz, das Bad mit dem Kinde auszuschütten.
Karl Kraus: Pro domo et mundo

Moral ist heute in Europa Heerdenthier-Moral . . .
Friedrich Nietzsche: Jenseits von Gut und Böse. 5. Hauptstück: zur Naturgeschichte der Moral. § 202. – Im 9. Hauptstück – »was ist vornehm?« – ist dann im § 260 von »Herren-Moral« und »Sklaven-Moral« die Rede. Die Wendung »Herren-Rasse« verwendet Nietzsche in *Zur Genealogie der Moral*, 1. Abhandlung, 5. Abschnitt.

Um die **Moral** zu haben, muß man die Ansprüche senken.
Stanislaw Jerzy Lec: Neue unfrisierte Gedanken

Wissen Sie, Gertrude, ich habe gar nichts dagegen, daß Sie mir **Moral** predigen. Das macht man ganz einfach immer dann, wenn man jemanden nicht leiden kann.
Oscar Wilde: An Ideal Husband (Ein idealer Gatte). 2. Akt

Ob der Mensch nun von Natur **moralisch** gut oder böse ist? Keines von beiden, denn er ist von Natur gar kein moralisches Wesen . . .
Immanuel Kant. Über Pädagogik. Darin: Von der praktischen Erziehung

Das **Moralische** versteht sich immer von selbst.
> Friedrich Theodor Vischer: Auch Einer. – Frau Hedwig überliefert dieses Zitat in der Mitte des Romans als einen Ausspruch des mittlerweile toten Albert Einhart, dessen Identität der Erzähler unmittelbar zuvor in Erfahrung gebracht hatte.

Wir sind nicht in der Welt, um unseren **moralischen** Vorurteilen Luft zu machen.
> Oscar Wilde: The picture of Dorian Gray (Das Bildnis des Dorian Gray). Kap. 4

Der **Mord** als schöne Kunst betrachtet
(On murder considered as one of the fine arts)
> Titel einer Schrift von Thomas de Quincey, die in zwei Teilen 1827 und 1839 erschien

Ein guter **Mord**, ein echter Mord, ein schöner Mord, so schön als man ihn nur verlangen tun kann, wir haben schon lange so kein gehabt.
> Georg Büchner: Woyzeck (Szene »Gerichtsdiener. Arzt. Richter«)

Man hat Exempel, / Daß man den **Mord** liebt und den Mörder straft.
> Friedrich Schiller: Wallenstein. Wallensteins Tod V,2

Morgen bin ich tot.
> Wiederholte Wendung aus Werner Bergengruens Gedicht »Leben eines Mannes«

Morgen, Kinder, wird's was geben, / Morgen werden wir uns freun . . .
> Martin Friedrich Philipp Bartsch: »Weihnachten«

Morgen! morgen! nur nicht heute! / Sprechen alle faulen Leute.
> Christian Felix Weisse: »Der Aufschub«

Was **morgen** sein wird, frage nicht.
(Quid sit futurum cras, fuge quaerere . . .)
> Horaz: Carmina 1,9,13

Ich wittre **Morgenluft** . . .
> Gottfried August Bürger: »Lenore«. – Diese Formulierung findet sich allerdings schon in William Shakespeares *Hamlet* I,5: »But soft, methinks I scent the morning's air.« (»Doch still! mich dünkt ich wittre Morgenluft . . .«).

Morgenrot, / Leuchtest mir zum frühen Tod? / Bald wird die Trompete blasen, / Dann muß ich mein Leben lassen, / Ich und mancher Kamerad!
> Wilhelm Hauff: »Reiters Morgenlied«

Morgens um sieben ist die Welt noch in Ordnung
(Morning's at Seven)
> Titel eines Romans von Eric Malpass, erschienen 1965

Wie schön leucht't uns der **Morgenstern** / Voll Gnad und Wahrheit vor dem Herrn, / Uns herrlich aufgegangen.
> Philipp Nicolai: »Ein geistlich Brautlied«

Graf! Dieser **Mortimer** starb Euch sehr gelegen.
> Friedrich Schiller: Maria Stuart IV,6

De **mortuis** nihil nisi bene
(Über die Toten nur Gutes)
> Lateinische Fassung eines aus dem Kreis der Sieben Weisen überlieferten Ausspruchs, den Demosthenes in seiner Rede gegen Leptines (§ 104) dem Solon, Diogenes Laërtios in *Leben und Lehre der berühmten Philosophen* I,3,70 dem Chilon zuschrieb

Wenn sich der **Most** auch ganz absurd gebärdet, / Es gibt zuletzt doch noch e' Wein.
> Johann Wolfgang Goethe: Faust. Der Tragödie zweiter Teil. 2. Akt. Hochgewölbtes, enges gotisches Zimmer

Die **Mottenburger**
> Titel einer Posse, die David Kalisch zusammen mit August Wei(h)rauch verfaßte. Sie wurde am 23. Dezember 1867 uraufgeführt.

Ihr verblendeten Führer, die ihr **Mücken** aussiebt, aber Kamele verschluckt!
> Mt 23,24

Müde bin ich, geh' zur Ruh', / schließe beide Äuglein zu; / Vater, laß die Augen dein / Über meinem Bette sein!
> Luise Hensel: »Müde bin ich«. – Oft auch als »Nachtgebet« oder »Abendlied« überschrieben.

Die **Müh** ist klein, der Spaß ist groß. / Ich höre was von Instrumenten tönen!

Johann Wolfgang Goethe: Faust. Der Tragödie erster Teil. Walpurgisnacht

Sich **Mühe** geben allein nützt gar nichts.

Alexander Kluge: Die Artisten in der Zirkuskuppel: ratlos. Darin: Dialoge. Betriebsfest

Ich will dir viel Mühsal schaffen, wenn du schwanger wirst; unter **Mühen** sollst du Kinder gebären.

1 Mose 3,16. – Gott zu Eva.

Dort unten in der **Mühle** / Saß ich in süßer Ruh' / Und sah dem Räderspiele / Und sah den Wassern zu.

Justinus Kerner: »Der Wanderer in der Sägemühle«

Gottes **Mühlen** mahlen langsam, / Mahlen aber trefflich klein ...

Friedrich Logau: Sinn-Gedichte. Deß dritten Tausend Andres Hundert. Nr. 24: »Göttliche Rache«. – So schon bei Sextus Empiricus und dessen *Adversus mathematicos* 287: ὀψὲ θεῶν ἀλέουσι μύλοι, / ἀλέουσι δὲ λεπτά. – opse theon aleusi myloi, aleusi de lepta.« (»Spät mahlen die Mühlen der Götter, sie mahlen aber fein.«)

Hör ich das **Mühlrad** gehen: / Ich weiß nicht, was ich will – / Ich möcht am liebsten sterben, / Da wärs auf einmal still!

Joseph Freiherr von Eichendorff: »Das zerbrochene Ringlein«

Es wäre besser für ihn, daß man einen **Mühlstein** an seinen Hals hängte und würfe ihn ins Meer, als daß er einen dieser Kleinen zum Abfall verführt.

Lk 17,2

Kommt her zu mir, alle, die ihr **mühselig** und beladen seid; ich will euch erquicken.
(Venite ad me omnes, qui stomacho laboratis, et ego vos restaurabo.)

Mt 11,28. – Aus der lateinischen Fassung dieses Bibelspruchs, den Boulanger 1765 in Paris über sein Wirtshaus setzen ließ, leitet sich die Bezeichnung ›Restaurant‹ ab.

In **müßger** Weile schafft der böse Geist.

Friedrich Schiller: Maria Stuart I,1

... denn **Müßiggang** lehrt viel Böses.
>Sir 33,29. – In Sir 33,28 war über die Behandlung der Sklaven die Mahnung vorausgegangen: »Treibe ihn zur Arbeit an, daß er nicht müßig geht ...«

Die **Mütter**! Mütter! – 's klingt so wunderlich!
>Johann Wolfgang Goethe: Faust. Der Tragödie zweiter Teil. 1. Akt. Finstere Galerie

Multum, non multa.
(Viel, nicht vielerlei).
>Nach Plinius dem Jüngeren gebildet, der in seinen Briefen (7,9,15) empfiehlt: »Aiunt enim multum legendum esse, non multa.˜«(»Es heißt ja, man solle viel lesen, nicht vielerlei.«)

Sein **Mund** ist süß, und alles an ihm ist lieblich.
>Hld 5,16

Was zum **Mund** hineingeht, das macht den Menschen nicht unrein ...
>Mt 15,11; vgl. auch Mk 7,15

Murphys Gesetz
>Reihe von humorvollen Maximen, die auf den amerikanischen Techniker Captain Ed Murphy zurückgehen, der 1949 über einen ungeschickten Mitarbeiter den Satz gesagt haben soll: »If there is any way to do it wrong, he will.« (»Was falsch gemacht werden kann, wird er falsch machen.«) – Dieser von George E. Nichols aufgezeichnete Satz ist dann in der Folge vielfach variiert worden, etwa »Was schiefgehen kann, wird schiefgehen«, »Nichts ist so leicht, wie es aussieht« oder »Alles braucht länger, als man glaubt.«

Ohne **Murren**
>Nach 1 Petr 4,9: »Seid gastfrei untereinander ohne Murren.«

Sage mir, **Muse** *siehe* **An**dra

Musik wird oft nicht schön gefunden, / Weil sie stets mit Geräusch verbunden.
>Wilhelm Busch: »Dideldum«

O **Musik**! Nachklang aus einer entlegnen harmonischen Welt! Seufzer des Engels in uns!
>Jean Paul: Die unsichtbare Loge. 4. Sektor

Ohne **Musik** wäre das Leben ein Irrtum.
    Friedrich Nietzsche: Götzen-Dämmerung 33

Wenn die **Musik** der Liebe Nahrung ist, / Spielt weiter! gebt mir volles Maß!
(If music be the food of love, play on, / Give me excess of it . . .)
    William Shakespeare: Twelfth Night, or What You Will (Was ihr wollt) I,1

Wir machen **Musik**, / da geht euch der Hut hoch. / Wir machen Musik, / da geht euch der Bart ab.
    Refrain eines Liedes aus dem Film *Wir machen Musik*. Den Text schrieben Helmut Käutner und Aldo von Pinelli, die Musik Peter Igelhoff und Adolf Steimel.

Gelobet seist du jederzeit, Frau **Musika**!
    Emanuel Geibel: »Lob der edeln Musika«

Ein lust'ger **Musikante** marschierte einst am Nil / O tempora! o mores! / Da kroch aus dem Wasser ein großes Krokodil . . .
    Emanuel Geibel: »Lob der edeln Musika«

Diese schlechten **Musikanten** und guten Leute also werden sich unter Eurer Anführung im Walde versammeln . . .
    Clemens Brentano: Ponce de Leon V,2. – Die Formulierung »schlechte Musikanten und gute Leute« wird dann von E. T. A. Hoffmann in den *Lebens-Ansichten des Kater Murr* (2. Abschnitt: »Lebenserfahrungen des Jünglings. Auch ich war in Arkadien«) und von Heinrich Heine im 13. Kapitel der *Ideen. Das Buch Le Grand* zitiert.

Eine **Musikantenkehle**, die ist als wie ein Loch.
    Emanuel Geibel: »Lob der edeln Musika«

Die drei **Musketiere**
(Les trois mousquetaires)
    Roman von Alexandre Dumas dem Älteren, der 1844 veröffentlicht wurde

Ein Gott hat uns diese **Muße** geschaffen.
(. . . deus nobis haec otia fecit.)
    Vergil: Bucolica 1,6

Mut zeiget auch der Mameluck, / Gehorsam ist des Christen Schmuck ...
>Friedrich Schiller: »Der Kampf mit dem Drachen«

Seinen **Mut** kühlen
>Nach 2 Mose 15,9: »Ich will nachjagen und ergreifen und den Raub austeilen und meinen Mut an ihnen kühlen.«

Ich wollt', die **Mutter** käm nach Haus.
>Johann Wolfgang Goethe: Faust. Der Tragödie erster Teil. Abend. Ein kleines reinliches Zimmer

Mutter, Mutter, laß mich gehen, / Jagen nach des Berges Höhen ...
>Friedrich Schiller: »Der Alpenjäger«

O **Mutter**, Mutter! Hin ist hin! / Verloren ist verloren!
>Gottfried August Bürger: »Lenore«

... und die **Mutter** blicket stumm / auf dem ganzen Tisch herum.
>Heinrich Hoffmann: Der Struwwelpeter. Darin: Die Geschichte vom Zappel-Philipp

Wenn du noch eine **Mutter** hast, / So danke Gott und sei zufrieden ...
>Friedrich Wilhelm Kaulisch: »Mutterliebe«

... von **Mutterleib** und Kindesbeinen an ...
>Martin Rinckart: »Nun danket alle Gott«

Mit der **Muttermilch** eingesogen
>Augustinus: Confessiones. 3. Buch, 4,8: »... diesen Namen meines Heilands, Deines Sohnes, hatte mein Herz ... schon mit der Muttermilch getrunken ...« (»... in ipso adhuc lacte matris tenerum cor meum pie biberat ...«)

O süße Stimme! Vielwillkommner Ton / Der **Muttersprach'** in einem fremden Lande!
>Johann Wolfgang Goethe: Iphigenie auf Tauris II,2

Muttersprache, Mutterlaut ...
>Max von Schenkendorf: »Muttersprache«

... die **Mythe** log.
>Gottfried Benn: »Verlorenes Ich«

N

Nachbarin! Euer Fläschchen! –
> Johann Wolfgang Goethe: Faust. Der Tragödie erster Teil. Dom

Ja, ich sage es bestimmt, unsere **Nachkommen** werden schöner und glücklicher sein als wir. Denn ich glaube an den Fortschritt, ich glaube, die Menschheit ist zur Glückseligkeit bestimmt, und ich hege also eine größere Meinung von der Gottheit als jene frommen Leute, die da wähnen, er habe den Menschen nur zum Leiden erschaffen.
> Heinrich Heine: Zur Geschichte der Religion und Philosophie in Deutschland. 1. Buch

Aber alle erwartet eine einzige **Nacht** / und der nur ein einziges Mal zu betretende Weg des Todes.
(Sed omnes una manet nox / et calcanda semel via leti.)
> Horaz: Carmina 1,28,15 f.

Die **Nacht** scheint tiefer tief hereinzudringen, / Allein im Innern leuchtet helles Licht . . .
> Johann Wolfgang Goethe: Faust. Der Tragödie zweiter Teil. 5. Akt. Mitternacht

. . . es kommt die **Nacht**, da niemand wirken kann.
> Joh 9,4

Gelassen stieg die **Nacht** ans Land, / Lehnt träumend an der Berge Wand, / Ihr Auge sieht die goldne Waage nun / Der Zeit in gleichen Schalen stille ruhn . . .
> Eduard Mörike: »Um Mitternacht«

Hast du zu **Nacht** gebetet, Desdemon?
(Have you prayed tonight, Desdemona?)
> William Shakespeare: The Tragedy of Othello, the Moore of Venice V,2

Ich wollte, es würde **Nacht** oder die Preußen kämen!
> Ein Sir Arthur Wellesley, dem Herzog von Wellington, während der Schlacht bei Waterloo am 18. Juni 1815 zugeschriebener Ausspruch

In der **Nacht** ist der Mensch nicht gern alleine . . .
> Titel und Refrain eines Liedes aus dem Film *Die Frau meiner Träume*. Den Text schrieb Willy Dehmel, die Musik komponierte Franz Grothe.

Nacht ist es: nun reden lauter alle springenden Brunnen. Und auch meine Seele ist ein springender Brunnen.
> Friedrich Nietzsche: Also sprach Zarathustra. Darin: Das Nachtlied

Nacht muß es sein, wo Friedlands Sterne strahlen.
> Friedrich Schiller: Wallenstein. Wallensteins Tod III,10

Wie schön, hier zu verträumen / Die **Nacht** im stillen Wald, / Wenn in den dunklen Bäumen / Das alte Märchen hallt.
> Joseph Freiherr von Eichendorff: »Die Nacht«

Das macht, es hat die **Nachtigall** / Die ganze Nacht gesungen; / Da sind von ihrem süßen Schall, / Da sind in Hall und Widerhall / Die Rosen aufgesprungen.
> Theodor Storm: »Die Nachtigall«

Es sang vor langen Jahren / Wohl auch die **Nachtigall**, / Das war wohl süßer Schall, / Da wir zusammen waren.
> Clemens Brentano: »Der Spinnerin Nachtlied«

Es war die **Nachtigall**, und nicht die Lerche . . .
(It was the nightingale, and not the lark . . .)
> William Shakespeare: An Excellent Conceited Tragedie of Romeo and Juliet III,5

Sing, **Nachtigall**, sing / ein Lied aus alten Zeiten . . .
> Refrain eines Liedes aus dem Film *Auf Wiedersehen, Franziska*. Den Text schrieb Bruno Balz, die Musik Michael Jary.

D'Anni hat gsagt, daß diese Frau Mittermeier, daß die also **nachtragend** is, des, sagt sie, des vergißt sie ihr nie.
> Gerhard Polt: Da schau her. Alle alltäglichen Geschichten

Wenn ich nur nichts von **Nachwelt** hören sollte!
>Johann Wolfgang Goethe: Faust. Der Tragödie erster Teil. Vorspiel auf dem Theater

Nackt unter Wölfen
>Titel eines Romans von Bruno Apitz, der 1958 erschien

Und sie waren beide **nackt**, der Mensch und sein Weib, und schämten sich nicht.
>1 Mose 2,25

Wenn wir es recht überdenken, so stecken wir doch alle **nackt** in unseren Kleidern . . .
>Heinrich Heine: Die Reisebilder. 2. Teil. Die Nordsee. – Allerdings ist dieser Satz schon dort als ein Zitat aus dem Roman *Bruchstücke aus Karl Bertholds Tagebuch* nachgewiesen, den Martin Hieronymus Hudtwalker 1826 unter dem Pseudonym Oswald veröffentlicht hatte.

Denn ich bin die **Nächste** dazu!
>Fritz Reuter: Ut mine Stromtid. 3. Kapitel

Jeder ist sich selbst der **Nächste**
>Nach Terenz: Andria 4,1,12. – Dort heißt es: ». . . proximus sum egomet mihi.« (also eigentlich: »Ich bin mir selbst der Nächste.«).

Du sollst deinen **Nächsten** lieben wie dich selbst; ich bin der HERR.
>3 Mose 19,18. – In Mt 5,43 wird auf diese Stelle verwiesen, ebenso in Lk 10,27; Mk 12,31; Röm 13,9; Gal 5,14.

. . . als **Nächster**, doch in weitem Abstand . . .
(. . . longo sed proximus intervallo . . .)
>Vergil: Aeneis 5,320

Komm doch **näher**, liebe Kleine!
>Friedrich Kind: »Der Christabend«

Den **Nagel** auf den Kopf treffen
>Nach Plautus: Rudens V,2,19. – Dort heißt es: »Tetigisti acu.«

Schlage keinen **Nagel** in die Wand! / Wirf den Rock auf den Stuhl! / Warum vorsorgen für vier Tage? / Du kehrst morgen zurück.

> Bertolt Brecht: »Gedanken über die Dauer des Exils«

Der HERR ist **nahe** allen, die ihn anrufen, / allen, die ihn ernstlich anrufen.

> Ps 145,18

Ihr **naht** euch wieder, schwankende Gestalten, / Die früh sich einst dem trüben Blick gezeigt.

> Johann Wolfgang Goethe: Faust. Der Tragödie erster Teil. Zueignung

Name ist Schall und Rauch, / Umnebelnd Himmelsglut.

> Johann Wolfgang Goethe: Faust. Der Tragödie erster Teil. Marthens Garten

Was ist ein **Name?** Was uns Rose heißt, / Wie es auch hieße, würde lieblich duften ...
(What's in a name? That which we call a rose / By any other word would smell as sweet.)

> William Shakespeare: An Excellent Conceited Tragedie of Romeo and Juliet II,1
> (in der Schlegel-Tieckschen Übersetzung II,2)

Im **Namen** dessen, der sich selbst erschuf, / Von Ewigkeit in schaffendem Beruf ...

> Johann Wolfgang Goethe: »Prooemion«

Namen nennen dich nicht ...

> Wilhelm Ueltzen: »Ihr«

Sich einen **Namen** machen

> Nach 1 Mose 11,4 gebildet. – Dort heißt es über den Turmbau zu Babel: »Wohlauf, laßt uns eine Stadt und einen Turm bauen, dessen Spitze bis an den Himmel reiche, damit wir uns einen Namen machen; denn wir werden sonst zerstreut in alle Länder.« Vgl. auch 2 Sam 8,13: »So machte sich David einen Namen.«

Der **Narben** lacht, wer Wunden nie gefühlt.
(He jests at scars that never felt a wound.)

> William Shakespeare: An Excellent Conceited Tragedie of Romeo and Juliet II,1
> (in der Schlegel-Tieckschen Übersetzung II,2)

Der **Narr** des Glücks
(Fool of fortune)
> William Shakespeare: King Lear IV,5 (in der Schlegel-Tieckschen Übersetzung IV,6). – Dort sagt Lear: »Bin ich doch / Der wahre Narr des Glücks.« (»I am even / The natural fool of fortune.«) So auch in *Tymon of Athens* (III,6) und als »fortune's fool« in *Romeo and Juliet* (III,1).

Ich bin ein **Narr** auf eigne Hand.
> Johann Wolfgang Goethe: »Den Originalen«

. . . Und ein **Narr** wartet auf Antwort.
> Heinrich Heine: Die Nordsee. 2. Zyklus. »Fragen«

Denn wer sich für einen **narren** acht / Der ist bald zu eym wisen gemacht . . .
> Sebastian Brant: Das Narren Schyff. Darin: Ein vorred in das narren schyff

. . . eines **Narren** Bolzen sind bald verschossen.
(. . . a fool's bolt is soon shot.)
> William Shakespeare: The Cronicle History of Henry the Fifth . . . III,7

Narren sind Alle, die es scheinen, und die Hälfte derer, die es nicht scheinen.
> Baltasar Gracián: Oráculo manual y arte de prudencia (Hand-Orakel und Kunst der Weltklugheit) 201

Ein bißchen **Narrheit**, das versteht sich, gehört immer zur Poesie . . .
> Heinrich Heine: Reisebilder. 3. Teil. Die Bäder von Lucca. Kap. XI

. . . aber der Mensch ist ein wahrer **Narziß**; er bespiegelt sich überall gern selbst; er legt sich als Folie der ganzen Welt unter.
> Johann Wolfgang Goethe: Die Wahlverwandtschaften. 1. Teil. Kap. 4

Daß du! . . . – die **Nase** ins Gesicht behältst . . .
> Fritz Reuter: Ut mine Stromtid. Kap. 2

Ihr seid ja heut wie **nasses** Stroh / Und brennt sonst immer lichterloh.
> Johann Wolfgang Goethe: Faust. Der Tragödie erster Teil. Auerbachs Keller in Leipzig

Die **Nation** ist der Abfalleimer aller Gefühle, die man anderswo nicht unterbringen kann.
> Kurt Tucholsky: Der letzte Ruf

Die **Nation**, welche nur durch einen einzigen Mann gerettet werden kann und soll, verdient Peitschenschläge.
> Johann Gottfried Seume: Apokryphen

. . . daß die **Natürlichkeit** nicht nur das Beste, sondern auch das Vornehmste sei.
> Theodor Fontane: Frau Jenny Treibel. Kap. 3

. . . die große, schöne Gleichgültigkeit der **Natur** . . .
> Wilhelm Raabe: Unruhige Gäste. Kap. 9

Die **Natur** hat mir nicht gesagt: »Sei nicht arm«, noch weniger: »Sei reich«, sondern sie ruft mir zu: »Sei unabhängig!«
(La nature ne m'a point dit: »Ne sois point pauvre«; encore moins: »Sois riche«; mais elle me crie: »Sois indépendant.«)
> Nicolas Chamfort: Produits de la Civilisation perfectionnée. Darin: Maximes et Pensées, Caractères et Anecdotes

Geheimnisvoll am lichten Tag / Läßt sich **Natur** des Schleiers nicht berauben, / Und was sie deinem Geist nicht offenbaren mag, / Das zwingst du ihr nicht ab mit Hebeln und mit Schrauben.
> Johann Wolfgang Goethe: Faust. Der Tragödie erster Teil. Nacht

Ich bin, was ich bin, nur in dieser **Natur**, in der Natur, wie sie jetzt, wie sie seit Menschengedenken ist.
> Ludwig Feuerbach: Vorlesungen über das Wesen der Religion. 11. Vorlesung

Man ist ja von **Natur** kein Engel, / Vielmehr ein Welt- und Menschenkind . . .
> Wilhelm Busch: »Nicht artig«

Natur hat weder Kern noch Schale; / Du prüfe dich nur allermeist, / Ob du Kern oder Schale seist!
> Johann Wolfgang Goethe: »Epirrhema«

Natur und Geist – so spricht man nicht zu Christen. / Deshalb verbrennt man Atheisten, / Weil solche Reden höchst gefährlich sind.
>Johann Wolfgang Goethe: Faust. Der Tragödie zweiter Teil. 1. Akt. Kaiserliche Pfalz

Natur und Kunst, sie scheinen sich zu fliehen / Und haben sich, eh' man es denkt, gefunden ...
>Johann Wolfgang Goethe: Was wir bringen. Vorspiel bei Eröffnung des neuen Schauspielhauses zu Lauchstädt. 19. Auftritt

... Nur die **Natur** ist redlich!
>Friedrich Schiller: Die Braut von Messina I,4

Schön ist, Mutter **Natur**, deiner Erfindung Pracht / Auf die Fluren verstreut, schöner ein froh Gesicht, / Das den großen Gedanken / Deiner Schöpfung noch Einmal denkt.
>Friedrich Gottlieb Klopstock: »Der Zürchersee«

Wer also zur Kenntnis der **Natur** gelangen will, übe seinen sittlichen Sinn, handle und bilde dem edlen Kerne seines Innern gemäß, und wie von selbst wird die Natur sich vor ihm öffnen.
>Novalis: Die Lehrlinge zu Sais. 2. Die Natur

Wie herrlich leuchtet / Mir die **Natur**! / Wie glänzt die Sonne! / Wie lacht die Flur!
>Johann Wolfgang Goethe: »Mailied«

Was kann aus **Nazareth** Gutes kommen!
>Joh 1,46. – Nathanael zu Philippus.

Der **Nebel** steigt, es fällt das Laub; / Schenk ein den Wein, den holden! / Wir wollen uns den grauen Tag / Vergolden, ja vergolden!
>Theodor Storm: »Oktoberlied«

Die **Nebel** zerreißen, / Der Himmel ist helle, / Und Äolus löset / Das ängstliche Band.
>Johann Wolfgang Goethe: »Glückliche Fahrt«

Im **Nebel** ruhet noch die Welt, / Noch träumen Wald und Wiesen ...
> Eduard Mörike: »Septembermorgen«

Bald gras ich am **Neckar**, / Bald gras ich am Rhein, / Bald hab ich ein Schätzel, / Bald bin ich allein.
> Aus der von Clemens Brentano und Achim von Arnim herausgegebenen Sammlung *Des Knaben Wunderhorn*: »Rheinischer Bundesring«. – Der von Brentano und Arnim gewählte Titel des Liedes, das auf volkstümliche Überlieferungen zurückgeht, nimmt auf die Gründung des Rheinbundes am 12. Juli 1806 Bezug.

Im **Nehmen** sei nur unverdrossen, / Nach allem andern frag' hernach.
> Johann Wolfgang Goethe: Faust. Der Tragödie zweiter Teil. 4. Akt. Hochgebirg

Woher **nehmen** und nicht stehlen?
> Friedrich Rückert: Die Makamen des Hariri. 33. Makame. Die Ehescheidung

Der **Neid** ist unversöhnlicher als der Haß.
(L'envie est plus irréconciliable que la haine.)
> La Rochefoucauld: Réflexions ou sentences et maximes morales 328 (1678)

Neid ist die Grundlage der Demokratie.
> Bertrand Russell: Die Eroberung des Glücks I,6

Vor **Neid** platzen
> So in der Fabel *Rana rupta et bos* (*Der geplatzte Frosch und der Ochse*) des Phaedrus, in der ein Frosch sich aus Neid auf die Größe des Ochsen (»tacta invidia tantae magnitudinis«) so aufbläht (»inflavit pellem«), bis er schließlich platzt: ». . . rupto iacuit corpore.« – Deshalb auch die Wendung vom »aufgeblasenen« Frosch.

Das **Neue** dringt herein mit Macht, das Alte, / Das Würdge scheidet, andre Zeiten kommen, / Es lebt ein andersdenkendes Geschlecht!
> Friedrich Schiller: Wilhelm Tell II,1

Die **Neue** Welt
> Als Bezeichnung für den amerikanischen Kontinent von König Ferdinand V. von Spanien stammend, der in das Wappen, das er Christoph Kolumbus (Cristóbal Colón) verlieh, den Spruch prägen ließ: »por Castilla y por Leon Nuebo mundo alló colon.« (»Für Kastilien und Leon fand Kolumbus eine neue Welt.«)

Das ist für mich nichts **Neues** zu erfahren, / Das kenn' ich schon seit hunderttausend Jahren.
> Johann Wolfgang Goethe: Faust. Der Tragödie zweiter Teil. 4. Akt. Hochgebirg

. . . und es geschieht nichts **Neues** unter der Sonne.
> Koh 1,9

Ich warne **Neugierige**.
> Aus einem Aufruf des Berliner Polizeipräsidenten Traugott von Jagow anläßlich einer Wahlrechtsdemonstration der Sozialdemokraten am 13. Februar 1910

Es ist höchst bedauerlich, daß man heutzutage so wenig unnütze **Neuigkeiten** erfährt.
> Oscar Wilde: Maximen zur Belehrung der Über-Gebildeten

Weil **nicht** sein kann, was nicht sein darf *siehe* Und er kommt zu dem **Er**gebnis

Aus **Nichts** (wird) nichts
(De nihilo nihil)
> Nach Lukrez: De rerum natura 1,156 f. – Dort heißt es: ». . . nil posse creari / de nihilo . . .«; ebenso 1,205 und 2,287. In den *Saturae* des Persius (3,84) wiederholt. Lukrez fand diesen Gedanken in der Physik des Epikur.

. . . doch das ist ewig wahr: wer **nichts** für andere tut, tut nichts für sich . . .
> Johann Wolfgang Goethe: Clavigo. 4. Akt. Clavigos Wohnung

Es ist **nichts** dahinter
> Nach 2 Petr 2,18: »Denn sie reden stolze Worte, hinter denen nichts ist . . .«

Ich habe **nichts**, wovon ich sagen möchte, es sei mein eigen.
> Friedrich Hölderlin: Hyperion oder Der Eremit in Griechenland. 1. Band, 1. Buch: Hyperion an Bellarmin

. . . In seines **Nichts** durchbohrendem Gefühle . . .
> Friedrich Schiller: Don Karlos, Infant von Spanien II,1; II,5

Nichts, das mich verdroß! Nichts, das mich freute / Niederrinnt ein schmerzenloses Heute!
> Conrad Ferdinand Meyer: »Eingelegte Ruder«

Nie ohne dieses!
> Louis Angely: Das Fest der Handwerker. – Wiederholte Wendung des Tischlers Hähnchen.

. . . Was sich **nie** und nirgends hat begeben, / Das allein veraltet nie!
> Friedrich Schiller: »An die Freunde«

Burg **Niedeck** ist im Elsaß der Sage wohl bekannt, / Die Höhe, wo vor Zeiten die Burg der Riesen stand . . .
> Adelbert von Chamisso: »Das Riesenspielzeug«

Niemals davon sprechen, immer daran denken.
(Toujours y penser, jamais en parler.)
> Léon Gambetta am 16. November 1871 in einer Rede in St. Quentin über die französische Niederlage

O, du kehrst nimmer wieder, / **Niemals**, niemals, niemals, niemals, niemals!
(Thou'lt come no more. / Never, never, never, never, never.)
> William Shakespeare: True Chronicle Historie of the Life and Death of King Lear . . . V,3. – Klage Lears um seine Tochter Cordelia.

Da kam der große **Nikolas** / mit seinem großen Tintenfaß.
> Heinrich Hoffmann: Der Struwwelpeter. Darin: Die Geschichte von den schwarzen Buben

Nimrod
> Bezeichnung für einen leidenschaftlichen Jäger, nach 1 Mose 10,8 f.; vgl. auch »Das ist ein gewaltiger **Jäger** . . .«

Aber **Noah** fand Gnade vor dem Herrn.
> 1 Mose 6,8

Noblesse oblige.
(Adel verpflichtet.)
> Pierre Marc Gaston Duc de Lévis: Maximes et réflexions sur différents sujets de morale et de politique LXXIII.

. . . **noch** dabei . . .
> Wiederkehrende Wendung aus Wilhelm Raabes Roman *Altershausen*

... und **nötige** sie hereinzukommen, daß mein Haus voll werde.

Lk 14,23. – In der lateinischen Fassung »compelle intrare« wurde diese biblische Wendung auch zur Rechtfertigung des gewaltsamen Vorgehens gegen die Ketzer gebraucht.

Nolens volens

Quelle dieser als »man mag wollen oder nicht« bzw. noch kürzer als »wohl oder übel« übersetzten Redewendung sind die *Epistulae morales ad Lucilium* 107,11 des Seneca: »Ducunt volentem fata, nolentem trahunt.« (»Den Willigen führt das Schicksal, den Widerwilligen zerrt es.«)

Nomen atque omen quantivis iam est preti.
(Der Name und seine Vorbedeutung ist schon jeden Preis wert.)

Plautus: Persa 4,4,77. – Hieraus dann die Verkürzung »Nomen est omen« (»Der Name ist ein Vorzeichen«).

Nomina sunt odiosa
(Namen zu nennen ist anstoßerregend)

Nach Cicero: Pro Sexto Roscio Amerino 16,47. – Dort heißt es: »Verum homines notos sumere odiosum est, cum et illud incertum sit, velintne ei sese nominari, et ...« (»Aber bekannte Personen anzuführen ist anstoßerregend, da sowohl das ungewiß ist, ob diese namentlich genannt werden möchten, als auch ...«)

Non liquet
(Die Sache ist noch nicht geklärt)

Cicero: Pro Cluentio 28,76. – Mit dieser Formel – bei Cicero als »non liquere« – konnten die Richter in römischen Strafprozessen vor dem Urteilsspruch eine erneute Beweisaufnahme verlangen.

Nord und West und Süd zersplittern, / Throne bersten, Reiche zittern ...

Johann Wolfgang Goethe: West-östlicher Divan. Darin: Buch des Sängers (»Hegire«)

Aus tiefer **Not** schrei ich zu dir, / Herr Gott, erhör mein Rufen.

Anfangszeilen eines geistlichen Liedes von Martin Luther

Das ist die **Not** der schweren Zeit! / Das ist die schwere Zeit der Not! / Das ist die schwere Not der Zeit! / Das ist die Zeit der schweren Not!

Adelbert von Chamisso: »Kanon«

Der **Not** gehorchend, nicht dem eignen Trieb, / Tret ich, ihr greisen Häupter dieser Stadt, / Heraus zu Euch ...
> Friedrich Schiller: Die Braut von Messina I,1

Die **Not** bringt einen zu seltsamen Schlafgesellen ...
(Misery acquaints a man with strange bedfellows.)
> William Shakespeare: The Tempest (Der Sturm) II,2

Die **Not** lehrt beten.
> Refrain in Adelbert von Chamissos Gedicht »Das Gebet der Witwe«

Eins aber ist **not**.
> Lk 10,42. – So auch in einem Kirchenlied von Albert Knapp: »Eins ist not, ach Herr, dies eine lehre mich erkennen doch!«

Und wenn die **Not** nicht Eisen bricht, / Das Eisen bricht die Not.
> Emanuel Geibel: »Kriegslied (1846)«

Der **Notwendigkeit** muß man gehorchen
(... necessitati esse parendum.)
> Cicero: De officiis 2,21,74

Die furchtbare **Notwendigkeit**
(dira necessitas)
> Horaz: Carmina 3,24,6

Notwendigkeit nimmt uns die Qual der Wahl ab.
(La nécessité nous délivre de l'embarras du choix.)
> Marquis de Vauvenargues: Réflexions et maximes

Wo wir unfähig sind, die Gesetze der **Notwendigkeit** zu erkennen, da glauben wir frei zu sein.
> Ludwig Börne: Aphorismen (1808–1810)

Im traurigen Monat **November** war's, / Die Tage wurden trüber, / Der Wind riß von den Bäumen das Laub, / Da reist ich nach Deutschland hinüber.
> Heinrich Heine: Deutschland. Ein Wintermärchen. Caput I

In **nuce**
(In einer Nußschale)

> Quelle dieser Redewendung, die »in gedrängter Form« meint, ist die *Naturalis historia* des Plinius (7,21,85), in der Cicero zitiert wird, der von einer Pergamenthandschrift der Homerischen *Ilias* berichtete, die »in einer Nußschale« Platz gehabt habe.

Seid **nüchtern** und wacht; denn euer Widersacher, der Teufel, geht umher wie ein brüllender Löwe und sucht, wen er verschlinge.

> 1 Petr 5,8

Der **Nürnberger** Trichter

> Die Wendung leitet sich von der 1647–53 in Nürnberg erschienenen Schrift *Poetischer Trichter / die teutsche Dicht- und Reimkunst / ohne Behuf der lateinischen Sprache / in VI Stunden einzugiessen* her, die Georg Philipp Harsdörffer verfaßt hatte.

Das **Nützliche** mit dem Angenehmen verbinden

> Nach Horaz: De arte poetica 343. – Dort heißt es: »omne tulit punctum, qui miscuit utile dulci . . .« (»Allgemeinen Beifall erringt, wer das Nützliche mit dem Angenehmen mischt . . .«)

Was **nützt**, ist nur ein Teil des Bedeutenden. Um einen Gegenstand ganz zu besitzen, zu beherrschen, muß man ihn um sein selbst willen studieren.

> Johann Wolfgang Goethe: Wilhelm Meisters Wanderjahre oder Die Entsagenden. 2. Fassung 1829. 1. Buch, Kap. 4

Nulla dies sine linea
(Kein Tag ohne einen Strich)

> Ein von Plinius in seiner *Historia naturalis* (35,36,12) überlieferter Ausspruch des Apelles, einem Maler am Hofe Alexanders des Großen

Denique / **nullumst** iam dictum quod non dictum sit prius.
(Schließlich gibt es ja nichts mehr zu sagen, das nicht früher schon gesagt worden wäre.)

> Terenz: Eunuchus. Prolog 40 f.; vgl. auch »Alles **Ge**scheite ist schon gedacht worden . . .«

Nutrimentum spiritus
(Nahrung des Geistes)

Inschrift, die Friedrich der Große an der 1780 vollendeten Königlichen Bibliothek in Berlin anbringen ließ. – Die Anregung hierzu verdankte Friedrich vermutlich einem Buch des Abbé Jean Terrasson über (Bau)denkmäler im alten Ägypten. Dort gab Terrasson als Inschrift über der Bibliothek von Memphis »La Nourriture de l'âme« an.

Denn nur vom **Nutzen** wird die Welt regiert.
Friedrich Schiller: Wallenstein. Wallensteins Tod I,6

O

Die **Oberen** sagen: / Es geht in den Ruhm. / Die Unteren sagen: / Es geht ins Grab.

Bertolt Brecht: Deutsche Kriegsfibel 1937

Die **oberen** Zehntausend
(the upper ten thousand)

Der Begriff wurde durch Nathaniel Parker Willis geprägt, der am 11. November 1844 unter der Überschrift »Necessity for a promenade drive« im New Yorker *Evening Mirror* schrieb: »At present there is no distinction among the upper ten thousand of the city.« (»Zur Zeit gibt es keinen Unterschied unter den oberen Zehntausend der Stadt.«) – Oft auch als »the upper ten« gebraucht.

Wer unter die **Oberfläche** dringt, tut es auf eigene Gefahr. (Those who go beneath the surface do so at their peril).

Oscar Wilde: The picture of Dorian Gray (Das Bildnis des Dorian Gray). Vorrede

Die heutigen Menschen sind so absolut **oberflächlich**, daß sie den tieferen Sinn des Oberflächlichen nicht erfassen.

Oscar Wilde: A Woman of No Importance (Eine Frau ohne Bedeutung). 3. Akt

Nichts ist unergründlicher als die **Oberflächlichkeit** des Weibes.

Karl Kraus: Sprüche und Widersprüche

Du sollst dem **Ochsen**, der da drischt, nicht das Maul verbinden.

5 Mose 25,4

Sperr' **oculos**!

August Friedrich Ernst Langbein: »Abenteuer des Pfarrers Schmolke und Schulmeisters Bakel«. Strophe 14

Alles, was **Odem** hat, lobe den HERRN!

Ps 150,6

Lies keine **Oden**, mein Sohn, lies die Fahrpläne: / sie sind genauer.

> Hans Magnus Enzensberger: »Ins Lesebuch für die Oberstufe«

In manchen Jahrhunderten ist die **öffentliche** Meinung die schlechteste von allen Meinungen.
(Il y a des siècles où l'opinion publique est la plus mauvaise des opinions.)

> Nicolas Chamfort: Produits de la Civilisation perfectionnée. Darin: Maximes et Pensées, Caractères et Anecdotes

Öl auf die Wunden gießen

> Lk 10,34: »... und er ging zu ihm, goß Öl und Wein auf seine Wunden und verband sie ihm ...« – Gleichnis vom barmherzigen Samariter.

Öl und Mühe habe ich verschwendet ...
(... et oleum et operam perdidi.)

> Plautus: Poenulus 1,2,125

... und siehe, ein **Ölblatt** hatte sie abgebrochen und trug's in ihrem Schnabel.

> 1 Mose 8,11. – Gemeint ist die Taube, die Noah während der Sintflut ausgesandt hatte. Als ›Ölzweig‹ bis heute Symbol der Versöhnungs- und Friedensbereitschaft.

Und – erklärt mir, **Örindur**, / Diesen Zwiespalt der Natur! –

> Adolf Müllner: Die Schuld II,5

Sei mir gegrüßt, mein **Österreich**, / Auf deinen neuen Wegen, / Es schlägt mein Herz, wie immer gleich, / Auch heute dir entgegen.

> Franz Grillparzer: »Mein Vaterland«

Dank vom Haus **Östreich**!

> Friedrich Schiller: Wallenstein. Wallensteins Tod II,6

In dem **Ofen** glüht es noch – / Ruff!! – damit ins Ofenloch!

> Wilhelm Busch: Max und Moritz. Sechster Streich

Komm! ins **Offene**, Freund!

> Friedrich Hölderlin: »Der Gang aufs Land«

offenes – Ordnung

...nes Herz zeigt eine offene Stirn.

    Friedrich Schiller: Die Verschwörung des Fiesco zu Genua III,5

Oheim, waz wirret dier?
(Oheim, was fehlt dir?)

    Wolfram von Eschenbach: Parzival. 16. Buch. – Sogenannte Mitleidsfrage, die Parzival an den Gralskönig Anfortas stellt; vgl. auch »Ihr sollt nicht zu viele **Fragen** . . . «.

Wer **Ohren** hat, der höre!

    Mt 11,15

. . . wovon jedem, der es hören wird, beide **Ohren** gellen werden.

    1 Sam 3,11

Non **olet**.
(Es stinkt nicht.)

    Diese meist als »Geld stinkt nicht« zitierte Wendung beruht auf einer von Sueton in seinem Werk *De viribus illustribus* über den Kaiser Vespasian mitgeteilten Anekdote (Vespasian 23,3). – Auf die Vorwürfe seines Sohnes Titus wegen der Erhebung einer »Urinsteuer« (»urinae vectigal«) auf öffentliche Bedürfnisanstalten hielt er diesem ein Stück Geld mit der Frage vor, ob er daran Anstoß nehme. Auf dessen Verneinung entgegnete Vespasian: »Atquin . . . e lotio est« (»Und doch ist es aus Urin«), woraus dann die Redewendung »(Pecunia) non olet« entstand.

Herr **Oluf**

    Gestalt aus Johann Gottfried Herders Gedicht »Erlkönigs Tochter«. – Unter dem Titel »Herr Olof« auch von Achim von Arnim und Clemens Brentano in ihre Sammlung *Des Knaben Wunderhorn* aufgenommen.

Non **omnia** possumus omnes.
(Nicht alles können wir alle.)

    Vergil: Bucolica 8,63. – Dort mit Bezug auf einen Vers der Satirenfragmente des Lucilius.

Ich liebe eine gesinnungsvolle **Opposition**.

    Friedrich Wilhelm IV. anläßlich eines Empfangs von Georg Herwegh am 19. November 1842

Die Seele jeder **Ordnung** ist ein großer Papierkorb.

    Kurt Tucholsky: Schnipsel

Heilge **Ordnung**, segenreiche . . .
>Friedrich Schiller: »Das Lied von der Glocke«

Mache ein **Organ** aus dir und erwarte, was für eine Stelle dir die Menschheit im allgemeinen Leben wohlmeinend zugestehen werde!
>Johann Wolfgang Goethe: Wilhelm Meisters Wanderjahre oder Die Entsagenden. 2. Fassung 1829. 1. Buch, Kap. 4

Ein **Original** ist heute, wer zuerst gestohlen hat.
>Karl Kraus: Pro domo et mundo

Original, fahr hin in deiner Pracht!
>Johann Wolfgang Goethe: Faust. Der Tragödie zweiter Teil. 2. Akt. Hochgewölbtes, enges gotisches Zimmer

Daher ist das schönste Zeichen der **Originalität**, wenn man einen empfangenen Gedanken dergestalt fruchtbar zu entwickeln weiß, daß niemand leicht, wieviel in ihm verborgen liege, gefunden hätte.
>Johann Wolfgang Goethe: Wilhelm Meisters Wanderjahre oder Die Entsagenden. 2. Fassung 1829. Darin: Aus Makariens Archiv

Es ist leichter, etwas **Originelles** zu sagen, als bereits gesagte Dinge miteinander in Einklang zu bringen.
(Il est plus aisé de dire des choses nouvelles que de concilier celles qui ont été dites.)
>Marquis de Vauvenargues: Réflexions et maximes

Du bist **Orplid**, mein Land! / Das ferne leuchtet . . .
>Eduard Mörike: »Gesang Weylas«

Alle werden wir an den gleichen **Ort** gezwungen . . .
(Omnes eodem cogimur . . .)
>Horaz: Carmina 2,3,25

Schnell verläßt er diesen **Ort** / Und begibt sich weiter fort.
>Wiederkehrende Wendung in Wilhelm Buschs *Tobias Knopp – Abenteuer eines Junggesellen*

Ost ist Ost, und West ist West, / und niemals treffen sich die beiden.
(Oh, East is East, and West is West, / and never the twain shall meet . . .)
> Rudyard Kipling: »The ballad of East and West«

Im **Osten** grauts, der Nebel fällt, / Wer weiß, wie bald sichs rühret!
> Joseph Freiherr von Eichendorff: »Frühe«

ottos mops kotzt / otto: ogottogott
> Ernst Jandl: »ottos mops«

Ab **ovo**
(Vom Ei an)
> Horaz: De arte poetica 147. – Gemeint ist das Zwillingsei der Leda, wie Horaz am Beispiel des Homer erläutert, der seinen *Trojanischen Krieg* von Beginn an erzählt habe: »nec gemino bellum Troianum orditur ab ovo . . .« Dagegen stellt Horaz eine Erzählhaltung, die den Hörer und Leser gleich »mitten ins Geschehen« (vgl. »in **me**dias res«) hineinzieht.

. . . ab **ovo** / usque ad mala . . .
(Vom Ei bis zu den Äpfeln . . .)
> Horaz: Sermonum libri duo (Satiren) 1,3,6 f.

Oh ich möchte den **Ozean** vergiften, daß sie den Tod aus allen Quellen saufen!
> Friedrich Schiller: Die Räuber I,2

P

Ein glückliches **Paar**: Er tut, was sie will – – – und sie tut, was sie will.

> Peter Altenberg: Fechsung

Pacta sunt servanda
(Verträge müssen eingehalten werden)

> Die juristische Formel wird meist auf das *Corpus iuris civilis* zurückgeführt, wo Ulpian in den *Digesten* 2,14, 7, § 7 einen römischen Praetor zitiert: »Pacta, conventa ... servabo« (»Verträge und Vereinbarungen werde ich einhalten«).

Es wandelt niemand ungestraft unter **Palmen**, und die Gesinnungen ändern sich gewiß in einem Lande, wo Elefanten und Tiger zu Hause sind.

> Johann Wolfgang Goethe: Die Wahlverwandtschaften. 2. Teil, Kap. 7. Aus Ottiliens Tagebuche

Palmström

> Titel und zugleich Hauptfigur einer Gedichtsammlung von Christian Morgenstern, erschienen 1910

Es ist so stille hier als sei der große **Pan** / Gestorben.

> Christoph Martin Wieland: Oberon 2,18

Pan-Europa

> Titel einer Schrift von Richard Nikolaus Graf Coudenhove-Kalergi, die 1923 erschien und der nach dem 2. Weltkrieg gegründeten ›Paneuropa-Bewegung‹ den Namen gab

Panem et circenses
(Brot und Spiele)

> Juvenal: Saturae 10,81. – Dort als Klage darüber, daß sich das römische Volk, »das einst den Oberbefehl, die Rutenbündel, die Legionen, alles« zu verleihen gewohnt war (»imperium fasces legiones omnia«), nunmehr mit kostenlosen Essensverteilungen und spektakulären Attraktionen im Circus maximus begnüge.

Πάντα ῥεῖ. – **Panta** rhei.
(Alles fließt.)
>Ausspruch des Heraklit

Mein **Papagei** frißt keine harten Eier, / er ist ein selten dummes Vieh!
>Refrain eines Liedes mit dem Text von Hermann Frey und der Musik von Walter Kollo

Daran erkenn ich meine **Pappenheimer**.
>Friedrich Schiller: Wallenstein. Wallensteins Tod III,15

Der **Papst** lebt herrlich auf der Welt, / Er lebt von seinem Ablaßgeld.
>Christian Ludwig Noack: »Papst und Sultan«

Wer ißt, was vom **Papst** kommt, stirbt daran
(Qui mange du pape, en meurt)
>Spruch aus der Amtszeit (1492 – 1503) des Papstes Alexander VI., des Vaters von Cesare und Lucrezia Borgia, der nicht nur ein ausschweifendes Leben führte, sondern auch einige seiner Gegner mit vergifteten Speisen getötet haben soll

Das **Paradies** der Erde / Liegt auf dem Rücken der Pferde ...
>Friedrich von Bodenstedt: »Die Lieder des Mirza Schaffy« IX,34

Mir gäb' es keine größre Pein, / Wär' ich im **Paradies** allein.
>Johann Wolfgang Goethe: Aus »Sprichwörtlich«

Wahrlich, ich sage dir: Heute wirst du mit mir im **Paradies** sein.
>Lk 23,43. – Jesus am Kreuz zu einem der beiden Mitgekreuzigten.

Paradise lost
(Das verlorene Paradies)
>Titel eines Epos von John Milton, das in zehn Büchern erstmals 1667 erschien

Pardon wird nicht gegeben, Gefangene werden nicht gemacht.
>Wilhelm II. am 27. Juli 1900 in einer Ansprache vor einem Expeditionskorps, das zur Niederschlagung des Boxeraufstandes nach China geschickt wurde. – Die Ansprache ist als ›Hunnenrede‹ berühmt und berüchtigt geworden. Im Anschluß an diesen Satz fügte Wilhelm II. nämlich hinzu: »Wie vor tausend Jahren die Hunnen unter König Etzel sich einen Namen gemacht haben, der sie noch jetzt in Überlieferung und Märchen gewaltig erscheinen läßt, so muß der Name Deutscher in China auf tausend Jahre durch euch in einer Weise bestätigt werden, daß niemals wieder ein Chinese es wagt, einen Deutschen auch nur scheel anzusehen.«

Sie alle bitt ich um **Pardon**.
(Je crye a toutes gens mercys.)

> François Villon: Le Testament. Refrain der »Ballade de mercy«. – In »L'Epitaphe de Villon en Forme de Ballade« lautet der Kehrreim: »Mais priez Dieu que tous nous veuille absoudre!« (»Doch bittet Gott, er möge uns verzeihn!«)

Vor **Paris** nichts Neues

> Aus den Depeschen des Generals Eugen Anton Theophil von Podbielski aus Ferrières vom 23. September und 18. Oktober 1870; ebenso am 25. September, dem 8. und 11. Oktober 1870 sowie dem 26. Januar 1871

Komm in den totgesagten **park** und schau: / Der schimmer ferner lächelnder gestade ...

> Anfangszeilen eines Gedichts von Stefan George

Parkinsonsche Gesetze

> Durch Cyril Northcote Parkinson aufgestellte Formeln, in denen die Eigendynamik bürokratischer Verwaltungen beschrieben wird, die letztlich an der zunehmenden Kompliziertheit der selbstgeschaffenen Strukturen zusammenbrechen. – Die meistzitierte dieser Regeln lautet: »Arbeit wird so lange ausgedehnt, bis sie die zur Verfügung stehende Zeit ausfüllt.«

Aber die **Partei** kann nicht vernichtet werden / Denn sie beruht auf der Lehre der Klassiker / Welche geschöpft ist aus der Kenntnis der Wirklichkeit ...

> Bertolt Brecht: Die Maßnahme 6. »Lob der Partei«

Denn der einzelne hat zwei Augen / Die **Partei** hat tausend Augen.

> Bertolt Brecht: Die Maßnahme 6. »Lob der Partei«

Die **Partei** / die Partei / die hat immer recht, / Genossen, es bleibt dabei!

> Louis Fürnberg: »Die Partei«

Trau keinem, der nie **Partei** genommen / Und immer im Trüben ist geschwommen!

> Gottfried Keller: »Parteileben«

Wer nicht **Partei** ergreifen kann, der hat zu schweigen.

> Walter Benjamin: Einbahnstraße. Darin: Die Technik des Kritikers in dreizehn Thesen. II

Ich kenne keine **Parteien** mehr, ich kenne nur Deutsche!
> Kaiser Wilhelm II. vor dem deutschen Reichstag am 4. August 1914

Von der **Parteien** Gunst und Haß verwirrt / Schwankt sein Charakterbild in der Geschichte ...
> Friedrich Schiller: Wallenstein. Prolog

Wer über den **Parteien** sich wähnt mit stolzen Mienen, / Der steht zumeist vielmehr beträchtlich unter ihnen.
> Gottfried Keller: »Parteileben«

In **partibus** infidelium
(Im Gebiet der Ungläubigen)
> Mit diesem Zusatz wurden durch einen Konzilsbeschluß von 692 diejenigen Bischöfe versehen, die der Papst in den Bistümern einsetzte, die an die Araber verlorengegangen waren. – Die Formel wurde durch Leo XIII. 1882 wieder gestrichen und durch die Bezeichnung »Titularbischöfe« ersetzt.

So sangen die **Parzen**; / Es horcht der Verbannte / In nächtlichen Höhlen, / Der Alte, die Lieder, / Denkt Kinder und Enkel / Und schüttelt das Haupt.
> Johann Wolfgang Goethe: Iphigenie auf Tauris IV,5

Meine einzige **Passion** / Ist mein Sohn, ist mein Sohn ...
> Adolf L'Arronge: Mein Leopold I,5. – Refrain eines Couplets des Schuhmachermeisters Weigelt.

Passiver Widerstand
> So Hans Victor von Unruh in einer Sitzung der Berliner Nationalversammlung vom 9./10. November 1848: »Ich wäre entschieden der Meinung, daß hier nur passiver Widerstand geleistet werden könne ...«

Das **Pathos** der Distanz
> Friedrich Nietzsche: Zur Genealogie der Moral. 1. Abhandlung. 2. Abschnitt: »Aus diesem Pathos der Distanz heraus haben sie sich das Recht, Werthe zu schaffen, Namen der Werthe auszuprägen, erst genommen ...«

Mein **Pathos** brächte dich gewiß zum Lachen, / Hättst du dir nicht das Lachen abgewöhnt.
> Johann Wolfgang Goethe: Faust. Der Tragödie erster Teil. Prolog im Himmel

. . . sagt der **Patriarch**
> Gotthold Ephraim Lessing: Nathan der Weise I,5. – Wiederkehrende Wendung des Klosterbruders.

Es gibt keine **patriotische** Kunst und keine patriotische Wissenschaft. Beide gehören, wie alles hohe Gute, der ganzen Welt an . . .
> Johann Wolfgang Goethe: Wilhelm Meisters Wanderjahre oder Die Entsagenden. 2. Fassung 1829. Darin: Aus Makariens Archiv

Auch **Patroklus** ist gestorben / Und war mehr als du.
> Friedrich Schiller: Die Verschwörung des Fiesco zu Genua III,5

Paulinchen war allein zu Haus, / die Eltern waren beide aus.
> Heinrich Hoffmann: Der Struwwelpeter. Darin: Die gar traurige Geschichte mit dem Feuerzeug

Paulus, du bist von Sinnen! Das große Wissen macht dich wahnsinnig.
> Apg 26,24. – Festus zu Paulus.

Wer **Pech** angreift, der besudelt sich damit . . .
> Sir 13,1

Wasch mir den **Pelz**, und mach mir ihn nicht naß.
> Von Johannes Mathesius überlieferte Äußerung des Herzogs Georg von Sachsen, die dieser gegenüber Erasmus von Rotterdam getan haben soll

. . . **perfer**, obdura!
(Harre aus, dulde!)
> Catull: Carmina 8,11; ebenso bei Ovid: Amores 3,11,7

Perfides Albion
> Als Bezeichnung für England ein Schlagwort der Französischen Revolution. – In einem Gedicht des Marquis de Ximènes aus jener Zeit heißt es: »Attaquons dans ses eaux la perfide Albion!«

Perlen aber, meine Mutter, Perlen bedeuten Tränen.
> Gotthold Ephraim Lessing: Emilia Galotti II,7. – Das von Lessing benutzte Bild war allerdings schon wesentlich früher gebräuchlich, so findet es sich schon im 9. Jahrhundert in den Traumlehren des Astrampsychus und des Nicephorus.

Perlen vor die Säue werfen
> Nach Mt 7,6: »Ihr sollt das Heilige nicht den Hunden geben, und eure Perlen sollt ihr nicht vor die Säue werfen . . .« – Aus der Bergpredigt.

Höchstes Glück der Erdenkinder / Sei nur die **Persönlichkeit**.
> Johann Wolfgang Goethe: West-östlicher Divan. Darin: Buch Suleika (»Volk und Knecht und Überwinder . . .«)

»**Persönlichkeit**« auf wissenschaftlichem Gebiet hat nur der, der rein der Sache dient. Und nicht nur auf wissenschaftlichem Gebiet ist es so.
> Max Weber: Wissenschaft als Beruf

. . . aber die **Person** ist eine Summe von verschiedenen Möglichkeiten, meine ich, eine nicht unbeschränkte Summe, aber eine Summe, die über die Biographie hinausgeht. Erst die Varianten zeigen die Konstante.
> Max Frisch: Ich schreibe für Leser 11

Petz ist wieder da!
> Christian Fürchtegott Gellert: »Der Tanzbär«

Der **Pfadfinder** oder Das Binnenmeer
(The Pathfinder; or, The Inland Sea)
> Titel eines 1840 erschienenen Romans von James Fenimore Cooper

Bleib da, **Pfäfflein**, fürcht dich nit, / Sag dein Sprüchel und teils uns mit.
> Friedrich Schiller: Wallenstein. Wallensteins Lager. 8. Auftritt

Der **Pfahl** ins Fleisch
> Nach 2 Kor 12,7: »Und damit ich mich wegen der hohen Offenbarungen nicht überhebe, ist mir gegeben ein Pfahl ins Fleisch, nämlich des Satans Engel . . .« – Umgangssprachlich wird diese Wendung zumeist fälschlich als »Pfahl im Fleisch« zitiert. So heißt der 3. Teil der unvollendeten Romantetralogie *Les chemins de la liberté* von Jean-Paul Sartre, die zwischen 1945 und 1949 erschien, in der deutschen Übersetzung auch *Der Pfahl im Fleisch* (*La mort dans l'âme*).

Ein ländlicher **Pfarrer** verbauert . . .
> Johann Heinrich Voß: Luise 2. Der Besuch

Nach jemandes **Pfeife** tanzen

Die Redensart wird auf Äsops Fabel *Der flöteblasende Fischer* (Nr. 27) zurückgeführt. – Dieser sagt zu den Fischen, die er durch sein Flötenspiel nicht anlocken konnte, die aber anschließend vor ihm auf den Strand hüpften: ». . . als ich flötete, wolltet ihr nicht tanzen, nun da ich aber aufgehört habe, tut ihrs!« Bei Mt 11,17 heißt es: »Wir haben euch aufgespielt, und ihr wolltet nicht tanzen . . .«

Aber der **Pfeil** gehört nicht mehr dem Schützen, sobald er von der Sehne des Bogens fortfliegt, und das Wort gehört nicht mehr dem Sprecher, sobald es seiner Lippe entsprungen und gar durch die Presse vervielfältigt worden.

Heinrich Heine: Zur Geschichte der Religion und Philosophie in Deutschland. Vorrede zur 2. Auflage

Mit dem **Pfeil**, dem Bogen / Durch Gebirg und Tal / Kommt der Schütz gezogen / Früh am Morgenstrahl.

Friedrich Schiller: Wilhelm Tell III,1

Ein braves **Pferd** stirbt in den Sielen.

Otto von Bismarck im preußischen Abgeordnetenhaus am 4. Februar 1881

Ein **Pferd**! ein Pferd! mein Königreich für'n Pferd!
(A horse! A horse! My kingdom for a horse!)

William Shakespeare: The Tragedy of King Richard the Third V,7 (in der Schlegel-Tieckschen Übersetzung V,4)

Die **Pferde** sind gesattelt, gnäd'ger Herr.

Theodor Körner: Hedwig 2,10. – Als die einzigen Worte, die ein Bedienter während seines Auftritts zu sagen hat, ist dieser Satz sprichwörtlich geworden.

Pfingsten, das liebliche Fest, war gekommen: es grünten und blühten / Feld und Wald . . .

Johann Wolfgang Goethe: Reineke Fuchs. 1. Gesang

Im Hofe steht ein **Pflaumenbaum** / Der ist klein, man glaubt es kaum. / Er hat ein Gitter drum / So tritt ihn keiner um.

Bertolt Brecht: »Der Pflaumenbaum«

Ach, **Pflicht** ist, was man von anderen erwartet, nicht, was man selber tut.

Oscar Wilde: A Woman of No Importance (Eine Frau ohne Bedeutung). 2. Akt

Doch sicher ist der schmale Weg der **Pflicht**.
>   Friedrich Schiller: Wallenstein. Wallensteins Tod IV,2

Pflicht! du erhabener, großer Name, der du nichts Beliebtes, was Einschmeichelung bei sich führt, in dir fassest ...
>   Immanuel Kant: Kritik der praktischen Vernunft. 1. Teil. 1. Buch. 3. Hauptstück: Von den Triebfedern der reinen praktischen Vernunft

Pflicht ist die Notwendigkeit einer Handlung aus Achtung fürs Gesetz.
>   Immanuel Kant: Grundlegung zur Metaphysik der Sitten. Erster Abschnitt

Tu deine **Pflicht** so lange, bis sie deine Freude wird.
>   Marie von Ebner-Eschenbach: Aphorismen

Was aber ist deine **Pflicht**? Die Forderung des Tages.
>   Johann Wolfgang Goethe: Wilhelm Meisters Wanderjahre oder Die Entsagenden. 2. Fassung 1829. Darin: Betrachtungen im Sinne der Wanderer

Mit seinen **Pfunden** wuchern
>   Nach dem Gleichnis von den anvertrauten Pfunden bei Lk 19,11–27. – Bei Mt 25,14–30 ist von »anvertrauten Zentnern« die Rede.

Laßt **Phantasie**, mit allen ihren Chören, / Vernunft, Verstand, Empfindung, Leidenschaft, / Doch, merkt Euch wohl! nicht ohne Narrheit hören.
>   Johann Wolfgang Goethe: Faust. Der Tragödie erster Teil. Vorspiel auf dem Theater

Ohne **Phantasie** keine Güte, keine Weisheit.
>   Marie von Ebner-Eschenbach: Aphorismen

Pharisäer
>   Zur Charakterisierung des selbstgerechten Wesens des Pharisäers wird meist Lk 18,11 zitiert: »Der Pharisäer stand für sich und betete so: Ich danke dir, Gott, daß ich nicht bin wie die andern Leute, Räuber, Betrüger, Ehebrecher oder auch wie dieser Zöllner.«

Ob der **Philipp** heute still / wohl bei Tische sitzen will?
>   Heinrich Hoffmann: Der Struwwelpeter. Darin: Die Geschichte vom Zappel-Philipp

Philippika

Als Bezeichnung für eine Strafpredigt nach den *Philippicae orationes* des Cicero, der wiederum seine Reden gegen Antonius in den Jahren 44 und 43 v. Chr. mit den Anklagen des Demosthenes gegen Philipp von Mazedonien verglich

Der deutsche **Philister**, das bleibet der Mann, / Auf den die Regierung vertrauen noch kann, / Der passet zu ihren Beglückungsideen, / Der läßt mit sich alles gutwillig geschehn.

August Heinrich Hoffmann von Fallersleben: »Das Lied vom deutschen Philister«

Man kann nur **Philosoph** werden, nicht es sein. Sobald man es zu sein glaubt, hört man auf es zu werden.

Friedrich Schlegel: Athenaeum-Fragmente 54

Denn noch bis jetzt gabs keinen **Philosophen**, / Der mit Geduld das Zahnweh konnt' ertragen . . .
(. . . For there was never yet philosopher / That could endure the toothache patiently . . .)

William Shakespeare: Much Adoe about Nothing (Viel Lärmen um nichts) V,1

Die **Philosophen** haben die Welt nur verschieden interpretiert, es kömmt drauf an, sie zu verändern.

Karl Marx: Thesen über Feuerbach. 11. These

Gott schuf den Menschen nach seinem Bilde, sagt die Bibel, die **Philosophen** machen es grade umgekehrt, sie schaffen Gott nach dem ihrigen.

Georg Christoph Lichtenberg: Sudelbücher D 274

Das was ist zu begreifen, ist die Aufgabe der **Philosophie**, denn das, was ist, ist die Vernunft. Was das Individuum betrifft, so ist ohnehin jedes ein Sohn seiner Zeit; so ist auch die Philosophie, ihre Zeit in Gedanken erfaßt.

Georg Wilhelm Friedrich Hegel: Grundlinien der Philosophie des Rechts. Vorrede

Habe nun, ach! **Philosophie**, / Juristerei und Medizin, / Und leider auch Theologie! / Durchaus studiert, mit heißem Bemühn . . .

Johann Wolfgang Goethe: Faust. Der Tragödie erster Teil. Nacht

Philosophie ist überhaupt die Aufgabe zu wissen.
> Novalis: Fragmente und Studien III (Frühsommer bis Oktober 1800), Nr. 389

Über keinen Gegenstand philosophieren sie seltner als über die **Philosophie**.
> Friedrich Schlegel: Athenaeum-Fragmente 1

Wenn die **Philosophie** ihr Grau in Grau malt, dann ist eine Gestalt des Lebens alt geworden, und mit Grau in Grau läßt sie sich nicht verjüngen, sondern nur erkennen; die Eule der Minerva beginnt erst mit der einbrechenden Dämmerung ihren Flug.
> Georg Wilhelm Friedrich Hegel: Grundlinien der Philosophie des Rechts. Vorrede

Welche wohl bleibt von allen den **Philosophien?** Ich weiß nicht, / Aber die Philosophie, hoff ich, soll immer bestehn.
> Friedrich Schiller und Johann Wolfgang Goethe: Tabulae Votivae. Darin: »Die Philosophien«

Si tacuisses, **philosophus** mansisses.
(Wenn du geschwiegen hättest, wärest du ein Philosoph geblieben.)
> Nach Boëthius: De consolatione philosophiae 2,7,67 ff. – Dort wird erzählt, wie ein hochmütiger Mensch, der sich als Philosoph bezeichnet, Schmähungen mit scheinbarer Geduld und Gelassenheit über sich ergehen läßt. Auf seine Frage »Merkst du nun endlich, daß ich ein Philosoph bin?« entgegnet ihm daraufhin sein Gegenüber: »Intellexeram . . . si tacuisses.« (»Ich hätte es eingesehen, wenn du geschwiegen hättest.«)

Es gibt für uns **Physiker** nur noch die Kapitulation vor der Wirklichkeit.
> Friedrich Dürrenmatt: Die Physiker. 2. Akt

Pia desideria
(Fromme Wünsche)
> Titel einer theologischen Programmschrift, die Philipp Jacob Spener 1675 veröffentlichte und die eine der wichtigsten Grundlagen des Pietismus bildete. – Diesen Titel hatte zuvor allerdings schon der belgische Jesuit Hermann Hugo seiner im Jahre 1627 erschienenen Schrift gegeben.

Lieber Doktor **Pillermann**, / guck dir bloß mein Püppchen an. / Drei Tage hat es nichts gegessen, / hat immer so stumm dagesessen ...
>Paula Dehmel: »Puppendoktor«

Ceci n'est pas une **pipe**.
(Dies ist keine Pfeife.)
>René Magritte: La Trahison des Images. – Diese vielzitierte und -interpretierte Wendung bildet in dem 1948 entstandenen Gemälde »Der Verrat der Bilder« die lakonische Inschrift unter dem Bild einer Tabakspfeife.

Anch' io sono **pittore**!
(Auch ich bin ein Maler!)
>Worte, die Antonio Correggio vor Raffaels Bild der »Heiligen Cäcilie« ausgerufen haben soll

Die zehn **Plagen** Ägyptens
>2 Mose 7–11. – Die zehn Plagen waren: Verwandlung aller Gewässer in Blut, Frösche, Stechmücken, Stechfliegen, Viehpest, Blattern, Hagel, Heuschrecken, Finsternis und die Tötung der Erstgeburt.

Dazu war hier der **Platz** nicht.
(... non erat hic locus.)
>Horaz: De arte poetica 19

Der **Platz** an der Sonne
>In einer Reichstagssitzung am 6. Dezember 1897 sagte der damalige Staatssekretär des Auswärtigen und spätere Reichskanzler Fürst Bernhard von Bülow über die Ostasienpolitik des Reiches: »Wir wollen niemand in den Schatten stellen, aber wir verlangen auch unseren Platz an der Sonne.« – Die Wendung selbst ist älteren Ursprungs, sie findet sich bereits in Blaise Pascals *Pensées sur la religion*: »... c'est ma place au soleil ...« (Ausgabe Paris 1670, Teil I, Art. IX, § 53).

Platz! süßer Pöbel, Platz!
>Johann Wolfgang Goethe: Faust. Der Tragödie erster Teil. Walpurgisnacht

Wenn der **Pöbel** aller Sorte / Tanzet um die goldnen Kälber, / Halte fest: du hast vom Leben / Doch am Ende nur dich selber.
>Theodor Storm: »Für meine Söhne«

Alle **Poesie** soll belehrend sein, aber unmerklich; sie soll den Menschen aufmerksam machen, wovon sich zu belehren wert wäre; er muß die Lehre selbst daraus ziehen wie aus dem Leben.
>   Johann Wolfgang Goethe: Über das Lehrgedicht

... nicht **Poesie** ist's – toll gewordne Prosa.
(... It is not poetry, but prose run mad ...)
>   Alexander Pope: An Epistle to Dr. Arbuthnot

Fünf Treppen hoch, fünf Treppen hoch, / O Volk, da wohnet dein **Poet**! / Der Sturmwind nur ist sein Gesell, / Der rauh durch die Mansarde weht.
>   Heinrich Leuthold: »Auf den Tod eines jungen Dichters«

Gebt ihr euch einmal für **Poeten**, / So kommandiert die Poesie.
>   Johann Wolfgang Goethe: Faust. Der Tragödie erster Teil. Vorspiel auf dem Theater

Noch ist **Polen** nicht verloren ...
(Jeszcze Polska nie zginela ...)
>   Beginn des »Dombrowskimarsches«. Den Text zu diesem polnischen Nationallied verfaßte Joseph Wybicki.

Die **Politik** der freien Hand
>   Diesen bereits existierenden Begriff gebrauchte anläßlich des französisch-österreichischen Krieges 1859 der preußische Minister Alexander Gustav Adolf Graf von Schleinitz, Otto von Bismarck griff ihn am 22. Januar 1864 im preußischen Abgeordnetenhaus auf.

Die **Politik** der offenen Tür
>   Den Begriff prägte der amerikanische Staatssekretär John Hay, der in einem Rundschreiben vom 6. September 1899 die amerikanischen Botschafter aufforderte, auf die Aufrechterhaltung der »offenen Tür« nach China hinzuwirken, womit insbesondere die Öffnung der Märkte gemeint war.

Die **Politik** ist keine Wissenschaft, wie viele der berühmten Herren Professoren sich einbilden, sie ist eben eine Kunst ...
>   Otto von Bismarck vor dem Reichstag am 15. März 1884; daß Politik »keine exakte Wissenschaft« sei, hatte Bismarck am 18. Dezember 1863 im Preußischen Landtag gesagt.

Die **Politik** verdirbt den Charakter.

> So in einem Prospekt vom Herbst 1881 anläßlich der Neugründung der *Täglichen Rundschau*. Als Urheber gilt Bernhard Brigl, der dieses Wort einem nicht näher bezeichneten »berühmten Staatsmann« in den Mund legte, andere Quellen schreiben diesen Prospektartikel Dr. Eugen Sierke zu.

Es gibt zwei Arten, aus der **Politik** seinen Beruf zu machen. Entweder: man lebt »für« die Politik, – oder aber: »von« der Politik. Der Gegensatz ist keineswegs ein exklusiver.

> Max Weber: Politik als Beruf

Mit **Politik** kann man keine Kultur machen; vielleicht kann man mit Kultur Politik machen.

> Theodor Heuss: Kräfte und Grenzen einer Kulturpolitik

Politik bedeutet ein starkes langsames Bohren von harten Brettern mit Leidenschaft und Augenmaß zugleich.

> Max Weber: Politik als Beruf

Wer **Politik** treibt, erstrebt Macht: Macht entweder als Mittel im Dienst anderer Ziele (idealer oder egoistischer), – oder Macht »um ihrer selbst willen«: um das Prestigegefühl, das sie gibt, zu genießen.

> Max Weber: Politik als Beruf

Wer sich nicht mit **Politik** befaßt, hat die politische Parteinahme, die er sich sparen möchte, bereits vollzogen: er dient der herrschenden Partei.

> Max Frisch: Tagebuch 1946–1949 (Abschnitt »1948«)

Ich aber beschloß, **Politiker** zu werden.

> Adolf Hitler: Mein Kampf. Kap. 7

Der **politische** Kannengießer
(Den politiske Kandstøber)

> Titel einer 1722 uraufgeführten Komödie von Ludvig Holberg. – »K.« wurde sprichwörtliche Bezeichnung für einen großspurigen politischen Schwätzer

Wenn einer bei uns einen guten **politischen** Witz macht, dann sitzt halb Deutschland auf dem Sofa und nimmt übel.

> Kurt Tucholsky: Schnipsel

Die **Polizei**, dein Freund und Helfer
    Als Erfinder dieses Slogans gilt der ehemalige Wiener Polizeipräsident Josef Holaubek

Pomuchelskopp
    Gestalt aus Fritz Reuters *Ut mine Stromtid* (Kap. 5)

Von **Pontius** zu Pilatus *siehe* Von **He**rodes

Vom sichern **Port** läßt sich gemächlich raten, / Da ist der Kahn und dort der See! Versuchts!
    Friedrich Schiller: Wilhelm Tell I,1

A **Portrait** of the Artist as a Young Man
(Jugendbildnis)
    Titel eines Romans von James Joyce, der in Buchform 1916 erschien

Die **Posaunen** der Engel
    Nach Mt 24,31: »Und er wird seine Engel senden mit hellen Posaunen . . .«

»Herr Kästner, wo bleibt das **Positive**?« / Ja, weiß der Teufel, wo das bleibt.
    Erich Kästner: »Und wo bleibt das Positive, Herr Kästner?« – Die beiden ersten Zeilen dieser Anfangsstrophe lauten: »Und immer wieder schickt ihr mir Briefe, / in denen ihr, dick unterstrichen, schreibt:«

post festum
(nach dem Fest)
    Nach der Wendung »κατόπιν ἑορτῆς – katopin eortes« aus dem *Gorgias* (447) des Platon

. . . immer auf dem **Posten**
(. . . toujours en vendette)
    Wendung aus der Schlußpassage des *Exposé du gouvernement prussien* von Friedrich dem Großen. – Dort ist von Fürsten die Rede, die »immer auf dem Posten sein müssen, mit gespitzten Ohren, um ihre Nachbarn zu überwachen . . .«.

Potemkinsche Dörfer
    Als Bezeichnung für Luftschlösser und die Vorspiegelung falscher Tatsachen nach dem Fürsten Gregor Alexandrovic Potemkin gebildet, der im Januar 1787 die Kaiserin Katharina II. während ihres Besuches der Krim durch rasch errichtete Dörfer über den wahren Zustand der Region täuschen wollte

Die Frau **Potiphars**

1 Mose 39. – Gegen ihre Verführungsversuche mußte sich Joseph wehren. Potiphar war der Kämmerer und Oberste der Leibwache des Pharao.

Pracht und Herrlichkeit

Nach Ez 31,18: »Wem bist du gleich, Pharao, mit deiner Pracht und Herrlichkeit ...«

Der **Prediger** in der Wüste

Nach Jes 40,3: »Es ruft eine Stimme: In der Wüste bereitet dem HERRN den Weg, macht in der Steppe eine ebene Bahn unserm Gott!« – Als Verweis auf Johannes den Täufer ebenso bei Mt 3,3; Mk 1,3; Lk 3,4 und Joh 1,23.

Preisend mit viel schönen Reden / Ihrer Länder Wert und Zahl, / Saßen viele deutsche Fürsten / Einst zu Worms im Kaisersaal.

Justinus Kerner: »Der reichste Fürst«

Preußen geht fortan in Deutschland auf!

Aus einer Proklamation Friedrich Wilhelms IV. *An mein Volk, an die deutsche Nation* vom 21. März 1848

Preußen sind wir, Preußen wollen wir bleiben.

Otto von Bismarck im Preußischen Landtag am 6. September 1849

»**Prinz** Eugen, der edle Ritter!« / Hei, das klang wie Ungewitter / Weit ins Türkenlager hin.

Ferdinand Freiligrath: »Prinz Eugen, der edle Ritter«. – Freiligrath griff dabei allerdings auf ein volkstümliches, seit 1717 weitverbreitetes Lied zurück.

Das **Prinzip** Hoffnung

Philosophisches Hauptwerk von Ernst Bloch; zwischen 1938 und 1947 entstanden, zwischen 1953 und 1959 veröffentlicht

Prinzipienreiter

Nach einem Erlaß von Heinrich LXXII., Fürst Reuss zu Lobenstein und Ebersdorf, den die *Vossische Zeitung* am 18. September 1845 druckte und in dem es hieß: »Seit 20 Jahren reite Ich auf einem Prinzip herum ...«

Wer die **Privilegien** tötete, wäre der Weltheiland.

Johann Gottfried Seume: Apokryphen

Pro domo
(Für das eigene Haus)

Nach dem Titel einer Rede von Cicero – *De domo sua* – gebildete Wendung

Problematische Naturen

1861 erschienener Roman von Friedrich Spielhagen, dessen Titel auf einen Aphorismus Johann Wolfgang Goethes Bezug nahm: »Es gibt problematische Naturen, die keiner Lage gewachsen sind, in der sie sich befinden, und denen keine genug tut. Daraus entsteht der ungeheure Widerstreit, der das Leben ohne Genuß verzehrt« (*Maximen und Reflexionen* Nr. 134).

Jede Lösung eines **Problems** ist ein neues Problem.

Johann Wolfgang Goethe über seinen Roman *Wilhelm Meisters Wanderjahre oder Die Entsagenden* zu Kanzler Friedrich von Müller am 8. Juni 1821

Die **Proletarier** haben nichts in ihr zu verlieren als ihre Ketten. Sie haben eine Welt zu gewinnen.

Karl Marx / Friedrich Engels: Manifest der Kommunistischen Partei. – Gemeint ist mit »ihr« die bisherige Gesellschaftsordnung.

Proletarier aller Länder vereinigt euch!

Karl Marx / Friedrich Engels: Manifest der Kommunistischen Partei (Schlußsatz)

Ein **Prophet** gilt nirgends weniger als in seinem Vaterland und in seinem Hause.

Mt 13,57; Mk 6,4; Lk 4,24 (»Kein Prophet gilt etwas in seinem Vaterland.«); Joh 4,44

Prophete rechts, Prophete links, / Das Weltkind in der Mitten.

Johann Wolfgang Goethe: »Diner zu Koblenz im Sommer 1774«. – Mit den »Propheten« sind, wie Goethe auch im 14. Buch von *Dichtung und Wahrheit* ausführt, Johann Kaspar Lavater und Johann Bernhard Basedow gemeint.

In der wahren **Prosa** muß alles unterstrichen sein.

Friedrich Schlegel: Athenaeum-Fragmente

Proselyten machen

Nach Mt 23,15: »Weh euch, Schriftgelehrte und Pharisäer, ihr Heuchler, die ihr Land und Meer durchzieht, damit ihr einen Judengenossen gewinnt . . .«. – Das griechische Wort, das Martin Luther mit »Judengenossen« übersetzte, hieß »προσήλυτον«. Von »Judengenossen« ist auch in Apg 2,11 die Rede.

Prost, Vata, ah, heut is zünfti.
> Wiederkehrende Wendung in Karl Valentin: Der Firmling

Ja, ja **Prozesse** müssen sein!
> Christian Fürchtegott Gellert: »Der Prozeß«

Drum **prüfe**, wer sich ewig bindet, / Ob sich das Herz zum Herzen findet!
> Friedrich Schiller: »Das Lied von der Glocke«

Prüft aber alles, und das Gute behaltet.
> 1 Thess 5,21

Mit den Jahren steigern sich die **Prüfungen**.
> Johann Wolfgang Goethe: Wilhelm Meisters Wanderjahre oder Die Entsagenden. 2. Fassung 1829. Darin: Aus Makariens Archiv

Psychoanalyse ist jene Geisteskrankheit, für deren Therapie sie sich hält.
> Karl Kraus: Nachts

Wie in der **Psychoanalyse**, so auch hier: die erbittertsten Feinde sind immer diejenigen, die ihre Anwendbarkeit auf die eigene Seele zwar ahnen, aber nicht wahrhaben wollen.
> Wolfgang Hildesheimer: Marbot. Kap. 5

Der **Psychoanalytiker** ist ein Beichtvater, den es gelüstet, auch die Sünden der Väter abzuhören.
> Karl Kraus: Nachts

Wo **Psychologie** ist, da ist auch das Pathologische schon; die Welt der Seele ist die der Krankheit.
> Thomas Mann: Tolstoi. Zur Jahrhundertfeier seiner Geburt 1928

Das **Publikum** braucht nichts als Empfänglichkeit, und diese besitzt es.
> Friedrich Schiller: Über den Gebrauch des Chors in der Tragödie

Das **Publikum**, das ist ein Mann, / Der alles weiß und gar nichts kann . . .
> Ludwig Robert: »Das Publikum«. – Die Vorlage zu diesen Zeilen bildeten die Verse aus dem »Silbernen ABC« von Matthias Claudius: »Nichts ist so elend als ein

Mann, / Der alles weiß und der nichts kann.« 1884 heißt es dann in Ernst von Wildenbruchs Drama *Christoph Marlow* III,6: »Ein Rezensent, siehst Du, das ist der Mann, / Der Alles weiß, und gar nichts kann!«

Das **Publikum** ist eine einfache Frau, / Bourgeoishaft, eitel und wichtig . . .
Theodor Fontane: »Publikum«

Verehrtes **Publikum**, jetzt kein Verdruß: / Wir wissen wohl, das ist kein rechter Schluß. / Vorschwebte uns: die goldene Legende. / Unter der Hand nahm sie ein bitteres Ende.
Bertolt Brecht: Der gute Mensch von Sezuan. Epilog

Verehrtes **Publikum**, los, such dir selbst den Schluß! / Es muß ein guter da sein, muß, muß, muß!
Bertolt Brecht: Der gute Mensch von Sezuan. Epilog

Publikumsbeschimpfung
Titel eines »Sprechstücks« von Peter Handke, das 1966 uraufgeführt wurde

Es ist ein **pudelnärrisch** Tier.
Johann Wolfgang Goethe: Faust. Der Tragödie erster Teil. Vor dem Tor

Das also war des **Pudels** Kern!
Johann Wolfgang Goethe: Faust. Der Tragödie erster Teil. Studierzimmer [I]

Pünktlichkeit ist die Höflichkeit der Könige.
(L'exactitude est la politesse des rois.)
Ein dem französischen König Ludwig XVIII. zugeschriebener Ausspruch

Des Lebens **Pulse** schlagen frisch lebendig, / Ätherische Dämmerung milde zu begrüßen . . .
Johann Wolfgang Goethe: Faust. Der Tragödie zweiter Teil. 1. Akt. Anmutige Gegend

. . . diejenigen fürchten das **Pulver** am meisten, die es nicht erfunden haben . . .
Heinrich Heine: Reisebilder. 4. Teil. Englische Fragmente. Kap. IX

Pulver ist schwarz, / Blut ist rot, / Golden flackert die Flamme!
Refrain aus Ferdinand Freiligraths Gedicht »Schwarz-Rot-Gold«

Gib mir nur einen **Punkt**, wo ich hintreten kann, und ich bewege die Erde.
(Δός μοι ποῦ στῶ καὶ κινῶ τὴν γῆν. – Dos moi pu sto kai kino ten gen.)

> Ein von Plutarch (Marcellus 14,12) und anderen überlieferter Satz des Archimedes. – Aus diesem Ausspruch ist der sogenannte »archimedische Punkt« als Vorstellung eines unbewegten, ruhenden Pols sprichwörtlich geworden.

Dunkle **Punkte**
(points noirs)

> Nach Auskunft des *Moniteur universel* vom 28. August 1867 eine Wendung Napoleons III., die dieser in einer Rede am 26. August 1867 in Lille gebraucht hatte

Puppchen, du bist mein Augenstern, / Puppchen, hab dich zum Fressen gern!

> Lied aus der Posse *Puppchen*. Der Text stammt von Robert Gilbert und Alfred Schönfeld, die Musik von Jean Gilbert.

Bis in die **Puppen**

> Die Berliner Redensart leitet sich von einem Platz im Tiergarten, dem »großen Stern« her, den der Architekt Georg Wenzeslaus von Knobelsdorff unter Friedrich dem Großen mit Gartenanlagen und antiken Statuen, den vom Volksmund so genannten »Puppen«, schmückte. Für die Spaziergänge zu diesem Ort bürgerte sich dann die Bezeichnung »in die Puppen« ein, die als allgemeine Redewendung »sehr weit« oder »sehr spät« meint.

Puppen sind wir von unbekannten Gewalten am Draht gezogen; nichts, nichts wir selbst!

> Georg Büchner: Dantons Tod II,5

Nun, wenn der **Purpur** fällt, muß auch der Herzog nach.

> Friedrich Schiller: Die Verschwörung des Fiesco zu Genua V,16

Pyrrhussieg

> So genannt nach Pyrrhus, dem König von Epirus, der nach einem verlustreichen Sieg über die Römer bei Ausculum im Jahre 279 v. Chr. den Ausspruch getan haben soll: »Noch solch ein Sieg und wir sind verloren.«

Als **Pythagoras** seinen bekannten Lehrsatz entdeckte, brachte er den Göttern eine Hekatombe dar. Seitdem zittern die Ochsen, sooft eine neue Wahrheit an das Licht kommt.

> Ludwig Börne: Aphorismen

Q

. . . Und wenn der Mensch in seiner **Qual** verstummt, / Gab mir ein Gott, zu sagen, wie ich leide.

> Johann Wolfgang Goethe: Torquato Tasso V,5. – Goethe stellte diese Zeilen später auch als Motto seiner (Marienbader) »Elegie«, dem mittleren Gedicht der *Trilogie der Leidenschaft*, voran; allerdings heißt es dort: ». . . zu sagen, was ich leide.«

Qualis rex, talis grex.
(Wie der König, so die Herde.)

> Als »wie der Herr, so das Gescherr« sprichwörtlich geworden, in dieser Form aus der Antike allerdings nicht überliefert. Im *Satyricon* 58,3 des Petronius heißt es: »Qualis dominus, talis et servus . . .« (»Wie der Herr, so auch der Sklave . . .«).

Man achte immer auf **Qualität**. Ein Sarg zum Beispiel muß fürs Leben halten.

> Kurt Tucholsky: Schnipsel

Quamvis sint sub aqua, sub aqua maledicere temptant.
(Obgleich sie unter Wasser sind, versuchen sie noch unter Wasser zu schmähen.)

> Ovid: Metamorphoseon libri 6,376. – Gemeint sind die von Latona in Frösche verwandelten lykischen Bauern.

Getretner **Quark** / Wird breit, nicht stark.

> Johann Wolfgang Goethe: West-östlicher Divan. Darin: Buch der Sprüche

An der **Quelle** saß der Knabe, / Blumen wand er sich zum Kranz . . .

> Friedrich Schiller: »Der Jüngling am Bache«

Um an die **Quelle** zu kommen, muß man gegen den Strom schwimmen.

> Stanislaw Jerzy Lec: Neue unfrisierte Gedanken

Ein **Quidam** sagt': »Ich bin von keiner Schule! / Kein Meister lebt, mit dem ich buhle . . .«

> Johann Wolfgang Goethe: »Den Originalen«; vgl. auch »Ich bin ein **Narr** . . .«

Quidquid agis, prudenter agas et respice finem.
(Was du auch tust, tu es klug und bedenke das Ende!)

> Gesta Romanorum 103. – Diese Wendung findet sich in ähnlicher Form und damit als mögliche Quelle sowohl bei Herodot, wo Solon Kroisos, den König der Lyder, mit den Worten »Auf das Ende einer jeden Sache muß man schauen, wie sie einmal ausgehen wird« (Histories apodexis 1,32,9) ermahnt. Ebenso im Alten Testament bei Sir 7,40 (vgl. »Was du auch tust, so bedenke dein **Ende** . . .«) und auch in Aesops Fabel vom Fuchs und dem Bock (Nr. 45). Auch von Georg Rollenhagen in seinem *Froschmeuseler* zitiert: »Was du thun wilt / thue mit bedacht / Vnd den Außgang zuvor betracht« (Das ander Buch. Das Dritte Theil, Kap. 2).

Quod erat demonstrandum.
(Was zu beweisen war. – ὅπερ ἔδει δεῖξαι. – hoper edei deixai.)

> Satz des Euklid

Quos ego . . .!
(Euch werd' ich . . .!)

> Vergil: Aeneis 1,135. – Drohung des Meeresgottes Neptun an die vier Winde, die die Flotte des Aeneas zerstreut hatten.

. . . **quot** homines tot sententiae . . .
(Wie viele Menschen, so viele Meinungen.)

> Terenz: Phormio 2,4,14

Quousque tandem . . .?
(Wie lange noch . . .?)

> Beginn der 1. Rede der *Catilinariae orationes* des Cicero, der dann fortfährt: »Quousque tandem abutere, Catilina, patientia nostra?« (»Wie lange schließlich noch willst du, Catilina, unsere Geduld mißbrauchen?«)

R

Ein weißer **Rabe**
(corvus albus)
> Juvenal: Saturae 7,202

Der Hölle **Rache** kocht in meinem Herzen, / Tod und Verzweiflung flammet um mich her!
> Wolfgang Amadeus Mozart: Die Zauberflöte II,8; Text von Emanuel Schikaneder

Die **Rache** ist mein, ich will vergelten zur Zeit, da ihr Fuß gleitet . . .
> 5 Mose 32,35; Röm 12,19

. . . Getroffen von der **Rache** Strahl.
> Friedrich Schiller: »Die Kraniche des Ibykus«

Die **Racker** sind doch gar zu appetitlich!
> Johann Wolfgang Goethe: Faust. Der Tragödie zweiter Teil. 5. Akt. Grablegung

Möge mir einst ein **Rächer** erstehen aus meinen Gebeinen. (Exoriare aliquis nostris ex ossibus ultor . . .)
> Vergil: Aeneis 4,625. – Der Vers wurde häufig zitiert, etwa vom Kurfürsten Friedrich Wilhelm bei der Unterzeichnung des Friedens von St. Germain am 29. Juni 1679 oder von Ferdinand Freiligrath, der diesen Satz seinem Gedicht »Aus Spanien« als Motto voranstellte.

Alle **Räder** stehen still, / Wenn dein starker Arm es will.
> Georg Herwegh: »Bundeslied für den Allgemeinen deutschen Arbeiterverein«

Da muß sich manches **Rätsel** lösen *siehe* Dort strömt die **Me**nge

Räuberhöhle
> Nach Jer 7,11: »Haltet ihr denn dies Haus, das nach meinem Namen genannt ist, für eine Räuberhöhle?« Vgl. Mt 21,13; Mk 11,17 und Lk 19,46; in allen drei Fällen mit dem Verweis auf Jes 56,7 (». . . denn mein Haus wird ein Bethaus heißen für alle Völker.«).

Wie er **räuspert** und wie er spuckt, / Das habt Ihr ihm glücklich abgeguckt . . .
> Friedrich Schiller: Wallenstein. Wallensteins Lager. 6. Auftritt. – Diese Worte finden sich schon in Molières *Femmes savantes* (Die gelehrten Frauen) I,1; dort sagt Armande: ». . . que de tousser et de cracher comme elle.« Dabei galt die Wendung vom »Räuspern und Spucken« schon zu Molières Zeiten als sprichwörtlich.

Oder meinen Sie, Prinz, daß **Raffael** nicht das größte malerische Genie gewesen wäre, wenn er unglücklicherweise ohne Hände wäre geboren worden?
> Gotthold Ephraim Lessing: Emilia Galotti I,4

Rapunzel, Rapunzel, / Laß dein Haar herunter.
> Kinder- und Hausmärchen. Gesammelt durch die Brüder Grimm. Darin: Rapunzel

Der **rasende** Reporter
> Titel einer Reportagensammlung von Egon Erwin Kisch, die 1925 erschien. – ›Rasender Reporter‹ wurde damit zugleich zum Beinamen von Kisch und in der Folge eine stehende Wendung; vgl. auch »**Hetz**jagd . . .«.

. . . Da **rast** der See und will sein Opfer haben.
> Friedrich Schiller: Wilhelm Tell I,1

Rate sich jeder selbst und tue, was er nicht lassen kann.
> Johann Wolfgang Goethe: Die Wahlverwandtschaften. 1. Teil, Kap. 2

Es war eine **Ratt** im Kellernest, / Lebte nur von Fett und Butter, / Hatte sich ein Ränzlein angemäst't / Als wie der Doktor Luther.
> Johann Wolfgang Goethe: Faust. Der Tragödie erster Teil. Auerbachs Keller in Leipzig

Es gibt zwei Sorten **Ratten**: / Die hungrigen und satten. / Die satten bleiben vergnügt zu Haus, / Die hungrigen aber wandern aus.
> Heinrich Heine: »Die Wanderratten«

So eine wilde **Ratze**, / Die fürchtet nicht Hölle, nicht Katze . . .
> Heinrich Heine: »Die Wanderratten«

Darum sagt' ich: laß es! / Sieh den grauen **Rauch** / Der in immer kältre Kälten geht: so / Gehst du auch.
> Bertolt Brecht: Der gute Mensch von Sezuan. Darin: »Das Lied vom Rauch«

Ein **Rauch** seid ihr, der eine kleine Zeit bleibt und dann verschwindet.
> Jak 4,14

Wo man **raucht**, da kannst du ruhig harren, / Böse Menschen haben nie Zigarren . . .
> David Kalisch im *Humoristisch-satyrischen Volkskalender des Kladderadatsch* des Jahres 1850 (S. 27). – Die Verse parodieren die bekannten Zeilen »Wo man **sing**et, laß dich ruhig nieder . . .« von Johann Gottfried Seume.

Prinzessin, / Mir wird, als **rauchte** hinter mir die Welt / In Flammen auf –
> Friedrich Schiller: Don Karlos, Infant von Spanien II,8

Raum für alle hat die Erde, / Was verfolgst du meine Herde?
> Friedrich Schiller: »Der Alpenjäger«

Raum, ihr Herrn, dem Flügelschlag / Einer freien Seele!
> Georg Herwegh: »Aus den Bergen«

Raum ist in der kleinsten Hütte / Für ein glücklich liebend Paar.
> Friedrich Schiller: »Der Jüngling am Bache«

Wer niemals einen **Rausch** hat g'habt, / Der ist ein schlechter Mann . . .
> Wenzel Müller: Das Neu-Sonntagskind. Den Text zu diesem Singspiel verfaßte Joachim Perinet.

Es **rauschten** leis die Wälder, / So sternklar war die Nacht.
> Joseph Freiherr von Eichendorff: »Mondnacht«

Mach deine **Rechnung** mit dem Himmel, Vogt, / Fort mußt du, deine Uhr ist abgelaufen.
> Friedrich Schiller: Wilhelm Tell IV,3

Das **Recht** auf die Straße
> Aus einem Aufruf des Berliner Polizeipräsidenten Traugott von Jagow anläßlich einer Wahlrechtsdemonstration der Sozialdemokraten am 13. Februar 1910

Das **Recht** beugen
> Nach 2 Mose 23,6: »Du sollst das Recht deines Armen nicht beugen in seiner Sache.«

Das **Recht** des Menschen ist's auf dieser Erden / Da er doch nur kurz lebt, glücklich zu sein . . .
> Bertolt Brecht: Die Dreigroschenoper I,3: Bettlergarderoben. Darin: »Über die Unsicherheit menschlicher Verhältnisse«

Das **Recht** des Stärkeren ist das stärkste Unrecht.
> Marie von Ebner-Eschenbach: Aphorismen

Denn **Recht** muß doch Recht bleiben, / und ihm werden alle frommen Herzen zufallen.
> Ps 94,15

Recht auf Arbeit
(Le Droit au travail)
> Wendung aus Charles Fouriers *Théorie des quatre mouvements et des déstinées générales*, 1808 erschienen; dort im Teil III, Kap. VII

Recht hattest du? – das will nicht viel bedeuten. / Nur was du wirktest, reicht in Ewigkeiten.
> Arthur Schnitzler: Sprüche in Versen. Darin: »Recht hattest du . . .«

Recht und Gerechtigkeit
> Nach Am 5,7; 5,24 und 6,12

Wer **recht** behalten will und hat nur eine Zunge, / Behält's gewiß.
> Johann Wolfgang Goethe: Faust. Der Tragödie erster Teil. Straße

Der **rechte** Mann an der rechten Stelle
(the right man in the right place)
> Wendung von Austen Henry Layard in einer Rede vor dem britischen Unterhaus am 15. Januar 1855

Tu nur das **Rechte** in deinen Sachen; / Das andre wird sich von selber machen.
> Johann Wolfgang Goethe: Aus »Sprichwörtlich«

Es geht nicht zu mit **rechten** Dingen!
> Friedrich Schiller: Wallenstein. Wallensteins Lager. 6. Auftritt

Macht mir den **rechten** Flügel stark.
> Generalfeldmarschall Graf Alfred von Schlieffen im Dezember 1905 im sogenannten ›Schlieffenplan‹, der *Denkschrift über die Offensivmaßnahmen eines Krieges gegen das mit England verbündete Frankreich*

Zur **Rechten** sieht man, wie zur Linken, / Einen halben Türken heruntersinken.
> Ludwig Uhland: »Schwäbische Kunde«

Die Idee des **Rechts** kann nun keine andere sein als die Gerechtigkeit.
> Gustav Radbruch: Rechtsphilosophie. § 4. Der Begriff des Rechts

Die **Rechtschaffenheit** wird gepriesen und friert dabei.
(Probitas laudatur et alget.)
> Juvenal: Saturae 1,74

Reclam-Ausgabe von Politikern
> Die Wendung stammt von Franz-Josef Strauß, der im November 1976 in einer Rede vor dem Landesausschuß der bayerischen Jungen Union führende Politiker der CDU als »politische Pygmäen«, »Zwerge im Westentaschenformat« und »Reclam-Ausgabe von Politikern« bezeichnet hatte. Auf eine diesbezügliche Anfrage des SPD-Abgeordneten Sperling, warum Strauß den »guten Namen des Verlags Reclam« als »Schimpfwort gegen Kollegen Ihrer Fraktion« verwendet habe, antwortete Strauß im Deutschen Bundestag am 17. Dezember 1976: »Es gibt eben Reclam-Ausgaben von Büchern, die sind im Quantum etwas kleiner, im Inhalt gleich. . . . Aber wenn Sie eine andere Ausdrucksweise wollen, würde ich in Zukunft sagen, daß Sie ein Politiker im Taschenbuchformat sind.«

Eure **Rede** aber sei: Ja, ja; nein, nein. Was darüber ist, das ist vom Übel.
> Mt 5,37. – Aus der Bergpredigt.

Rede, denn dein Knecht hört.
> 1 Sam 3,10. – Samuel zu Gott.

Was ist der langen **Rede** kurzer Sinn?
> Friedrich Schiller: Wallenstein. Die Piccolomini I,2

Alles **Reden** ist so voll Mühe, daß niemand damit zu Ende kommt.
> Koh 1,8; vgl. »Das **Au**ge sieht sich niemals satt . . .«

Es **reden** und träumen die Menschen viel / Von bessern künftigen Tagen, / Nach einem glücklichen goldenen Ziel / Sieht man sie rennen und jagen.
>Friedrich Schiller: »Hoffnung«

Heiß mich nicht **reden**, heiß mich schweigen, / Denn mein Geheimnis ist mir Pflicht ...
>Johann Wolfgang Goethe: Wilhelm Meisters Lehrjahre. 5. Buch, Kap. 16

Kommt, **reden** wir zusammen / wer redet, ist nicht tot ...
>Gottfried Benn: »Kommt –«

Reden ist Silber
>Nach Ps 12,7: »Die Worte des HERRN sind lauter wie Silber ...«. – Der Zusatz »Schweigen ist Gold« ist nicht biblischen Ursprungs.

Und **reden** kann er. Na, das kann jeder, / Hier aber, er zieht nicht gerne von Leder.
>Theodor Fontane: Alte-Fritz-Grenadiere 4: »Erstes Bataillon Garde (1780)«

Wenn gute **Reden** sie begleiten *siehe* Zum **We**rke

Der **Redner** regiert den hauffen.
>Georg Rollenhagen: Froschmeuseler. Das ander Buch. Das ander Theil, Kap. 16

Und wer etwas **redet** gegen den Menschensohn, dem wird es vergeben; aber wer etwas redet gegen den Heiligen Geist, dem wird's nicht vergeben, weder in dieser noch in jener Welt.
>Mt 12,32

Nicht so **redlich**, wäre redlicher.
>Gotthold Ephraim Lessing: Emilia Galotti I,4; vgl. hierzu auch »**We**niger wäre mehr«

Doch **Redlichkeit** gedeiht in jedem Stande.
>Friedrich Schiller: Wilhelm Tell II,2

Denn das Herz ist es, was den **Redner** macht, und die Ausdruckskraft der Empfindung.
(Pectus est enim quod disertos facit, et vis mentis.)
>Quintilian: Institutiones oratoriae 10,7,15

Du **redst**, wie dus verstehst.
> Friedrich Schiller: Wallenstein. Die Piccolomini II,6

. . . Denn der **Regen**, der regnet jeglichen Tag.
(. . . For the rain it raineth every day.)
> William Shakespeare: Twelfth Night, or What you Will (Was ihr wollt). Refrain des Liedes des Narren am Ende des 5. Akts. – Ebenso in *King Lear* III,2, wo es aber »though the rain . . .« heißt.

Der **Regen** wusch uns ab und wusch uns rein, / Die Sonne hat uns mählich schwarz gedörrt; / Die Krähen hackten uns die Augen ein / Und haben Bart und Brauen ausgezerrt . . .
(La pluie nous a bués et lavés, / Et le soleil dessechés et noircis; / Pies, corbeaux, nous ont les yeux cavés, / Et arraché la barbe et les sourcils . . .)
> François Villon: »L'Epitaphe de Villon en Forme de Ballade«. – Die Rede ist in diesem auch »Ballade des Pendus« genannten Gedicht von Gehenkten.

Über einen **Regenten** muß man kein Urteil haben, als bis er zwanzig Jahre regiert hat.
> Johann Gottfried Seume: Apokryphen

Regierung kann auch ohne Recht bestehen, nicht aber Recht ohne Regierung.
> Bertrand Russell: Unpopuläre Betrachtungen

Wäre es da / Nicht doch einfacher, die **Regierung** / Löste das Volk auf und / Wählte ein anderes?
> Bertolt Brecht: »Die Lösung«

Welche **Regierung** die beste sei? Diejenige, die uns lehrt, uns selbst zu regieren.
> Johann Wolfgang Goethe: Maximen und Reflexionen 353

Die **Regierungen** tun öfter Böses aus Feigheit als aus Übermut.
> Ludwig Börne: Aphorismen

Regierungen sind Segel, das Volk ist Wind, der Staat ist Schiff, die Zeit ist See.
> Ludwig Börne: Aphorismen

Die **Rehlein** beten zur Nacht, / hab acht! / Sie falten die kleinen Zehlein, / die Rehlein.
   Christian Morgenstern: »Das Gebet«

Das **Reich** Gottes auf Erden: das ist die letzte Bestimmung des Menschen.
   Immanuel Kant: Reflexionen zur Anthropologie. Nr. 1396. 2. Hälfte. 2. Teil. E. Der Charakter der Gattung

... Das **Reich** muß uns doch bleiben.
   Martin Luther: »Ein feste Burg«

Erst haben wir ihn **reich** gemacht, / Nun sollen wir ihn amüsieren.
   Johann Wolfgang Goethe: Faust. Der Tragödie zweiter Teil. 1. Akt. Finstere Galerie

Mein **Reich** ist nicht von dieser Welt.
   Joh 18,36. – Worte Jesu; schon bei Joh 8,23 hieß es: »... ihr seid von dieser Welt, ich bin nicht von dieser Welt.«

... Und das römische **Reich** – daß Gott erbarm! / Sollte jetzt heißen römisch Arm ...
   Friedrich Schiller: Wallenstein. Wallensteins Lager. 8. Auftritt

Man muß nicht **reicher** scheinen wollen, als man ist.
   Gotthold Ephraim Lessing: Minna von Barnhelm oder das Soldatenglück III,7

Mein ganzer **Reichtum** ist mein Lied.
   Georg Herwegh: »Leicht Gepäck«

Reichtum allein tut's nicht auf Erden ...
   Albert Lortzing: Der Waffenschmied I,12

Reichtum macht das Herz schneller hart als kochendes Wasser ein Ei.
   Ludwig Börne: Aphorismen

Reichtum und Macht erhöhen den Mut, aber mehr als beides die Furcht des Herrn.
   Sir 40,26; vgl. auch »**Gol**d und Silber lassen ...«

Unser Jahrhundert beweihräuchert den **Reichtum**. Reichtum ist die Gottheit dieses Jahrhunderts.
>   Oscar Wilde: An Ideal Husband (Ein idealer Gatte). 2. Akt

Nur wenn sie **reif** ist, fällt des Schicksals Frucht!
>   Friedrich Schiller: Die Jungfrau von Orleans V,4

Reif sein ist alles.
(Ripeness is all.)
>   William Shakespeare: True Chronicle Historie of the Life and Death of King Lear ... V,2

Reime dich, oder ich fresse dich
>   Titel einer 1673 erschienenen Satire von Gottfried Wilhelm Sacer

Das raffinier- / te Tier / tats um des **Reimes** Willen.
>   Christian Morgenstern: »Das ästhetische Wiesel«

Es regnete so stark, daß alle Schweine **rein** und alle Menschen dreckig wurden.
>   Georg Christoph Lichtenberg: Sudelbücher F 100

Den **Reinen** ist alles rein ...
>   Tit 1,15. – Ähnlich schon 2 Sam 22,27 und Ps 18,27.

... eine **Reise** von tausend Meilen / beginnt mit dem ersten Schritt.
>   Lao-Tse: Tao-Te Ching. Kap. 64

Wenn jemand eine **Reise** tut, / So kann er was erzählen ...
>   Matthias Claudius: »Urians Reise um die Welt«

... denn die beste Bildung findet ein gescheiter Mensch auf **Reisen**.
>   Johann Wolfgang Goethe: Wilhelm Meisters Lehrjahre. 5. Buch, Kap. 2

Man **reist** nicht billiger und nicht schneller als in Gedanken.
>   Georg Weerth: Leben und Taten des berühmten Ritters Schnapphahnski. V

Der **Reiter** und der Bodensee
>   Titel eines Gedichts von Gustav Schwab. – Auch als »Ritt über den Bodensee« sprichwörtlich geworden: gemeint ist das (im Gedicht tödliche) Erschrecken über eine unbewußt überstandene Gefahr.

Es ritten drei **Reiter** zum Tor hinaus, / Ade! / Feins Liebchen schaute zum Fenster hinaus, / Ade! / Und wenn es denn soll geschieden sein, / So reich mir dein goldenes Ringelein, / Ade! Ade! Ade! / Ja, scheiden und lassen tut weh.

Aus der von Clemens Brentano und Achim von Arnim herausgegebenen Sammlung *Des Knaben Wunderhorn*: »Drei Reiter am Tor«

Wer **reitet** so spät durch Nacht und Wind? / Es ist der Vater mit seinem Kind; / Er hat den Knaben wohl in dem Arm, / Er faßt ihn sicher, er hält ihn warm.

Johann Wolfgang Goethe: »Erlkönig«

Denn, was uns **reizt**, das lieben wir verhüllt!

Friedrich Hebbel: Gyges und sein Ring. 2. Akt

. . . und was nicht **reizt**, ist tot.

Johann Wolfgang Goethe: Torquato Tasso II,1

Büblein wirst du ein **Rekrut**, / Merk' dir dieses Liedchen gut.

Friedrich Güll: »Rekrut«

. . . das Abhängigkeitsgefühl ist der Grund der **Religion**, der ursprüngliche Gegenstand dieses Abhängigkeitsgefühls ist aber die Natur, die Natur also der erste Gegenstand der Religion.

Ludwig Feuerbach: Vorlesungen über das Wesen der Religion. 4. Vorlesung

Der Mensch hat zwei Beine und zwei Überzeugungen: eine, wenns ihm gut geht, und eine, wenns ihm schlecht geht. Die letztere heißt **Religion**.

Kurt Tucholsky: Der Mensch

Die **Religion** ist der Seufzer der bedrängten Kreatur, das Gemüt einer herzlosen Welt, wie sie der Geist geistloser Zustände ist. Sie ist das Opium des Volks.

Karl Marx: Zur Kritik der Hegelschen Rechtsphilosophie. Einleitung

Es gibt keine **Religion**, die nicht Christentum wäre.

Novalis: Fragmente und Studien I (1799/1800) Nr. 82. – Dort heißt es im Original: »Es giebt keine Religion, die nicht Xstenthum wäre.«

Es ist nur eine (wahre) **Religion**; aber es kann vielerlei Arten des Glaubens geben.
>Immanuel Kant: Die Religion innerhalb der Grenzen der bloßen Vernunft. 3. Stück, V

Es ist unmöglich, daß ein Mensch ohne **Religion** seines Lebens froh werde.
>Immanuel Kant: Reflexionen zur Religionsphilosophie. Nr. 8106

Nun sag, wie hast du's mit der **Religion**? / Du bist ein herzlich guter Mann, / Allein ich glaub, du hältst nicht viel davon.
>Johann Wolfgang Goethe: Faust. Der Tragödie erster Teil. Marthens Garten

Religion ist Bejahung alles Seienden trotzalledem.
>Gustav Radbruch: Über Religionsphilosophie des Rechts

. . . **Religion** ist Sinn und Geschmack fürs Unendliche.
>Friedrich Schleiermacher: Über die Religion. Reden an die Gebildeten unter ihren Verächtern. Darin: Zweite Rede. Über das Wesen der Religion

Religion ist (subjektiv betrachtet) das Erkenntnis aller unserer Pflichten als göttlicher Gebote.
>Immanuel Kant: Die Religion innerhalb der Grenzen der bloßen Vernunft. 4. Stück. 1. Teil

Von dem Augenblick an, wo eine **Religion** bei der Philosophie Hülfe begehrt, ist ihr Untergang unabwendlich.
>Heinrich Heine: Zur Geschichte der Religion und Philosophie in Deutschland. 2. Buch

Welche **Religion** ich bekenne? Keine von allen, / Die du mir nennst! »Und warum keine?« Aus Religion.
>Friedrich Schiller und Johann Wolfgang Goethe: Tabulae Votivae. Darin: »Mein Glaube«

Unter der Hülle aller **Religionen** liegt die Religion selbst, die Idee eines Göttlichen, und es muß dem Dichter erlaubt sein, dieses auszusprechen, in welcher Form er es jedesmal am bequemsten und am treffendsten findet.
>Friedrich Schiller: Über den Gebrauch des Chors in der Tragödie

Alles **rennet**, rettet, flüchtet, / Taghell ist die Nacht gelichtet ...
>   Friedrich Schiller: »Das Lied von der Glocke«

Was **rennt** das Volk, was wälzt sich dort / Die langen Gassen brausend fort?
>   Friedrich Schiller: »Der Kampf mit dem Drachen«

Der **Reporter** hat keine Tendenz, hat nichts zu rechtfertigen und hat keinen Standpunkt. Er hat unbefangen Zeuge zu sein und unbefangene Zeugenschaft zu liefern ...
>   Egon Erwin Kisch: Der rasende Reporter. Vorwort zur 1. Ausgabe (1925) seiner Reportagensammlung

Ich bin weit eher zum **Repräsentanten** geboren als zum Märtyrer ...
>   Thomas Mann: Aus dem Brief an den Dekan der philosophischen Fakultät der Universität Bonn vom Jahreswechsel 1936/1937. – Der Dekan Obenauer hatte Thomas Mann in einem Schreiben vom 19. Dezember 1936 die Aberkennung seines Ehrendoktortitels mitgeteilt.

Reptilienfonds

>   Der Begriff bildete sich nach einer Auseinandersetzung im preußischen Abgeordnetenhaus über das beschlagnahmte Vermögen des Kurfürsten von Hessen im Jahre 1869. – Auf die Vorwürfe, die Verwendung der Gelder nicht offenzulegen, wie dies auch bei anderen geheimen Fonds der Fall war, entgegnete Otto von Bismarck am 30. Januar 1869: »... aber ich glaube, wir verdienen Ihren Dank, wenn wir uns dazu hergeben, bösartige Reptilien zu verfolgen bis in ihre Höhlen hinein, um zu beobachten, was sie treiben. Damit ist nicht gesagt, daß wir eine halbe Million geheimer Fonds brauchen können ...« Im heutigen Sprachgebrauch meint der Begriff Gelder, für deren Verwendung eine Regierung keine Rechenschaft geben muß.

Ihr seid mer scheene **Republikaner**!
>   Ausspruch Friedrich August III., König von Sachsen, als ihm nach der Revolution im Jahre 1918 die Menschen im Dresdener Bahnhof zujubelten

Stell auf den Tisch die duftenden **Reseden**, / Die letzten roten Astern bring herbei, / Und laß uns wieder von der Liebe reden, / Wie einst im Mai.
>   Hermann von Gilm: »Allerseelen«

Bei allen Dingen stets etwas in **Reserve** haben. Dadurch sichert man seine Bedeutsamkeit.
>Baltasar Gracián: Oráculo manual y arte de prudencia (Hand-Orakel und Kunst der Weltklugheit) 170

Ein wahres Wort heißt: **resolut**! / Hast du zum Sterben nicht den Mut, / So lebe mit Courage!
>Otto Julius Bierbaum: »Freundesbrief an einen Melancholischen«

Der **Rest** ist Schweigen.
(The rest is silence.)
>William Shakespeare: The Tragicall Historie of Hamlet, Prince of Denmarke V,2. – Die letzten Worte Hamlets.

Wann wird der **Retter** kommen diesem Lande?
>Friedrich Schiller: Wilhelm Tell I,1

Es **rettet** uns kein höhres Wesen, kein Gott, kein Kaiser noch Tribun.
>»Die Internationale«; Text von Eugène Pottier, Musik von Pierre de Geyter

Eine **Rettung** bleibt den Besiegten, auf keine Rettung zu hoffen.
(Una salus victis nullam sperare salutem.)
>Vergil: Aeneis 2,354

Was ist **Reue**? Eine große Trauer darüber, daß wir sind, wie wir sind.
>Marie von Ebner-Eschenbach: Aphorismen

Was ist ein Mensch in der **Revolte**? Ein Mensch, der nein sagt.
>Albert Camus: L'homme révolté (Der Mensch in der Revolte)

Die deutsche **Revolution** hat im Jahre 1918 im Saale stattgefunden.
>Kurt Tucholsky: Schnipsel

Die **Revolution** entläßt ihre Kinder
>Titel eines Buches von Wolfgang Leonhard, erschienen 1955

. . . die **Revolution** ist wie Saturn, sie frißt ihre eignen Kinder.
>Georg Büchner: Dantons Tod I,5

Die **Revolution** und ein Erbkaiser – das ist ein Jüngling mit grauen Haaren.
> Ludwig Uhland in einer Rede vor der deutschen Nationalversammlung im Frankfurter Parlament am 22. Januar 1849

Ich mag die Leute nicht, die sich vor lauter Langeweile an der **Revolution** beteiligen.
> Albert Camus: Les Justes (Die Gerechten). 1. Akt

Wegen ungünstiger Witterung fand die deutsche **Revolution** in der Musik statt.
> Kurt Tucholsky: Schnipsel

Revolutionen haben noch niemals das Joch der Tyrannei abgeschüttelt; sie haben es bloß auf eine andere Schulter gewälzt. (Revolutions have never lightened the burden of tyranny: they have only shifted it to another shoulder.)
> George Bernard Shaw: Man and Superman (Mensch und Übermensch). Darin: Preface to The Revolutionist's Handbook (Vorwort zum »Katechismus des Umstürzlers«)

Revolver-Journalisten
> Diese Bezeichnung für Sensationsjournalismus prägte F. T. Masaidek im Wiener *Figaro* vom 6. Mai 1871; er wiederholte sie dort in der Beilage vom 20. August 1873.

Der **Rezensent** braucht nicht besser machen zu können, was er tadelt
> Titel einer Schrift aus dem Nachlaß von Gotthold Ephraim Lessing. Sie entstand in den Jahren 1767/68. Der Begrif der »R.presse« auch in den *Grenzboten* (1873) oder bei Karl Gützkow: *Rückblicke auf mein Leben* (1875, S. 136 f.)

Der Tausendsakerment! / Schlagt ihn tot, den Hund! Es ist ein **Rezensent**.
> Johann Wolfgang Goethe: »Rezensent«

Dies Fabelchen führt Gold im Munde: / Weicht aus dem **Rezensentenhunde**.
> Gottfried August Bürger: »Der Hund aus der Pfennigschenke«

Am **Rhein**, am Rhein, da wachsen unsre Reben; / Gesegnet sei der Rhein!
> Matthias Claudius: »Rheinweinlied«

An den **Rhein**, an den Rhein, zieh nicht an den Rhein, / Mein Sohn, ich rate dir gut . . .
> Karl Simrock: »Warnung vor dem Rhein«

Der **Rhein**, Deutschlands Strom, aber nicht Deutschlands Grenze
> Titel einer Schrift von Ernst Moritz Arndt, die 1813 erschien

Der **Rhein**, / Und wär's nur um den Wein, / Der Rhein soll deutsch verbleiben.
> Georg Herwegh: »Rheinweinlied«

Ein Leben wie im Paradies / Gewährt uns Vater **Rhein**; / Ich geb es zu, ein Kuß ist süß, / Doch süßer ist der Wein.
> Ludwig Hölty: »Trinklied«

Kein Kind läuft ohne Höschen / Am **Rhein**, dem freien, umher: / Mein Deutschland, mein Dornröschen, / Schlafe, was willst du mehr? –
> Georg Herwegh: »Wiegenlied«. – Die Schlußzeile ist ein Zitat aus Goethes Gedicht »Nachtgesang«.

Sie sollen ihn nicht haben, / Den freien deutschen **Rhein** . . .
> Nikolaus Becker: »Der deutsche Rhein«. – In einer Antwort auf dieses 1840 entstandene Gedicht schrieb Alfred de Musset: »Nous l'avons eu votre libre Rhin!« (Wir haben ihn sehr wohl gehabt, euren freien Rhein!«)

Es lebe jeder deutsche Mann, / Der seinen **Rheinwein** trinkt, / So lang ers Kelchglas halten kann, / Und dann zu Boden sinkt.
> Ludwig Hölty: »Trinklied«

Gut! Wenn ich wählen soll, so will ich **Rheinwein** haben. / Das Vaterland verleiht die allerbesten Gaben.
> Johann Wolfgang Goethe: Faust. Der Tragödie erster Teil. Auerbachs Keller in Leipzig

Um das **Rhinozeros** zu sehn, / (Erzählte mir mein Freund) beschloß ich auszugehn.
> Christian Fürchtegott Gellert: »Der arme Greis«

Hic **Rhodus**, hic salta!
(Hier ist Rhodos, hier springe! – αὐτοῦ γὰρ Ῥόδος καὶ πήδημα. – autu gar Rhodos kai pedema.)
> Aus Aesops Fabel *Der Prahler*. – Mit diesen Worten wird ein Fünfkämpfer, der sich rühmt, in Rhodos einen großen Sprung getan zu haben, aufgefordert, diesen zu wiederholen.

Herr von **Ribbeck** auf Ribbeck im Havelland, / Ein Birnbaum in seinem Garten stand . . .
> Theodor Fontane: »Herr von Ribbeck auf Ribbeck im Havelland«. – Das Gedicht endet mit den Zeilen: »So spendet Segen noch immer die Hand / Des von Ribbeck auf Ribbeck im Havelland.« Vgl. auch: »Und kam in Pantinen ein **Junge** . . .« sowie »Und kam ein **Mädel** . . .«.

Ich gehe und erwarte Sie als **Richter** – Und dann dort – erwarte ich Sie vor dem Richter unser aller!
> Gotthold Ephraim Lessing: Emilia Galotti V,8

Richtet nicht, damit ihr nicht gerichtet werdet.
> Mt 7,1; Lk 6,37. – Aus der Bergpredigt.

Alles ist **richtig**, auch das Gegenteil. Nur: »Zwar . . . aber« – das ist nie richtig.
> Kurt Tucholsky: Schnipsel

Die janze **Richtung** paßt uns nich!
> Der Berliner Polizeipräsident Bernhard Freiherr zu Richthofen am 23. Oktober 1890 zu Oscar Blumenthal, dem Direktor des Lessing-Theaters, über die Gründe des Verbots von Hermann Sudermanns Drama *Sodoms Ende*

Ich kann schreiben nach jeder **Richtung**.
> Gustav Freytag: Die Journalisten II,2. – Zuvor hatte der sprichwörtlich gewordene Journalist Schmock versichert: »Ich habe geschrieben links und wieder rechts.«

Rickeracke! Rickeracke! / Geht die Mühle mit Geknacke.
    Wilhelm Busch: Max und Moritz. Letzter Streich

... du fragest nach den **Riesen**, du findest sie nicht mehr.
    Adelbert von Chamisso: »Das Riesenspielzeug«

Es steigt das **Riesenmaß** der Leiber / Hoch über menschliches hinaus.
    Friedrich Schiller: »Die Kraniche des Ibykus«

Der **Ring** macht Ehen, / Und Ringe sinds, die eine Kette machen.
    Friedrich Schiller: Maria Stuart II,2

Du **Ring** an meinem Finger, / Mein goldenes Ringelein, / Ich drücke dich fromm an die Lippen, / Dich fromm an das Herze mein.
    Adelbert von Chamisso: »Frauenliebe und -leben« 4

Eure **Ringe** / Sind alle drei nicht echt. Der echte Ring / Vermutlich ging verloren.
    Gotthold Ephraim Lessing: Nathan der Weise III,7. – Kern der sogenannten Ringparabel.

Ringelringelrosenkranz, / Ich tanz mit meiner Frau, / Wir tanzen um den Rosenbusch, / Klingklanggloribusch, / Ich dreh mich wie ein Pfau.
    Otto Julius Bierbaum: »Er fühlt sich lustiger Ehemann«

Und Gott der Herr baute ein Weib aus der **Rippe**, die er von dem Menschen nahm ...
    1 Mose 2,22

Der **Ritter** von der traurigen Gestalt
(El Caballero de la Trista Figura)
    Miguel de Cervantes: El ingenioso hidalgo Don Quixote de la Mancha I,19. – Mit diesem ›Titel‹ bezeichnet dort Sancho Pansa seinen Herrn Don Quixote.

Ein rîter, der gelêret was / unde ez an den buochen las, / swenner sîne stunde / niht baz bewenden kunde, / daz er ouch tihtennes pflac . . .
(Ein **Ritter** hatte Schulbildung genossen / und las in Büchern, / wenn er mit seiner Zeit / nichts besseres anzufangen wußte, / dichtete er sogar.)

> Hartmann von Aue: Iwein. – Diese Selbstaussage zu Beginn der Dichtung wird wenig später (V. 28 f.) durch die Namensnennung »er was genant Hartmann / und was ein Ouwære« ausdrücklich bestätigt. Ähnlich die Anfangsverse von Hartmanns Dichtung *Der arme Heinrich*.

Ritter ohne Furcht und Tadel
(Chevalier sans peur et sans reproche)
> Beiname des Pierre Seigneur de Bayard

Ritter von dem heil'gen Geist
> Heinrich Heine: Die Reisebilder. 1. Teil. Die Harzreise. – So im Schlußvers des Gedichts »Tannenbaum, mit grünen Fingern . . .«.

Ritzeratze! voller Tücke, / In die Brücke eine Lücke.
> Wilhelm Busch: Max und Moritz. Dritter Streich

Als die **Römer** frech geworden, / Zogen sie nach Deutschlands Norden . . .
> Joseph Victor von Scheffel: »Die Teutoburger Schlacht«, aus dem Gedichtzyklus *Gaudeamus*

Solcher Mühsal bedurfte es, das **Römergeschlecht** zu begründen.
(Tantae molis erat Romanam condere gentem.)
> Vergil: Aeneis 1,33

Röslein, Röslein, Röslein rot, / Röslein auf der Heiden.
> Johann Wolfgang Goethe: »Heidenröslein«

Im »Weißen **Rössl**« am Wolfgangsee / dort steht das Glück vor der Tür . . .
> Lied aus dem Singspiel *Im weißen Rössl*. Den Text schrieb Robert Gilbert, die Musik Ralph Benatzky.

Wo **rohe** Kräfte sinnlos walten, / Da kann sich kein Gebild gestalten . . .

> Friedrich Schiller: »Das Lied von der Glocke«; vgl. auch »Wenn sich die **Völker** selbst befrein . . .«

Wolltet ihr ein **Rohr** sehen, das der Wind hin- und herweht?

> Mt 11,7

Roland, der Ries', am / Rathaus zu Bremen / Steht er im Standbild / Standhaft und wacht.

> Friedrich Rückert: »Roland zu Bremen«

. . . und worin ich eine große **Rolle** spielte.
(. . . et quorum pars magna fui . . .)

> Vergil: Aeneis 2,6

Rom wollte immer herrschen, und als seine Legionen fielen, sandte es Dogmen in die Provinzen.

> Heinrich Heine: Die Reisebilder. 2. Teil. Die Nordsee. – Heine zitiert diesen Satz dann nochmals im 1. Buch seiner *Geschichte der Religion und Philosophie in Deutschland*.

Dum **Roma** deliberat, Saguntum perit.
(Während Rom noch berät, fällt Sagunt.)

> Nach Livius: Ab urbe condita 21,7,1. – Dort heißt es allerdings wörtlich: »Dum ea Romani parant consultantque, iam Sagunto summa vi oppugnabatur.« (»Während dieser Vorbereitungen und Beratungen in Rom wurde Sagunt schon mit aller Kraft bestürmt.«)

Roma aeterna
(Ewiges Rom)

> Nach Tibull: Elegiarum libri 2,5,23 f. – Dort heißt es: »Romulus aeternae nondum formaverat urbis / moenia . . .« (»Romulus hatte die Mauern der ewigen Stadt noch nicht aufgerichtet . . .«)

Roma locuta (est), causa finita (est)
(Rom hat gesprochen, die Sache ist erledigt)

> Augustinus: Sermo 131,10,10. – Mit »Rom« ist der Papst gemeint.

Der **Roman** ist ein Leben, als Buch.

> Novalis: Teplitzer Fragmente 22

Und eh man sich's versieht, ist's eben ein **Roman**.
>   Johann Wolfgang Goethe: Faust. Der Tragödie erster Teil. Vorspiel auf dem Theater

Die Welt muß **romantisirt** werden. So findet man den urspr[üng-lichen] Sinn wieder.
>   Novalis: Vorarbeiten zu verschiedenen Fragmentsammlungen (1798), Nr. 105

Die letzte **Rose**
>   So der deutsche Titel des Gedichts »'t is the last rose of summer« von Thomas Moore, das Friedrich Flotow in den 2. Akt seiner Oper *Martha* aufnahm

Eine **Rose** gebrochen, ehe der Sturm sie entblättert.
>   Gotthold Ephraim Lessing: Emilia Galotti V,7. – Diese letzten Worte Emilias wiederholt ihr Vater im 8. Auftritt.

Eine **Rose** ist eine Rose ist eine Rose ist eine Rose.
(Rose is a rose is a rose is a rose.)
>   Gertrude Stein: Sacred Emily

Rose, oh reiner Widerspruch, Lust / Niemandes Schlaf zu sein unter soviel / Lidern
>   Gedicht und Grabinschrift von Rainer Maria Rilke

Wenn die **Rose** selbst sich schmückt, / Schmückt sie auch den Garten.
>   Friedrich Rückert: »Welt und ich«

Wenn du eine **Rose** schaust, / Sag, ich laß sie grüßen.
>   Heinrich Heine: Neue Gedichte. Darin: »Neuer Frühling« 6

Rose-Marie, Rose-Marie, / Sieben Jahre mein Herz nach dir schrie...
>   Hermann Löns: »Abendlied«

Das ist im Leben häßlich eingerichtet, / Daß bei den **Rosen** gleich die Dornen stehn...
>   Joseph Victor von Scheffel: Der Trompeter von Säkkingen. 14. Stück. Nr. XII

Nicht **Rosen** bloß, auch Dornen hat der Himmel...
>   Friedrich Schiller: Wallenstein. Die Piccolomini III,4

Rosen auf den Weg gestreut / Und des Harms vergessen! / Eine kleine Spanne Zeit / Ward uns zugemessen.

Ludwig Hölty: »Lebenspflichten«

Rosenzeit! Wie schnell vorbei, / Schnell vorbei / Bist du doch gegangen!

Eduard Mörike: »Agnes«

Vorüber ist die **Rosenzeit**, / Und Lilien stehn im Felde ...

Anfangszeilen eines Gedichts von Emanuel Geibel. – In den *Gedichten* von 1853 als Nr. XXIX des Zyklus »Lieder als Intermezzo«.

... Und **Roß** und Reiter sah ich niemals wieder.

Friedrich Schiller: Wallenstein. Wallensteins Tod II,3

Zu **Roß**, wir reiten nach Linlithgow, / Und du reitest an meiner Seit! / Da wollen wir fischen und jagen froh / Als wie in alter Zeit.

Theodor Fontane: »Archibald Douglas«

Gestern noch auf stolzen **Rossen**, / Heute durch die Brust geschossen, / Morgen in das kühle Grab!

Wilhelm Hauff: »Reiters Morgenlied«

Der **Rost** macht erst die Münze wert.

Johann Wolfgang Goethe: Faust. Der Tragödie zweiter Teil. 2. Akt. Felsbuchten des Ägäischen Meers

Als Kaiser **Rotbart** lobesam / Zum Heil'gen Land gezogen kam ...

Ludwig Uhland: »Schwäbische Kunde«. – Mit »Kaiser Rotbart« ist Friedrich I. Barbarossa (1152–90) gemeint.

Der **rote** Faden

1 Mose 38,82: »Da nahm die Wehmutter einen roten Faden und band ihn darum und sprach: Der ist zuerst herausgekommen.« Vgl. 1 Mose 38,30. – Johann Wolfgang Goethe erklärt diese Wendung in seinem Roman *Die Wahlverwandtschaften* am Ende des 2. Kapitels des 2. Teils so: »Wir hören von einer besondern Einrichtung bei der englischen Marine. Sämtliche Tauwerke der königlichen Flotte, vom stärksten bis zum schwächsten, sind dergestalt gesponnen, daß ein roter Faden durch das Ganze durchgeht, den man nicht herauswinden kann, ohne alles aufzulösen ...« Mit Bezug auf »Ottiliens Tagebuch« ist davon dann nochmals (2. Teil, Kap. 4) die Rede.

Die radikale **Rotte** / Weiß nichts von einem Gotte. / Sie lassen nicht taufen ihre Brut, / Die Weiber sind Gemeindegut.
> Heinrich Heine: »Die Wanderratten«

Rotwein ist für alte Knaben / Eine von den besten Gaben.
> Wilhelm Busch: Tobias Knopp. Abenteuer eines Junggesellen. Darin: Rektor Debisch

Royal merchant
(Königlicher Kaufmann)
> William Shakespeare: The Most Excellent Historie of the Merchant of Venice (Der Kaufmann von Venedig) III,2; IV,1

Rrr! ein ander Bild!
> Adolf Glaßbrenner: Berlin, wie es ist und – trinkt. – Worte des Guckkästners Brennglas.

Meine eingelegten **Ruder** triefen, / Tropfen fallen langsam in die Tiefen.
> Conrad Ferdinand Meyer: »Eingelegte Ruder«

Jemandem den **Rücken** bleuen
> Nach Sir 30,12

Goldne **Rücksichtslosigkeiten**
> Theodor Storm: »Für meine Söhne«. – In der 2. Strophe heißt es: »Blüte edelsten Gemütes / Ist die Rücksicht; doch zuzeiten / Sind erfrischend wie Gewitter / Goldne Rücksichtslosigkeiten.«

Rückwärts, rückwärts, Don Rodrigo!
> Johann Gottfried Herder: Der Cid 28

Darum **rühme** niemand vor seinem Ende; denn was einer für ein Mensch gewesen ist, das zeigt sich in seiner Todesstunde.
> Sir 11,29. – In ähnlicher Form auch als Antwort Solons an Kroisos von Herodot überliefert: »Vor dem Ende eines Menschen muß man sich wohl hüten, ihn glückselig zu nennen, man kann nur sagen, es geht ihm wohl« (Histories apodexis 1,32).

Euer **Rühmen** ist nicht gut.
> 1 Kor 5,6

Rühre mich nicht an!
(Noli me tangere!)
>Joh 20,17. – Worte des auferstandenen Jesus zu Maria.

Mit jedem Wort stirbt ein guter **Ruf**.
(At ev'ry word a reputation dies.)
>Alexander Pope: The Rape of the Lock. Canto III

Der **Rufer** im Streit
>Homer: Ilias 2,408 und an zahlreichen anderen Stellen. – Hierbei handelt es sich um die Übertragung durch Johann Heinrich Voß, der so die Wendung »βοὴν ἀγαθός – boen agathos« – »im Schlachtruf tüchtig« wiedergab.

Der **Rufer** in der Wüste
>Nach Mt 3,3: »Es ist eine Stimme eines Predigers in der Wüste: Bereitet dem Herrn den Weg und macht eben seine Steige!«

Du bist die **Ruh'**, / Der Friede mild, / Die Sehnsucht du / Und was sie stillt.
>Friedrich Rückert: »Kehr ein bei mir«

Keine **Ruh'** bei Tag und Nacht / Nichts, was mir Vergnügen macht. / Schmale Kost und wenig Geld, / Das ertrage, wem's gefällt.
(Nott'e giorno faticar / per chi nulla sà gradir; / piova e vento sopportar, / mangiar male e mal dormir.)
>Wolfgang Amadeus Mozart: Don Giovanni I,1. Den Text zu dieser Oper schrieb Lorenzo da Ponte.

Meine **Ruh** ist hin, / Mein Herz ist schwer; / Ich finde sie nimmer / Und nimmermehr.
>Johann Wolfgang Goethe: Faust. Der Tragödie erster Teil. Gretchens Stube

Die **Ruhe** eines Kirchhofs!
>Friedrich Schiller: Don Karlos, Infant von Spanien III,10

Ohne **Ruhe** geht es nicht, / Ruh ist erste Bürgerpflicht: / Wer sich dieser Pflicht ergeben, / Kann bei uns ganz sorglos leben.
>August Heinrich Hoffmann von Fallersleben: »Bürgerlich«

Ruhe ist die erste Bürgerpflicht.
> Ausspruch des preußischen Ministers Friedrich Wilhelm Graf von der Schulenburg-Kehnert nach der Schlacht bei Jena am 14. Oktober 1806. – 1852 erschien ein Roman von Willibald Alexis mit dem Titel *Ruhe ist die erste Bürgerpflicht oder Vor fünfzig Jahren*.

. . . und sie hatten keine Ruhe Tag und Nacht . . .
> Offb 4,8. – Mit den Zeilen »Keine Ruh bei Tag und Nacht« beginnt auch eine Arie des Leporello aus Wolfgang Amadeus Mozarts Oper *Don Giovanni*.

Kunst die Dinge ruhen zu lassen: um so mehr je wütender die Wellen des öffentlichen oder häuslichen Lebens toben.
> Baltasar Gracián: Oráculo manual y arte de prudencia (Hand-Orakel und Kunst der Weltklugheit) 138

Der ruhende Pol
> So in Friedrich Schillers Gedicht »Der Spaziergang«, Vers 134: ». . . Sucht den ruhenden Pol in der Erscheinungen Flucht.«

Ah, wahrlich, Kurd, der Mann / Steht seinen Ruhm. Sein Ruhm ist bloß sein Schatten.
> Gotthold Ephraim Lessing: Nathan der Weise III,9

Der Ruhm der kleinen Leute heißt Erfolg.
> Marie von Ebner-Eschenbach: Aphorismen

Der Ruhm, nach dem wir trachten, / Den wir unsterblich achten, / Ist nur ein falscher Wahn.
> Andreas Gryphius: »Vanitas! Vanitatum Vanitas!«

Aber der Ruhm, welcher vor denen flieht, die ihn suchen, folgt denen nach, welche sich nicht um ihn bemühen.
> Jakob Burckhardt: Weltgeschichtliche Betrachtungen. Kap. 5

Der Ruhm zu Lebzeiten ist eine fragwürdige Sache; man tut gut, sich nicht davon blenden, sich kaum davon erregen zu lassen.
> Thomas Mann: Aus der Tischrede zur Feier seines 50. Geburtstags 1925

Ruhm muß erworben werden; die Ehre hingegen braucht nur nicht verloren zu werden.
> Arthur Schopenhauer: Parerga und Paralipomena. Aphorismen zur Lebensweisheit. Kap. 4. Von Dem, was Einer vorstellt

Von des Lebens Gütern allen / Ist der **Ruhm** das höchste doch, / Wenn der Leib in Staub zerfallen, / Lebt der große Name noch.
    Friedrich Schiller: »Das Siegesfest«

Was liegt am **Ruhm**, da man den Nachruhm nicht erleben kann?
    Marie von Ebner-Eschenbach: Aphorismen

Wer sich mit wenig **Ruhm** begnügt, verdient nicht vielen.
    Marie von Ebner-Eschenbach: Aphorismen

Zum größeren **Ruhme** Gottes siegte die Frömmigkeit.
(Ad maiorem Dei gloriam vicit pietas.)
    Papst Gregor I., genannt der Große: Dialoge I,2. – Durch Ignatius von Loyola, der diese Wendung häufig gebrauchte, wurde »A. m. D. g.« zum Wahlspruch des Jesuitenordens.

Reizvoll klinget des **Ruhms** lockender Silberton, / In das schlagende Herz, und die Unsterblichkeit / Ist ein großer Gedanke, / Ist des Schweisses der Edlen wert!
    Friedrich Gottlieb Klopstock: »Der Zürchersee«

Rule, Britannia, rule the waves, / Britons never shall be slaves! (Herrsche, Britannien, beherrsche die Wogen, / Briten werden niemals Sklaven sein!)
    Refrain des Liedes *Rule Britannia* von James Thomson

Ach, wie gut ist, daß niemand weiß, / Daß ich **Rumpelstilzchen** heiß!
    Kinder- und Hausmärchen. Gesammelt durch die Brüder Grimm. Darin: Rumpelstilzchen

Was **rumpelt** und pumpelt / In meinem Bauch herum? / Ich meinte, es wären sechs Geißlein, / So sind's lauter Wackerstein.
    Kinder- und Hausmärchen. Gesammelt durch die Brüder Grimm. Darin: Der Wolf und die sieben jungen Geißlein

Rundherum, rundherum am Thron / Rebellion, Rebellion, Rebellion!
    Adolf Glaßbrenner: »Der Tambour«

»Knecht **Ruprecht**«, rief es, »alter Gesell, / Hebe die Beine und spute dich schnell!«
>
> Theodor Storm: »Knecht Ruprecht«

Kratzt am **Russen**, und ihr werdet auf den Tataren stoßen.
(Grattez le Russe et vous trouverez le Tatare.)
>
> Der Ausspruch wird sowohl Graf Joseph de Maistre als auch Joseph Fürst von Ligne – nach anderen Quellen sogar Napoleon I. – zugeschrieben.

Die **russische** Dampfwalze
(russian steamroller)
>
> Wendung von Oberst Repington in einem Artikel der Londoner *Times* vom 13. August 1914

Wie denken Sie über **Rußland?**
>
> Titel eines 1861 erschienenen Lustspiels von Gustav von Moser

S

An der **Saale** hellem Strande / Stehen Burgen stolz und kühn.
    Franz Theodor Kugler: »Rudelsburg«

Ein **Sachse** war er, drum ist er mein, / Im Sachsenwald soll er begraben sein.
    Theodor Fontane: »Wo Bismarck liegen soll«

Herrlich, sprach der Fürst von **Sachsen**, / Ist mein Land und seine Macht . . .
    Justinus Kerner: »Der reichste Fürst«

In **Sack** und Asche gehen
    Nach Est 4,1: »Als Mordechai alles erfuhr . . . zerriß er seine Kleider und legte den Sack an und tat Asche aufs Haupt . . .«; vgl. Est 4,3; Jes 58,5; Mt 11,21; Lk 10,13; Jer 6,26; 1 Makk 3,47

Säen ist nicht so beschwerlich als ernten.
    Johann Wolfgang Goethe: Die Wahlverwandtschaften. 2. Teil, Kap. 5. Aus Ottiliens Tagebuche

. . . sie **säen** nicht, sie ernten nicht, sie sammeln nicht in die Scheunen; und euer himmlischer Vater ernährt sie doch.
    Mt 6,26. – Jesus in der Bergpredigt über die »Vögel unter dem Himmel«.

Drum soll der **Sänger** mit dem König gehen, / Sie beide wohnen auf der Menschheit Höhen!
    Friedrich Schiller: Die Jungfrau von Orleans I,2. – In seinem Gedicht »Guten Morgen« nimmt Ferdinand Freiligrath in der letzten Strophe darauf Bezug: »Mit dem Volke soll der Dichter gehen – / Also les ich meinen Schiller heut!«

Versunken und vergessen! das ist des **Sängers** Fluch.
    Ludwig Uhland: »Des Sängers Fluch«

Wo ist des **Sängers** Vaterland?
> Theodor Körner: »Mein Vaterland«

Denn was der Mensch **sät**, das wird er ernten.
> Gal 6,7

Noch eine hohe **Säule** zeugt von verschwundner Pracht ...
> Ludwig Uhland: »Des Sängers Fluch«

Ich **sage** wenig, denke desto mehr.
(I hear, yet say not much, but think the more.)
> William Shakespeare: King Henry VI. 3. Teil. IV,1

Ich **sah** Sie an; mein Leben hing / Mit diesem Blick' an Ihrem Leben: / Ich fühlt' es wohl, und wußt' es nicht.
> Friedrich Gottlieb Klopstock: »Das Rosenband«. – Die letzte Strophe lautet: »Sie sah mich an; Ihr Leben hing, / Mit diesem Blick' an meinem Leben, / Und um uns ward's Elysium.«

My **salad days**, / when I was green in judgement ...
(Meine Kindheit, / Als mein Verstand noch grün!)
> William Shakespeare: The Life of Antony and Cleopatra I,5. – Ludwig Tieck hatte Cleopatras Wendung »my salad days« ursprünglich als »meine Milchzeit« übersetzt.

Salomonisches Urteil
> Nach 1 Kön 3,16–28. – Salomo fällte das Urteil im Streit zweier Frauen um die Mutterschaft für einen Sohn.

Salomos Weisheit
> Sie wird in 1 Kön 5 gerühmt, wo es – etwa in Vers 12 – heißt: »Und er dichtete dreitausend Sprüche und tausendundfünf Lieder.«

Salontiroler
> Bezeichnung aus Berthold Auerbachs Roman *Auf der Höhe*, die Franz von Defregger 1882 als Titel für ein Gemälde benutzte

Ihr seid das **Salz** der Erde.
> Mt. 5,13. – Aus der Bergpredigt.

Im **Salzkammergut**, da kann man gut lustig sein, / wenn die Musik spielt holdrioh!

> Lied aus dem Singspiel *Im Weißen Rössl*, zu dem Robert Gilbert den Text und Ralph Benatzky die Musik schrieben

Zur **Salzsäule** erstarren

> Nach 1 Mose 19,26: »Und Lots Weib sah hinter sich und ward zur Salzsäule.« – Im Kapitel über die Vernichtung von Sodom und Gomorra.

Der barmherzige **Samariter**

> Als Bezeichnung für einen gütigen und mildtätigen Menschen nach dem Gleichnis in Lk 10,25–37

Hilf, **Samiel**!

> Carl Maria von Weber: Der Freischütz II,6. Den Text verfaßte Friedrich Kind.

O **sancta** simplicitas
(O heilige Einfalt)

> Nach Julius Wilhelm Zincgrefs Überlieferung angeblich die letzten Worte des Johannes Hus auf dem Scheiterhaufen, als er einen Bauern sah, der noch ein Stück Holz herantrug

Auf **Sand** bauen

> Nach Mt 7,26: ». . . der gleicht einem törichten Mann, der sein Haus auf Sand baute.« – Aus der Bergpredigt.

. . . wie **Sand** am Meer

> 1 Mose 41,49; auch andernorts in der Bibel, z. B. Jes 10,22; 1 Kön 4,20; Hos 1,10; Röm 9,27

Sie **sank**, weil sie zu stolz und kräftig blühte!

> Heinrich von Kleist: Penthesilea. 24. Auftritt. – Schlußworte der Prothoe; vgl. auch »Die abgestorbne **Ei**che . . .«.

Sapere aude, / incipe.
(Wage es einmal, Vernunft zu üben, fange an damit!)

> Horaz: Epistulae 1,2,40 f. – Diese Aufforderung greift Immanuel Kant in seiner Schrift *Beantwortung der Frage: Was ist Aufklärung?* wieder auf und bezeichnet die Anweisung »Habe Mut, dich deines eigenen Verstandes zu bedienen« als »Wahlspruch der Aufklärung«. Vgl. auch »Die **Hälfte** des Werkes . . .«.

Weg mit dir, **Satan**!
(Apage, satana!)
>   Mt 4,10. – Jesu Worte werden auch oft in der älteren Übersetzung »Hebe dich weg von mir, Satan!« zitiert.

Es ist schwer, (darüber) keine **Satire** zu schreiben.
(. . . difficile est saturam non scribere.)
>   Juvenal: Saturae 1,30

Was darf die **Satire**? Alles.
>   Kurt Tucholsky: Was darf die Satire? – Vgl. ebd.: »Übertreibt die Satire? Die Satire muß übertreiben und ist ihrem tiefsten Wesen nach ungerecht.«

Der **Satiriker** ist ein gekränkter Idealist: er will die Welt gut haben, sie ist schlecht, und nun rennt er gegen das Schlechte an.
>   Kurt Tucholsky: Was darf die Satire?

I can't get no **satisfaction**
(Ich find einfach keine Befriedigung)
>   Refrain des Liedes »Satisfaction«, das die Rolling Stones 1965 veröffentlichten; Text und Musik von Mick Jagger und Keith Richards

Ich bin so **satt**, / Ich mag kein Blatt: meh! meh!
>   Kinder- und Hausmärchen. Gesammelt durch die Brüder Grimm. Darin: Tischchen deck dich, Goldesel und Knüppel aus dem Sack

Der **Sattel** blutig, blutig die Mähn', / Ganz Schweden hat das Roß gesehn – / Auf dem Felde von Lützen am selben Tag / Gustav Adolf in seinem Blute lag.
>   Theodor Fontane: »Der 6. November 1632 (Schwedische Sage)«

Das Leben **sauer** machen
>   2 Mose 1,14: ». . . und machten ihnen ihr Leben sauer mit schwerer Arbeit in Ton und Ziegeln und mit mancherlei Frondienst auf dem Felde . . .«

Mancher läßt sich's **sauer** werden, müht sich und rennt dem Reichtum nach und fällt doch immer mehr zurück.
>   Sir 11,11

Auch unser edles **Sauerkraut**, / Wir sollen's nicht vergessen; / Ein Deutscher hat's zuerst gebaut, / Drum ist's ein deutsches Essen.
Ludwig Uhland: »Metzelsuppenlied«

Darum schafft den alten **Sauerteig** weg, damit ihr ein neuer Teig seid, wie ihr ja ungesäuert seid.
1 Kor 5,7

Ei, das muß immer **saufen** und fressen.
Friedrich Schiller: Wallenstein. Wallensteins Lager. 2. Auftritt

. . . du kommst mir vor wie **Saul**, der Sohn Kis, der ausging, seines Vaters Eselinnen zu suchen, und ein Königreich fand.
Johann Wolfgang Goethe: Wilhelm Meisters Lehrjahre. 8. Buch, Kap. 10. – Diese Bemerkung am Schluß des Romans bezieht sich auf 1 Sam 9 f.

Ist **Saul** auch unter den Propheten?
1 Sam 10,12

Es rauscht in den **Schachtelhalmen**, / Verdächtig leuchtet das Meer, / Da schwimmt mit Tränen im Auge / Ein Ichthyosaurus daher.
Joseph Victor von Scheffel: »Der Ichthyosaurus«

Wer hat die schönsten **Schäfchen**? / Die hat der goldne Mond, / Der hinter unsern Bäumen / Am Himmel drüben wohnt.
August Heinrich Hoffmann von Fallersleben: »Das Lied vom Monde«

Das **Schämen** kann überall an seiner rechten Stelle sein, nur bei dem Bekenntnisse unserer Fehler nicht.
Gotthold Ephraim Lessing: Miß Sara Sampson III,4

Je mehr ein Mensch sich **schämt**, desto anständiger ist er.
(The more things a man is ashamed of, the more respectable he is.)
George Bernard Shaw: Man and Superman (Mensch und Übermensch) 1. Akt

Ihr sollt nicht **Schätze** sammeln auf Erden, wo sie die Motten und der Rost fressen und wo die Diebe einbrechen und stehlen.
Mt 6,19. – Aus der Bergpredigt.

. . . und wird die **Schafe** zu seiner Rechten stellen und die Böcke zur Linken.
> Mt 25,33

. . . Wer **schaffen** will, muß fröhlich sein.
> Theodor Fontane: »Sprüche« 6

Die **Schalen**, / Die erheitern, nicht berauschen.
(. . . the cups, / That cheer, but not inebriate . . .)
> William Cowper: »The task«. 4. Buch. – Beschreibung des Tees.

Schalen des Zorns
> Nach Offb 15,7: »Und eine der vier Gestalten gab den sieben Engeln sieben goldene Schalen voll vom Zorn Gottes, der da lebt von Ewigkeit zu Ewigkeit.«

Mögen andere von ihrer **Schande** / sprechen, ich spreche von der meinen
> Bertolt Brecht: »Deutschland«. – Dem Gedicht vorangestelltes Motto.

Schandfleck
> Nach 5 Mose 32,5: ». . . sie sind Schandflecken und nicht seine Kinder.«

Scharfsinn ist ein Vergrößerungs-Glas, Witz ein Verkleinerungs-Glas. Das letztere leitet doch auf das Allgemeine.
> Georg Christoph Lichtenberg: Sudelbücher F 700

Du bist ein **Schatten** am Tage / Und in der Nacht ein Licht; / Du lebst in meiner Klage / Und stirbst im Herzen nicht.
> Friedrich Rückert: Aus den »Kindertotenliedern«

Heraus in eure **Schatten**, rege Wipfel / Des alten, heil'gen, dichtbelaubten Haines . . .
> Johann Wolfgang Goethe: Iphigenie auf Tauris I,1

Noch einmal wagst du, vielbeweinter **Schatten**, / Hervor dich an das Tageslicht . . .
> Johann Wolfgang Goethe: »An Werther«

Denn wo dein **Schatz** ist, da ist auch dein Herz.
> Mt 6,21. – Aus der Bergpredigt. Vgl. auch Lk 12,34.

Nicht ohne **Schauder** greift des Menschen Hand / In des Geschicks geheimnisvolle Urne.
: Friedrich Schiller: Wallenstein. Wallensteins Tod I,4

Ein **Schauer** faßt mich, Träne folgt den Tränen, / Das strenge Herz, es fühlt sich mild und weich ...
: Johann Wolfgang Goethe: Faust. Der Tragödie erster Teil. Zueignung

Mich faßt ein längst entwohnter **Schauer**, / Der Menschheit ganzer Jammer faßt mich an.
: Johann Wolfgang Goethe: Faust. Der Tragödie erster Teil. Kerker

Mir läuft ein **Schauer** übern ganzen Leib – / Bin doch ein töricht furchtsam Weib!
: Johann Wolfgang Goethe: Faust. Der Tragödie erster Teil. Abend. Ein kleines reinliches Zimmer

Komm auf die **Schaukel**, Luise! / Es ist ein großes Plaisir.
: Refrain eines Liedes aus *Liliom*, das Hans Herbert (Text) und Theo Mackeben (Musik) schrieben

Der Einzelne nur **Schaum** auf der Welle, die Größe ein bloßer Zufall, die Herrschaft des Genies ein Puppenspiel, ein lächerliches Ringen gegen ein ehernes Gesetz ...
: Georg Büchner: Aus einem Brief an die Braut vom März 1834

Man kommt zu **schaun**, man will am liebsten sehn.
: Johann Wolfgang Goethe: Faust. Der Tragödie erster Teil. Vorspiel auf dem Theater

Schau'n mer mal
(Schauen wir einmal)
: Von Franz Beckenbauer in seiner Zeit als Teamchef der deutschen Nationalmannschaft (1984–90) häufig gebrauchte und dadurch populär gewordene Redensart

Ein **Schauspiel** für Götter, / Zwei Liebende zu sehn!
: Johann Wolfgang Goethe: Erwin und Elmire I,1

Welch **Schauspiel**! Aber ach! ein Schauspiel nur! / Wo faß ich dich, unendliche Natur? / Euch Brüste, wo? Ihr Quellen allen Lebens . . .

> Johann Wolfgang Goethe: Faust. Der Tragödie erster Teil. Nacht

So **scheiden** wir mit Sang und Klang: / Leb wohl, du schöner Wald!

> August Heinrich Hoffmann von Fallersleben: »Leb wohl, du schöner Wald!«

Was einer ist, was einer war, / Beim **Scheiden** wird es offenbar. / Wir hören's nicht, wenn Gottes Weise summt, / Wir schaudern erst, wenn sie verstummt.

> Hans Carossa: »Was einer ist, was einer war«

Der **Schein** soll nie die Wirklichkeit erreichen, / Und siegt Natur, so muß die Kunst entweichen.

> Friedrich Schiller: »An Goethe als er den *Mahomet* von Voltaire auf die Bühne brachte«. – Als Goethe im April 1817 nach einem Disput mit dem Großherzog Karl August die Leitung des Weimarischen Hoftheaters niederlegte, weil er sich der Absicht, einen Pudel auf der Bühne auftreten zu lassen, widersetzt hatte, wurden diese zum 30. Januar 1800 gedichteten Verse Schillers in der Presse aufgegriffen und umgewandelt: »Dem Hundestall soll nie die Bühne gleichen, Und kommt der Pudel, muß der Dichter weichen.«

Was man **scheint**, / Hat jedermann zum Richter, was man ist, hat keinen.

> Friedrich Schiller: Maria Stuart II,5

Vom **Scheitel** bis zur Sohle

> Nach 5 Mose 28,35: ». . . von den Fußsohlen bis zum Scheitel«; ebenso 2 Sam 14,25 und Ijob 2,7

Gleich **schenken**? Das ist brav! Da wird er reüssieren!

> Johann Wolfgang Goethe: Faust. Der Tragödie erster Teil. Straße

Scherbengericht

> Eine durch Kleisthenes in Athen eingeführte Form der Abstimmung über die Verbannung Athener Bürger, über die Aristoteles in seiner *Politika* III,13 berichtet; dabei wurde der Name des zu Verbannenden auf Tonscherben eingeritzt

Scherflein

> Nach Mk 12,42: »Und es kam eine arme Witwe und legte zwei Scherflein ein . . .«; vgl. Lk 21,2

Was **schert** mich Weib, was schert mich Kind, / Ich trage weit beßres Verlangen ...
Heinrich Heine: »Die Grenadiere«

Scherz, Satire, Ironie und tiefere Bedeutung
Titel eines Lustspiels von Christian Dietrich Grabbe, das in zwei Fassungen 1822 und 1827 entstand

Das **Scheusal** hat Talent.
Von Therese Giehse in ihrem Buch *Ich hab nichts zum Sagen* überlieferte Äußerung Thomas Manns über Bertolt Brecht. – Brecht soll geantwortet haben: »Seine Kurzgeschichten hab ich ja immer ganz gern gemocht.«

Schibbolet
Losungswort der Gileaditer im Kampf gegen die Ephraimiter nach Richt 12,6

Da kommt das **Schicksal** – Roh und kalt / Faßt es des Freundes zärtliche Gestalt / Und wirft ihn unter den Hufschlag seiner Pferde – / – Das ist das Los des Schönen auf der Erde!
Friedrich Schiller: Wallenstein. Wallensteins Tod IV,12

Das **Schicksal** macht nie einen König matt, ehe es ihm Schach geboten.
Ludwig Börne: Aphorismen

... das **Schicksal** mischt die Karten und wir spielen.
Arthur Schopenhauer: Parerga und Paralipomena. Aphorismen zur Lebensweisheit. Kap. 5, Abschnitt D

Das **Schicksal** setzt den Hobel an / Und hobelt s' beide gleich.
Ferdinand Raimund: Der Verschwender III,6. – »Hobellied« des Valentin.

... Dein **Schicksal** ruht in deiner eignen Brust!
Friedrich Schiller: Die Jungfrau von Orleans III,4

Es ist das **Schicksal** unserer Zeit, mit der ihr eigenen Rationalisierung und Intellektualisierung, vor allem: der Entzauberung der Welt, daß gerade die letzten und sublimsten Werte zurückgetreten sind aus der Öffentlichkeit ...
Max Weber: Wissenschaft als Beruf

Mein **Schicksal** führt mich. Sorge nicht, ich werde / Ans Ziel gelangen, ohne daß ichs suche.
> Friedrich Schiller: Die Jungfrau von Orleans V,4

Wir werden vom **Schicksal** hart oder weich geklopft; es kommt auf das Material an.
> Marie von Ebner-Eschenbach: Aphorismen

Woher nehmt ihr denn aber das große gigantische **Schicksal**, / Welches den Menschen erhebt, wenn es den Menschen zermalmt?
> Friedrich Schiller: »Shakespeares Schatten«

Die Menschen bewohnen und bewegen das große Tretrad des **Schicksals** und glauben darin, sie steigen, wenn sie gehen . . .
> Jean Paul: Leben des vergnügten Schulmeisterlein Maria Wutz in Auenthal. Darin: Ausläuten oder sieben letzte Worte an die Leser der Lebensbeschreibung und der Idylle

Du glaubst zu **schieben**, und du wirst geschoben.
> Johann Wolfgang Goethe: Faust. Der Tragödie erster Teil. Walpurgisnacht. – So auch schon in den *Maximes et reflections morales* von La Rochefoucauld: »L'homme croit souvent se conduire, lorsqu'il est conduit!«

Das **Schiff** geborsten. Das Feuer verschwelt. / Gerettet alle. Nur einer fehlt!
> Theodor Fontane: »John Maynard«

Und ein **Schiff** mit acht Segeln / Und mit fünfzig Kanonen . . .
> Bertolt Brecht: Die Dreigroschenoper I,2: Pferdestall. Refrain des Songs »Die Seeräuber-Jenny«. – Die Fortsetzungen dieser Zeilen lauten: ». . . Wird liegen am Kai« (1), ». . . Wird beschießen die Stadt« (2), ». . . Wird beflaggen den Mast« (3), ». . . Wird entschwinden mit mir« (4).

Beim **Schiffbruch** hilft der einzelne sich leichter.
> Friedrich Schiller: Wilhelm Tell I,3

So klammert sich der **Schiffer** endlich noch / Am Felsen fest, an dem er scheitern sollte.
> Johann Wolfgang Goethe: Torquato Tasso V,5. – Schlußworte des Dramas.

Vor allen Dingen aber ergreift den **Schild** des Glaubens, mit dem ihr auslöschen könnt alle feurigen Pfeile des Bösen . . .

> Gal 6,16. – In Gal 6,17 ist dann vom »Helm des Heils« und dem »Schwert des Geistes« die Rede.

Und wenn du **schiltst** und wenn du tobst, / Ich werd es geduldig leiden; / Doch wenn du meine Verse nicht lobst, / Laß ich mich von dir scheiden.

> Heinrich Heine: Buch der Lieder. Darin: »Die Heimkehr« 72

Der Pfeil des **Schimpfs** kehrt auf den Mann zurück, / Der zu verwunden glaubt . . .

> Johann Wolfgang Goethe: Torquato Tasso IV,4

Die **Schlacht** hätt ich mit Schimpf verlieren mögen, / Doch das vergeben mir die Wiener nicht, / Daß ich um ein Spektakel sie betrog.

> Friedrich Schiller: Wallenstein. Die Piccolomini II,7

Ein **Schlachten** wars, nicht eine Schlacht zu nennen!

> Friedrich Schiller: Die Jungfrau von Orleans I,9

Decket **Schlaf** die weite Runde, / Muß ich oft am Fenster lauschen, / Wie die Ströme unten rauschen . . .

> Joseph Freiherr von Eichendorff: »Nachtfeier 1810«

Den Seinen gibt's der Herr im **Schlaf**

> Nach Ps 127,2: ». . . denn seinen Freunden gibt er es im Schlaf.«

Ich denke einen langen **Schlaf** zu tun, / Denn dieser letzten Tage Qual war groß, / Sorgt, daß sie nicht zu zeitig mich erwecken.

> Friedrich Schiller: Wallenstein. Wallensteins Tod V,5

Nur rühre nimmer an den **Schlaf** der Welt!

> Friedrich Hebbel: Gyges und sein Ring. 5. Akt

O mordet nicht den heilgen **Schlaf**!

> Friedrich Schiller: Wallenstein. Wallensteins Tod V,6

Schlaf, Kindlein schlaf, / Der Vater hüt die Schaf, / Die Mutter schüttelts Bäumelein, / Da fällt herab ein Träumelein, / Schlaf, Kindlein, schlaf.

> Aus der von Clemens Brentano und Achim von Arnim herausgegebenen Sammlung *Des Knaben Wunderhorn*: »Morgenlied von den Schäfchen«. – Obwohl Motive dieses bekannten Liedes bis ins 16. Jahrhundert zurückreichen (z. B. zu Melchior Franck ins Jahr 1611) und die 1. Strophe in dem von Johann Friedrich Schütze herausgegebenen *Holsteinischen Idiotikon* (Tl. 4, 1806) zu finden war, ist es in der von Brentano bearbeiteten Fassung populär geworden.

Schlaf, mein Kind, schlaf leis! / Dort draußen geht der Preuß. / Deinen Vater hat er umgebracht, / Deine Mutter hat er arm gemacht, / Und wer nicht schläft in stiller Ruh, / Dem drückt der Preuß die Augen zu.

> Anfangsverse des sogenannten »Badischen Wiegenliedes«, das nach der Niederschlagung des Aufstands von 1848 weitverbreitet war und als dessen Verfasser Ludwig Pfau gilt. – In der letzten Strophe heißt es: »Gott aber weiß, wie lang er geht, / Bis daß die Freiheit aufersteht, / Und wo dein Vater liegt, mein Schatz, / da hat noch mancher Preuße Platz!«

Schlafe! Was willst du mehr?

> Wiederkehrende Zeile in Goethes Gedicht »Nachtgesang«

Wen man **schlafen** sah, den kann man nie mehr hassen.

> Elias Canetti: Die Provinz des Menschen. Aufzeichnungen 1942–1972. Darin: 1942

Ich wollte, es wäre **Schlafenszeit**, Heinz, und alles gut.
(I would 'twere bed-time, Hal, and all well.)

> William Shakespeare: The Historie of Henrie the Fourth V,1

Schlagt ihn tot! Das Weltgericht / Fragt euch nach den Gründen nicht!

> Heinrich von Kleist: »Germania an ihre Kinder«

Aber die **Schlange** war listiger als alle Tiere auf dem Felde . . .

> 1 Mose 3,1

Die **Schlange** lauert im Grase.
(. . . latet anguis in herba.)

> Vergil: Bucolica 3,93

Die **Schlange** sticht nicht ungereizt.
  Friedrich Schiller: Wilhelm Tell I,3

Kommt, wir wollen uns begeben / Jetzo ins **Schlaraffenland**!
  August Heinrich Hoffmann von Fallersleben: »Vom Schlaraffenland«; vgl. auch »das **schl**uraffen schiff«

Schleswig-Holstein, meerumschlungen . . .
  Beginn eines 1844 gedichteten Liedes von Matthäus Friedrich Chemnitz, das die Umdichtung des 1842 verfaßten Liedes »Schleswig-Holstein, schöne Lande . . .« von Karl Friedrich Heinrich Straß bildete

Schließe mir die Augen beide / Mit den lieben Händen zu! / Geht doch alles, was ich leide, / Unter deiner Hand zur Ruh.
  Theodor Storm: »Schließe mir die Augen beide«

Wird es nicht alle Tage **schlimmer**? / Gehorchen soll man mehr als immer / Und zahlen mehr als je vorher.
  Johann Wolfgang Goethe: Faust. Der Tragödie erster Teil. Vor dem Tor

Es stand in alten Zeiten ein **Schloß**, so hoch und hehr, / Weit glänzt' es über die Lande bis an das blaue Meer . . .
  Ludwig Uhland: »Des Sängers Fluch«

So mancher wollt so manches haben / Was es für manchen gar nicht gab: / Er wollt sich schlau ein **Schlupfloch** graben / Und grub sich nur ein frühes Grab.
  Bertolt Brecht: Mutter Courage und ihre Kinder 7

Das **schluraffen** schiff
  Sebastian Brant: *Das Narren Schyff*. Überschrift des 108. Kapitels. – Dort ist dann auch vom »Schluraffen landt« die Rede.

Man **schmeichelt** sich ins Leben hinein, aber das Leben schmeichelt uns nicht.
  Johann Wolfgang Goethe: Die Wahlverwandtschaften. 2. Teil, Kap. 7

Der **Schmerz** ist der große Lehrer der Menschen. Unter seinem Hauche entfalten sich die Seelen.
  Marie von Ebner-Eschenbach: Aphorismen

Der **Schmerz** macht, daß wir die Freude fühlen, so wie das Böse macht, daß wir das Gute erkennen.

Ewald Christian von Kleist: Gedanken über verschiedene Vorwürfe

... ein Dichter nehme sich ja in acht, mitten im **Schmerz** den Schmerz zu besingen.

Friedrich Schiller: Über Bürgers Gedichte

Kein andrer **Schmerz** ist größer, / Als sich zu erinnern an die Zeit des Glückes / Im Unglück.
(Nessun maggior dolore / che ricordarsi del tempo felice / ne la miseria ...)

Dante Alighieri: La Divina Commedia. L'Inferno. Canto V,121 ff. – Dieser Gedanke schon in *De consolatione philosophiae* 2,4 des Boethius: »Nam in omni adversitate fortunae infelicissimum est genus infortunii fuisse felicem.«

Nach großem **Schmerz** stellt sich ein feierliches Fühlen ein
(After great pain, a formal feeling comes)

Titel und Anfangszeile eines Gedichts von Emily Dickinson

Nun hast du mir den ersten **Schmerz** getan, / Der aber traf.

Adelbert von Chamisso: »Frauenliebe und -leben« 8

Schmerz ist der Vater und Liebe die Mutter der Weisheit.

Ludwig Börne: Aphorismen

Wir fühlen den **Schmerz**, aber nicht die Schmerzlosigkeit; wir fühlen die Sorge, aber nicht die Sorglosigkeit; die Furcht, aber nicht die Sicherheit.

Arthur Schopenhauer: Die Welt als Wille und Vorstellung II. Kap. 46

Aus meinen großen **Schmerzen** / Mach ich die kleinen Lieder; / Die heben ihr klingend Gefieder / Und flattern nach ihrem Herzen.

Heinrich Heine: Buch der Lieder. Darin: »Lyrisches Intermezzo« 36

Gehabte **Schmerzen**, / Die hab' ich gern.

Wilhelm Busch: Tobias Knopp – Abenteuer eines Junggesellen. Darin: Ein frohes Ereignis

Was **schmiedst** du Schmied? »Wir schmieden Ketten, Ketten!« /
Ach, in die Ketten seid ihr selbst geschlagen.
:   Friedrich Rückert: Aus den »Geharnischten Sonetten«

Schmock
:   Figur eines Journalisten aus Gustav Freytags 1852 uraufgeführtem Lustspiel *Die Journalisten*. Vgl. auch: »Ich kann schreiben nach jeder **Ri**chtung.«

Der größte **Schmuck** der Frauen sind ihre Kinder *siehe* Der größte Schmuck der **Fr**auen

Spiel nicht mit den **Schmuddelkindern**, / sing nicht ihre Lieder.
:   Franz Josef Degenhardt: »Spiel nicht mit den Schmuddelkindern«

Kein **Schnabel** gleicht dem von Paris.
(Il n'est bon bec que de Paris.)
:   François Villon: Le Testament. Refrain der »Ballade des femmes de Paris«

Hie bleiben mer sitzen und tun, was mer schuldig sein, und wenn d'r ganze **Schnee** verbrennt.
:   Gerhart Hauptmann: Die Weber. 5. Akt

Wo ist der **Schnee** des verflossenen Jahres?
(Mais ou sont les neiges d'antan?)
:   François Villon: Le Testament. Refrain der »Ballade des dames du temps jadis« (»Dictes moy ou n'en quel pays . . .«)

Schneider, Schneider, meck meck meck!!
:   Wilhelm Busch: Max und Moritz. Dritter Streich

Und **schnell** und unbegreiflich schnelle / Dreht sich umher der Erde Pracht . . .
:   Johann Wolfgang Goethe: Faust. Der Tragödie erster Teil. Prolog im Himmel

Es ist ein **Schnitter**, der heißt Tod, / Hat Gewalt vom höchsten Gott . . .
:   Aus der von Clemens Brentano und Achim von Arnim herausgegebenen Sammlung *Des Knaben Wunderhorn*: »Erndtelied«. – Brentano entnahm das Lied dem *Allgemeinen Gesangbuch* von Martin von Cochem, das 1705 erschien.

Die meisten Menschen haben einen **Schnupfen**. / Die Eisenbahnen fallen von den Brücken.
>   Jakob van Hoddis: »Weltende«

Auch das **Schöne** muß sterben!
>   Friedrich Schiller: »Nänie«

Das war in **Schöneberg** im Monat Mai, / ein kleines Mädelchen war auch dabei . . .
>   Lied aus der Posse *Wie einst im Mai*. Der Text stammt von Rudolf Bernauer und Rudolph Schanzer, die Musik schrieb Walter Kollo.

Wer von der **Schönen** zu scheiden verdammt ist, / Fliehe mit abgewendetem Blick!
>   Johann Wolfgang Goethe: Pandora. Ein Festspiel

Aber die **Schönheit**, das muß wahr sein, macht selbstich, und wer selbstisch ist, ist undankbar und treulos.
>   Theodor Fontane: Schach von Wuthenow. Kap. 4

Ach, wie bald / Schwindet **Schönheit** und Gestalt!
>   Wilhelm Hauff: »Reiters Morgenlied«. – Auch zitiert: »Doch! Wie bald / Welket Schönheit und Gestalt!«

In **Schönheit** sterben
>   Nach Henrik Ibsen: Hedda Gabler. – Als Hedda Gabler am Ende des 3. Akts Ejlert Lövborg eine Pistole übergibt, schließt sie an die Aufforderung »Machen Sie jetzt davon Gebrauch« den Satz an: »Und – in Schönheit, Ejlert Lövborg.« Über dessen Selbstmord sagt sie im 4. Akt: »Eine Tat, auf die unwillkürlich ein Schimmer von Schönheit fällt.«

Schönheit ist Ewigkeit, die sich in einem Spiegel anblickt.
>   Kahlil Gibran: Der Prophet. Darin: Von der Schönheit

Und **Schönheit** ist eine Form des Genies –, sie ist mehr als Genie, denn sie bedarf keiner Erklärung.
>   Oscar Wilde: The picture of Dorian Gray (Das Bildnis des Dorian Gray). Kap. 2

Wer die **Schönheit** angeschaut mit Augen, / Ist dem Tode schon anheimgegeben, / Wird für keinen Dienst auf Erden taugen . . .
>   August Graf von Platen: »Tristan«

Ahndest du den **Schöpfer**, Welt? / Such ihn überm Sternenzelt, / Über Sternen muß er wohnen.
>Friedrich Schiller: »An die Freude«

Was kann der **Schöpfer** lieber sehen als ein fröhliches Geschöpf!
>Gotthold Ephraim Lessing: Minna von Barnhelm oder das Soldatenglück II,7

Non **scholae**, sed vitae discimus
(Nicht für die Schule, sondern für das Leben lernen wir)
>Genaue Umkehrung eines Zitats von Seneca, der den 106. Brief seiner *Epistulae morales ad Lucilium* mit dem Satz beschließt: ». . . non vitae sed scholae discimus.«

Aber solches ruht ja im **Schoß** der seligen Götter . . .
(Ἀλλ' ἤτοι μὲν ταῦτα θεῶν ἐν γούνασι κεῖται . . . – All' etoi men tauta theon en gunasi keitai.)
>Homer: Ilias 20,435

Der **Schoß** ist fruchtbar noch, aus dem das kroch!
>Bertolt Brecht: Der Aufstieg des Arturo Ui. Epilog; ebenso in der *Kriegsfibel*, Nr. 69

Wo kann man sich wohler fühlen, als im **Schoße** seiner Familie?
(Où peut-on être mieux Qu'au sein de sa famille?)
>Jean François Marmontel: Lucile. 4. Szene. Die Musik zu dieser 1769 uraufgeführten Oper schrieb André Ernest Modest Grétry.

Doch was er sinnt, ist **Schrecken**, und was er blickt, ist Wut. / Und was er spricht, ist Geißel, und was er schreibt, ist Blut.
>Ludwig Uhland: »Des Sängers Fluch«

Jedoch der schrecklichste der **Schrecken**, / Das ist der Mensch in seinem Wahn.
>Friedrich Schiller: »Das Lied von der Glocke«

Schreibe mit Blut: und du wirst erfahren, daß Blut Geist ist.
>Friedrich Nietzsche: Also sprach Zarathustra. Darin: Vom Lesen und Schreiben

Ach! **Schreiben** ist geschäftiger Müßiggang, es kommt mir sauer an.
>Johann Wolfgang Goethe: Götz von Berlichingen mit der eisernen Hand IV. Jaxthausen. – Unter dem Titel *Der geschäftige Müßiggänger* hatte Johann Elias Schlegel im Jahre 1743 ein Lustspiel veröffentlicht. Diese Wendung auch im 18. Stück von Gotthold Ephraim Lessings *Hamburgischer Dramaturgie*.

Durch **Schreiben** wurde ich geboren. Vorher gab es nur ein Spiel der Spiegelungen ...

Jean-Paul Sartre: Die Wörter. Darin: Schreiben

Schreiben heißt also die Welt enthüllen und sie zugleich der Hingabe des Lesers als eine Aufgabe stellen.

Jean-Paul Sartre: Was ist Literatur? 2. Warum schreiben?

Schreiben heißt: sich selber lesen!

Max Frisch: Tagebuch 1946–1949 (Abschnitt »1946«)

Schreiben ist, wie mir scheint, Kraftüberschuß.

Kurt Tucholsky: Schnipsel

Man **schreibt** nicht so ausführlich, / Wenn man den Abschied gibt.

Heinrich Heine: Neue Gedichte. Darin: »Neuer Frühling« 34

Wer, wenn ich **schriee**, hörte mich denn aus der Engel / Ordnungen?

Rainer Maria Rilke: »Duineser Elegien«. 1. Elegie

Deshalb die Behauptung: wer sich schreibend verändert, ist ein **Schriftsteller**.

Martin Walser: Wer ist ein Schriftsteller?

Die echten **Schriftsteller** sind die Gewissensbisse der Menschheit.

Ludwig Feuerbach: Der Schriftsteller und der Mensch

Die meisten **Schriftsteller** schätzen niemand eher hoch, und halten niemand eher für ein Genie, bis er in hundert Bogen bewiesen hat, daß er ein Narr sei.

Ewald Christian von Kleist: Gedanken über verschiedene Vorwürfe

Man ist nicht **Schriftsteller**, weil man gewählt hat, bestimmte Dinge zu sagen, sondern weil man gewählt hat, sie auf eine bestimmte Weise zu sagen.

Jean-Paul Sartre: Was ist Literatur? 1. Was ist schreiben?

Man muß alle **Schriftsteller** zweimal lesen, die guten und die schlechten. Die einen wird man erkennen, die andern entlarven.
    Karl Kraus: Sprüche und Widersprüche

So appelliert der **Schriftsteller** an die Freiheit des Lesers, daß sie an der Produktion seines Werkes mitarbeite.
    Jean-Paul Sartre: Was ist Literatur? 2. Warum schreiben?

Ein kleiner **Schritt** für einen Menschen, aber ein Riesensprung für die Menschheit.
(That's one small step for a man, one giant leap for mankind.)
    Neil Armstrong beim Betreten der Mondoberfläche am 20. Juli 1969

Ein **Schritt** vom Wege
    Titel eines 1873 erschienenen Lustspiels von Ernst Wichert

Er ging an meiner Seite / In gleichem **Schritt** und Tritt.
    Ludwig Uhland: »Der gute Kamerad«

Der echte **Schüler** lernt aus dem Bekannten das Unbekannte entwickeln, und nähert sich dem Meister.
    Johann Wolfgang Goethe: Wilhelm Meisters Lehrjahre. 7. Buch, Kap. 9. Lehrbrief. – Goethe nimmt diesen Gedanken dann auch in die Aphorismensammlung »Aus Makariens Archiv« am Ende seines Romans *Wilhelm Meisters Wanderjahre oder Die Entsagenden* (2. Fassung 1829) auf.

Nicht wert sein, einem die **Schuhriemen** zu lösen
    Nach Mk 1,7: ». . . und ich bin nicht wert, daß ich mich vor ihm bücke und die Riemen seiner Schuhe löse.« Vgl. auch Lk 3,16; Joh 1,27 und Apg 13,25. – Johannes der Täufer verweist auf das Kommen Jesu.

. . . Denn alle **Schuld** rächt sich auf Erden.
    Johann Wolfgang Goethe: Wilhelm Meisters Lehrjahre. 2. Buch, Kap. 13

Mehr **Schulden** als Haare auf dem Kopf haben
    Nach Ps 40,13: »Meine Sünden haben mich ereilt; ich kann sie nicht überblicken. Ihrer sind mehr als Haare auf meinem Haupt, / und mein Herz ist verzagt.«

Mensch, bezahle deine **Schulden**, / Lang ist ja die Lebensbahn . . .
    Heinrich Heine: Buch der Lieder. Darin: »Die Heimkehr« 36

Schulgezänk

Nach 1 Tim 6,4 f.: »Daraus entspringen Neid, Hader, Lästerung, böser Argwohn, Schulgezänk . . .«

Ach ich hab' sie ja nur / Auf die **Schulter** geküßt!

Aus einem Lied des Ollendorf in Karl Millöckers Operette *Der Bettelstudent*, (I,4), zu der F. Zell und Richard Genée das Libretto schrieben

. . . ich stehe allerdings auf den **Schultern** meiner Vorfahren, aber auch auf den Schultern derselben stehe ich doch noch auf meinen eigenen Beinen . . .

Ludwig Feuerbach: Vorlesungen über das Wesen der Religion. 11. Vorlesung

Schultze und Müller

Gestalten von David Kalisch, sowohl in der von ihm herausgegebenen Zeitschrift *Kladderadatsch* (dort erstmals in der Nr. 8 des Jahres 1848) als auch in eigenen Sammlungen, die zwischen 1854 und 1856 erschienen

Es gibt mehr Ding' im Himmel und auf Erden / Als eure **Schulweisheit** sich träumt, Horatio.
(There are more things in heaven and earth, Horatio, / Than are dreamt of in our philosophy.)

William Shakespeare: The Tragicall Historie of Hamlet, Prince of Denmarke I,5. – Anders als in der Schlegel-Tieckschen Übersetzung heißt es bei Shakespeare »unsere« Schulweisheit, wobei das Zitat zudem üblicherweise in der Form »sich träumen läßt« wiedergegeben wird.

Und sogleich fiel es von seinen Augen wie **Schuppen** . . .

Apg 9,18. – Die Bekehrung des Saulus.

Das war ein **Schuß**! Davon / Wird man noch reden in den spätsten Zeiten.

Friedrich Schiller: Wilhelm Tell III,3

Der wackre **Schwabe** forcht sich nit, / Ging seines Weges Schritt vor Schritt . . .

Ludwig Uhland: »Schwäbische Kunde«

In **Schwaben** besah ich die Dichterschul', / Gar liebe Geschöpfchen und Tröpfchen! / Auf kleinen Kackstühlchen saßen sie dort, / Fallhütchen auf den Köpfchen.

Heinrich Heine: »Der Tannhäuser« 3

Schwabenstreiche

Aus den Schlußversen von Ludwig Uhlands Gedicht »Schwäbische Kunde«: »Die Streiche sind bei uns im Schwang, / Sie sind bekannt im ganzen Reiche, / Man nennt sie halt nur Schwabenstreiche.«

Dem **Schwachen** ist sein Stachel auch gegeben.

Friedrich Schiller: Wilhelm Tell IV,3

Schwachheit, dein Nam' ist Weib!
(Frailty, thy name is woman – . . .)

William Shakespeare: The Tragicall Historie of Hamlet, Prince of Denmarke I,2

Begreifst du aber, / Wieviel andächtig **schwärmen** leichter als / Gut handeln ist?

Gotthold Ephraim Lessing: Nathan der Weise I,2

Eine **Schwalbe** macht noch keinen Sommer

Die Redensart geht auf Aristoteles zurück, der in seiner *Nikomachischen Ethik* (1,6) allerdings davon spricht, daß eine »Schwalbe noch keinen Frühling« mache: »μία χελιδὼν ἔαρ οὐ ποιεῖ. – mia chelidon ear u poiei.«

Schwamm drüber!

Wiederholte Wendung aus Karl Millöckers Operette *Der Bettelstudent*, (so in I,5), zu der Richard Genée und F. Zell das Libretto schrieben

Nun sei bedankt, mein lieber **Schwan**!

Richard Wagner: Lohengrin I,3; vgl. III,3. – Worte Lohengrins. Vgl. auch I,3: »Leb wohl, leb wohl, mein lieber Schwan!«

Schwanengesang

Nach der *Oresteia* des Aischylos gebildet; in *Agamemnon*, V. 1443 f., wird über die Todesklage der Kassandra gesagt: »Sie, nach Schwanes Art, / Sang vor dem Tod den letzten Klagelaut.«

Mit etwas **schwanger** gehen

Nach Ijob 15,35: »Sie gehen schwanger mit Mühsal und gebären Unglück . . .«

Und wenn sich der **Schwarm** verlaufen hat . . .

Anfangsvers von Adolf Krummachers Gedicht »Die Gemütlichkeitsritter«

Denn, was man **schwarz** auf weiß besitzt, / Kann man getrost nach Hause tragen.

Johann Wolfgang Goethe: Faust. Der Tragödie erster Teil. Studierzimmer [II]

Schwarz wimmelten da, in grausem Gemisch, / Zu scheußlichen Klumpen geballt, / Der stachligte Roche, der Klippenfisch, / Des Hammers greuliche Ungestalt . . .

Friedrich Schiller: »Der Taucher«

Das **schwarze** Herz

Nach Homer: Ilias 1,103. – Dort heißt es von Agamemnon: »μένεος δὲ μέγα φρένες ἀμφιμέλαιναι πίμπλαντ'. – meneos de mega phrenes amphimelainai pimplant'.« (»Von Wut war ganz erfüllt sein schwarzes Herz . . .«)

Schwarze Milch der Frühe . . .

Paul Celan: »Todesfuge«

Alter **Schwede**

Heinrich von Treitschke führte in einer Vorlesung über die Geschichte des preußischen Staates von 1879 diese Bezeichnung auf den Kurfürsten Friedrich Wilhelm von Brandenburg zurück, der zur Ausbildung seiner Rekruten ehemalige schwedische Soldaten in seinen Dienst genommen hatte.

Da ließ der HERR **Schwefel** und Feuer regnen vom Himmel herab auf Sodom und Gomorrha . . .

1 Mose 19,24; vgl. auch »**So**dom und Gomorrha«

Willst du immer weiter **schweifen**? / Sieh, das Gute liegt so nah. / Lerne nur das Glück ergreifen, / Denn das Glück ist immer da.

Johann Wolfgang Goethe: »Erinnerung«

Schweig stille, mein Herz!

Refrain von Eduard Mörikes Gedicht »Schön-Rohtraut«

Brechen Sie / Dies rätselhafte **Schweigen**.

Friedrich Schiller: Don Karlos, Infant von Spanien I,1

Indem sie **schweigen**, schreien sie.
(. . . cum tacent, clamant . . .)

Cicero: Catilinariae orationes 1,21

Schweigt der Menschen laute Lust: / Rauscht die Erde wie mit Träumen . . .

Joseph Freiherr von Eichendorff: »Der Abend«

Wer **schweigt**, ist dumm. Drum sind das dümmste Vieh die Fische.
>Gotthold Ephraim Lessing: »An den Herrn Marpurg«

Wer **schweigt**, scheint zuzustimmen.
(Qui tacet, consentire videtur.)
>Papst Bonifatius VIII.: Liber sextus decretalium 5,12,43. – Dieser Satz des kanonischen Rechts findet sich in ähnlicher Form auch im *Corpus iuris civilis* (*Digesten* 50,17,142).

Wir haben heut nach altem Brauch / Ein **Schweinchen** abgeschlachtet; / Der ist ein jüdisch ekler Gauch, / Wer solch ein Fleisch verachtet.
>Ludwig Uhland: »Metzelsuppenlied«

Im **Schweiße** deines Angesichts sollst du dein Brot essen . . .
>1 Mose 3,19. – Gott zu Adam.

Es gibt eine **Schwermut**, die gehört der Größe des Geistes zu.
(Il y a une mélancolie qui tient à la grandeur de l'esprit.)
>Nicolas Chamfort: Produits de la Civilisation perfectionnée. Darin: Maximes et Pensées, Caractères et Anecdotes

. . . Ihn foltert **Schwermut**, weil er lebt!
>Ewald Christian von Kleist: »Geburtslied«

Das **Schwert** ist kein Spaten, kein Pflug, / Wer damit ackern wollte, wäre nicht klug.
>Friedrich Schiller: Wallenstein. Wallensteins Lager. 11. Auftritt

Dein **Schwert**, wie ist's von Blut so rot? / Edward, Edward!
>Johann Gottfried Herder: »Edward«

Du **Schwert** an meiner Linken . . .
>Theodor Körner: »Schwertlied«

Ein jeder gürte sein **Schwert** um die Lenden . . .
>2 Mose 32,27

Schwerter zu Pflugscharen
>Nach Jes 2,4: »Da werden sie ihre Schwerter zu Pflugscharen und ihre Spieße zu Sicheln machen.«

Schwesterlein, Schwesterlein, wann gehn wir nach Haus?
>Anton Wilhelm Florentin von Zuccalmaglio: »Der letzte Tanz«

Die größten **Schwierigkeiten** liegen da, wo wir sie nicht suchen.
>Johann Wolfgang Goethe: Wilhelm Meisters Wanderjahre oder Die Entsagenden. 2. Fassung 1829. Darin: Aus Makariens Archiv

Die **Schwierigkeiten** wachsen, je näher man dem Ziele kommt.
>Johann Wolfgang Goethe: Die Wahlverwandtschaften. 2. Teil, Kap. 5. Aus Ottiliens Tagebuche

Es ist so **schwül**, so dumpfig hie . . .
>Johann Wolfgang Goethe: Faust. Der Tragödie erster Teil. Abend. Ein kleines reinliches Zimmer

Sechs Bretter und zwei Brettchen!
>Gottfried August Bürger: »Lenore«. – Dort die Antwort auf Lenores Frage nach dem »Hochzeitbettchen«.

Sechs Wörtchen nehmen mich in Anspruch jeden Tag: / Ich soll, ich muß, ich kann, ich will, ich darf, ich mag.
>Friedrich Rückert: Die Weisheit des Brahmanen. Siebente Stufe. Erkenntnis

Nun hat die liebe **Seele** Ruh'
>Nach Lk 12,19: ». . . und will sagen zu meiner Seele: Liebe Seele, du hast einen großen Vorrat für viele Jahre; habe nun Ruh, iß, trink und habe guten Mut!«

Seele des Menschen, / Wie gleichst du dem Wasser! / Schicksal des Menschen, / Wie gleichst du dem Wind!
>Johann Wolfgang Goethe: »Gesang der Geister über den Wassern«

Seele, vergiß sie nicht, / Seele, vergiß nicht die Toten!
>Friedrich Hebbel: »Requiem«

So eine wahre warme Freude ist nicht in der Welt, als eine große **Seele** zu sehen, die sich gegen einen öffnet.
>Johann Wolfgang Goethe: Die Leiden des jungen Werthers. 2. Buch. Am 26. November

Und meine **Seele** spannte / Weit ihre Flügel aus, / Flog durch die stillen Lande, / Als flöge sie nach Haus.
>Joseph Freiherr von Eichendorff: »Mondnacht«

. . . Doch große **Seelen** dulden still.
  Friedrich Schiller: Don Karlos, Infant von Spanien I,4

Zwei **Seelen** und ein Gedanke, / Zwei Herzen und ein Schlag!
  Friedrich Halm: Der Sohn der Wildnis. 2. Akt

Das kann doch einen **Seemann** nicht erschüttern, / keine Angst, keine Angst, Rosmarie!
  Refrain eines Liedes aus dem Film *Paradies der Junggesellen*, das Bruno Balz (Text) und Michael Jary (Musik) schrieben

Denn der **Segen** des Vaters baut den Kindern Häuser, aber der Fluch der Mutter reißt sie nieder.
  Sir 3,11

Doch der **Segen** kommt von oben.
  Friedrich Schiller: »Das Lied von der Glocke«; vgl. auch »Von der **St**irne heiß . . .«

Und Gott **segnete** den siebenten Tag und heiligte ihn, weil er an ihm ruhte von allen seinen Werken, die Gott geschaffen und gemacht hatte.
  1 Mose 2,3

Sehe jeder, wie er's treibe, / Sehe jeder, wo er bleibe, / Und wer steht, daß er nicht falle.
  Johann Wolfgang Goethe: »Beherzigung«

Zum **Sehen** geboren, / Zum Schauen bestellt, / Dem Turme geschworen, / Gefällt mir die Welt.
  Johann Wolfgang Goethe: Faust. Der Tragödie zweiter Teil. 5. Akt. Tiefe Nacht

Und mich ergreift ein längst entwöhntes **Sehnen** / Nach jenem stillen, ernsten Geisterreich, / Es schwebet nun in unbestimmten Tönen / Mein lispelnd Lied, der Äolsharfe gleich . . .
  Johann Wolfgang Goethe: Faust. Der Tragödie erster Teil. Zueignung

Nur wer die **Sehnsucht** kennt, / Weiß, was ich leide!
  Johann Wolfgang Goethe: Wilhelm Meisters Lehrjahre. 4. Buch, Kap. 12

O! zarte **Sehnsucht**, süßes Hoffen, / Der ersten Liebe goldne Zeit, / Das Auge sieht den Himmel offen, / Es schwelgt das Herz in Seligkeit.
: Friedrich Schiller: »Das Lied von der Glocke«

Aber das denkt wie ein **Seifensieder**.
: Friedrich Schiller: Wallenstein. Wallensteins Lager. 11. Auftritt

An dünnen, unmerkbaren **Seilen** hängen oft fürchterliche Gewichte ...
: Friedrich Schiller: Kabale und Liebe V,3

Das **Sein** ist ewig, denn Gesetze / Bewahren die lebend'gen Schätze, / Aus welchen sich das All geschmückt.
: Johann Wolfgang Goethe: »Vermächtnis«

Sein oder Nichtsein, das ist hier die Frage ...
(To be, or not to be; that is the question ...)
: William Shakespeare: The Tragicall Historie of Hamlet, Prince of Denmarke III,1

Es gibt nur ein wirklich ernstes philosophisches Problem: den **Selbstmord**. Die Entscheidung, ob das Leben sich lohne oder nicht, beantwortet die Grundfrage der Philosophie.
: Albert Camus: Das Absurde und der Selbstmord

Selbstverwirklichung *siehe* Das Ziel des **Le**bens

... **selig** lächelnd wie ein satter Säugling.
: Christian Morgenstern: »Korf erfindet eine Art von Witzen –«

Selig sind ...
: Wiederkehrende Formel aus der Bergpredigt (Mt 5,3–11). – Seliggepriesen werden »die da geistlich arm sind« (5,3); »die da Leid tragen« (5,4); »die Sanftmütigen« (5,5); »die da hungert und dürstet nach Gerechtigkeit« (5,6); »die Barmherzigen« (5,7); »die reinen Herzens sind« (5,8); »die Friedfertigen« (5,9); »die um der Gerechtigkeit willen verfolgt werden« (5,10); »Selig seid ihr, wenn euch die Menschen um meinetwillen schmähen und verfolgen ...« (5,11); vgl. auch »Denn ihrer ist das **Hi**mmelreich«.

Selig sind, die nicht sehen und doch glauben.
: Joh 20,29. – Der auferstandene Jesus zu Thomas; vgl. auch »Der ungläubige **Tho**mas«.

Seltsam, o unbegreiflich seltsam spielt Gott mit uns.
>Friedrich Schiller: Kabale und Liebe V,3

Semper idem
(Immer dasselbe bzw. Immer derselbe)
>Nach Cicero: Tusculanae disputationes 3,15,31. – Xanthippe, die Frau des Sokrates wird zitiert, die an ihrem Mann »die immer gleiche Miene« rühmte: »Hic est enim ille vultus semper idem . . .«

Und nichts **Sensationelleres** gibt es in der Welt als die Zeit, in der man lebt!
>Egon Erwin Kisch: Der rasende Reporter. Vorwort zur 1. Ausgabe (1925)

A **Sentimental** Journey Through France and Italy. By Mr. Yorick.
>Titel eines 1768 erschienenen Reiseberichts von Laurence Sterne. – Johann Joachim Christoph Bode übersetzte auf Lessings Vorschlag hin das Wort »sentimental« mit »empfindsam«: *Eine empfindsame Reise durch Frankreich und Italien*. Im Englischen findet sich dieses Wort in Samuel Richardsons Roman *The History of Sir Charles Grandison* (6. Bd., Brief 52).

Sesam öffne dich – ich möchte hinaus!
>Anfangsaphorismus der *Unfrisierten Gedanken* von Stanislaw Jerzy Lec. – Der Ruf »Sesam, öffne dich!« stammt aus der Erzählung »Ali Baba und die vierzig Räuber« der Sammlung *Tausend und eine Nacht*.

Oh, **show** us the way / To the next whisky-bar. / Oh, don't ask why!
>Bertolt Brecht: Aufstieg und Fall der Stadt Mahagonny 2. »Alabama-Song«

Shylock
>Als Bezeichnung für einen geizigen Kaufmann nach der Hauptfigur aus William Shakespeares *The Most Excellent Historie of the Merchant of Venice* (*Der Kaufmann von Venedig*)

Sic transit gloria mundi.
(So vergeht die Herrlichkeit der Welt.)
>Dieser rituelle Zuruf an einen neugewählten Papst geht auf die Vulgata-Übersetzung von 1 Joh 2,17 zurück: »Et mundus transit et concupiscentia eius . . .« (»Und die Welt vergeht mit ihrer Lust . . .«)

Das **Sichere** ist nicht sicher. / So, wie es ist, bleibt es nicht.
> Bertolt Brecht: Die Mutter 15. – Am Schluß des Stücks.

. . . von den **sicheren** Dingen / Das Sicherste ist der Zweifel.
> Bertolt Brecht: Mann ist Mann 9 (Fassung von 1938)

Ich hört ein **Sichlein** rauschen, / Wohl rauschen durch das Korn, / Ich hört ein Mägdlein klagen, / Sie hätt ihr Lieb verlorn.
> Aus der von Clemens Brentano und Achim von Arnim herausgegebenen Sammlung *Des Knaben Wunderhorn*: »Laß rauschen, Lieb, laß rauschen«. – Wie bei vielen anderen Liedern dieser Sammlung handelt es sich auch hier um eine Kontamination verschiedener überlieferter Quellen.

Sieben schöne, fette Kühe – sieben häßliche und magere Kühe
> 1 Mose 41. – Aus dem Traum des Pharao; nach Josephs Deutung sinnbildlich für sieben reiche, gute und sieben magere, schlechte Jahre.

Siebene auf einen Streich!
> Kinder- und Hausmärchen. Gesammelt durch die Brüder Grimm. Darin: Das tapfere Schneiderlein

Als er **Siebzig** war und war gebrechlich / Drängte es den Lehrer doch nach Ruh . . .
> Bertolt Brecht: »Legende von der Entstehung des Buches Taoteking auf dem Weg des Laotse in die Emigration«

Mit **siebzig** 'ne Jubiläumsfeier, / Artikel im Brockhaus und im Meyer . . .
> Theodor Fontane: »Summa Summarum«

Der **Siege** göttlichster ist das Vergeben!
> Friedrich Schiller: Die Braut von Messina I,4

Ein **Siegelring** ist schwer zu zeichnen: / Den höchsten Sinn im engsten Raum . . .
> Johann Wolfgang Goethe: West-östlicher Divan. Darin: Buch des Sängers (»Segenspfänder«)

Wer spricht von **Siegen**? Überstehn ist alles.
> Rainer Maria Rilke: »Requiem« (»Für Wolf Graf von Kalckreuth«)

Zu **siegen** verstehst du, Hannibal, aber den Sieg zu nutzen verstehst du nicht.
(Vincere scis, Hannibal, victoria uti nescis.)

> Livius: Ab urbe condita 22,51,4. – Worte des karthagischen Reiterführers Maharbal zu Hannibal nach der vernichtenden Niederlage der Römer bei Cannae 216 v. Chr. und der Weigerung Hannibals, sofort auf Rom zu marschieren.

Immer schreiben **Sieger** die Geschichte von Besiegten, Lebengebliebene die von Toten.

> Theodor Lessing: Geschichte als Sinngebung des Sinnlosen. § 29 Über Vaticinia post eventum

Die **siegreiche** Sache hat den Göttern gefallen, aber die besiegte dem Cato.
(Victrix causa deis placuit, sed victa Catoni.)

> Lucanus: Pharsalia (auch *Bellum civile*) 1,128

Was kann der **Sigismund** dafür, daß er so schön ist? / Was kann der Sigismund dafür, daß man ihn liebt?

> Lied aus dem Singspiel *Im Weißen Rössl*. Den Text verfaßte Robert Gilbert, die Musik schrieb Ralph Benatzky.

Der **Silberstreifen** am Horizont

> Aus einer Rede des Reichsaußenministers Gustav von Stresemann vom 17. Februar 1924, der dort vom S. »an dem sonst düsteren« H. sprach

Silent enim leges inter arma . . .
(Denn im Waffenlärm schweigen die Gesetze . . .)

> Cicero: Pro Milone 4,11

Simonie

> Nach dem Zauberer Simon (Apg 8,9–24) benannter mißbräuchlicher Handel mit geistlichen Ämtern

Sine ira et studio
(Ohne Zorn und ohne Eifer)

> Diese sprichwörtlich gewordene Verpflichtung zu unvoreingenommener und unparteiischer Betrachtungsweise findet sich in den *Annales* (1,1) des Tacitus.

Sing, unsterbliche Seele, der sündigen Menschheit Erlösung . . .

> Friedrich Gottlieb Klopstock: Der Messias. – Anfangszeile der in zwanzig Gesängen verfaßten Dichtung.

Ich **singe**, wie der Vogel singt, / Der in den Zweigen wohnet . . .

> Johann Wolfgang Goethe: Wilhelm Meisters Lehrjahre. 2. Buch, Kap. 11. – Das Gedicht wurde dann später auch unter dem Titel »Der Sänger« veröffentlicht.

Singe, wem Gesang gegeben, / In dem deutschen Dichterwald!

> Ludwig Uhland: »Freie Kunst«. – Adelbert von Chamisso schreibt in *Zur Einleitung des deutschen Musenalmanachs 1833*: »Es singe, wem ein Gott Gesang gegeben . . .«

Wo man **singet**, laß dich ruhig nieder, / Ohne Furcht, was man im Lande glaubt; / Wo man singet, wird kein Mensch beraubt; / Bösewichter haben keine Lieder.

> Johann Gottfried Seume: »Die Gesänge«

Die **Sinne** trügen nicht, das Urteil trügt.

> Johann Wolfgang Goethe: Maximen und Reflexionen 1193

Nur die **Sinne** können die Seele heilen, wie nur die Seele die Sinne heilen kann.

> Oscar Wilde: The picture of Dorian Gray (Das Bildnis des Dorian Gray). Kap. 2

Den **Sinnen** hast du dann zu trauen, / Kein Falsches lassen sie dich schauen, / Wenn dein Verstand dich wach erhält.

> Johann Wolfgang Goethe: »Vermächtnis«

Wenn ich nicht **sinnen** oder dichten soll, / So ist das Leben mir kein Leben mehr. / Verbiete du dem Seidenwurm, zu spinnen, / Wenn er sich schon dem Tode näher spinnt . . .

> Johann Wolfgang Goethe: Torquato Tasso V,2

Zwischen **Sinnenglück** und Seelenfrieden / Bleibt dem Menschen nur die bange Wahl . . .

> Friedrich Schiller: »Das Ideal und das Leben«

Sint, ut sunt, aut non sint.
(Sie sollen sein, wie sie sind, oder sie sollen nicht sein.)

> Ausspruch, den Papst Clemens XIII. über den Jesuitenorden am 27. Januar 1762 zu dem damaligen Ordensgeneral Lorenzo Ricci getan haben soll, nachdem König Ludwig XV. von Frankreich gefordert hatte, die Statuten des Ordens zu ändern. Der Ausspruch wurde fälschlicherweise des öfteren auch Lorenzo Ricci selbst zugeschrieben, der dies zum Nachfolger Clemens XIII., nämlich Clemens XIV., gesagt haben soll, der 1773 den Orden in Frankreich auflösen ließ.

Denn siehe, ich will eine **Sintflut** kommen lassen auf Erden ...
1 Mose 6,17

Nach uns die **Sintflut**
(Après nous le déluge)
Nach Überlieferung der Madame du Hausset ein Wort der Marquise de Pompadour nach der Schlacht von Roßbach im November 1757

Selbst die **Sintflut** / Dauerte nicht ewig. / Einmal verrannen / Die schwarzen Gewässer. / Freilich, wie wenige / Dauerten länger!
Bertolt Brecht: »Beim Lesen des Horaz«

Wir müssen uns **Sisyphus** glücklich vorstellen.
(Il faut imaginer Sisyphe heureux.)
Albert Camus: Le Mythe de Sisyphe

Sisyphusarbeit
Nach Homer: Odyssee 11,593 ff. – Sisyphus war dazu verurteilt, einen immer wieder herabrollenden Stein einen Berg hinaufzuwälzen.

's ist mal bei mir so **Sitte**: / Chacun à son goût!
Aus dem Couplet »Ich lade gern mir Gäste ein« der Operette *Die Fledermaus* von Johann Strauß, II,5 (ebenso in III,14). Den Text schrieben nach einem Lustspiel von Meilhac und Halévy Karl Haffner und Richard Genée.

Auch in der **sittlichen** Welt ist ein Adel; gemeine Naturen / Zahlen mit dem, was sie tun, schöne mit dem, was sie sind.
Friedrich Schiller und Johann Wolfgang Goethe: Tabulae Votivae. Darin: »Unterschied der Stände«

Nicht die **Sittlichkeit** regiert die Welt, sondern eine verhärtete Form derselben: die Sitte.
Berthold Auerbach: Barfüßele. Kap. 20: Im Familiengeleise

Jemanden **sitzen** lassen
Nach Sir 22,4: ». . . aber eine Tochter, die sich schändlich aufführt, bleibt sitzen, und sie macht ihrem Vater Kummer . . .«

Wir **sitzen** so fröhlich beisammen, / Wir haben uns alle so lieb, / Wir heitern einander das Leben, / Ach wenn es doch immer so blieb'!

August von Kotzebue: »Gesellschaftlied«

Der **Skandal** fängt an, wenn die Polizei ihm ein Ende macht.

Karl Kraus: Sprüche und Widersprüche. Darin: Moral, Christentum

Niemand ist mehr **Sklave** als der sich für frei hält ohne es zu sein.

Johann Wolfgang Goethe: Die Wahlverwandtschaften. 2. Teil, Kap. 5. Aus Ottiliens Tagebuche

Die **Sklaven** haben Tyrannen gemacht, der Blödsinn und der Eigennutz haben die Privilegien erschaffen, und Schwachheit und Leidenschaft verewigen beides.

Johann Gottfried Seume: Spaziergang nach Syrakus im Jahre 1802. Einleitung (Lieber Leser!)

Vor dem **Sklaven**, wenn er die Kette bricht, / Vor dem freien Menschen erzittert nicht.

Friedrich Schiller: »Die Worte des Glaubens«

Wo von innen **Sklaverei** ist, wird sie von außen bald kommen.

Johann Gottfried Seume: Apokryphen

Mit **Skorpionen** züchtigen

Nach 1 Kön 12,11: »Mein Vater hat euch mit Peitschen gezüchtigt, ich will euch mit Skorpionen züchtigen.«

Slâfest du, vriedel ziere? / man wecket uns leider schiere: / ein vogellîn sô wol getân / daz ist der linden an daz zwî gegân.
(Schläfst du, mein schöner Liebster? / Bald wird man uns leider wecken. / Ein hübsches Vögelchen / hat sich auf dem Zweig der Linde niedergelassen.)

Dietmar von Eist: »Slâfest du, vriedel ziere?«

The **Snobs** of England
(Die Snobs von England)

Titel einer 1846/47 in Fortsetzungen erschienenen Reihe satirischer Artikel von William Makepeace Thackeray, die als Untertitel *by One of Themselves* (»Von einem, der dazugehört«) trugen und 1849 als *The Book of Snobs* veröffentlicht wurden. – Im

Deutschen wurde der Begriff ›Snob‹, der eine in den Adelskreisen von Oxford und Cambridge übliche Abkürzung für »s. nob.« (sine nobilitate – ohne Adel) war, durch Carl Sternheims 1914 uraufgeführte Komödie *Der Snob* verbreitet.

So nicht und jetzt nicht!

Mit dieser Formel begründete Rainer Barzel im Deutschen Bundestag am 10. Mai 1972 die weitgehende Stimmenthaltung der CDU/CSU-Fraktion bei der Abstimmung über die sogenannten ›Ostverträge‹. – In seiner Rede gebrauchte er an zwei Stellen den Ausruf »So nicht!«

So sehen wir uns wieder!

Friedrich Schiller: Don Karlos, Infant von Spanien V,11. – Dieselben Worte läßt Schiller in der *Braut von Messina* Isabella sagen.

Sodom und Gomorra

Nach 1 Mose 19 Bezeichnung für lasterhafte Stätten; vgl. auch »Da ließ der Herr **Schw**efel . . .«

Dies ist mein lieber Sohn, an dem ich Wohlgefallen habe.

Mt 3,17; 17,5; 2 Petr 1,17; Mk 1,11 (»Du bist mein lieber Sohn, an dir habe ich Wohlgefallen.«), in dieser Form auch Lk 3,22; vgl. auch Jes 42,1 »Siehe, das ist mein **Kn**echt . . .«

Mein Sohn, warum hast du uns das getan?

Lk 2,48. – Maria zu Jesus, als sie den Zwölfjährigen nach der Suche im Tempel von Jerusalem fand.

Ja! wenn zu Sol sich Luna fein gesellt, / Zum Silber Gold, dann ist es heitre Welt . . .

Johann Wolfgang Goethe: Faust. Der Tragödie zweiter Teil. 1. Akt. Kaiserliche Pfalz

Und sein Sold / Muß dem Soldaten werden, darnach heißt er!

Friedrich Schiller: Wallenstein. Die Piccolomini II,7

Doch der Soldat, so wie er's gelernt / Zieht in den Heldentod.

Bertolt Brecht: »Legende vom toten Soldaten«

Man muß Soldat sein für sein Land, oder aus Liebe zu der Sache, für die gefochten wird. Ohne Absicht heute hier, morgen da dienen, heißt wie ein Fleischerknecht reisen, weiter nichts.

Gotthold Ephraim Lessing: Minna von Barnhelm oder das Soldatenglück III,7

Ohne Heimat muß der **Soldat** / Auf dem Erdboden flüchtig schwärmen, / Darf sich an eignem Herd nicht wärmen ...
>   Friedrich Schiller: Wallenstein. Wallensteins Lager. 11. Auftritt

O schöner Tag! wenn endlich der **Soldat** / Ins Leben heimkehrt, in die Menschlichkeit ...
>   Friedrich Schiller: Wallenstein. Die Piccolomini I,4

O welche Lust **Soldat** zu sein!
>   Anfangszeile eines gleichnamigen Gedichts von August Heinrich Hoffmann von Fallersleben. – Diese Wendung »Ah, quel plaisir d'être soldat!« auch im 2. Akt der 1825 uraufgeführten Oper *Die weiße Dame* von François Adrien Boieldieu, zu der Eugène Scribe den Text verfaßte.

Fluchwürdig Schicksal des **Soldaten**!
>   Friedrich Schiller: Wallenstein. Die Piccolomini II,7

Soldaten sehn sich alle gleich / lebendig und als Leich.
>   Wolf Biermann: »Soldat, Soldat«

Soldaten wohnen / Auf den Kanonen / Von Cap bis Couch-Behar ...
>   Bertolt Brecht: Die Dreigroschenoper I,2: Pferdestall. Darin: »Kanonen-Song«

Wer will unter die **Soldaten**, / Der muß haben ein Gewehr ...
>   Friedrich Güll: »Büblein, wirst du ein Rekrut«

... beim **Soldatenleben** ist doch Gerechtigkeit und Ordnung, und da hat niemand Geschwister und niemand ein eigen Haus und man ist in Kleidung und Speise und Trank versorgt, und wenn's Krieg gibt: ein frischer Soldatentod ist doch das beste.
>   Berthold Auerbach: Barfüßele. Kap. 7: Die barmherzige Schwester

Im **Sommer** fallen die dicken Leute auf, im Winter die dünnen.
>   Walter Benjamin: Einbahnstraße. Darin: Optiker

... in unserem Lande ist es sehr frostig und feucht, unser **Sommer** ist nur ein grün angestrichener Winter, sogar die Sonne muß bei uns eine Jacke von Flanell tragen ...
>   Heinrich Heine: Reisebilder. 3. Teil. Reise von München nach Genua. Kap. XVI

Ich sah des **Sommers** letzte Rose stehn, / Sie war, als ob sie bluten könne, rot . . .
>   Friedrich Hebbel: »Sommerbild«

Aber die **Sonne** duldet kein Weißes, / Überall regt sich Bildung und Streben, / Alles will sie mit Farben beleben . . .
>   Johann Wolfgang Goethe: Faust. Der Tragödie erster Teil. Vor dem Tor

Das ist die **Sonne** von Austerlitz!
(Voilà le soleil d'Austerlitz!)
>   Napoleon I. während des Rußlandfeldzugs an der Moskwa am Morgen des 7. September 1812 in Erinnerung an die siegreiche Schlacht bei Austerlitz am 2. Dezember 1805

Denn er läßt seine **Sonne** aufgehen über Böse und Gute und läßt regnen über Gerechte und Ungerechte.
>   Mt 5,45. – Aus der Bergpredigt.

Der **Sonne** und dem Tode kann man nicht unverwandt ins Antlitz schauen.
(Le soleil ni la mort ne se peuvent regarder fixement.)
>   La Rochefoucauld: Réflexions ou sentences et maximes morales 26 (1678)

Die **Sonne** bringt es an den Tag
>   Titel eines Gedichts von Adelbert von Chamisso

Die **Sonne** geht in meinem Staat nicht unter – / Doch alles das besaß ein andrer schon . . .
>   Friedrich Schiller: Don Karlos, Infant von Spanien I,6. – Diese Formulierung findet sich schon 1585 im Prolog zum Drama *Il pastor fide* von Giovan Battista Guarini, in dem Katharina von Österreich anläßlich ihrer Heirat mit dem Herzog von Savoyen mit folgenden Worten angeredet wird: »Hehre Tochter jenes Monarchen, dem die Sonne auch dann nicht untergeht, wenn es nachtet.« (»Altera figlia / Di quel Monarca, a cui / Nè anco, quando annotta, il Sol tramonta.«) Ähnlich schon in den *Histories apodexis* des Herodot (VII,8).

Die **Sonne** schien ihm aufs Gehirn, / da nahm er seinen Sonnenschirm.
>   Heinrich Hoffmann: Der Struwwelpeter. Darin: Die Geschichte von den schwarzen Buben

Die **Sonne** sinkt, die letzten Schiffe, / Sie ziehen munter hafenein.
Johann Wolfgang Goethe: Faust. Der Tragödie zweiter Teil. 5. Akt. Palast

Die **Sonne** tönt nach alter Weise / In Brudersphären Wettgesang, / Und ihre vorgeschriebne Reise / Vollendet sie mit Donnergang.
Johann Wolfgang Goethe: Faust. Der Tragödie erster Teil. Prolog im Himmel

Ewig jung ist nur die **Sonne**, sie allein ist ewig schön.
Conrad Ferdinand Meyer: »Ewig jung ist nur die Sonne«

Hab **Sonne** im Herzen, / ob's stürmt oder schneit . . .
Titel eines Gedichts von Cäsar Flaischlen

Scheint die **Sonne** noch so schön, / Einmal muß sie untergehn!
Ferdinand Raimund: Das Mädchen aus der Feenwelt oder Der Bauer als Millionär II,6

Sonne hat sich müd' gelaufen, spricht: »Nun laß ich's sein!« / Geht zu Bett und schließt die Augen und schläft ruhig ein.
Robert Reinick: »Im Herbst«

Und die **Sonne** Homers, siehe! sie lächelt auch uns.
Friedrich Schiller: »Der Spaziergang«

Wenn die **Sonne** der Kultur tief steht, werfen selbst die Zwerge lange Schatten.
Ein Karl Kraus zugeschriebener Ausspruch

Am **Sonntag** will mein Süßer mit mir segeln gehn, / sofern die Winde wehn, / das wär' doch wunderschön!
Refrain eines Liedes von Robert Gilbert, zu dem Anton Profes die Musik schrieb

Sonntags in der kleinen Stadt, / wenn die Spinne Langeweile / Fäden spinnt und ohne Eile / giftig-grau die Wand hochkriecht, / wenn's blank und frisch gebadet riecht . . .
Franz Josef Degenhardt: »Deutscher Sonntag«

Alle eure **Sorge** werft auf ihn; denn er sorgt für euch.
1 Petr 5,7

Die erste **Sorge** des Menschen sei: nicht wie er glücklich, sondern der Glückseligkeit würdig werde.
Immanuel Kant: Stammbuchvers für Ernst Theodor Langer. 19. Oktober 1772

Die **Sorge** nistet gleich im tiefen Herzen, / Dort wirket sie geheime Schmerzen, / Unruhig wiegt sie sich und störet Lust und Ruh ...
Johann Wolfgang Goethe: Faust. Der Tragödie erster Teil. Nacht

Die **Sorge**, sie schleicht sich durchs Schlüsselloch ein.
Johann Wolfgang Goethe: Faust. Der Tragödie zweiter Teil. 5. Akt. Mitternacht

Wenn wir nur etwas, das uns **Sorge** macht, aus unserer Gegenwart verbannen können, da glauben wir schon, nun sei es abgetan.
Johann Wolfgang Goethe: Die Wahlverwandtschaften. 1. Teil, Kap. 2

Es ist ein Brauch von altes her: / Wer **Sorgen** hat, hat auch Likör!
Wilhelm Busch: Die fromme Helene. Kap. 16

Sorgt ihr für euch, ich tu, was meines Amts.
Friedrich Schiller: Wilhelm Tell I,3

Aber ohne Freiheit auch kein **Sozialismus**, es sei denn der Sozialismus der Galgen.
Albert Camus: Der Sozialismus der Galgen

Auf der anderen Seite wird der **Sozialismus** einfach deshalb von Wert sein, weil er zum Individualismus führt.
Oscar Wilde: Die Seele des Menschen unter dem Sozialismus

Und das beste Mittel gegen / **Sozialismus** (sag ich laut) / ist, daß ihr den Sozialismus / AUFBAUT!!! Aufbau! (aufbaut)
Wolf Biermann: »Warte nicht auf beßre Zeiten«

Ich habe eine furchtbare Vision: Wenn die **Sozialisten** zur Herrschaft gekommen sein werden, dann fängt das Blut überhaupt erst an, zu fließen.
Christian Morgenstern: Stufen (1906)

Spät kommt Ihr – Doch Ihr kommt! Der weite Weg, / Graf Isolan, entschuldigt Euer Säumen.

Friedrich Schiller: Wallenstein. Die Piccolomini I,1

Wer zu **spät** kommt, den bestraft das Leben.

Ausspruch Michail Gorbatschows bei seinem Besuch in Ost-Berlin anläßlich der Feiern zum vierzigjährigen Bestehen der DDR am 7. Oktober 1989. – Im Protokoll der Sitzung des Zentralkomitees der SED vom 7. Oktober 1989 wird dieser Satz so zitiert: »Wenn wir zurückbleiben, bestraft uns das Leben sofort.«

Später ist zu spät!

Peter Altenberg: Fechsung

Fern im Süd das schöne **Spanien**, / Spanien ist mein Heimatland, / Wo die schattigen Kastanien / Rauschen an des Ebro Strand.

Emanuel Geibel: »Der Zigeunerbube im Norden«

Wir kommen erst aus **Spanien** zurück, / Dem schönen Land des Weins und der Gesänge.

Johann Wolfgang Goethe: Faust. Der Tragödie erster Teil. Auerbachs Keller in Leipzig

Spaniens Himmel breitet seine Sterne / Über unsre Schützengräben aus.

Paul Dessau: »Spaniens Himmel«

Ich versprach dir, einmal **spanisch** zu kommen.

Johann Wolfgang Goethe: Egmont. 3. Aufzug. Klärchens Wohnung

Wanderer, kommst du nach **Sparta**, verkündige dorten, du habest / Uns hier liegen gesehn, wie das Gesetz es befahl.

Friedrich Schiller: »Der Spaziergang«. – Hierbei handelt es sich um die Übertragung eines Grabepigramms, das Herodot in seinem Werk *Histories apodexis* (7,228) überliefert. Es rühmt den Widerstand von 300 Spartanern, die unter Leonidas 480 v. Chr. gegen eine persische Übermacht kämpften. Cicero hatte diese Stelle ins Lateinische übersetzt: Tusculanae disputationes 1,42,101. – Mit Bezug auf dieses Zitat gab Heinrich Böll seiner 1950 erschienenen Erzählung den Titel *Wanderer, kommst du nach Spa . . .*

Der **Spaß** verliert alles, wenn der Spaßmacher selber lacht.

Friedrich Schiller: Die Verschwörung des Fiesco zu Genua I,7

Es ging **spazieren** vor dem Tor / ein kohlpechrabenschwarzer Mohr.
> Heinrich Hoffmann: Der Struwwelpeter. Darin: Die Geschichte von den schwarzen Buben

Speak softly and carry a big stick.
(Sprich sanft, aber trage einen großen Stock bei dir.)
> Der amerikanische Präsident Theodore Roosevelt in einer Rede am 2. September 1901

Spectatum veniunt, veniunt spectentur ut ipsae.
(Um zu sehen, kommen sie, sie kommen, um selbst gesehen zu werden.)
> Ovid: Ars amatoria, 1,99. – Gemeint sind die zu den Schauspielen in den Theatern eilenden »aufgeputzten Frauen«.

Wer meines **Speeres** Spitze fürchtet, durchschreite das Feuer nie!
> Richard Wagner: Die Walküre. 3. Aufzug. – Letzte Worte Wotans.

Alle **Spekulation**, vielleicht alles Philosophieren ist nur ein Denken in Spiralen; wir kommen wohl höher, aber nicht eigentlich weiter. Und dem Zentrum der Welt bleiben wir immer gleich fern.
> Arthur Schnitzler: Buch der Sprüche und Bedenken. Darin: Ahnungen und Fragen 34

Ich kenne dich, **Spiegelberg**.
> Friedrich Schiller: Die Räuber II,3

Spiegelfechterei der Hölle!
> Friedrich Schiller: Die Verschwörung des Fiesco zu Genua V,12

Spieglein, Spieglein an der Wand, / Wer ist die Schönste im ganzen Land?
> Kinder- und Hausmärchen. Gesammelt durch die Brüder Grimm. Darin: Schneewittchen

Das **Spiel** des Lebens sieht sich heiter an, / Wenn man den sichern Schatz im Herzen trägt . . .
> Friedrich Schiller: Wallenstein. Die Piccolomini III,4

Ein **Spiel** dauert neunzig Minuten.
> Eine durch Sepp Herberger auch über den Fußball hinaus sprichwörtlich gewordene Redewendung, die sich durch andere Aussprüche aus dem Mund des ehemaligen Bundestrainers (1936–64) ergänzen ließe, etwa »Der Ball ist rund« oder »Das nächste Spiel ist immer das schwerste«.

Sind wir ein **Spiel** von jedem Druck der Luft?
> Johann Wolfgang Goethe: Faust. Der Tragödie erster Teil. Abend. Ein kleines reinliches Zimmer

Spielen ist experimentiren mit dem Zufall.
> Novalis: Fragmente und Studien I (Juni bis Dezember 1799) Nr. 141

Denn, um es endlich einmal herauszusagen, der Mensch **spielt** nur, wo er in voller Bedeutung des Wortes Mensch ist, und er ist nur da ganz Mensch, wo er spielt.
> Friedrich Schiller: Über die ästhetische Erziehung des Menschen. 15. Brief

Der ewige **Spießer**
> Titel eines Romans von Ödön von Horváth, der 1930 erschien

. . . Langbeinigen **Spinnen** vergleichbar.
> Johann Wolfgang Goethe: »Der Totentanz«

Nai, lueget doch das **Spinnli** a, / wie's zarti Fäde zwirne cha!
> Johann Peter Hebel: »Das Spinnlein«

Zum Teufel ist der **Spiritus**, / Das Phlegma ist geblieben.
> Friedrich Schiller: »Kastraten und Männer«. – Das »Phlegma« meint hier den flüssigen Rest, der beim Destillieren des Spiritus zurückbleibt.

Was siehst du aber den **Splitter** in deines Bruders Auge und nimmst nicht wahr den Balken in deinem Auge?
> Mt 7,3. – Aus der Bergpredigt.

. . . wo die **Spötter** sitzen
> Nach Ps 1,1: »Wohl dem, der nicht wandelt im Rat der Gottlosen noch tritt auf den Weg der Sünder / noch sitzt, wo die Spötter sitzen.«

Aus **Spöttern** werden oft Propheten.
(Jesters do oft prove prophets.)
> William Shakespeare: True Chronicle Historie of the Life and Death of King Lear . . . V,3

No **sports**!
Winston Churchills Antwort auf die Frage nach dem Grund seiner guten körperlichen Verfassung auch im hohen Alter

Zum **Spott** der Leute werden
Nach Ps 22,7: »Ich aber bin ein Wurm und kein Mensch, / ein Spott der Leute und verachtet vom Volke«; vgl. auch »Zum **Sp**richwort werden«

Du **Spottgeburt** von Dreck und Feuer!
Johann Wolfgang Goethe: Faust. Der Tragödie erster Teil. Marthens Garten

. . . denn das Menschlichste, was wir haben, ist doch die **Sprache**, und wir haben sie, um zu sprechen . . .
Theodor Fontane: Unwiederbringlich. Kap. 13

Die **Sprache** ist die Mutter, nicht die Magd des Gedankens.
Karl Kraus: Pro domo et mundo

. . . die **Sprache** ist wie ein Meißel, der alles weghaut, was nicht Geheimnis ist, und alles Sagen bedeutet ein Entfernen.
Max Frisch: Tagebuch 1946–1949 (Abschnitt »1946«)

In keiner **Sprache** kann man sich so schwer verständigen wie in der Sprache.
Karl Kraus: Nachts

Jede **Sprache** hat ihr eigenes Schweigen.
Elias Canetti: Die Provinz des Menschen. Aufzeichnungen 1942–1972. Darin: 1942

Meine **Sprache** ist die Allerweltshure, die ich zur Jungfrau mache.
Karl Kraus: Pro domo et mundo

Und ich erzog mir die **Sprache** zum Bösewicht.
Herbert Achternbusch: Die Stunde des Todes. Kap. 1

Und **sprachs** und schiffte schnell sich ein.
Friedrich Schiller: »Der Ring des Polykrates«

Sprechen – Schreiben – Schweigen
Kurt Tucholsky: Eine Treppe. Zeichnung auf der letzten Seite seines *Sudelbuchs*, wobei »Sprechen« die unterste Stufe der Treppe bildet.

Wovon man nicht **sprechen** kann, darüber muß man schweigen.
: Ludwig Wittgenstein: Tractatus logico-philosophicus 7

Die **Spreu** vom Weizen trennen
: Nach Mt 3,12: »Er hat seine Worfschaufel in der Hand; er wird seine Tenne fegen und seinen Weizen in die Scheune sammeln; aber die Spreu wird er verbrennen mit unauslöschlichem Feuer.«

Spreu im Wind
: Nach Ijob 21,18: ». . . daß sie werden wie Stroh vor dem Winde und wie Spreu, die der Sturmwind wegführt?«

Man **spricht** vergebens viel, um zu versagen; / Der andre hört von allem nur das Nein.
: Johann Wolfgang Goethe: Iphigenie auf Tauris I,3

Zum **Sprichwort** werden
: Nach 5 Mose 28,37: »Und du wirst zum Entsetzen, zum Sprichwort und zum Spott werden unter allen Völkern . . .«; vgl. auch I job 17,6

Der **springende** Punkt
(punctum saliena)
: Aristoteles: Historia animalium 6,3,561a 9 ff. – Dort wird die Entwicklung des Eies geschildert, bei der sich zuerst das Herz, »so groß wie ein Punkt« zeige. Dieser Punkt »springt und bewegt sich wie ein lebendes Wesen«. In der übertragenen Bedeutung als Bezeichnung für einen wesentlichen (Gesichts)punkt.

Folg nur dem alten **Spruch** und meiner Muhme, der Schlange, / Dir wird gewiß einmal bei deiner Gottähnlichkeit bange!
: Johann Wolfgang Goethe: Faust. Der Tragödie erster Teil. Studierzimmer [II]. – Den »alten Spruch« hatte Mephistopheles zuvor dem Schüler ins Stammbuch geschrieben: »Eritis sicut Deus, scientes bonum et malum.« Hierbei handelt es sich um die lateinische Formulierung der biblischen Versuchung Evas durch die Schlange im Paradies nach 1 Mose 3,5: ». . . und ihr werdet sein wie Gott und wissen, was gut und böse ist.«

Der **Staat** bin ich *siehe* L'**État**

Der **Staat** im Staate
: Die Wendung »Faire un Estat dans l'Estat« findet sich mit Bezug auf die Zeit der Hugenottenkämpfe (1562–98) im 5. Kapitel der Schrift *Du debvoir des roys et des*

subjects des Théodore Agrippa d'Aubigné, die zwischen 1610 und 1620 verfaßt wurde. Zu Beginn des 3. Teils von Spinozas *Ethik* heißt es: »Ja, sie scheinen den Menschen in der Natur wie einen Staat im Staate (»imperium in imperio«) anzusehen.«

Der **Staat** sollte die Wohlhabenheit aller zu befördern suchen, befördert aber nur den Reichtum der einzelnen.
: Johann Gottfried Seume: Apokryphen

Ich liebe nicht den **Staat**, ich liebe meine Frau.
: Gustav Heinemann in einem Interview vor seiner Vereidigung als Bundespräsident der Bundesrepublik Deutschland im Jahre 1969

Wir haben durch die Jahrhunderte hindurch so viel dem **Staat** geopfert, daß es jetzt Zeit ist, daß sich der Staat für uns opfert.
: Friedrich Dürrenmatt: Romulus der Große. 1. Akt

Wo ein einziger Mann den **Staat** erhalten kann, ist der Staat in seiner Fäulnis kaum der Erhaltung wert.
: Johann Gottfried Seume: Apokryphen

»Woran erkenn ich den besten **Staat**?« Woran du die beste / Frau kennst! daran, mein Freund, daß man von beiden nicht spricht.
: Friedrich Schiller: »Der beste Staat«

Staatshämorrhoidarius
Von Franz Graf Pocci für die Hefte der *Fliegenden Blätter* zwischen 1844 und 1847 erfundene Figur

Wider den **Stachel** löcken
: Apg 26,14: »Es wird dir schwer sein, wider den Stachel zu löcken.« – Diese Wendung, die auf das Ausschlagen der Zugtiere (›löcken‹) gegen ihren Treiber Bezug nimmt, findet sich auch bei Aischylos (*Agamemnon* 1624), Euripides (*Bakchai* 795), Plautus (*Truculentus* 4,2) oder Terenz (*Phormio* I,2,28).

Nun treibt die **Stadt** schon nicht mehr wie ein Köder, / der alle aufgetauchten Tage fängt.
: Rainer Maria Rilke: »Spätherbst in Venedig«

Sei mir gegrüßt, du große, / Geheimnisvolle **Stadt** . . .
>Heinrich Heine: Buch der Lieder. Darin: »Die Heimkehr« 17

In die **Städte** kam ich zu der Zeit der Unordnung / Als da Hunger herrschte.
>Bertolt Brecht: »An die Nachgeborenen«

Von diesen **Städten** wird bleiben: der durch sie hindurchging, der Wind!
>Bertolt Brecht: »Vom armen B. B.«

Ich weiche dem **Stärkeren**.
(Cedo maiori.)
>Nach Martial: Spectaculorum liber 32. – Dort heißt es: »Cedere maiori virtutis fama secunda est.« (»Dem Stärkeren zu weichen ist der zweite Ruhm der Tüchtigkeit.«).

Die **Stätte**, die ein guter Mensch betrat, / Ist eingeweiht; nach hundert Jahren klingt / Sein Wort und seine Tat dem Enkel wieder.
>Johann Wolfgang Goethe: Torquato Tasso I,1

Da steh ich, ein entlaubter **Stamm**!
>Friedrich Schiller: Wallenstein. Wallensteins Tod III,13

Er **starb** für uns, unsre Liebe sein Lohn. / John Maynard.
>Theodor Fontane: »John Maynard«

Der **Starke** ist am mächtigsten allein.
>Friedrich Schiller: Wilhelm Tell I,3

Den **Staub** von den Füßen schütteln
>Nach Mt 10,14: ». . . so geht heraus aus diesem Hause oder dieser Stadt und schüttelt den Staub von euren Füßen.«

In **Staub** mit allen Feinden Brandenburgs!
>Heinrich von Kleist: Prinz Friedrich von Homburg V,11

Staub soll er fressen, und mit Lust, / Wie meine Muhme, die berühmte Schlange.
>Johann Wolfgang Goethe: Faust. Der Tragödie erster Teil. Prolog im Himmel

Staub und Schatten sind wir ...
(... pulvis et umbra sumus ...)
>Horaz: Carmina 4,7,16

Hier **stehe** ich! Ich kann nicht anders! Gott helfe mir! Amen.
>Angebliche Worte Martin Luthers vor dem Wormser Reichstag am 18. April 1521; allerdings soll nach zeitgenössischen Quellen Luther lediglich »Gott helfe mir! Amen.« gesagt haben.

Du kannst einen Menschen daran hindern, zu **stehlen**, aber nicht daran, ein Dieb zu sein.
>Arthur Schnitzler: Buch der Sprüche und Bedenken. Darin: Kleine Sprüche 11

Stehlen, morden, huren, balgen / Heißt bei uns nur die Zeit zerstreun.
>Friedrich Schiller: Die Räuber IV,5

Der **Stein**, den die Bauleute verworfen haben, / ist zum Eckstein geworden.
>Ps 118,22

Der **Stein** des Anstoßes
>Nach Jes 8,14: »Er wird ein Fallstrick sein und ein Stein des Anstoßes und ein Fels des Ärgernisses für die beiden Häuser Israel ...«; ebenso 1 Petr 2,8

Es wird hier nicht ein **Stein** auf dem andern bleiben, der nicht zerbrochen werde.
>Mt 24,2

Ich saz ûf eime **steine**, / und dahte bein mit beine: / dar ûf satzt ich den ellenbogen: / ich hete in mîne hant gesmogen / daz kinne und ein mîn wange.
(Ich saß auf einem Stein, / und schlug ein Bein über das andere. / Darauf stützte ich den Ellenbogen. / Ich hatte in meine Hand geschmiegt / das Kinn und meine eine Wange.)
>Anfangszeilen eines Gedichts von Walther von der Vogelweide

Viel **Steine** gab's und wenig Brot . . .

> Ludwig Uhland: »Schwäbische Kunde«. – Die Wendung »Steine statt Brot« stammt aus der Bergpredigt (Mt 7,9): »Wer ist unter euch Menschen, der seinem Sohn, wenn er ihn bittet um Brot, einen Stein biete?«

Wenn diese schweigen werden, so werden die **Steine** schreien.

> Lk 19,40

Der **steinerne** Gast

> Gemeint ist die Bildsäule des von Don Juan erstochenen Komturs, den Don Juan als »steinernen Gast« zum Abendessen einladen läßt. – Den aus der spanischen Volkssage des 14. Jahrhunderts stammenden Stoff hatte Molière schon in seinem 1665 uraufgeführten *Dom Juan ou le Festin de Pierre* gestaltet, bevor er durch Wolfgang Amadeus Mozarts Oper *Don Giovanni*, zu der Lorenzo da Ponte den Text verfaßte, noch populärer wurde. Auf den Don-Juan-Stoff nimmt auch Friedrich Schiller in seinem *Wallenstein* Bezug, wo es in den *Piccolomini* IV,6 heißt: »Gebt acht! Es fehlt an diesem steinernen Gast, / Der uns den ganzen Abend nichts getaugt.«

Wer den **Stempel** hat, schlägt die Münze.

> Johann Gottfried Seume: Spaziergang nach Syrakus im Jahre 1802. Einleitung (Lieber Leser!)

Stentorstimme

> Als Bezeichnung für eine laute und durchdringende Stimme aus der *Ilias* des Homer abgeleitet. – Dort heißt es 5,785 f. über Stentor: ». . . dem Starken, an Brust und eherner Stimme, / Dessen Ruf laut tönte wie fünfzig anderer Männer . . .«

Ich **sterbe**! das ist bald gesagt / Und bälder noch getan.

> Johann Wolfgang Goethe: Faust. Der Tragödie erster Teil. Marthens Garten

Alle Menschen müssen **sterben**.
(. . . de homine enim dicitur, cui necesse est mori.)

> Cicero: De fato 9,17

Lehre uns bedenken, daß wir **sterben** müssen, / auf daß wir klug werden.

> Ps 90,12

Nicht ganz werde ich **sterben**.
(Non omnis moriar . . .)

> Horaz: Carmina 3,30,6

So muß ich hier verlassen **sterben**, / Auf fremdem Boden, unbeweint . . .

    Friedrich Schiller: »Die Kraniche des Ibykus«

Soll ich denn **sterben**, / Bin noch so jung? / Wenn das mein Vater wüßt, / Daß ich schon sterben müßt, / Er tät sich kränken / Bis in den Tod.

    Aus der von Clemens Brentano und Achim von Arnim herausgegebenen Sammlung *Des Knaben Wunderhorn*: »Rückfall der Krankheit«. – Bekannt wurde das Lied in der späteren Umformung der Anfangszeile in »Stiefel soll sterben . . .«.

Sterben allein genügt nicht; man muß rechtzeitig sterben.

    Jean-Paul Sartre: Die Wörter. Darin: Lesen

Sterben und verderben

    Nach Jdt 6,3: ». . . und du wirst unter den Verwundeten Israels liegen und mußt sterben und verderben.«

Wenn ich jetzt **sterben** müßte, würde ich sagen: »Das war alles?« – Und: »Ich habe es nicht so richtig verstanden.« Und: »Es war ein bißchen laut.«

    Kurt Tucholsky: Eintrag in seinem *Sudelbuch*

Hier ist die Stelle, wo ich **sterblich** bin.

    Friedrich Schiller: Don Karlos, Infant von Spanien I,6

Nichts ist **Sterblichen** allzu schwer . . .
(Nil mortalibus ardui est . . .)

    Horaz: Carmina 1,3,37

O **Stern** und Blume, Geist und Kleid, / Lieb', Leid und Zeit und Ewigkeit!

    Clemens Brentano: »Eingang«

Die **Sterne**, die begehrt man nicht, / Man freut sich ihrer Pracht . . .

    Johann Wolfgang Goethe: »Trost in Tränen«

Die **Sterne** wandeln ihren Weg und achten auf alle Menschen. Wenige der Erdgeborenen kümmern sich darum.

    Wilhelm Raabe: Die Leute aus dem Walde. Kap. 36

Sterne mit den goldnen Füßchen / Wandeln droben bang und sacht, / Daß sie nicht die Erde wecken, / Die da schläft im Schoß der Nacht.
> Heinrich Heine: Neue Gedichte. Darin: »Neuer Frühling« 37

Sieh nach den **Sternen**! / Gib acht auf die Gassen!
> Wilhelm Raabe: Die Leute aus dem Walde. Kap. 13

So steigt man zu den **Sternen**.
(... sic itur ad astra ...)
> Vergil: Aeneis 9,641

Über rauhe Pfade zu den **Sternen**
(per aspera ad astra)
> Nach Senecas *Hercules furens* 437 gebildet: »Non est ad astra mollis e terris via.« (»Nicht bequem ist von der Erde zu den Sternen der Weg.«)

O! du wirst auf die **Sternenstunde** warten, / Bis dir die irdische entflieht!
> Friedrich Schiller: Wallenstein. Die Piccolomini II,6

Weißt du, wieviel **Sternlein** stehen / An dem blauen Himmelszelt?
> Anfangsverse eines Gedichtes von Johann Wilhelm Hey

Der **Stil** ist der Mensch.
(Le style, c'est l'homme.)
> Zitat nach der Antrittsrede des Naturforschers Georges-Louis Leclerc, Comte de Buffon, vor der Französischen Akademie am 25. August 1753, wo die wörtliche Formulierung allerdings lautete: »Le style est l'homme même.«

Halte dich **still**, halte dich stumm, / Nur nicht forschen, warum? warum?
> Theodor Fontane: »Die Frage bleibt«

Stille Nacht, heilige Nacht! / Alles schläft, einsam wacht / nur das traute, heilige Paar.
> Anfangszeilen eines Weihnachtsliedes von Joseph Mohr, das Franz Xaver Gruber vertonte

Tiefe **Stille** herrscht im Wasser, / Ohne Regung ruht das Meer, / Und bekümmert sieht der Schiffer / Glatte Fläche rings umher.

    Johann Wolfgang Goethe: »Meeresstille«

Die **Stillen** im Lande

    Nach Ps 35,20: ». . . und ersinnen falsche Anklagen wider die Stillen im Lande.«

Die **Stimme** des Blutes deines Bruders schreit zu mir von der Erde.

    1 Mose 4,10. – Gott zu Kain.

. . . Vernehmlich werden die **Stimmen**, / Die über der Tiefe sind.

    Theodor Storm: »Meeresstrand«

Sich freuen wie ein **Stint**

    Friedrich Wilhelm August Schmidt zu Werneuchen: »Der Mai 1795«. – Dort heißt es: »Vom Storche bis zum Spatz sich freut, / Vom Karpfen bis zum Stint!«

Und so lang' du das nicht hast, / Dieses: **Stirb** und werde! / Bist du nur ein trüber Gast / Auf der dunklen Erde.

    Johann Wolfgang Goethe: West-östlicher Divan. Darin: Buch des Sängers (»Selige Sehnsucht«)

Wer da **stirbt**, zahlt alle Schulden.
(He that dies pays all debts.)

    William Shakespeare: The Tempest (Der Sturm) III,2

Von der **Stirne** heiß / Rinnen muß der Schweiß, / Soll das Werk den Meister loben . . .

    Friedrich Schiller: »Das Lied von der Glocke«; vgl. auch »Das **We**rk lobt den Meister . . .«

Ein schweigender **Stockfisch**, in Butter gesotten, / Behaget den radikalen Rotten / Viel besser als ein Mirabeau / Und alle Redner seit Cicero.

    Heinrich Heine: »Die Wanderratten«

Störe meine Kreise nicht!
(Noli turbare circulos meos!)

    Ein von Valerius Maximus (*Factorum et dictorum memorabilium libri* VIII,7) überlieferter Satz des Archimedes, den dieser bei der Zerstörung von Syrakus im Jahre 212 v. Chr. zu einem römischen Soldaten gesagt haben soll

Kein **Stoff** ohne Kraft! Keine Kraft ohne Stoff!
Ludwig Büchner: Kraft und Stoff

Stolz will ich / Den Spanier.
Friedrich Schiller: Don Karlos, Infant von Spanien III,10

Und geschwinde, **stopf**, stopf, stopf! / Pulver in den Pfeifenkopf.
Wilhelm Busch: Max und Moritz. Vierter Streich

Und allzu **straff** gespannt, zerspringt der Bogen.
Friedrich Schiller: Wilhelm Tell III,3

Am grauen **Strand**, am grauen Meer / Und seitab liegt die Stadt; / Der Nebel drückt die Dächer schwer, / Und durch die Stille braust das Meer / Eintönig um die Stadt.
Theodor Storm: »Die Stadt«

Am grünen **Strand** der Spree ...
Refrain eines Couplets aus Heinrich Wilkens Volksstück *Der große Wohltäter*

Zu **Straßburg** auf der Schanz, / Da ging mein Trauren an ...
Aus der von Clemens Brentano und Achim von Arnim herausgegebenen Sammlung Des Knaben Wunderhorn: »Der Schweizer. Fliegendes Blatt«

... Denn jede **Straße** führt ans End der Welt.
Friedrich Schiller: Wilhelm Tell IV,3

Alle **Straßen** münden in schwarze Verwesung.
Georg Trakl: »Grodek«

Durch die **Straßen** der Städte, / Vom Jammer gefolget, / Schreitet das Unglück ...
Friedrich Schiller: Die Braut von Messina IV,4

O Vater, der Mensch hat doch nichts Besseres als dies schmerzliche **Streben** nach oben!
Wilhelm Raabe: Der Hungerpastor. 3. Band, Kap. 10

Und dein **Streben**, sei's in Liebe, / Und dein Leben sei die Tat.
Johann Wolfgang Goethe: Wilhelm Meisters Wanderjahre oder Die Entsagenden. 2. Fassung 1829. 3. Buch, Kap. 1

Wer immer **strebend** sich bemüht, / Den können wir erlösen.
> Johann Wolfgang Goethe: Faust. Der Tragödie zweiter Teil. 5. Akt. Bergschluchten

Da macht wieder jemand einmal einen dummen **Streich**.
> Johann Wolfgang Goethe: Clavigo. 2. Akt

Dieses war der erste **Streich**, / Doch der zweite folgt sogleich.
> Wilhelm Busch: Max und Moritz. Erster Streich

Streitbare Männer
> Nach Jos 1,14

Da **streiten** sich die Leut herum / Oft um den Wert des Glücks, / Der eine heißt den andern dumm, / Am End weiß keiner nix.
> Ferdinand Raimund: Der Verschwender III,6. – »Hobellied« des Valentin.

In mir **streiten** / Die Begeisterung über den blühenden Apfelbaum / Und das Entsetzen über die Reden des Anstreichers. / Aber nur das zweite / Drängt mich zum Schreibtisch.
> Bertolt Brecht: »Schlechte Zeit für Lyrik«

Denn wo das **Strenge** mit dem Zarten, / Wo Starkes sich und Mildes paarten, / Da gibt es einen guten Klang.
> Friedrich Schiller: »Das Lied von der Glocke«

Eio popeio, was rasselt im **Stroh**, / Die Gänslein gehn barfuß, / Und haben keine Schuh . . .
> Aus der von Clemens Brentano und Achim von Arnim herausgegebenen Sammlung *Des Knaben Wunderhorn*: »Wiegenlied«. – Die Fassung wurde von Brentano aus verschiedenen Vorlagen, u. a. dem *Holsteinischen Idiotikon* (Tl. 1, 1800) von Johann Friedrich Schütze, kontaminiert. Mit dem veränderten Eingangsvers »Suse, liebe Suse . . .« wurde das Gedicht von Engelbert Humperdinck für seine Oper *Hänsel und Gretel* vertont.

Gegen den **Strom** schwimmen
> Nach Sir 4,31: ». . . sonst versuchst du vergeblich, den Lauf eines Stromes zu hemmen.«

Sieh einmal, hier steht er. / Pfui! Der **Struwwelpeter**!
> Heinrich Hoffmann: Der Struwwelpeter

Als ich nun so **studierte** und schlief.
> Georg Christoph Lichtenberg: Sudelbücher E 373

. . . aber das eigentliche **Studium** der Menschheit ist der Mensch.
> Johann Wolfgang Goethe: Die Wahlverwandtschaften. 2. Teil, Kap. 7. Aus Ottiliens Tagebuche. – Hierbei handelt es sich allerdings um eine wörtliche Übersetzung eines Gedankens von Alexander Pope, den dieser in seinem *An Essay on man*, Epistle II, formuliert hatte: »Know then thyself, presume not God to scan; / The proper study of Mankind is Man.« Ebenso zuvor schon am Anfang der Vorrede des 1. Buchs von Pierre Charrons *Traité de la sagesse*: »La vraie science et la vraie étude de l'homme c'est l'homme.«

. . . Als wär's ein **Stück** von mir.
> Aus Ludwig Uhlands »Der gute Kamerad«; zugleich der Titel von Carl Zuckmayers 1966 erschienener Autobiographie

Gebt Ihr ein **Stück**, so gebt es gleich in Stücken! / Solch ein Ragout, es muß Euch glücken . . .
> Johann Wolfgang Goethe: Faust. Der Tragödie erster Teil. Vorspiel auf dem Theater

Die **Stützen** der Gesellschaft
> Titel eines Schauspiels von Henrik Ibsen, erschienen 1877

Hast uns **Stulln** jeschnitten / un Kaffe jekocht / un de Töppe rübajeschohm . . .
> Kurt Tucholsky: »Mutterns Hände«

Endlich naht sich die **Stunde** . . .
(Giunse al fin il momento . . .)
> Wolfgang Amadeus Mozart: Figaros Hochzeit IV,8; Text von Lorenzo da Ponte nach Beaumarchais, die deutsche Übersetzung nach Hermann Levi

O! nimm der **Stunde** wahr, eh sie entschlüpft.
> Friedrich Schiller: Wallenstein. Die Piccolomini II,6

. . . Und gönn uns jede **Stunde** ganz.
> Theodor Fontane: »O trübe diese Tage nicht«

Wem die **Stunde** schlägt
(For Whom the Bell Tolls)
> Titel eines 1940 erschienenen Romans von Ernest Hemingway

In wenigen **Stunden** / Hat Gott das Rechte gefunden.
> Johann Wolfgang Goethe: Aus »Gott, Gemüt und Welt«

Ein **Sturm** im Wasserglas
(Une tempête dans un verre d'eau)
> Nach Honoré de Balzac ein Ausspruch des Barons Charles de Montesquieu anläßlich von Unruhen im Zwergstaat San Marino. – Die Wendung hat allerdings antike Vorläufer: so spricht Cicero in *De legibus* 3,16 von »Wellen im Schöpflöffel« (»fluctus in simpulo«), was er dort schon als geläufige Redensart bezeichnet.

Heulend kommt der **Sturm** geflogen, / Der die Flamme brausend sucht.
> Friedrich Schiller: »Das Lied von der Glocke«

Mit **Sturm** ist da nichts einzunehmen; / Wir müssen uns zur List bequemen.
> Johann Wolfgang Goethe: Faust. Der Tragödie erster Teil. Straße

Sturm und Drang
> Titel eines Schauspiels von Friedrich Maximilian Klinger, das 1777 uraufgeführt wurde. – Das Stück, das einer ganzen Literaturepoche den Namen gab, sollte ursprünglich *Wirr-Warr* heißen und wurde von Klinger auf Anraten von Christoph Kaufmann in *Sturm und Drang* geändert.

. . . **sub** specie aeternitatis . . .
(. . . unter dem Gesichtspunkt der Ewigkeit . . .)
> Baruch Spinoza: Ethica ordine geometrico demonstrata. 5. Teil, 29. Lehrsatz; ebenso in den folgenden Lehrsätzen

Alle **Sünde** und Lästerung wird den Menschen vergeben; aber die Lästerung gegen den Geist wird nicht vergeben.
> Mt 12,31; vgl. auch »Und wer etwas **re**det . . .«

Es gibt nur eine **Sünde**, und das ist die Dummheit.
(There is no sin but stupidity.)
> Oscar Wilde: The critic as artist

Wer **Sünde** tut, der ist der Sünde Knecht.
> Joh 8,34

Wer unter euch ohne **Sünde** ist, der werfe den ersten Stein auf sie.
> Joh 8,7

Sündenbock
Nach 3 Mose 16,22: ». . . daß also der Bock alle ihre Missetat auf sich nehme und in die Wildnis trage.«

Gott, sei mir **Sünder** gnädig!
Lk 18,13. – Gebet des Zöllners. Vgl. auch »**Pharisäer**«.

Wenn nicht das **süße** junge Blut / Heut nacht in meinen Armen ruht, / So sind wir um Mitternacht geschieden.
Johann Wolfgang Goethe: Faust. Der Tragödie erster Teil. Straße

Summ summ summ! / Bienchen, summ herum! / Ei, wir tun dir nichts zuleide, / Flieg nun aus in Wald und Heide!
August Heinrich Hoffmann von Fallersleben: »Biene«

Summa summarum
(Alles in allem)
Plautus: Truculentus 1,1,4

Summa Summarum, / Es drehte sich immer um Lirum Larum, / Um Lirum Larum Löffelstiel. / Alles in allem – es war nicht viel.
Theodor Fontane: »Summa Summarum«

Summum ius, summa inuria
(Größtes Recht, größtes Unrecht)
Cicero: De officiis 1,10,33. – Dort allerdings schon als »abgedroschenes Sprichwort« bezeichnet. Zuvor ähnlich bei Terenz im *Heauton timorumenos* 4,5,48, dort wird das größte Recht als »größte Schlechtigkeit« (»summa est malitia«) klassifiziert.

Die **Suppe** auslöffeln, die man sich eingebrockt hat
Nach Terenz, Phormio 2,2,4, gebildet: »Tute hoc intristi; tibi omnest exedendum . . .« (»Du hast es eingerührt; du mußt es auch ganz ausessen . . .«)

Nein, meine **Suppe** ess' ich nicht!
Heinrich Hoffmann: Der Struwwelpeter. Darin: Die Geschichte vom Suppen-Kaspar

Suum cuique
(Jedem das Seine)
Cicero: De legibus 1,6,19. – In *De officiis* 1,5,15 wird das Wesen der Gerechtigkeit so beschrieben: ». . . in hominum societate tuenda tribuendoque suum cuique, et rerum contractarum fide . . .« (». . . die menschliche Gesellschaft aufrechtzuerhalten, jedem das Seine zukommen zu lassen, sowie in der Verläßlichkeit vertrag-

licher Abmachungen ...«) So auch von Ulpian im *Corpus iuris civilis* (*Digesten* 1,1,10) zitiert. Pervertiert wurde diese Wendung von den Nationalsozialisten, die diesen Spruch am Eingangstor zum Konzentrationslager Buchenwald anbrachten.

Das ist die wahre **Symbolik**, wo das Besondere das Allgemeinere repräsentiert, nicht als Traum und Schatten, sondern als lebendig-augenblickliche Offenbarung des Unerforschlichen.

Johann Wolfgang Goethe: Maximen und Reflexionen 314

Es ging ein Mann im **Syrerland**, / Führt' ein Kamel am Halfterband.

Friedrich Rückert: »Parabel«

In dem **System**, das sie gemacht haben / Ist Menschlichkeit eine Ausnahme.

Bertolt Brecht: Die Ausnahme und die Regel 9

Natürlich **System**, ein widersprechender Ausdruck. Die Natur hat kein System, sie hat, sie ist Leben und Folge aus einem unbekannten Zentrum, zu einer nicht erkennbaren Grenze.

Johann Wolfgang Goethe: Problem und Erwiderung. Darin: Probleme

Ich mißtraue allen **Systematikern** und gehe ihnen aus dem Weg. Der Wille zum System ist ein Mangel an Rechtschaffenheit.

Friedrich Nietzsche: Götzen-Dämmerung 26. – In einer Notiz aus dem Zeitraum von November 1887 bis März 1888 heißt es: »Ich mißtraue allen Systematikern und gehe ihnen aus dem Wege. Der Wille zum System ist, für einen Denker wenigstens, etwas, das compromittirt, eine Form der Unmoralität ...«

... Die **Szene** wird zum Tribunal ...

Friedrich Schiller: »Die Kraniche des Ibykus«

Sonst spielt' ich mit **Szepter**, mit Krone und Stern ...

Albert Lortzing: Zar und Zimmermann III,5. – Lied des Zaren.

Zwischen **Szylla** und Charybdis

Nach Homer: Odyssee 12,85 ff. – Während S., ein »greuliches Scheusal« und Ungeheuer mit »zwölf abscheulichen Klauen / Und sechs Häls'« von unglaublicher Länge, in einer Höhle hauste, bedrohte Ch., die »wasserstrudelnde Göttin«, alle Schiffe durch ihre Sogwirkung; zwischen beiden hindurch mußte Odysseus sein Schiff steuern.

T

Über den **Tadel** sind viele erhaben; wenige über das Lob.
Carl Gustav Jochmann: Erfahrungsfrüchte III,36. Darin: Lob und Tadel

Tadeln können zwar die Toren, / Aber klüger handeln nicht!
August Friedrich Ernst Langbein: »Die neue Eva«

Man **tadelt** den, der seine Taten wägt.
Johann Wolfgang Goethe: Iphigenie auf Tauris I,2

O **Täler** weit, o Höhen, / O schöner, grüner Wald, / Du meiner Lust und Wehen / Andächtger Aufenthalt!
Joseph Freiherr von Eichendorff: »Abschied«

Ein flotter **Tänzer** ist der gute Gregor doch!
Max Halbe: Jugend. 2. Aufzug

Seid aber **Täter** des Worts und nicht Hörer allein; sonst betrügt ihr euch selbst.
Jak 1,22 f.

Dem **tätigen** Menschen kommt es darauf an, daß er das Rechte tue; ob das Rechte geschehe, soll ihn nicht kümmern.
Johann Wolfgang Goethe: Maximen und Reflexionen 100

Des Menschen **Tätigkeit** kann allzuleicht erschlaffen, / Er liebt sich bald die unbedingte Ruh . . .
Johann Wolfgang Goethe: Faust. Der Tragödie erster Teil. Prolog im Himmel

Unbedingte **Tätigkeit**, von welcher Art sie sei, macht zuletzt bankerott.
Johann Wolfgang Goethe: Wilhelm Meisters Wanderjahre oder Die Entsagenden. 2. Fassung 1829. Darin: Betrachtungen im Sinne der Wanderer

Welchen Teufel **täuscht** man denn hier?
(Qui diable est-ce donc qu'on trompe ici?)
> Pierre-Augustin Caron de Beaumarchais: Le barbier de Séville III,11. – Meist verkürzt als »Qui trompe-t-on ici?« zitiert.

Das ist der **Tag** des Herrn! / Ich bin allein auf weiter Flur . . .
> Ludwig Uhland: »Schäfers Sonntagslied«

DEr schnelle **Tag** ist hin / die Nacht schwingt ihre Fahn . . .
> Andreas Gryphius: »Abend«

Der **Tag** bricht an, und Mars regiert die Stunde.
> Friedrich Schiller: Wallenstein. Wallensteins Tod I,1

Der **Tag** der Vergeltung
> Nach Jes 63,4: »Denn ich hatte einen Tag der Vergeltung mir vorgenommen...« – Oft auch als »Tag der Rache« zitiert. Vgl. auch »**Dies** irae, dies illa«.

Ein **Tag** kann eine Perle sein / Und ein Jahrhundert nichts.
> Gottfried Keller: »Die Zeit geht nicht«

Es ist genug, daß jeder **Tag** seine eigene Plage hat.
> Mt 6,34. – Aus der Bergpredigt. Vgl. »Jeder Tag hat . . .«.

Fest steht jedem sein **Tag**, kurz und unwiederbringlich ist für alle die Zeit des Lebens.
(Stat sua cuique dies, breve et inreparabile tempus / omnibus est vitae.)
> Vergil: Aeneis 10,467 f.

Jeder **Tag** hat seine Plage, / Und die Nacht hat ihre Lust.
> Johann Wolfgang Goethe: Wilhelm Meisters Lehrjahre. 5. Buch, Kap. 10. – Schlußverse von Philines Lied.

Wir wollen alle **Tage** sparen / Und brauchen alle Tage mehr.
> Johann Wolfgang Goethe: Faust. Der Tragödie zweiter Teil. 1. Akt. Kaiserliche Pfalz

Des **Tages** Last und Hitze
> Nach Mt 20,12: »Diese letzten haben nur eine Stunde gearbeitet, doch du hast sie uns gleichgestellt, die wir des Tages Last und Hitze getragen haben.« – Gleichnis von den Arbeitern im Weinberg.

Es bildet ein **Talent** sich in der Stille, / Sich ein Charakter in dem Strom der Welt.
Johann Wolfgang Goethe: Torquato Tasso I,2

Kein **Talent**, doch ein Charakter!
Heinrich Heine: Atta Troll. Caput XXIV

Talent haben – Talent sein: das wird immer verwechselt.
Karl Kraus: Sprüche und Widersprüche

Manche **Talente** bewahren ihre Frühreife bis ins späte Alter.
Karl Kraus: Nachts

Jenseits des **Tales** standen ihre Zelte. / Vorm roten Abendhimmel quoll der Rauch, / Und war ein Singen in dem ganzen Heere, / Und ihre Reiterbuben sangen auch.
Börries Freiherr von Münchhausen: »Jenseits«

Alles ist nur **Tand**.
(All is but toys.)
William Shakespeare: The Tragedie of Macbeth II,3 (in der Schlegel-Tieckschen Übersetzung II,2)

Tand, Tand, / Ist das Gebilde von Menschenhand.
Theodor Fontane: »Die Brücke am Tay«

O **Tannenbaum**, o Tannenbaum, / Wie treu sind deine Blätter!
Umdichtung eines älteren Volksliedes durch August Zarnack

Unterm **Tannenbaum** im Gras / Gravitätisch sitzt der Has . . .
Friedrich Güll: »Häslein«

Nun will ich aber heben an, / Vom **Tannhäuser** wollen wir singen, / Und was er wunders hat getan, / Mit Frau Venussinnen.
Aus der von Clemens Brentano und Achim von Arnim herausgegebenen Sammlung *Des Knaben Wunderhorn*: »Der Tannhäuser«. – Als Quelle diente die Ballade »Blockes-Berges Verrichtung« von Johann Praetorius (1668).

Vernimm! Ich bin aus **Tantalus'** Geschlecht.
Johann Wolfgang Goethe: Iphigenie auf Tauris I,3

Tantalusqualen

Homer: Odyssee 11,582 ff. – Inmitten von Überfluß war Tantalus in der Unterwelt dazu verurteilt, Hunger und Durst zu leiden.

Ich hab' meine **Tante** geschlachtet, / Meine Tante war alt und schwach; ...

Frank Wedekind: »Der Tantenmörder«

Zwei alte **Tanten** / tanzen Tango / mitten in der Nacht.

Georg Kreisler: »Zwei alte Tanten«

Der bessere Teil der **Tapferkeit** ist Vorsicht ...
(The better part of valour is discretion ...)

William Shakespeare: The Historie of Henrie the Fourth V,4

Tartuffe

Nach der Hauptfigur von Molières 1669 erschienenen Komödie *Le Tartuffe ou L'imposteur* als Bezeichnung für einen heuchlerischen, scheinheiligen Menschen sprichwörtlich geworden

Des echten Mannes wahre Feier ist die **Tat**!

Johann Wolfgang Goethe: Pandora. Ein Festspiel

Die **Tat** ist alles, nichts der Ruhm.

Johann Wolfgang Goethe: Faust. Der Tragödie zweiter Teil. 4. Akt. Hochgebirg

Gebratene **Tauben**, die einem in den Mund fliegen

Athenaeus zitiert in den *Deipnosophisten* die griechischen Dichter Telekleides (VI,268 C) und Pherekrates (VI,269 C), die beide von »gebratenen Krammetsvögeln« berichten, die den Leuten »in den Schlund« bzw. »um den Mund« (περὶ τὸ στόμ' ἐπέτοντο – peri to stom' epetonto) fliegen würden.

... gehma **Tauben** vergiften im Park.

Georg Kreisler: »Taubenvergiften«

Tauet, Himmel, den Gerechten! Wolken, regnet ihn herab ...

Anfangszeilen eines Kirchenliedes von Johann Michael Denis

Aus dem Leben eines **Taugenichts**

Titel einer Novelle von Joseph Freiherrn von Eichendorff, die 1826 erschien

Tausend fleißge Hände regen, / Helfen sich in munterm Bund . . .
>Friedrich Schiller: »Das Lied von der Glocke«

Ich glaube nicht an Fügung und Schicksal, als **Techniker** bin ich gewohnt mit den Formeln der Wahrscheinlichkeit zu rechnen.
>Max Frisch: Homo faber. Erste Station

Sie saßen und tranken am **Teetisch**, / Und sprachen von Liebe viel. / Die Herren, die waren ästhetisch, / Die Damen von zartem Gefühl.
>Heinrich Heine: Buch der Lieder. Darin: »Lyrisches Intermezzo« 50

Das bessere **Teil** gewählt haben
>Nach Lk 10,42: »Maria hat das gute Teil erwählt; das soll nicht von ihr genommen werden.«

. . . **Teils** dieserhalb, teils außerdem.
>Wilhelm Busch: Die fromme Helene. Kap. 4

Das ist **Tells** Geschoß.
>Friedrich Schiller: Wilhelm Tell IV,3

Zum **Tempel** hinaustreiben
>Nach Joh 2,15: »Und er machte eine Geißel aus Stricken und trieb sie alle zum Tempel hinaus samt den Schafen und Rindern . . .«; vgl. Mt 21,12; Mk 11,15; Lk 19,45

O **tempora**! o mores!
(O ihr Zeiten! O ihr Sitten!)
>Wiederholte Wendung Ciceros, so in *Catilinariae orationes* 1,1,2; *Actio secunda in Verrem* 4,25,56; *Pro rege Deiotaro* 11,31; *De domo sua* 53,137

Tertium non datur
(Ein Drittes wird nicht zugestanden)
>Dieser Satz vom ausgeschlossenen Dritten ist so aus der Antike nicht nachgewiesen. Allerdings heißt es in einer Sentenz (A6) des Publilius Syrus: »Aut amat aut odit mulier, nil est tertium.« (»Entweder liebt oder haßt eine Frau; ein Drittes gibt es nicht.«)

Icy se clost le **testament** / Et finist du povre Villon.
(Hier schließet nun das Testament / des armen Villon, ist am End.)
> François Villon: Le Testament. Darin: »Ballade de conclusion«

Das hat seine Richtigkeit, wem der **Teufel** ein Ei in die Wirtschaft gelegt hat, dem wird eine hübsche Tochter geboren . . .
> Friedrich Schiller: Kabale und Liebe II,4

Den **Teufel** durch Beelzebub austreiben
> Nach Mt 12,24 und Mt 12,27: »Wenn ich aber die bösen Geister durch Beelzebub austreibe, durch wen treiben eure Söhne sie aus?«; ebenso Lk 11,19

Den **Teufel** halte, wer ihn hält!
> Johann Wolfgang Goethe: Faust. Der Tragödie erster Teil. Studierzimmer [I]

Den **Teufel** spürt das Völkchen nie, / Und wenn er sie beim Kragen hätte.
> Johann Wolfgang Goethe: Faust. Der Tragödie erster Teil. Auerbachs Keller in Leipzig

Der **Teufel** ist los
> Nach der Fesselung des Satans heißt es in Offb 20,7: »Und wenn die tausend Jahre vollendet sind, wird der Satan losgelassen werden aus seinem Gefängnis.«

. . . der **Teufel** kann sich auf die Schrift berufen.
(The devil can cite Scripture for his purpose.)
> William Shakespeare: The Most Excellent Historie of the Merchant of Venice (Der Kaufmann von Venedig) I,3

Der **Teufel** und seine Großmutter
> Märchen aus der Sammlung *Kinder- und Hausmärchen*, gesammelt durch die Brüder Grimm

Du bist noch nicht der Mann, den **Teufel** festzuhalten!
> Johann Wolfgang Goethe: Faust. Der Tragödie erster Teil. Studierzimmer [I]

Ha! laß dich den **Teufel** bei Einem Haare fassen, und du bist sein auf ewig!
> Gotthold Ephraim Lessing: Emilia Galotti II,3

Ja, mich dünkt zuweilen, der **Teufel**, der Adel und die Jesuiten existieren nur so lange, als man an sie glaubt.

> Heinrich Heine: Reisebilder. 3. Teil. Darin: Reise von München nach Genua. Kap. IX

Und hätt er sich auch nicht dem **Teufel** übergeben, / Er müßte doch zugrunde gehn!

> Johann Wolfgang Goethe: Faust. Der Tragödie erster Teil. Studierzimmer [II]

Teutonisches Wüten
(Furor teutonicus)

> Nach Lucanus: Pharsalia (auch Bellum civile) 1,255 f., wo von »cursumque furoris / Teutonici« – dem »Lauf des teutonischen Wütens« – die Rede ist; vgl. auch »**fr**anzösisches Ungestüm«

Teutsche Hiebe!

> Friedrich Schiller: Die Verschwörung des Fiesco zu Genua V,4

Θάλαττα, θάλαττα – **Thalatta**, thalatta.
(Das Meer, das Meer!)

> Xenophon: Anabasis 4,7,24. – Ausruf der griechischen Söldner, die im Jahre 401 v. Chr. in der Schlacht bei Kunaxa gekämpft hatten, angesichts des Schwarzen Meeres und der Hoffnung auf Rückkehr nach Griechenland. – Den Ausruf zitierte Heinrich Heine mehrfach in seinem Gedicht »Meergruß« zu Beginn des 2. Zyklus seiner Sammlung *Die Nordsee*.

Der ungläubige **Thomas**

> Nach Joh 20,24–31; vgl.: »**Se**lig sind, die nicht sehen . . .«

Throne bersten, Reiche zittern *siehe* **No**rd

Es war ein König in **Thule** / Gar treu bis an das Grab, / Dem sterbend seine Buhle / Einen goldnen Becher gab.

> Johann Wolfgang Goethe: »Der König von Thule«. – Das Gedicht wird in *Faust. Der Tragödie erster Teil* auch von Gretchen in der Szene »Abend« gesungen.

Ultima **Thule**
(Das äußerste Thule)

> Vergil: Georgica 1,30. – Mit dieser sechs Tagesreisen nördlich von Britannien liegenden Insel bezeichnete Vergil den nördlichsten und äußersten Rand der Welt.

Das läßt **tief** blicken . . .
> Aus einer Rede des Abgeordneten Adolf Sabor vor dem Reichstag am 17. Dezember 1884. – Die Wendung wurde als »Das läßt tief blicken, sagt Sabor« zum geflügelten Wort.

Aus der blauen **Tiefe** ruft das Gestern: / Sind im Licht noch manche meiner Schwestern?
> Conrad Ferdinand Meyer: »Eingelegte Ruder«

Aus der **Tiefe** rufe ich, HERR, zu dir.
> Ps 130,1. – Oft auch in der lateinischen Fassung – »De profundis« – zitiert.

Aus der **Tiefe** steigen die Befreier der Menschheit; und wie die Quellen aus der Tiefe kommen, das Land fruchtbar zu machen, so wird der Acker der Menschheit ewig aus der Tiefe erfrischt.
> Wilhelm Raabe: Der Hungerpastor. 3. Band, Kap. 10

Die **Tiefe** muß man verstecken. Wo? An der Oberfläche.
> Hugo von Hofmannsthal: Buch der Freunde

Laß sie gehen! sind **Tiefenbacher**. / Gevatter Schneider und Handschuhmacher!
> Friedrich Schiller: Wallenstein. Wallensteins Lager. 10. Auftritt

Ja, wenn man's nicht ein bißchen **tiefer** wüßte.
> Johann Wolfgang Goethe: Faust. Der Tragödie erster Teil. Straße. – Mephistopheles antwortet damit auf Fausts Vorwurf: »Du bist und bleibst ein Lügner, ein Sophiste.«

Immer wenn man ein **Tier** genau betrachtet, hat man das Gefühl, ein Mensch, der drin sitzt, macht sich über einen lustig.
> Elias Canetti: Die Provinz des Menschen. Aufzeichnungen 1942–1972. Darin: 1942

Ein jedes **Tierchen** hat sein Pläsirchen
> Titel einer 1887 erschienenen Gedichtsammlung von Edwin Bormann

Time is money
(Zeit ist Geld)
> Benjamin Franklin: Advice to a young tradesman written anno 1748. – Dort wird als einer der Ratschläge formuliert: »Remember that time is money.«

The **times** they are a-changin'
(Die Zeiten ändern sich)
: Titel und Refrain eines 1963 veröffentlichten Liedes von Bob Dylan

Sieh da! Sieh da, **Timotheus**, / Die Kraniche des Ibykus!
: Friedrich Schiller: »Die Kraniche des Ibykus«

Ade, mein Land **Tirol**.
: Julius Mosen: »Sandwirt Hofer«

Ich merkt es wohl, vor **Tische** las mans anders.
: Friedrich Schiller: Wallenstein. Die Piccolomini IV,7

Einen **Titel** muß der Mensch haben. Ohne Titel ist er nackt und ein gar grauslicher Anblick.
: Kurt Tucholsky: Schnipsel

Als wäre der **Tod** eine Sache der Zeit.
: Max Frisch: Tagebuch 1946–1949 (Abschnitt »1947«)

Der dem **Tod** ins Angesicht schauen kann, / Der Soldat allein ist der freie Mann.
: Friedrich Schiller: Wallenstein. Wallensteins Lager. 11. Auftritt

. . . der **Tod** hebt alle Eide auf . . .
: Friedrich Schiller: Kabale und Liebe V,7

Der **Tod** im Topf
: Nach 2 Kön 4,40. – Dort heißt es über ein Essen: »O Mann Gottes, der Tod im Topf!«

. . . der **Tod** ist ein Meister aus Deutschland . . .
: Paul Celan: »Todesfuge«

Der **Tod** ist groß. / Wir sind die Seinen / lachenden Munds.
: Rainer Maria Rilke: »Schlußstück«

Der **Tod** ist kein Ereignis des Lebens. Den Tod erlebt man nicht.
: Ludwig Wittgenstein: Tractatus logico-philosophicus 6,4311

. . . Ein mächtiger Vermittler ist der **Tod**.
: Friedrich Schiller: Die Braut von Messina IV,9

Rasch tritt der **Tod** den Menschen an, / Es ist ihm keine Frist gegeben, / Er stürzt ihn mitten in der Bahn, / Es reißt ihn fort vom vollen Leben, / Bereitet oder nicht, zu gehen, / Er muß vor seinen Richter stehen!

Friedrich Schiller: Wilhelm Tell IV,3

Tod, wo ist dein Sieg? Tod, wo ist dein Stachel?

1 Kor 15,55

Wer den **Tod** fürchtet, hat das Leben verloren.

Johann Gottfried Seume: Apokryphen

Wo der **Tod** auf uns wartet, ist unbestimmt; wir wollen überall auf ihn gefaßt sein. Sich in Gedanken auf den Tod einrichten, heißt sich auf die Freiheit einrichten: wer zu sterben gelernt hat, den drückt kein Dienst mehr . . .

Michel de Montaigne: Essais I,19

Zeigt sich der **Tod** einst mit Verlaub / Und zupft mich: Brüderl, kumm! / Da stell ich mich im Anfang taub / Und schau mich gar nicht um. / Doch sagt er: Lieber Valentin! / Mach keine Umständ! Geh! / Da leg ich meinen Hobel hin / Und sag der Welt Adje.

Ferdinand Raimund: Der Verschwender III,6. – »Hobellied« des Valentin.

Einige leben vor ihrem **Tode**, andere nach ihrem Tode. Die meisten Menschen leben aber weder vor noch nach demselben; sie lassen sich gemächlich in die Welt herein- und aus der Welt hinaus vegetieren.

Johann Gottfried Seume: Apokryphen

Todsünde

Nach 5 Mose 22,26: ». . . denn sie hat keine Sünde getan, die des Todes wert ist.«

Die acht **Todsünden** der zivilisierten Menschheit

Titel einer Schrift des österreichischen Verhaltensforschers Konrad Lorenz, die 1973 erschien

Die **Töchter** des Landes

Nach 1 Mose 34,1: »Dina aber, Leas Tochter . . . ging aus, die Töchter des Landes zu sehen.« – Als Redensart wird diese Wendung jedoch aus der männlichen Perspektive gebraucht.

Ich hatte dich lieb, mein **Töchterlein**! / Und nun ich dich habe begraben, / Mach ich mir Vorwürf, ich hätte fein / Noch lieber dich können haben.
>Friedrich Rückert: Aus den »Kindertotenliedern«

O Freunde, nicht diese **Töne**, / sondern laßt uns angenehmere anstimmen, und freudenvollere.
>Ludwig van Beethoven: Rezitativ im letzten Satz seiner Neunten Symphonie von 1824

. . . denn / Furchtbar ist es, zu **töten**.
>Bertolt Brecht: Die Maßnahme 8

Doch jeder **tötet**, was er liebt . . .
(Yet each man kills the thing he loves . . .)
>Oscar Wilde: »The Ballad of Reading Gaol« (»Die Ballade vom Zuchthaus zu Reading«) VI

Tohuwabohu
>Hebräischer Ausdruck für ›wüst, leer‹ (1 Mose 1,2); vgl. »Und die **Er**de war wüst und leer«

Man kann in einem großen Land etwas anpflanzen, das wichtiger ist als Baumwolle – Toleranz!
>Tennessee Williams: Cat on a Hot Tin Roof (Die Katze auf dem heißen Blechdach). 2. Akt

Toleranz sollte eigentlich nur eine vorübergehende Gesinnung sein: sie muß zur Anerkennung führen. Dulden heißt beleidigen.
>Johann Wolfgang Goethe: Maximen und Reflexionen 875

Voraussetzung der **Toleranz** (sofern es sie geben kann) ist das Bewußtsein, das kaum erträgliche, daß unser Denken stets ein bedingtes ist.
>Max Frisch: Tagebuch 1946–1949 (Abschnitt »1947«)

. . . Herrlich ist's, zur rechten Zeit **toll** zu sein.
(. . . dulce est desipere in loco.)
>Horaz: Carmina 4,12,28

Sie wurden **toll** und immer toller, / Die Flaschen leer, die Köpfe voller.

August Heinrich Hoffmann von Fallersleben: »Die Patrioten«

Tolle, lege; tolle, lege.
(Nimm es, lies; nimm es, lies.)

Augustinus: Confessiones 8,12,29. – Diesen Ruf eines Kindes in einem Nachbargarten deutete Augustinus als Aufforderung, die Hl. Schrift aufzuschlagen und »die Stelle zu lesen, auf die zuerst ich träfe«. Die Lektüre des letzten Abschnitts des 13. Kapitels aus dem Brief des Paulus an die Römer leitete daraufhin seine religiöse Umkehr ein.

Ist dies schon **Tollheit**, hat es doch Methode.
(Though this be madness, yet there is method in't.)

William Shakespeare: The Tragicall Historie of Hamlet, Prince of Denmarke II,2

Tooth of time
(Zahn der Zeit)

William Shakespeare: Measure for Measure (Maß für Maß) V,1; vgl. auch »**Zahn** der Zeit«

Besser ein weiser **Tor**, als ein törichter Weiser.
(Better a witty fool than a foolish wit.)

William Shakespeare: Twelfth Night, or What You Will (Was ihr wollt) I,5

Da steh ich nun, ich armer **Tor**! / Und bin so klug als wie zuvor . . .

Johann Wolfgang Goethe: Faust. Der Tragödie erster Teil. Nacht

Der reine **Tor**

So die Bezeichnung Parsifals im 1. Aufzug von Richard Wagners gleichnamigen Bühnenweihfestspiel

Ein **Tor** ist immer willig, / Wenn eine Törin will.

Heinrich Heine: Buch der Lieder. Darin: »Die Heimkehr« 17

Was hör' ich draußen vor dem **Tor**, / Was auf der Brücke schallen?

Johann Wolfgang Goethe: Wilhelm Meisters Lehrjahre. 2. Buch, Kap. 11. – Das Gedicht wurde später auch unter dem Titel »Der Sänger« veröffentlicht.

Auf in den Kampf, **Torero**! / Stolz in der Brust, siegesbewußt.
(Toréador, en garde . . .)
>   Auftrittslied des Escamillo aus dem 2. Akt von Georges Bizets Oper *Carmen*. Den Text schrieben Henry Meilhac und Ludovic Halévy.

Es ist eine große **Torheit**, allein weise sein zu wollen.
(C'est une grande folie de vouloir être sage tout seul.)
>   La Rochefoucauld: Réflexions ou sentences et maximes morales 231 (1678)

Torheit, du regierst die Welt, und dein Sitz ist ein schöner weiblicher Mund!
>   Heinrich von Kleist: Michael Kohlhaas

»Für wenn ich **tot** bin?« – »Ja. Für wenn du tot bist.«
>   Uwe Johnson: Jahrestage 1. Darin: 7. Oktober 1967. – Aus einem Gespräch zwischen Gesine Cresspahl und ihrer Tochter Marie.

Tot sind alle Götter: nun wollen wir, daß der Übermensch lebe.
>   Friedrich Nietzsche: Also sprach Zarathustra. Darin: Von der schenkenden Tugend

Wollt ihr den **totalen** Krieg? Wollt ihr ihn, wenn nötig, totaler und radikaler, als wir ihn uns heute überhaupt noch vorstellen können?
>   Joseph Goebbels in einer Rede im Berliner Sportpalast am 18. Februar 1943

Tote Werke
>   Nach Hebr 6,1: ». . . wir wollen nicht abermals den Grund legen mit der Umkehr von den toten Werken, mit dem Glauben an Gott.« Vgl. Hebr 9,14.

Es mehren sich die **Toten** als Freundeskreis.
>   Max Frisch: Montauk. Darin: Sensible/Sensitive/Sensual

Folge du mir, und laß die **Toten** ihre Toten begraben!
>   Mt 8,22; vgl. auch Lk 9,60

Wir **Toten**, wir Toten sind größere Heere / Als ihr auf der Erde, als ihr auf dem Meere!
>   Conrad Ferdinand Meyer: »Chor der Toten«

Trachtet nach dem, was droben ist, nicht nach dem, was auf Erden ist.
   Kol 3,2

Die **Trägheit** des Herzens
   Untertitel des 1908 erschienenen Romans *Caspar Hauser* von Jakob Wassermann

Keinen Fehler gestehen wir lieber ein als **Trägheit** . . .
(De tous nous défauts, celui dont nous demeurons le plus aisément d'accord, c'est de la paresse . . .)
   La Rochefoucauld: Réflexions ou sentences et maximes morales 398 (1678)

Die **Träne** quillt, die Erde hat mich wieder!
   Johann Wolfgang Goethe: Faust. Der Tragödie erster Teil. Nacht

Was will die einsame **Träne**? / Sie trübt mir ja den Blick. / Sie blieb aus alten Zeiten / In meinem Auge zurück.
   Heinrich Heine: Buch der Lieder. Darin: »Die Heimkehr« 27

Daher jene **Tränen**!
(Hinc illae lacrumae!)
   Terenz: Andria 1,1,99

Die mit **Tränen** säen, / werden mit Freuden ernten.
   Ps 126,5

Teures Weib, gebiete deinen **Tränen** . . .
   Friedrich Schiller: »Hektors Abschied«

Tränen des Vaterlandes, anno 1636
   Titel eines Gedichtes von Andreas Gryphius

Und ihre **Tränen** fließen / wie's Bächlein auf den Wiesen.
   Heinrich Hoffmann: Der Struwwelpeter. Darin: Die gar traurige Geschichte mit dem Feuerzeug

Ich **träum'** als Kind mich zurücke, / Und schüttl'e mein greises Haupt . . .
   Adelbert von Chamisso: »Das Schloß Boncourt«

Wir **träumten** voneinander / Und sind davon erwacht, / Wir leben, um uns zu lieben, / Und sinken zurück in die Nacht.
>Friedrich Hebbel: »Ich und Du«

In der **Tragik** gerät der menschliche Geist, so tief er auch hinabsteigen mag, irgendeinmal auf Grund – im Humor niemals.
>Arthur Schnitzler: Buch der Sprüche und Bedenken. Darin: Werk und Widerhall 25

Alles **Tragische** beruht auf einem unausgleichbaren Gegensatz. So wie Ausgleichung eintritt, oder möglich, schwindet das Tragische.
>Johann Wolfgang Goethe zu Kanzler Friedrich von Müller am 6. Juni 1824

Du siehst, mit diesem **Trank** im Leibe, / Bald Helenen in jedem Weibe.
>Johann Wolfgang Goethe: Faust. Der Tragödie erster Teil. Hexenküche

O **Trank** der süßen Labe!
>Johann Wolfgang Goethe: Wilhelm Meisters Lehrjahre. 2. Buch, Kap. 11. – Das Gedicht wurde später auch unter dem Titel »Der Sänger« veröffentlicht.

Denn dem **trau** nie, der einmal Treue brach . . .
(For trust not him that hath once broken faith . . .)
>William Shakespeare: King Henry VI. 3. Teil, IV,5 (in der Schlegel-Tieckschen Übersetzung IV,4)

Traubenblut
>Als Bezeichnung für den Wein nach 5 Mose 32,14

Eines Schattens **Traum** ist der Mensch.
(σκιᾶς ὄναρ / ἄνθρωπος . – Skias onar / anthropos.)
>Pindar: Pythische Oden 8,135 f.

Einst hatt ich einen schönen **Traum**; / Da sah ich einen Apfelbaum, / Zwei schöne Äpfel glänzten dran; / Sie reizten mich, ich stieg hinan.
>Johann Wolfgang Goethe: Faust. Der Tragödie erster Teil. Walpurgisnacht. – Auf diesen Traum Fausts entgegnet Mephisto: »Einst hatt ich einen wüsten Traum; / Da sah ich einen gespaltnen Baum, / Der hatt ein ungeheures Loch; / So groß es war, gefiel mir's doch.«

Ich habe einen **Traum** *siehe* I have a **dr**eam

»Wann **treffen** wir drei wieder zusamm?« / »Um die siebente Stund, am Brückendamm.«
> Theodor Fontane: »Die Brücke am Tay« – Nach Shakespeare, *The Tragedie of Macbeth* I,1: »When shall we three meet again . . .?«

In jeder großen **Trennung** liegt ein Keim von Wahnsinn; man muß sich hüten, ihn nachdenklich auszubrüten und zu pflegen.
> Johann Wolfgang Goethe: Italienische Reise. Darin: Rom, den 22. März (1788); ebenso in den *Maximen und Reflexionen* (Nr. 998)

Treppenwitz der Weltgeschichte
> Titel eines 1882 veröffentlichten Buches von William Lewis Hertslet

Tres faciunt collegium
(Drei bilden ein Kollegium)
> *Corpus iuris civilis.* Darin: *Digesten* 85,50,16. – Die juristische Regel, die dort auf Neratius Priscus zurückgeführt wird, meint dann in einem z. B. auf den universitären Bereich übertragenen Sinn: »Drei Zuhörer bilden eine Zuhörerschaft.«

Der ist in tiefster Seele **treu**, / Wer die Heimat liebt wie du.
> Theodor Fontane: »Archibald Douglas«

Dies über alles: sei dir selber **treu**, / Und daraus folgt, so wie die Nacht dem Tage, / Du kannst nicht falsch sein gegen irgend wen.
(This above all – to thine own self be true, / And it must follow, as the night the day, / Thou canst not then be false to any man.)
> William Shakespeare: The Tragicall Historie of Hamlet, Prince of Denmarke I,3

Man hält nicht **Treu** und Glauben, man verwirft die Zeugen und achtet die Leute nicht.
> Jes 33,8

Sie hat mir **Treu** versprochen, / Gab mir ein'n Ring dabei, / Sie hat die Treu gebrochen, / Mein Ringlein sprang entzwei.
> Joseph Freiherr von Eichendorff: »Das zerbrochene Ringlein«

Üb immer **Treu** und Redlichkeit / Bis an dein kühles Grab / Und weiche keinen Finger breit / Von Gottes Wegen ab . . .
> Ludwig Christoph Heinrich Hölty: »Der alte Landmann an seinen Sohn«

... Und die **Treue**, sie ist doch kein leerer Wahn ...
: Friedrich Schiller: »Die Bürgschaft«

Treulich geführt ziehet dahin, / wo euch der Segen der Liebe bewahr'!
: Richard Wagner: Lohengrin III,1. – Beginn des Brautlieds.

So willst du **treulos** von mir scheiden / Mit deinen holden Phantasien, / Mit deinen Schmerzen, deinen Freuden, / Mit allen unerbittlich fliehn?
: Friedrich Schiller: »Die Ideale«

Fritz **Triddelfitz**
: Gestalt aus Fritz Reuters *Ut mine Stromtid*

Trink ihn aus, den Trank der Labe, / Und vergiß den großen Schmerz ...
: Friedrich Schiller: »Das Siegesfest«

Trinke, Liebchen, trinke schnell, / Trinken macht die Augen hell.
: Trinklied Alfreds aus der Operette *Die Fledermaus* von Johann Strauß (I,14). Den Text schrieben nach einem Lustspiel von Meilhac und Halévy Karl Haffner und Richard Genée.

Man spricht vom vielen **Trinken** stets, / Doch nie vom vielen Durste.
: Joseph Victor von Scheffel: »Die drei Dörfer« I und II. – Aus dem Zyklus *Die Lieder vom Rodenstein*

Nun heißt es **trinken** ...
(Nunc est bibendum ...)
: Horaz: Carmina 1,37,1. – Horaz benutzte hier die Worte des Alkaios nach dem Tode des Tyrannen Myrsilos von Mytilene: »Νῦν χρὴ μεθύσθην ... – Nyn chre methysthen ...«

Zu viel kann man wohl **trinken**, / Doch nie trinkt man genug.
: Gotthold Ephraim Lessing: »Antwort eines trunknen Dichters«

Trinkt, o Augen, was die Wimper hält, / Von dem goldnen Überfluß der Welt!
: Gottfried Keller: »Abendlied«

Ha, wie will ich **triumphieren**, / Wenn sie euch zum Richtplatz führen / Und die Hälse schnüren zu!

> Wolfgang Amadeus Mozart: Die Entführung aus dem Serail. 3. Aufzug, 5. Auftritt. Nr. 19. – Arie des Osmin. Libretto von Gottlieb Stephanie d. J. nach Christoph Friedrich Bretzner.

Nicht, aus Besorgnis **trivial** zu sein, paradox werden. Beide Extreme schaden unserm Ansehn.

> Baltasar Gracián: Oráculo manual y arte de prudencia (Hand-Orakel und Kunst der Weltklugheit) 143

Aber die Kinder Israels gingen **trocken** mitten durchs Meer, und das Wasser war ihnen eine Mauer zur Rechten und zur Linken.

> 2 Mose 14,29

Ich bin des **trocknen** Tons nun satt, / Muß wieder recht den Teufel spielen.

> Johann Wolfgang Goethe: Faust. Der Tragödie erster Teil. Studierzimmer [II]

Ich bin auf Seiten der **Trojaner**. Sie kämpften für eine Frau.
(I am on the side of the Trojans. They fought for a woman.)

> Oscar Wilde: The picture of Dorian Gray (Das Bildnis des Dorian Gray). Kap. 17

Trojaner sind wir gewesen ...
(Fuimus Troes ...)

> Vergil: Aeneis 2,325

Die **Trommeln** gerühret! / Das Pfeifchen gespielt!

> Johann Wolfgang Goethe: Egmont. 1. Aufzug. Bürgerhaus

Trommeln und Pfeifen, / Kriegrischer Klang!

> Friedrich Schiller: Wallenstein. Wallensteins Lager. 7. Auftritt

Den Stein höhlt der **Tropfen** durch Beharrlichkeit.
(πέτρην κοιλαίνει ῥανὶς ὕδατος ἐνδελεχείῃ. – petren koilainei rhanis hydatos endelecheie.)

> Ausspruch des Choirilos von Samos, der im Deutschen in der Form »Steter Tropfen höhlt den Stein« sprichwörtlich geworden ist. Auch in den *Epistulae ex Ponto* des Ovid (4,10,5): »Gutta cavat lapidem ...«

Komm, **Trost** der Welt, du stille Nacht!

> Joseph Freiherr von Eichendorff: »Der Einsiedler«

Wer möchte Leben ohne den **Trost** der Bäume?
> Günter Eich: »Ende eines Sommers«

Der **Trotz** ist die einzige Stärke des Schwachen – und eine Schwäche mehr.
> Arthur Schnitzler: Buch der Sprüche und Bedenken. Darin: Kleine Sprüche 27

Trotz alledem und alledem . . .
> Refrain aus Ferdinand Freiligraths Gedicht »Trotz alledem!«. – Diese Zeile ist eine Übersetzung des Verses »For a' that and a' that« aus dem Gedicht »Is there for honest poverty« von Robert Burns.

Oh, wie so **trügerisch** sind Weiberherzen . . .
(La donna é mobile qual piuma al vento . . .)
> Kanzone aus dem 3. Akt von Giuseppe Verdis Oper *Rigoletto*, zu der Francesco Maria Piave den Text verfaßte

Hier sieht man ihre **Trümmer** rauchen / Der Rest ist nicht mehr zu gebrauchen.
> Wilhelm Busch: Die fromme Helene. Kap. 16

Tu, was du nicht lassen kannst!
> Gotthold Ephraim Lessing: Emilia Galotti II,3

Tue das, wodurch du würdig wirst, glücklich zu sein.
> Immanuel Kant: Kritik der reinen Vernunft II,2,2

. . . Dem **Tüchtigen** ist diese Welt nicht stumm.
> Johann Wolfgang Goethe: Faust. Der Tragödie zweiter Teil. 5. Akt. Mitternacht

Die **Tücke** des Objekts
> Friedrich Theodor Vischer: Auch Einer. – Diese den Roman tragende Theorie von der T. d. O., die Albert Einhart entwickelt, wird von diesem zu Beginn anläßlich der Suche nach einem Schlüssel namentlich erwähnt: »Wer kann nun daran denken, wer auf die Vermutung kommen, wer so übermenschliche Vorsicht üben, solche Tücke des Objekts zu vermeiden!«

Die **Tugend** ist immer im Fortschreiten und hebt doch auch immer von vorne an.
> Immanuel Kant: Die Metaphysik der Sitten. 2. Teil. XVI. Zur Tugend wird Apathie (als Stärke betrachtet) notwendig vorausgesetzt. Anmerkung

Es muß was Schöns sein um die **Tugend**, Herr Hauptmann. Aber ich bin ein armer Kerl.
   Georg Büchner: Woyzeck (Szene »Der Hauptmann. Woyzeck«)

Jedwede **Tugend** / Ist fleckenfrei – bis auf den Augenblick / Der Probe.
   Friedrich Schiller: Don Karlos, Infant von Spanien IV,4

Man spricht selten von der **Tugend**, die man hat, aber desto öfter von der, die uns fehlt.
   Gotthold Ephraim Lessing: Minna von Barnhelm oder das Soldatenglück II,1

Und die **Tugend**, sie ist kein leerer Schall, / Der Mensch kann sie üben im Leben . . .
   Friedrich Schiller: »Die Worte des Glaubens«

Man wird am besten für seine **Tugenden** bestraft.
   Friedrich Nietzsche: Jenseits von Gut und Böse. 4. Hauptstück: Sprüche und Zwischenspiele. Nr. 132

Doch dies sollte man **tun** und jenes nicht lassen.
   Mt 23,23; Lk 11,42

Ich habe mich eifrig bemüht, das menschliche **Tun** weder zu verlachen noch zu beweinen, noch zu verabscheuen, sondern zu verstehen.
(. . . sedulo curavi, humanas actiones non ridere, non lugere, neque detestari, sed intelligere . . .)
   Baruch Spinoza: Tractatus politicus. Kap. 1, § 4

Tun, was recht und gut ist
   Nach Ez 33,14; 33,16; 33,19

Wohlauf, laßt uns eine Stadt und einen **Turm** bauen, dessen Spitze bis an den Himmel reiche . . .
   1 Mose 11,4. – Der Turmbau zu Babel.

Was du **tust**, das tue bald.
   Joh 13,27. – Jesus zu Judas.

U

Hinter dem **U** kömmt gleich das Weh, / Das ist die Ordnung im ABC.

    Friedrich Schiller: Wallenstein. Wallensteins Lager. 8. Auftritt

Ubi bene ibi patria
(Wo es einem gutgeht, da ist das Vaterland)

    Nach Cicero: Tusculanae disputationes 5,37,108. – Dort heißt es – vermutlich mit Bezug auf Pacuvius –: »Patria est, ubicumque est bene.« So auch schon Aristophanes: Plutos, V. 1151.

Jedwedes **Übel** ist ein Zwilling.

    Heinrich von Kleist: Der zerbrochne Krug. 10. Auftritt

So **überflüssig** wie er war niemand in der Welt.

    Joseph Roth: Die Flucht ohne Ende. Kap. 34. Schlußsatz des Romans. – Unmittelbar zuvor hatte es über Franz Tunda, die Hauptfigur des Romans, geheißen: »Er hatte keinen Beruf, keine Liebe, keine Lust, keine Hoffnung, keinen Ehrgeiz und nicht einmal Egoismus.«

Das **Überflüssige**, ein höchst notwendiges Ding.
(Le superflu, chose très nécessaire ...)

    Voltaire: »Le Mondain«. Vers 22

Nichts im **Übermaß**!
(Μηδὲν ἄγαν. – Meden agan.)

    Inschrift auf dem Apollotempel in Delphi, die Platon überliefert: Protagoras 343 f.; vgl. auch »**Erk**enne dich selbst!«

Der **Übermensch** ist ein verfrühtes Ideal, das den Menschen voraussetzt.

    Karl Kraus: Sprüche und Widersprüche

Ich lehre euch den **Übermenschen**. Der Mensch ist Etwas, das überwunden werden soll.
Friedrich Nietzsche: Also sprach Zarathustra. Vorrede 3

Welch ein erbärmlich Grauen / Faßt **Übermenschen** dich! Wo ist der Seele Ruf?
Johann Wolfgang Goethe: Faust. Der Tragödie erster Teil. Nacht

Nie **übertreiben**. Es sei ein wichtiger Gegenstand unsrer Aufmerksamkeit, nicht in Superlativen zu reden . . .
Baltasar Gracián: Oráculo manual y arte de prudencia (Hand-Orakel und Kunst der Weltklugheit) 41

Übertünchte Gräber
Nach Mt 23,27: ». . . ihr Heuchler, die ihr seid wie die übertünchten Gräber, die von außen hübsch aussehen, aber innen sind sie voller Totengebeine und lauter Unrat!«

Überzeugen ist unfruchtbar.
Walter Benjamin: Einbahnstraße. Darin: Für Männer

Die **Überzeugung** ist das Gewissen des Verstandes.
(La conviction est la conscience de l'esprit.)
Nicolas Chamfort: Produits de la Civilisation perfectionnée. Darin: Maximes et Pensées, Caractères et Anecdotes

Wer eine **Überzeugung** hat, wird mit allem fertig. Überzeugungen sind der beste Schutz vor dem Lebendig-Wahren.
Max Frisch: Tagebuch 1946–1949 (Abschnitt »1948«)

Seh' ich weg von dem Fleck, ist der **Überzieher** weg.
Otto Reutter: »Der Überzieher«. – Im Verlauf des Couplets dann auch der Refrain »Geh' ich weg von dem Fleck . . .«.

Was Menschen **Übles** tun, das überlebt sie, / Das Gute wird mit ihnen oft begraben.
(The evil that men do lives after them; / The good is oft interred with their bones.)
William Shakespeare: The Tragedie of Iulius Caesar III,2

Früh **übt** sich, was ein Meister werden will.
Friedrich Schiller: Wilhelm Tell III,1

Jenseits dem **Ufer** gibts ein besser Land, / Gefilde voller Lust erwarten euch!

Ewald Christian von Kleist: »Der gelähmte Kranich«

Deine **Uhr** ist abgelaufen *siehe* Mach deine **Re**chnung

Die **Uhr** schlägt. Alle.

Stanislaw Jerzy Lec: Unfrisierte Gedanken

Die **Uhr** schlägt keinem Glücklichen.

Friedrich Schiller: Wallenstein. Die Piccolomini III,3

Uhu! Schuhu! tönt es näher . . .

Johann Wolfgang Goethe: Faust. Der Tragödie erster Teil. Walpurgisnacht

Von **Ulm** nach Metz, von Metz nach Mähren! / Mutter Courage ist dabei! / Der Krieg wird seinen Mann ernähren / Er braucht nur Pulver zu und Blei.

Mutter Courage und ihre Kinder 8

Ultima ratio regum
(Das letzte Wort der Könige)

Inschrift, mit der Kardinal Richelieu während seiner Amtszeit (1624–42) die Kanonen der Armee versehen ließ. – Am 17. August 1796 mißbilligte die französische Nationalversammlung diesen Brauch. Seit 1742 stand »ultima ratio regis« dann auch auf den preußischen Geschützen. Die Wendung »ultima razon de reyes son la pólvora y las balas« (»Pulver und Kugeln sind die letzten Gründe des Königs«) auch im 2. Akt von Calderons 1644 erschienenen Schauspiel *En esta vida todo es verdad y todo mentira*.

Ultra posse nemo obligatur
(Über sein Können hinaus wird niemand verpflichtet)

Meist in dieser Form zitierte Umwandlung eines Satzes aus dem *Corpus iuris civilis*, wo es in den *Digesten* 50,17,185 heißt: »Impossibilium nulla obligatio est.« (»Zu Unmöglichem gibt es keine Verpflichtung.«)

In dieser / **Umarmung** heilt mein krankes Herz.

Friedrich Schiller: Don Karlos, Infant von Spanien I,2

Was mich nicht **umbringt**, macht mich stärker.

Friedrich Nietzsche: Götzen-Dämmerung 8

Schlechter **Umgang** verdirbt gute Sitten *siehe* Laßt euch nicht **ver**führen

Wenn ihr nicht **umkehrt** und werdet wie die Kinder, so werdet ihr nicht ins Himmelreich kommen.
Mt 18,3

Seid **umschlungen**, Millionen! / Diesen Kuß der ganzen Welt!
Friedrich Schiller: »An die Freude«

Dreimal **umziehen** ist so gut wie einmal abbrennen.
(. . . Three removes are as bad as a fire . . .)
Benjamin Franklin: The way to wealth

Unablässig, unaufhaltsam, / Allgewaltig naht die Zeit.
Adelbert von Chamisso: »Der alte Sänger«

Das **Unbehagen** in der Kultur
Titel einer gesellschaftstheoretischen Schrift von Sigmund Freud, die 1930 erschien

Wer sich viel über **Undankbarkeit** beschwert, ist ein Taugenichts, der niemals aus Menschlichkeit, sondern aus Eigennutz andern gedienet hat.
Ewald Christian von Kleist: Gedanken über verschiedene Vorwürfe

Sprichwörtlich heißt es: »Kein Mensch ist **unersetzlich**«. – Aber die wenigen, die es eben doch sind, sind groß.
Jakob Burckhardt: Weltgeschichtliche Betrachtungen. Kap. 5

Die **Unfähigkeit** zu trauern
Titel einer Studie von Margarete und Alexander Mitscherlich, deren Untertitel *Grundlagen des kollektiven Verhaltens* lautet; erschienen 1967

. . . **unfaßbar** ist der Mensch, den man liebt –
Max Frisch: Tagebuch 1946–1949 (Abschnitt: »1946«)

An allem **Unfug**, der passiert, sind nicht etwa nur die schuld, die ihn tun, sondern auch die, die ihn nicht verhindern.
Erich Kästner: Das fliegende Klassenzimmer. Kap. 7

Nichts taugt **Ungeduld**, / Noch weniger Reue: / Jene vermehrt die Schuld, / Diese schafft neue.
>Johann Wolfgang Goethe: Aus »Sprichwörtlich«

Viel **Ungeheures** ist, doch nichts so Ungeheures wie der Mensch. (Πολλὰ τὰ δεινὰ κοὐδὲν ἀνθρώπου δεινότερον πέλει. – Polla ta deina k'uden anthropu deinoteron pelei.)
>Sophokles: Antigone 332

Ungerechtigkeit muß sein; sonst kommt man zu keinem Ende.
>Karl Kraus: Pro domo et mundo

Ungeschriebenes Gesetz
(Ἄγραφος νόμος – Agraphos nomos)
>Dieser Begriff zuerst bei Andokides: Rede über die Mysterien 85 f.

... aber **ungestraft** läßt er niemand, sondern sucht die Missetat der Väter heim an Kindern und Kindeskindern bis ins dritte und vierte Glied!
>2 Mose 34,7

Ungleich verteilt sind des Lebens Güter / Unter der Menschen flüchtgem Geschlecht ...
>Friedrich Schiller: Die Braut von Messina I,4

Dir war das **Unglück** eine strenge Schule.
>Friedrich Schiller: Maria Stuart II,3

Vom **Unglück** erst / Zieh ab die Schuld; / Was übrig ist, / Trag in Geduld!
>Theodor Storm: »Sprüche«

Weiche dem **Unglück** nicht, sondern geh ihm noch mutiger entgegen ...
(Tu ne cede malis, sed contra audentior ito ...)
>Vergil: Aeneis 6,95

Wer **unglücklich** ist, der verdient es zu sein.
>Ludwig Börne: Aphorismen (1808–1810)

Die **Unglücklichen** ketten sich so gern aneinander.
: Gotthold Ephraim Lessing: Emilia Galotti IV,7

Es gibt keine unbiegsamere und härtere Menschen, als die immer mit Betrachtung ihres **Unglücks** beschäftigt sind.
: Ewald Christian von Kleist: Gedanken über verschiedene Vorwürfe

Glücklicherweise kann der Mensch nur einen gewissen Grad des **Unglücks** fassen; was drüber hinausgeht, vernichtet ihn oder läßt ihn gleichgültig.
: Johann Wolfgang Goethe: Die Wahlverwandtschaften. 2. Teil, Kap. 4

Unheil, du bist im Zuge: / Nimm, welchen Lauf du willst! (Mischief, thou art afoot. / Take thou what course thou wilt.)
: William Shakespeare: The Tragedie of Iulius Caesar III,2

Jede **Uniform** verdirbt den Charakter.
: Max Frisch: Tagebücher 1946–1949 (Abschnitt »1948«)

Uniform passée, Liebchen sagt: Adieu! / Schöne Welt, du gingst in Fransen!
: »Schöner Gigolo, armer Gigolo«. Den Text zu diesem Lied schrieb Julius Brammer, die Musik Leonello Casucci.

Keine **Universalgeschichte** führt vom Wilden zur Humanität, sehr wohl eine von der Steinschleuder zur Megabombe.
: Theodor W. Adorno: Negative Dialektik. Dritter Teil. Darin: II. Weltgeist und Naturgeschichte. Exkurs zu Hegel

Gebt uns die **Universalität** des Menschen zurück!
: Antoine de Saint-Exupéry: Carnets. Darin: Moral und Politik

Das Lied war zu vergleichen / Dem **Unkenruf** in Teichen.
: Gottfried August Bürger: »Lenore«

Die **Unklarheit** ist das Reich des Irrtums.
(L'obscurité est le royaume de l'erreur.)
: Marquis de Vauvenargues: Réflexions et maximes

Unkraut zwischen den Weizen säen
: Nach Mt 13,25: »Als aber die Leute schliefen, kam sein Feind und säte Unkraut zwischen den Weizen und ging davon.«

Wer **Unkraut** sät, drischt kein Getreide . . .
(Sowed cockle reaped no corn . . .)
>William Shakespeare: A Pleasant Conceited Comedie Called, Loves Labors Lost (Verlorene Liebesmüh') IV,3

Sobald das **Unmenschliche** sich manifestiert, wird es Teil des Menschlichen.
>Jean-Paul Sartre: Zum Tode von Albert Camus am 4. Januar 1960

Der Mensch hat, fürchte ich, von der Natur selbst etwas wie einen Instinkt zur **Unmenschlichkeit** mitbekommen . . .
>Michel de Montaigne: Essais II,11

Man muß das **Unmögliche** so lange anschauen, bis es eine leichte Angelegenheit ist.
>Carl Einstein: Bebuquin oder Die Dilettanten des Wunders. Kap. 6

Den lieb' ich, der **Unmögliches** begehrt.
>Johann Wolfgang Goethe: Faust. Der Tragödie zweiter Teil. 2. Akt. Am untern Peneios

Ein **unnütz** Leben ist ein früher Tod. / Dies Frauenschicksal ist vor allen meins.
>Johann Wolfgang Goethe: Iphigenie auf Tauris I,2

Denn **Unrecht** leiden schmeichelt großen Seelen.
>Friedrich Schiller: Don Karlos, Infant von Spanien II,15

Merke: Man ist nie geneigter, **unrecht** zu tun, als wenn man unrecht hat. Recht ist gut beweisen.
>Johann Peter Hebel: Der Vater und der Sohn

. . . und es ist besser, **Unrecht** leiden, als Unrecht tun.
>Gotthold Ephraim Lessing: Zeus und das Schaf

Unrecht Gut gedeiht nicht
>Nach Spr 10,2: »Unrecht Gut hilft nicht; aber Gerechtigkeit errettet vom Tode.« So dann auch in den *Philippicae orationes* des Cicero, der mit Bezug auf Naevius in 2,27,65 schreibt: »Male partum male dilabuntur.« Ebenso im *Poenulus* des Plautus: »Male partum male disperit« (4,2,22).

Verfolgt das **Unrecht** nicht zu sehr, in Bälde / Erfriert es schon von selbst, denn es ist kalt. / Bedenkt das Dunkel und die große Kälte / In diesem Tale, das von Jammer schallt.
> Bertolt Brecht: Die Dreigroschenoper III,9: Kerker. Darin: »3. Dreigroschen-Finale«

Er hat einen **unreinen** Geist.
> Mk 3,30

Unruhig ist die Welt, unruhig ist das Herz, / Und eins das andre setzt in Unruh' allerwärts.
> Friedrich Rückert: Die Weisheit des Brahmanen. Zwölfte Stufe. Frieden

Die **Unschuld** hat im Himmel einen Freund!
> Friedrich Schiller: Wilhelm Tell I,2

Seine Hände in **Unschuld** waschen
> Nach Ps 26,6: »Ich wasche meine Hände in Unschuld / und halte mich, HERR, zu deinem Altar.« Vgl. Ps 73,13. – Der Vorgang wird schon in 5 Mose 21,6–9 beschrieben, die diesbezügliche Äußerung des Pontius Pilatus findet sich bei Mt 27,24.

Spiel ich die **Unschuld** vom Lande, / Natürlich im kurzen Gewande ...
> Couplet der Adele aus dem 3. Aufzug (4. Auftritt) der Operette *Die Fledermaus* von Johann Strauß. Den Text schrieben nach einem Lustspiel von Meilhac und Halévy Karl Haffner und Richard Genée.

Ich ... bin der Überzeugung, daß es keinen **Unsinn** gibt, den eine Regierung ihren Untertanen nicht einreden könnte.
> Bertrand Russell: Unpopuläre Betrachtungen. VII

Unsinn, du siegst und ich muß untergehn!
> Friedrich Schiller: Die Jungfrau von Orleans III,6

Was soll der **Unsinn**?
> Häufige Wendung in den Briefen des späten Theodor Fontane, erstmals am 3. August 1889 an Moritz Lazarus

Die **Unsterblichkeit** ist das einzige, was keinen Aufschub verträgt.
> Karl Kraus: Sprüche und Widersprüche

Dreiundzwanzig Jahre, / Und nichts für die **Unsterblichkeit** getan!

> Friedrich Schiller: Don Karlos, Infant von Spanien II,2. – In I,9 hatte Don Karlos gesagt: »Ich bin / Noch rein, ein dreiundzwanzigjähr'ger Jüngling.«

Für die, welche an keine **Unsterblichkeit** glauben, gibt es auch keine.

> Ludwig Börne: Aphorismen

Nun, o **Unsterblichkeit**, bist du ganz mein! / Du strahlst mir, durch die Binde meiner Augen, / Mit Glanz der tausendfachen Sonne zu!

> Heinrich von Kleist: Prinz Friedrich von Homburg V,10. – Kleist bezog sich mit diesen Zeilen auf Friedrich Gottlieb Klopstocks Ode »An Fanny«. Dort heißt es in der vorletzten Strophe: »Dann, o Unsterblichkeit, / Gehörst du ganz uns!«

... **Unstet** treiben die Gedanken / Auf dem Meer der Leidenschaft.

> Friedrich Schiller: »Würde der Frauen«

Jede **Untat** / Trägt ihren eignen Rache-Engel schon, / Die böse Hoffnung, unter ihrem Herzen.

> Friedrich Schiller: Wallenstein. Wallensteins Tod I,7

Da **unten** aber ists fürchterlich, / Und der Mensch versuche die Götter nicht ...

> Friedrich Schiller: »Der Taucher«

Der **Untergang** des Abendlandes

> Titel eines kulturphilosophischen Werkes von Oswald Spengler, das von 1918 bis 1922 mit dem Untertitel *Umrisse einer Morphologie der Weltgeschichte* erschien

Die Lust am **Untergang**

> Titel einer 1954 erschienenen Schrift von Friedrich Sieburg, mit dem Untertitel *Selbstgespräche auf Bundesebene*

»Dies alles ist mir **untertänig**«, / Begann er zu Ägyptens König, / »Gestehe, daß ich glücklich bin.«

> Friedrich Schiller: »Der Ring des Polykrates«

Dieses geht mich gar nichts an, / Denn ich bin ein **Untertan**.
   Wiederkehrende Zeile in Gottfried Kinkels Gedicht »Des Untertanen Glaubensbekenntnis«

Wenn alle **untreu** werden, / So bleib' ich dir doch treu; / Daß Dankbarkeit auf Erden / Nicht ausgestorben sei.
   Novalis: »Geistliche Lieder« VI

Untröstlich ist's noch allerwärts, / Doch sah ich manches Auge flammen, / Und klopfen hört' ich manches Herz.
   Ludwig Uhland: »Vaterländische Gedichte. Am 18. Oktober 1816«

... Das **Unvermeidliche** mit Würde tragen ...
   Karl Streckfuß: »Im Glück nicht stolz sein und im Leid nicht zagen ...«

»**Unverständlich** sind uns die Jungen« / Wird von den Alten beständig gesungen; / Meinerseits möcht ich's damit halten: / »Unverständlich sind mir die Alten.«
   Theodor Fontane: »Die Alten und die Jungen«

Unvorbereitet wie ich bin
   Die Wendung geht auf den Hallenser Baurat Matthias zurück, von dem überliefert wird, daß er 1834 während eines Festessens eine Rede mit diesen mehrfach wiederholten Worten begann, um dann ein fertig ausgearbeitetes Manuskript aus der Tasche zu ziehen; die Wendung ist auch in der Form »unvorbereitet wie ich mich habe« zum geflügelten Wort geworden.

Up ewig ungedeelt
   Der Wahlspruch der Schleswig-Holsteiner leitet sich von der Handfeste Christians I. von Dänemark her, die dieser nach seiner Wahl am 2. März 1460 zum Herzog von Schleswig und Grafen von Holstein und Stomarn am 5. März ausstellte; dort heißt es: »... unde dat se bliven ewich tosamende ungedeld.«

Urahne, Großmutter, Mutter und Kind / In dumpfer Stube beisammen sind ...
   Gustav Schwab: »Das Gewitter«

Ab **urbe** condita
(Seit Gründung der Stadt)

Gemeint ist Rom. Nach der römischen Zeitrechnung wurde Rom in den Jahren 751/750 v. Chr. gegründet. Die jüngere Zählung, die im 1. Jahrhundert v. Chr. üblich wurde, setzt 753 v. Chr. als Datum. Livius gab seinem um die Jahrtausendwende entstandenen monumentalen Geschichtswerk, das 142 Bücher umfaßte, den Namen *Ab urbe condita*.

Uriasbrief

Nach 2 Sam 11,14 f. ein Brief, der dem Überbringer Unglück und Unheil bringt

Dein **Urteil** kann sich irren, nicht mein Herz.

Friedrich Schiller: Wallenstein. Die Piccolomini V,1

Ein **Urteil** läßt sich widerlegen, aber niemals ein Vorurteil.

Marie von Ebner-Eschenbach: Aphorismen

In **usum** Delphini
(Zum Gebrauch des Dauphin)

Zusatz für die von allen ›anstößigen‹ Stellen gereinigten Klassikerausgaben, die dem Dauphin – dem Thronfolger Ludwigs XIV. – zur Verfügung gestellt wurden. – Diese ›Reinigung‹ nahmen im Auftrag des Herzogs von Montausier Jacques Bénigne Bossuet und Pierre Daniel Huet vor. Heute wird dieses Prädikat zumeist ironisch gebraucht.

Eine **Utopie** ist aber kein Ziel, sondern eine Richtung.

Robert Musil: Aus den Studienblättern und Notizen zu seinem Roman *Der Mann ohne Eigenschaften*

Utopie

Als Bezeichnung für eine noch nicht erfüllte Wunschvorstellung aus der 1516 veröffentlichten Schrift *De optimo rei publicae statu deque nova insula Utopia* (Über den besten Zustand des Staates und über die neue Insel Utopia) des Thomas Morus abgeleitet. – In der wörtlichen Übersetzung bedeutet Utopia ›Nicht-Ort‹.

V

Ja, **Vadder**, dat's sihr argerlich! / Indessen doch . . . denn helpt dat nich!

Fritz Reuter: Ut mine Stromtid. Aus dem einleitenden Gedicht »An mine leiwen Landslüd', de Landlüd' in Meckelnborg un Pommern«

Vademecum
(Gehe mit mir)

Titel eines 1625 erschienenen Buches von Johannes Peter Lotichius: Vade mecum sive epigrammatum novorum centuriae duae (Vademecum oder Zwei Hunderte neuer Epigramme). – Im Sinne eines »Begleitbuchs für's Leben« sprichwörtlich geworden. Im Französischen läßt sich das Wort schon früher, nämlich in François Rabelais' *Gargantua et Pantagruel* (2,28) nachweisen (». . . car il s'appelait son vademecum«).

Vae Victis!
(Wehe den Besiegten!)

Ausspruch des gallischen Heerführers Brennus bei der Einnahme Roms, von Livius in *Ab urbe condita* 5,48, überliefert

Es gibt keine guten **Väter**, das ist die Regel; die Schuld daran soll man nicht den Menschen geben, sondern dem Band der Vaterschaft, das faul ist.

Jean-Paul Sartre: Die Wörter. Darin: Lesen

Unsre **Väter** sind gesessen / Auch vor vollen Gläsern hier; / Unsre Väter sind vergessen, / Und vergessen werden wir.

August Heinrich Hoffmann von Fallersleben: »Unsere Väter sind gesessen«

Wohl dem, der seiner **Väter** gern gedenkt . . .

Johann Wolfgang Goethe: Iphigenie auf Tauris I,3

He **Väterchen** Franz, / versoffner Chronist, / he, Väterchen Franz, / sag du, wie es ist.

Franz Josef Degenhardt: »Väterchen Franz«

Als auch alle, die zu der Zeit gelebt hatten, zu den **Vätern** versammelt waren . . .

> Richt 2,10; vgl. 2 Kön 22,20

Die **Vagabunden** sind das Salz der Erde . . .

> Friedrich Spielhagen: Problematische Naturen. 2. Band, Kap. 8

Variatio delectat.
(Abwechslung erfreut.)

> Eigentlich »varietas delectat«, so in der *Rhetorik an Herennius* (3,12,22), deren Verfasser nicht bekannt ist, ebenso in den Fabeln des Phaedrus (2, Einleitung 10) oder in Ciceros *De natura deorum* (1,9,22). – Ihren Ursprung hat diese Redewendung im 234. Vers aus dem *Orestes* des Euripides: »Stets erfreut Veränderung« (μεταβολὴ πάντων γλυκύ. – metabole panton glyky.).

Varus, gib mir meine Legionen wieder!
(Quinctili Vare, legiones redde!)

> Von Sueton überlieferter Ausruf des Kaisers Augustus nach der verlorenen Schlacht im Teutoburger Wald 9 n. Chr. (*Augustus* 23)

. . . das ist ein weiser **Vater**, der sein eignes Kind kennt.
(It is a wise father that knows his own child.)

> William Shakespeare: The Most Excellent Historie of the Merchant of Venice (Der Kaufmann von Venedig) II,2

Mein **Vater** war ein dunkler Ehrenmann, / Der über die Natur und ihre heil'gen Kreise, / In Redlichkeit, jedoch auf seine Weise, / Mit grillenhafter Mühe sann . . .

> Johann Wolfgang Goethe: Faust. Der Tragödie erster Teil. Vor dem Tor

Unser **Vater** im Himmel! Dein Name werde geheiligt. Dein Reich komme. Dein Wille geschehe wie im Himmel so auf Erden. Unser tägliches Brot gib uns heute. Und vergib uns unsere Schuld, wie auch wir vergeben unsern Schuldigern. Und führe uns nicht in Versuchung, sondern erlöse uns von dem Bösen. Denn dein ist das Reich und die Kraft und die Herrlichkeit in Ewigkeit. Amen.

> Mt 6,9–13 (vgl. Lk 11,2–4). – Gebet Jesu aus der Bergpredigt.

Vater der Armen

> Ijob 29,16: »Ich war ein Vater der Armen . . .«

Vater werden ist nicht schwer, / Vater sein dagegen sehr. –
   Wilhelm Busch: Julchen. Vorbemerkung

Vom **Vater** hab' ich die Statur, / Des Lebens ernstes Führen, / Vom Mütterchen die Frohnatur / Und Lust zu fabulieren.
   Johann Wolfgang Goethe: »Zahme Xenien VI«

Achte jedes Mannes **Vaterland**, aber das deinige liebe!
   Gottfried Keller: Das Fähnlein der sieben Aufrechten

Ans **Vaterland**, ans teure, schließ dich an, / Das halte fest mit deinem ganzen Herzen.
   Friedrich Schiller: Wilhelm Tell II,1

Beglückend und ehrenvoll ist es, für das **Vaterland** zu sterben. (Dulce et decorum est pro patria mori . . .)
   Horaz: Carmina 3,2,13

Gut und Blut fürs **Vaterland**! Aber die Nerven?
   Karl Kraus: Sprüche und Widersprüche

Ich habe nur ein **Vaterland**, das heißt Deutschland.
   Freiherr vom Stein in einem Brief an Graf Münster am 1. Dezember 1812

Ich hatte einst ein schönes **Vaterland**. / Der Eichenbaum / Wuchs dort so hoch, die Veilchen nickten sanft. / Es war ein Traum.
   Heinrich Heine: Neue Gedichte. Darin: »In der Fremde« 3

Kann uns zum **Vaterland** die Fremde werden?
   Johann Wolfgang Goethe: Iphigenie auf Tauris I,2

Lieb **Vaterland**, magst ruhig sein, / Fest steht und treu die Wacht am Rhein.
   Max Schneckenburger: »Die Wacht am Rhein«; das Gedicht wurde von Karl Wilhelm vertont. – Die Zeile »Lieb Vaterland magst ruhig sein« benutzte Johannes Mario Simmel als Titel eines Romans, den er 1965 veröffentlichte.

474 Vaterland – Vatikan

Man hat gesagt und wiederholt: »Wo mir's wohl geht, ist mein **Vaterland**!« Doch wäre dieser tröstliche Spruch noch besser ausgedrückt, wenn es hieße: »Wo ich nütze, ist mein Vaterland!«

    Johann Wolfgang Goethe: Wilhelm Meisters Wanderjahre oder Die Entsagenden. 2. Fassung 1829. 3. Buch, Kap. 9

Sei mir zum letztenmal gegrüßt / Mein **Vaterland**, das, feige dumm, / Die Ferse dem Despoten küßt / Und seinem Wink gehorchet stumm.

    Nikolaus Lenau: »Abschied. Lied eines Auswandernden«

Süß ist der Name **Vaterland**, / Wo Einigkeit mit festem Band / Die Bürgerherzen kettet ...

    Johann Martin Miller: »Der Patriot an sein Vaterland«

Wenn es dem **Vaterland** gut geht, geht es jedem seiner Kinder gut. Gehts ihm schlecht, geht es zwar nicht allen seinen Kindern schlecht, aber auf die paar Ausnahmen kommts auch nicht an im Angesicht des lebendigen Volkskörpers.

    Ödön von Horváth: Ein Kind unserer Zeit. Darin: Der Vater aller Dinge

Wer sein **Vaterland** nicht kennt, hat keinen Maßstab für fremde Länder.

    Johann Wolfgang Goethe: Wilhelm Meisters Lehrjahre. 8. Buch, Kap. 7

Ich bleib in meinem **Vaterlande**, / Sein Los soll auch das meine sein, / Sein Leid und seine Schmach und Schande / So wie sein Ruhm und Glück ist mein.

    August Heinrich Hoffmann von Fallersleben: »Ich bleib in meinem Vaterlande«

Die Suche nach der **Vaterschaft** ist verboten.
(La recherche de la paternité est interdite.)

    Artikel 340 des *Code Napoléon* vom 21. März 1804

Die **Vaterstadt**, wie find ich sie doch? / Folgend den Bomberschwärmen / Komm ich nach Haus.

    Bertolt Brecht: »Die Rückkehr«

Denn welcher Kluge fänd' im **Vatikan** / Nicht seinen Meister?

    Johann Wolfgang Goethe: Torquato Tasso I,4

Veni, vidi, vici
(Ich kam, sah, siegte)

> Von Sueton (*Caesar* 37,2) und anderen überlieferte Worte des Caesar, mit denen er seinen Sieg über König Phernakes II. von Bosporos am 2. August 47 v. Chr. mitteilte

Frau **Venus**, meine schöne Frau, / Von süßem Wein und Küssen / Ist meine Seele geworden krank; / Ich schmachte nach Bitternissen.

> Heinrich Heine: »Der Tannhäuser« 1

Und wenn wir sagen, daß der Mensch für sich selber **verantwortlich** ist, so wollen wir nicht sagen, daß der Mensch gerade eben nur für seine Individualität verantwortlich ist, sondern daß er verantwortlich ist für alle Menschen.

> Jean-Paul Sartre: L'existentialisme est un Humanisme (Ist der Existentialismus ein Humanismus?). Darin: Der Mensch ist voll und ganz verantwortlich

Was nicht **verboten** ist, ist erlaubt . . .

> Friedrich Schiller: Wallenstein. Wallensteins Lager. 6. Auftritt

Immer streben wir nach dem **Verbotenen** und begehren das Versagte.
(Nitimur in vetitum semper cupimusque negata.)

> Ovid: Amores 3,4,17

Das ist mehr als ein **Verbrechen**, das ist ein Fehler.
(C'est plus qu'un crime, c'est une faute.)

> Der Ausspruch, dessen Anlaß die Hinrichtung des Herzogs d'Enghien am 20./21. März 1804 durch Napoleon I. bildete, wird meist dem Polizeiminister Joseph Fouché zugeschrieben, andere Quellen nennen den Herzog von Talleyrand oder Antoine Boulay de la Meurthe.

Jedes **Verbrechen** hat zwei Grundlagen: die biologische Veranlagung eines Menschen und das soziale Milieu, in dem er lebt.

> Kurt Tucholsky: Schnipsel

Wenn es ein **Verbrechen** ist, sie zu lieben . . .
(Si c'est un crime de l'aimer . . .)

> Anfangsvers eines Gedichtes von Jean de Lingendes. – Anschließend heißt es: »On n'en doit justement blâmer / Que les beautés qui sont en elle.« (»So darf man gerechterweise nur ihre Schönheit anklagen.«)

Am Tag der **Verbrennung** meiner Bücher in Deutschland.
>Ernst Toller: Eine Jugend in Deutschland. – Letzter Satz und Unterschrift des Vorworts (Blick 1933).

. . . und nun, **Verderben**, gehe deinen Gang.
>Friedrich Schiller: Die Verschwörung des Fiesco zu Genua V,1

Behandelt jeden Menschen nach seinem **Verdienst**, und wer ist vor Schlägen sicher?
(Use every man after his desert, and who should scape whipping?)
>William Shakespeare: The Tragicall Historie of Hamlet, Prince of Denmarke II,2

Wie sich **Verdienst** und Glück verketten, / Das fällt den Toren niemals ein; / Wenn sie den Stein der Weisen hätten, / Der Weise mangelte dem Stein.
>Johann Wolfgang Goethe: Faust. Der Tragödie zweiter Teil. 1. Akt. Kaiserliche Pfalz

Ich will keinem **Verein** angehören, der mich als Mitglied aufnehmen würde.
(I don't want to belong to any club that will accept me as a member.)
>So Groucho Marx in einem Telegramm an den Friar's Club in Hollywood, das er mit den Worten »Please accept my resignation« eingeleitet hatte. – In zahlreichen ähnlich formulierten Versionen entfaltete dieser Satz ein reges Eigenleben.

Wenn jemand den Herrn nicht liebhat, der sei **verflucht**.
>1 Kor 16,22. – Der 2. Teil des Satzes wird oft in der lateinischen Fassung – »Anathema sit« – zitiert.

Verfolgung der Andersdenkenden ist überall das Monopol der Geistlichkeit . . .
>Heinrich Heine: Reisebilder. 4. Teil. Englische Fragmente. Kap. IX

Laßt euch nicht **verführen** / Es gibt keine Wiederkehr. / Der Tag steht vor den Türen / Ihr könnt schon Nachtwind spüren / Es kommt kein Morgen mehr.
>Bertolt Brecht: Aufstieg und Fall der Stadt Mahagonny 11

Laßt euch nicht **verführen**! Schlechter Umgang verdirbt gute Sitten.

1 Kor 15,33; ähnlich auch in Weish 4,12

Alles **Vergängliche** / Ist nur ein Gleichnis; / Das Unzulängliche, / Hier wird's Ereignis; / Das Unbeschreibliche, / Hier ist's getan; / Das Ewig-Weibliche / Zieht uns hinan.

Johann Wolfgang Goethe: Faust. Der Tragödie zweiter Teil. 5. Akt. Bergschluchten. – Schlußverse der Dichtung.

Nichts vom **Vergänglichen**, / Wie's auch geschah! / Uns zu verewigen, / Sind wir ja da.

Johann Wolfgang Goethe: »Zahme Xenien I«

Lobredner der **Vergangenheit**
(laudator temporis acti)

Als Bezeichnung des Greises bei Horaz: De arte poetica 173

Mein Freund, die Zeiten der **Vergangenheit** / Sind uns ein Buch mit sieben Siegeln . . .

Johann Wolfgang Goethe: Faust. Der Tragödie erster Teil. Nacht

Zeige mir deine **Vergangenheit**, und ich sage dir, wer du bist. Nur nach ihrer Vergangenheit sollte man die Menschen beurteilen.

Oscar Wilde: An Ideal Husband (Ein idealer Gatte). 1. Akt

Wir alle leben vom **Vergangnen** und gehen am Vergangenen zu Grunde.

Johann Wolfgang Goethe: Maximen und Reflexionen 167

Vergeben und vergessen

Nach Jer 31,34. ». . . denn ich will ihnen ihre Missetat vergeben und ihrer Sünde nimmermehr gedenken.« – Arthur Schopenhauer formuliert in seinen *Aphorismen zur Lebensweisheit*: »Vergeben und Vergessen heißt gemachte kostbare Erfahrungen zum Fenster hinauswerfen« (Kap. 5. Paränesen und Maximen. Abschnitt C 29).

Vergessen können: es ist mehr ein Glück, als eine Kunst. Der Dinge, welche am meisten für's Vergessen geeignet sind, erinnern wir uns am besten.

> Baltasar Gracián: Oráculo manual y arte de prudencia (Hand-Orakel und Kunst der Weltklugheit) 262

Vater, **vergib** ihnen; denn sie wissen nicht, was sie tun!

> Jesus am Kreuz nach Lk 23,34. – Dieses biblische Zitat »Denn sie wissen nicht, was sie tun« wurde auch als deutscher Titel des von Nicholas Ray 1955 gedrehten Films *Rebel Without a Cause* gewählt, in dem James Dean die Hauptrolle spielte.

Vergiß die treuen Toten nicht und schmücke / Auch unsre Urne mit dem Eichenkranz!

> Theodor Körner: »Aufruf«

So laßt ihm doch das kindliche **Vergnügen**!

> Wendung aus der von David Kalisch zusammen mit Emil Pohl verfaßten Posse *Namenlos*

. . . daß alle **Verhältnisse** unzerstörlich sind, die das Schicksal beschlossen hat.

> Johann Wolfgang Goethe: Die Wahlverwandtschaften. 1. Teil, Kap. 18

Doch die **Verhältnisse**, sie sind nicht so.

> Bertolt Brecht: Die Dreigroschenoper I,3: Bettlergarderoben. Darin: »Über die Unsicherheit menschlicher Verhältnisse«

Du, laß dich nicht **verhärten** / In dieser harten Zeit . . .

> Wolf Biermann: »Ermutigung«

Willst du mich sogleich **verlassen**? / Warst im Augenblick so nah! / Dich umfinstern Wolkenmassen, / Und nun bist du gar nicht da.

> Johann Wolfgang Goethe: »Dem aufgehenden Vollmonde«

Die **Verleumdung**, das freche Gespenst, setzt sich auf die edelsten Gräber –

> Heinrich Heine: Reisebilder. 4. Teil. Englische Fragmente. Kap. XI

Man sollte immer **verliebt** sein. Und deshalb nie heiraten.
>Oscar Wilde: A Woman of No Importance (Eine Frau ohne Bedeutung). 3. Akt

Wenn man **verliebt** ist, betrügt man zuerst sich selber. Zuletzt betrügt man andere. Das findet die Welt romantisch.
>Oscar Wilde: A Woman of No Importance (Eine Frau ohne Bedeutung). 3. Akt

So ein **verliebter** Tor verpufft / Euch Sonne, Mond und alle Sterne / Zum Zeitvertreib dem Liebchen in die Luft.
>Johann Wolfgang Goethe: Faust. Der Tragödie erster Teil. Spaziergang

Was man nicht zu **verlieren** fürchtet, hat / Man zu besitzen nie geglaubt und nie / Gewünscht.
>Gotthold Ephraim Lessing: Nathan der Weise V, letzter Auftritt

Alles ist **verloren**, nur die Ehre nicht.
(Tout est perdu, fors l'honneur.)
>So der Überlieferung nach der französische König Franz I. nach der Niederlage und Gefangennahme in der Schlacht von Pavia am 24. Februar 1525 in einem Brief an seine Mutter

Verloren ist, wer den Humor verlor.
>Otto Julius Bierbaum: »Glück auf die Reise!«

Der **verlorene** Sohn
>Nach Lk 15,11–32. – Gleichnis vom verlorenen Sohn.

Verlorene Liebesmüh'
(Loves Labors Lost)
>Titel einer 1593/94 entstandenen Komödie von William Shakespeare, die 1597 uraufgeführt wurde. – Ihr vollständiger Titel lautet: *A Pleasant Conceited Comedie Called, Loves Labors Lost*; Ludwig Tieck übersetzte den Titel *Liebes Leid und Lust*.

Verlust der Mitte
>Titel eines 1948 erschienenen Buches von Hans Sedlmayr

Vermauert ist dem Sterblichen die Zukunft, / Und kein Gebet durchbohrt den ehrnen Himmel.
>Friedrich Schiller: Die Braut von Messina IV,4

Es gibt Leute, die glauben, alles wäre **vernünftig**, was man mit einem ernsthaften Gesicht tut.
> Georg Christoph Lichtenberg: Sudelbücher E 286

Was **vernünftig** ist, das ist wirklich; und was wirklich ist, das ist vernünftig.
> Georg Wilhelm Friedrich Hegel: Grundlinien der Philosophie des Rechts. Vorrede. – Schon bei Alexander Pope hieß es in seinem *An Essay on Man* 1,294: »Whatever is, is Right.« (»Alles was ist, ist recht so.«)

Alles Interesse meiner **Vernunft** (das spekulative sowohl, als das praktische) vereinigt sich in folgenden drei Fragen:
1. Was kann ich wissen? 2. Was soll ich tun? 3. Was darf ich hoffen?
> Immanuel Kant: Kritik der reinen Vernunft II,2,2

Die **Vernunft** führt uns öfter irre als die Natur.
(La raison nous trompe plus souvent que la nature.)
> Marquis de Vauvenargues: Réflexions et maximes

Die **Vernunft** ist immer republikanisch, aber die Menschen scheinen, wenn man die Synopse ihrer Geschichte nimmt, doch durchaus zum Despotismus geboren zu sein.
> Johann Gottfried Seume: Apokryphen

Diese unvermeidlichen Aufgaben der reinen **Vernunft** selbst sind Gott, Freiheit und Unsterblichkeit.
> Immanuel Kant: Kritik der reinen Vernunft. Einleitung III

Er nennt's **Vernunft** und braucht's allein, / Nur tierischer als jedes Tier zu sein.
> Johann Wolfgang Goethe: Faust. Der Tragödie erster Teil. Prolog im Himmel

Vernunft annehmen kann niemand, der nicht schon welche hat.
> Marie von Ebner-Eschenbach: Aphorismen

Vernunft fängt wieder an zu sprechen, / Und Hoffnung wieder an zu blühn, / Man sehnt sich nach des Lebens Bächen; / Ach! nach des Lebens Quelle hin.
> Johann Wolfgang Goethe: Faust. Der Tragödie erster Teil. Studierzimmer [I]

Vernunft verhält sich zum Verstande wie ein Kochbuch zu einer Pastete.
>Ludwig Börne: Aphorismen

Vernunft wird Unsinn, Wohltat Plage; / Weh dir, daß du ein Enkel bist! / Vom Rechte, das mit uns geboren ist, / Von dem ist, leider! nie die Frage.
>Johann Wolfgang Goethe: Faust. Der Tragödie erster Teil. Studierzimmer [II]

Veronika, / der Lenz ist da, / die Mädchen singen tralala.
>Refrain eines Liedes von Fritz Rotter (Text) und Walter Jurmann (Musik)

Einer unter euch wird mich **verraten**.
>Mt 26,21. – Jesus prophezeit seinen Verrat durch Judas.

Weil ein **Vers** dir gelingt in einer gebildeten Sprache, / Die für dich dichtet und denkt, glaubst du schon Dichter zu sein.
>Friedrich Schiller und Johann Wolfgang Goethe: Tabulae Votivae. Darin: »Dilettant«

Hier sind wir **versammelt** zu löblichem Tun, / Drum, Brüderchen, Ergo bibamus!
>Johann Wolfgang Goethe: »Ergo bibamus!«

Das **verschleierte** Bild zu Sais
>Titel eines Gedichts von Friedrich Schiller, das zuerst 1795 in den *Horen* gedruckt wurde

Die **Verschwiegenheit** ist das Stempel eines fähigen Kopfes. Eine Brust ohne Geheimnis ist ein offner Brief.
>Baltasar Gracián: Oráculo manual y arte de prudencia (Hand-Orakel und Kunst der Weltklugheit) 179

Verschwiegenheit fordern ist nicht das Mittel, sie zu erlangen.
>Johann Wolfgang Goethe: Wilhelm Meisters Wanderjahre oder Die Entsagenden. 2. Fassung 1829. 1. Buch, Kap. 5

. . . für den **Verständigen** genug
([Dictum] sapienti sat [est])
>Terenz: Phormio 3,3,8; ebenso Plautus: Persa 4,4,67

Der Mann hatte so viel **Verstand**, daß er fast zu nichts mehr in der Welt zu gebrauchen war.
> Georg Christoph Lichtenberg: Sudelbücher D 451

Mein **Verstand** steht still.
> Friedrich Schiller: Kabale und Liebe III,2

Und glauben Sie, glauben Sie mir: wer über gewisse Dinge den **Verstand** nicht verliert, der hat keinen zu verlieren.
> Gotthold Ephraim Lessing: Emilia Galotti IV,7. – Dieser Gedanke findet sich schon in dem *Oráculo manual* des Baltasar Gracián; vgl.: »Viele verlieren den Verstand . . .«.

. . . Und was kein **Verstand** der Verständigen sieht, / Das übet in Einfalt ein kindlich Gemüt.
> Friedrich Schiller: »Die Worte des Glaubens«. – Dies in Anlehnung an 1 Kor 1,19: »Ich will zunichte machen die Weisheit der Weisen, und den Verstand der Verständigen will ich verwerfen.«

Viele verlieren den **Verstand** deshalb nicht, weil sie keinen haben.
> Baltasar Gracián: Oráculo manual y arte de prudencia (Hand-Orakel und Kunst der Weltklugheit) 35

Ich **verstehe** die Welt nicht mehr!
> Friedrich Hebbel: Maria Magdalena III,11. – Schlußworte des Meister Anton.

Alles **verstehen** heißt alles verzeihen.
(Tout comprendre c'est tout pardonner.)
> Die Wendung wird zumeist auf Madame de Staël zurückgeführt, die in *Corinne ou l'Italie*, 18. Buch, Kap. 5, allerdings schreibt: ». . . car tout comprendre rend très indulgent . . .« (»Alles verstehen macht sehr nachsichtig.«)

Was man nicht **versteht**, besitzt man nicht.
> Johann Wolfgang Goethe: Maximen und Reflexionen 106

Verstellung ist der offnen Seele fremd . . .
> Friedrich Schiller: Wallenstein. Die Piccolomini I,3

Allem kann ich widerstehen, nur nicht der **Versuchung**.
> Oscar Wilde: Lady Windermere's Fan (Lady Windermeres Fächer). 1. Akt

Denn die reich werden wollen, die fallen in **Versuchung** und Verstrickung und in viele törichte und schädliche Begierden ...
 1 Tim 6,9

Versungen und vertan!
 Richard Wagner: Die Meistersinger von Nürnberg I,3

Owê war sint **verswunden** alliu mîniu jâr! / ist mir mîn leben getroumet, oder ist ez wâr?
(O weh wohin entschwanden alle meine Jahre! / War mein Leben ein Traum, oder ist es Wirklichkeit?)
 Anfangszeilen eines Gedichts von Walther von der Vogelweide

Nichts von **Verträgen**! Nichts von Übergabe!
 Friedrich Schiller: Die Jungfrau von Orleans. Prolog. 3. Auftritt

Es ist gut, auf den HERRN **vertrauen** / und nicht sich verlassen auf Menschen.
 Ps 118,8

Vertrauen ist gut, Kontrolle ist besser.
 Dieser Wladimir Iljitsch Lenin zugeschriebene Ausspruch ist in dieser Form die schlagworthafte Verkürzung einer Überzeugung, wie sie Lenin mehrfach geäußert hat. So heißt es in dem 1914 verfaßten Aufsatz »Über Abenteurertum«: »Nicht aufs Wort glauben, aufs strengste prüfen – das ist die Losung der marxistischen Arbeiter.«

Vertrauen ist Mut, und Treue ist Kraft.
 Marie von Ebner-Eschenbach: Aphorismen

Sobald du dir **vertraust**, sobald weißt du zu leben.
 Johann Wolfgang Goethe: Faust. Der Tragödie erster Teil. Studierzimmer [II]

Verwandte sind sich alle starken Seelen.
 Friedrich Schiller: Wallenstein. Die Piccolomini IV,4

Anfangs wollt ich fast **verzagen**, / Und ich glaubt, ich trüg es nie; / Und ich hab es doch getragen – / Aber fragt mich nur nicht, wie?
 Heinrich Heine: Buch der Lieder. Darin: »Lieder« 8

Ich bin **verzagt**, wenn Weiber vor mir zittern.
> Friedrich Schiller: Don Karlos, Infant von Spanien II,8

Verzeih, ich kann nicht hohe Worte machen, / Und wenn mich auch der ganze Kreis verhöhnt ...
> Johann Wolfgang Goethe: Faust. Der Tragödie erster Teil. Prolog im Himmel

Verzeihen Sie das harte Wort!
> Wiederholte Wendung des Berichterstatters Wippchen in Julius Stettenheims zwischen 1878 und 1903 in insgesamt 16 Bänden erschienenen *Wippchens sämmtliche Berichte*

Wer nicht **verzweifeln** kann, der muß nicht leben.
> Johann Wolfgang Goethe: Aus »Sprichwörtlich«

... und das menschliche Leben beginnt jenseits der **Verzweiflung**.
(... la vie humaine commence de l'autre côté de désespoir.)
> Jean-Paul Sartre: Les Mouches (Die Fliegen) III,2

Videant consules, ne quid detrimenti res publica capiat.
(Die Konsuln mögen darauf sehen, daß der Staat keinen Schaden nehme.)
> Nach Cicero: Catilinariae orationes 1,4. – Wortlaut des *senatus consultum ultimum*, mit dem der römische Senat in Zeiten des inneren oder äußeren Notstands den Konsuln außerordentliche Vollmachten verlieh. Bei Cicero heißt es im genauen Wortlaut: »Decrevit quondam senatus uti L. Opinius consul videret ne quid res publica detrimenti caperet ...«

Ich habe schon so **viel** für dich getan, / Daß mir zu tun fast nichts mehr übrigbleibt.
> Johann Wolfgang Goethe: Faust. Der Tragödie erster Teil. Marthens Garten

Wer **vieles** bringt, wird manchem etwas bringen; / Und jeder geht zufrieden aus dem Haus.
> Johann Wolfgang Goethe: Faust. Der Tragödie erster Teil. Vorspiel auf dem Theater

Niemals frommt **Vielherrschaft** im Volk, nur einer sei Herrscher, / Einer König allein ...
(Οὐκ ἀγαθὸν πολυκοιρανίη· εἷς κοίρανος ἔστω, / εἷς βασιλεύς ... –
Uk agathon polykoiranie; heis koiranos esto, / heis basileus ...)
> Homer: Ilias 2,204 f.

Man jagt mit **vierzig** Jahresringen / Wohl nicht mehr gern nach Schmetterlingen, / Denn manches hat man in reiferen Jahren / Sowohl von Welt als Kunst erfahren ...

Otto Julius Bierbaum: »Pro domo«

In **vino** veritas
(Im Weine die Wahrheit)

Dieses meist lateinisch zitierte Wort ist griechischen Ursprungs. Platon erwähnt es im *Symposion* 217e, es findet sich aber schon früher bei Alkaios: ». . . der Wein ist nämlich den Menschen ein Spiegel.« – Dort auch die Formulierung »der Wein, o Liebling, und die Wahrheit«.

Viribus unitis
(Mit vereinten Kräften)

Wahlspruch des österreichischen Kaisers Franz Joseph I., den dieser durch »Allerhöchste Entschließung« vom 12. Februar 1848 bestimmt hatte. – Das Motto stammt von Joseph Ritter von Bergmann, der der Lehrer der Söhne des Erzherzogs Karl gewesen war.

Der wahre **Virtuose** glaubt es nicht einmal, daß wir seine Vollkommenheit einsehen und empfinden, wenn wir auch noch so viel Geschrei davon machen, ehe er nicht merkt, daß wir auch Augen und Gefühl für seine Schwäche haben. Er spottet bei sich über jede uneingeschränkte Bewunderung, und nur das Lob desjenigen kitzelt ihn, von dem er weiß, daß er auch das Herz hat, ihn zu tadeln.

Gotthold Ephraim Lessing: Hamburgische Dramaturgie. 25. Stück

Vita brevis, ars longa
(Das Leben ist kurz, die Kunst ist lang. – Ὁ βίος βραχύς, ἡ δὲ τέχνη μακρή. – Ho bios brachys, he de techne makre.)

Zumeist in der lateinischen Form zitierter Aphorismus des Hippokrates

Vivat, Bacchus, Bacchus lebe, / Bacchus, der den Wein erfand!

Wolfgang Amadeus Mozart: Die Entführung aus dem Serail. 2. Aufzug, 7. Auftritt. Nr. 14. Duett. – Libretto von Gottlieb Stephanie d. J. nach Christoph Friedrich Bretzner

Vivos voco / Mortuos plango / Fulgura frango
(Lebende rufe ich, Tote beklage ich, Blitze breche ich)

Inschrift auf der größten Glocke im Münster von Schaffhausen; von Friedrich Schiller als Motto seinem Gedicht »Das Lied von der Glocke« vorangestellt

Alle **Vögel** sind schon da, / Alle Vögel, alle!
> August Heinrich Hoffmann von Fallersleben: »Frühlings Ankunft«

Die **Vögelein** schweigen im Walde. / Warte nur, balde / Ruhest du auch.
> Johann Wolfgang Goethe: »Ein gleiches«. – Ludwig Ganghofer veröffentlichte im Jahre 1899 einen Roman mit dem Titel *Das Schweigen im Walde*.

Ganz vergessener **Völker** Müdigkeiten / Kann ich nicht abtun von meinen Lidern . . .
> Hugo von Hofmannsthal: »Manche freilich . . .«

Völker, hört die Signale, auf zum letzten Gefecht! / Die Internationale erkämpft das Menschenrecht!
> »Die Internationale«; Text von Eugène Pottier, Musik von Pierre de Geyter

. . . Wenn sich die **Völker** selbst befrein, / Da kann die Wohlfahrt nicht gedeihn.
> Friedrich Schiller: »Das Lied von der Glocke«; vgl. auch »Wo **ro**he Kräfte . . .«

Wer zählt die **Völker**, nennt die Namen, / Die gastlich hier zusammenkamen?
> Friedrich Schiller: »Die Kraniche des Ibykus«

Völkerfrühling
> Aus Ludwig Börnes Ankündigung der Zeitschrift *Die Wage* (1818): »Darum sei man unbesorgt, froh des heranbrechenden Völkerfrühlings und fürchte nicht die Bewegung im Freien.«

Ein seltener **Vogel**
(rara avis)
> Horaz: Sermonum libri duo (Satiren) 2,2,26

Der **Vogelfänger** bin ich ja, / stets lustig, heisa, hopsassa!
> Wolfgang Amadeus Mozart: Die Zauberflöte I,2; Text von Emanuel Schikaneder

Das arme **Volk** schleppt geduldig den Karren, worauf die Fürsten und Liberalen ihre Affenkomödie spielen.
> Georg Büchner in einem Brief an August Stöber vom 9. Dezember 1833

... Das **Volk**, den großen Lümmel.
>   Heinrich Heine: Deutschland. Ein Wintermärchen. Caput I. – Dort heißt es:
>   ». . . Das Eiapopeia vom Himmel, / Womit man einlullt, wenn es greint, / Das Volk, den großen Lümmel.«

Das **Volk** ist frei, seht an, wie wohl's ihm geht!
>   Johann Wolfgang Goethe: Faust. Der Tragödie erster Teil. Auerbachs Keller in Leipzig

... das **Volk** ist wie ein Kind, es muß Alles zerbrechen, um zu sehen was darin steckt.
>   Georg Büchner: Dantons Tod I,6

Das **Volk** steht auf, der Sturm bricht los, / Wer legt noch die Hände feig in den Schoß?
>   Theodor Körner: »Männer und Buben«

Das **Volk** und nur das Volk ist die Kraft, die Weltgeschichte macht.
>   Mao Tse Tung: Über die Koalitionsregierung (24. April 1945)

Das **Volk** versteht das meiste falsch; aber es fühlt das meiste richtig.
>   Kurt Tucholsky: Schnipsel

Glaube nur, ein **Volk** wird nicht alt, nicht klug, ein Volk bleibt immer kindisch.
>   Johann Wolfgang Goethe: Egmont. 4. Aufzug. Der Eulenburgische Palast

In Fährden und in Nöten zeigt erst das **Volk** sich echt, / Drum soll man nie zertreten sein altes, gutes Recht.
>   Ludwig Uhland: »Graf Eberhard der Rauschebart«. 1. Der Überfall im Wildbad

Jedes **Volk** hat die Regierung, die es verdient.
(Toute nation a le gouvernement qu'elle mérite.)
>   Aus einem Brief des sardischen Gesandten in Petersburg, Graf Joseph de Maistre, vom 15./27. August 1811

Und alles **Volk** soll sagen: Amen. –
>   Wiederkehrende Formel in 5 Mose 27,15–26, aus der die Redewendung ›ja und amen sagen‹ abgeleitet ist

Volk ohne Raum
>   Titel eines Romans von Hans Grimm, der 1926 erschien

Wie wenig weiß ein **Volk** die Freiheit zu gebrauchen!
Christian Friedrich Daniel Schubart: »Freiheit«

Wir sind das **Volk**!
Eine der zentralen Losungen der sogenannten Leipziger Montagsdemonstrationen vom Herbst 1989

Wir sind ein **Volk**, und einig wollen wir handeln.
Friedrich Schiller: Wilhelm Tell II,2

Wir wollen sein ein einzig **Volk** von Brüdern, / In keiner Not uns trennen und Gefahr.
Friedrich Schiller: Wilhelm Tell II,2; vgl. auch »Wir wollen frei sein ...«

Wollt ihr das **Volk** bessern, so gebt ihm statt Deklamationen gegen die Sünde bessere Speisen.
Ludwig Feuerbach: Die Naturwissenschaft und die Revolution. – Es schließt sich der Satz an: »Der **Me**nsch ist was er ißt.«

Dem **Volke** hier wird jeder Tag ein Fest.
Johann Wolfgang Goethe: Faust. Der Tragödie erster Teil. Auerbachs Keller in Leipzig

Hier ist des **Volkes** wahrer Himmel, / Zufrieden jauchzet groß und klein: / Hier bin ich Mensch, hier darf ich's sein!
Johann Wolfgang Goethe: Faust. Der Tragödie erster Teil. Vor dem Tor

Es ist **vollbracht**!
Joh 19,30. – Die letzten Worte Jesu.

Vor die **Vollendung** haben die Götter den Schweiß gesetzt, die unsterblichen, und lang und steil ist der Weg zu ihr.
(Τῆς δ' ἀρετῆς ἱδρῶτα θεοὶ προπάροιθεν ἔθηκαν / ἀθάνατοι· μακρὸς δὲ καὶ ὄρθιος οἶμος ἐς αὐτήν ... – Tes d'aretes hidrota theoi proparoithen ethekan / athanatoi; makros de kai orthios oimos eis auten ...)
Hesiod: Werke und Tage 289 f.

Voraus denken, heute auf morgen, und noch auf viele Tage.
Baltasar Gracián: Oráculo manual y arte de prudencia (Hand-Orakel und Kunst der Weltklugheit) 151

Voraussetzungslose Wissenschaft

> Eine von Heinrich von Treitschke in seiner *Deutschen Geschichte im neunzehnten Jahrhundert* mehrfach postulierte Maxime; über die Wissenschaft hatte er schon 1861 in dem Aufsatz *Die Freiheit* geschrieben: ». . . sie duldet einen Zwang weder von außen noch von innen; ohne jede Voraussetzung sucht sie die Wahrheit, nichts als die Wahrheit.« – In einem offenen Brief an Lujo Brentano in den *Münchener Neuesten Nachrichten* äußert sich am 15. November 1901 Theodor Mommsen: »Unser Lebensnerv ist die voraussetzungslose Forschung . . .« Das Postulat der ›Voraussetzungslosigkeit‹ hatte zuvor schon David Friedrich Strauß in der Vorrede seines 1835 erschienenen *Leben Jesu* erhoben.

Vorbei! ein dummes Wort.

> Johann Wolfgang Goethe: Faust. Der Tragödie zweiter Teil. 5. Akt. Großer Vorhof des Palasts

Es gibt keine andere vernünftige Erziehung, als **Vorbild** sein, wenn's nicht anders geht, ein abschreckendes.

> Albert Einstein: Erziehung und Erzieher

Wir stehen selbst enttäuscht und sehn betroffen / Den **Vorhang** zu und alle Fragen offen.

> Bertolt Brecht: Der gute Mensch von Sezuan. Epilog

Wir wissen, daß wir **Vorläufige** sind / Und nach uns wird kommen: nichts Nennenswertes.

> Bertolt Brecht: »Vom armen B. B.«

. . . **Vornehmheit** und Herzensgüte sind nicht alles, aber sie sind viel.

> Theodor Fontane: Frau Jenny Treibel. Kap. 29

Er hat **Vorschläge** gemacht. Wir / Haben sie angenommen. / Durch eine solche Inschrift wären / Wir alle geehrt.

> Bertolt Brecht: »Ich benötige keinen Grabstein«

Vorschußlorbeeren

> Wortschöpfung Heinrich Heines aus seinem Gedicht »Plateniden«. – Über Schiller, Goethe, Lessing und Wieland heißt es dort: »Wollten keine Ovationen, / Von dem Publiko auf Pump, / Keine Vorschußlorbeerkronen, / Rühmten sich nicht keck und plump.«

Allein der **Vortrag** macht des Redners Glück; / Ich fühl es wohl, noch bin ich weit zurück.

> Johann Wolfgang Goethe: Faust. Der Tragödie erster Teil. Nacht

Was den **Vortrefflichen** gefällt, ist gut; was allen ohne Unterschied gefällt, ist es noch mehr.

Friedrich Schiller: Über Bürgers Gedichte

Marschall **Vorwärts**

Beiname des preußischen Generals Fürst Gebhardt Leberecht von Blücher

Sieh **vorwärts**, Werner, und nicht hinter dich!

Friedrich Schiller: Wilhelm Tell I,2

Vorwärts und nicht vergessen / Worin unsre Stärke besteht! / Beim Hungern und beim Essen / Vorwärts und nicht vergessen / Die Solidarität!

Bertolt Brecht: »Solidaritätslied«

Vox populi vox Dei

Diese Wendung so erstmals in den Briefen des Petrus von Blois: »Scriptum est, quia vox populi, vox Dei« (ep. 15). Der Gedanke ist allerdings wesentlich älter und findet sich in der Antike etwa bei Hesiod (*Histories apodexis*, Vers 763 f.) oder Seneca, der in *Rhetorum controversiae* I,1,10 schrieb: »Crede mihi, sacra populi lingua est.« (»Glaube mir, heilig ist die Rede des Volkes.«) – Ludwig Thoma wird die Umformung dieses geflügelten Wortes zu »Vox populi vox Rindvieh« zugeschrieben.

. . . wir tanzen auf einem **Vulkan**.

(. . . nous dansons sur un volcan.)

Äußerung des französischen Gesandten in Neapel, Graf Narcisse Achille de Salvandy, auf einem Ball in Paris am 5. Juni (nach anderen Angaben 31. Mai 1830), der zu Ehren des Königs von Neapel gegeben wurde. Dies erklärt auch die bewußte Doppeldeutigkeit der Äußerung, die diesem Ausspruch unmittelbar vorangegangen war: »C'est une fête toute napolitaine . . .« (»Das ist ein ganz neapolitanisches Fest . . .«. – Die Wendung »Nous marchons sur des volcans« ist schon von Robespierre überliefert.

W

Die **Waage** gleicht der großen Welt: / Das Leichte steigt, das Schwere fällt.

>   Gotthold Ephraim Lessing: »Die große Welt«

Wachet auf, ruft uns die Stimme / Der Wächter sehr hoch auf der Zinnen, / Wach auf, du Stadt Jerusalem!

>   Philipp Nicolai: »Von der Stimm zu Mitternacht und von den klugen Jungfrauen, die ihrem himmlischen Bräutigam begegnen, Mt. 25.« – Achim von Arnim und Clemens Brentano nahmen den Text dieses Kirchenliedes auch in ihre Sammlung *Des Knaben Wunderhorn* auf.

Wacht auf, Verdammte dieser Erde, die stets man noch zum Hungern zwingt! / Das Recht, wie Glut im Kraterherde, nun mit Macht zum Durchbruch dringt.

>   »Die Internationale«; Originaltext von Eugène Pottier, Musik von Pierre de Geyter

Jetzt **wächst** zusammen, was zusammengehört.

>   Willy Brandt nach dem Fall der Mauer in einer Rede am 10. November 1989

Wer bewacht die **Wächter**?
(Quis custodit custodes?)

>   Nach Juvenal: Saturae 6,347 f. – Dort heißt es wörtlich: »Sed quis custodiet ipsos / custodes?«

Kein **Wässerchen** trüben können

>   Nach einer Fabel des Phaedrus gebildete Redensart (I,1), in der ein Wolf dem an einem Bach weiter unten stehenden Lamm zuruft: »Cur . . . turbulentam fecisti mihi / Aquam bibenti?« (»Warum . . . hast du mir, der ich trinke, das Wasser trübe gemacht?«)

Wenn alle **Wässerlein** fließen, / Soll man trinken, / Wann ich mein Schatz nicht rufen darf, ju ja rufen darf, / So tu ich ihm winken.
> Aus der von Clemens Brentano und Achim von Arnim herausgegebenen Sammlung *Des Knaben Wunderhorn*: »Tritt zu«. – Das Lied, das im Volksmund mit den Eingangszeilen »Wenn alle Brünnlein fließen ...« bekannt wurde, findet sich schon bei Johann Fischart.

Die **Waffen** nieder!
> Titel der *Lebensgeschichte* von Bertha von Suttner, die 1889 erschien

Die **Waffen** ruhn, des Krieges Stürme schweigen, / Auf blutge Schlachten folgt Gesang und Tanz ...
> Friedrich Schiller: Die Jungfrau von Orleans IV,1

Weichen sollen die **Waffen** vor der Toga ...
(Cedant arma togae ...)
> Cicero: De officiis 1,22,77

Wer **wagt** es, Rittersmann oder Knapp, / Zu tauchen in diesen Schlund?
> Friedrich Schiller: »Der Taucher«

Ach! es war nicht meine **Wahl**!
> Friedrich Schiller: Die Jungfrau von Orleans IV,1

Die letzte **Wahl** steht auch dem Schwächsten offen ...
> Friedrich Schiller: Wilhelm Tell I,2

Ohne **Wahl** verteilt die Gaben, / Ohne Billigkeit das Glück ...
> Friedrich Schiller: »Das Siegesfest«

Der **Wahn** ist kurz, die Reu ist lang.
> Friedrich Schiller: »Das Lied von der Glocke«

Ein **Wahn**, der mich beglückt, / Ist eine Wahrheit wert, die mich zu Boden drückt.
> Christoph Martin Wieland: Idris und Zenide. 3. Gesang

Wahn! Wahn! Überall Wahn!
> Richard Wagner: Die Meistersinger von Nürnberg III,1

Wie lieblich um meinen entfesselten Busen / Der holde **Wahnsinn** spielt!
>   Christoph Martin Wieland: Oberon 1,1

Wenn es nicht **wahr** ist, ist's doch gut erfunden.
(Se non è vero, è molto ben trovato.)
>   Giordano Bruno: Heroische Leidenschaften 2,3

Das **Wahre** fördert; aus dem Irrtum entwickelt sich nichts, er verwickelt uns nur.
>   Johann Wolfgang Goethe: Wilhelm Meisters Wanderjahre oder Die Entsagenden. 2. Fassung 1829. Darin: Betrachtungen im Sinne der Wanderer

Das **Wahre** ist das Ganze. Das Ganze aber ist nur das durch seine Entwicklung sich vollendende Wesen.
>   Georg Wilhelm Friedrich Hegel: Die Phänomenologie des Geistes. Vorrede

Das **Wahre** ist eine Fackel, aber eine ungeheure; deswegen suchen wir alle nur blinzend so daran vorbei zu kommen, in Furcht sogar, uns zu verbrennen.
>   Johann Wolfgang Goethe: Maximen und Reflexionen 236

Das **Wahre** ist gottähnlich; es erscheint nicht unmittelbar, wir müssen es aus seinen Manifestationen erraten.
>   Johann Wolfgang Goethe: Wilhelm Meisters Wanderjahre oder Die Entsagenden. 2. Fassung 1829. Darin: Aus Makariens Archiv

Das **Wahre** war schon längst gefunden, / Hat edle Geisterschaft verbunden, / Das alte Wahre, faß es an.
>   Johann Wolfgang Goethe: »Vermächtnis«

Nichts ist schön als das **Wahre**; das Wahre allein ist liebenswert.
(Rien n'est beau que le Vrai. Le Vrai seul est aimable.)
>   Nicolas Boileau-Despréaux: Epistres 9

Die nackte **Wahrheit**
(nuda veritas)
>   Horaz: Carmina 1,24,7

Die **Wahrheit** im Sacke / Die Zung in der Backe / Schwieg er acht Jahre, dann war's ihm zu lang. / Wahrheit, geh deinen Gang.
    Bertolt Brecht: Leben des Galilei (1955/56) 9

Die **Wahrheit** ist im Wein; / Das heißt: In unsern Tagen / Muß einer betrunken sein, / Um Lust zu haben, die Wahrheit zu sagen.
    Friedrich Rückert: »Vierzeilen« 14

Die **Wahrheit** zu handhaben verstehn. Sie ist ein gefährlich Ding: jedoch kann der rechtliche Mann nicht unterlassen sie zu sagen.
    Baltasar Gracián: Oráculo manual y arte de prudencia (Hand-Orakel und Kunst der Weltklugheit) 210

Es ist so gewiß als wunderbar, daß **Wahrheit** und Irrtum aus Einer Quelle entstehen; deswegen man oft dem Irrtum nicht schaden darf, weil man zugleich der Wahrheit schadet.
    Johann Wolfgang Goethe: Maximen und Reflexionen 149

Jede **Wahrheit** kommt dem zu früh, der jede zu spät erkennt.
    Carl Gustav Jochmann: Erfahrungsfrüchte I,97. Darin: Die unzeitige Wahrheit

Kenne ich mein Verhältnis zu mir selbst und zur Außenwelt, so heiß' ich's **Wahrheit**. Und so kann jeder seine eigene Wahrheit haben, und es ist doch immer dieselbige.
    Johann Wolfgang Goethe: Maximen und Reflexionen 198

Man entdeckt nicht die **Wahrheit**; man erschafft sie. Die Wahrheit ist das, was man in aller Klarheit ausdrückt (ja, aber eure Klarheit entsteht aus der begrifflichen Fruchtbarkeit).
    Antoine de Saint-Exupéry: Carnets. Darin: Verstand und Sprache

Sein Leben einsetzen für die **Wahrheit**
(vitam impendere vero)
    Juvenal: Saturae 4,91. – Zugleich der Wahlspruch von Jean-Jacques Rousseau, den er seinen *Lettres écrites de la montagne* (Briefe vom Berg) als Motto voranstellte.

So manche **Wahrheit** ging von einem Irrtum aus.
    Marie von Ebner-Eschenbach: Aphorismen

... und werdet die **Wahrheit** erkennen, und die Wahrheit wird euch frei machen.
Joh 8,32

Wahrheit läßt sich nicht zeigen, nur erfinden.
Max Frisch: Tagebuch 1946–1949

Was ist **Wahrheit**?
Joh 18,38. – Pilatus zu Jesus. Vgl. »Wer aus der Wahrheit ist . . .«.

Wenn die absolute **Wahrheit** bei irgend jemand auf Erden zu finden ist, dann ganz bestimmt nicht bei den Leuten oder Parteien, die sie zu besitzen glauben.
Albert Camus: Der Sozialismus der Galgen

Wenn die **Wahrheit** zu schwach ist, sich zu verteidigen, muß sie zum Angriff übergehen.
Bertolt Brecht: Leben des Galilei 3

Wer aus der **Wahrheit** ist, der hört meine Stimme.
Joh 18,37. – Jesus zu Pilatus.

Wer die **Wahrheit** nicht weiß, der ist bloß ein Dummkopf. Aber wer sie weiß und sie eine Lüge nennt, der ist ein Verbrecher!
Bertolt Brecht: Leben des Galilei (1955/56) 9

Wir suchen die **Wahrheit**, finden wollen wir sie aber nur dort, wo es uns beliebt.
Marie von Ebner-Eschenbach: Aphorismen

Wo die **Wahrheit** bekämpft werden muß, da hat sie schon gesiegt.
Carl Gustav Jochmann: Erfahrungsfrüchte III,8. Darin: Die Wahrheit

. . . zwischen uns / Sei **Wahrheit**!
Johann Wolfgang Goethe: Iphigenie auf Tauris III,1

Die einfachsten **Wahrheiten** sind es gerade, auf die der Mensch immer erst am spätesten kommt.
Ludwig Feuerbach: Zur Beurteilung der Schrift *Das Wesen des Christentums* (1841)

Folgende **Wahrheiten** erachten wir als selbstverständlich: daß alle Menschen gleich geschaffen sind; daß sie von ihrem Schöpfer mit gewissen unveräußerlichen Rechten begabt sind; daß dazu Leben, Freiheit und Streben nach Glück gehören; daß zur Sicherung dieser Rechte Regierungen unter den Menschen eingerichtet werden, die ihre rechtmäßige Macht aus der Zustimmung der Regierten herleiten ...

Aus der amerikanischen Unabhängigkeitserklärung vom 4. Juli 1776, die unter der Leitung von Thomas Jefferson ausgearbeitet wurde

Unanfechtbare **Wahrheiten** gibt es überhaupt nicht, und wenn es welche gibt, so sind sie langweilig.

Theodor Fontane: Der Stechlin. Kap. 1

Wenn es denn der **Wahrheitsfindung** dient.

Fritz Teufel während eines Prozesses vor dem Moabiter Landgericht im November 1968 auf die Aufforderung, sich zu erheben

Wahrheitsliebe zeigt sich darin, daß man überall das Gute zu finden und zu schätzen weiß.

Johann Wolfgang Goethe: Wilhelm Meisters Wanderjahre oder Die Entsagenden. 2. Fassung 1829. Darin: Betrachtungen im Sinne der Wanderer

Den **Wald** vor lauter Bäumen nicht sehen

Christoph Martin Wieland: Musarion, oder die Philosophie der Grazien. – Dort heißt es im 2. Buch: »Die Herren dieser Art blend't oft zu vieles Licht, / Sie sehn den Wald vor lauter Bäumen nicht.« Ebenso in Wielands *Geschichte der Abderiten*, 5. Buch, Kap. 2, wo die Abderiten als ein »Völklein« charakterisiert werden, das »... einen Wald vor lauter Bäumen nicht sehen« könne.

Der **Wald** steht schwarz und schweiget ...

Matthias Claudius: »Abendlied«

Wer hat dich, du schöner **Wald**, / Aufgebaut so hoch da droben?

Joseph Freiherr von Eichendorff: »Der Jäger Abschied«

Ich ging im **Walde** / So für mich hin, / Und nichts zu suchen, / Das war mein Sinn.

Johann Wolfgang Goethe: »Gefunden«

Von drauß' vom **Walde** komm' ich her, / Ich muß euch sagen, es weihnachtet sehr!

> Theodor Storm: »Knecht Ruprecht«

Waldeinsamkeit, / Die mich erfreut, / So morgen wie heut / In ew'ger Zeit, / O wie mich freut / Waldeinsamkeit.

> Ludwig Tieck: Der blonde Eckbert. – Unter dem Titel *Waldeinsamkeit* veröffentlichte Tieck 1841 seine letzte Novelle.

In des **Waldes** finstern Gründen / Und in Höhlen tief versteckt / Ruht der Räuber allerkühnster, / Bis ihn seine Rosa weckt.

> Christian August Vulpius: Rinaldo Rinaldini der Räuberhauptmann. 10. Buch. Darin: »Romanze«

Im schwarzen **Walfisch** zu Askalon / Da trank ein Mann drei Tag, / Bis daß er steif wie ein Besenstiel / Am Marmortische lag.

> Joseph Victor von Scheffel: »Altassyrisch«

Walle! walle / Manche Strecke, / Daß, zum Zwecke, / Wasser fließe ...

> Johann Wolfgang Goethe: »Der Zauberlehrling«

Und es **wallet** und siedet und brauset und zischt, / Wie wenn Wasser mit Feuer sich mengt ...

> Friedrich Schiller: »Der Taucher«

Wer nur den lieben Gott läßt **walten** / Und hoffet auf ihn allezeit, / Den wird er wunderbar erhalten / In aller Not und Traurigkeit.

> Anfangszeilen eines Kirchenliedes von Georg Neumark

Und sieh! und sieh! an weißer **Wand** / Da kam's hervor wie Menschenhand ...

> Heinrich Heine: »Belsazar«

Der **Wanderer** zwischen beiden Welten

> Titel einer autobiographischen Erzählung von Walter Flex; sie erschien 1917 mit dem Untertitel *Ein Kriegserlebnis*

Das **Wandern** ist des Müllers Lust, / Das Wandern!

> Wilhelm Müller: »Wanderschaft«

Wer recht in Freuden **wandern** will, / Der geh' der Sonn' entgegen ...

    Emanuel Geibel: »Morgenwanderung«

Ein fetter **Wanst**

    Nach Ijob 15,27: »Er brüstet sich wie ein fetter Wanst und macht sich feist und dick.«

Warten können. Es beweist ein großes Herz mit Reichtum an Geduld, wenn man nie in eiliger Hitze, nie leidenschaftlich ist.

    Baltasar Gracián: Oráculo manual y arte de prudencia (Hand-Orakel und Kunst der Weltklugheit) 55

Wartet nicht auf beßre Zeiten / Wartet nicht mit eurem Mut ...

    Wolf Biermann: »Warte nicht auf beßre Zeiten«

Was ihr wollt

    Titel einer zwischen 1600 und 1602 entstandenen Komödie von William Shakespeare; vollständiger Titel: *Twelfth Night, or What You Will*

Was ist das, was in uns hurt, lügt, stiehlt und mordet?

    Georg Büchner: Dantons Tod II,5

Was tun?
(Čto delat?)

    Titel einer 1902 veröffentlichten Abhandlung von Wladimir Iljitsch Lenin; ihr Untertitel: *Brennende Fragen unserer Bewegung (Nabolevšie voprosy našego dviženija)*

Alle **Wasser** laufen ins Meer, doch wird das Meer nicht voller ...

    Koh 1,7

... Es kommen, es kommen die **Wasser** all, / Sie rauschen herauf, sie rauschen nieder, / Den Jüngling bringt keines wieder.

    Friedrich Schiller: »Der Taucher«

Es singen die **Wasser** im Schlafe noch fort / Vom Tage, / Vom heute gewesenen Tage.

    Eduard Mörike: »Um Mitternacht«

Unsere Zukunft liegt auf dem **Wasser**.

    Kaiser Wilhelm II. in einer Ansprache zur Einweihung des neuen Hafens in Stettin am 23. September 1898

Wasser auf die Mühlen der Sozialdemokratie
>Wiederholte Wendung in Theodor Fontanes Roman *Der Stechlin*; so heißt es in Kap. 4: »Und Schwäche (die destruktiven Elemente haben dafür eine feine Fühlung), Schwäche ist immer Wasser auf die Mühlen der Sozialdemokratie.«

Wasser stürzt, uns zu verschlingen, / Rollt der Fels, uns zu erschlagen, / Kommen schon auf starken Schwingen / Vögel her, uns fortzutragen . . .
>Hugo von Hofmannsthal: »Reiselied«

An den **Wassern** zu Babel saßen wir und weinten, / wenn wir an Zion dachten.
>Ps 137,1

Wir **weben** dein Leichentuch *siehe* **Deutschland**

Wenn der lahme **Weber** träumt, er webe, / Träumt die kranke Lerche auch, sie schwebe, / Träumt die stumme Nachtigall, sie singe, / Daß das Herz des Widerhalls zerspringe . . .
>Anfangszeilen eines Gedichtes von Clemens Brentano

So schaff ich am sausenden **Webstuhl** der Zeit / Und wirke der Gottheit lebendiges Kleid.
>Johann Wolfgang Goethe: Faust. Der Tragödie erster Teil. Nacht

Denkt an den **Wechsel** alles Menschlichen! / Es leben Götter, die den Hochmut rächen!
>Friedrich Schiller: Maria Stuart III,4

Ein jeder **Wechsel** schreckt den Glücklichen, / Wo kein Gewinn zu hoffen, droht Verlust.
>Friedrich Schiller: Die Braut von Messina I,7

Und ob alles in ewigem **Wechsel** kreist, / Es beharret im Wechsel ein ruhiger Geist.
>Friedrich Schiller: »Die Worte des Glaubens«

Wechsel ist das Los des Lebens, / Und – es kommt ein andrer Tag.
>Theodor Fontane: »Trost«

Der **Weg** alles Fleisches
>Nach 1 Mose 6,12 f. für ›sterben‹

Dieser **Weg** / Führt nur zum Wahnsinn oder Blutgerüste.
> Friedrich Schiller: Don Karlos, Infant von Spanien I,2

Es führt kein **Weg** zurück
(You Can't Go Home Again)
> Titel eines 1940 postum erschienenen Romans von Thomas Wolfe

Ich gehe hin den **Weg** aller Welt.
> 1 Kön 2,2. – David zu seinem Sohn Salomo.

Mannichfache **Wege** gehen die Menschen.
> Novalis: Die Lehrlinge zu Saïs. Anfangssatz des Kap. 1: Der Lehrling

Es tut mir lang schon **weh**, / Daß ich dich in der Gesellschaft seh.
> Johann Wolfgang Goethe: Faust. Der Tragödie erster Teil. Marthens Garten

Weh dir, daß du ein Enkel bist *siehe* **Ve**rnunft

Wehe, wenn sie losgelassen / Wachsend ohne Widerstand / Durch die volkbelebten Gassen / Wälzt den ungeheuren Brand!
> Friedrich Schiller: »Das Lied von der Glocke«

Beim wunderbaren Gott! – Das **Weib** ist schön!
> Friedrich Schiller: Don Karlos, Infant von Spanien II,8

Das **Weib** ist nicht schwach. Es gibt starke Seelen / In dem Geschlecht . . .
> Friedrich Schiller: Maria Stuart II,3

. . . das **Weib** wollte die Natur zu ihrem Meisterstücke machen. Aber sie vergriff sich im Tone, sie nahm ihn zu fein.
> Gotthold Ephraim Lessing: Emilia Galotti V,7

Der Erde Paradies und Hölle / Liegt in dem Worte **Weib**.
> Johann Gottfried Seume: »Der große Mut«

Ein einzig böses **Weib** lebt höchstens in der Welt: / Nur schlimm, daß jeder seins für dieses einz'ge hält.
> Gotthold Ephraim Lessing: Sinngedichte. Darin: »Das böse Weib«

Alles am **Weibe** ist ein Rätsel, und alles am Weibe hat eine Lösung: sie heißt Schwangerschaft.
>Friedrich Nietzsche: Also sprach Zarathustra. Darin: Von alten und jungen Weiblein

Besonders lernt die **Weiber** führen; / Es ist ihr ewig Weh und Ach / So tausendfach / Aus einem Punkte zu kurieren, / Und wenn Ihr halbweg ehrbar tut, / Dann habt Ihr sie all unterm Hut.
>Johann Wolfgang Goethe: Faust. Der Tragödie erster Teil. Studierzimmer [II]

... Da werden **Weiber** zu Hyänen ...
>Friedrich Schiller: »Das Lied von der Glocke«

Ob die **Weiber** so viel Vernunft haben als die Männer, mag ich nicht entscheiden; aber sie haben ganz gewiß nicht so viel Unvernunft.
>Johann Gottfried Seume: Apokryphen

Weiber können bedeutendes Talent, aber kein Genie haben: denn sie bleiben stets subjektiv.
>Arthur Schopenhauer: Die Welt als Wille und Vorstellung II. Kap. 31

Was hätt' ein **Weiberkopf** erdacht, das er / Nicht zu beschönen wüßte!
>Gotthold Ephraim Lessing: Nathan der Weise III,4

Genau bei **Weibern** / Weiß man niemals, wo der Engel / Aufhört und der Teufel anfängt.
>Heinrich Heine: Atta Troll. Caput XIX

Daß das **weiche** Wasser in Bewegung / Mit der Zeit den mächtigen Stein besiegt. / Du verstehst, das Harte unterliegt.
>Bertolt Brecht: »Legende von der Entstehung des Buches Taoteking auf dem Weg des Laotse in die Emigration«

Morgen kommt der **Weihnachtsmann**, / Kommt mit seinen Gaben.
>August Heinrich Hoffmann von Fallersleben: »Der Weihnachtsmann«

Jetzt muß der Geist von **Weimar**, der Geist der großen Philosophen und Dichter wieder unser Leben erfüllen.
>Friedrich Ebert am 6. Februar 1919 bei der Eröffnung der Weimarer Nationalversammlung

Zu **Weimar**, dem Musenwitwensitz, / Da hört ich viel Klagen erheben, / Man weinte und jammerte: Goethe sei tot, / Und Eckermann sei noch am Leben!
>Heinrich Heine: »Der Tannhäuser« 3

... daß der **Wein** erfreue des Menschen Herz ...
>Ps 104,15

Der **Wein** erfindet nichts, er schwatzts nur aus.
>Friedrich Schiller: Wallenstein. Die Piccolomini IV,7

Es reimt sich trefflich: **Wein** und Schwein, / Und paßt sich köstlich: Wurst und Durst, / Bei Würsten gilt's zu bürsten.
>Ludwig Uhland: »Metzelsuppenlied«

Gibt's nirgends mehr 'nen Tropfen **Wein** / Des Nachts um halber zwölf?
>Joseph Victor von Scheffel in »Das wilde Heer« und »Der Überfall« aus dem Zyklus *Die Lieder vom Rodenstein*

... Ich weiß, sie tranken heimlich **Wein**, / Und predigten öffentlich Wasser.
>Heinrich Heine: Deutschland. Ein Wintermärchen. Caput I

Jedermann gibt zuerst den guten **Wein** und, wenn sie betrunken werden, den geringeren ...
>Joh 2,10. – Die Hochzeit zu Kana.

Jetzt schwingen wir den Hut, / Der **Wein**, der war so gut. / Der Kaiser trinkt Burgunder Wein, / sein schönster Junker schenkt ihm ein, / und schmeckt ihm doch nicht besser ...
>Johann Peter Hebel: »Abendlied wenn man aus dem Wirtshaus geht«

Sie sind voll von süßem **Wein**.
>Apg 2,13. – Das Pfingstwunder.

Wohlauf! noch getrunken / Den funkelnden **Wein**! / Ade nun, ihr Lieben! / Geschieden muß sein.
    Justinus Kerner: »Wanderlied«

Des HERRN Zebaoth **Weinberg** aber ist das Haus Israel . . .
    Jes 5,7

Im **Weinen** liegt eine gewisse Wonne.
(. . . est quaedam flere voluptas.)
    Ovid: Tristia 4,3,37

Und er ging hinaus und **weinte** bitterlich.
    Mt 26,75. – Petrus, nachdem dieser Jesus dreimal verleugnet hatte.

Der **Weise** ist selten klug.
    Marie von Ebner-Eschenbach: Aphorismen

Ich wäre gerne auch **weise** / In den alten Büchern steht, was weise ist: / Sich aus dem Streit der Welt halten und die kurze Zeit / Ohne Furcht verbringen / Auch ohne Gewalt auskommen / Böses mit Gutem vergelten . . .
    Bertolt Brecht: »An die Nachgeborenen«

Denn man muß dem **Weisen** seine Weisheit erst entreißen. / Darum sei der Zöllner auch bedankt: / Er hat sie ihm abverlangt.
    Bertolt Brecht: »Legende von der Entstehung des Buches Taoteking auf dem Weg des Laotse in die Emigration«

Denn wo viel **Weisheit** ist, da ist viel Grämen, und wer viel lernt, der muß viel leiden.
    Koh 1,18

Die **Weisheit** ist nur in der Wahrheit.
    Johann Wolfgang Goethe: Maximen und Reflexionen 78

Die **Weisheit** ruft laut auf der Straße und läßt ihre Stimme hören auf den Plätzen.
    Spr 1,20

So wird's Euch an der **Weisheit** Brüsten / Mit jedem Tage mehr gelüsten.
>   Johann Wolfgang Goethe: Faust. Der Tragödie erster Teil. Studierzimmer [II]

Eigentlich **weiß** man nur, wenn man wenig weiß; mit dem Wissen wächs't der Zweifel.
>   Johann Wolfgang Goethe: Maximen und Reflexionen 281

Gut, er **weiß** nichts. Aber das weiß er immer besser.
>   Elias Canetti: Das Geheimherz der Uhr. Aufzeichnungen 1973–1985. Darin: 1981

Ich weiß, daß ich nichts **weiß**.
(Οἶδα οὐκ εἰδώς. – Oida uk eidos.)
>   Ausspruch des Sokrates, den Platon überliefert: Apologia Sokratus 21b

Was man nicht **weiß**, das eben brauchte man, / Und was man weiß, kann man nicht brauchen.
>   Johann Wolfgang Goethe: Faust. Der Tragödie erster Teil. Vor dem Tor

Zwar **weiß** ich viel, doch möcht ich alles wissen.
>   Johann Wolfgang Goethe: Faust. Der Tragödie erster Teil. Nacht

Eine **weiße** Weste
>   Hans Blum überliefert in *Ein Tag in Varzin beim Fürsten Bismarck* ein Gespräch vom 30. Oktober 1892, in dem Bismarck über Major von Wissmann sagte, dieser sei »mit einer vollständig tadellosen weißen Weste aus Afrika zurückgekommen«.

So **weit** geht niemand, der nicht muß.
>   Friedrich Schiller: Wallenstein. Wallensteins Tod I,5

Im **Weiterschreiten** find' er Qual und Glück, / Er, unbefriedigt jeden Augenblick!
>   Johann Wolfgang Goethe: Faust. Der Tragödie zweiter Teil. 5. Akt. Mitternacht

Ach, Luise, laß . . . das ist ein zu **weites** Feld.
>   Theodor Fontane: Effi Briest. Kap. 36

Das **Weitre**, das Weitre verschweig ich, / Doch weiß es, doch weiß es die Welt!
(Il resto, no dico, già ognuno lo sà!)

> Wolfgang Amadeus Mozart: Figaros Hochzeit IV,7; Text von Lorenzo da Ponte nach Beaumarchais; die deutsche Übersetzung nach Hermann Levi

Hie **Welf** – hie Waibling!

> Ausrufe, die angeblich während der Schlacht bei Weinsberg 1140 getan wurden, in der sich der Welfenherzog Heinrich der Stolze und der Hohenstauferkönig Konrad III. gegenüberstanden

Welle der Nacht – Meerwidder und Delphine / mit Hyakinthos leichtbewegter Last . . .

> Gottfried Benn: »Welle der Nacht«

Ich glaube, die **Wellen** verschlingen / Am Ende Schiffer und Kahn; / Und das hat mit ihrem Singen / Die Lorelei getan.

> Heinrich Heine: Buch der Lieder. Darin: »Die Heimkehr« 2. – Zumeist unter dem Titel »Lorelei« zitiert.

Ach, die **Welt** ist für die Männer geschaffen, nicht für die Frauen.

> Oscar Wilde: A Woman of No Importance (Eine Frau ohne Bedeutung). 1. Akt

Auf der **Welt** sein: im Licht sein.

> Max Frisch: Montauk; vgl. auch »Aber vor allem: Standhalten dem Licht . . .«

Da ihr noch die schöne **Welt** regieret, / An der Freude leichtem Gängelband . . .

> Friedrich Schiller: »Die Götter Griechenlands«

Daß ich erkenne, was die **Welt** / Im Innersten zusammenhält, / Schau alle Wirkenskraft und Samen, / Und tu nicht mehr in Worten kramen.

> Johann Wolfgang Goethe: Faust. Der Tragödie erster Teil. Nacht

Daß wir uns in ihr zerstreuen, / Darum ist die **Welt** so groß.

> Johann Wolfgang Goethe: Wilhelm Meisters Wanderjahre oder Die Entsagenden. 2. Fassung 1829. 3. Buch, Kap. 1

Der du die weite **Welt** umschweifst, / Geschäftiger Geist, wie nah fühl ich mich dir!
> Johann Wolfgang Goethe: Faust. Der Tragödie erster Teil. Nacht

Die **Welt** als Wille und Vorstellung
> Philosophisches Hauptwerk von Arthur Schopenhauer, zuerst 1819, in einer erweiterten Fassung 1844 erschienen

Die **Welt** ist arm, der Mensch ist schlecht / Da hab ich eben leider recht!
> Bertolt Brecht: Die Dreigroschenoper I,3: Bettlergarderoben. Darin: »Über die Unsicherheit menschlicher Verhältnisse«

Die **Welt** ist das Mittel zum Denken. Es handelt sich nicht um Erkennen, das ist eine phantastische Tautologie.
> Carl Einstein: Bebuquin oder Die Dilettanten des Wunders. Kap. 3

Die **Welt** ist dumm, die Welt ist blind, / Wird täglich abgeschmackter! / Sie spricht von dir, mein schönes Kind: / Du hast keinen guten Charakter.
> Heinrich Heine: Buch der Lieder. Darin: »Lyrisches Intermezzo« 15

Die **Welt** ist ein Gefängnis, in dem Einzelhaft vorzuziehen ist.
> Karl Kraus: Sprüche und Widersprüche

Die **Welt** ist schön! Und das ist eigentlich traurig.
> Stanislaw Jerzy Lec: Neue unfrisierte Gedanken

. . . Die **Welt** ist vollkommen überall, / Wo der Mensch nicht hinkommt mit seiner Qual.
> Friedrich Schiller: Die Braut von Messina IV,7; vgl. auch »Auf den Bergen ist die Freiheit . . .«

Die **Welt** wird alt und wird wieder jung, / Doch der Mensch hofft immer Verbesserung.
> Friedrich Schiller: »Hoffnung«

Die **Welt** wird schöner mit jedem Tag, / Man weiß nicht, was noch werden mag, / Das Blühen will nicht enden.
> Ludwig Uhland: »Frühlingsglaube«

Es gehet also in dieser **Welt**, / Ein jedem seine weiß gefelt.
Georg Rollenhagen: Froschmeuseler I,1,6

Es ist überall nichts in der **Welt**, ja überhaupt auch außer derselben zu denken möglich, was ohne Einschränkung für gut könnte gehalten werden, als allein ein guter Wille.
Immanuel Kant: Grundlegung zur Metaphysik der Sitten. Erster Abschnitt

Es liebt die **Welt**, das Strahlende zu schwärzen / Und das Erhabne in den Staub zu ziehn ...
Friedrich Schiller: »Das Mädchen von Orleans«

Ich bin nur durch die **Welt** gerannt; / Ein jed Gelüst ergriff ich bei den Haaren, / Was nicht genügte, ließ ich fahren, / Was mir entwischte, ließ ich ziehn.
Johann Wolfgang Goethe: Faust. Der Tragödie zweiter Teil. 5. Akt. Mitternacht

O **Welt**, ich muß dich lassen, / Ich fahr dahin mein Straßen / Ins ewig Vaterland.
Johann Ludwig Hesse: »Von dem christlichen Abschied dieser Welt«

Und die **Welt** vergeht mit ihrer Lust; wer aber den Willen Gottes tut, der bleibt in Ewigkeit.
1 Joh 2,17

Wie bist du doch so schön, o du weite, weite **Welt**!
Emanuel Geibel: Schlußzeile des Gedichts »Der **Mai** ist gekommen ...«

Wie ist die **Welt** so stille / Und in der Dämmrung Hülle / So traulich und so hold ...
Matthias Claudius: »Abendlied«

Wir glauben, daß die **Welt** vor allem gedacht werden muß.
Antoine de Saint-Exupéry: Carnets. Darin: Moral und Politik

Wir wissen von keiner **Welt** als im Bezug auf den Menschen; wir wollen keine Kunst, als die ein Abdruck dieses Bezugs ist.
Johann Wolfgang Goethe: Maximen und Reflexionen 1077

Dies ist die Zeit des stummen **Weltgerichts**. / In Wasserfluten nicht und nicht in Flammen.
>   Friedrich Hebbel: »Unsere Zeit«

Die **Weltgeschichte** ist das Weltgericht.
>   Friedrich Schiller: »Resignation«

Die **Weltgeschichte** ist der Fortschritt im Bewußtsein der Freiheit, – ein Fortschritt, den wir in seiner Notwendigkeit zu erkennen haben.
>   Georg Wilhelm Friedrich Hegel: Vorlesungen über die Philosophie der Geschichte. Einleitung

Die **Weltgeschichte** ist die Summe dessen, was vermeidbar gewesen wäre.
>   Bertrand Russell: Warum ich kein Christ bin

Die **Weltgeschichte** ist nicht der Boden des Glücks. Die Perioden des Glücks sind leere Blätter in ihr . . .
>   Georg Wilhelm Friedrich Hegel: Vorlesungen über die Philosophie der Geschichte. Einleitung

Hätte die **Weltgeschichte** ein Sachregister, wie sie ein Namenregister hat, könnte man sie besser benutzen.
>   Ludwig Börne: Aphorismen

Das **Weltkind** in der Mitte *siehe* **P**rophete

Selbst wenn geborsten die **Weltkugel** einstürzen sollte, / einen Unerschrockenen werden ihre Trümmer treffen.
(. . . si fractus inlabatur orbis, / inpavidum ferient ruinae.)
>   Horaz: Carmina 3,3,7 f.

Weltliteratur

Von Johann Wolfgang Goethe in seinem Spätwerk geprägter Begriff. – So zu Johann Peter Eckermann am 31. Januar 1827: »National-Literatur will jetzt nicht viel sagen, die Epoche der Weltliteratur ist an der Zeit und jeder muß jetzt dazu wirken, diese Epoche zu beschleunigen.« Ebenso am 15. Juli 1827 und in einem Spruch aus »Makariens Archiv« am Ende der 2. Fassung des Romans *Wilhelm Meisters Wanderjahre oder Die Entsagenden* (»Jetzt, da sich eine Weltliteratur einleitet . . .«).

Die **Welträthsel**

Titel einer 1899 veröffentlichten Schrift von Ernst Haeckel mit dem Untertitel *Gemeinverständliche Studien über monistische Philosophie*

Weltschmerz

Als Schöpfer dieses Begriffs gilt Jean Paul. – Im Anhang seiner 1827 postum veröffentlichten Schrift *Selina oder über die Unsterblichkeit der Seele* findet sich eine Notiz, die historisch-kritische Ausgabe der *Sämtlichen Werke* in Bd. 4,2, S. 485, abdruckt: »Nur sein Auge sah alle die tausend Qualen der Menschen bei ihren Untergängen – Diesen Weltschmerz kann er, so zu sagen, nur aushalten durch den Anblick der Seeligkeit, die nachher vergütet.«

Weltseele, komm, uns zu durchdringen!

Johann Wolfgang Goethe: »Eins und Alles«

Auch die große **Weltuhr** hat irgendwo einen Wecker.

Johann Peter Hebel: Verschiedene Gedanken. Aus dem Nachlaß

Das **Wenige** verschwindet leicht dem Blick, / Der vorwärts sieht, wie viel noch übrig bleibt.

Johann Wolfgang Goethe: Iphigenie auf Tauris I,2

Weniger wäre mehr

Die Redensart ist eine doppelte Umformung eines Zitats von Gotthold Ephraim Lessing. In dessen Trauerspiel *Emilia Galotti* heißt es I,4: »Nicht so redlich, wäre redlicher.« – Auf diese Stelle Bezug nehmend, formulierte Christoph Martin Wieland im Neujahrswunsch der Zeitschrift *Merkur* 1774: »Und minder ist oft mehr, / Wie Lessings Prinz uns lehrt.«

Meine **Wenigkeit**

Die Wendung findet sich bei Valerius Maximus, der im Prolog zu seinen *Factorum et dictorum memorabilium libri novem* von »mea parvitas« spricht. – Bei Aulus Gellius heißt es dann »mea tenuitas« (12,1,24).

Denn **wer** da hat, dem wird gegeben, daß er die Fülle habe ...

Mt 13,12; vgl. Mt 25,29; Mk 4,25; Lk 8,18; 19,26

Denn **wer** nicht gegen euch ist, der ist für euch.

Lk 9,50

Wer nicht mit mir ist, der ist gegen mich ...

Mt 12,30; vgl. Lk 11,23

Wer sind wir? Wo kommen wir her? Wohin gehen wir? Was erwarten wir? Was erwartet uns?
Ernst Bloch: Das Prinzip Hoffnung. Vorwort

Man kann nur **werden**, insofern man schon ist.
Novalis: Fragmente

Das **Werdende**, das ewig wirkt und lebt, / Umfass euch mit der Liebe holden Schranken, / Und was in schwankender Erscheinung schwebt, / Befestiget mit dauernden Gedanken.
Johann Wolfgang Goethe: Faust. Der Tragödie erster Teil. Prolog im Himmel

Bei manchem **Werk** eines berühmten Mannes mögte ich lieber lesen, was er weggestrichen hat, als was er hat stehen lassen.
Georg Christoph Lichtenberg: Sudelbücher F 998

Das **Werk** ist die Totenmaske der Konzeption.
Walter Benjamin: Einbahnstraße. Darin: Ankleben verboten! Die Technik des Schriftstellers in dreizehn Thesen. XIII

Das **Werk** lobt den Meister, und einen weisen Fürsten ehrt weise Rede.
Sir 9,24. – Von Friedrich Schiller im »Lied von der Glocke« wiederaufgenommen; vgl. »Von der **St**irne . . .«.

Ein gutes **Werk** an jemandem tun
Nach Mt 16,10: »Was betrübt ihr die Frau? Sie hat ein gutes Werk an mir getan.«

. . . denn ihre **Werke** folgen ihnen nach.
Offb 14,13

Zum **Werke**, das wir ernst bereiten, / Geziemt sich wohl ein ernstes Wort; / Wenn gute Reden sie begleiten, / Dann fließt die Arbeit munter fort.
Friedrich Schiller: »Das Lied von der Glocke«

Der **Wert** eines Menschen hängt nicht von seinem Soldbuch ab.
Kurt Tucholsky: Schnipsel

Ein **Werwolf** eines Nachts entwich / von Weib und Kind und sich begab / an eines Dorfschullehrers Grab / und bat ihn: »Bitte, beuge mich!« ... »Der Werwolf«, sprach der gute Mann, / »des Weswolfs, Genetiv sodann, / Dem Wemwolf, Dativ, wie mans nennt, / den Wenwolf, – damit hats ein End.«
Christian Morgenstern: »Der Werwolf«

In gewissem Grad sind wir wirklich das **Wesen**, das die andern in uns hineinsehen, Freunde wie Feinde.
Max Frisch: Tagebuch 1946–1949 (Abschnitt »1946«)

Kein **Wesen** kann zu nichts zerfallen, / Das Ew'ge regt sich fort in allen, / Am Sein erhalte dich beglückt!
Johann Wolfgang Goethe: »Vermächtnis«

Im **Westen** nichts Neues
Titel eines Romans von Erich Maria Remarque, der 1929 erschien. – Am Schluß des Romans, der die Ereignisse des 1. Weltkriegs schildert, heißt es: »Er fiel im Oktober 1918, an einem Tage, der so ruhig und still war an der ganzen Front, daß der Heeresbericht sich nur auf den Satz beschränkte, im Westen sei nichts Neues zu melden.« Vgl. auch »Vor **Paris** nichts Neues«.

Wetterwendisch
Nach Mt 13,21: »... aber er hat keine Wurzel in sich, sondern er ist wetterwendisch ...«; vgl. Mk 4,17

Widele, wedele, / Hinterm Städele / Hat der Bettelmann Hochzeit ...
Aus der von Clemens Brentano und Achim von Arnim herausgegebenen Sammlung *Des Knaben Wunderhorn*: »Etikette auf des Bettelmanns Hochzeit«. – Das Gedicht wurde Brentano und Arnim von Carl Nehrlich mitgeteilt.

Die auf **Widerruf** gestundete Zeit / wird sichtbar am Horizont.
Ingeborg Bachmann: »Die gestundete Zeit«

Der **Widerspenstigen** Zähmung
(The Taming of the Shrew)
Titel einer Komödie von William Shakespeare, die um 1593 entstand

Denn ein vollkommner **Widerspruch** / Bleibt gleich geheimnisvoll für Kluge wie für Toren.
>Johann Wolfgang Goethe: Faust. Der Tragödie erster Teil. Hexenküche

Wie einer mir tut, so will ich ihm auch tun . . .
>Spr 24,29. – Quelle der sprichwörtlichen Wendung »Wie du mir, so ich dir«.

Alles **wiederholt** sich nur im Leben, / Ewig jung ist nur die Phantasie . . .
>Friedrich Schiller: »An die Freunde«

Meine **Wiege** stand am Webstuhl meines Vaters.
>Hermann von Beckerath vor dem Vereinigten Landtag von Preußen am 4. Juni 1847

Das muß ein Stück vom Himmel sein, / **Wien** und der Wein! Wien und der Wein!
>Refrain eines Liedes aus dem Film *Der Kongreß tanzt*, das Robert Gilbert (Text) und Werner Richard Heymann (Musik) schrieben

Ein **Wiesel** / saß auf einem Kiesel / inmitten Bachgeriesel.
>Christian Morgenstern: »Das ästhetische Wiesel«

Seht, wir **Wilden** sind doch beßre Menschen!
>Johann Gottfried Seume: »Der Wilde«. – In seiner Aphorismensammlung *Nachts* formuliert – hierauf Bezug nehmend – Karl Kraus: »Wir Menschen sind doch bessere Wilde.«

Zum **wilden** eisernen Würfelspiel . . .
>Als Bezeichnung für den Krieg in Friedrich Schillers Gedicht »In einer Bataille«

So **will** ich es, so befehle ich es, anstelle eines Grundes steht mein Wille.
(Hoc volo, sic iubeo, sit pro ratione voluntas.)
>Juvenal: Saturae 6,223

Den Menschen macht sein **Wille** groß und klein . . .
>Friedrich Schiller: Wallenstein. Wallensteins Tod IV,8

Denn der **Wille**, / Und nicht die Gabe macht den Geber.
>Gotthold Ephraim Lessing: Nathan der Weise I,5

Denn dies ist unser **Wille**
(Car tel est nostre plaisir)
> Diese Formel erstmals unter einem Edikt Ludwigs XI. vom 31. Oktober 1472. – Als »Car tel est notre bon plaisir« erst seit Ludwig XVI. und 1804 von Napoleon übernommen.

Der **Wille** zur Macht
> Titel einer aus dem Nachlaß von Friedrich Nietzsche kompilierten Sammlung, die zuerst 1901 veröffentlicht wurde

Des Menschen **Wille**, das ist sein Glück.
> Friedrich Schiller: Wallenstein. Wallensteins Lager. 7. Auftritt

. . . Und bist du nicht **willig**, so brauch ich Gewalt.
> Johann Wolfgang Goethe: »Erlkönig«

Willkommen, liebe Sommerzeit, / Willkommen, schöner Mai, / Der Blumen auf den Anger streut / Und alles machet neu.
> Ludwig Christoph Heinrich Hölty: »Mailied«

Was du nicht **willst**, daß man dir tu, das füg auch keinem andern zu.
> Tob 4,16. In der positiven Form bei Mt 7,12: »Alles nun, was ihr wollt, daß euch die Leute tun sollen, das tut ihnen auch!« – In der lateinischen Form »Quod tibi fieri non vis, alteri ne feceris« als Wahlspruch des römischen Kaisers Alexander Severus überliefert.

Hört ihrs **wimmern** hoch vom Turm? / Das ist Sturm!
> Friedrich Schiller: »Das Lied von der Glocke«

Das alles trägt der **Wind** von dannen!
(Autant en emporte ly vens!)
> François Villon: Le Testament. Refrain der »Ballade en vieil langage françois« (»Car ou soit ly sains appostolles . . .«)

Denn sie säen **Wind** und werden Sturm ernten.
> Hos 8,7

Der **Wind**, der Wind, / Das himmlische Kind . . .
> Kinder- und Hausmärchen. Gesammelt durch die Brüder Grimm. Darin: Hänsel und Gretel; vgl. »**Kn**uper, knuper . . .«

Der **Wind** hat mir ein Lied erzählt / von einem Glück, unsagbar schön.
> Refrain eines von Zarah Leander gesungenen Liedes aus dem Film *La Habañera*. Den Text verfaßte Bruno Balz, die Musik schrieb Lothar Brühne.

Ihr werdet in den **Wind** reden.
> 1 Kor 14,9

Wo der **Wind** sie hingetragen, / ja, das weiß kein Mensch zu sagen.
> Heinrich Hoffmann: Der Struwwelpeter. Darin: Die Geschichte vom fliegenden Robert

Er ist es nicht – Es war der **Winde** Spiel, / Die durch der Pinie Wipfel sausend streichen ...
> Friedrich Schiller: Die Braut von Messina II,1

... und alle, die übriggeblieben sind, sollen in alle **Winde** zerstreut werden ...
> Ez 17,21

Vom **Winde** verweht
(Gone with the Wind)
> Titel eines 1936 erschienenen Romans von Margaret Mitchell

Mit **Windmühlen** kämpfen
(acometer molinos de viento)
> Nach Miguel de Cervantes: El ingenioso hidalgo Don Quixote de la Mancha I,8. – Dort kämpft Don Quixote gegen Windmühlenflügel, die er für Riesen hält.

Der **Winter** ist ein rechter Mann, / Kernfest und auf die Dauer ...
> Matthias Claudius: »Ein Lied hinterm Ofen zu singen«

Der **Winter** ist ein scharfer Gast ...
> Aus der von Clemens Brentano und Achim von Arnim herausgegebenen Sammlung *Des Knaben Wunderhorn*: »Gastlichkeit des Winters«

... der **Winter** unsers Mißvergnügens ...
(the winter of our discontent)
> Aus dem ersten Vers von William Shakespeares *The Tragedy of King Richard the Third*

So treiben wir den **Winter** aus, / Durch unsre Stadt zum Tor hinaus, / Mit sein Betrug und Listen, / Den rechten Antichristen.

> Aus der von Clemens Brentano und Achim von Arnim herausgegebenen Sammlung *Des Knaben Wunderhorn*: »Das Todaustreiben«. – Als Vorlage diente der Text des reformatorischen Pfarrers Caspar Füger aus Dresden, der 1584 dichtete: »So treiben wir den Bapst aus.«

Und dräut der **Winter** noch so sehr / Mit trotzigen Gebärden; / Und streut er Eis und Schnee umher, / Es muß doch Frühling werden.

> Emanuel Geibel: »Hoffnung«

Uns hât der **winter** geschât über al: / heide unde walt sint beide nû val, / dâ manic stimme vil souze inne hal.
(Uns hat der Winter über alles Schaden zugefügt. / Heide und Wald sind fahl, / die einst so süß widerhallten von tausend Vogelstimmen.)

> Anfangszeilen eines Gedichts von Walther von der Vogelweide

Winter, ade! / Scheiden tut weh.

> August Heinrich Hoffmann von Fallersleben: »Winters Abschied«

Nur belehrt von der **Wirklichkeit**, können wir / Die Wirklichkeit ändern.

> Bertolt Brecht: Die Maßnahme (Fassung von 1931). Schluß

Bei einem **Wirte** wundermild, / Da war ich jüngst zu Gaste ...

> Ludwig Uhland: »Einkehr«

Es zogen drei Bursche wohl über den Rhein, / Bei einer Frau **Wirtin**, da kehrten sie ein.

> Ludwig Uhland: »Der Wirtin Töchterlein«

Alles **Wissen** geht aus einem Zweifel hervor und endigt in einem Glauben.

> Marie von Ebner-Eschenbach: Aphorismen

Denn unser **Wissen** ist Stückwerk ...

> 1 Kor 13,9

Der muß viel **wissen**, der andere lehren soll, mit wenig Wissen weise zu sein.
>Immanuel Kant: Bemerkungen zu den Beobachtungen über das Gefühl des Schönen und Erhabenen

Und sehe, daß wir nichts **wissen** können! / Das will mir schier das Herz verbrennen.
>Johann Wolfgang Goethe: Faust. Der Tragödie erster Teil. Nacht

Wir **wissen**, was wir wissen, wir habens teuer bezahlen müssen.
>Alfred Döblin: Berlin Alexanderplatz. 9. Buch. – Aus den Schlußabschnitten des Romans.

Wissen ist Macht
>Die Wendung geht auf die *Essays* von Francis Bacon zurück. In der ersten, 1597 in lateinischer Sprache als *Mediationes sacrae* veröffentlichten Ausgabe heißt es im 11. Artikel »De Heresibus«: »Nam et ipsa scientia potestas est.« Dies wird in der englischen Fassung von 1598 als »For knowledge itself is power« übersetzt. So dann auch im *Novum organon* (Aphor. 3): »Knowledge and human power are synonymous.« (»Scientia et potentia humana in idem coincidunt.«) – Wilhelm Liebknecht gab einer 1872 veröffentlichten Schrift den Titel *Wissen ist Macht – Macht ist Wissen* (dies der Text einer Rede vor dem Bildungsverein in Dresden am 5. Februar 1872). Im 1. Akt von George Bernard Shaws *Mrs. Warren's profession (Frau Warrens Gewerbe)* heißt es: »Knowledge is power, and I never sell power.« (»Wissen ist Macht und ich verkaufe keine Macht.«) Zu einiger Popularität ist auch die Umformung dieses Spruches in dem Graffiti »Wissen ist Macht – Nicht wissen macht auch nichts« gelangt.

Bei Erweiterung des **Wissens** macht sich von Zeit zu Zeit eine Umordnung nötig; sie geschieht meistens nach neueren Maximen, bleibt aber immer provisorisch.
>Johann Wolfgang Goethe: Maximen und Reflexionen 1268

Daß die **Wissenschaft** nicht denken kann, ist kein Mangel, sondern ein Vorzug.
>Martin Heidegger: Was heißt denken?

Die **Wissenschaft** fängt eigentlich erst da an interessant zu werden, wo sie aufhört.
>Justus von Liebig: Chemische Briefe

Unsere **Wissenschaft** ist schrecklich geworden, unsere Forschung gefährlich, unsere Erkenntnis tödlich.

Friedrich Dürrenmatt: Die Physiker. 2. Akt

Von wannen kommt dir diese **Wissenschaft**?

Friedrich Schiller: Die Jungfrau von Orleans I,10. – Mit diesen Worten hatte Schiller schon 1801 die Zeilen »Say from whence / You owe this strange intelligence ...« aus Shakespeares *Macbeth* (I,3) übersetzt: »Sagt, von wannen kam euch / Die wunderbare Wissenschaft?« Diese Wendung gebrauchte auch Varus in Heinrich von Kleists Drama *Die Hermannsschlacht* (V,4).

Wissenschaft ist die Theorie des Wirklichen.

Martin Heidegger: Wissenschaft und Besinnung

Wissenschaft ist nur Eine Hälfte. Glauben ist die Andre.

Novalis: Philosophische Studien der Jahre 1795/96 (Fichte-Studien). 1. Gruppe. Bemerkungen Nr. 490

Die Geschichte der **Wissenschaften** ist eine große Fuge, in der die Stimmen der Völker nach und nach zum Vorschein kommen.

Johann Wolfgang Goethe: Wilhelm Meisters Wanderjahre oder Die Entsagenden. 2. Fassung 1829. Darin: Betrachtungen im Sinne der Wanderer

Der **Witz** ist die Krätze des Geistes. Er juckt sich heraus.

Johann Gottfried Seume: Apokryphen

Der **Witz** ist ein brillanter Emporkömmling von zweifelhafter Abstammung.

Marie von Ebner-Eschenbach: Aphorismen

... Krieg führt der **Witz** auf ewig mit dem Schönen ...

Friedrich Schiller: »Das Mädchen von Orleans«

... denn für **Witze** und Geldborger ist es heilsam, wenn sie uns unangemeldet überraschen.

Heinrich Heine: Reisebilder. 4. Teil. Englische Fragmente. Kap. VIII

August, der Schäfer, hat **Wölfe** gehört, / Wölfe mitten im Mai ...

Franz Josef Degenhardt: »Wölfe mitten im Mai«

Woher ich kam, wohin ich gehe, weiß ich nicht; / Doch dies: von Gott zu Gott! ist meine Zuversicht.
<small>Friedrich Rückert: Die Weisheit des Brahmanen. Zwölfte Stufe. Frieden</small>

Wohin es geht, wer weiß es? Erinnert er sich doch kaum, woher er kam!
<small>Johann Wolfgang Goethe: Egmont. 2. Aufzug. Egmonts Wohnung. – Goethe beschließt mit diesen Worten auch seine Autobiographie *Dichtung und Wahrheit*; vgl. auch »**Kind**, Kind! nicht weiter!«</small>

Diesen soll das **Wohl** des Volkes das oberste Gesetz sein.
(Ollis salus populi suprema lex esto.)
<small>Cicero: De legibus 3,3,8. – Mit »diesen« waren die Magistraten gemeint.</small>

Wohl dem, der frei von Schuld und Fehle / Bewahrt die kindlich reine Seele!
<small>Friedrich Schiller: »Die Kraniche des Ibykus«</small>

Wohlauf, die Luft geht frisch und rein, / Wer lange sitzt, muß rosten . . .
<small>Joseph Victor von Scheffel: »Wanderlied«</small>

Laßt **wohlbeleibte** Männer um mich sein, / Mit glatten Köpfen, und die Nachts gut schlafen.
(Let me have men about me that are fat, / Sleek-headed men, and such as sleep a-nights.)
<small>William Shakespeare: The Tragedie of Iulius Caesar I,2</small>

Alle **Wohlgerüche** Arabiens
(All the perfumes of Arabia)
<small>Wendung aus William Shakespeares *The Tragedie of Macbeth* V,1</small>

Nur wer im **Wohlstand** lebt, lebt angenehm!
<small>Bertolt Brecht: Die Dreigroschenoper II,6: Gefängnis. Darin: »Ballade vom angenehmen Leben«. – Brechts Vorlage war die Ballade »Les Contreditz Franc Gontier« (»Sur mol duvet assiz, ung gras chanoine . . .«) aus François Villons *Le Testament*, deren Refrain lautet: »Il n'est tresor que de vivre a son aise.« (»'s gibt nur ein Glück: ein angenehmes Leben.«)</small>

Der **Wolf** erhob sich tränenblind – / er hatte ja doch Weib und Kind!! / Doch da er kein Gelehrter eben, / so schied er dankend und ergeben.

Christian Morgenstern: »Der Werwolf«

Der **Wolf** im Schafspelz

Nach Mt 7,15: »Seht euch vor vor den falschen Propheten, die in Schafskleidern zu euch kommen, inwendig aber sind sie reißende Wölfe.« – Aus der Bergpredigt.

Ein **Wolf** ist einer ganzen Herde Schafe zu viel.

Johann Wolfgang Goethe: Götz von Berlichingen mit der eisernen Hand III. Jaxthausen

Und über uns im schönen Sommerhimmel / War eine **Wolke**, die ich lange sah / Sie war sehr weiß und ungeheuer oben / Und als ich aufsah, war sie nimmer da.

Bertolt Brecht: »Erinnerung an die Marie A.«

Wie wird mir – Leichte **Wolken** heben mich – / Der schwere Panzer wird zum Flügelkleide.

Friedrich Schiller: Die Jungfrau von Orleans V,14

Wolkenkuckucksheim
(Νεφελοκοκκυγία – Nephelokokkygia)

Aristophanes: Die Vögel 819

Denn Gott ist's, der in euch wirkt beides, das **Wollen** und das Vollbringen, nach seinem Wohlgefallen.

Phil 2,13

Wollust ward dem Wurm gegeben, / Und der Cherub steht vor Gott.

Friedrich Schiller: »An die Freude«

Ha! welche **Wonne** fließt in diesem Blick / Auf einmal mir durch alle meine Sinnen!

Johann Wolfgang Goethe: Faust. Der Tragödie erster Teil. Nacht

Welch eine **Wonne**! welch ein Leiden! / Ich kann von diesem Blick nicht scheiden.

Johann Wolfgang Goethe: Faust. Der Tragödie erster Teil. Walpurgisnacht

Welche **Wonne**, welche Lust / Herrscht nunmehr in meiner Brust!
>Wolfgang Amadeus Mozart: Die Entführung aus dem Serail. 2. Aufzug, 7. Auftritt. Nr. 12. – Arie des Blondchen. Libretto von Gottlieb Stephanie d. J. nach Christoph Friedrich Bretzner.

Dann fliegt vor Einem geheimen **Wort** / Das ganze verkehrte Wesen fort.
>Novalis: »Wenn nicht mehr Zahlen und Figuren . . .«

Das **Wort** ist frei, / Die Tat ist stumm, der Gehorsam blind . . .
>Friedrich Schiller: Wallenstein. Wallensteins Lager. 6. Auftritt

Das **Wort** sie sollen lassen stahn / Und kein Dank dazu haben.
>Martin Luther: »Ein feste Burg«

Das **Wort** verwundet leichter, als es heilt.
>Johann Wolfgang Goethe: Die natürliche Tochter III,4

Doch dem war kaum das **Wort** entfahren, / Möcht ers im Busen gern bewahren . . .
>Friedrich Schiller: »Die Kraniche des Ibykus«

Ein **Wort**, ein Satz –: aus Chiffren steigen / erkanntes Leben, jäher Sinn . . . Ein Wort – ein Glanz, ein Flug, ein Feuer, / ein Flammenwurf, ein Sternenstrich – / und wieder Dunkel, ungeheuer, / im leeren Raum um Welt und Ich.
>Gottfried Benn: »Ein Wort«

Ein **Wort**, geredet zu rechter Zeit, ist wie goldene Äpfel auf silbernen Schalen.
>Spr 25,11

Je näher man ein **Wort** ansieht, desto ferner sieht es zurück.
>Karl Kraus: Pro domo et mundo. – In Alexander Kluges Film *Die Patriotin* (1979) wird zunächst dieser Aphorismus, daran anschließend das Wort »Deutschland« eingeblendet.

Jedes ausgesprochene **Wort** erregt den Gegensinn.
>Johann Wolfgang Goethe: Die Wahlverwandtschaften. 2. Teil, Kap. 4. Aus Ottiliens Tagebuche

Lebt das **Wort**, so wird es von Zwergen getragen; ist das Wort tot, so können es keine Riesen aufrechterhalten.
> Heinrich Heine: Zur Geschichte der Religion und Philosophie in Deutschland. 2. Buch

Sag mir das **Wort**, das so gern ich gehört . . .
(Tell me the tales that to me were so dear . . .)
> Thomas Haynes Bayly: »Long, long ago«. Deutsch von Wilhelm Weidling

Und das **Wort**, einmal ausgesprochen, fliegt unwiderruflich dahin.
(. . . et semel emissum volat inrevocabile verbum.)
> Horaz: Epistulae 1,18,71

Und das **Wort** ward Fleisch und wohnte unter uns, und wir sahen seine Herrlichkeit . . .
> Joh 1,14; vgl. auch »Im **An**fang war . . .«

Welch ein **Wort**, o Atreid, ist dir aus den Lippen entflohen?
(Ποῖόν σε ἔπος φύγεν ἕρκος ὀδόντων; – Poion se epos phygen herkos odonton?)
> Homer: Ilias 4,350. – Ähnlich auch in der *Odyssee* 1,64. Der Vers ist vor allem auch in der Übersetzung »Was für ein Wort entfloh dem Gehege deiner Zähne?« zur vielzitierten Redewendung geworden.

Der **Worte** sind genug gewechselt, / Laßt mich auch endlich Taten sehn! / Indes Ihr Komplimente drechselt, / Kann etwas Nützliches geschehn.
> Johann Wolfgang Goethe: Faust. Der Tragödie erster Teil. Vorspiel auf dem Theater

Die **Worte** sind gut, sie sind aber nicht das Beste. Das Beste wird nicht deutlich durch Worte.
> Johann Wolfgang Goethe: Wilhelm Meisters Lehrjahre. 7. Buch, Kap. 9. Lehrbrief

Gewöhnlich glaubt der Mensch, wenn er nur **Worte** hört, / Es müsse sich dabei doch auch was denken lassen.
> Johann Wolfgang Goethe: Faust. Der Tragödie erster Teil. Hexenküche

Im ganzen – haltet Euch an **Worte**! / Dann geht Ihr durch die sichre Pforte / Zum Tempel der Gewißheit ein.
>Johann Wolfgang Goethe: Faust. Der Tragödie erster Teil. Studierzimmer [II]

Nicht viele **Worte** machen
>Nach Sir 7,15: »Sei nicht schwatzhaft im Kreis der Alten, und wenn du betest, so mache nicht viele Worte.«

Worte verbinden nur, wo unsere Wellenlängen übereinstimmen.
>Max Frisch: Tagebuch 1946–1949 (Abschnitt »1949«)

Worte, Worte, nichts als Worte.
(Words, words, mere words . . .)
>William Shakespeare: The Historie of Troylus and Cresseida V,3. – Die Formulierung »Words, words, words« auch im *Hamlet* II,2

Worte zahlen keine Schulden . . .
(Words pay no debts . . .)
>William Shakespeare: The Historie of Troylus and Cresseida III,2

Mit **Worten** läßt sich trefflich streiten, / Mit Worten ein System bereiten, / An Worte läßt sich trefflich glauben, / Von einem Wort läßt sich kein Jota rauben.
>Johann Wolfgang Goethe: Faust. Der Tragödie erster Teil. Studierzimmer [II]

Woyzeck Er sieht immer so verhetzt aus.
>Georg Büchner: Woyzeck (Szene »Der Hauptmann. Woyzeck«)

Fromme **Wünsche** *siehe* **Pi**a

In den alten Zeiten, wo das **Wünschen** noch geholfen hat . . .
>Kinder- und Hausmärchen. Gesammelt durch die Brüder Grimm. Darin: Der Froschkönig oder der eiserne Heinrich

Wir sind nie entfernter von unsern **Wünschen**, als wenn wir uns einbilden, das Gewünschte zu besitzen.
>Johann Wolfgang Goethe: Die Wahlverwandtschaften. 2. Teil, Kap. 5. Aus Ottiliens Tagebuche

Vieles **wünscht** sich der Mensch, und doch bedarf er nur wenig . . .
>Johann Wolfgang Goethe: Hermann und Dorothea. 5. Gesang: Polyhymnia

Der Menschheit **Würde** ist in eure Hand gegeben, / Bewahret sie! / Sie sinkt mit euch! Mit euch wird sie sich heben!

> Friedrich Schiller: »Die Künstler«

Die **Würde** des Menschen ist unantastbar. Sie zu achten und zu schützen ist Verpflichtung aller staatlichen Gewalt.

> Grundgesetz für die Bundesrepublik Deutschland vom 23. Mai 1949. I. Die Grundrechte. Artikel 1 (1)

Die **Würfel** sind gefallen *siehe* **Al**ea

Man **würze**, wie man will, mit Widerspruch die Rede, / Wird Würze nur nicht Kost, und Widerspruch nicht Fehde.

> Gotthold Ephraim Lessing: Sinngedichte. Darin: »Sittensprüche (1779)«

Wüßte kaum genau zu sagen / Ob ich es noch selber bin, / Will man mich im Ganzen fragen, / Sag ich: ja so ist mein Sinn ...

> Anfangszeilen eines Gedichts, das Johann Wolfgang Goethe der 1821 erschienenen 1. Fassung seines Romans *Wilhelm Meisters Wanderjahre oder Die Entsagenden* voranstellte

Wenn ihr **wüßtet**, was ich weiß, / sprach Mahomet, / so würdet ihr viel weinen und wenig lachen.

> Wilhelm Raabe: Abu Telfan oder Die Heimkehr vom Mondgebirge; dort als Motto dem Roman vorangestellt

Die **Wüste** wächst: weh dem, der Wüsten birgt!

> Friedrich Nietzsche: Also sprach Zarathustra. Darin: Unter Töchtern der Wüste

Ach! Es geschehen keine **Wunder** mehr!

> Friedrich Schiller: Die Jungfrau von Orleans. Prolog. 3. Auftritt

Das **Wunder** ist des Glaubens liebstes Kind.

> Johann Wolfgang Goethe: Faust. Der Tragödie erster Teil. Nacht

Das **Wunder** ist eine Frage des Trainings.

> Carl Einstein: Bebuquin oder Die Dilettanten des Wunders. Kap. 6

Der **Wunder** höchstes ist, / Daß uns die wahren, echten Wunder so / Alltäglich werden können, werden sollen.

> Gotthold Ephraim Lessing: Nathan der Weise I,2

Es gibt kein **Wunder** für den, der sich nicht wundern kann.

> Marie von Ebner-Eschenbach: Aphorismen

Ich weiß, es wird einmal ein **Wunder** geschehn / und dann werden tausend Märchen wahr.
> Refrain eines von Zarah Leander gesungenen Liedes aus dem Film *Die große Liebe*. Den Text schrieb Bruno Balz, die Musik Michael Jary.

Wunder über Wunder! / Keine Barone / Neben dem Throne? / Glückliche Staaten / Ohne Soldaten?
> Robert Prutz: Beginn des Refrains aus seinem Gedicht »Lügenmärchen«

Es muß was **Wunderbares** sein, / von dir geliebt zu werden.
> Lied aus dem Singspiel *Im Weißen Rössl*, zu dem Robert Gilbert den Text und Ralph Benatzky die Musik schrieben

Wunderschön Prächtige, / Große und Mächtige, / Liebreich holdselige, himmlische Frau . . .
> Aus der von Clemens Brentano und Achim von Arnim herausgegebenen Sammlung *Des Knaben Wunderhorn*: »Maria, Gnadenmutter zu Freyberg«. – Der ursprüngliche Text des Liedes stammt von Laurentius von Schnüffis, in der Bearbeitung durch Arnim und Brentano wurde die Überschrift verändert: Aus »Tryberg«, dem heutigen Triberg im Schwarzwald, wo sich in der Wallfahrtskirche Maria in der Tanne seit 1645 ein Gnadenbild Marias befindet, wurde fälschlicherweise »Freyberg«.

Ick **wundre** mir über jarnischt mehr.
> Titel und Refrain eines Couplets von Otto Reutter aus der Revue *Geh'n Sie bloß nicht nach Berlin*

Dein **Wunsch** war des Gedankens Vater, Heinrich.
(Thy wish was father, Harry, to that thought.)
> William Shakespeare: The Second part of Henrie the Fourth IV,3 (in der Schlegel-Tieckschen Übersetzung IV,4)

Wem der große **Wurf** gelungen, / Eines Freundes Freund zu sein; / Wer ein holdes Weib errungen, / Mische seinen Jubel ein!
> Friedrich Schiller: »An die Freude«

Die **Wurzel** der Geschichte aber ist der arbeitende, schaffende, die Gegebenheiten umbildende und überholende Mensch. Hat er sich erfaßt und das Seine ohne Entäußerung und Entfremdung in realer Demokratie begründet, so entsteht in der Welt etwas, das allen in die Kindheit scheint und worin noch niemand war: Heimat.
> Ernst Bloch: Das Prinzip Hoffnung. 3. Band. – Schlußsatz des Werkes.

X

Xerxes verließ sich auf sein Heer; / Allein das Heer auf ihn nicht sehr.
<small>Matthias Claudius: Asmus omnia sua secum portans. 7. Teil. »Ein silbern dito«</small>

Y

We all live in a **yellow** submarine . . .
(Wir leben alle in einem gelben Unterseeboot . . .)

> Refrain des Liedes »Yellow Submarine«, das die Beatles 1968 veröffentlichten. Text und Musik schrieben John Lennon und Paul McCartney.

Yellow Press
(Gelbe Presse)

> Diese für den Boulevardjournalismus üblich gewordene Bezeichnung prägte Ervin Wardmann im Frühjahr 1896 in einem Leitartikel der *New York Press*. – Anlaß war ein Streit um das »Yellow Kid«, die Figur in einer Serie von Zeichnungen, die Richard F. Outcault seit dem 18. November 1894 zuerst in *The World* und dann, nach deren Einstellung, im *New York Journal* veröffentlicht hatte. Wardmann bezeichnete beide Zeitungen in seinem Artikel als »Yellow Press«.

Und der Sklave sprach: »Ich heiße / Mohamet, ich bin aus **Yemmen** . . .«

> Heinrich Heine: »Der Asra«; vgl. auch »Und mein Stamm sind jene **As**ra . . .«

Ach, armer **Yorick**!
(Alas, poor Yorick.)

> William Shakespeare: The Tragicall Historie of Hamlet, Prince of Denmarke V,1. – Unter dem Namen »Yorick« veröffentlichte Laurence Sterne 1760 und 1766 sowohl seine Predigten als auch 1768 seinen Reisebericht *A Sentimental Journey through France and Italy*.

Z

Zachäus, steig eilend herunter; denn ich muß heute in deinem Haus einkehren.
> Lk 19,5. – Jesus zu Zachäus, dem Oberen der Zöllner.

Ein jeder **zählt** nur sicher auf sich selbst.
> Friedrich Schiller: Wilhelm Tell I,3

Durch **Zärtlichkeit** und Schmeicheln, / Gefälligkeit und Scherzen / Erobert man die Herzen / Der guten Mädchen leicht.
> Wolfgang Amadeus Mozart: Die Entführung aus dem Serail. 2. Aufzug, 1. Auftritt. Nr. 8. – Blondchens Arie. Libretto von Gottlieb Stephanie d. J. nach Christoph Friedrich Bretzner.

Und **Zärtlichkeit** für mich – ihr Götter! / Ich hofft' es, ich verdient' es nicht!
> Johann Wolfgang Goethe: »Willkommen und Abschied«

Ihre **Zahl** ist Legion
> Nach Mk 5,9. – Der unreine Geist sagt zu Jesus: »Legion heiße ich; denn wir sind viele.« Vgl. Lk 8,30.

Und da keiner wollte leiden, / Daß der andre für ihn **zahle**, / Zahlte keiner von den beiden.
> Heinrich Heine: »Zwei Ritter«

Wenn nicht mehr **Zahlen** und Figuren / Sind Schlüssel aller Kreaturen ...
> Anfangszeilen eines Gedichts von Novalis

Zahlen entscheiden.
> Wiederholte Wendung in den Schriften des Physikers und Publizisten Johann Friedrich Benzenberg, die in der Formulierung »Zahlen beweisen, sagt Benzenberg« sprichwörtlich geworden ist

Der **Zahn** der Zeit
> Christoph Martin Wieland: Geschichte der Abderiten. 4. Buch, Kap. 12: »Um so mehr ist es zu beklagen, daß der übel berüchtigte Zahn der Zeit, dem so viele andere große Werke des Genies und Witzes nicht entgehen konnten ...« – Zur Herkunft dieser Wendung, die Wieland auch in *Peregrinus Proteus* (1791) gebraucht, vgl. »**Too**th of time«.

Ich aber hatte **Zahnweh** im Herzen.
> Heinrich Heine: Reisebilder. 2. Teil. Ideen. Das Buch Le Grand. Kap. XX

Zappel-Philipp
> Gestalt aus Heinrich Hoffmanns *Struwwelpeter*: Die Geschichte vom Zappel-Philipp

Also sprach **Zarathustra**
> Titel einer Schrift von Friedrich Nietzsche, die von 1883 bis 1885 erschien. Ihr Untertitel lautet: *Ein Buch für Alle und Keinen*.

Deine **Zauber** binden wieder, / Was der Mode Schwert geteilt; / Bettler werden Fürstenbrüder, / Wo dein sanfter Flügel weilt.
> Friedrich Schiller: »An die Freude«

Ja, wäre nur ein **Zaubermantel** mein! / Und trüg er mich in fremde Länder ...
> Johann Wolfgang Goethe: Faust. Der Tragödie erster Teil. Vor dem Tor

Die **Zeichen** der Zeit
> Nach Mt 16,3: »... könnt ihr dann nicht auch über die Zeichen der Zeit urteilen?«

Zeichen und Wunder
> 2 Mose 7,3: »Aber ich will das Herz des Pharao verhärten und viele Zeichen und Wunder tun in Ägyptenland.«; vgl. Mt 24,24

Was reif in diesen **Zeilen** steht, / Was lächelnd winkt und sinnend fleht, / Das soll kein Kind betrüben, / Die Einfalt hat es ausgesäet, / Die Schwermut hat hindurchgeweht ...
> Clemens Brentano: »Eingang«

Aber es flieht unterdessen, es flieht die unwiederbringliche **Zeit**. (Sed fugit interea, fugit inreparabile tempus ...)
> Vergil: Georgica 3,284

Bemühe dich, nicht unter deiner **Zeit** zu sein.
>   Georg Christoph Lichtenberg: Sudelbücher D 474

Denkt ans fünfte Gebot: / Schlagt eure **Zeit** nicht tot!
>   Erich Kästner: »Mord und Totschlag«

Der Arzt aller notwendigen Übel ist die **Zeit**.
(πάντων ἰατρὸς τῶν ἀναγκαίων κακῶν χρόνος. – panton iatros ton anankaion kakon chronos.)
>   Von Stobaios (*Florilegium* 124,22) überlieferter Spruch des Menander. – Als »Zeit heilt alle Wunden« sprichwörtlich geworden.

Der du die **Zeit** in Händen hast, / Herr, nimm auch dieses Jahres Last / Und wandle sie in Segen.
>   Jochen Klepper: »Neujahrslied«

Die gefräßige **Zeit**
(Tempus edax)
>   Ovid: Metamorphoseon libri 15,234; ebenso in den *Epistolae ex Ponto* 4,10,7

Die **Zeit** auskaufen
>   Nach Eph 5,16: »So seht nun sorgfältig darauf, wie ihr euer Leben führt, nicht als Unweise, sondern als Weise, und kauft die Zeit aus; denn es ist böse Zeit.« – Diese Wendung findet sich auch in Kol 4,5.

Die **Zeit** geht nicht, sie stehet still, / Wir ziehen durch sie hin; / Sie ist ein Karavanserei, / Wir sind die Pilger drin.
>   Gottfried Keller: »Die Zeit geht nicht«

Die **Zeit** ist aus den Fugen . . .
(The time is out of joint.)
>   William Shakespeare: The Tragicall Historie of Hamlet, Prince of Denmarke I,5

Die **Zeit** ist kurz, die Kunst ist lang.
>   Johann Wolfgang Goethe: Faust. Der Tragödie erster Teil. Studierzimmer [II]; vgl. auch »Die **Kunst** ist lang . . .«

Die **Zeit** ist schwer, das Volk ist kritisch! / Was heut gefallen will, ja das muß / Sozial gespickt sein und politisch . . .
>   David Kalisch: Aus dem Prolog zur Benefizvorstellung seiner Posse *Berlin bei Nacht* am 18. Juni 1849

Die **Zeit** rückt fort und in ihr Gesinnungen, Meinungen, Vorurteile und Liebhabereien.
> Johann Wolfgang Goethe: Die Wahlverwandtschaften. 2. Teil. Kap. 8

Die **Zeit** verwandelt uns nicht. Sie entfaltet uns nur.
> Max Frisch: Tagebuch 1946–1949 (Abschnitt »1946«)

Doch, da für jede Seelenwunde, / Wie tief sie brennt, die **Zeit**, die große Trösterin, / Den wahren Balsam hat . . .
> Christoph Martin Wieland: Oberon 8,64

Ein jegliches hat seine **Zeit**, und alles Vorhaben unter dem Himmel hat seine Stunde . . .
> Koh 3,1

Geh mit der **Zeit**, aber komme von Zeit zu Zeit zurück.
> Stanislaw Jerzy Lec: Neue unfrisierte Gedanken

So verging meine **Zeit** / Die auf Erden mir gegeben war.
> Bertolt Brecht: »An die Nachgeborenen«

Von **Zeit** zu Zeit seh ich den Alten gern / Und hüte mich, mit ihm zu brechen. / Es ist gar hübsch von einem großen Herrn, / So menschlich mit dem Teufel selbst zu sprechen.
> Johann Wolfgang Goethe: Faust. Der Tragödie erster Teil. Prolog im Himmel

Wir leben in einer **Zeit**, die zu viel liest, um weise, und zu viel denkt, um schön zu sein.
> Oscar Wilde: The picture of Dorian Gray (Das Bildnis des Dorian Gray). Kap. 6

Unser **Zeitalter** ist das eigentliche Zeitalter der Kritik, der sich alles unterwerfen muß.
> Immanuel Kant: Kritik der reinen Vernunft. Vorrede (1781)

Die **Zeiten** ändern sich und wir uns mit ihnen!
(Tempora mutantur, nos et mutamur in illis.)
> Der in den *Dicta* des Matthias Borbonius überlieferte Wahlspruch des deutschen Kaisers Lothar I., eines Enkels Karls des Großen

Die **Zeiten** sind vorbei.
> Johann Wolfgang Goethe: Götz von Berlichingen mit der eisernen Hand I. Jaxthausen. Götzens Burg

Du sprichst von **Zeiten**, die vergangen sind.
> Friedrich Schiller: Don Karlos, Infant von Spanien I,2

Ich komme aus andern **Zeiten** / Und hoffe in andre zu gehn.
> Franz Grillparzer: »In das Stammbuch der Gräfin Enzenberg«

Lieben Freunde! Es gab schönre **Zeiten** / Als die unsern – das ist nicht zu streiten!
> Friedrich Schiller: »An die Freunde«

O, wer weiß, / Was in der **Zeiten** Hintergrunde schlummert?
> Friedrich Schiller: Don Karlos, Infant von Spanien I,1

Was sind das für **Zeiten**, wo / Ein Gespräch über Bäume fast ein Verbrechen ist / Weil es ein Schweigen über so viele Untaten einschließt!
> Bertolt Brecht: »An die Nachgeborenen«

. . . Ihm ruhen noch im **Zeitenschoße** / Die schwarzen und die heitern Lose . . .
> Friedrich Schiller: »Das Lied von der Glocke«

Ich habe alles **Zeitliche** berichtigt / Und hoffe keines Menschen Schuldnerin / Aus dieser Welt zu scheiden . . .
> Friedrich Schiller: Maria Stuart V,7

Die **Zeitmaschine**
(The Time Machine)
> Titel einer 1895 erschienenen Erzählung von Herbert George Wells

Das Leben kommt auf alle Fälle / aus einer **Zelle**. / Doch manchmal endet's auch – bei Strolchen! – / in einer solchen.
> Heinz Erhardt: »Zellen«

Ich bin dein Vater **Zephises** / Und habe dir nichts zu sagen als dieses.
> Ferdinand Raimund: Der Diamant des Geisterkönigs II,19

»Was tun?« spricht **Zeus**.
> Friedrich Schiller: »Die Teilung der Erde«

Willst du genau erfahren, was sich **ziemt**, / So frage nur bei edlen Frauen an.
>   Johann Wolfgang Goethe: Torquato Tasso II,1

Die letzte **Zigarette**
(l'ultimo cigarette)
>   Wiederholte Wendung in Italo Svevos Roman *Zeno Cosini*

Die **Zigarette** ist das vollendete Beispiel eines vollendeten Genusses. Sie ist köstlich und läßt einen unbefriedigt.
>   Oscar Wilde: The picture of Dorian Gray (Das Bildnis des Dorian Gray). Kap. 4.
>   – Ähnlich auch in *The critic as artist* (*Der Kritiker als Künstler*).

Bei **Zigarren** darf man ja den Preis sagen.
>   Paul Lindau: Maria und Magdalena I,3

Drei **Zigeuner** fand ich einmal / Liegen an einer Weide, / Als mein Fuhrwerk mit müder Qual / Schlich durch sandige Heide.
>   Nikolaus Lenau: »Die Drei Zigeuner«

Die Liebe von **Zigeunern** stammt . . .
(L'amour est enfant de Bohème . . .)
>   Georges Bizet: Carmen. 1. Akt. – Refrain von Carmens Lied »Ja, die Liebe hat bunte Flügel«. Den Text schrieben Henry Meilhac und Ludovic Halévy.

Leben im **Zitat**.
>   Max Frisch: Montauk

. . . und doch ist das **Zitieren** alter und neuer Bücher das Hauptvergnügen eines jungen Autors, und so ein paar grundgelehrte Zitate zieren den ganzen Menschen.
>   Heinrich Heine: Reisebilder. 2. Teil. Ideen. Das Buch Le Grand. Kap. XIII

Ja, jeder **Zoll** ein König . . .
(Ay, every inch a king.)
>   William Shakespeare: True Chronicle Historie of the Life and Death of King Lear . . . IV,5 (in der Schlegel-Tieckschen Übersetzung IV,6)

Und wer am **Zoll** sitzt, ohne reich zu werden, ist ein Pinsel.
>   Johann Wolfgang Goethe: Clavigo. 4. Akt. Clavigos Wohnung

Zoon politikon
(Ein Lebewesen, das in Gemeinschaft mit anderen existiert)

> Definition des Menschen in der *Politik* des Aristoteles 1,2,1253a: »Ὁ ἄνθρωπος φύσει πολιτικὸν ζῷον.« – Ho anthropos physei politikon zoon.« – »Der Mensch ist von Natur aus ein geselliges Lebewesen.« So auch in 3,6,1278b 19.

Der **Zopf**, der hängt ihm hinten.

> Kehrreim aus Adelbert von Chamissos Gedicht »Tragische Geschichte«

Singe den **Zorn**, o Göttin, des Peleiaden Achilleus ...
(Μῆνιν ἄειδε, θεά, Πηληιάδεω Ἀχιλῆος ... – Menin aeide, thea, Peleiadeo Achileos ...)

> Homer: Ilias. Beginn der Dichtung

Ja, **Zuckererbsen** für jedermann, / Sobald die Schoten platzen! / Den Himmel überlassen wir / Den Engeln und den Spatzen.

> Heinrich Heine: Deutschland. Ein Wintermärchen. Caput I

In den letzten **Zügen** liegen

> Nach 2 Makk 3,31: »... der jetzt in den letzten Zügen lag ...« – Über Heliodor.

Meinen Sie **Zürich** zum Beispiel / sei eine tiefere Stadt, / wo man Wunder und Weihen / immer als Inhalt hat?

> Gottfried Benn: »Reisen«

Wer **zuerst** kommt, mahlt zuerst.
(De ok erst to der molen kumt, de scal erst malen.)

> Eike von Repkow: Sachsenspiegel II 59 § 4

Der **Zufall** ist die in Schleier gehüllte Notwendigkeit.

> Marie von Ebner-Eschenbach: Aphorismen

Glauben Sie mir, Marinelli: das Wort **Zufall** ist Gotteslästerung. Nichts unter der Sonne ist Zufall; – am wenigsten das, wovon die Absicht so klar in die Augen leuchtet.

> Gotthold Ephraim Lessing: Emilia Galotti IV,3

Herr, du bist unsre **Zuflucht** für und für.

> Ps 90,1

... denn **zufriedene** Menschen sind die ordentlichsten.

> Jean Paul: Leben des vergnügten Schulmeisterlein Maria Wutz in Auenthal

Die **Zukunft** hat schon begonnen
> Titel einer 1952 veröffentlichten Schrift von Robert Jungk, deren Untertitel *Amerikas Allmacht und Ohnmacht* lautet

Die **Zukunft** war früher auch besser.
> Ausspruch Karl Valentins

Wir blicken so gern in die **Zukunft**, weil wir das Ungefähre, was sich in ihr hin- und herbewegt, durch stille Wünsche so gern zu unsern Gunsten heranleiten möchten.
> Johann Wolfgang Goethe: Die Wahlverwandtschaften. 2. Teil, Kap. 4. Aus Ottiliens Tagebuche

Zukunftsmusik
> Unter dieser Überschrift verfaßte Richard Wagner 1860 einen Brief »An einen französischen Freund (Fr. Villot) als Vorwort zu einer Prosa-Übersetzung meiner Operndichtung«. Dieses Wort dann auch im Text, in dem Wagner auf seinen 1849 verfaßten Aufsatz *Das Kunstwerk der Zukunft* Bezug nimmt. In einem Brief vom 26. November 1854 hatte zuvor schon Louis Spohr das Wort »Zukunftsmusik« gebraucht.

Sie tun sich nichts **zuleide**, / Hat eins das andre gern, / Und Schwestern sind und Brüder / Da droben Stern an Stern.
> August Heinrich Hoffmann von Fallersleben: »Das Lied vom Monde«

Zundelfrieder
> Hauptgestalt verschiedener Erzählungen von Johann Peter Hebel, die dieser auch in seine 1811 erschienene Sammlung *Schatzkästlein des Rheinischen Hausfreundes* aufnahm

Zunehmen an Alter und Weisheit
> Nach Lk 2,52: »Und Jesus nahm zu an Weisheit, Alter und Gnade bei Gott und den Menschen.«

Mit falscher **Zunge** reden
> Nach Ps 52,2; Ps 120,2 und andernorts

Mit neuer **Zunge** reden
> Nach Mk 16,17: ». . . in meinem Namen werden sie böse Geister austreiben, in neuen Zungen reden.« Vgl. Apg 2 (Pfingstwunder) und 1 Kor 14.

Seine **Zunge** im Zaum halten
> Nach Jak 1,26: »Wenn jemand meint, er diene Gott, und hält seine Zunge nicht im Zaum, sondern betrügt sein Herz, so ist sein Gottesdienst nichtig.«

So weit die deutsche **Zunge** klingt / Und Gott im Himmel Lieder singt ...
> Ernst Moritz Arndt: »Des Deutschen Vaterland«

... und ihre **Zunge** klebte an ihrem Gaumen.
> Ijob 19,10

Zurück! du rettest den Freund nicht mehr, / So rette das eigene Leben!
> Friedrich Schiller: »Die Bürgschaft«

Zuschau'n kann i net ...
> Titel und Refrain eines Liedes aus dem Singspiel *Im Weißen Rössl*. Den Text schrieb Robert Gilbert, die Musik komponierte Ralph Benatzky.

... komm, mein Sohn! komm, mein Bruder, laß uns in der Welt **zwecklos** hinspielen, so gut wir können!
> Johann Wolfgang Goethe: Wilhelm Meisters Lehrjahre. 8. Buch, Kap. 7

Denn wo **zwei** oder drei versammelt sind in meinem Namen, da bin ich mitten unter ihnen.
> Mt 18,20

Die **Zwei** ist Zweifel, Zwist, ist Zwietracht, Zwiespalt, Zwitter; / Die Zwei ist Zwillingsfrucht am Zweige süß und bitter.
> Friedrich Rückert: Die Weisheit des Brahmanen. Achte Stufe. Weltseele

... es gibt nur **zwei** Dinge: die Leere / und das gezeichnete Ich.
> Gottfried Benn: »Nur zwei Dinge«

Niemand kann **zwei** Herren dienen ...
> Mt 6,24. – Aus der Bergpredigt; vgl. auch »Ihr könnt nicht **Gott** dienen ...«; bei Lk 16,13 überliefert als »Kein Knecht kann zwei Herren dienen ...«

Wenn **zwei** dasselbe tun, ist es (deswegen noch) nicht dasselbe. (Duo cum faciunt idem, non est idem.)
> Nach Terenz: Adelphoe 5,3,35 ff. – Dort heißt es: »Multa in homine / ... signa insunt, ex quibus coniectura facile fit, / duo quom idem faciunt saepe, ut possis dicere ›hoc licet impune facere huic, illi non licet‹ ...« (»Es gibt viele Anzeichen an einem Menschen, aus denen man leicht mutmaßen kann, wenn zwei – wie oft – dasselbe tun, daß du dann sagen kannst: ›Das darf dieser hier ungestraft tun, jener dort darf es nicht‹ ...«). Meist in der oben angegebenen Verkürzung zitiert.

Wenn **zwei** streiten, ist der, der dem Zornigen nicht widerspricht, der weisere.
    Fragment des Euripides (Nr. 654 nach der Zählung durch K. Heinemann)

Zwei Seelen wohnen, ach! in meiner Brust, / Die eine will sich von der andern trennen ...
    Johann Wolfgang Goethe: Faust. Der Tragödie erster Teil. Vor dem Tor

Ja, gute Frau, durch **zweier** Zeugen Mund / Wird allerwegs die Wahrheit kund ...
    Johann Wolfgang Goethe: Faust. Der Tragödie erster Teil. Der Nachbarin Haus

Der Maleficus, / Der einzge, der dir schadet, ist der **Zweifel**.
    Friedrich Schiller: Wallenstein. Die Piccolomini II,6

Der **Zweifel** ist's, der Gutes böse macht.
    Johann Wolfgang Goethe: Iphigenie auf Tauris V,3

Der **Zweifel** macht sich mehr vor als der Glaube.
    Elias Canetti: Die Provinz des Menschen. Aufzeichnungen 1942–1972. Darin: 1942

Zweifel muß nichts weiter sein als Wachsamkeit, sonst kann er gefährlich werden.
    Georg Christoph Lichtenberg: Sudelbücher F 447

In **zweifelhaften** Fällen entscheide man sich für das Richtige.
    Karl Kraus: Sprüche und Widersprüche

Laß ab von diesem **Zweifeln**, Klauben, / Vor dem das Beste selbst zerfällt, / Und wahre dir den vollen Glauben / An diese Welt trotz dieser Welt.
    Theodor Fontane: »Sprüche« 2

Zweifle an der Sonne Klarheit, / Zweifle an der Sterne Licht, / Zweifl', ob lügen kann die Wahrheit, / Nur an meiner Liebe nicht.
(Doubt thou the stars are fire, / Doubt that the sun doth move, / Doubt truth to be a liar, / But never doubt I love.)
    William Shakespeare: The Tragicall Historie of Hamlet, Prince of Denmarke II,2

Fallen seh' ich **Zweig'** auf Zweige . . .
>   Franz Grillparzer: Die Ahnfrau. 1. Aufzug

. . . und sein **Zweig** wird nicht mehr grünen.
>   Ijob 15,32

Die wilde **Zwietracht** und den Klang der Waffen / Rufst du in dieses friedgewohnte Tal . . .
>   Friedrich Schiller: Wilhelm Tell I,2

Ist **zwîvel** herzen nâchgebûr, / daz muoz der sêle werden sûr. (Ist Unentschiedenheit dem Herzen nah, / so muß der Seele daraus Bitternis erwachsen.)
>   Wolfram von Eschenbach: Parzival. 1. Buch. – Anfangsverse des Epos.

Wer **zwingen** will die Zeit, den wird sie selber zwingen; / Wer sie gewähren läßt, dem wird sie Rosen bringen.
>   Friedrich Rückert: Die Weisheit des Brahmanen. Fünfte Stufe. Leben

»Was ist ein **Zyniker**?« »Ein Mann, der immer weiß, was eine Sache kostet, und nie, was sie wert ist.«
>   Oscar Wilde: Lady Windermere's Fan (Lady Windermeres Fächer). 3. Akt. – Dialog zwischen Cecil Graham und Lord Darlington.

Nachwort

Bei der Erstellung dieses Bandes wurde auf zahlreiche vergleichbare historische und aktuelle deutsche wie fremdsprachige Nachschlagewerke und Sammlungen zurückgegriffen.
Vor anderen sind dabei die von Georg Büchmann 1864 erstmals herausgegebenen *Geflügelten Worte* in ihren zahlreichen Auflagen und Bearbeitungen sowie Richard Zoozmanns *Zitaten- und Sentenzenschatz der Weltliteratur* (zuerst 1910) in der Neubearbeitung von Dr. Otto A. Kielmeyer (1989) zu nennen.
Bibelzitate wurden nach der Übersetzung Martin Luthers in der aktuellsten vorliegenden Form (Deutsche Bibelgesellschaft, Stuttgart 1990) zitiert. Wo sich der Wortlaut eines Zitats von dieser neuesten Übersetzung unterscheidet, wurde darauf erläuternd hingewiesen.
Für griechische und lateinische Zitate wurden z. T. die Übersetzungsvorschläge von Klaus Bartels (*Veni, vidi, vici. Geflügelte Worte aus dem Griechischen und Lateinischen*, 8. Aufl., Zürich/München – 1990) herangezogen.
Den mittelhochdeutschen Zitaten wurden neben eigenen Übersetzungen Übertragungen von Peter Wapnewski, Helmut de Boor und Wilhelm Stapel angefügt.
Die *Oráculo manual* des Baltasar Gracián wurden in der Übersetzung von Arthur Schopenhauer, William Shakespeare in der Übersetzung von August Wilhelm Schlegel und Ludwig Tieck zitiert. Den englischen Shakespeare-Zitaten wurde die von Stanley Wells und Gary Taylor herausgegebene Ausgabe der *Complete Works* (Oxford 1986) zugrunde gelegt.
Wie bereits in der Einleitung dargelegt, wurden nahezu alle in dieses Lexikon aufgenommenen Zitate auf ihren genauen Wortlaut und ihre Vollständigkeit überprüft. Dies gilt insbesondere für die literarischen Zitate, die die überwiegende Mehrzahl des vorliegenden Textcorpus bilden. Bei historischen Zitaten und zugeschriebenen Aussprüchen waren der Überprüfung natürlich Grenzen gesetzt. Wenn dennoch einige wenige Zitate noch ohne

einen genaueren Nachweis in dieser Sammlung stehen – etwa von Bertrand Russell (S. 306), Karl Kraus (S. 420), Winston Churchill (S. 425) oder Karl Valentin (S. 534) –, so wäre der Herausgeber sehr dankbar, wenn kundige Leserinnen und Leser dieses Buches ihm durch ihre Zuschriften dabei helfen könnten, diese Lücken künftig zu schließen.

Gleiches gilt auch für die Lebensdaten der im Register aufgeführten Autorinnen und Autoren: Bei einigen Autoren konnten sie trotz aller Bemühungen (noch) nicht ermittelt werden. Über Leser, die dazu beitragen können, durch Mitteilungen an den Verlag diese Lücken zu schließen, würde sich der Herausgeber sehr freuen.

Für ein Zitatenlexikon gehört es sich auch, daß die in der Einleitung wiedergegebenen oder paraphrasierten Zitate nachgewiesen werden. Es wurde in chronologischer Reihenfolge zitiert aus:

Martin Walser: Halbzeit. Frankfurt a. M. 1974. S. 368.

Büchmann: Geflügelte Worte. Neu bearb. und hrsg. von Hanns Martin Elster. Stuttgart 1977. S. 258.

Adolf Muschg: Die Axt im Hause krümmt sich beizeiten. In: Börsenblatt des Deutschen Buchhandels 27 (3. 4. 1987) S. 1060–63.

Hans Magnus Enzensberger: Rezensenten-Dämmerung. In: H. M. E.: Mittelmaß und Wahn. Frankfurt a. M. 1989. S. 55.

Johann Wolfgang Goethe: Schicksal der Druckschrift.

Arthur Schopenhauer: Neue Paralipomena (Nachlaß).

Für die Unterstützung bei der Bearbeitung der griechischen Zitate danke ich herzlich Oskar Schmidt, für Hinweise und Hilfestellungen Edith Bruchhaus, Dr. Roland Berbig, Dr. Peter Goldammer, Anita und Dr. Jochen Golz, Maria und Otto John, Axel Moosdorf, Roland Piepenbrink, Privatdozent Dr. Walter Schmitz und Prof. Dr. Pierfelice Tagliacarne, für die sorgfältige Durchsicht des Manuskripts Esther Schöler und Dr. Stephan Koranyi.

Freundliche Auskünfte erteilten Dr. Franz-Heinrich Hackel, Prof.

Dr. Christian Wagenknecht, das Institut für Spätmittelalter und Reformation in Tübingen, der Bayerische Rundfunk in München und der Österreichische Rundfunk in Wien sowie das Parlamentsarchiv des Deutschen Bundestages in Bonn.

Vor allem aber danke ich Dr. Walter Hettche, ohne dessen Tips, Vorschläge und bibliographische Hilfen manches Zitat den Weg in dieses Lexikon nicht gefunden hätte.

Autorenregister

Abraham, Paul (1892–1960)   16
Accius (gest. 100 v. Chr.)   192
Achternbusch, Herbert (geb. 1938)   71, 425
Adenauer, Konrad (1876–1967)   15
Adorno, Theodor W. (1903–1969)   38, 66, 86, 257, 258, 259, 266, 465
Aesop (Aisopos, 6. Jh. v. Chr.)   208, 284, 344, 358, 374
Ager, Milton   183
Agesilaos, König von Sparta (401–361 v. Chr.)   47
Agricola, Johannes (1494–1566)   164
Aischylos (525/524–456/455 v. Chr.)   123, 405, 427
Albers, Hans (1891–1960)   211
Albrecht, Erzherzog von Österreich (1817–1895)   19
Aler, Paul (1656–1727)   178
Alexander VI., Papst (1431–1503)   339
Alexander Severus (208–235)   513
Alexis, Willibald (1798–1871)   70, 382
Alkaios (um 600 v. Chr.)   456, 485
Altenberg, Peter (1859–1919)   127, 175, 213, 338, 422
Andokides (spätes 5. / frühes 4. Jh. v. Chr.)   464
Angely, Louis (1787–1835)   18, 19, 48, 119, 159, 207, 328
Anselm von Canterbury (1033–1109)   75
Antonius (Marcus A., um 82–31 v. Chr.)   346
Apelles (gest. 308 v. Chr.)   331
Apitz, Bruno (1900–1979)   321
Appius Claudius (röm. Konsul 307 v. Chr.)   170
Aquaviva, Claudio (1543–1615)   124
Arbuthnot, John (1667–1735)   66
Archimedes (um 287–212 v. Chr.)   203, 356, 433
Arena, Antonius de (gest. 1544)   126
Aristophanes (um 445–385 v. Chr.)   113, 460, 519
Aristoteles (384/383–322/321 v. Chr.)   25, 88, 114, 219, 392, 405, 426, 533
Armstrong, Neil (geb. 1930)   403
Arndt, Ernst Moritz (1769–1860)   83, 174, 373, 535
Arnim, Achim von (1781–1831)   14, 26, 64, 68, 147, 221, 223, 246, 283, 291, 292, 295, 326, 335, 368, 396, 399, 412, 431, 434, 435, 442, 491, 492, 511, 514, 515, 524
Athenaeus (um 200 n. Chr.)   47, 443
Aubigné, Théodore Agrippa d' (1550–1630)   427

Auerbach, Berthold (1812–1882) 187, 386, 415, 418
Augustinus, Aurelius (354–430) 51, 217, 218, 318, 377, 451
Augustus (Gaius Julius Caesar Octavianus Augustus, 63 v. Chr. – 14 n. Chr.) 119, 262, 472

Bachmann, Ingeborg (1926–1973) 42, 124, 187, 511
Bacon, Francis (1561–1626) 516
Baedeker, Karl (1801–1859) 42
Bahr, Hermann (1863–1934) 120
Balz, Bruno (geb. 1902) 202, 277, 320, 409, 514, 524
Balzac, Honoré de (1799–1850) 74, 437
Barth, Carl (1787–1853) 259
Bartsch, Martin Friedrich Philipp (1770–1833) 313
Barzel, Rainer (geb. 1924) 417
Basedow, Johann Bernhard (1723–1790) 353
Bassermann, Friedrich Daniel (1811–1855) 42
Baudelaire, Charles (1821–1867) 122
Baum, Vicki (1888–1960) 303
Bayard, Pierre Seigneur de (1475–1524) 376
Bayly, Thomas Haynes (1797–1839) 263, 521
Beaumarchais, Pierre-Augustin Caron de (1732–1799) 122, 179, 267, 441, 505
Becher, Johannes R. (1891–1958) 34, 143
Beck, Karl (1817–1879) 91
Beckenbauer, Franz (geb. 1945) 391
Becker, Nikolaus (1809–1845) 373
Beckerath, Hermann von (1801–1870) 512
Beckmann, Hans Fritz 205, 212, 267, 278, 306
Beda (Fritz Löhner, gest. 1942) 16, 42, 91, 186, 194, 243
Beethoven, Ludwig van (1770–1827) 204, 287, 450
Behrisch, Ernst Wolfgang (1738–1809) 150
Benatzky, Ralph (1884–1957) 376, 387, 413, 524, 535
Benjamin, Walter (1892–1940) 64, 66, 102, 170, 257, 277, 340, 418, 461, 510
Benn, Gottfried (1886–1956) 18, 33, 100, 105, 124, 215, 242, 267, 308, 318, 364, 505, 520, 533, 535
Benzenberg, Johann Friedrich (1777–1846) 527
Bergengruen, Werner (1892–1964) 313
Bergmann, Joseph Ritter von (1796–1872) 485
Bernauer, Rudolf (geb. 1880) 289, 400
Bernhard, Thomas (1931–1989) 38

Autorenregister

Bethmann-Hollweg, Theobald von (1856–1921)   119, 130
Bibel
  Altes Testament
  Die Bücher Mose (Mose)   13, 17, 18, 24, 26, 30, 35, 36, 41, 43, 45, 46, 56, 60, 61, 62, 67, 92, 95, 96, 99, 102, 103, 106, 112, 118, 120, 121, 122, 139, 141, 147, 153, 161, 171, 172, 173, 177, 179, 185, 189, 199, 202, 205, 219, 221, 229, 239, 274, 275, 283, 293, 294, 297, 304, 306, 310, 315, 318, 321, 322, 328, 333, 334, 348, 352, 359, 362, 375, 379, 387, 388, 390, 392, 396, 406, 407, 409, 412, 415, 417, 426, 433, 438, 449, 450, 454, 457, 459, 464, 465, 467, 487, 499, 528
  Das Buch Josua (Jos)   143, 435
  Das Buch der Richter (Richt)   99, 393, 472
  Die Bücher Samuel (Sam)   20, 58, 119, 174, 195, 201, 202, 223, 224, 237, 250, 293, 300, 322, 335, 363, 367, 389, 392, 470
  Die Bücher der Könige (Kön)   206, 250, 294, 386, 387, 416, 448, 472, 500
  Die Bücher der Chronik (Chr)   188, 250
  Das Buch Nehemia (Neh)   285
  Das Buch Tobit (Tob)   104, 133, 513
  Das Buch Judit (Jdt)   431
  Das Buch Ester (Est)   385
  Die Bücher der Makkabäer (Makk)   27, 104, 385, 533
  Das Buch Hiob (Ijob)   158, 163, 165, 177, 180, 186, 199, 204, 206, 207, 222, 274, 392, 405, 426, 472, 498, 535, 537
  Die Psalmen (Ps)   36, 37, 39, 44, 77, 103, 143, 146, 158, 176, 187, 189, 194, 199, 201, 206, 227, 237, 239, 248, 253, 262, 268, 270, 274, 286, 303, 322, 333, 362, 364, 367, 395, 403, 424, 425, 429, 430, 433, 447, 453, 467, 483, 499, 502, 533, 534
  Das Buch der Sprichwörter (Die Sprüche Salomos / Spr)   22, 58, 111, 120, 158, 163, 182, 191, 207, 261, 280, 299, 466, 503, 512, 520
  Das Buch Kohelet (Der Prediger Salomo / Koh)   35, 50, 65, 99, 101, 145, 183, 193, 213, 220, 222, 262, 327, 363, 498, 503, 530
  Das Hohelied (Hld)   134, 135, 275, 316
  Das Buch der Weisheit (Weish)   37, 223, 477
  Das Buch Jesus Sirach (Sir)   25, 26, 33, 59, 77, 95, 97, 103, 106, 149, 163, 173, 174, 185, 245, 248, 284, 296, 316, 342, 358, 366, 380, 388, 409, 415, 435, 510, 522
  Das Buch Jesaja (Jes)   37, 101, 149, 182, 193, 205, 243, 248, 352, 359, 385, 387, 407, 417, 429, 441, 455, 503
  Das Buch Jeremia (Jer)   26, 60, 114, 171, 199, 200, 223, 284, 310, 359, 385, 477

Die Klagelieder des Jeremia (Klgl)   152, 201
Das Buch Ezechiel (Ez)   205, 352, 459, 514
Das Buch Daniel (Dan)   36, 165, 180, 246, 298
Das Buch Hosea (Hos)   387, 513
Das Buch Joël (Joël)   203
Das Buch Amos (Am)   362
Das Buch Micha (Mich)   93
Das Buch Habakuk (Hab)   164
Das Buch Zefanja (Zef)   90, 249
Das Buch Haggai (Hag)   205
Das Buch Sacharja (Sach)   102
Das Buch Maleachi (Mal)   80
Neues Testament
Das Evangelium nach Matthäus (Mt)   13, 20, 30, 40, 41, 49, 51, 54, 60, 76, 89, 92, 99, 102, 106, 108, 110, 115, 120, 137, 138, 139, 152, 163, 167, 174, 176, 177, 180, 183, 187, 188, 192, 198, 201, 203, 205, 224, 225, 230, 235, 239, 241, 242, 250, 266, 274, 275, 279, 280, 282, 285, 292, 296, 314, 315, 316, 321, 335, 343, 344, 345, 351, 352, 353, 359, 363, 364, 374, 377, 381, 385, 386, 387, 388, 389, 390, 410, 417, 419, 424, 426, 428, 429, 430, 437, 441, 444, 445, 452, 459, 461, 463, 467, 472, 481, 503, 509, 510, 511, 513, 519, 528, 535
Das Evangelium nach Markus (Mk)   92, 151, 152, 163, 167, 174, 183, 230, 235, 250, 274, 316, 321, 352, 353, 359, 392, 403, 417, 444, 467, 509, 511, 527, 534
Das Evangelium nach Lukas (Lk)   13, 30, 33, 36, 40, 55, 60, 97, 108, 110, 115, 120, 134, 136, 147, 151, 163, 174, 183, 187, 198, 206, 210, 225, 230, 235, 239, 240, 242, 250, 264, 274, 292, 295, 315, 321, 329, 330, 334, 339, 345, 352, 353, 359, 374, 385, 387, 390, 392, 403, 408, 417, 430, 438, 444, 445, 452, 459, 472, 478, 479, 509, 527, 534, 535
Das Evangelium nach Johannes (Joh)   25, 27, 92, 96, 137, 142, 161, 205, 206, 219, 250, 261, 274, 281, 319, 325, 352, 353, 366, 381, 403, 410, 411, 437, 444, 446, 459, 488, 495, 502, 507, 521
Die Apostelgeschichte (Apg)   77, 146, 152, 176, 200, 205, 342, 353, 403, 404, 413, 427, 502, 534
Der Brief an die Römer (Röm)   21, 97, 98, 120, 136, 167, 176, 209, 217, 321, 387
Die Briefe an die Korinther (Kor)   15, 21, 63, 99, 115, 129, 139, 143, 167, 171, 176, 196, 225, 236, 279, 293, 304, 343, 380, 389, 449, 476, 477, 482, 514, 515, 534
Der Brief an die Galater (Gal)   175, 185, 277, 321, 386, 395
Der Brief an die Epheser (Eph)   21, 143, 293, 529

Der Brief an die Philipper (Phil)   62, 143, 519
Der Brief an die Kolosser (Kol)   21, 128, 453, 529
Die Briefe an die Thessalonicher (Thess)   30, 89, 138, 167, 354
Die Briefe an Timotheus (Tim)   30, 154, 167, 231, 269, 404, 483
Der Brief an Titus (Tit)   250, 367
Der Brief an die Hebräer (Hebr)   55, 58, 62, 89, 184, 205, 280, 295, 452
Der Brief des Jakobus (Jak)   361, 440, 534
Die Briefe des Petrus (Petr)   27, 58, 89, 191, 316, 327, 331, 417, 420, 429
Die Briefe des Johannes (Joh)   31
Die Offenbarung des Johannes (Offb)   13, 41, 63, 92, 115, 164, 199, 214, 221, 230, 264, 275, 280, 382, 390, 445, 510
Bieberstein, Adolf Freiherr von (1842–1912)   123
Bierbaum, Otto Julius (1856–1910)   203, 204, 212, 225, 285, 371, 375, 479, 485
Biermann, Wolf (geb. 1936)   17, 150, 177, 262, 288, 295, 304, 418, 421, 478, 498
Bismarck, Otto von (1815–1898)   42, 45, 62, 70, 78, 82, 86, 91, 166, 216, 232, 249, 259, 292, 344, 349, 352, 370, 504
Bizet, Georges (1838–1875)   452, 532
Bloch, Ernst (1885–1977)   79, 156, 215, 273, 352, 510, 524
Blücher, Gebhardt Leberecht Fürst von Wahlstatt (1742–1819)   90, 490
Blum, Hans (geb. 1841)   504
Blum, Karl (1786–1844)   259
Blumenthal, Oscar (1852–1917)   374
Bochmann, Werner (geb. 1900)   196
Bode, Johann Joachim Christoph (1730–1793)   411
Bodenstedt, Friedrich von (1819–1892)   339
Böll, Heinrich (1917–1985)   422
Börne, Ludwig (1786–1837)   18, 47, 78, 82, 98, 112, 142, 155, 157, 160, 170, 175, 192, 219, 240, 242, 260, 270, 271, 285, 303, 307, 312, 330, 356, 365, 366, 393, 398, 464, 468, 481, 486, 508
Boethius (Anicius Manlius Severinus Boethius, 470–524)   347, 398
Boieldieu, François Adrien (1775–1834)   418
Boileau-Despréaux, Nicolas (1636–1711)   95, 493
Bolten-Baeckers, Heinrich (Heinz, 1871–1938)   48
Bonhoeffer, Dietrich (1906–1945)   288
Bonifatius VIII., Papst (um 1235–1303)   407
Borbonius, Matthias   530
Borchert, Wolfgang (1921–1947)   92, 156
Borgia, Cesare (1475–1507)   69, 339

Borgia, Lucrezia (1480–1519) 339
Bormann, Edwin (1851–1912) 447
Bossuet, Jacques Bénigne (1627–1704) 470
Boswell, James (1740–1795) 208
Bouilly, Jean Nicolas (1763–1842) 287
Boulanger 315
Brachmann, Karoline Louise (1777–1822) 119
Brahms, Johannes (1833–1897) 14
Brammer, Julius 166, 465
Brandt, Willy (geb. 1913) 78, 286, 491
Brant, Sebastian (1458–1521) 181, 323, 397
Brecht, Bertolt (1898–1956) 13, 43, 47, 52, 59, 73, 83, 85, 86, 95, 121, 133, 135, 140, 141, 142, 154, 157, 164, 166, 174, 184, 188, 191, 197, 206, 215, 248, 250, 264, 265, 269, 279, 281, 283, 291, 294, 301, 302, 310, 322, 333, 340, 344, 355, 361, 362, 365, 390, 393, 394, 397, 401, 411, 412, 415, 417, 418, 428, 435, 439, 450, 462, 467, 474, 476, 478, 489, 490, 494, 495, 501, 503, 506, 515, 518, 519, 530, 531
Brennus (um 400 v. Chr.) 471
Brentano, Clemens (1778–1842) 14, 19, 26, 41, 53, 64, 68, 119, 122, 147, 221, 223, 246, 283, 291, 292, 295, 311, 317, 320, 326, 335, 368, 396, 399, 412, 431, 434, 435, 442, 491, 492, 499, 511, 514, 515, 524, 528
Bretzner, Christoph Friedrich (1746–1807) 212, 310, 457, 485, 520, 527
Brigl, Bernhard (1831–1892) 350
Brillat-Savarin, Anthelme (1756–1826) 300
Brod, Max (1884–1968) 208, 209
Brühne, Lothar (1900–1958) 202, 277, 514
Bruno, Giordano (1548–1600) 493
Büchmann, Georg (1822–1884) 150
Büchner, Georg (1813–1837) 89, 136, 235, 264, 272, 310, 312, 313, 356, 371, 391, 459, 486, 487, 498, 522
Büchner, Ludwig (1824–1899) 434
Bülow, Fürst Bernhard von (1849–1929) 114, 348
Bürger, Gottfried August (1747–1794) 57, 186, 187, 214, 230, 245, 272, 281, 310, 313, 318, 372, 408, 465
Buffon, Georges-Louis Leclerc, Comte de (1707–1788) 432
Bunyan, John (1628–1688) 223
Burckhardt, Jacob (1818–1897) 52, 242, 382, 463
Burman, Gottlieb Wilhelm (1737–1805) 29
Burns, Robert (1759–1796) 193, 458
Busch, Ernst (1900–1980) 156

Busch, Wilhelm (1832–1908) 24, 54, 58, 59, 87, 90, 98, 101, 105, 133, 138, 139, 148, 183, 188, 212, 229, 241, 254, 261, 269, 272, 297, 301, 316, 324, 334, 336, 375, 376, 380, 398, 399, 421, 434, 435, 444, 458, 473
Busche, Hermann von dem (1468–1534) 95
Byron, George Gordon Lord (1788–1824) 111

Caesar (Gaius Iulius Caesar, 100–44 v. Chr.) 18, 145, 475
Calderon de la Barca, Pedro (1600–1681) 265, 462
Caligula (12–41) 69, 192
Campbell, Thomas (1777–1844) 107
Camus, Albert (1913–1960) 16, 103, 195, 258, 371, 372, 410, 415, 421, 495
Canetti, Elias (geb. 1905) 108, 130, 152, 167, 178, 190, 192, 225, 251, 252, 258, 273, 283, 396, 425, 447, 504, 536
Carlyle, Thomas (1795–1881) 30
Carossa, Hans (1878–1956) 392
Carrel, Alexis (1873–1944) 299
Casucci, Leonello 166, 465
Cato der Ältere (Marcus Porcius Cato, 234–149 v. Chr.) 70
Catull (Gaius Valerius Catullus um 84–54 v. Chr.) 342
Celan, Paul (1920–1970) 406, 448
Cervantes Saavedra, Miguel de (1547–1616) 89, 375, 514
Chamberlain, Houston Stewart (1855–1927) 142
Chamfort, Sébastien-Roch Nicolas (1741–1794) 22, 32, 45, 48, 49, 58, 64, 72, 95, 108, 125, 129, 136, 151, 154, 155, 163, 171, 182, 247, 271, 277, 278, 324, 334, 407, 461
Chamisso, Adelbert von (1781–1838) 43, 116, 158, 168, 175, 180, 199, 245, 288, 328, 329, 330, 375, 398, 414, 419, 453, 463, 533
Charron, Pierre (1541–1603) 436
Chemnitz, Matthäus Friedrich (1815–1870) 397
Chénier, Marie-Joseph (1764–1811) 16
Chilon (Mitte des 6. Jh. v. Chr.) 314
Choderlos de Laclos, Pierre Ambroise François (1741–1803) 274
Choirilos von Samos (5. Jh. v. Chr.) 457
Christian I. von Dänemark (1426–1481) 195, 469
Chrodegang, Bischof von Metz (reg. 742–766) 274
Churchill, Winston (1874–1965) 57, 68, 101, 425
Cicero (Marcus Tullius Cicero, 106–43 v. Chr.) 15, 23, 38, 48, 70, 73, 75, 111, 137, 147, 166, 168, 174, 188, 190, 192, 211, 218, 220, 287, 329, 330, 331, 346, 353, 358, 406, 411, 422, 430, 437, 438, 444, 460, 466, 472, 484, 492, 518

Clarke, John (17. Jh.) 140
Claudius, röm. Kaiser (10 v. Chr. – 54 n. Chr.) 39
Claudius, Matthias (1740–1815) 61, 177, 252, 276, 305, 310, 354, 367, 373, 496, 507, 514, 525
Clauren, Heinrich (Karl Gottlieb Samuel Heun, 1771–1854) 244
Clausewitz, Karl von (1780–1831) 251
Clemens XIII., Papst (1693–1769) 414
Clemens XIV., Papst (1705–1774) 414
Cochem, Martin von (Martin Linius, 1634–1712) 399
Code Napoléon 474
Cogniard, Hippolyte (1807–1882) 72
Cogniard, Théodore (1806–1872) 72
Cohn, Irving 42
Coke, Sir Edward (1551–1633) 210
Collin d'Harleville Jean François (1755–1806) 216
Cooper, James Fenimore (1789–1851) 309, 343
Corneille, Pierre (1606–1684) 231
Cornelius Nepos (gest. um 30 v. Chr.) 170
Corpus iuris civilis 91, 338, 407, 439, 455, 462
Correggio, Antonio (1494–1534) 348
Corvinus, Matthias (1443–1490) 46
Coudenhove-Kalergi, Richard Nikolaus Graf (1894–1972) 338
Cousin, Victor (1792–1867) 33
Cowper, William (1731–1800) 390
Cramer, Karl Gottlob (1758–1817) 118
Crotus Rubeanus (auch: Rubianus; Johannes Jäger, um 1480 – nach 1539) 95
Cyprianus (Thascius Cäcilius, um 200/210–258) 240

Dach, Simon (1605–1659) 27
Dante Alighieri (1265–1321) 141, 209, 216, 306, 398
Darwin, Charles (1809–1882) 231
Dean, James (1931–1955) 478
Decius, Nicolaus (um 1485 – nach 1546) 136
Defregger, Franz von (1835–1921) 386
Degenhardt, Franz Josef (geb. 1931) 256, 282, 399, 420, 471, 517
Dehmel, Paula (1862–1918) 348
Dehmel, Richard (1863–1920) 61
Dehmel, Willy 99, 320
Demosthenes (384–322 v. Chr.) 34, 314, 346
Denis, Johann Michael Kosmas (1729–1800) 443

De Quincey, Thomas (1785–1859)   313
Desbarreaux, Jacques Vallée (1602–1673)   261
Descartes, René (1596–1650)   74
Dessau, Paul (1894–1979)   131, 422
Dickens, Charles (1812–1870)   196
Dickinson, Emily (1830–1886)   398
Dietmar von Eist (um 1140–1171)   416
Dietrich, Marlene (1901–1992)   248
Dingelstedt, Franz Freiherr von (1814–1881)   264
Diogenes Laërtios (um 220 n. Chr.)   21, 249, 314
Diogenes von Sinope (um 412–323 v. Chr.)   249
Disselhoff, August (1827–1896)   196
Ditfurth, Hoimar von (1921–1989)   28
Döblin, Alfred (1878–1957)   516
Drakon (um 620 v. Chr.) 92
Dreyfus, Alfred (1859–1935)   271
Droste-Hülshoff, Annette von (1797–1848)   43, 194, 232, 311
du Bois-Reymond, Emil (1818–1896)   216
Dürrenmatt, Friedrich (1921–1990)   78, 157, 158, 160, 247, 347, 427, 517
Dumas, Alexandre (Dumas Fils, 1824–1895)   78
Dumas, Alexandre (Dumas Père, 1802–1870)   72, 317
Dylan, Bob (geb. 1941)   27, 71, 448

Ebert, Friedrich (1871–1925)   81, 502
Ebner-Eschenbach, Marie von (1830–1916)   20, 22, 31, 53, 98, 102, 103, 107, 127, 132, 135, 137, 147, 159, 181, 182, 184, 201, 227, 228, 235, 246, 261, 264, 271, 275, 276, 288, 293, 307, 309, 312, 345, 362, 371, 382, 383, 394, 397, 470, 480, 483, 494, 495, 503, 515, 517, 523, 533
Eckart, Dietrich (1868–1923)   84
Eckermann, Johann Peter (1792–1854)   31, 128, 241, 508
Edda   48, 179
Eduard III., König von England (1312–1377)   211
Eich, Günter (1907–1972)   458
Eichendorff, Joseph Freiherr von (1788–1857)   20, 76, 87, 95, 140, 178, 205, 254, 266, 273, 281, 295, 315, 320, 337, 361, 395, 406, 408, 440, 443, 455, 457, 496
Eike von Repkow (um 1180–1233)   533
Einstein, Albert (1879–1955)   489
Einstein, Carl (1885–1940)   56, 90, 215, 254, 264, 265, 285, 466, 506, 523

Eisbrenner, Werner (1908–1981)   111
Empedokles von Akragas (483/482–424/423 v. Chr.)   74
Engels, Friedrich (1820–1895)   159, 163, 353
d'Enghien, Louis Antoine Henri de Bourbon, Duc (1772–1804)   475
Ennius (Quintus Ennius, 239–169 v. Chr.)   23
Enzensberger, Hans Magnus (geb. 1929)   283, 334
Epicharmos (5. Jh. v. Chr.)   185
Epiktet (um 50–138)   270
Epikur (342/341–271/270 v. Chr.)   46, 327
Epimedes aus Kreta (um 596 v. Chr.)   250
Erasmus von Rotterdam (Geert Geerts, 1466–1536)   342
Erhardt, Heinz (1909–1979)   531
Ernst, Otto (Otto Ernst Schmidt, 1862–1926)   66, 121
Étienne, Charles Guillaume (1778–1845)   278
Euklid (um 300 v. Chr.)   358
Euripides (um 485–406 v. Chr.)   34, 427, 472, 536

Falk, Johann Daniel (1768–1826)   138
Fall, Richard (1882–1943)   186, 243
Fallada, Hans (1893–1947)   55, 241
Fassbinder, Rainer Werner (1946–1982)   275
Ferdinand I. (1503–1564)   158
Ferdinand V., König von Spanien (1452–1516)   326
Feuchtersleben, Ernst Freiherr von (1806–1849)   38, 178
Feuerbach, Ludwig (1804–1872)   64, 86, 91, 109, 110, 134, 219, 300, 324, 368, 402, 404, 488, 495
Fischart, Johann (um 1546–1590)   161, 492
Flaischlen, Cäsar (1864–1920)   420
Flaubert, Gustave (1821–1880)   97
Flex, Walter (1887–1917)   497
Flotow, Friedrich von (1812–1883)   295, 378
Fontane, Theodor (1819–1898)   19, 30, 39, 41, 50, 54, 66, 75, 97, 104, 110, 145, 164, 181, 192, 195, 202, 219, 228, 235, 237, 246, 247, 250, 267, 278, 289, 306, 309, 324, 355, 364, 374, 379, 385, 388, 390, 394, 400, 412, 425, 428, 432, 436, 438, 442, 455, 467, 469, 489, 496, 499, 504, 536
Forster, Georg (um 1510–1568)   291
Foster, Fred   129
Fouché, Joseph (1759–1820)   475
Fouqué, Friedrich de la Motte (1777–1843)   88, 221, 229
Fourier, Charles (1772–1837)   362

Franck, Melchior (um 1580–1639)   396
Frank, Leonhard (1882–1961)   283, 300
Franklin, Benjamin (1706–1790)   69, 140, 447, 463
Franz I., König von Frankreich (1494–1547)   479
Franz Joseph I. (1830–1916)   485
Franzos, Karl Emil (1848–1904)   225
Freidank (13. Jh.)   49, 141, 213
Freiligrath, Ferdinand (1810–1876)   56, 85, 87, 214, 290, 352, 355, 359, 385, 458
Fréron, Louis Marie Stanislas (1754–1802)   224
Freud, Sigmund (1856–1939)   463
Frey, Hermann   339
Freytag, Gustav (1816–1895)   29, 374, 399
Friedrich I., genannt Barbarossa (um 1124–1190)   42, 229
Friedrich II., genannt Friedrich der Große (1712–1786)   96, 115, 142, 332, 351, 356, 379,
Friedrich August III., König von Sachsen (1865–1932)   93, 370
Friedrich Wilhelm (1620–1688)   359, 406
Friedrich Wilhelm III., König von Preußen (1770–1840)   176
Friedrich Wilhelm IV., König von Preußen (1795–1861)   335, 352
Friedrich, Wilhelm (Wilhelm Friedrich Riese, 1804–1879)   247, 295
Frisch, Max (1911–1991)   23, 65, 72, 98, 99, 127, 152, 160, 161, 196, 207, 217, 242, 274, 279, 284, 305, 343, 350, 402, 425, 444, 448, 450, 452, 461, 463, 465, 495, 505, 511, 522, 530, 532
Füger, Caspar   515
Fühmann, Franz (1922–1984)   149
Fürnberg, Louis (1909–1957)   340
Fulda, Ludwig (1862–1939)   245

Gagern, Heinrich von (1799–1885)   254
Gambetta, Léon (1838–1882)   125, 328
Ganghofer, Ludwig (1855–1920)   486
Gavarni, Paul (Sulpice Guillaume Chevalier, 1801–1866)   103
Geibel, Emanuel (1815–1884)   83, 169, 202, 230, 291, 310, 317, 330, 379, 422, 498, 507, 515
Gellert, Christian Fürchtegott (1715–1769)   175, 194, 204, 343, 354, 374
Gellius, Aulus (um 125–175)   270, 509
Genée, Richard (1824–1895)   48, 170, 404, 405, 415, 456, 467
Georg, Herzog von Sachsen (1471–1539)   342
George, Stefan (1868–1933)   121, 340
Gerhard, Wilhelm Christoph (1780–1858)   262

Gerhardt, Paul (1607–1676)   44, 77, 103, 200
Gerold-Tucholsky, Mary (1898–1987)   266
Gesta Romanorum   358
Geyter, Pierre de   371, 486, 491
Gibran, Kahlil (1883–1931)   238, 400
Giese, Therese (1898–1975)   393
Gilbert, Jean (Max Winterfeld, 1879–1942)   356
Gilbert, Robert (1899–1978)   100, 134, 211, 280, 286, 311, 356, 376, 387, 413, 420, 512, 524, 535
Gilm, Hermann von (1813–1864)   291, 370
Ginguené, Pierre Louis (1748–1816)   136
Gladstone, William Ewart (1809–1898)   190
Glaßbrenner, Adolf (1810–1876)   48, 150, 151, 233, 380, 383
Goebbels, Joseph (1897–1945)   104, 452
Goethe, Johann Wolfgang (1749–1832)   14, 15, 16, 17, 18, 20, 21, 22, 23, 24, 25, 26, 27, 29, 30, 31, 32, 34, 35, 36, 37, 38, 39, 43, 44, 45, 47, 49, 51, 52, 53, 54, 55, 56, 57, 58, 59, 61, 64, 66, 67, 68, 71, 73, 74, 76, 77, 79, 80, 82, 83, 84, 86, 87, 88, 89, 93, 94, 96, 97, 99, 100, 101, 102, 104, 105, 106, 107, 109, 111, 113, 114, 117, 118, 119, 123, 124, 126, 127, 128, 130, 131, 132, 133, 134, 135, 137, 138, 139, 140, 141, 142, 143, 145, 146, 147, 150, 151, 152, 153, 154, 155, 156, 157, 158, 159, 160, 161, 162, 163, 164, 165, 166, 168, 169, 170, 171, 172, 173, 176, 178, 179, 180, 182, 183, 184, 188, 189, 190, 191, 193, 194, 196, 197, 199, 200, 201, 203, 205, 206, 208, 211, 213, 215, 216, 217, 218, 219, 222, 223, 226, 227, 228, 229, 231, 233, 235, 236, 237, 238, 240, 241, 242, 243, 244, 245, 249, 250, 252, 254, 255, 256, 258, 260, 261, 262, 264, 265, 267, 268, 269, 270, 271, 272, 273, 275, 277, 278, 279, 280, 281, 282, 285, 286, 287, 289, 291, 292, 293, 294, 295, 296, 298, 299, 300, 301, 302, 303, 304, 308, 309, 314, 315, 316, 318, 319, 321, 322, 323, 324, 325, 326, 327, 329, 331, 336, 338, 339, 341, 342, 343, 344, 345, 346, 347, 348, 349, 353, 354, 355, 357, 358, 359, 360, 362, 364, 365, 366, 367, 368, 369, 372, 373, 376, 378, 379, 381, 385, 389, 390, 391, 392, 394, 395, 396, 397, 399, 400, 401, 403, 405, 406, 408, 409, 410, 412, 414, 415, 416, 417, 419, 420, 421, 422, 424, 425, 426, 428, 429, 430, 431, 433, 434, 435, 436, 437, 438, 439, 440, 441, 442, 443, 444, 445, 446, 447, 450, 451, 453, 454, 455, 457, 458, 461, 462, 464, 465, 466, 471, 472, 473, 474, 476, 477, 478, 479, 480, 481, 482, 483, 484, 486, 487, 488, 489, 490, 493, 494, 495, 496, 497, 499, 500, 501, 503, 504, 505, 506, 507, 508, 509, 510, 511, 512, 513, 516, 517, 518, 519, 520, 521, 522, 523, 527, 528, 529, 530, 532, 534, 535, 536
Goldberger, Ludwig Max (1848–1913)   261

Goldsmith, Oliver (1728–1774)   296, 301
Gorbatschow, Michail (geb. 1930)   422
Gottfried von Straßburg (um 1200)   278, 294
Grabbe, Christian Dietrich (1801–1836)   97, 393
Gracián, Baltasar (1601–1658)   46, 94, 107, 117, 122, 135, 138, 169, 201, 202, 273, 285, 292, 323, 371, 382, 457, 461, 478, 481, 482, 488, 494, 498
Graf, Oskar Maria (1894–1967)   150
Gregor I., genannt Papst Gregor der Große (um 540–604)   383
Gregor VII., Papst (1021–1085)   232
Grétry, André Ernest Modest (1742–1813)   401
Griesheim, Gustav von (1798–1854)   78
Grillparzer, Franz (1791–1872)   49, 212, 286, 334, 531, 537
Grimm, Hans (1875–1959)   487
Grimm, Jakob (1785–1863)   19, 50, 60, 141, 184, 190, 191, 196, 243, 244, 294, 360, 383, 388, 412, 423, 445, 513, 522
Grimm, Wilhelm (1786–1859)   14, 19, 50, 60, 141, 184, 190, 191, 243, 244, 294, 360, 383, 388, 412, 423, 445, 513, 522
Grimmelshausen, Hans Jakob Christoffel von (um 1622–1676)   51
Grothe, (Johann August) Franz (1908–1982)   99, 320
Gruber, Franz Xaver (1787–1863)   432
Grünbaum, Fritz   197
Grünwald, Alfred   16
Grundgesetz der BRD (1949)   523
Gryphius, Andreas (1616–1664)   266, 382, 441, 453
Guarini, Giovan Battista (1538–1612)   419
Güll, Friedrich (1812–1879)   64, 150, 197, 368, 418, 442
Guizot, Guillaume (1787–1874)   125
Guttmann, Arthur   59
Gutzkow, Karl (1811–1878)   19, 372

Haeckel, Ernst (1834–1919)   509
Haffner, Karl (1804–1876)   170, 415, 456, 467
Hagedorn, Friedrich von (1708–1754)   224
Halbe, Max (1865–1944)   440
Halévy, Ludovic (1834–1908)   170, 415, 452, 456, 467, 532
Haller, Albrecht von (1708–1777)   217
Halm, Friedrich (Eligius Franz Joseph Freiherr von Münch-Bellinghausen, 1806–1871)   409
Handke, Peter (geb. 1942)   62, 148, 284, 355
Hannibal (246–183 v. Chr.)   413

Hansemann, David (1790–1864)   154
Hansen, Gustav Julius Friedrich (1831–1904)   76
Harries, Heinrich (1762–1802)   195
Harsdörffer, Georg Philipp (1607–1658)   331
Hartmann von Aue (um 1165–1215)   376
Harvey, Lilian (1907–1968)   100
Hase, Victor (1834–1860)   191
Hasenclever, Walter (1890–1940)   309
Hauff, Wilhelm (1802–1827)   308, 314, 379, 400
Hauptmann, Gerhart (1862–1946)   399
Hausset, Madame de (geb. um 1720)   415
Hay, John (1838–1905)   349
Hebbel, Christian Friedrich (1813–1863)   117, 138, 198, 229, 268, 298, 368, 395, 408, 419, 454, 482, 508
Hebel, Johann Peter (1760–1826)   100, 106, 107, 134, 135, 170, 186, 192, 225, 230, 232, 263, 424, 466, 502, 509, 534
Hecker, Friedrich (1811–1881)   187
Hegel, Georg Wilhelm Friedrich (1770–1831)   23, 145, 346, 480, 493, 508
Heidegger, Martin (1889–1976)   516, 517
Heine, Heinrich (1797–1856)   13, 23, 33, 34, 44, 54, 57, 61, 62, 65, 73, 75, 78, 81, 82, 84, 85, 86, 88, 89, 91, 94, 98, 103, 106, 112, 113, 123, 124, 126, 131, 150, 156, 160, 163, 165, 173, 181, 201, 202, 223, 227, 229, 230, 234, 236, 237, 243, 244, 246, 247, 248, 253, 259, 263, 264, 272, 274, 275, 276, 280, 281, 286, 290, 291, 308, 317, 319, 321, 323, 330, 344, 355, 360, 369, 376, 377, 378, 380, 393, 395, 398, 402, 403, 404, 418, 428, 432, 433, 442, 444, 446, 451, 453, 473, 475, 476, 478, 483, 487, 489, 497, 501, 502, 505, 506, 517, 521, 526, 527, 528, 532, 533
Heinemann, Gustav (1899–1976)   67, 85, 427
Heinrich der Stolze (reg. 1126–1139)   505
Heinrich IV. (1050–1106)   232
Heinrich IV., König von Frankreich (1553–1610)   43
Heinrich LXXII., Fürst Reuss zu Lobenstein und Ebersdorf (reg. 1825 bis 1848, gest. 1854)   352
Held, Ludwig (1837–1900)   66
Hemingway, Ernest (1899–1961)   436
Hensel, Luise (1798–1876)   314
Heraklit (um 544–483 v. Chr.)   251, 339
Herberger, Josef (1897–1977)   424
Herbert, George (1593–1633)   208

Herbert, Hans 391
Herbort von Fritzlar (13. Jh.) 141
Herder, Johann Gottfried (1744–1803) 26, 30, 64, 335, 380, 407
Herodot (Herodotos aus Halikarnassos, um 484 – nach 430 v. Chr.) 111, 241, 270, 358, 380, 422, 490
Hertslet, William Lewis (1839–1898) 455
Herwegh, Georg (1817–1875) 14, 29, 51, 84, 130, 131, 250, 305, 359, 361, 366, 373
Herzl, Theodor (1860–1904) 289
Hesiod (um das 7. Jh. v. Chr.) 29, 173, 186, 217, 488
Hesse, Hermann (1877–1962) 202
Hesse, Johann Ludwig (1490–1547) 507
Heuss, Theodor (1884–1963) 350
Hey, Johann Wilhelm (1789–1854) 222, 432
Heyking, Elisabeth von (1861–1925) 60
Heym, Georg (1887–1912) 34, 41
Heymann, Werner Richard (1896–1961) 100, 134, 211, 280, 296, 311, 512
Heyse, Paul (1830–1914) 94, 239
Hieronymus (um 348–420) 218
Hieronymus von Hangest 28
Hildesheimer, Wolfgang (1916–1991) 354
Hippokrates von Kos (um 460 – um 377 v. Chr.) 297, 485
Hippolytos aus Rom (nach 150–235/236) 251
Hitler, Adolf (1889–1945) 350
Hitzig, Julius Eduard (1780–1849) 70
Hobbes, Thomas 46, 211
Hoddis, Jakob van (1887–1942) 400
Höfling, Eugen (1808–1880) 67, 223
Hölderlin, Friedrich (1770–1843) 55, 82, 83, 144, 150, 169, 245, 327, 334
Hölty, Ludwig Christoph Heinrich (1748–1776) 181, 311, 373, 379, 455, 513
Hoffmann, Ernst Theodor Amadeus (1776–1822) 30, 233, 317
Hoffmann, Heinrich (1809–1894) 60, 137, 191, 221, 232, 248, 306, 307, 309, 318, 328, 342, 345, 419, 423, 435, 438, 453, 514, 528
Hoffmann vom Fallersleben, August Heinrich (1798–1874) 13, 80, 81, 84, 95, 100, 126, 131, 140, 196, 254, 288, 289, 307, 346, 381, 389, 392, 397, 418, 438, 451, 471, 474, 486, 501, 515, 534
Hofmannsthal, Hugo von (1874–1929) 239, 292, 447, 486, 499
Holaubek, Josef (geb. 1907) 351

Holberg, Ludvig (1684–1754)   350
Hollaender, Friedrich (1896–1976)   248
Holtei, Karl von (1798–1880)   93, 194
Homer (8. Jh. v. Chr.)   24, 54, 72, 103, 111, 150, 200, 210, 216, 260, 337, 381, 401, 406, 415, 430, 439, 443, 484, 521, 533
Horaz (Quintus Horatius Flaccus, 65–8 v. Chr.)   28, 47, 70, 74, 80, 87, 88, 102, 109, 116, 123, 159, 160, 166, 168, 179, 180, 186, 210, 215, 217, 230, 259, 260, 290, 296, 297, 298, 305, 308, 313, 319, 330, 331, 336, 337, 348, 387, 429, 430, 431, 450, 456, 473, 477, 486, 493, 508, 521
Horkheimer, Max (1895–1973)   86
Horváth, Ödön von (1901–1938)   31, 79, 94, 172, 178, 227, 424, 474
Huet, Pierre Daniel (1630–1721)   470
Hugo, Hermann (1588–1639)   347
Hugo, Victor (1802–1885)   244
Humperdinck, Engelbert (1854–1921)   14, 289, 435
Hus, Johannes (1369–1415)   387
Hutten, Ulrich von (1488–1523)   95, 164, 222

Ibsen, Hendrik (1828–1906)   86, 93, 266, 263, 400, 436
Igelhoff, Peter (1904–1978)   317
Ignatius von Loyola (1491–1556)   229, 383
Irving, Washington (1783–1859)   91
Isouard, Nicolas (1775–1818)   278

Jagger, Mick (geb. 1943)   388
Jagow, Traugott von (1865–1938)   327, 361
Jahn, Friedrich Ludwig (1778–1852)   138
Jandl, Ernst (geb. 1925)   269, 337
Jary, Michael (Maximilian Jarczyk, geb. 1906)   320, 409, 524
Jean Paul (Johann Paul Friedrich Richter, 1763–1825)   21, 108, 121, 149, 177, 192, 238, 316, 394, 509, 533
Jefferson, Thomas (1743–1826)   496
Jesenká, Milena (1896–1944)   277
Jochmann, Carl Gustav (1789–1830)   440, 495
Johnson, Hiram Warren (1866–1945)   251
Johnson, Samuel (1709–1784)   208
Johnson, Uwe (1934–1984)   223, 238, 452
Joplin, Janis (1943–1970)   129
Jouvenot, F. de   120
Joyce, James (1882–1941)   224, 351

Jünger, Ernst (geb. 1895) 231
Jungk, Robert (geb. 1913) 534
Jurmann, Walter 481
Justinian (483–565) 121
Juvenal (Decimus Junius Juvenalis, um 58–138) 72, 246, 299, 338, 359, 363, 388, 491, 494, 512

Kästner, Erich (1899–1974) 184, 236, 262, 275, 312, 351, 463, 529
Käutner, Helmut (1908–1980) 111, 317
Kafka, Franz (1883–1924) 63, 65, 209, 277
Kalisch, David (1820–1872) 27, 48, 159, 232, 248, 314, 361, 404, 478, 529
Kamp, Adolf von (1796–1867) 291
Kant, Immanuel (1724–1804) 35, 50, 65, 112, 135, 136, 148, 156, 183, 190, 233, 236, 253, 266, 312, 345, 366, 369, 387, 421, 458, 480, 507, 516, 530
Karl August, Großherzog von Sachsen-Weimar (1757–1828) 392
Katharina II., Zarin von Rußland (1729–1796) 351
Kaufmann, Christoph (1753–1795) 437
Kaulisch, Friedrich Wilhelm (1827–1881) 318
Keller, Gottfried (1819–1890) 36, 115, 241, 340, 341, 441, 456, 473, 529
Kennedy, John F. (1917–1963) 48
Kerner, Justinus (1786–1862) 88, 315, 352, 385, 503
Kierkegaard, Sören (1813–1855) 105
Kind, Johann Friedrich (1768–1843) 15, 221, 228, 272, 283, 321, 387
Kindleben, Christian Wilhelm (1748–1785) 146
King, Martin Luther (1929–1968) 93
Kinkel, Gottfried (1815–1882) 29, 469
Kipling, Rudyard (1865–1936) 337
Kisch, Egon Erwin (1885–1948) 203, 360, 370, 411
Klein, Johann Adam 42
Kleist, Ewald Christian von (1715–1759) 71, 155, 171, 287, 398, 402, 407, 462, 463, 465
Kleist, Heinrich von (1777–1811) 24, 98, 130, 201, 211, 252, 387, 396, 428, 452, 460, 468, 517
Kleisthenes (um 510 v. Chr.) 392
Klepper, Jochen (1903–1942) 529
Klinger, Friedrich Maximilian (1752–1831) 437
Klopstock, Friedrich Gottlieb (1724–1803) 19, 83, 98, 108, 140, 155, 210, 311, 325, 383, 386, 413, 468

Kluge, Alexander (geb. 1932) 33, 315, 520
Knapp, Albert (1798–1864) 330
Knauf, Erich (gest. 1944) 196
Knigge, Adolph Freiherr von (1752–1796) 243
Knobelsdorff, Georg Wenzeslaus von (1699–1753) 356
Körner, Theodor (1791–1813) 83, 131, 132, 138, 166, 270, 286, 344, 386, 407, 478, 487
Kollo, Walter (1878–1940) 289, 339, 400
Kolpe, Max 211
Kolumbus, Christoph (Cristóbal Colón, 1451–1506) 326
Konfuzius (Kung Fu-Tzu, 551–479 v. Chr.) 308
Konrad III. (1093/94–1152) 505
Kopisch, August (1799–1853) 76, 107, 244
Kortum, Karl Arnold (1745–1824) 224
Kotzebue, August von (1761–1819) 188, 196, 416
Kraus, Karl (1874–1936) 17, 27, 28, 48, 53, 81, 82, 88, 90, 110, 116, 120, 127, 138, 148, 207, 225, 252, 254, 255, 257, 265, 269, 272, 278, 283, 293, 312, 333, 336, 354, 403, 416, 420, 425, 442, 460, 464, 467, 473, 506, 512, 520, 536
Kreisler, Georg (geb. 1922) 443
Kreuder, Peter (1905–1981) 212, 306
Kristofferson, Kris (geb. 1936) 129
Krummacher, Adolf (1824–1884) 405
Kürenberg, der von (zweite Hälfte des 12. Jh.s) 115
Kugler, Franz Theodor (1808–1858) 385

La Bruyère, Jean de (1645–1696) 114
La Fontaine, Jean de (1621–1695) 233
Lami, Heinrich (1787–1849) 232
Landsteiner (2. Hälfte des 19. Jh.s) 19
Langbein, August Friedrich Ernst (1757–1837) 121, 182, 333, 440
Lao Tse (6. Jh. v. Chr.) 367
La Rochefoucauld, François VI, Duc de (1613–1680) 20, 117, 118, 128, 135, 153, 154, 170, 227, 271, 276, 279, 280, 284, 326, 394, 419, 452, 453
L'Arronge, Adolf (1838–1908) 341
Lasker-Schüler, Else (1869–1945) 241
Lassalle, Ferdinand (1825–1864) 255
Lavater, Johann Kaspar (1741–1801) 353
Layard, Austen Henry (1817–1894) 362
Leander, Zarah (1907–1981) 277, 278, 514, 525

Autorenregister 561

Lec, Stanislaw Jerzy (1909–1966)   25, 33, 71, 79, 118, 148, 165, 171, 177, 225, 256, 312, 357, 411, 462, 506, 530
Legendre, François   261
Leibniz, Gottfried Wilhelm (1646–1716)   50
Lenau, Nikolaus (1802–1850)   474, 532
Lenin, Wladimir Iljitsch (W. I. Uljanov, 1870–1924)   295, 483, 498
Lennon, John (1940–1980)   18, 526
Leo XIII., Papst (1810–1903)   341
Leonhard, Wolfgang (geb. 1921)   371
Lersch, Heinrich (1889–1936)   85
Lessing, Gotthold Ephraim (1729–1781)   14, 15, 21, 33, 35, 42, 51, 52, 59, 73, 81, 98, 100, 101, 110, 112, 117, 130, 147, 148, 155, 181, 184, 197, 200, 204, 206, 210, 218, 225, 226, 239, 241, 242, 245, 258, 260, 276, 280, 302, 303, 342, 360, 364, 366, 372, 374, 375, 378, 382, 389, 401, 405, 407, 411, 417, 445, 456, 458, 459, 465, 466, 479, 482, 485, 489, 491, 500, 501, 509, 512, 523, 533
Lessing, Theodor (1872–1933)   160, 413
Leuthold, Heinrich (1827–1879)   123, 225, 349
Levi, Hermann   179, 436, 505
Lévis, Pierre Marc Gaston Duc de (1764–1830)   328
Lichtenberg, Georg Christoph (1742–1799)   24, 56, 62, 63, 65, 86, 91, 140, 211, 240, 242, 292, 297, 300, 303, 305, 346, 367, 390, 436, 480, 482, 510, 529, 536
Lichtwer, Magnur Gottfried (1719–1783)   56
Liebermann, Max (1847–1935)   133
Liebig, Justus von (1803–1873)   15, 516
Liebknecht, Karl (1871–1919)   309
Liebknecht, Wilhelm (1826–1900)   516
Ligne, Joseph Fürst von (1735–1814)   248, 384
Lincke, Paul (1866–1946)   48
Lindau, Paul (1839–1919)   532
Lingendes, Jean de (1580–1616)   475
Lingg, Hermann (1820–1905)   101
Livius Titus (59 v. Chr.–17 n. Chr.)   14, 137, 149, 377, 413, 470, 471
Löns, Hermann (1866–1914)   378
Loerke, Oskar (1884–1941)   204
Logau, Friedrich von (1604–1655)   136, 241, 315
Lorenz, Konrad (1903–1989)   449
Lortzing, Albert (1801–1851)   121, 195, 226, 242, 263, 366, 439
Lothar I. (795–855)   530
Lotichius, Johannes Petrus (1598–1669)   471

Louis Philippe, König von Frankreich (1773–1850)   105, 308
Lucanus (Marcus Annaeus Lucanus, 39–65)   413, 446
Lucilius (um 180–103 v. Chr.)   273, 335
Lucullus (um 106–57 v. Chr.)   286
Ludwig der Eiserne, Landgraf von Thüringen (1140–1172)   262
Ludwig IV. von Bayern (1287–1347)   98
Ludwig XI., König von Frankreich (1423–1483)   73, 90, 513
Ludwig XIV., König von Frankreich (1638–1715)   112, 470
Ludwig XV., König von Frankreich (1710–1774)   414
Ludwig XVI., König von Frankreich (1754–1793)   513
Ludwig XVIII., König von Frankreich (1755–1824)   125, 355
Lukrez (Titus Lucretius Carus, um 95–55 v. Chr.)   327
Luther, Martin (1483–1546)   25, 28, 67, 111, 153, 224, 267, 329, 353, 366, 429, 520
Luxemburg, Rosa (1871–1919)   132

Mackeben, Theo (1897–1953)   267, 278, 391
MacMahon, Maurice Marquis de (1808–1893)   204
Maecenas (gest. 8 n. Chr.)   166, 290
Magritte, René (1898–1967)   348
Maharbal (3. Jh. v. Chr.)   413
Mahlmann, Siegfried August (1771–1826)   180
Maistre, Joseph de (1754–1821)   384, 487
Malpass, Eric (geb. 1910)   314
Malthus, Thomas Robert (1766–1834)   231
Mann, Heinrich (1871–1950)   248
Mann, Thomas (1875–1955)   64, 81, 83, 84, 85, 86, 175, 176, 199, 235, 301, 354, 370, 382, 393
Mao Tse Tung (1893–1976)   213, 487
Marcus Agrippa (64/63–12 v. Chr.)   74
Marcus Pomponius Marcellus   69
Marischka, Ernst (1893–1963)   56
Marmontel, Jean François (1723–1799)   401
Marot, Clément (1495–1544)   236
Martial (Marcus Valerius Martialis, um 40–104)   184, 189, 290, 428
Marx, Groucho (Julius Henry, 1890–1977)   476
Marx, Karl (1818–1883)   159, 163, 346, 353, 368
Masaidek, F. T. (19. Jh.)   372
Mathesius, Johannes   342
Mathias   469
Maupassant, Guy de (1850–1893)   46, 275

Maximilian I. (1459–1519) 46
Maximilian II., König von Bayern (1811–1864) 137, 312
McCartney, Paul (geb. 1942) 18, 526
Meilhac, Henry (1832–1897) 170, 415, 452, 456, 467, 532
Menandros (um 342–292 v. Chr.) 161, 172, 529
Mendelssohn, Moses (1729–1786) 51
Mercier, Louis Sébastien (1740–1814) 114
Merckel, Wilhelm von (1803–1861) 78
Mérimée, Prosper (1803–1870) 90
Messerschmidt, Johann Georg Friedrich (1776–1831) 57
Metternich, Klemens Fürst von (1773–1859) 220
Meurthe, Antoine Jacques Claude Joseph Comte Boulay de la (1761 bis 1840) 475
Meyer, Conrad Ferdinand (1825–1898) 63, 70, 107, 123, 133, 149, 200, 227, 274, 327, 380, 420, 447, 452
Meyer, Joseph (1796–1856) 53
Micard, H. 120
Miegel, Agnes (1879–1964) 94, 188
Mielke, Erich (geb. 1907) 276
Miller, Johann Martin (1750–1814) 154, 474
Millöcker, Karl (1842–1899) 404, 405
Milton, John (1608–1674) 104, 339
Mitchell, Margaret (1900–1949) 514
Mitscherlich, Alexander (1908–1982) 463
Mitscherlich, Margarete (geb. 1917) 463
Moeller van den Bruck, Arthur (1876–1925) 93
Mörike, Eduard (1804–1875) 47, 74, 119, 140, 263, 276, 319, 326, 336, 379, 406, 498
Mohr, Joseph (1792–1848) 432
Molière (Jean-Baptiste Poquelin, 1622–1673) 37, 69, 71, 100, 134, 153, 174, 199, 210, 238, 360, 430, 443
Moltke, Helmuth Graf von (1800–1891) 164, 168
Mommsen, Theodor (1817–1903) 489
Montaigne, Michel Eyquem Seigneur de (1533–1592) 52, 449, 466
Montausier, Herzog von (1610–1690) 470
Montesquieu, Baron Charles de (1689–1755) 437
Moore, Thomas (1779–1852) 111, 378
More, Henry (1614–1687) 90
Morgenstern, Christian (1871–1914) 42, 102, 108, 145, 198, 213, 243, 284, 309, 310, 311, 338, 366, 367, 410, 421, 511, 512, 519
Morgenstern, Margareta (gest. 1968) 311

Moritz, Karl Philipp (1756–1793)   109
Morus, Thomas (1480–1535)   470
Mosen, Julius (1803–1867)   448
Mosenthal, Salomon Hermann Ritter von (1821–1877)   64
Moser, Gustav von (1825–1903)   384
Mozart, Wolfgang Amadeus (1756–1791)   53, 74, 122, 150, 179, 189, 195, 212, 272, 288, 310, 359, 381, 382, 430, 436, 457, 485, 486, 505, 520, 527
Müchler, Karl (1763–1857)   235
Müller, Friedrich Theodor Adam Heinrich von (1779–1849)   353
Müller, Wenzel (1767–1835)   361
Müller, Wilhelm (1794–1827)   41, 61, 497
Müllner, Adolf (1774–1829)   334
Münchhausen, Börries Freiherr von (1874–1945)   442
Murger, Henri (1822–1861)   59
Murphy, Ed   316
Musäus, Karl (1735–1787)   87
Musil, Robert (1880–1942)   63, 159, 470
Musset, Alfred de (1810–1857)   373

Napoleon I. Bonaparte (1769–1821)   108, 179, 384, 419, 475, 513
Napoleon III. (1808–1873)   17, 27, 216, 356
Neander, Joachim (1650–1680)   192
Nehrlich, Carl (1773–1849)   511
Nelson, Horatio (1758–1805)   104
Neratius Priscus (um 100 n. Chr.)   455
Nero (37–68)   254
Nestroy, Johann Nepomuk (1801–1862)   240, 286
Neubach, Ernst   194
Neumark, Georg (1621–1681)   178, 497
Nibelungenlied (um 1200)   290
Nichols, George E.   316
Nicolai, Otto (1810–1849)   64
Nicolai, Philipp (1556–1608)   59, 314, 491
Nicolay, Ludwig Heinrich von (1737–1820)   286
Nietzsche, Friedrich Wilhelm (1844–1900)   53, 57, 72, 73, 82, 96, 121, 128, 168, 173, 175, 196, 198, 223, 237, 238, 249, 279, 284, 294, 300, 305, 312, 317, 320, 341, 401, 439, 452, 459, 461, 462, 501, 513, 523, 528
Noack, Christian Ludwig (1767–1821)   339
Nordau, Max (Simon Südfeld, 1849–1923)   104
Novalis (Friedrich von Hardenberg, 1772–1801)   55, 79, 155, 193, 239,

267, 277, 281, 307, 325, 347, 368, 377, 378, 424, 469, 500, 510, 517, 520, 527
Oppenheim, Heinrich Bernhard (1819–1880) 233
Orwell, George (1903–1950) 26
Osborne, John (geb. 1929) 55
Ossietzky, Carl von (1889–1938) 84
Oswald (Martin Hieronymus Hudtwalker, 1787–1865) 321
Oswald von Wolkenstein (1377–1445) 138
Outcault, Richard Felton (1863–1928) 526
Overbeck, Christian Adolf (1755–1821) 291
Ovid (Publius Ovidius Naso, 43 v. Chr. – 18 n. Chr.) 24, 31, 46, 50, 139, 171, 241, 249, 296, 308, 342, 357, 423, 457, 475, 503, 529

Pailleron, Édouard (1834–1899) 263
Parkinson, Cyril Northcote (geb. 1909) 340
Pascal, Blaise (1623–1662) 114, 308, 348
Péréfixe, Hardouin de Beaumont de (1605–1670) 43
Perinet, Joachim (1765–1816) 361
Persius (Aulus Persius Flaccus, 34–62) 273, 327
Petersburski, Jerzy 91
Petronius (Gaius Petronius Arbiter, gest. 66) 357
Petrus von Blois (Petrus Blesensis, um 1130 – um 1200) 490
Pfau, Ludwig (1821–1894) 396
Pfeffel, Gottlieb Konrad (1736–1809) 22
Phaedrus (um 15. v. Chr.) 270, 326, 472, 491
Pherekrates (5. Jh. v. Chr.) 443,
Philipp II. von Mazedonien (um 382–336 v. Chr.) 346
Philo Judaeus (gest. 54 n. Chr.) 51
Piave, Francesco Maria (1810–1876) 458
Pindar (um 522/518 – nach 446 v. Chr.) 454
Pinelli, Aldo von 317
Pinthus, Kurt (1886–1975) 305
Pirckheimer, Willibald (1470–1530) 222
Pitaval, François Gayot de (1673–1743) 70
Pittakos von Mytilene (gest. um 570 v. Chr.) 37
Placentinus 69
Platen, August Graf von (1796–1835) 68, 400
Platon (427–347 v. Chr.) 20, 25, 46, 88, 109, 157, 168, 351, 460, 485, 504
Plautus (Titus Maccius Plautus, um 250–184 v. Chr.) 22, 170, 172, 174, 198, 211, 287, 306, 321, 329, 334, 427, 438, 466, 481

Plievier, Theodor (1892–1955)   229
Plinius (Gaius Plinius Secundus der Ältere, um 23–79)   63, 179, 331
Plinius der Jüngere (62–113)   63, 316
Plotin (203/204–269/270)   36
Plutarch (Plutarchos aus Chaironeia, um 46 – um 125)   18, 70, 356
Pocci, Franz Graf (1807–1876)   427
Podbielski, Eugen Anton Theophil von (1814–1879)   340
Pohl, Emil (1824–1901)   478
Pollak, Oskar (1883–1915)   63, 65
Polt, Gerhard (geb. 1942)   309, 320
Pompadour, Jeanne, Marquise de (1721–1764)   415
Ponte, Lorenzo da (1749–1838)   74, 122, 179, 189, 381, 430, 436, 505
Pope, Alexander (1688–1744)   127, 218, 349, 381, 436, 480
Porphyrios (232/233–304)   21, 51
Potemkin, Gregor Alexandrovic (1736–1791)   351
Pottier, Eugene (1816–1887)   371, 486, 491
Poussin, Nicolas (1593–1665)   30
Praetorius, Johann   442
Profes, Anton   292, 420
Properz (Sextus Propertius, um 50–15 v. Chr.)   182, 290
Protagoras (480–410 v. Chr.)   300
Proudhon, Pierre-Joseph (1809–1865)   99
Prutz, Robert (1816–1872)   131, 524
Publilius Syrus (um 50 v. Chr.)   89, 92, 137, 444
Puccini, Giacomo (1858–1924)   59
Pyrrhus (um 318–272 v. Chr.)   356
Pythagoras (um 580–500 v. Chr.)   21, 218

Quintilian (Marcus Fabius Quintilianus, 35–96)   241, 286, 364

Raabe, Wilhelm (1831–1910)   70, 150, 207, 247, 307, 324, 328, 431, 432, 434, 447, 523
Rabelais, François (1494–1553)   28, 211, 471
Racine, Jean (1639–1699)   133
Radbruch, Gustav (1878–1949)   165, 363, 369
Radin, Leonid P.   61
Raffael (1483–1520)   348
Raimund, Ferdinand (1790–1836)   61, 193, 393, 420, 435, 449, 531
Ray, Nicholas (1911–1979)   478
Raymond, Fred (1900–1954)   194, 197
Rebner, Arthur   183

Rechberg, Johann Bernhard Graf von (1806–1899) 146
Reinhard, Carl 311
Reinick, Robert (1805–1852) 420
Reisch, Walter 146, 202
Reitzenstein, Johann Heinrich von (1722–1780) 39
Rellstab, Ludwig (1799–1860) 272
Remarque, Erich Maria (1898–1970) 511
Repington 384
Reuchlin, Johannes (1455–1522) 95
Reuter, Fritz (1810–1874) 32, 121, 224, 290, 321, 323, 351, 456, 471
Reutter, Otto (1870–1931) 141, 461, 524
Ricci, Lorenzo (1703–1775) 414
Richards, Keith (geb. 1943) 388
Richardson, Samuel (1689–1761) 72, 411
Richelieu, Armand Jean du Plessis, Herzog von (1585–1642) 462
Richthofen, Bernhard Freiherr von (1836–1895) 374
Rilke, Rainer Maria (1875–1926) 32, 53, 56, 90, 102, 141, 192, 193, 199, 265, 266, 280, 295, 378, 402, 412, 427, 448
Rimbaud, Arthur (1854–1891) 78, 208, 215
Rinckart, Martin (1586–1649) 77, 318
Ringelnatz, Joachim (1883–1934) 22, 259
Robbespierre, Maximilien de (1758–1794) 274, 490
Robert, Ludwig (1778–1832) 354
Robinson, Armin L. 202
Rodigast, Samuel (1649–1708) 33, 177
Roland, Madame de (1754–1793) 132
Rollenhagen, Georg (1542–1609) 22, 33, 91, 116, 137, 149, 164, 207, 212, 234, 286, 358, 364, 507
Roosevelt, Franklin Delano (1882–1945) 116
Roosevelt, Theodore (1858–1919) 423
Roth, Joseph (1894–1939) 460
Rotter, Fritz 59, 292, 481
Rouget de Lisle, Joseph (1760–1836) 19
Rousseau, Jean-Jacques (1712–1778) 129, 302, 494
Roye, Jean de (1425 – um 1495) 73
Rückert, Friedrich (1788–1866) 16, 21, 22, 30, 42, 58, 65, 82, 109, 114, 141, 151, 228, 231, 259, 273, 326, 377, 378, 381, 390, 399, 408, 439, 450, 467, 494, 518, 535, 537
Rühmann, Heinz (geb. 1902) 202
Rüthling, Johann Ferdinand (1793–1849) 276
Russell, Bertrand (1872–1970) 231, 306, 326, 365, 467, 508

Sabor, Adolf (1841–1907) 113, 447
Sacer, Gottfried Wilhelm (1635–1699) 367
Sachs, Hans (1494–1576) 183
Saint-Exupéry, Antoine de (1900–1944) 16, 46, 112, 173, 177, 181, 202, 235, 239, 266, 280, 301, 303, 465, 494, 507
Salis-Seewis, Johann Gaudenz von (1762–1834) 67, 130
Sallust (Sallustius Crispus, Gaius; 86–35 v. Chr.) 74, 160, 170
Salvandy, Narcisse Achille, Comte de (1795–1856) 490
Sartine, Antoine Raymond Jean Gualbert Gabriel de, Comte d'Alby (1729–1801) 72
Sartre, Jean-Paul (1905–1980) 39, 65, 87, 129, 131, 208, 239, 254, 257, 272, 300, 343, 402, 403, 431, 466, 471, 475, 484
Schanzer, Rudolph 289, 400
Scheffel, Joseph Victor von (1826–1886) 16, 45, 120, 123, 193, 194, 203, 250, 278, 376, 378, 389, 456, 497, 502, 518
Scheffler, Johann (1624–1677) 279
Schelling, Friedrich Wilhelm Joseph von (1775–1854) 31
Schenkendorf, Max von (1783–1817) 132, 318
Schickele, René (1883–1940) 191
Schidone, Bartholommeo (um 1559–1615) 30
Schikaneder, Emanuel (1748–1812) 150, 195, 288, 359, 486
Schill, Ferdinand von (1776–1809) 103
Schiller, Friedrich (1759–1805) 13, 15, 19, 20, 22, 23, 24, 26, 27, 29, 30, 31, 32, 34, 35, 37, 38, 39, 40, 42, 43, 44, 45, 47, 49, 50, 51, 54, 55, 56, 58, 59, 60, 61, 62, 76, 77, 87, 89, 90, 91, 92, 93, 94, 95, 96, 99, 100, 102, 104, 105, 106, 107, 108, 109, 110, 113, 114, 116, 117, 118, 119, 120, 122, 123, 126, 128, 129, 130, 131, 132, 133, 134, 135, 136, 138, 139, 140, 142, 143, 144, 145, 146, 147, 148, 149, 150, 151, 152, 154, 156, 157, 161, 162, 163, 164, 165, 167, 168, 169, 170, 172, 174, 175, 176, 177, 178, 179, 180, 181, 183, 184, 187, 191, 193, 195, 197, 198, 200, 203, 204, 205, 207, 208, 209, 210, 216, 217, 219, 222, 223, 224, 227, 230, 231, 234, 237, 241, 242, 243, 245, 246, 247, 248, 249, 251, 252, 256, 257, 258, 259, 260, 263, 264, 265, 267, 268, 269, 270, 271, 273, 276, 278, 281, 282, 283, 284, 285, 288, 290, 291, 293, 296, 297, 298, 300, 302, 305, 306, 307, 309, 313, 314, 315, 318, 320, 325, 326, 327, 328, 330, 332, 334, 335, 336, 337, 339, 341, 342, 343, 344, 345, 347, 351, 354, 356, 357, 359, 360, 361, 362, 363, 364, 365, 366, 367, 369, 370, 371, 375, 377, 378, 379, 381, 382, 383, 385, 389, 391, 392, 393, 394, 395, 397, 398, 400, 401, 404, 405, 406, 407, 409, 410, 411, 412, 414, 415, 416, 417, 418, 419, 420, 421, 422, 423, 424, 425, 427, 428, 429, 430, 431, 432, 433, 434, 435, 436, 437, 439, 441, 444, 445, 446,

447, 448, 449, 453, 456, 457, 459, 460, 461, 462, 463, 464, 466, 467, 468, 470, 473, 475, 476, 479, 481, 482, 483, 484, 485, 486, 488, 489, 490, 492, 497, 498, 499, 500, 501, 502, 504, 505, 506, 507, 508, 510, 512, 513, 514, 517, 518, 519, 520, 523, 524, 527, 528, 531, 535, 536, 537
Schlegel, Johann Elias (1719–1749) 401
Schleiermacher, Friedrich (1768–1834) 369
Schleinitz, Gustav Adolf Graf von (1807–1885) 349
Schlieffen, Graf Alfred von (1833–1913) 363
Schmeling, Max (geb. 1905) 59
Schmidt, Julian (1818–1886) 29
Schmidt zu Werneuchen, Friedrich Wilhelm August (1764–1838) 433
Schmied von Ruhla (12. Jh.) 262
Schneckenburger, Max (1819–1849) 92, 473
Schnezler, August (1809–1853) 173
Schnitzer, Ignaz 269
Schnitzler, Arthur (1862–1931) 28, 78, 174, 192, 207, 212, 252, 255, 269, 277, 285, 362, 423, 429, 454, 458
Schnüffis, Laurentius von (1633–1702) 524
Schönfeld, Alfred 356
Scholl, Hans (1918–1943) 81
Scholl, Sophie (1921–1943) 81
Schopenhauer, Arthur (1788–1860) 31, 82, 101, 216, 219, 238, 253, 382, 393, 398, 477, 501, 506
Schreiber, Albert 113, 212
Schröder, Friedrich Herrmann Dietrich (1910–1972) 205
Schubart, Christian Friedrich Daniel (1739–1791) 41, 132, 143, 176, 253, 488
Schubert, Franz (1797–1828) 41
Schünemann, Georg (1884–1945) 122
Schütze, Johann Friedrich (1758–1810) 14, 396, 435
Schulenburg-Kehnert, Friedrich Wilhelm Graf von der (1742–1815) 382
Schumacher, Balthasar Gerhard (1755 – nach 1801) 195
Schwab, Gustav (1792–1850) 117, 367, 469
Scott, Sir Walter (1771–1832) 208
Scribe, Eugène (1791–1861) 204, 418
Sedlmayr, Hans (1896–1984) 479
Seidel, Heinrich (1842–1906) 28, 64
Seneca (Lucius Annaeus Seneca, 4 v. Chr. – 65 n. Chr.) 24, 34, 74, 134, 162, 189, 262, 267, 270, 308, 329, 401, 432, 490
Seume, Johann Gottfried (1763–1810) 25, 27, 65, 66, 72, 80, 96, 113,

116, 137, 144, 148, 168, 199, 204, 253, 256, 262, 265, 294, 307, 324, 352, 361, 365, 414, 416, 427, 430, 449, 480, 500, 501, 512, 517
Sextus Empiricus (um 200–250) 300, 315
Seymour, Lord Edward Hobart (1840–1929) 158
Shakespeare, William (1564–1616) 17, 25, 28, 33, 35, 47, 50, 60, 62, 64, 69, 76, 80, 88, 118, 122, 125, 129, 135, 146, 148, 153, 154, 167, 176, 183, 197, 209, 212, 216, 219, 232, 234, 246, 255, 260, 261, 263, 264, 277, 284, 290, 294, 306, 313, 317, 319, 320, 322, 323, 328, 330, 344, 346, 365, 367, 371, 380, 386, 396, 404, 405, 410, 411, 424, 433, 442, 443, 445, 451, 454, 455, 461, 465, 466, 472, 476, 479, 498, 511, 514, 517, 518, 522, 524, 526, 529, 532, 536
Shaw, George Bernard (1856–1950) 32, 49, 169, 372, 389, 516
Sidney, Sir Philip (1554–1586) 186
Sieburg, Friedrich (1893–1964) 468
Sierke, Eugen 350
Sieyès, Emanuel-Joseph (1748–1836) 93
Sigismund, deutscher Kaiser (1368–1437) 69
Sigismund III., König von Polen (1587–1632) 244
Silver, Frank 42
Simmel, Johannes Mario (geb. 1924) 234, 473
Simrock, Karl (1802–1876) 48, 201, 373
Smith, Adam (1723–1790) 162, 249
Sokrates (um 469–399 v. Chr.) 411, 504
Solon (um 640–560 v. Chr.) 20, 314, 380
Sonnleithner, Joseph (1766–1835) 287
Sophokles (497/496–406 v. Chr.) 218, 308, 464
Spee, Friedrich von (1591–1635) 195
Spener, Philipp Jacob (1635–1705) 347
Spengler, Oswald (1880–1936) 468
Sperling, Dietrich (geb. 1933) 363
Sperr, Martin (geb. 1944) 221
Spielhagen, Friedrich (1829–1911) 353, 472
Spinoza, Baruch de (1632–1677) 427, 437, 459
Spohr, Louis (1784–1859) 534
Stadler, Ernst (1883–1914) 121, 124
Staël-Holstein, Germaine Necker, Baronne de (1766–1817) 482
Steimel, Adolf (geb. 1907) 317
Stein, Gertrude (1874–1946) 378
Stein, Karl Freiherr vom und zum (1757–1831) 473
Stephanie d. J., Johann Gottlieb (1741–1800) 212, 310, 457, 485, 520, 527

Sterne, Laurence (1713–1768)   411, 526
Sternheim, Carl (1878–1942)   417
Stettenheim, Julius (1831–1916)   484
Stobaios, Ioannes (5. Jh.)   37, 529
Stolberg, Auguste Louise Gräfin zu (1753–1835)   172
Stolz, Robert (1880–1975)   56, 146, 202
Storm, Theodor (1817–1888)   147, 188, 194, 201, 234, 240, 246, 247, 249, 267, 271, 282, 320, 325, 348, 380, 384, 397, 433, 434, 464, 497
Stransky, Otto   292
Straß, Karl Friedrich Heinrich (1803–1864)   397
Strauß, David Friedrich (1808–1874)   53, 489
Strauß, Franz Josef (1916–1988)   363
Strauß, Johann (1825–1899)   91, 170, 269, 415, 456, 467
Streckfuß, Karl (1779–1844)   469
Stresemann, Gustav von (1878–1929)   413
Sudermann, Hermann (1857–1928)   374
Sueton (Suetonius Tranquillus, Gaius; um 70–140)   18, 39, 69, 89, 119, 192, 254, 335, 472, 475
Suppé, Franz von (1819–1895)   48
Suttner, Bertha von (1843–1914)   492
Svevo, Italo (Ettore Schmitz, 1861–1928)   532
Swift, Jonathan (1667–1745)   282

Tachos, König der Ägypter (4. Jh. v. Chr., reg. 362/361 v. Chr.)   47
Tacitus (Publius Cornelius Tacitus, um 55–125)   16, 413
Tasso, Torquato (1544–1595)   109
Tausend und Eine Nacht   411
Tayllerand-Périgord, Charles Herzog von (1754–1838)   475
Telekleides (5. Jh. v. Chr.)   443
Terentianus Maurus (Ende des 3. Jhs v. Chr.)   186
Terenz (Publius Terentius Afer, um 190–159 v. Chr.)   22, 174, 194, 211, 218, 287, 321, 331, 358, 427, 438, 453, 481, 535
Terrasson, Jean Abbé (1670–1750)   332
Tertullian (Quintus Septimus Florens Tertullianus, um 145–220)   73, 75
Tetzel, Johann (1455–1519)   183
Teufel, Fritz (geb. 1943)   496
Thackeray, William Makepeace (1811–1863)   223, 416
Theognis (um 540 v. Chr.)   218
Thiers, Louis-Adolphe (1797–1877)   244
Thoma, Ludwig (1867–1921)   490
Thomson, James (1700–1748)   383

Tiberius (42 v. Chr. – 37 n. Chr.) 69, 192, 262
Tibull (Albius Tibullus, um 55–19 v. Chr.) 377
Tieck, Ludwig (1773–1853) 150, 311, 386, 479, 497
Tillotson, John (1630–1694) 175
Timme, Christian Friedrich (1752–1788) 157
Titus (39–81) 89
Toller, Ernst (1893–1939) 226, 476
Trakl, Georg (1887–1914) 14, 198, 222, 434
Treitschke, Georg Friedrich (1776–1842) 287
Treitschke, Heinrich von (1834–1896) 62, 289, 406, 489
Trotta, Margarethe von (geb. 1942) 55
Tucholsky, Kurt (1890–1935) 43, 48, 78, 80, 82, 83, 85, 88, 107, 116, 126, 135, 137, 139, 156, 169, 240, 246, 262, 263, 266, 273, 284, 324, 335, 350, 357, 368, 371, 372, 374, 388, 402, 425, 431, 436, 448, 475, 487, 510
Turgenjew, Iwan (1818–1883) 72

Ueltzen, Wilhelm (1759–1808) 322
Uhland, Ludwig (1787–1862) 18, 19, 52, 85, 88, 99, 153, 167, 189, 230, 231, 232, 249, 255, 282, 363, 372, 379, 385, 386, 389, 397, 401, 403, 404, 405, 407, 414, 430, 436, 441, 469, 487, 502, 506, 515
Ulpian (170–222) 338, 439
Unruh, Hans Viktor von (1806–1886) 341
Usteri, Johann Martin (1763–1827) 136

Valentin, Karl (1882–1948) 26, 133, 219, 309, 354, 534
Valerius Maximus (1. Hälfte des 1. Jh.s) 128, 433, 509
Vauvenargues, Luc de Clapiers, Marquis de (1715–1747) 148, 149, 157, 182, 189, 209, 218, 240, 302, 304, 330, 336, 465, 480
Vegetius (Ende des 4. Jh.s v. Chr.) 137
Venantius Fortunatus (um 535 – nach 600) 42
Verdi, Giuseppe (1813–1901) 458
Vergil (Publius Vergilius Maro, 70–19 v. Chr.) 17, 30, 77, 108, 127, 152, 159, 167, 170, 173, 216, 217, 222, 232, 241, 271, 275, 290, 317, 321, 335, 358, 359, 371, 376, 377, 396, 432, 441, 446, 457, 464, 528
Vespasian (von 69 bis 79 röm. Kaiser) 335
Victoria, Königin von England (1819–1901) 24
Villon, François (1431/32 – wahrscheinlich 1463) 46, 59, 340, 365, 399, 445, 513, 518
Vincent Seigneur de Gournay, Jean Claude Marie (1712–1759) 261
Virchow, Rudolf (1821–1902) 255

Autorenregister 573

Vischer, Friedrich Theodor (1807–1887)   99, 313, 458
Vitruvius (Marcus Vitruvius Pollo, 1. Jh. v. Chr.)   203
Voigt, Friedrich (1770–1814)   196
Voltaire (François-Marie Arouet, 1694–1778)   51, 96, 146, 161, 175, 258, 267, 460
Voß, Johann Heinrich (1751–1826)   305, 343, 381
Vulpius, Christian August (1762–1827)   226, 497

Wagner, Richard (1813–1883)   44, 80, 100, 122, 198, 250, 298, 405, 423, 451, 456, 483, 492, 534
Walser, Martin (geb. 1927)   63, 402
Walther von der Vogelweide (um 1170 – um 1230)   282, 297, 429, 483, 515
Wardman, Ervin (geb. 1865)   526
Wassermann, Jakob (1873–1934)   453
Weber, Carl Maria von (1786–1826)   15, 67, 221, 228, 272
Weber, Max (1864–1920)   17, 99, 113, 343, 350, 387, 393
Wedekind, Frank (1864–1918)   311, 443
Weerth, Georg (1822–1856)   29, 118, 153, 189, 367
Weidling, Wilhelm (Wilhelm Christian Weitling, 1808–1871)   263
Weirauch, August (gest. 1883)   314
Weiß, Ernst (1884–1940)   17
Weisse, Christian Felix (1726–1804)   313
Wellington, Sir Arthur Wellesley Herzog von (1769–1852)   320
Wells, H. G. (1866–1946)   101, 531
Werner, Zacharias (1768–1823)   194
West, Moritz   66
Weyl, Josef (1821–1895)   91
Wichert, Ernst (1831–1902)   403
Wieland, Christoph Martin (1733–1813)   30, 37, 38, 143, 173, 188, 206, 207, 267, 279, 290, 338, 489, 492, 493, 496, 509, 528, 530
Wienbarg, Ludolf (1802–1872)   228
Wilde, Oscar (1854–1900)   23, 25, 63, 79, 118, 124, 125, 127, 128, 129, 136, 161, 162, 165, 172, 187, 226, 227, 238, 245, 247, 253, 254, 256, 257, 265, 268, 289, 293, 303, 312, 313, 327, 333, 344, 367, 400, 414, 421, 437, 450, 457, 477, 479, 482, 505, 530, 532, 537
Wildenbruch, Ernst von (1845–1909)   355
Wilder, Thornton (1897–1975)   78
Wilhelm II. (1859–1941)   83, 85, 259, 339, 341, 498
Wilhelm, Karl   473
Wilkens, Heinrich (1835–1886)   434

Williams, Tennessee (1911–1983)   103, 113, 234, 450
Willis, Nathaniel Parker (1806–1867)   333
Wittgenstein, Ludwig (1889–1951)   426, 448
Wolfe, Thomas (1900–1938)   104, 500
Wolff, Pius Alexander (1782–1828)   34, 92, 95
Wolfram von Eschenbach (um 1170 – um 1220)   57, 125, 335, 537
Wollschläger, Hans (geb. 1935)   224
Wordsworth, William (1770–1850)   237
Wülfing, Friedrich (1842–1899)   232
Wybicki, Joseph (1747–1822)   349

Xanthippe (5. Jh. v. Chr.)   411
Xenophon (430–355 v. Chr.)   446
Ximenès, Marquis de (1726–1817)   342

Yellen, Jack   183

Zamojski, Jan (1541–1605)   244
Zarnack, August (1777–1827)   442
Zell, F. (Camillo Walzel, 1829–1895)   48, 404, 405
Zeller, Karl (1842–1898)   66
Zelter, Karl Friedrich (1758–1832)   267
Zenon (um 490–430 v. Chr.)   21
Zincgref, Julius Wilhelm (1591–1635)   229, 387
Zola, Émile (1840–1902)   51, 221
Zschokke, Heinrich (1771–1848)   191
Zuccalmaglio, Anton Wilhelm Florentin von (1803–1869)   408

Jubiläums-Edition
125 Jahre
Universal-Bibliothek

Johann Wolfgang Goethe
Faust-Dichtungen

Faust. Eine Tragödie (Faust I · Faust II)
Faust in ursprünglicher Gestalt (Urfaust)
Paralipomena

Nachwort von Ulrich Gaier

★

Dichter-Porträts

Bilder und Daten
Mit 180 Abbildungen

★

Jahr- und Tagebuch

Kalenderblätter
Gesammelt von Harald Beck

★

Die ganze Welt

Geschichten aus der Universal-Bibliothek

Herausgegeben von Albert Haueis
und Stephan Koranyi
Mit einem Geleitwort von Dietrich Bode

★

Schöne Geschichten!

Deutsche Erzählkunst aus zwei Jahrhunderten

Herausgegeben von Peter von Matt

★

Stechäpfel

Gedichte von Frauen aus drei Jahrtausenden

Herausgegeben von Ulla Hahn

★

Reclams Zitaten-Lexikon

Von Johannes John

Philipp Reclam jun.
Stuttgart